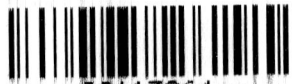

I0113064

LA MENTIRA COMO POLÍTICA DE ESTADO.
CRÓNICA DE UNA CRISIS POLÍTICA PERMANENTE.
VENEZUELA 1999-2015

COLECCIÓN ESTUDIOS POLÍTICOS

Títulos publicados

Allan R. Brewer-Carías
Profesor de la Universidad Central de Venezuela

LA MENTIRA COMO POLÍTICA DE ESTADO
Crónica de una crisis política permanente Venezuela: 1999-2015

Con prólogo de Manuel Rachadell

Colección Estudios Políticos, Nº 10

Editorial Jurídica Venezolana
Caracas/2015

©   Allan R. Brewer-Carías
Email: allan@brewercarias.com
Hecho el depósito de Ley
Depósito Legal: lf54020153402071
ISBN Obra Independiente: 978-980-365-318-7

Editorial Jurídica Venezolana
Avda. Francisco Solano López, Torre Oasis, P.B., Local 4, Sabana Grande,
Apartado 17.598 – Caracas, 1015, Venezuela
Teléfono 762.25.53, 762.38.42. Fax. 763.5239
Email fejv@cantv.net
http://www.editorialjuridicavenezolana.com.ve

Impreso por: Lightning Source, an INGRAM Content company
para Editorial Jurídica Venezolana International Inc.
Panamá, República de Panamá.
Email: ejvinternational@gmail.com

Diagramación, composición y montaje
por: Francis Gil, en letra Time New Roman 10,5
Interlineado Exacto 11, Mancha 18 x 11.5 cm, libro: 22,9 X 15,2.

CONTENIDO GENERAL

NOTA EXPLICATIVA:

Si algo caracterizó el gobierno de Hugo Chávez entre 1998 y 2012, como se aprecia de este libro fue, por una parte, la crisis política permanente en la que estuvo sumido; y por la otra, la distorsión constante del régimen legal y constitucional de la República, mediante interpretaciones y violaciones acomodaticias y permanentes a la Constitución, de manera que a la crisis política permanente lo acompañó siempre una gran mentira constitucional. Se alegó siempre que se actuaba conforme a sus normas, pero para violarlas abiertamente utilizando sus propios instrumentos y muchas veces en fraude a la voluntad popular.

Es decir, a la Constitución se la violó cotidianamente, en cada crisis, y en cada momento en la medida en que el régimen se fue tornando cada vez más autoritario; pero paralelamente, siempre invocándola, en cada caso, como escudo o justificación, pretendiendo que la misma estaba vigente y se la cumplía, es decir, que tenía algún valor, cuando era cotidiano el desprecio a la misma a medida que se fue consolidando el Estado Totalitario.

Por todo ello, paradójicamente, quizás la imagen más característica del mandato de Hugo Chávez fue la de aparecer con un librito azul en la mano, contentiva de la edición pequeña de la Constitución, blandiéndola al público o a la audiencia, para que se la viera bien, pero sin saberse a ciencia cierta si realmente se trataba de una amenaza, de un escudo, o de una burla, pues la misma se la violó tantas veces como se la mostró, en cada crisis, es decir, permanentemente, con absoluto desprecio por el derecho.

Por supuesto, para un profesor de derecho público, esta paradoja de un gobierno que invocaba a cada instante la Constitución para justificar sus arbitrariedades, pero que la violaba permanentemente, era absolutamente incomprensible, y a todos los que nos ocupamos del tema, nos planteó retos permanentes para tratar de entender y de explicar lo que iba sucediendo.

Ello nos obligó a muchos, desde el inicio del gobierno, a analizar cada acción gubernamental, y tratar de enmarcarla en los canales constitucionales, que son los que manejamos, partiendo de los dos paradigmas jurídicos elementales del Estado de derecho y que son, por una parte, que existía una Constitución, que supuestamente como ley suprema debía ser respetada y aplicada por todos los órganos del Estado y por los ciudadanos, y por la otra, que toda violación constitucional debía ser controlada por un juez constitucional autónomo e independiente, que supuestamente existía, que tenía poderes para anular los actos que las cometieran. El resultado fue constatar, por una parte, que el Estado que se había construido, a pesar de todas las manifestaciones de que estaba basado en la legalidad, en realidad, demoliendo las instituciones democráticas,[1] había resultado ser un Estado Totalitario que actuaba en desprecio a la Ley;[2] y el juez constitucional, a pesar de todos los poderes que le atribuye la Constitución, resultó en ser el guardián del gobierno y el instrumento para afianzar el autoritarismo.[3]

Lo cierto de todo ese proceso fue, en todo caso, que el gobierno de Hugo Chávez no realizó ni ejecutó revolución alguna verdadera, que de haber ocurrido, hubiera implicado suprimir de raíz todas las instituciones jurídicas y con ellas, la noción misma de "legalidad" como orden jurídico; abriendo un campo, espacio o tiempo de ilegalidad de hecho, mientras se estructuraba un supuesto nuevo orden jurídico. Eso, que es lo que ha ocurrido en las revoluciones, no ocurrió en el caso del gobierno de Chávez, y más bien lo que sucedió durante su régimen, fue que trató de adelantar la transformación del Estado pero no basada en la "ilegalidad de hecho" que acompaña a las revoluciones como producto del barrido del orden anterior, sino absurdamente violándose el nuevo ordenamiento jurídico, en una especie de "ilegalidad de derecho," como la calificó Piero Calamandrei, el gran procesalista por cuyos libros todos estudiamos alguna vez, al analizar la situación en el régimen fascista en Italia. De ello Calamandrei concluyó afirmando en definitiva, que de lo que se trató jurídicamente durante el fascismo, fue de una gran mentira o falsedad.

En efecto, en un libro póstumo, recién publicado, y que Asdrúbal Aguiar ha tenido la amabilidad de referirme, titulado Il fascismo, come regime della menzogna, Laterza, 2014, Calamandrei recordó lo que bien podía aplicarse a todos los profesores de derecho en situación similar, como fue mi caso, al tener que escribir por formación académica, sucesivamente, diversas Crónicas constitucionales analizando y advirtiendo sobre las inconstitucionalidades e ilegalidades del régimen. Calamandrei, en efecto constató al referirse a Italia, cuán admirable había sido:

---

1   Véase nuestro libro: Dismantling Democracy. The Chávez Authoritarian Experiment, Cambridge University Press, New York, 2010.

2   Véase nuestro libro: Estado Totalitario y desprecio a la Ley. La desconstitucionalización, desjuridificación, desjudicialización y des-democratización de Venezuela, Editorial Jurídica Venezolana, 2014.

3   Véase nuestro libro: Golpe a la democracia dado por la Sala Constitucional, (De cómo la Sala Constitucional del Tribunal Supremo de Justicia de Venezuela impuso un gobierno sin legitimidad democrática, revocó mandatos populares de diputada y alcaldes, impidió el derecho a ser electo, restringió el derecho a manifestar, y eliminó el derecho a la participación política, todo en contra de la Constitución), Colección Estudios Políticos N° 8, Editorial Jurídica venezolana, Caracas 2014.

"el empeño con el cual los profesores de derecho constitucional buscaban resolver las miles de adivinanzas que provocaba el régimen fascista: ¿Era revolución o no lo era? ¿Había sido o no eliminada la monarquía representativa? ¿La Constitución estaba en vigor o había sido suprimida? ¿Existía igualdad entre todos los ciudadanos ante la ley, o acaso se había introducido una distinción entre los inscritos (en el partido fascista) que tenían todos los derechos, y los no inscritos, que tenían todos los deberes?"

Mutatis mutandi, cuánta verdad y similitud con nuestro caso, setenta años después!!

De ello, Calamandrei constató sobre el régimen fascista, lo que es enteramente aplicable al régimen de Hugo Chávez, que el mismo

"fue algo más profundo y complicado que una oscura ilegalidad: Fue la simulación de la ilegalidad, el fraude, legalmente organizado, a la legalidad. A la tradicional clasificación de las formas de gobierno cabía agregar, ahora, una palabra que lograse darle significado a este nuevo y distinto régimen: *El gobierno de la indisciplina autoritaria, de la legalidad adulterada, de la ilegalidad legalizada, del fraude constitucional.*"

En un régimen como fue fascismo italiano, lo que se aplica totalmente al régimen que Venezuela ha padecido desde 1999, simplemente, en palabras de Calamandrei:

"las instituciones se entienden no por aquello que está escrito en las leyes, sino por lo que se lee entre líneas dentro de éstas: Las palabras no tienen más el significado registrado en el vocabulario, sino un significado diverso y de ordinario opuesto al vocabulario común, inteligible solamente para los "iniciados" [del régimen].

De lo anterior concluía Calamandrei, con razón, que lo que caracterizó al fascismo, es decir, lo que fue su común denominador, tal y como también ocurrió con el régimen de Hugo Chávez, fue la utilización de la mentira, de la falsedad, y del doblez, lo que:

"Resulta de la combinación de dos ordenamientos, uno dentro del otro: Hay un ordenamiento oficial, que se expresa en las leyes, y otro oficioso, que se concreta en la práctica política sistemáticamente contraria a las leyes. Y a dicha duplicidad de ordenamientos corresponde otro doble nivel de órganos: una burocracia de Estado y una burocracia de partido, pagadas ambas por los mismos contribuyentes y unidas en el vértice, alrededor de una sola persona que es, a la vez, Jefe del Gobierno y Duce del fascismo (cabeza del partido). De modo que, entre la burocracia de la legalidad y la burocracia de la ilegalidad no existe ningún antagonismo, sino un alianza secreta, una especie de *recíproca vicariedad*: tanto que para comprender lo que es exactamente ese régimen, mal se le debe pedir explicación a una sola de esas burocracias, sino que hay que buscarla en el punto donde ellas se encuentran, es decir, a mitad de camino entre la legalidad y la ilegalidad."

Al leer estas reflexiones de Calamandrei, que me llegan cuando estaba revisando los materiales escritos durante los años pasados, como Crónicas constitucionales ,a medida que los hechos que se estudian se iban desarrollando en Venezuela entre 1999 y 2013, me surgió claramente la convicción de que los textos que aquí se recogen, como he dicho, no son sólo las Crónicas constitucionales de un régimen que estuvo en crisis política permanente, sino de un régimen caracterizado por la mentira, el engaño, la falsedad y el fraude aplicado como política de Estado.

El mismo Tribunal Supremo de Justicia, ya en 2000, definió el fraude constitucional, cuando se pretende realizar "la creación de un nuevo régimen político, de un nuevo ordenamiento constitucional, sin alterar el sistema de legalidad establecido,"[4] tal como sucedió en febrero de 1999, mediante la convocatoria de un referendo consultivo sobre la Asamblea Nacional Constituyente que no estaba entonces prevista en la Constitución vigente de 1961[5]; y como luego volvió a ocurrir con la emisión por dicha Asamblea Constituyente, después de que la nueva Constitución de 1999 se había aprobado por referendo popular, un "Decreto del Régimen Transitorio de los Poderes Públicos" que suspendía la efectividad de la Constitución y que obviamente no fue sometido a aprobación popular[6]; y posteriormente continuó ocurriendo con la destrucción progresiva y sistemática de la democracia y de las instituciones del Estado de derecho, utilizándose sus instituciones desde el ejercicio del poder, secuestrando de los derechos y libertades públicas.[7]

El fraude, la mentira y el engaño, en todo caso, por lo que se refiere a las diversas partes de este libro, ocurrió además en muchas otras ocasiones como

---

4   Véase la sentencia N° 74 de 25-01-2006 de la Sala Constitucional del Tribunal Supremo de Justicia en *Revista de Derecho Público,* N° 105, Editorial Jurídica Venezolana, Caracas 2006, pp. 76 ss.

5   Véase Allan R. Brewer-Carías, *Asamblea Constituyente y Ordenamiento Constitucional,* Academia de Ciencias Políticas y Sociales, Caracas 1999.

6   Véase Allan R. Brewer-Carías, *Golpe de Estado y proceso constituyente en Venezuela,* Universidad Nacional Autónoma de México, México 2002.

7   Véase Allan R. Brewer-Carías, "El autoritarismo establecido en fraude a la Constitución y a la democracia y su formalización en "Venezuela mediante la reforma constitucional. (De cómo en un país democrático se ha utilizado el sistema eleccionario para minar la democracia y establecer un régimen autoritario de supuesta "dictadura de la democracia" que se pretende regularizar mediante la reforma constitucional)" en el libro *Temas constitucionales. Planteamientos ante una Reforma,* Fundación de Estudios de Derecho Administrativo, FUNEDA, Caracas 2007, pp. 13-74. Véase también, "Constitution Making in Defraudation of the Constitution and Authoritarian Government in Defraudation of Democracy. The Recent Venezuelan Experience", en *Lateinamerika Analysen,* 19, 1/2008, GIGA, Germa Institute of Global and Area Studies, Institute of latin American Studies, Hamburg 2008, pp. 119-142.

fue cuando Hugo Chávez renunció a la Presidencia en 1999 ante la Asamblea Nacional Constituyente, lo que fue una farsa; cuando la renuncia de Hugo Chávez fue anunciada en 2002 por sus militares, que luego el mismo explicó que había sido una farsa, y que en todo caso fue un engaño; con la petición popular para un referendo consultivo sobre la renuncia de Chávez, en 2003 que fue secuestrado por quienes asaltaron el Poder; con la iniciativa popular para un referendo revocatorio del mandato de Chávez en 2003, que fue confiscado por quienes controlaban el Poder; con el referendo revocatorio de 2004 contra Chávez, que fue trastocado y convertido fraudulentamente en un referendo "ratificatorio"; con el fracaso político de Hugo Chávez en la aprobación de la reforma constitucional de 2007, que fue abiertamente ignorado, y la misma fue implementada en fraude a la voluntad popular y en violación de la Constitución, conduciendo al establecimiento de un Estado paralelo al Estado constitucional; con la falta temporal de Hugo Chávez para someterse a tratamiento médico en el exterior entre 2011 y 2012, que se quiso ignorar, y con base en el engaño se hizo creer que continuaba gobernando desde La Habana; con la misma enfermedad de Hugo Chávez, la cual además fue ocultada en 2012, para permitir la reelección de un Presidente enfermo, quien sin embargo al poco tiempo desapareció de la vista del público, y nunca pudo tomar posesión de su cargo como debió haber ocurrido en enero de 2013; con la falta temporal definitiva de Hugo Chávez, que fue de nuevo ocultada para hacer creer que gobernaba y que incluso firmaba decretos, cuando se sabía que estaba inhabilitado, y todo para justificar, en enero de 2013, la imposición de un gobierno de continuación administrativa sin legitimidad democrática, conducido por un funcionario no electo; con el deliberado ocultamiento y la mentira que rodeó el fallecimiento de Hugo Chávez, hasta que el mismo fue anunciado ex post facto, en marzo de 2013; con la imposición a los venezolanos, ante la anunciada falta absoluta del Presidente Chávez, en marzo de 2013, de un gobierno inconstitucional a cargo de un funcionario no electo, violando la Constitución; y finalmente, con la realización de una nueva elección presidencial en 2013, con un candidato oficial que ejercía ilegítimamente la Presidencia de la República, asegurándose paralelamente que el Juez Constitucional no impartiría justicia constitucional alguna ni sobre la "ilegitimidad" democrática del gobernante impuesto, ni sobre su ciudadanía, si sobre las demandas de fraude electoral en su elección.[8]

En Venezuela, en fin, al igual que lo que sucedió en la Italia fascista, la mentira y la falsedad fueron el signo permanente del régimen de Hugo Chávez, y así continúa siendo a través de sus sucesores, pero más allá de lo jurídico, en todos los órdenes, pues el régimen, como lo destaca el profesor Manuel Rachadell en el excelente Prólogo que ha escrito para este libro, que me honra, quienes gobiernan:

---

8   Véase, sobre la mentira política que ha seguido posteriormente en el marco de la ilegitimidad a partir de 2013, lo expuesto el libro de Asdrúbal Aguiar, *Memoria de la Venezuela enferma 2013-2014*, Editorial Jurídica Venezolana, Caracas 2015.

"no puede permitir que se conozcan los elementos que evidencian el fracaso de sus políticas en lo económico y lo social: oculta las estadísticas; persigue a quienes lo critican, a los que acusan de incitar al odio y a la violencia y de traicionar a la patria."

Por ello, incluso, la gran mentira adicional del gobierno desparramada con posterioridad a la muerte de Chávez – porque si algo heredó el desgobierno que ilegítimamente se instaló a partir de entonces fue *la política de la mentira como política de Estado* –, ha sido achacar el colapso económico del país a una imaginaria y falsa "guerra económica," cuando ello ha sido producto de la propia ineficiencia gubernamental, el despilfarro criminal de recursos y la corrupción rampante, marca el momento en que la crisis política del gobierno se tornó en una crisis política terminal.[9]

A la mentira como política de Estado en todos los órdenes, se refirió con toda claridad el joven Gerardo Carrero, estudiante tachirense privado de libertad dese 2014 en los calabozos de Servicio de Inteligencia estatal, conocido como "la tumba," en una carta pública, al afirmar que la élite que gobierna:

"habla de democracia, y con sus iguales practica la dictadura; habla de amor, y en ella reina el odio; habla de libertad, y es esclava de su soberbia; habla de igualdad, y no hace las colas; habla de justicia, y es quien inclina la balanza a su conveniencia; habla de derechos humanos, y es quien persigue y maltrata; habla de vida, y todos los días muere en venezolano; habla de paz, y es quien perturba; habla de Bolívar, y se contradice en sus acciones; *hablan de verdad, y quien la sostiene es la mentira*; habla de reconciliación, y promueve en su discurso la idea de dos pueblos."[10]

---

9 Heintz Dietrich, quien fue uno de los ideólogos del llamado "socialismo del Siglo XXI," lamentándose que el gobierno actual lleno de "ineptos y prepotentes" haya "desprestigiado" dicha alternativa, ya para enero de 2015 expresó que la crisis económica de Venezuela "se ha convertido en una crisis política terminal para el gobierno de Maduro," que es "prácticamente imposible" que la revierta, en particular porque con "el 75% de la población en contra del gobierno" éste " ha perdido todo poder de negociación para salvarse." El gobierno –afirmó Dietrich– *"se mantiene sobre mentiras* y bayonetas. Pero, *las mentiras ("guerra económica") ya sólo convencen al 20% de la población* y el tiempo de las bayonetas se acaba." Véase Heintz Dietrich, "Venezuela: Último Año de Gobierno Chavista. La troika y su sumisa nomenclatura entran ahora a la batalla decisiva por el poder" en *Analitica.com*, 20 de enero de 2015," en http://analitica.com/opinion/venezuela-ultimo-ano-de-gobierno-chavista/

10 La carta que fue leída en la misa dominical celebrada por el padre venezolano Alexis Bastidas, por los presos políticos de Venezuela, el 17 de mayo de 2015 en la Iglesia *Blessed Sacrament* de Manhattan. Véase además en: "Contundente carta del estudiante Gerardo Carrero, al cumplir 11 meses tras las rejas," "Al Pueblo Venezolano, Cárcel del Helicoide Sebin", Caracas 05/04/2015, en http://www.lapa-

La última gran mentira que el gobierno ha esgrimido en julio de 2015, como sustituto de la anterior y fracasada mentira de la imaginaria "guerra económica" que nadie le creyó, pues ha sido obvio para toda la población que el único provocador y causante de dicha "guerra" ha sido el propio gobierno y sus políticas, ha sido el anuncio de quien ejerce la Presidencia de la República formulado el 6 de julio de 2015, buscando incluso apoyos internos –clamando por la necesidad de una "unidad nacional" –, de la generación, así sea verbal, de un conflicto internacional mediante la muy tardía revivencia de la reclamación frente a Guyana por el territorio Esequibo,[11] después que la misma fue deliberadamente marginada a partir de 2005, como política de Estado, por el propio Presidente Chávez y Maduro como su Ministro de Relaciones Exteriores.[12] Lamentablemente, más importante para Chávez y Maduro fue "ceder" la reclamación a cambio de apoyo internacional de los países del Caribe, comenzando por Guyana, mediante sus votos en los más variados foros internacionales, que haber continuado con los esfuerzos tan exitosamente iniciados hace medio siglo para continuar la reclamación de la soberanía nacional respecto de la Zona en Reclamación.[13] Como lo advirtió

---

tilla.com/site/2015/04/07/contundente-carta-del-estudiante-gerardo-carrero-al-cumplir-11-meses-tras-las-rejas/

11 . Véase "Nicolás Maduro reivindica el Esequibo en la Asamblea Nacional de Venezuela," discurso en Sesión de la Asamblea Nacional, Caracas 6 de julio de 2015, en https://www.youtube.com/watch?v=qQGI4Pgy3WQ

12 Después de la visita de Chávez a Guyana en 2005, quedó claro para el gobierno de Guyana que Venezuela no plantearía objeción alguna en relación con inversiones extranjeras que Guyana requiriera realizar al oeste del río Esequibo. Así lo afirmó por ejemplo el Embajador de Guyana en Venezuela, Sr. Odeen Ishmael al expresar que: "Nowadays, Venezuela has no objections against investments in the western part of Guyana." Véase en Jeroen Kuiper, "Relations between Guyana and Venezuela have improved tremendously under Chávez" en *Venezuelanalysis.com*, July 3rd 2005, en http://venezuelanalysis.com/analysis/1227.

13 Después de la visita de Chávez a Guyana en 2005, quedó claro para el gobierno de Guyana que Venezuela no plantearía objeción alguna en relación con inversiones extranjeras que Guyana requiriera realizar al oeste del río Esequibo. Así lo afirmó por ejemplo el Embajador de Guyana en Venezuela, Sr. Odeen Ishmael al expresar que: "Nowadays, Venezuela has no objections against investments in the western part of Guyana." Véase en Jeroen Kuiper, "Relations between Guyana and Venezuela have improved tremendously under Chávez" en *Venezuelanalysis.com*, July 3rd 2005, en http://venezuelanalysis.com/analysis/1227. Por eso, cuando sale la noticia del anuncio de Nicolás Maduro de que Venezuela reavivará la disputa del diferendo con Guyana, Ewald Scharfenbergel, escribió: "El comandante Hugo Chávez –del que el hoy presidente Maduro fue Canciller- veló siempre por dispensar un trato político y comercial privilegiado a las naciones insulares y ribereñas del Caribe franco y angloparlante, que, a cambio de petróleo subsidiado, pagaban el favor con cuantiosos votos de respaldo para las mociones del chavismo en foros multinacionales. En particular, frente a Guyana –también un tradicional aliado de Cuba en la región- optó por congelar de hecho la reclamación territorial y hacerse de la vista gorda frente a los constantes ca-

un año antes, en julio de 2014, el Embajador Emilio Figueredo: "La complaciente actitud del régimen con respecto a la Comunidad del Caribe se debe a la necesidad de asegurar el apoyo político de estos en la OEA; sin embargo, es inaceptable que esto prime sobre el bien superior que es la defensa de nuestra soberanía e integridad territorial." [14] La realidad entonces fue que lamentablemente, el gobierno de Venezuela no objetó durante la pasada década y más bien permitió abiertamente, a pesar de las protestad de diversos sectores del país,[15] las inversiones extranjeras promovidas por Guyana en dicha Zona en Reclamación, de manera que es difícil que se le pueda ahora creer al gobierno que real y efectivamente pretende continuar con la abandonada Reclamación, precisamente cuando parece que dichas inversiones, lamentablemente toleradas por Venezuela, han comenzado a dar frutos para Guyana.[16]

---

sos de concesiones mineras y madereras autorizadas por Georgetown. Al mismo tiempo, Venezuela se convirtió en un importante cliente de las exportaciones agrícolas guyanesas, principalmente, de arroz." Véase Ewald Scharfenberg, "Venezuela impone sanciones diplomáticas a Guyana. La disputa territorial, de una zona altamente petrolera, tensa las relaciones entre Caracas y Georgetown, *El País*, 7 de julio de 2015, en http://internacional.elpais.com/internacional/2015/07/07/actualidad/1436238555_401097.html.

14   Véase "Inadmisible intromisión de CARICOM. Es inadmisible la reciente declaración de CARICOM sobre la delimitación de áreas marinas y submarinas entre Guyana y Venezuela (…)" en Analítica, 18 de julio de 2014, en http://analitica.com/opinion/inadmisible-intromision-de-caricom/

15   . Véase el pronunciamiento de la *Academia de Ciencias Políticas y Sociales* "Sobre la controversia limítrofe entre Venezuela y la República Cooperativa de Guyana,", en el cual expresó: "la inacción del Estado venezolano ante los atropellos a la soberanía nacional por parte del Gobierno de Guyana pueden acarrear consecuencias negativas bajo los principios que rigen el Derecho Internacional Público, razón por la cual esta Academia una vez más insta al Gobierno venezolano a elevar su más rotunda protesta ante el Gobierno de la República Cooperativa de Guyana por las violaciones a nuestra soberanía nacional por las concesiones otorgadas, contrariando los irrenunciables derechos de Venezuela en todos los espacios geográficos de su fachada atlántica. // En reiteradas ocasiones hemos advertido sobre la equívoca conducta del Gobierno de Venezuela al mantener una política de cooperación y ayuda económica al Gobierno de Guyana, que está permitiendo la consolidación de actos de ocupación del Territorio en Reclamación, sin que se haga expresamente la salvedad de que ninguno de esos actos menoscaban los derechos sujetos a reclamación por Venezuela con base en el Acuerdo de Ginebra." Caracas, 21 de abril de 2015.

16   Y el recurso mediático del gobierno, ante su errática política frente a Guyana, ha sido justificar la decisión de revisar las relaciones con Guyana – que debió haber hecho hace lustros - , achacándole a la empresa Exxon y al Pentágono la culpa por la política desarrollada por Guyana, acusando incluso al Presidente de ese país, David Granger, de haber sido postulado gracias a la trasnacional petrolera, "para promover sus intereses." Véase en: http://www.lapatilla.com/site/2015/07/06/maduro-hay-una-operacion-montada-por-exxon-mobil-desde-el-pentagono-contra-venezuela/

El problema del régimen, en todo caso, que ha estado envenenando una y otra vez al pueblo con "una mentira, otra mentira, una mentira, otra mentira,"[17] incluso controlando ya materialmente casi todos los medios de comunicación, es que en definitiva, ya casi nadie le cree – esa es la verdad –,[18] y

---

17 Como lo ha reflejado tan certeramente la destacada caricaturista Rayma Suprani, en la caricatura que con su autorización se incluye en la portada de este libro, lo que le agradecemos enormemente.

18 En la línea de la mentira como política de Estado, lo que los venezolanos sí deseamos efectivamente que sea falso es lo anunciado a comienzos de junio de 2015 por quien ejerce la presidencia de la República, Nicolás Maduro, cuando nos advirtió a todos por televisión, que nos preparáramos *para un tiempo de masacre y muerte* para el caso de que el gobierno perdiera las elecciones parlamentarias de diciembre de 2015 y "fracasara la revolución bolivariana." Frente a ese anuncio, al menos ya había una mentira, pues dicha revolución ya había fracasado, y quizás, por eso, la mortal amenaza; y además, ya era casi imposible que en el país pudiera haber más masacre y muerte de la que ha habido en los últimos lustros de desgobierno. Como lo resumió Tamara Sujú Roa en un artículo publicado el 15 de junio de 2015, titulado "¿Prepararse para más masacre y muerte?": "en Venezuela, en 2014, fallecieron 24.980 personas de forma violenta, siendo el país el segundo más violento del mundo; y en el mes de mayo de 2015, fallecieron 468 en esa forma, en medio de una impunidad total (solo 6 de 100 crímenes se investigan (datos de "Observatorio Venezolano Contra la Violencia") (Solo en contraste, piénsese que en Nueva York en 2014, hubo 121 personas fallecidas en forma violenta; y en mayo de 2015 solo fallecieron 22 personas en esa forma (Estadísticas oficiales de Nueva York en http://www.nyc.gov/html/nypd/down-loads/pdf/crimesta-tistics/cscity.pdf). Por ello, Tamara Sujú, con razón, se preguntó entonces sobre "cuál es el significado exacto de las palabras pronunciadas por Maduro" pues "Masacre y muerte es lo que ha padecido el pueblo venezolano, entre el hampa y la persecución política," salvo que sea *alertar a sus radicales para un enfrentamiento civil, donde sólo un lado está armado y es justamente el gobierno nacional y sus bandas identificadas, a las que se suman los grupos criminales que han hecho del delito una fuente fácil para obtener ganancia, gracias a la impunidad. ¿Podríamos entonces presumir que la impunidad y la permisividad de grupos civiles armados es política de Estado?* (destacado en el original). Véase Tamara Sujú Roa, "¿Prepararse para más masacre y muerte?, en *La Patilla.com*, 15 de junio de 2015, en http://www.lapatilla.com/site/2015/06/15/tamara-suju-roa-prepararse-para-mas-masacre-y-muerte/. La respuesta, a la última pregunta, quizás la puede encontrar el periodista en lo afirmado por Carlos Sánchez en un artículo titulado "¿Quién está protegiendo al hampa desde el Estado?, publicado el día anterior en *Aporrea*, donde afirmó, con razón, que "Uno de los mayores problemas que sufre el venezolano es el de la delincuencia; y pareciera ser que es el que menos importa al gobierno. Pero, *analizando la inacción por parte del Estado, y viendo algunos detalles, da la impresión que alguien de las altas esferas del gobierno se encarga de proteger a los delincuentes,*" para concluir diciendo que "cada día estoy más convencido que *alguien del Estado negocia y protege a los delincuentes* y por eso el problema no se acaba. Pero la libertad con la que actúan los capos de las bandas, el que salgan de las cárceles cuando quieren, el que se les permite que desde allí dirijan las acciones hamponiles, eso *sólo se explica con un Estado incapaz o con un Estado que apoya,* una de dos." Véase Carlos Sánchez,

menos quienes hacen colas o buscan desesperadamente productos básicos en diversos establecimientos, invirtiendo horas y horas, para poder adquirir bienes de la cesta básica, que en definitiva es todo el pueblo consumidor (que sí tiene que hacer las colas).

Y esa desconfianza que ha generado, sin duda, al final, será su propia perdición, porque por más que repita mentiras, la misma nunca llegará a ser verdad,[19] y menos cuando ni siquiera fueron capaces de haberla dicho o repetido mil veces "adecuadamente."[20]

New York, 7 de julio de 2015
Allan R. Brewer-Carías

"¿Quién está protegiendo al hampa desde el Estado?, en *Aporrea*, 14 de junio de 2015, en http://www.aporrea.org/ddhh/a209192.html

19   O como lo dijo Sófocles, "una mentira nunca vive hasta hacerse vieja." Véase en http://es.wikiquote.org/wiki/S%C3%B3focles

20   De manera que si siquiera se pueden basar en la conocida e insensata frase generalmente atribuida a Joseph Goebbels, Ministro de propaganda del Tercer Reicht de que: "Una mentira repetida *adecuadamente* mil veces se convierte en una verdad." Por ello, Heinz Dietrich ya en enero de 2015, destacaba cómo el gobierno, al "no entender *que su mentira de "guerra económica" tenía un ciclo de manipulación efectiva limitado,* como toda propaganda," ya había sentenciado su propio colapso, como resultaba de "la evaluación de su gestión en las últimas encuestas nacionales: El 84% de la población considera la situación del país mala o muy mala; el 74% piensa que la gestión de Maduro es mala; el 72% *no creen "nada" de las declaraciones del Presidente sobre la economía;* el 70% no quiere que siga más allá del 2016; el 86% lo considera responsable de las colas; la presencia de los militares en el gobierno es considerado malo por un 70% y el 75% cree que la situación económica es ahora peor o mucho peor que hace un año;" a lo que se agregaba que "el 80% de los encuestados está en contra de una devaluación del bolívar; el 70% en contra del aumento de la gasolina; el 85% rechaza las expropiaciones como mecanismo para resolver la crisis y más del 90% considera indispensable un acuerdo entre el sector público y el privado para enfrentar la crisis." Véase Heintz Dietrich, "Venezuela: Último Año de Gobierno Chavista. La troika y su sumisa nomenclatura entran ahora a la batalla decisiva por el poder" en *Analitica.com*, 20 de enero de 2015," en http://analitica.com/opinion/vene-zuela-ultimo-ano-de-gobierno-chavista/

PRÓLOGO:

Por: *Manuel Rachadell*

Allan Randolph Brewer-Carías es el abogado venezolano que ha realizado el mejor y el más estrecho seguimiento a las actuaciones jurídicas – generalmente antijurídicas- del régimen fundado por Hugo Chávez y, por lo tanto, es quien ha formulado las críticas más sólidas y contundentes sobre la superestructura jurídica creada por ese régimen y, sobre todo, sobre la forma como la ha aplicado.

Y ha sido así porque Brewer ha estado especialmente equipado para acometer esa tarea por sus estudios y por su experiencia de vida. Abogado *summa cum laude* de la Universidad Central de Venezuela, con estudios de postgrado de la Universidad de París, ha ejercido la docencia en Derecho Público en su *Alma Mater* y en otras del país, así como en Universidades del exterior como Cambridge, en Inglaterra, Paris II, en Francia, y Columbia, en los Estados Unidos. Ha dirigido el Instituto de Derecho Público en la Universidad Central de Venezuela, ha ejercido intensamente la profesión de abogado, creó y ha dirigido la Revista de Derecho Público, ha sido Miembro de la Junta Directiva y es miembro de la Asamblea General del Instituto Interamericano de Derechos Humanos (Costa Rica); fue Vicepresidente de la Academia Internacional de Derecho Comparado (La Haya), y Miembro de la Academia de Ciencias Políticas y Sociales de Venezuela, de la cual ha sido Presidente; ha ocupado cargos públicos como el de Consultor Jurídico del Consejo Supremo Electoral, Presidente de la Comisión de Administración Pública y Ministro de Estado para la Descentralización, ha sido Senador de la República en la etapa democrática y miembro de la Asamblea Nacional Constituyente de 1999. Pero sobre todo, Brewer ha estudiado el Derecho, tanto el venezolano como el extranjero, ha profundizado en el conocimiento de la Historia y de la Política, ha reflexionado sobre el Derecho Público en todas ramas y ha publicado densos libros y tratados, artículos, ensayos, ponencias, discursos y prólogos, sobre el Derecho Constitucional, Administrativo y Financiero, sobre Historia, sobre Derecho Comparado y sobre Urbanismo, en un número cuya cuenta es difícil de llevar.

La violación creciente y descarada del ordenamiento jurídico en que ha incurrido el régimen gobernante en Venezuela desde comienzos de 1999, ha suministrado a Brewer material de primera mano para la denuncia oportuna y descarnada. Brewer devino, por esa circunstancia, en una persona incómoda, incluso insoportable para los gobernantes y personeros públicos, y por ello ha sido sujeto de persecuciones ilícitas y potencialmente violentas hasta lograr que se mantuviera fuera del país. Actualmente instalado en Nueva York, sus compromisos académicos y profesionales en diversas partes del planeta no han impedido que mantenga una mirada acuciosa sobre el aconte-cer nacional y que produzca con frecuencia nuevos y actualizados estudios sobre la situación jurídica y política de Venezuela que, en las actuales cir-cunstancias, no pueden ser –lamentablemente- sino obras de denuncia.

En el libro que tengo el honor de presentar, *La mentira como política de Estado y la crisis política permanente. Venezuela 1999-2015,* Brewer estudia el marco constitucional de trece momentos del régimen chavista y en cada caso demuestra, en forma plenamente documentada y con una lógica impla-cable, que en Venezuela, durante el período objeto de análisis, la Ley Fun-damental que nos rige no ha cumplido su función de disciplinar las actuacio-nes de los órganos del Poder Público. A esas trece partes las precede una Nota Introductoria en la que se extiende sobre las crisis políticas en la Histo-ria de Venezuela, y las sigue un Epílogo sobre "La elecciones presidenciales de abril de 2013 y el monumental desorden institucional dejado como legado político por Hugo Chávez".

Para una persona ajena al mundo jurídico puede resultar extraño el empe-ño de Brewer en evidenciar que en nuestro país la Constitución no se cumple y podría considerar que más importante que la intangibilidad de la pirámide jurídica de Kelsen es la satisfacción de las necesidades materiales de la po-blación. Quien así discurriera revelaría una ignorancia de tal magnitud, que le impediría establecer la relación de causalidad entre el irrespeto al orden jurídico y la escasez de papel sanitario o las colas que hay que hacer para comprar los abastecimientos de la familia o los cortes de luz que le dañan los electrodomésticos o la inseguridad de los bienes y las personas que impulsa a muchos venezolanos a emigrar del país.

Para aclarar este aspecto debemos señalar que la Constitución de 1999, si bien contiene elementos que sería conveniente revisar en su momento porque han dado base para conductas centralistas y personalistas del régimen, en términos generales consagra el diseño de un Estado social de Derecho y de Justicia, democrático y descentralizado, con separación de poderes y contro-les recíprocos entre los órganos que ejercen el Poder Público, que regula conjuntos orgánicos administrativos y judiciales fundados en el mérito y que propugna el respeto a los derechos humanos y su protección por las instan-cias nacionales e internacionales, declarados estos derechos en forma gene-rosa en el texto de la Carta Magna. En Venezuela, pues, el problema no es el texto de la Constitución sino el irrespeto a sus disposiciones, y esto es precisamente lo que más destaca Brewer en sus estudios y particularmente en el que comentamos.

En efecto, ni el caudillo ni su causahabiente, ni la élite prebendaría que los ha rodeado, creen ni han creído nunca en que el marco constitucional debe ser acatado para logar la convivencia y el progreso del país, porque ni la una ni el otro son objetivos importantes en el accionar del gobierno. La Ley Fundamental sancionada en 1999, y que es blandida frecuentemente en su formato de librito azul por los personeros del régimen, no consagra el tipo de Estado que interesa instaurar y mantener a quienes han tenido la conducción del país en los últimos lustros, ni el cumplimiento del orden jurídico es un valor que, según ellos, deba ser respetado. En su lugar, durante los primeros años de vigencia de la nueva Carta se mantuvo latente, no expresado por los gobernantes, un modelo de Estado muy diferente, incluso opuesto, al consagrado en el texto constitucional, lo que revelaba la existencia de lo que los franceses llaman *"une arrière pensée"* (un pensamiento oculto). El orden constitucional formal, por su parte, habría cumplido su función de legitimar políticamente a las nuevas autoridades, porque esa Constitución había sido formulada por una Asamblea Nacional Constituyente, legalmente electa, y había sido ratificado por los electores en un referendo popular.

Pero llegó un momento en que el régimen sintió la necesidad de hacer explícito ese modelo oculto y planteó una reforma de la Constitución, en la que quedó evidenciada la regulación fundamental del Estado y la definición de los derechos de los ciudadanos como realmente aspiraban a consagrar. Ese modelo expresado en el proyecto de reforma establecía un Estado centralista, personalista, militarista y autoritario, en el que aparecían suprimidas o enervadas las autonomías consagradas en el texto de 1999 (de cada uno de los Poderes Públicos nacionales, de los Estados, de los Municipios, de las Universidades, del Banco Central de Venezuela, de las empresas, de las familias, de las personas), modificaba las garantías constitucionales para liberarse de la obligación de respetar la propiedad privada y un conjunto de libertades como las de industria y comercio, de expresión y de enseñanza; unía las funciones de los servidores públicos, incluso de los militares, con las actuaciones de los activistas del partido oficial, y brindaba la base necesaria para confundir el patrimonio del Estado con el patrimonio particular de los gobernantes.

Negada esa reforma por el pueblo en el referendo constitucional de diciembre de 2007, el régimen se propuso reeditar la fallida propuesta de modificación constitucional mediante leyes, decretos leyes, sentencias del máximo tribunal y vías de hecho, a partir de lo cual hemos considerado que, desde ese momento, Venezuela careció de Constitución y que la voluntad del líder determinaba la actuación de los poderes públicos sin sujetarse a ninguna norma superior, ni jurídica ni ética.

El régimen de gobierno resultante ha sido calificado de diferentes maneras: desde una democracia limitada e imperfecta hasta un Estado totalitario, pasando por la de gobierno autoritario, dictadura o tiranía postmoderna.

Diversas objeciones pueden hacerse a cada uno de esos calificativos y, en busca de una caracterización que se amoldara mejor al sistema político instaurado en el país, encontré que, por encima de aspectos formales, el ideal que estaba en la base del régimen era el del Estado neopatrimonialista, de acuerdo a los análisis de destacados sociólogos y politólogos del exterior, que habían hecho su descripción incluso con anterioridad al fenómenos que nos afecta.

El prominente sociólogo alemán Max Weber, en su famosa obra *Economía y Sociedad*, había estudiado las formas políticas del tránsito del medioevo a la modernidad y al analizar el tipo de dominación tradicional había encontrado que, bajo determinadas circunstancias, un sistema político patriarcal se transforma en patrimonial cuando *el imperante* logra formar un cuadro administrativo y militar personal (patrimonial), por derecho propio, lo que le permite manejar los bienes del régimen político como patrimonio personal, en cuyo caso los "compañeros" se transforman en "súbditos".[1]

Muchas décadas después, investigadores de las ciencias sociales y políticas como Giulio Sapelli[2] en Italia y Oscar Oszlak[3] en Argentina, han considerado que una evolución similar puede producirse bajo un régimen de dominación racional normativo, donde se llega al poder por vía de elecciones, lo que da origen a lo que llaman el *neopatrimonialismo*. Estos conceptos han sido desarrollados y aplicados a diversas experiencias concretas por las investigadoras argentinas María Gloria Trocello y Amelia Marchisone, quienes al referirse a los regímenes patrimonialistas contemporáneos expresan que:

> "Se trata de regímenes políticos formalmente representativos y republicanos en los que un líder -que controla el partido dominante en el campo político- logra permanecer en el gobierno por un tiempo prolongado apropiándose de los recursos materiales y simbólicos del Estado. El líder y su entorno -donde se destaca su familia- concentran importantes recursos de dominación, que les permiten ser dominantes en el 'campo del poder' llegando a condicionar estructuralmente el funcionamiento de los otros campos sociales",

y agregan que:

> "La diferencia central con los tipos de patrimonialismos weberianos -que justifica el uso del prefijo neo- es que son formalmente democráticos, lo que conforme a una definición mínima, significa cumplir con

---

1   Max Weber: Economía y Sociedad, Fondo de Cultura Económica, 1977, Tomo I, pp. 184 y 185.

2   Giulio Sapelli, *Cleptocracia. El mecanismo único de la corrupción entre economía y política.* Editorial Losada, 1998, Buenos Aires.

3   Oscar Oszlak: "Políticas Públicas y Regímenes Políticos- Reflexiones a partir de algunas experiencias latinoamericanas". *Estudios Cedes.* Vol. 3. N° 2, 1980, Buenos Aires.

elecciones y que además estén institucionalizados, es decir que se da por sentado que se seguirán realizando por tiempo indeterminado".[4]

En el estudio que citamos se afirma que:

"Al acceder por medio del voto, ese ciudadano cuenta ya con algún capital político previo, al que suma el recurso 'simbólico' que servirá de soporte para la acumulación de los restantes: se trata de un líder o al menos de 'un ganador' elegido por su pueblo. Cuenta, además, con un recurso político fundamental: legitimidad de mando; y en consecuencia, será quien está autorizado para administrar los recursos del Estado. La forma en que ejerza la administración viabilizará la posible concentración de recursos de dominación (económicos, políticos, de información, de fuerza física, ideológicos, etc.), pudiendo así llegar a patrimonializar el Estado".

En estos casos es necesario llegar primero al poder para luego establecer el régimen neopatrimonialista, y el medio para lograrlo es el discurso populista, cuyos elementos principales son los siguientes: división de la sociedad en dos grupos irreconciliables para promover la polarización, como por ejemplo, los burgueses y los patriotas, pueblo y antipueblo (en todo caso, los "buenos" y "los malos"); apropiación de los símbolos de la Nación[5]: el escudo, la bandera, el rostro y la espada del héroe en el caso nuestro; se modifica la historia a conveniencia y se identifica a los gobernantes con los próceres de la nacionalidad; se introduce un argot diseñado para los fines que se persiguen, que incluye la denominación de períodos anteriores: la "Cuarta República" para mostrar la época de oscuridad y la "Quinta República" para exaltar la nueva etapa, donde todo es luz, bondad y felicidad. Esta periodización, por lo demás, no tiene ningún asidero en la historia ni en la lógica, pero eso no importa porque el mensaje no se dirige a la razón sino al sentimiento. Se popularizan palabras como "escuálidos", "majunches", "apátridas", para descalificar a los opositores, o "gigante", "comandante supremo y eterno" para ensalzar a su líder.

El discurso populista utiliza la técnica totalitaria de cambiar el sentido de las palabras, hasta el punto de crear un lenguaje nuevo, apropiado a sus intereses, la llamada neolengua. Este fenómeno ha sido estudiado entre nosotros en el libro *La neolengua del poder en Venezuela, dominación política y destrucción de la democracia*[6] que contiene excelentes artículos de Antonio

---

4   María Gloria Trocello y Amelia Marchisone: "La dominación partidaria y la concentración de poder político. El caso de la Provincia de San Luis" (2009), en *historiapolitica.com/datos/biblioteca/ppterritoriales_trocello*.

5   Véase: Enrique Viloria Vera: *Neopopulismo y neopatrimonialismo: Chávez y los mitos americanos*, consultable en Internet.

6   Editorial Galipán, Caracas, 2015.

Canova González, Carlos Leáñez Aristimuño, Giuseppe Graterol Steganelli, Luis A. Herrera Orellana y Marjuli Matheus Hidalgo, en el cual se plantea:

"un problema del que muchos venezolanos no están conscientes: la desmesurada pretensión de la clase gobernante de crear, en el marco del ejercicio de un poder ilimitado y sin control, una lengua nueva, llena de sentidos que en sí mismos ofrezcan un espontáneo apoyo al propósito de dirigir indefinidamente y determinar la totalidad de nuestras vidas".

Los autores parten de la constatación de que:

"Esta nueva lengua, que vacía numerosas palabras de su significado original y les adjudica otro a conveniencia, presenta lo que ocurre como parte de un destino histórico inexorable, justo y benéfico; a la vez que convierte en absurdo o deshonesto cualquier intento de resistencia al proyecto hegemónico".

El discurso populista se resume en una novedosa, eficiente y macabra manipulación de las mentes de las personas, no muy diferente a la que describía George Orwell en su novela *1984*; busca establecer una hegemonía cultural, sobre todo en lo comunicacional y lo educativo, conforme a las recomendaciones de Antonio Gramsci, proclama su objetivo de crear "un hombre nuevo", siguiendo las enseñanzas del Che Guevara, y destierra la posibilidad de que el régimen pueda perder unas elecciones de las que dependa su permanencia en el poder, porque ello implicaría la negación de su supuesta infalibilidad y permitiría airear informaciones sobre el manejo deshonesto de los fondos públicos, de allí la consagración de la reelección sucesiva ilimitada, el uso de la consigna "no volverán" y el control del gobierno sobre los procesos electorales.

Ese discurso se identifica con la "antipolítica" que es una manera de descalificar a las agrupaciones políticas que no se les pliegan y con el comunitarismo, que es el disfraz más eficiente de la antipolítica[7]; utiliza ampliamente recursos del pensamiento utópico para sembrar la idea de un mundo de solidaridad, cooperación y protección del ambiente, como son la promoción de gallineros verticales, de cultivos organopónicos en las ciudades, de las monedas locales, del trueque, de las comunas autosustentables, copiando en este último aspecto ideas expresadas por Charles Fourier en el siglo XIX al proponer los "falansterios" como formas de organización social, los cuales, en el siglo siguiente, inspiraron la formación de comunidades "hippies".

El discurso populista se expresa de muy diversas formas, las cuales no pueden ser objeto de estudio en este prólogo, pero no debemos olvidar que su función es instrumental: el objetivo no es establecer un régimen socialista ni un Estado comunal, sino el de permitir que un caudillo y su entorno manejen los recursos públicos y las propiedades particulares como si fueran patrimo-

---

7   María Gloria Trocello: Neopatrimonialismo, populismo y comunitarismo, consultable en Internet.

nio personal del gobernante, lo cual en nuestro país se ha dado plenamente, con la complicidad de funcionarios civiles y militares y de pseudo empresarios. Para esos fines, se libera de obstáculos la disposición por el gobernante de los dineros públicos, mediante la creación de fondos paralelos puestos a su libre decisión y no sometidos a control alguno, la sumisión de diputados, jueces y contralores para que el caudillo utilice los recursos presupuestarios y los bienes de la Nación a su antojo, la discrecionalidad en la asignación de las divisas, la libertad de contratar empréstitos sin formalidad ni control, el manejo discrecional de las reservas internacionales del país, la impunidad a favor de sus seguidores que cometen delitos contra la cosa pública, la posibilidad de dictar decretos-leyes por delegación del parlamento, incluso para crear tributos y tipificar delitos, y el apoyo de gobernantes extranjeros, seducidos por las jugosas propinas que se les otorgan con la petrochequera.

El régimen neopatrimonialista no puede permitir que se conozcan los elementos que evidencian el fracaso de sus políticas en lo económico y lo social: oculta las estadísticas; persigue a quienes lo critican, a los que acusan de incitar al odio y a la violencia y de traicionar a la patria; cierra o compra medios de comunicación; establece la censura y promueve la autocensura; impide u obstaculiza la circulación de diarios; prohíbe el ingreso al país de representantes de organismos internacionales de defensa de los derechos humanos, de veedores y de testigos, y desconoce las garantías sobre el debido proceso de los opositores que encarcela, a los que priva, sin fundamento alguno, de apoyo jurídico y familiar e incluso de la luz del sol.

En las relaciones del discurso populista con el ordenamiento jurídico, dice Trocello que

"se deben tener en cuenta dos premisas centrales a la construcción del polo de lo popular, y que tomo de una propuesta de Jean Leca: 1) la voluntad del pueblo, identificada con la justicia y la moral, prevalece sobre la norma institucional elaborada por los hombres, 2) los gobernantes sólo son buenos si están directamente vinculados al pueblo por sobre las élites intermedias (intelectuales, expertos, tecnócratas)".[8]

Con fundamento en la primera premisa, el régimen se considera autorizado para violar el ordenamiento constitucional y desconocer las estructuras formales del Estado, y para ello cuenta con el aplauso del "pueblo". En efecto, en el neopatrimonialismo venezolano, su fundador, Hugo Chávez, entendía que estaba realizando "una revolución" y los procesos revolucionarios son difíciles de compatibilizar con el respeto al ordenamiento jurídico, así este emane del mismo régimen. El modelo inmediato ha sido el proceso cubano y el original el régimen instalado en la Unión Soviética. En este último, de acuerdo al análisis que hace Maurice Duverger, a diferencia de los Estados de Derecho que se fundan a partir de la Revolución Inglesa, de la Revolución de Independencia de los Estados Unidos y de la Revolución Francesa, en los

---

8   María Gloria Trocello: **Neopatrimonialismo, populismo y comunitarismo**, *cit.*

que se consagra un principio de legalidad para disciplinar la actuación de los poderes públicos ("el Estado sólo puede hacer lo que le permite la ley") y, en contrapartida, un principio de libertad para los particulares ("los particulares pueden hacer todo lo que la ley no prohíba"), en la Unión Soviética no había legalidad ni libertad, lo que existía era un principio de legitimidad política que se expresaba así: "el Estado puede y debe hacer todo lo que sea necesario para el triunfo y la consolidación de la dictadura del proletariado".[9]

Imbuido de estas ideas y siguiendo el modelo cubano ("el mar de la felicidad"), Chávez actuaba como si el golpe de Estado de 1992 hubiera triunfado y tuviera un poder absoluto (de *ab-solutus*, suelto de la ley). Esa acción se vio facilitada por los inmensos ingresos que produjo la venta del petróleo, bien que en Venezuela pertenece exclusivamente al Estado, cuyo precio por barril estuvo consistentemente elevado a partir de 2004 y, durante varios años, por encima de la cota de 100 dólares norteamericanos. Chávez sabía que el socialismo, o en su defecto el personalismo del régimen, por su naturaleza, genera ineficiencia en el manejo del Estado y de la economía pero también que en el caso venezolano la renta petrolera podría ser aplicada para mantener el sistema funcionado. De allí su tesis política y económica: "Estamos empeñados en construir un modelo socialista muy diferente del que imaginó Carlos Marx en el siglo XIX. Ese es nuestro modelo, contar con esta riqueza petrolera", dijo Chávez en su programa Aló Presidente N° 288, del 29 de julio de 2007, cuando se preparaba para presentar ante la Asamblea Nacional su proyecto de reforma constitucional. Y agregaba que "el Socialismo petrolero no se puede concebir sin la actividad petrolera", y que este recurso "le da una configuración peculiar a nuestro modelo económico". Para ese momento, la economía mostraba ya signos de decaimiento y los servicios públicos funcionaban cada vez peor, a pesar de la abundancia de dinero, de modo que el rechazo por el pueblo a la propuesta de reforma presentada por el Presidente fue una suerte para él y su proyecto, pues la crisis estructural y la ruina del país se habrían acelerado.

Lo demás es historia reciente: los servicios públicos no sirven, lo que se expresa en cortes de electricidad y suspensión del suministro de agua, hospitales incapaces de atender a los pacientes, la educación está en la indigencia, el nivel de inseguridad ha impuesto un toque de queda en el país mientras la calle ha quedado en manos de delincuentes comunes y de grupos violentos partidizados; las empresas públicas (entre ellas, ¡las empresas de Guayana!) dan pérdidas; las haciendas confiscadas dejaron de ser productivas y están llenas de monte; el país es un cementerio de primeras piedras para obras que nunca se construyeron; una parte muy importante de las divisas de los venezolanos están colocadas en bancos extranjeros a nombre de funcionarios públicos, de sus familiares, de sus testaferros o de la élite prebendaria; la vida cotidiana se ha vuelto insufrible: los sueldos no alcanzan para las nece-

---

9   Maurice Duverger: *Institutions politiques et Droit Constitutionnel*, Editorial Themis, París, 1970

sidades elementales de la familia por la inflación que azota al país; las colas para comprar alimentos, medicinas y artículos de higiene son interminables; la gente da gracias cuando la asaltan pero no la matan; las elecciones se siguen realizando pero los ciudadanos no confían en el órgano responsable de organizar los procesos comiciales y los resultados electorales carecen de credibilidad; las personas deben tener cuidado al criticar al gobierno, porque el vecino puede ser un "patriota cooperante", en la terminología oficial, o "sapo" en el vocabulario coloquial, y se forman enormes colas para la legalización de documentos de estudiantes y profesionales que se disponen a abandonar el país.

Pues bien, la relación entre el incumplimiento de la Constitución y el irrespeto a la ley, por una parte, y la ruina del país y el deterioro de la calidad de vida de sus habitantes, por la otra, es obvia. Para demostrarlo bastan tres ejemplos:

1. Si no se cumplen las normas constitucionales que consagran la autonomía del Banco Central de Venezuela (art. 318) y que disponen que "en el ejercicio de sus funciones, el Banco Central de Venezuela no estará subordinado a directivas del Poder Ejecutivo y no podrá convalidar o financiar políticas fiscales deficitarias" (art. 320), se permite al gobierno imponer al ente emisor la obligación de imprimir moneda inorgánica, como lo ha hecho repetidamente, con lo cual incumple el objetivo fundamental del Banco Central que es "lograr la estabilidad de precios y preservar el valor interno y externo de la unidad monetaria" (art. 318). Pero esa violación no es puramente formal, de ella se deriva la causa principal de la inflación que acogota a la familia venezolana.

2. Si no se aplican las nomas constitucionales que garantizan el libre ejercicio de actividades lucrativas (art. 112) el derecho de propiedad y que "Sólo por causa de utilidad pública o interés social, mediante sentencia firme y pago oportuno de justa indemnización, podrá ser declarada la expropiación de cualquier clase de bienes" (art. 115), y la prohibición de confiscaciones, salvo los casos permitidos por la Constitución (art. 116), los empresarios no invierten, se cierran empresas, se genera el desempleo, el país no produce los bienes que requiere para el consumo de las familias y el gobierno se ve cada vez más limitado para importarlos por la falta de divisas, todo lo cual se traduce en desabastecimiento y escasez, en racionamiento y en deterioro de la calidad de vida de las personas.

3. Si se prescinde de la norma constitucional según la cual "Los funcionarios públicos y funcionarias públicas están al servicio del Estado y no de parcialidad alguna. Su nombramiento o remoción no podrán estar determinados por la afiliación u orientación política" (art. 145), no puede establecerse un sistema de mérito en la conformación del aparato público, el cual se partidiza, como ha ocurrido, y el resultado de la actividad administrativa es deficiente, se producen discriminaciones políticas en la gestión de los servicios públicos y se abren las puertas para la corrupción administrativa. En fin, en un Estado en que los gerentes públicos actúan a su antojo sin someterse a

norma jurídica alguna, el resultado es el que hemos comentado en alguna oportunidad y que hemos expresado con esta fórmula: "cuando la discrecionalidad de los funcionarios públicos tiende al infinito, la eficiencia tiende a cero".

En los actuales momentos, Venezuela está a la expectativa de grandes cambios políticos, porque tantos y tan graves desajustes en la situación económica y social han afectado al extremo la vida de los habitantes del país, hasta el punto de que un analista que en una época fue muy apreciado por el régimen, el sociólogo alemán-mexicano Heinz Dieterich, ha afirmado en su artículo publicado en Aporrea: *"2015: ¿Último año de gobierno chavista?"*, que "La crisis económica de Venezuela se ha convertido en una crisis política terminal para el gobierno de Maduro".[10]

Sea el desenlace tan inminente o se produzca más tarde, debemos tener presente que, en la nueva etapa que deberá abrirse necesariamente para el país, la corrección de los entuertos no se logrará solamente con la modificación de las políticas económicas sino que es necesario comenzar por dotar al país de un orden jurídico que permita la libre expresión de la creatividad de los venezolanos, la seguridad jurídica y la garantía de los derechos humanos. Esa tarea será difícil y compleja y estamos seguros de que, cuando se emprenda, contaremos con la presencia en primera línea de Allan Randolph Brewer-Carías, quien no tendrá que ocupar su tiempo en denunciar violaciones a la Ley Fundamental sino que podrá hacer lo que más le gusta: contribuir a crear una nueva institucionalidad y un orden jurídico que permita el progreso sustentable del país en libertad, justicia, democracia y cordialidad.

---

10   http://www.aporrea.org/actualidad/a201309.html

A MANERA DE PRESENTACIÓN:

"HISTORIA Y CRISIS POLÍTICA": RECORDANDO LO ESCRITO PARA UNA CONFERENCIA DICTADA EN 2001

Hugo Chávez fue el gobernante que en toda la historia política de Venezuela permaneció más tiempo en forma continua en ejercicio del cargo de Presidente de la República, durante catorce (14) años, entre 1999 y 2012. En tiempo sólo lo superó Juan Vicente Gómez, quien ejerció el cargo intermitentemente durante dieciocho (18) años (entre 1908 y 1915; 1922 y 1929; y 1931 y 1935), e igualó a Antonio Guzmán Blanco, quien ejerció el cargo durante catorce (14) años (entre 1870 y 1877; 1879 y 1884; y 1986 y 1987).

Ese dato temporal, sin duda bastaría para que Hugo Chávez hubiera entrado en los anales de la historia política del país, a lo que sin duda se suman otras muchas ejecutorias, como por ejemplo, el que haya hecho de la atención por los pobres una expresión de política gubernamental, lo que por supuesto no significa que los gobiernos anteriores y específicamente los de la democracia desde 1958 hasta 1999 no hubieran tenido una política social bien definida de atención a los pobres, ni que la ejecutada durante su gobierno haya sido efectivamente una política pública, y no una propaganda como lo demuestra el nivel de miseria que dejó al terminar su gestión.

La verdad es que ninguna política pública de justicia social, en ninguna parte de mundo, puede estar basada exclusivamente en el aumento de la burocracia estatal y en el reparto de dinero por el Estado y su burocracia privilegiada en forma de subsidios directos a las clases populares, todo ello apoyado en el aumento súbito del ingreso petrolero fiscal de un Estado petrolero, sin que paralelamente se hubieran procurado crear las condiciones sociales, laborales y económicas necesarias, para la generación permanente y sostenible de riqueza y empleo mediante la inversión privada. Ningún país, en el mediano y largo plazo, puede sobrevivir basado en la existencia de una burocracia y de un Estado que se cree poderoso y eterno, porque quienes lo manejan creen que todo lo tiene, y que es quien todo lo puede dar y, a la vez, que todo lo puede quitar; y que ello sea así, impunemente para siempre.

Ninguna política pública de atención a los pobres puede pretender desarrollarse destruyendo toda inversión privada, y haciendo que todos dependan del Estado, sin generar las condiciones necesaria para que los ciudadanos puedan desarrollar sus propias iniciativas y capacidades productivas, y mucho menos, destruyendo tales condiciones mediante expropiaciones y nacionalizaciones indiscriminadas que a lo que ha conducido es a que las industrias y fincas productivas estatizadas hayan pasado a ser manejadas por burocracias ineficientes que las han destruido en tiempo record.

Lo de la atención a los pobres fue más bien una orquestada propaganda gubernamental, montada en el casi absoluto control de los medios de comunicación nacionales y en el despliegue de propaganda internacional muy bien pagada, que sirvió para tratar de ocultar lo que fue un cúmulo de errores gubernamentales que durante largos catorce años llevaron a Venezuela, de ser una de las democracias más admiradas en el mundo de los países en desarrollo, a ocupar los primeros lugares, si no el primer lugar, entre los países con mayor índice de violencia, de ausencia de seguridad ciudadana, de inflación, de burocracia gubernamental, de corrupción, de ineficiencia pública, de destrucción de la infraestructura, de gasto militar, de violaciones a los derechos humanos, de impunidad, de participación del Estado en la economía, de despilfarro de los fondos públicos, de endeudamiento interno y externo, de descenso de las reservas, de menor libertad económica, de mayor cantidad de bienes de consumo importados, de control de cambios, de devaluación de la moneda, de mayor control estatal de los medios de comunicación, de menor libertad de expresión, de mayor polarización política inducida, de destrucción institucional, de militarismo gubernamental, de ausencia de efectiva separación de poderes, de control político sobre el poder judicial, de ausencia de control fiscal, de falta de participación, y de falta de transparencia gubernamental. Por todas esas ejecutorias, entre otras, sin duda, también se recordará a Hugo Chávez, quien además entró en la historia como un gobernante autoritario y militar, precisamente en el mismo grupo de gobiernos longevos como los de los ya mencionados de Antonio Guzmán Blanco y Juan Vicente Gómez.

Pero adicionalmente a esas ejecutorias que harán recordar a Chávez por mucho tiempo, también se lo recordará por haber sido el Presidente de la República cuyo cargo, durante los años que lo ejerció, estuvo tan sometido permanentemente a prueba, o estuvo en entredicho, no sólo porque después de haber sido electo en 1998, se sometió sucesivamente a tres procesos electorales (2000, 2006, 2012) de los cuales resultó reelecto, con grandes dudas sobre el nivel de apoyo popular realmente recibido y sobre el grado de trasparecía electoral, sino porque además, fue el Presidente que estuvo más veces en situación de falta temporal en el ejercicio de su cargo, o en situaciones en la cuales se anunció su posible falta absoluta, por poner su cargo a la orden de una Asamblea Constituyente (1999), por haber su Alto mando Militar anunciado públicamente su renuncia al cargo (2002), por el desarrollo de iniciativas populares tendientes a revocarle el mandato (2003, 2004), hasta que desapareció del ojo púbico a comienzos de diciembre de 2012, y tres meses después, el día 5 de marzo de 2013, se anunció oficialmente su falta absoluta, por fallecimiento.[1]

Todas esas vicisitudes políticas por las cuales también se recordará al Presidente Chávez, provocaron que su gobierno haya sido el que en la historia política haya sido el que funcionó en forma seguida, en situación de crisis política permanente, lo que precisamente provocó que haya sido el gobernante que mayor número de veces estuvo en situación de "falta temporal" o de ofrecimiento, procura o anuncio de "falta absoluta" en el ejercicio del cargo; lo que sin duda reflejó en hechos lo que fue también su política permanente de mantener al país en zozobra, angustia, expectativa y desconcierto.

Este proceso de crisis política, y en particular, de anuncios de falta presidencial durante los catorce años que ejerció la Presidencia, en efecto, puede decirse que comenzó a los pocos meses de haber tomado posesión de su cargo de Presidente de la República, lo que ocurrió el 2 de febrero de 1999, al jurar cumplir y hacer cumplir la Constitución que en el mismo acto calificó de "moribunda," lo que ya hizo precario el inicio de su mandato; cuando el 8 de agosto de 1999, recién instalada la Asamblea Nacional Constituyente, puso su cargo de Presidente de la República a la disposición de la dicha Asamblea, lo que no fue otra cosa que una renuncia sujeta a aceptación, la cual la Asamblea no aceptó, quedando entonces "ratificado" en el cargo.

Luego vino el requerimiento popular de su renuncia con protestas que se generalizaron en todo el país desde fines de 2001, y su anunciada renuncia a la Presidencia comunicada públicamente por televisión al país y al mundo por su Jefe del Alto Mando Militar, acompañado de todos los oficiales del mismo, lo que ocurrió en horas de la madrugada del 12 de abril de 2002, "la cual aceptó," tal como se informó públicamente.

A ello lo siguieron los intentos de desarrollo de iniciativas populares para revocarle el mandato al Presidente Chávez, que se materializaron entre fines de 2002 hasta 2004, primero, mediante la solicitud popular para un referendo consultivo sobre su renuncia, y segundo, mediante sendas solicitudes para la realización de referendos revocatorios de su mandato (el "Firmazo" y "Reafirmazo"), respaldadas por millones de firmas, hasta que un referendo revocatorio del mandato se realizó finalmente, sorteadas toda suerte de dificulta-

---

1   Sobre este hecho, el propio Tribunal Supremo de Justicia en Sala Constitucional, en la sentencia N° 141 dictada tres días después, el 8 de marzo de 2013, fue muy cuidadosa en no afirmar que el 5 de marzo había fallecido el Presidente Chávez, limitándose a indicar lo que era indubitable, que "el 5 de marzo de 2013, el Vicepresidente Ejecutivo ciudadano Nicolás Maduro Moros anunció, desde la sede del Hospital Militar de Caracas 'Dr. Carlos Arvelo,' el lamentable fallecimiento del Presidente de la República ciudadano Hugo Chávez Frías."Véase el texto de la sentencia de interpretación del artículo 233 de la Constitución en http://www.tsj.gov.ve.decisiones/scon/Marzo/141-9313-2013-13-0196.html. El Tribunal Supremo, por tanto, sólo recogió el anuncio de que había ocurrido la falta absoluta del Presidente, pero sin indicar las circunstancias de tiempo o lugar de tal acaecimiento

des y obstáculos, y que se realizó en 2004. El resultado del mismo, conforme a la Constitución, fue que el mandato del Presidente quedó revocado. Sin embargo, en virtud de una conveniente interpretación (o mutación) constitucional adoptada por la Sala Constitucional del Tribunal Supremo de Justicia, el referendo fue ilegítimamente trastocado y pasó de ser un referendo "revocatorio" del mandato, a convertirse en un "ratificatorio" del mismo, que constitucionalmente no existe.

Después de ello, los partidos de oposición al gobierno del Presidente Chávez se abstuvieron de participar en las elecciones parlamentarias de 2005, con lo cual la Asamblea Nacional quedó totalmente controlada por los partidos de gobierno (2005-2010). Ello sin embargo, no fue motivo de estabilidad política alguna. A pesar de que al año siguiente, en 2006, se produjo la segunda reelección del Presidente Chávez en el cargo, en 2007 se produjo su más grande fracaso político al no haber logrado el apoyo popular que creía tener para la aprobación mediante referendo de su propuesta de reforma de la Constitución para establecer formalmente, en el texto constitucional, el marco de un Estado Socialista, Centralizado, Militarista y Policial, llamado como Estado Comunal o del Poder Popular. El pueblo simplemente rechazó su propuesta.

A pesar de ello, sin embargo, violando la Constitución y en fraude y desprecio a esa voluntad popular, contra toda lógica política Chávez implementó dichas reformas entre 2007 y 2010, mediante leyes, decretos leyes y leyes orgánicas, tendientes a la creación del Estado Comunal o del Poder Popular que el pueblo había rechazado; y ello, impunemente, sin que la Sala Constitucional del Tribunal Supremo de Justicia siquiera haya admitido las acciones de inconstitucionalidad intentadas contra dichos instrumentos.

Posteriormente, y en particular a partir de junio de 2011, se sucedieron múltiples faltas temporales del Presidente en el ejercicio de su cargo que se originaron con motivo de múltiples ausencia del territorio nacional, para ser sometido a tratamiento médico en La Habana, Cuba, donde fue operado de cáncer. Ello, como era de esperarse, afectó gravemente su estado de salud, a pesar de las negativas oficiales

En dichas condiciones de deterioro, también contra toda lógica política, sin embargo, participó en el proceso de elección presidencial de 2012, en el cual, sin trasparencia alguna que garantizara la rectitud del resultado, logró su tercera reelección en la Presidencia, en octubre de 2012. Sin dejar de viajar sucesivamente a La Habana, en faltas temporales intermitentes, a partir de diciembre de 2012, al empeorarse su salud, entró en una especie de situación de falta temporal permanente, luego de otra operación en La Habana el 10 de diciembre de 2012, de la cual nunca más se lo volvió a ver en público. ha debido haber fallecido en los días siguientes a dicha operación, pero lo cierto fue que no regresó vivo a Caracas ni, por supuesto, se pudo juramentar ante la Asamblea Nacional el 10 de enero de 2013 como lo exigía la Constitución, y así haber tomado posesión de su cargo para el período constitucional 2013-2017, a los efectos de haber podido comenzar a ejercerlo efectivamente. Para ese entonces, en cambio, lo que se anunció oficialmente fue que permanecía hospitalizado en La Habana desde cuando había llegado el 9 de diciembre de 2012.

Esa situación de falta temporal permanente e indefinida se prolongó con posterioridad, sin que ello supuestamente llegara a afectar constitucionalmente el inicio del nuevo período constitucional. En ese momento, también, de nuevo, en virtud de una conveniente interpretación constitucional adoptada por el Tribunal Supremo de Justicia mediante sentencia N° 2 de 9 de enero de 2013, materialmente se convirtió la conocida falta temporal, la cual por lo demás nunca había sido reconocida formalmente por el gobierno, en una ausencia indefinida, pero considerando que, sin embargo, el Presidente – ya creíblemente fallecido – supuestamente estaba y continuaba en ejercicio de funciones, por supuesto sin estarlo efectivamente, permitiendo ilegítimamente mediante una llamada "continuidad administrativa" que el tren ejecutivo del período constitucional anterior que había terminado el 10 de enero de 2013, continuara gobernando el país.

En todo caso, los catorce años del mandato prolongado del Presidente Chávez, como se dijo, fueron por sobre todo catorce años de crisis política la cual no cesó durante su prolongado gobierno, lo que puede decirse que, incluso, desde el inicio de su mandato era previsible que así ocurriría, convirtiéndose en política de Estado.

El gobierno del Presidente Chávez, efectivamente, desde el inicio, no podía verse como el inicio del final de la crisis política del régimen político de Estado centralizado de democracia de partidos establecido desde 1961, que tanto criticó, sino en realidad como parte esencial de esa crisis, como ha sido efectivamente lo que ha ocurrido. Ello, además, y por mi parte, fue lo que vi claramente en 2001, cuando se me pidió reflexionar sobre el tema de *Historia y Crisis Política* en nuestro país, en una conferencia que dicté en Caracas el 4 de diciembre de 2001 con motivo del inicio del año académico 2001-2002 de la Universitaria Monteávila, y cuyo texto, sin embargo, fue poco conocido.[2]

Por ello, y recordando lo que expresé hace quince años, he querido incluir dicho texto "A manera de Presentación" de este libro, en su versión original, con muy escasas precisiones, pues considero que puede ser ilustrativo para poder contribuir a ubicarnos en la temática de la crisis permanente que acompañó al régimen de Hugo Chávez, cuya crónica constitucional conforma este libro.

En todo caso, para entender bien el planteamiento, al leerse el texto escrito en 2001, que sigue, ruego al lector que con la perspectiva contemporánea, trate sin embargo de situarse mental y temporalmente en la situación del país

---

2   El texto de la conferencia fue publicado bajo el título: "Venezuela: Historia y crisis política," en *Derecho y Sociedad. Revista de Estudiantes de Derecho de la Universidad Monteávila*, N° 3, Caracas, Abril 2002, pp. 217-244.

en diciembre de ese año, cuando se escribió. Ese texto escrito en 2001 es el siguiente:

Desde hace más de 10 años, Venezuela transita por una grave crisis política que no logra superar; y que más bien se agrava. A pesar, incluso, del proceso constituyente de 1999 y de los cambios de gobierno ocurridos en los últimos tres años [1999-2001], los venezolanos aún estamos sin percibir salidas viables para la gobernabilidad del país. Se trata de una crisis del sistema político en su conjunto, que en su momento no se lo dejó evolucionar, y cuyas fallas, lejos de solucionarse, se han exacerbado con el actual régimen político.

Se trata de la crisis que sigue siendo de carácter terminal, que afecta al sistema de Estado Democrático Centralizado de Partidos que se instauró en nuestro país a partir de los años cuarenta del siglo pasado, precisamente para desarrollar el proyecto político de implantación de la democracia en el país de América Latina que, para entonces, era el que menor tradición democrática tenía. El objetivo se logro, al punto de que hasta hace pocos años, a pesar de sus fallas, podía decirse que Venezuela tenía una de las democracias más viejas de América Latina, pero ante el asombro de otros países latinoamericanos que nos la envidiaban, tenía muy poco prestigio en nuestro propio país.

En consecuencia, todas las esperanzas estaban puestas en el cambio político de la democracia que los venezolanos querían, y que a partir de 1998 se prometió, dando origen al proceso constituyente de 1999. Sin embargo, tres años después [2001] podemos constatar que nada ha ocurrido para permitir la profundización de la democracia. Ésta sigue siendo exclusivamente representativa de unos pocos partidos políticos, ahora en menor número que antes, y a pesar del discurso oficialista, no es nada participativa. La excepcional oportunidad histórica que tuvo el Presidente Hugo Chávez en sus manos para realizar los cambios que la democracia requería, se perdió, y ya es irrecuperable bajo su conducción.

Pero a pesar de todos estos inconvenientes, y con todos sus problemas, los venezolanos nos hemos habituado a la democracia; es parte de la vida social, al punto de que la gran mayoría de los votantes en las últimas elecciones, nació en democracia. Nos parece natural el disfrute de la libertad, siendo sólo recientemente cuando, con preocupación, hemos comenzado a sentir el riesgo de perderla.

Sabíamos, sin embargo, desde hace años, que la democracia tenía que cambiar, pero el liderazgo político de los últimos lustros, encargado de orientar, no comprendió que para continuar y sobrevivir la democracia tenía que perfeccionarse y hacerse más representativa y más participativa.

Esa incomprensión del liderazgo, entonces, condujo al propio desprestigio partidista y de la democracia, y al tremendo vacío político que se produjo en 1998, el cual fue rápidamente copado por la figura del actual Presidente de la República, quien de fracasado golpista, irrumpió en la escena política prometiendo todos los cambios soñados e imaginables. El pueblo lo siguió, pero han bastado sólo tres años para que demostrara la más absoluta incomprensión de la realidad venezolana, y haya pasado, con su gobierno, a un nivel de fantasías que sólo él imagina, y a un nivel de incompetencia, degradación y corrupción nunca antes visto. Esta incomprensión, de entonces y de ahora, ha sido, precisamente la que nos tiene inmersos en esta crisis histórica, más que terminal, donde un cambio inevitable, querámoslo o no, sigue estando visible en nuestro horizonte político.

En estos últimos tres años [1999-2001], en realidad, lo que hemos vivido, antes que cambio político alguno, es el agotamiento definitivo del proyecto político y del liderazgo que implementó el sistema de Estado Democrático Centralizado en Partidos del cual, con suerte y quizás, su último representante podría ser Hugo Chávez Frías; pues su gobierno hoy resulta ser el producto más acabado de todos los vicios del sistema: partidismo a ultranza; centralismo avasallante; ausencia de control del poder; sumisión del Poder Legislativo al Ejecutivo; avasallamiento del Tribunal Supremo de Justicia; inexistencia del Poder Ciudadano; e impunidad y corrupción rampantes.

Lamentablemente, entonces, a pesar de todo lo ocurrido, prometido y hablado, en estos últimos tres años [1999-2001] la crisis política se ha agravado, constituyendo la destrucción institucional el principal objetivo de la política gubernamental, al punto que hoy [2001], definitivamente, nadie cree ni confía en la Asamblea Nacional, ni en el Poder Judicial, ni en el Poder Ciudadano, ni en el Poder Electoral, ni en la Administración Pública.

Y ello ocurre en medio de una de las crisis económicas más agudas del Estado petrolero, cuyos conductores, sin conciencia alguna de lo que significa, no sólo han literalmente malversado los recursos adicionales provenientes de los altos precios del petróleo, sino que han continuado deseducando a la población, que pide más, como si la riqueza petrolera fuera inagotable, y todo ello como si no se hubiera comprobado que el modelo de repartir dadivosamente esa riqueza ha sido no sólo una fuente de corrupción, sino una de las causas de la propia crisis por la que atravesamos.

Lo lamentable es que todo este desprestigio institucional del aparato del Estado, de las nuevas organizaciones políticas y de la forma autoritaria de gobernar, está originando un desconcierto colectivo sin que se entienda por qué tanta corrupción e ineficiencia. Los cantos de sirena autoritarios que se habían apoderado hasta del nombre de Bolívar, opacando incluso las propias virtudes de la democracia, han provocado de nuevo, la situación de vacío político que hoy también sentimos, donde sin instituciones que sirvan de contrapeso al Poder, el Presidente de la República, con una máscara popular, se da el lujo de decir públicamente, como lo recoge la prensa de hoy: "la ley soy yo. El Estado soy yo" (El Universal, Caracas 4-12-01, pp. 1-1; 2-1). Ante esta situación y contrariamente a lo que ocurría en tiempos de Luis XIV, la opinión pública es la única que puede controlar el Poder. Por ello, hoy, la lucha por la preservación de la democracia comienza por la sobrevivencia de la libertad de manifestación y de expresión.

La mayoría de nuestro país, sin duda, quería cambios radicales, pero no para que un Presidente pretendiera encarnar, el sólo, la Ley y el Estado. Queríamos un cambio en libertad y sin autoritarismos. Por ello preocupa el discurso oficialista de la supuesta "revolución pacífica," lo que es contradictorio con la historia, que enseña que las revoluciones son siempre violentas, y con la práctica de las ejecutorias públicas del gobierno, que han sido más bien violentas. Por ello los venezolanos comienzan a tomar conciencia de que la libertad puede quedar perdida, por haber quedado el país en manos de un liderazgo antidemocrático. Por ello, el dilema que continuamos teniendo los venezolanos es cómo lograr los cambios inevitables, indispensables y necesarios que requiere el país y la sociedad en libertad y sin perder la democracia, la cual no es, precisamente, la culpable del deterioro, ni está en su destrucción el camino para la reconstrucción de la Nación.

Lo que dijo el Presidente de la Federación Rusa en 1998 al poner fin al tiempo de la que se creía que era la Revolución más definitiva que ha conocido la historia moderna, con ocasión del sepelio de los restos de los Romanov, es una advertencia que tenemos que repetirle al aprendiz de revolucionario que por desgracia está conduciendo nuestro Estado; se trata de una de las más amargas lecciones de la historia de la humanidad; simplemente: "Que los intentos de cambiar la vida mediante la violencia están condenados al fracaso".

El Presidente de la República en cambio, con su ignorancia de la historia y de sus propias circunstancias, nos anuncia no sólo la mencionada "revolución pacífica", sino que agrega que es "armada" con todos los instrumentos de guerra y de violencia imaginables: mísiles, tanques, obuses y quién sabe cuántas otras armas que los civiles no tenemos.

En todo caso, no es la primera vez en los dos Siglos que han transcurrido desde que en estas tierras se comenzó a configurar nuestro país, que nos encontramos en una situación crítica como la que hoy vivimos. La tragedia política de hoy ya la hemos vivido; por lo que no es su superfluo reflexionar sobre lo que nos ha ocurrido, precisamente para intentar entender lo que nos está ocurriendo y lo que vendrá.

Por supuesto, meter dos siglos de historia en un discurso inaugural de un curso universitario es tarea imposible, por lo que me limitaré a precisar, rápidamente, sólo algunos aspectos de los que han caracterizado nuestro devenir histórico en esos dos últimos siglos, para insistir en el presente y el futuro inmediato.

Todo comenzó a finales del Siglo XVIII, siglo durante el cual, en estas tierras, si bien se manifestaron muchas rebeliones autonomistas que anticiparon cambios revolucionarios, también se produjeron reacciones centralistas, no sólo económicas como la que originó la instauración de la Compañía Guipuzcoana, sino de carácter institucional, con las grandes reformas realizadas por Carlos III. Con estas se produjo la integración territorial de las Provincias coloniales que conformaban estas tierras, y se modificó el cuadro territorial que existía en 1777. Aquí existían unas Provincias que se habían ido estableciendo y consolidando durante dos siglos y medio con un alto grado de autonomía, disgregadas y sin vínculo alguno entre ellas, y más bien con antagonismos. Esas Provincias estaban conducidas por Cabildos situados muy lejos de los centros de poder político a los que estaban sometidos, ubicados, para unos en Santa Fe de Bogotá, y para otros en la isla de Santo Domingo. La respuesta borbónica a la autonomía local y provincial que tantos signos de rebeldía había originado, fue en realidad la que detonó el inicio de la configuración territorial de Venezuela, al juntarse las Provincias mediante la centralización militar, al crearse la Capitanía General de Venezuela; la centralización económica, con el establecimiento de la Real Intendencia; la centralización legislativa y gubernamental, con la creación de la Real Audiencia de Caracas, y la centralización judicial, con el establecimiento del Real Consulado. Todo ello había ocurrido en un lapso de 16 años, entre 1777 y 1793.

Al concluir los tres siglos de dominación española, por tanto, todo estaba preparado para que con la Revolución de Independencia, el país entrara al Siglo XIX, que fue el Siglo del nacimiento del Estado bajo el signo del militarismo, del federalismo y de las guerras sociales.

Los "trescientos años de calma" -como los calificó Bolívar- que habían transcurrido desde el descubrimiento, habían terminado con una revolución -la de Gual y España-, en 1797, que había sido de carácter político, no precisamente de los desposeídos y de los esclavos negros, sino de las élites intelectuales, administrativas y militares, por la libertad política. El insumo teórico adicional del proceso lo suministraría Francisco de Miranda y provendría además del bagaje escrito que penetró en nuestras tierras desde los Estados Unidos de Norteamérica y desde Francia, producto de las dos grandes Revoluciones de finales del Siglo XVIII.

En ese momento sólo faltaba una causa inmediata para la Revolución Municipal y esa fue, además de la crisis de la Monarquía, la guerra de independencia que a partir de 1808 se desarrolló en España, contra la invasión napoleónica, y que dejó a estas Provincias efectivamente huérfanas, desde el punto de vista político; orfandad para la cual nadie estaba preparado por el vacío de poder que se había producido por la pérdida de legitimidad de la Corona. La máscara de Fernando VII ciertamente fue la excusa para que se diera el golpe de Estado del 19 de abril de 1810, precisamente por quien sólo podía darlo, el Cabildo de Caracas, en el cual estaban representados los que dominaban social y económicamente la Provincia, los criollos blancos, y algunos nuevos y efímeros representantes del gremio de los pardos.

La Revolución, por tanto, la inició el Cabildo de la Capital de la entonces llamada Provincia de Caracas; la cual sólo era una de las Provincias existentes en el territorio de la recién creada Capitanía General de Venezuela que estaba integrada, además, por las Provincias de Margarita, Mérida, Cumaná, Barcelona, Barinas, Trujillo, Maracaibo, Coro y Guayana. Estas, sin duda, tenían que sumarse al movimiento, de lo contrario fracasaba; y la mayoría -no todas- lo hizo, dictando sus propias Constituciones provinciales. Habían pasado sólo 34 años, menos de lo que nos separa actualmente [2001] del 23 de enero de 1958, desde que se había creado la Capitanía General de Venezuela, la cual, por supuesto, no había logrado centralizar a estas Provincias, que siguieron autónomas y separadas unas de otras, con sus Cabildos gobernando.

El nuevo Estado independiente que se comenzó a construir en 1810, por tanto, sólo podía responder a una forma federal que uniera lo que nunca había estado unido, y ese modelo nos lo suministró la experiencia norteamericana recién iniciada. En 1810, en toda la historia del constitucionalismo no había otro modelo al cual pudieran haber recurrido nuestros próceres civiles constitucionalistas, para solucionar el problema que surgía cuando unas Provincias Coloniales aisladas se independizaban de un imperio y pretendían constituirse en un Estado independiente; la experiencia había sido inédita hasta el proceso de Norteamérica. No había, por tanto, salvo las ideas monárquicas, otras que hubieran podido inspirar a nuestros conspiradores de 1810 y hacedores del Estado de 1811, que no fueran las republicanas y federales.

En todo caso, trescientos años de aislamiento y separación interprovincial no podían simplemente eliminarse de un plumazo, ni podía pretenderse establecer en estas tierras, mediante un cañonazo, un Estado Unitario Centralizado. Ese y no otro, sin embargo, fue el fracaso del Libertador, quien con los mejores deseos y optimismo quiso crearlo en todo el territorio de las Provincias que conformaban no sólo Venezuela, sino incluso los territorios de Ecuador y Colombia. Tremenda ilusión e incomprensión, precisamente de los "trescientos años de calma" autonómica que los Cabildos de nuestras Provincias habían construido.

El Siglo XIX en todo caso, después del fracaso de las ideas bolivarianas de panamericanismo político, estuvo signado por los intentos fallidos de establecer y consolidar en estas tierras un Estado Nacional independiente y autónomo, que abarcara todas las Provincias que habían sido incorporadas a la Capitanía General de Venezuela, con una forma de organización centralizada.

El primer acontecimiento que signó el proceso fue la declaración de independencia de 1811 y la subsiguiente guerra de liberación; la única de carácter social de todas las que se originaron con la independencia de América Latina. No todos la querían ni la entendían, particularmente después que la máscara de Fernando VII se fue retirando de la cara republicana. Con ella estalló toda la relación estamental de la sociedad colonial, de manera que en las primeras de cambio los pardos se alinearon con el Rey contra los blancos terratenientes y cabildantes que declararon la Independencia; y lo mismo hicieron los negros y libertos para luchar contra sus amos, en procura de su libertad.

La Revolución la habían iniciado los blancos criollos mediante la toma del poder de los Cabildos que venían controlando; y contra ellos se rebelaron los otros estamentos de la sociedad colonial. No es de extrañar, por tanto, que Boves, al inicio de las guerras de liberación lideradas por Bolívar, después de la invasión de Monteverde en 1812, aprovechando el resentimiento de castas, atrajese a unirse a sus bandos realistas, a los esclavos y libertos para luchar contra los amos, con promesas de reparto de las tierras que se les confiscarían a los patriotas.

De guerra política se pasó rápidamente a una guerra social, con motivo de la cual, para cambiar el curso de la misma, en 1813 Bolívar tuvo que acudir hasta al recurso extremo de la guerra a muerte; la cual fue, así, de exterminio, extremadamente cruel y brutal; una guerra en la cual el símbolo de nuestros liberadores era nada menos que un pañuelo negro en el cuello y una bandera, también negra, con una calavera blanca en la lanza.

Después de la guerra vinieron varias tareas urgentes: por una parte, el repartimiento de la tierra y de los bienes confiscados a españoles, canarios y criollos opuestos a la Independencia, proceso del cual aparecerían los nuevos ricos y terratenientes, quienes pasaron, además, a ser los nuevos propietarios de los esclavos que servían la tierra.

Pero por otra parte, estaba la tarea de tratar de construir un Estado, ya no sólo en Venezuela sino conforme a la Constitución de Cúcuta de 1821, en todo el norte de Suramérica con la unión de los pueblos de Colombia. Los nuevos propietarios y terratenientes de las Provincias de Venezuela, que además habían sido los militares que habían luchado y ganado la guerra de liberación, todo lo cual les había dado el poder real en cada Provincia, difícilmente iban a aceptar sumisión política alguna respecto de quienes gobernaban desde Bogotá. Por ello el maravilloso e ilusorio intento de Bolívar fracasó el mismo año de su muerte, y a partir 1830, el poder local, esta vez de los caudillos que había salido de la guerra, se entronizó en las Provincias de Venezuela.

El militarismo, así, marcó a nuestro país desde la Independencia, durante todo el Siglo XIX y ha estado presente hasta nuestros días; de manera que, incluso, fue precisamente a través del militarismo que se aseguró la participación de todas las castas y grupos sociales en el proceso político. El pueblo uniformado venezolano recorrió todas las provincias y buena parte de América. La Independencia de los otros países la hicieron estas milicias confederadas que luego, con la Federación, se entronizaron en cada Provincia; milicias, que no eran otra cosa que el peonaje rural armado bajo el comando de los terratenientes locales, y que sólo fueron sustituidas por un Ejército Nacional, un siglo después, cuando Juan Vicente Gómez lo construyó a fuerza de guerras a comienzos del siglo pasado. El llamado Ejército Nacional, por tanto, no tiene todavía cien años de estructurado.

En esta forma, todo el Siglo XIX, desde el punto de vista político fue el siglo del federalismo y de las Provincias convertidas luego en Estados sobe-

ranos; siglo que puede dividirse en dos períodos políticos claramente identificados: primero, el de la formación del Estado autónomo semi-centralizado que trataron de construir los líderes de la Independencia en 1811 y luego a partir de 1830 y que duró hasta 1863; y segundo, el del Estado Federal, que duró hasta 1901.

Después de tres lustros de la carnicería civil que fue la guerra de liberación de Venezuela, los regionalismos políticos que venían desde la Colonia salieron fortalecidos. Por tanto, el problema de construir un Estado ya separado de la Gran Colombia, estaba en la necesidad de conciliar esos regionalismos políticos con las fuerzas centrípetas del Poder. Para ello, en medio de la confrontación de poderes, la Asamblea Constituyente de 1830 optó por un modelo de organización política centro-federal, como un equilibrio entre los dos sectores de las clases dominantes que se habían ido formando: por una parte, el del Partido Liberal representante de los nuevos hacendados y nuevos ricos regionales militares que surgieron de las Leyes de Repartos de los antiguos latifundios; y por la otra, el del Partido Conservador, representante de la nueva burguesía comercial que se había consolidado, incluso con el abastecimiento de la guerra, con influencia en el gobierno central.

El primero seguía la idea federal para estructurar un gobierno que permitiera a los caudillos militares hacendados regionales mantener el control sobre las Provincias; tras la cual estaba la gran masa de la población no privilegiada ni con capacidad política que venía del trabajo agrícola, y cuyo origen remoto estaba mezclado a la esclavitud; el segundo, buscaba la consolidación de un poder central y la estructuración de un Estado Nacional.

Por la confrontación de esos partidos, el Siglo XIX también fue un siglo de revueltas, insurgencias y revoluciones, todas bajo la bandera federal, entre las cuales se destaca la propia Guerra Federal desarrollada entre 1858 y 1863, que por supuesto no fue la única. Entre 1830 y 1858, cada cuatro o cinco años hubo una revolución o revuelta, hasta que entraron en escena las masas rurales, los bandoleros del llano y los campesinos rebeldes, pero sin la conducción que habían tenido en la época de las guerras de liberación luego de la Independencia; todo en preparación de la próxima guerra civil, social y política que se desarrollaría durante cinco años a partir de 1858, es decir, de las guerras federales.

Con este proceso puede decirse que terminó abruptamente el primer período histórico de la República, que abarcó la primera mitad del Siglo XIX, desde 1811 hasta las guerras federales y que duró algo más de cuatro décadas, la última de las cuales transcurrió en medio de una tremenda crisis política, económica y social que el liderazgo de los antiguos próceres y luchadores de la Independencia no pudo superar.

Es cierto que en 1858 se había reunido una Convención Constituyente en Valencia para traducir en una nueva Constitución los principios de la Revolución de Marzo. Pero como sucede tantas veces en política y ha sucedido tantas veces en nuestra historia, la respuesta necesaria para solventar lo que había sido una larga crisis, lamentablemente había llegado demasiado tarde, y ni siquiera José Antonio Páez ya la podía atajar. Los jefes liberales expulsados por Castro, con Falcón, Zamora y Guzmán a la cabeza, preparaban su invasión con un Programa de la Federación, ayudados por las rebeliones locales de campesinos armados que se generalizaron en todo el país. Fue de nuevo una guerra de destrucción y exterminio, la segunda que tuvimos en menos de medio Siglo, que involucró materialmente a todo el territorio nacional mediante un proceso de movilización social, horizontal y vertical, que también empujó el proceso igualador entre los blancos ya mezclados de la oligarquía dirigente y las otras razas mezcladas, en una continuidad que se había iniciado en la guerra social de la liberación luego de la Independencia. De allí el igualitarismo venezolano.

En todo caso, con el triunfo de la Revolución Federal se inició el segundo período histórico de la República que duró la segunda mitad del siglo XIX. En ese momento, Zamora tenía 46 años, Falcón 43 y Guzmán Blanco 34. Una nueva generación había llegado al poder en medio de una brutal crisis, con la tarea de implantar un nuevo esquema de organización política del Estado por el que se había estado luchando desde la propia Independencia: la forma federal que situaba la base del poder en las Provincias, ahora llamadas Estados y en sus jefes políticos y militares. Desapareció con ella todo vestigio de lo que podía configurarse como un Ejército Nacional, y se consolidó el esquema de milicias que organizaban los Estados bajo el mando de los caudillos regionales, ahora Presidentes de Estados. De nuevo apareció el esquema del pueblo en armas como una forma de participación política.

Lo que se ha dicho sobre la supuesta Federación de papel que tuvimos durante el siglo XIX, en mi criterio, no es más que el producto de la deformación provocada por la literatura centralista del siglo XX. Al contrario, la Federación del Siglo XIX fue una realidad política, legislativa, militar y administrativa. Ciertamente que fue pobre desde el punto de vista fiscal, pero porque todo el país era paupérrimo, y lo poco que había de ingresos se había ido acaparando por el gobierno nacional. El país continuaba siendo un país agrícola y pastoril, donde los hatos de ganado, las haciendas y plantaciones de cacao y de café dominaban la economía, incluso de las ciudades. La fuerza fundamental de trabajo en las faenas agrícolas, hasta mitades del siglo XIX, había continuado siendo esclava, cambiándose luego a estos, con su liberación, por peones enfeudados.

La Federación, sin embargo, no trajo estabilidad política, por lo que las últimas décadas del siglo XIX también fueron de revoluciones y rebeliones realizadas por los propios caudillos liberales, con sus huestes populares de peones armados. La guerra larga no había acabado con el hábito de rebelión que la había originado. Por ello vino la Revolución Azul de 1868; seguida por la Revolución de Abril de 1870 comandada por Antonio Guzmán Blanco, quien de abogado devenido en guerrillero federal, se convertiría en el primus inter pares en el esquema federal dominado por los caudillos re-

gionales. En una forma u otra, la alianza entre ellos lo mantuvo en el poder hasta 1888.

Al salir Guzmán del poder, de nuevo se generó otro gran vacío político en el país que había dominado durante casi dos décadas. La sucesión presidencial condujo al deterioro progresivo del Partido Liberal y la crisis se abrió francamente. De nuevo, como en 1858, se pensó que su solución estaba en una reforma constitucional que apuntaba a la eliminación del Consejo Federal, a la elección de los representantes mediante sufragio universal, directo y secreto, y al restablecimiento de los 20 Estados que habían sido reducidos por Guzmán. De nuevo, el remedio que se quiso dar a la crisis del sistema, fue demasiado tarde.

En 1891, efectivamente, se sancionó una reforma constitucional promulgada por Andueza Palacios sin ajustarse a la Constitución, lo que motivó la Revolución Legalista de Joaquín Crespo, con la cual tomó el poder al año siguiente, en 1892, con la bandera del restablecimiento de la legalidad constitucional violada. Terminó, sin embargo, haciendo las mismas reformas constitucionales con una Asamblea Constituyente, la de 1893.

El país estaba, de nuevo, en medio de una tremenda crisis económica por la baja de los precios de exportación del café y del cacao, por el endeudamiento externo e interno que venía arrastrándose desde la época de Guzmán Blanco; y de una crisis política que no concluía, que era efectivamente total, de nuevo, por el vacío de poder que existía, al no haber comprendido el liderazgo la necesidad de un cambio inevitable en el proyecto político liberal federal, que ya se había desdibujado.

No hay que olvidar que en la campaña para la elección presidencial de 1897 había participado como candidato liberal de oposición el general José Manuel Hernández, El Mocho, cuya popularidad hacía prever su triunfo. No había encuestas, pero se sabía que era el favorito; y también había formas de coaccionar el voto. Un manejo fraudulento de los comicios, o al menos eso se alegó, condujo a la llamada Revolución de Queipa que se extendió a los llanos de Cojedes. El Mocho fue vencido en tierras falconianas y reducido a prisión, pero posteriormente participaría, aun cuando efímeramente, en el gobierno de Cipriano Castro.

Con el gobierno de Ignacio Andrade culminó la extrema descomposición del liberalismo tradicional y del sistema de partidos que se había comenzado a estructurar seis décadas antes, derrumbándose el sistema político iniciado con la Revolución Federal, que se cayó por su propio peso.

Pero para que concluyera este segundo período histórico republicano que abarcó la segunda mitad del Siglo XIX, también era necesario un motivo. Un exiliado político desde los tiempos de la Revolución Legalista, el otrora diputado Cipriano Castro, el 23 de mayo de 1899 invadió el país desde Cúcuta al frente de la Revolución Liberal Restauradora, con la bandera de que la designación de los Presidentes de Estado por el Presidente de la República que había dispuesto el Congreso, violaba la soberanía y autono-

mía de los 20 Estados de la República recién reconstituidos. *En nombre del federalismo venció sucesivamente las tropas gubernamentales, y entró en Caracas el 23 de octubre de 1899. Sólo seis meses fueron necesarios para que dominara a un país que estaba como huérfano, sin conducción política y con partidos deteriorados.*

Allí terminó el segundo período de nuestra vida republicana, y se inició el del Siglo XX, el siglo de la consolidación del Estado Nacional, del centralismo político, de la economía petrolera y de la democracia.

Pero durante el siglo anterior, los venezolanos nos habíamos quedado atrás en la historia. El Siglo XIX había sido, en el mundo occidental, el de la revolución industrial y urbana, el del inicio de la democracia y del surgimiento de un nuevo sentimiento de identidad nacional en los países europeos. En contraste, aquí no habíamos logrado realmente hacer un país ni construir un Estado Nacional. Lo que teníamos eran entidades políticas disgregadas, con centros urbanos paralizados, analfabetismo generalizado, industrias inexistentes, desocupación incluso en el campo y un esquema de gobierno central endeble, con una deuda externa que lo agobiaba y sin un liderazgo que lo condujera, entre otros factores, por el deterioro terminal de los partidos políticos. En definitiva, lo que teníamos, realmente, era un país de montoneras rurales y caudillos terratenientes que formaban el Partido Liberal; un país de hacendados de cosechas pobres, que no producían más de lo que un Siglo atrás, a finales de la época colonial, ya se producía. En fin, la caricatura de una sociedad feudal.

Ese fue el país que recorrió Cipriano Castro al invadir con los andinos la capital, como medio Siglo antes lo había hecho Monagas con orientales. Castro, con experiencia política, tenía 41 años y Gómez, sin ella, 42 años. Ambos condujeron al país con mano dura; fue el período de la consolidación del Estado Nacional mediante un proceso progresivo de centralización política, militar, fiscal, administrativa y legislativa, que terminaron con los cien años precedentes de federalismo.

Pero Castro había llegado al poder sin programa alguno, salvo el de "nuevos hombres, nuevos ideales y nuevos procedimientos", es decir, el de la promesa de cambio, pura y simplemente, que además para ese momento era inevitable, como antes lo había sido en la víspera de la guerra federal, y después, lo fue en la víspera de la Revolución de Octubre del Siglo pasado, y está ocurriendo precisamente en estos mismos tiempos presentes; cambio que, por supuesto, no se produjo de la noche a la mañana, como ningún cambio político se ha producido en la historia. Tomó varios lustros de crisis y de luchas.

La crisis económica agravada por la negativa de los banqueros locales a otorgar nuevos préstamos al Gobierno, que estaba quebrado, y la reacción de Castro, provocaron la rebeldía de los líderes liberales tradicionales, que por temor a lo que significaba el Mocho Hernández, habían permitido que Castro tomara el Poder. Entraron en guerra contra el gobierno, por lo que, de nuevo, a partir de 1900, el país recomenzó a estar infectado de guerrillas. Para luchar contra ellas había que permitir que el gobierno pudiera transformar el aluvional Ejército Restaurador triunfante en un verdadero Ejército Nacional, y eso fue lo que permitió la Asamblea Constituyente de 1901, otra de las grandes Asambleas Constituyentes de nuestra historia, al comenzar la modificación de la distribución del poder territorial y empezar a poner fin al federalismo. La reforma constitucional de 1901, en efecto, eliminó la norma que desde 1864 prohibía al Poder Central situar fuerzas y Jefes militares con mando en los Estados, sin el acuerdo de los jefes políticos locales; nacionalizando además todos los pertrechos y las armas de guerra que existían en la República.

Por primera vez en nuestra historia se nacionalizaron las armas y la guerra. Con esos instrumentos, el Vicepresidente Gómez recorrió toda la geografía nacional en una nueva guerra, esta vez central, pero contra los caudillos regionales a quienes venció una y otra vez, incluyendo los de la Revolución Libertadora de Manuel Antonio Matos. Con el triunfo militar de Ciudad Bolívar de 1903 no sólo concluyeron cuatro años de guerra, sino que se procedió a otra reforma constitucional, la de 1904, que eliminó definitivamente toda posibilidad para los Estados de tener fuerzas o milicias propias. Con ello, los caudillos regionales no pudieron jamás volver a congregar ejércitos personales para asaltar el poder, abriéndose la vía para la consolidación de un Ejército Nacional, concluyendo así cien años de guerras civiles y de montoneras.

Con el enjuiciamiento de Castro en 1908, como autor intelectual del asesinato de Antonio Paredes, Gómez dio un golpe de Estado apoderándose del Poder, lo que legalizó con una nueva reforma constitucional en 1909, donde reapareció un Consejo de Gobierno en el cual ubicó a todos los caudillos liberales desocupados que quedaban y que aún campeaban sin milicias en el país, incluyendo al mismo Mocho Hernández.

Con la elite que lo rodeó, deslastrada de tanto guerrillero rural, inició el proceso de centralización política del país que en definitiva se configuró como un proyecto político de consolidación del Estado Nacional. Gómez, como Comandante en Jefe del Ejército Nacional, quedó convertido en el amo del Poder y de la guerra hasta su muerte, con lo que impuso la estabilidad política, muchas veces en la paz de los sepulcros.

Consolidado su poder político y militar procedió a centralizar el aparato del Estado a partir de 1918, con las importantes reformas comandadas por el Ministro Román Cárdenas, culminando el proceso con la reforma constitucional de 1925, que concluyó el diseño del Estado Centralizado Autocrático que caracterizó el período gomecista, y cuyos principios rigieron hasta la Revolución de Octubre de 1945, continuando luego los principios centralistas hasta nuestros días.

Para 1925, además, lo que en los primeros lustros del Siglo XX aparecía como borroso, en el presupuesto de ese año ya estaba claro: la renta petro-

lera había llegado a ser el renglón más importante de ingresos, significando un tercio de la renta interna, lo que al final del período gomecista haría que la renta minera llegara a proporcionar más de la mitad de la renta global, y Venezuela sería entonces el segundo país productor y exportador de petróleo del mundo. Con el petróleo, el país de los hacendados y de la agricultura que nos había sostenido durante más de cuatro siglos, quedaría relegado totalmente; los viejos caudillos rurales habían sido definitivamente expulsados o desplazados, y con ellos las penurias de las pobres cosechas.

Se inició así, el modelo de Estado petrolero y de la sociedad dependiente del ingreso petrolero del Estado, en la cual materialmente nadie contribuye pero todos piden y esperan del Estado, porque los contribuyentes esenciales antes eran las empresas concesionarias de hidrocarburos, y ahora son las empresas de la industria petrolera nacionalizada.

Con la muerte de Gómez, a partir de 1936 puede decirse que indudablemente comenzó el surgimiento de una nueva Venezuela, no sólo desde el punto de vista político sino también desde el punto de vista económico y social, precisamente en virtud de los efectos de la explotación petrolera. En esos años la movilidad social se había acentuado; el antiguo campesino se había convertido en obrero petrolero y las ciudades comenzaron a ser progresivamente invadidas por todo tipo de buscadores de oportunidades que el campo no daba, iniciándose el proceso de marginalización de nuestras ciudades tan característico de la Venezuela contemporánea. La riqueza fue más fácil y a veces gratuita, quedando desvinculada del trabajo productivo. El petróleo así, enriqueció, pero también impidió que se llegara a implantar al trabajo como valor productivo de la sociedad, precisamente cuando el mundo vivía la más extraordinaria de las revoluciones industriales y se hubiera podido construir la etapa de despegue del desarrollo de nuestro país.

Ciertamente, luego de la muerte de Gómez, a partir de 1936 resurgió paulatinamente el ejercicio de los derechos políticos y de las libertades públicas inexistentes cuando Gómez, y se inició la marcha del país en el campo demográfico, social y cultural que se había paralizado durante un cuarto de Siglo; pero ello ocurrió en un país que continuaba atrasado, ignorante de lo que sucedía en el mundo y abiertamente saqueado por inversionistas extranjeros con sus aliados criollos.

Con la reforma constitucional de 1936, promulgada por Eleazar López Contreras, se inició el lento proceso de transición de la autocracia a la democracia, siendo el período de López testigo del nacimiento de los movimientos obreros y de masas y de las organizaciones que desembocaron en los partidos políticos contemporáneos y cuyo inicio estuvo en los movimientos estudiantiles de 1928. En 1941, en plena II Guerra Mundial, a López lo sucedió Isaías Medina Angarita, su Ministro de Guerra y Marina, como López antes lo había sido de Gómez, hecho que si bien significó en cierta medida la repetición dinástica del gomecismo, no detuvo, sino más bien alentó, la continuación de la apertura democrática.

Pero ya en la Venezuela de 1945 esa tímida apertura no era suficiente. A pesar de las importantísimas reformas legales que Medina realizó para ordenar la explotación petrolera y minera y hacer que las concesionarias pagasen impuestos; y a pesar de existir ya un país más abierto al mundo en la víspera del inicio de la democratización contemporánea provocada por el fin de la II Guerra Mundial, el liderazgo medinísta no supo interpretar la necesidad de una sucesión presidencial mediante sufragio universal y directo. Lamentablemente, de nuevo, aquí también como tantas veces antes en la historia, la incomprensión del momento político enceguectó al liderazgo perdido en tratar de imponer un candidato de origen andino para su elección por el Congreso, ante la sombra de López Contreras que amenazaba con su propia candidatura.

La Revolución de Octubre de 1945, provocada por la confusión candidatural generada por el liderazgo andino, de nuevo llevó a los militares al poder con una mediatización temporal, sin embargo, por el apoyo que le dio el partido Acción Democrática a la Revolución, que hizo gobierno a sus líderes. En ese momento, Pérez Jiménez, tenía 31 años; Rómulo Betancourt, 37 años; Raúl Leoni, 40 años y Gonzalo Barrios y Luis Beltrán Prieto Figueroa, 43 años.

No es el momento de juzgar a la Revolución de Octubre; en realidad tenemos mas de 50 años juzgándola y en todo caso, ya quedó en la historia. Lo importante a destacar es que seguramente se habría evitado si no es por la miopía política del liderazgo del lopecismo y del medicinísmo, es decir, de los sucesores del régimen de Gómez, en entender lo que habían hecho y logrado en sólo una década entre 1935 y 1945.

Para esta fecha, fin de la II Guerra Mundial, ciertamente que ya estaban en otro país totalmente distinto al que había dejado el dictador a su muerte, tanto desde el punto de vista político como social y económico. Ellos lo habían cambiado todo al comenzar e impulsar la apertura democrática; pero a la hora en que esta podía conducirlos a perder el control del poder, se cegaron en cuanto a la senda que debían continuar. Fueron incapaces de comprender y reconocer desde el punto de vista democrático, que la extraordinaria obra que habían realizado de abrir el país a la democracia, requería de un paso más que permitiera la abierta participación electoral de los partidos de masas que bajo su ala se habían constituido, con el riesgo, por supuesto, de que estos pudieran ganar la elección. Ese era quizás el precio que tenían que pagar por la continuación del proceso democrático. Reformaron la Constitución en abril de 1945, pero no fueron capaces de establecer la elección directa para la elección presidencial, ni el voto femenino salvo para las elecciones municipales, y seis meses después de la flameante reforma constitucional, les salió el lobo materializado en la Revolución de Octubre, con la bandera de establecer el sufragio universal y directo, enarbolada por el partido Acción Democrática.

La incomprensión del liderazgo de lo ocurrido en la década que siguió a la muerte de Gómez, puede decirse que hizo inevitable el golpe de Estado para hacer lo que aquél no había entendido como indispensable: terminar de implantar la democracia mediante el sufragio universal, directo y secreto. Ello, por supuesto, podía acabar democráticamente con la hegemonía del liderazgo andino, lo que en efecto ocurrió en el mediano plazo pero mediante un golpe militar, con todas las arbitrariedades, injusticias y abusos que acompañarían a un gobierno originado en un hecho de fuerza.

Las generaciones y el liderazgo político tienen la obligación de entender, en momentos de crisis, cual es el precio que hay que pagar para el mantenimiento de la paz, y en nuestro caso actual [2001], para el perfeccionamiento de la democracia. Ese es el reto que tuvieron en 1945; y es el que ahora mismo tenemos los venezolanos.

En 1945 no quisimos identificarlo y se inició en Venezuela el cuarto de los grandes ciclos políticos de la época republicana. El Estado Centralizado Autocrático de la primera mitad del Siglo XX comenzó a ser sustituido por el Estado Centralizado Democrático que encontró su marco constitucional en la Asamblea Constituyente de 1946, otra de nuestras grandes Constituyentes, que sancionó la Constitución de 1947. Su texto fue, básicamente, el mismo del de la Constitución de 1961 la cual, sin embargo, se dictó sobre una base política democrática que no existía en 1946: la del pluralismo. La diferencia abismal que existió entre una y otra, por tanto, no radicó en el texto mismo de la Constitución que fue casi igual, sino en su base política: en la Asamblea Constituyente de 1946 no estaban presentes todos los actores políticos, pues el medinismo estuvo ausente; en el Congreso de 1961, en cambio, sí estaban todos los actores políticos de manera que la Constitución respondió a un consenso o pacto para la democracia, sin exclusiones.

Lamentablemente fue necesaria una década de dictadura militar para que los venezolanos que en 1945 se habían definido como proyecto político implantar a juro la democracia en Venezuela, con Rómulo Betancourt a la cabeza, se dieran cuenta de que la democracia no podía ni puede funcionar sobre la base de la hegemonía de un partido único o casi único sobre todos los otros, ni con exclusiones, sino que tiene que tener como soporte el pluralismo partidista y de ideas, donde el diálogo, la tolerancia, la negociación y la conciliación sean instrumentos de acción. El Pacto de Punto Fijo de 1958, firmado por los líderes políticos de los tres partidos fundamentales, Acción Democrática, Copei y Unión Republicana Democrática, y que pronto comenzará a ser revalorizado, lo veremos; fue el producto más depurado de la dolorosa experiencia del militarismo de los años cincuenta, precisamente con el objeto de implantar la democracia, dando sus frutos plenos en las décadas posteriores.

En esa tarea los partidos políticos asumieron el papel protagónico; por eso el Estado que comenzó a desarrollarse en 1958 fue un Estado Democrático Centralizado de Partidos; y tuvieron un extraordinario éxito: la democracia se implantó en Venezuela; pero lamentablemente, de Estado de Partidos se pasó a partidocracia, pues los partidos se olvidaron que eran instrumentos para la democracia y no su finalidad.

Asumieron el monopolio de la participación y de la representatividad en todos los niveles del Estado y de las sociedades intermedias, lo que sin duda había sido necesario en el propio inicio del proceso. Pero con el transcurrir de los años se olvidaron abrir el cerco que tendieron para controlarlo y permitir que la democracia corriera más libremente. Y al final del último período constitucional de la década de los ochenta del siglo pasado, la crisis del sistema se nos vino encima cuando el centro del poder político definitivamente se ubicó afuera del Gobierno y del aparato del Estado, en la cúpula del Partido que en ese momento dominaba el Ejecutivo Nacional, el Congreso y todos los cuerpos deliberantes representativos; que había nombrado como Gobernadores de Estado incluso a sus Secretarios Generales regionales, y que designaba hasta los Presidentes de cada uno de los Concejos Municipales del país. El gobierno del Partido Acción Democrática durante la presidencia de Jaime Lusinchi (1984-1989), hizo todo lo contrario de lo que reclamaban las más de dos décadas de democracia que teníamos cuando se instaló, que era la apertura frente a la autocracia partidista que se había desarrollado y la previsión de nuevos canales de participación y representatividad. Fue el Gobierno donde más se habló de "reforma del Estado" para precisamente no hacer nada en ese campo, sino todo lo contrario, pues en ese período de gobierno fue cuando apareció la partidocracia con todo su espanto autocrático. Afortunadamente al menos, de esa época quedaron los estudios de la Comisión Presidencial para la Reforma del Estado.

El Caracazo de febrero de 1989, a escasos quince días de la toma de posesión del nuevo Presidente electo por segunda vez, Carlos Andrés Pérez, fue el primer signo trágico de lo que sería el comienzo de la crisis del sistema de Estado de Partidos, que todavía padecemos, seguido de otros dos avisos que fueron los dos intentos militaristas de golpe de Estado, de febrero y noviembre de 1992, los cuales, además de atentatorios contra la Constitución, costaron centenares de vidas. Sin embargo, asombrosamente algunos de los partidos políticos que apoyaron el segundo gobierno del Presidente Caldera y han apoyado al Presidente Chávez los calificaron como una "conducta democrática" de los militares para expresar su descontento, lo cual es un exabrupto, sobre todo si se releen los proyectos de Decretos que planeaban dictar.

En la historia, todos los acontecimientos tienen sus raíces en un proceso que siempre viene germinando desde mucho antes y finalmente brotan, a veces en la forma violenta, trágica o dramática de una revolución o de una guerra.

La crisis del sistema político establecido en 1958 para operar la democracia que aun hoy tenemos [2001], y que desde hace años nos angustia, precisamente tiene sus raíces en las décadas anteriores de democratización. Y si todavía hoy tenemos democracia, más de diez años después del afloramiento de la crisis, sólo se debe a los remedios inmediatos de terapia intensiva, pero incompletos, que se le suministraron al sistema al inicio del segundo gobierno de Carlos Andrés Pérez, con el comienzo del proceso de descentralización política, mediante la revisión constitucional que se hizo con la elección directa de Gobernadores y el inicio de la transferencia de competencias nacionales a los Estados, reformándose el viejo y dormido esquema federal; proceso ahora abandonado.

Pero sin duda, aquí, a pesar de todas las advertencias, las reformas en tal sentido las iniciamos demasiado tarde, sin anticiparnos a la crisis como hay que hacerlo, y más bien en medio de ella, reformas que además fueron preteridas en el proceso constituyente de 1999, en el cual se centralizó aún más el Estado. Hoy por hoy, por tanto, la crisis de la democracia, de su consolidación y afianzamiento, está visto que no se puede solucionar con una simple reforma constitucional, como la de 1999, sino abriendo efectivamente nuevos canales de representatividad y participación democrática para llenar el vacío que nos dejó el deterioro de los partidos políticos tradicionales, el cual no han logrado llenar los nuevos y aluvionables partidos que han asaltado el poder, y que de nuevo han colocado al país en una orfandad política; participación que, por supuesto, ya no puede ser la del pueblo armado en milicias que originó el caudillismo del siglo XIX, y sobre lo cual aparentemente sueña el actual Presidente de la República, al anunciarnos su "Revolución pacífica armada", y quererla, además, extender a la América andina, pensando quizás en la guerrilla colombiana. Al contrario, el reto que aún tenemos los venezolanos es el de formular un nuevo proyecto político democrático que sustituya el Estado Centralizado de Partidos por un Estado Descentralizado Participativo.

En 1998, y así lo sostuvimos repetidamente, para resolver la crisis en la cual aún nos encontramos, no teníamos otra salida que no fuera la de convocar democráticamente a una Asamblea Constituyente; y no porque la hubiera descubierto y propusiera el candidato Chávez, sino porque en la historia constitucional, en un momento de crisis terminal de gobernabilidad y de perdida de legitimación del Poder, no ha habido ni hay otra forma de reconstituir al Estado y al sistema político que no sea mediante una convocatoria al pueblo. La idea de la Asamblea Constituyente, por tanto, no debió ser una propuesta partidaria de un candidato presidencial, pues pertenecía a todos.

Esa Asamblea Constituyente, en 1999, en momentos de crisis política generalizada, por otra parte, debió haber sido un mecanismo democrático para formular un proyecto de país, como lo habían sido las grandes Constituyentes de 1811, 1830, 1864, 1901 y 1947, pero con la diferencia de que aquéllas habían sido el resultado de una ruptura política y no el mecanismo para evitarla. En 1999, y en tiempos de crisis de la democracia, la Constituyente debió haber sido, como lo propusimos, un instrumento para que las fuerzas políticas pudieran llegar democráticamente a un consenso sobre ese proyecto de país. Para ello, la propia democracia debió haberla asumido como cosa propia, por supuesto, con el riesgo para el liderazgo existente de perder el control del poder que los partidos tradicionales habían monopolizado durante 40 años. Ese, quizás, era el precio que había que pagar para que la democracia continuara. Identificarlo era la tarea histórica que teníamos por delante en ese momento. Pero los partidos políticos, en 1998, no entendieron lo que ocurría en el país, y dejaron la bandera de la Constituyente en manos de quien menos se debía y en cuyas manos más peligro representaba para la democracia.

Así fue, por tanto, como el candidato Chávez le arrancó a los demócratas la salida constituyente, dándose inició al proceso de violaciones constitucionales, desde el mismo momento en el que asumió el poder; violaciones que no han cesado hasta nuestros días.

Primero fue la convocatoria a la Asamblea Nacional Constituyente no prevista en la Constitución de 1961, buscando imponer el principio de la soberanía popular manifestada en un referendo consultivo, por encima del principio de la supremacía constitucional. El aval para ello se lo dio la Sala Político Administrativa de la antigua Corte Suprema de Justicia en una muy confusa y ambigua sentencia de enero 1999, de la cual podía deducirse cualquier cosa menos la respuesta clara a la consulta que se le había formulado de si para convocar el referendo sobre la Asamblea Constituyente era o no necesario reformar previamente la Constitución. La carencia de la sentencia, sin embargo, como ocurre frecuentemente en política, la suplió la opinión pública y, particularmente, el titular de un diario capitalino que fue el que efectivamente "sentenció" que si era posible el referendo sobre la Constituyente y convocarla sin reforma constitucional, cuando eso no estaba dicho en la sentencia.

Con este hecho, más que acto, se inicio el proceso constituyente en el país, fundamentado en la interpretación de la Constitución de 1961 y de los alcances del derecho a la participación política que no estaba expresamente enumerado en el texto, como en cambio, ahora sí lo está, pero con violaciones más cotidianas. La Sala Político Administrativa, en sentencias posteriores del primer semestre de 1999 pretendió recoger los vientos que había sembrado en enero de 1999, y afirmó sucesivamente que el proceso constituyente se debía realizar en el marco de la Constitución de 1961, que la Asamblea Nacional Constituyente a la que se refería el referendo del 25 de abril de 1999 no podía tener carácter originario y que, mientras duraba su funcionamiento, debía respetar los poderes constituidos conforme a la Constitución de 1961.

Por supuesto, ello fue una ilusión manifestada además, demasiado tarde. Aún habiendo sido electa en el marco del referendo consultivo del 25 de abril, que la limitaba, desde el día de su instalación el 3 de agosto de 1999, la Asamblea Nacional Constituyente asumió el carácter de poder constituyente originario, y ello, además, con una composición totalmente exclusionista y exclusivista. Con tales poderes que se fue auto atribuyendo progresivamente en cada acto que dictó: en su Estatuto de funcionamiento, en la intervención del Poder Judicial, en la intervención del Congreso, en la intervención de las Asambleas Legislativas y Concejos Municipales, y en la suspensión de las elecciones municipales; la Asamblea Nacional Constituyen-

te dio un golpe de Estado en este país, hecho que se produce, precisamente, cuando un órgano constitucional electo irrumpe contra la Constitución.

Posteriormente, cuando la Sala Político Administrativa de la antigua Corte Suprema, en octubre de 1999 conoció de la impugnación del Decreto constituyente de intervención del Poder Legislativo, dictó su sentencia de extinción, pensando que complaciendo al Poder se escaparía de la represalia; e, incluso, algunos magistrados disidentes en sus votos salvados trataron de explicar que era lo que habían querido decir, exactamente, en la sentencia inicial de enero de 1999. Demasiado tarde, por supuesto, tan tarde que a los pocos días de la intervención del Poder Judicial, la propia Corte Suprema, en un penoso Acuerdo, pretendió, a la vez, aprobar y desaprobar la intervención, permitiendo, sin embargo, que uno de sus Magistrados formara parte de la Comisión de intervención judicial. Ello constituyó, por supuesto, la auto ejecución de la sentencia de desaparición ya dictada, pues en diciembre casi todos los magistrados fueron removidos, salvo aquéllos que, después de la honrosa renuncia de la Presidenta de la Corte, más se habían sometido al Poder.

La Constitución de 1961 fue pisoteada por la Asamblea Nacional Constituyente, la cual produjo un nuevo texto constitucional donde no sólo se cambiaron cosas para dejarlas igual, sino lo más grave, para que los defectos políticos del sistema se agudizaran. La Constitución de 1999, en efecto, preservó la partidocracia como sistema de control del poder aun cuando con nuevos partidos menos estructurados y más aluvionales que los tradicionales, agravada por el insólito hecho, primero, de pretender denominar a la República misma con el nombre de un partido político usando el nombre de Bolívar; y segundo, de que, sin pudor, el presidente del partido de gobierno es el Presidente de la República y sus más destacados Ministros son los coordinadores del partido. Recuerden que la Constitución, en vano, dice que los funcionarios públicos están al servicio del Estado y no de parcialidad política, ¡qué ironía!

La Constitución de 1999, además, acentúo el centralismo de Estado, reduciendo las autonomías de los Estados y Municipios y minimizando su protagonismo político; exacerbó el presidencialismo, eliminando las atenuaciones tradicionales del constitucionalismo y estableciendo incluso hasta la delegación legislativa sin límites expresos, cuyo ejercicio, entre otras causas, tiene actualmente [2001] al país en la grave crisis de gobernabilidad que a todos nos está afectando. La Constitución de 1999, además, desdibujó la separación y balance de los poderes del Estado, propiciando su concentración inusitada en el Presidente y en la Asamblea, con grave peligro para el juego democrático; acentuó el paternalismo del Estado y el estatismo, lo que resulta inviable con la crisis del Estado Petrolero; y constitucionalizó el militarismo en una forma que ni siquiera se consigue en las Constituciones gomecistas. Por ello hemos dicho desde el inicio, que la Constitución de 1999 es una Constitución autoritaria.

Pero además, todos los aspectos positivos de la Constitución, que los tie-
ne, fueron secuestrados por la propia Asamblea Nacional Constituyente a la
semana de haber sido aprobada por el pueblo, mediante la emisión del fa-
moso Decreto sobre Régimen de Transición del Poder Público de 22 de di-
ciembre de 1999, con el cual se dio origen a un régimen constitucional parale-
lo, no aprobado por el pueblo. La Asamblea continúo, así, con el golpe de
Estado, pero esta vez contra la nueva Constitución, hecho que fue lamenta-
blemente avalado por el nuevo Tribunal Supremo cuyos Magistrados fueron,
precisamente, producto del mismo régimen transitorio por ella diseñado.

Ello podía esperarse pero, ciertamente, no en la forma tan servil como lo
hicieron. Este Tribunal Supremo, así, ha dicho que en Venezuela hay dos
Constituciones: una, la aprobada por el pueblo y otra dictada por la Asam-
blea Constituyente con la cual no sólo se suspendió la vigencia de la ante-
rior, sino que es proteica, amoldada al gusto de los magistrados y de los
requerimientos del Poder. Por ello, cuando en el país se trató de actualizar
los excelentes mecanismos de participación política que regula la Constitu-
ción, con el régimen transitorio en la mano, la Asamblea Nacional, con el
inefable aval del Tribunal Supremo, ignoró la Constitución al designar a los
titulares de los órganos del Poder Ciudadano y del Poder Electoral sin par-
ticipación alguna de la sociedad civil, y en cuanto a la designación de los
propios Magistrados del Tribunal Supremo, estos tuvieron la desfachatez, en
su afán de ser ratificados, de llegar a decir que la Constitución no se les
aplicaba a ellos mismos. Ignoraron, entre otras cosas, el principal de los
derechos y garantías constitucionales del mundo moderno: ¡que nadie puede
ser juez en su propia causa!

La participación política y la democracia participativa, que son las ex-
presiones más usadas en la Constitución y las más expuestas verbalmente
por quienes asaltaron el Poder en 1999, han sido totalmente secuestradas.
El último ejemplo de ello ha sido el olvido de realizar la consulta popular
establecida en forma obligatoria en la Constitución, como vía de participa-
ción política, en la elaboración de los decretos leyes habilitados [2001], lo
que incluso los hace nulos de nulidad absoluta, como lo dispone la recién
dictada Ley Orgánica de la Administración Pública de octubre de 2001.
Pero qué importa que eso lo diga la Ley, si como se puede constatar de las
ejecutorias del gobierno ¡ésta no tiene valor alguno ante la arrogancia del
Poder!

Venezuela vive, actualmente, por tanto, una tragedia política. Lo que
podía haber sido un gobierno de cambio para profundizar la democracia
que permitiera iniciar, con el propio Siglo XXI, un nuevo ciclo histórico
político de democracia descentralizada y participativa, no ha resultado otra
cosa que una deformación y caricatura de todos los vicios del ciclo iniciado
en 1945, el cual, por tanto, no ha concluido. En el cuadro de la historia, ese
será el mayor castigo que tendrá el Presidente Chávez y sus tropas de asal-
to, haberse constituido en lo peor del ciclo del partidismo centralista, con
todos los problemas económicos y sociales agravados. Además, imposible

constatar mayor ineficiencia en la Administración Pública, cuyos jefes, muchos de ellos militares, como "concejales hambrientos" según el viejo dicho castizo, han llegado al poder para saciarse en un marco de corrupción nunca antes visto. Al punto, incluso, de que se confiesan públicamente delitos de salvaguarda del patrimonio público, como ha ocurrido hace pocos días con lo dicho en la prensa por un General sobre la forma del manejo, en dinero efectivo, del llamado plan Bolívar 2000, aceptando la comisión de los delitos de peculado culposo y malversación genérica; y frente a esto, nadie sabe por dónde anda el Controlar General de la República, o si realmente tal funcionario existe.

La crisis política que después del signo de 1989, estalló a partir de 1993, por tanto, continúa agravada. Nada hemos superado y, al contrario, hemos complicado aún más las cosas. Pero no nos extrañemos; históricamente estas crisis han durado siempre en promedio de algo más de dos décadas y ¡de la historia debemos aprender! Recordemos: la crisis y cambio político entre el primero y segundo período de nuestra historia republicana puede decirse que duró 26 años, desde 1848, el día del fusilamiento del Congreso con las Revoluciones de Marzo, la Azul y la de Abril y las guerras federales incluidas, hasta 1874 cuando Guzmán Blanco se consolidó en el Poder; el tránsito entre el segundo y tercer período de nuestra historia, que también duro 26 años, se inicio en 1888 al dejar Guzmán Blanco el vacío de poder, con las Revoluciones Legalistas, Liberal Restauradora y Libertadora incluidas, la sustitución de Cipriano Casto en 1908 hasta la consolidación de Juan Vicente Gómez en el Poder en 1914; y el tránsito del tercero al cuarto periodo político de nuestra historia, que igualmente duro 26 años, se inició con la muerte de Gómez en 1935, con la Revolución de Octubre y la década militar incluida, hasta la consolidación de la democracia, consecuencia del Pacto de Punto Fijo de 1958 al sancionarse la Constitución de 1961.

La crisis política que está marcando al fin del cuarto período de nuestra historia como señalé, que puede decirse que después del anuncio del Caracazo en 1989 y de los intentos de golpes militares de 1992, afloró a partir de 1993 con el enjuiciamiento del Presidente Carlos Andrés Pérez por su propio partido y la segunda elección de Rafael Caldera contra su propio partido, y en medio de la cual estamos; no ha concluido. Si le hacemos caso a las enseñanzas de nuestra historia, todavía tendremos bastante más de una década de crisis política severa por delante, para solucionarla. Ello, además, es muy probable que así sea, dado el grado de destrucción institucional que hemos tenido en estos últimos tres años.

Sólo reconstruir lo destruido, sin mayores mejoras, nos tomará más de un lustro, y siempre que la tarea la emprenda el país lo más pronto posible.

En todo caso, como hace tres años, la actual crisis política [2001], como siempre ha sucedido en la historia, sólo puede enfrentarse con un acuerdo que garantice la gobernabilidad.

De eso precisamente se trata la democracia; lo cual no ha entendido el ex-militar que tenemos en la Presidencia de la República: de acuerdos, de consenso, de disidencias, de discusiones y de soluciones concertadas o votadas. Espanta leer, sin embargo, todos los epítetos inimaginables que aún salen de las cuevas y trincheras políticas, cuando para enfrentar el problema de gobernabilidad que tenemos se plantea la necesidad de un nuevo acuerdo político para asegurar la gobernabilidad democrática. Lo insólito es que si no lo hay, lo que vamos a perder es la propia democracia y quizás a ello está apuntando el Presidente de la República.

Un acuerdo que asegure la gobernabilidad, por supuesto insisto, exige identificar el precio que hay que pagar por la paz y la democracia por parte de cada uno de los que quieran que éstas continúen.

La democracia venezolana se mantuvo por cuarenta años [1958-1998] gracias a que los partidos políticos abandonaron el exclusivismo sectario de los años cuarenta del siglo pasado, y tuvieron que comprender por la represión de la dictadura militar, que en estas tierras no se podía pretender gobernar ni con exclusiones ni con un partido único o mayoritario que impusiere su voluntad; y que había que llegar a un acuerdo de gobernabilidad democrática con los partidos existentes, así fueran minoritarios. Ese fue el Pacto de Punto Fijo, y ese acuerdo hizo posible la sobrevivencia de la democracia.

Pero ahora, con el vacío de poder que se nos avecina, el acuerdo que se necesita para asegurar la gobernabilidad futura, por tanto, es mucho más complejo que el de 1958. Requiere de la participación de muchos nuevos actores y, por sobre todo, requiere de un mecanismo que les garantice su representatividad democrática, sin exclusiones, con el objeto de reconstituir el sistema político. Para ello hay que tratar de llegar a establecer unas reglas mínimas de juego político que permitan enfrentar de inmediato la crisis política, económica y social, que es de verdad, y que exige comenzar a adoptar medidas de mediano y largo plazo. Toda la imaginación creadora tiene que ser desplegada, pues lo que no podemos hacer ahora, es no hacer nada.

La historia también nos enseña que estas oportunidades creadoras, muy lamentablemente, muchas veces se han perdido. Sucedió con la crisis que comenzó a aflorar en los años que precedieron a la Revolución Federal, con dos reformas constitucionales y una Constituyente tardía, la de 1858; sucedió con la crisis de fin del Siglo XIX, también con dos reformas constitucionales y otra Constituyente tardía y mal convocada, la de 1891; y sucedió con la crisis de los cuarenta del siglo pasado, con una reforma constitucional y una Constituyente exclusionista, la de 1946. En ninguna de esas ocasiones el liderazgo pudo inventar nada nuevo para cambiar lo que era indispensable e inevitable cambiar, y lamentablemente fue inevitable la Guerra Federal para llegar a la Constituyente de 1863; fue inevitable la otra guerra de Gómez contra los caudillos federales para llegar a las Constituyentes de 1901 y 1904; fue inevitable el golpe de Estado del 18 de octubre para llegar a la

Constituyente de 1946; y también fue inevitable el militarismo de los años cincuenta para llegar al Congreso reconstituyente de 1958.

En el actual proceso ya llevamos varios signos que tenemos que fijar para afrontar la crisis: después del Caracazo de 1989, los dos intentos de golpe de Estado militarista de 1992; el fracaso del intento de reforma constitucional del mismo año 1992; el enjuiciamiento del Presidente Carlos Andrés Pérez, por mucho menos de lo que hoy leemos confesado por altos jerarcas militares; el gobierno de transición del Presidente Ramón J. Velásquez; la elección del entonces candidato antipartido Rafael Caldera en 1993, y la Asamblea Nacional Constituyente de 1999, exclusionista y exclusivista.

Lo cierto, en todo caso, es que no tenemos ni podemos tener fórmulas prefabricadas para el futuro; y en todo caso, ya es demasiado tarde para ello. Además, un gobernante como el que tenemos (H. Chávez), que gobierna basado en el arte del desconcierto, a veces impide fijar la atención sobre los problemas graves del país. Pero todo indica que por su fracaso, cuando tome realmente conciencia del mismo, terminará desconcertándose a su mismo. Aquí no habrá golpe de Estado, el gobierno se desmoronará a si mismo, por lo que no hay otra actitud actual que no sea la de estar avisados y preparados para reconstruir; es todo lo que hoy podemos decir. [2001]

Catorce años después de formular aquellas reflexiones, y una vez ocurrida la falta absoluta del Presidente Chávez por su fallecimiento, constatamos que la situación de crisis política que él encontró al iniciar su mandato presidencial en 1999 no sólo permaneció, sino que se agravó.

Ya en marzo de 2013, por tanto, cuando se anunció el fallecimiento de Chávez, podíamos repetir lo indicado en 2001, pero ahora en el sentido de que en estos últimos quince años, "en realidad, lo que hemos vivido, antes que cambio político alguno, es el agotamiento definitivo del proyecto político y del liderazgo que implementó el sistema de Estado Democrático Centralizado en Partidos del cual, con suerte y quizás, su último representante podría ser Hugo Chávez Frías; pues su gobierno hoy resulta ser el producto más acabado de todos los vicios del sistema: partidismo a ultranza; centralismo avasallante; ausencia de control del poder; sumisión del Poder Legislativo al Ejecutivo; avasallamiento del Tribunal Supremo de Justicia; inexistencia del Poder Ciudadano; e impunidad y corrupción rampantes."

Por todo ello, el largo período del gobierno de Chávez se puede caracterizar como un período en el cual se definió y ejecutó una persistente política pública realizada desde dentro del aparato del Estado, es decir, utilizando los mecanismos de la democracia, para llevar adelante la demolición de los principios cardinales de la misma y del propio andamiaje del Estado de Derecho, tal como ocurrió, por ejemplo, con el principio de la separación de poderes y con la libertad de expresión.[3]

---

3   Véase Allan R. Brewer-Carías, *Dismantling Democracy. The Chávez Authoritaran Experiment,* Cambridge University Prewss, New York, 2010; "La demolición de las

Por ello digo que la crisis política del sistema centralizado de democracia de partidos que afloró definitivamente a partir de 1993, cuando los propios partidos se suicidaron al deponer al Presidente Pérez, terminando con la forma de funcionamiento del sistema democrático de partidos, lo que desembocó luego con la elección de un candidato "antipartido" como en ese momento y paradójicamente fue el Presidente Rafael Caldera (recuérdese que ambos, Pérez y Caldera, habían sido en los años sesenta parte del grupo de los fundadores de la democracia); no sólo no concluyó, sino que al terminar el ciclo de Chávez, en 2013, más bien se había agravado,[4] entre otros factores, por un ingrediente nuevo como fue el militarismo de Estado que Chávez impuso durante sus años de gobierno. Y todo ello, en medio de un interminable elenco de sucesivas actuaciones estatales contrarias a la Constitución, conducidas por un gobierno que ha desarrollado una política constante de violencia institucional, y que han sido cometidas durante los últimos quince años por todos los Poderes Públicos,[5] lamentablemente avaladas con la participación del Tribunal Supremo de Justicia, el cual, de garante de la Constitución pasó a ser el instrumento activo para la consolidación del régimen autoritario.[6]

---

instituciones judiciales y la destrucción de la democracia: La experiencia venezolana," en *Instituciones Judiciales y Democracia. Reflexiones con ocasión del Bicentenario de la Independencia y del Centenario del Acto Legislativo 3 de 1910*, Consejo de Estado, Sala de Consulta y Servicio Civil, Bogotá 2012, pp. 230-254; y "La demolición del Estado de derecho y la destrucción de la democracia en Venezuela," en *Revista Trimestral de Direito Público (RTDP)*, Nº 54, Instituto Paulista de Direito Administrativo (IDAP), Malheiros Editores, Sao Paulo, 2011, pp. 5-34.

4   Como lo resumió el Editorial de *Analítica.com*, 8-3-2013, "Nadie en su sano juicio puede negar la evidencia del control absoluto que dispone el gobierno sobre todos los órganos del Estado. El CNE se ha convertido prácticamente en un ministerio electoral al servicio del PSUV, no se ha cumplido con lo dispuesto en la Constitución para designar el cargo vacante de Contralor General de la República, la Fiscalía se activa sólo cuando recibe órdenes precisas provenientes de Miraflores, la Asamblea no refleja el resultado del voto popular ya que los que perdieron las elecciones legislativas son, por unas maniobras arteras para alterar la representación popular, mayoría. La Fuerza Armada se confiesa chavista e interviene descaradamente en el debate político y por último el Tribunal Supremo interpreta la Constitución de manera atropellada para asegurar la perpetuación en el poder del chavismo sin Chávez." Véase en http://www.analitica.com/va/editorial/9569426.asp

5   Véase Asdrúbal Aguiar, *Historia Inconstitucional de Venezuela*, Editorial Jurídica Venezolana, Caracas 2012.

6   Véase Allan R. Brewer-Carías, "El principio de la separación de poderes como elemento esencial de la democracia y de la libertad, y su demolición en Venezuela mediante la sujeción política del Tribunal Supremo de Justicia," en *Revista Iberoamericana de Derecho Administrativo, Homenaje a Luciano Parejo Alfonso*, Año 12, Nº 12, Asociación e Instituto Iberoamericano de Derecho Administrativo Prof. Jesús González Pérez, San José, Costa Rica 2012, pp. 31-43; "Los problemas del control del poder y el autoritarismo en Venezuela", en Peter Häberle y Diego García Be-

En ese marco, otro factor que también caracterizó el régimen del Presidente Chávez desde que se inició en 1998 hasta su anunciada falta absoluta en 2013, fue la conducción de su gobierno guiado por lo que puede calificarse como la técnica del "desconcierto" conforme a la cual, sin dejar de anunciar en alguna forma lo que iba a hacer, sin embargo, de acuerdo con su entrenamiento militar, nadie nunca pudo saber ni predecir cuándo ni cómo iba a actuar, de manera que los venezolanos estuvieron catorce años amaneciendo sin poder saber qué iba a ocurrir durante el día, en y desde el gobierno, e igualmente se acostaban en forma similar respecto de lo que podía ocurrir al amanecer del día siguiente. Ello, incluso, afectó a sus propios colaboradores, quienes en más de una ocasión se enteraron de su remoción, de sus cargos o de sus roles políticos, a través de interminables monólogos en televisión, en los cuales además, también se anunciaban nombramientos, y se adoptaban decisiones de gobierno que luego los propios Ministros y el país entero se enteraba que habían sido adoptadas en "consejo de ministros" que nunca se realizaron formalmente

Lo único que no pudo programar el Presidente Chávez, por supuesto, como le ocurre a cualquier mortal particularmente aferrado a la vida y a su propia acción, fue el término de su propia vida, es decir, cuándo ocurriría su falta absoluta por fallecimiento luego del inicio de su complicada enfermedad en 2011. Nadie sabrá qué pensó Hugo Chávez durante los 84 días que estuvo fuera de la vista de los hombres, recluido en instalaciones de hospital en La Habana y supuestamente en Caracas, inmerso en sí mismo, segura-

---

laúnde (Coordinadores), *El control del poder. Homenaje a Diego Valadés,* Instituto de Investigaciones Jurídicas, Universidad Nacional Autónoma de México, Tomo I, México 2011, pp. 159-188; "El rol del Tribunal Supremo de Justicia en Venezuela, en el marco de la ausencia de separación de poderes, producto del régimen autoritario," en *Segundo Congreso Colombiano de Derecho Procesal Constitucional, Bogotá D.C., 16 de marzo de 2011,* Centro Colombiano de Derecho Procesal Constitucional, Universidad Católica de Colombia, 2011, pp. 85-111; "El juez constitucional al servicio del autoritarismo y la ilegítima mutación de la Constitución: el caso de la Sala Constitucional del Tribunal Supremo de Justicia de Venezuela (1999-2009)", en *Revista de Administración Pública,* N° 180, Madrid 2009, pp. 383-418; "El juez constitucional al servicio del autoritarismo y la ilegítima mutación de la Constitución: el caso de la Sala Constitucional del Tribunal Supremo de Justicia de Venezuela (1999-2009)", en *IUSTEL, Revista General de Derecho Administrativo,* N° 21, junio 2009, Madrid, ISSN-1696-9650; "El principio de la separación de poderes como elemento esencial de la democracia y de la libertad, y su demolición en Venezuela mediante la sujeción política del Tribunal Supremo de Justicia," en *Revista Iberoamericana de Derecho Administrativo, Homenaje a Luciano Parejo Alfonso,* Año 12, No. 12, Asociación e Instituto Iberoamericano de Derecho Administrativo Prof. Jesús González Pérez, San José, Costa Rica 2012, pp. 31-43. Véase además, Allan R. Brewer-Carías, *Crónica sobre la "In" Justicia Constitucional. La Sala Constitucional y el autoritarismo en Venezuela,* Colección Instituto de Derecho Público. Universidad Central de Venezuela, N° 2, Editorial Jurídica Venezolana, Caracas 2007.

mente en la más grande de las soledades y del desconcierto que le ha debido haber producido aquella situación, particularmente a una persona como él, quien durante su mandato debe haber pensado que en realidad nunca dejaría el poder, y menos a causa de una enfermedad !!; desconcierto que además lo sintió todo el mundo. Ello se evidenció particularmente por la forma cómo se sucedieron los hechos en torno al 10 de enero de 2013, que fue el momento en el cual terminó el período constitucional 2007-2013 y cuando comenzó el nuevo período 2013-2019 para el cual Chávez había sido electo; con un Presidente enfermo y ausente, y fallecido.

Esta crónica constitucional de la crisis política permanente que acompañó el gobierno de Hugo Chávez desde su inicio en 1999 hasta su muerte en diciembre de 2012 anunciada en marzo de 2013, sólo tiene por objeto dar cuenta histórica de unos aspectos del gobierno del Presidente Chávez en medio de la crisis política inacabada en la cual se desenvolvió, entre los muchos que lo signaron, y es, por una parte, el que se manifestó en la persistente oferta y amenaza, o el recurrente intento o anuncio de que se produciría una falta del Presidente, tanto temporal como absoluta, tal como se exteriorizó durante los catorce años de su gobierno; y por otra parte, su estruendoso fracaso político en querer imponer una reforma constitucional en 2007, que fue rechazada por el voto mayoritario del pueblo, habiendo tenido que patear la Constitución para imponerla a la fuerza mediante leyes.

En concreto, en cuanto al primer aspecto, ello se manifestó, *primero*, en agosto de 1999, cuando el mismo Presidente Chávez puso su cargo de Presidente de la República para el cual había sido electo en diciembre de 1998, a la orden de la Asamblea Nacional Constituyente; *segundo*, en abril de 2002, cuando después de reguladas en la Constitución de 1999 los diversos supuestos de falta absoluta del Presidente, sus militares anunciaron oficialmente que se le había pedido su renuncia, "la cual aceptó"; *tercero*, entre 2002 y 2003, cuando se intentó consultar la opinión del pueblo mediante un referendo consultivo sobre la renuncia del Presidente; *cuarto*, en 2003, cuando se intentó realizar un primer referendo revocatorio de su mandado; *quinto*, en 2004, cuando efectivamente se realizó otro referendo revocatorio del mandato presidencial, que fue trastocado en un "referendo ratificatorio" que no existe en la Constitución; *sexto*, entre 2010 y 2012, cuando tuvo que viajar intermitentemente a La Habana, por razones de salud, produciéndose sucesivas faltas temporales que fueron todas ignoradas por el propio gobierno; y finalmente, *séptimo*, el 5 de marzo de 2013, cuando se anunció oficialmente el fallecimiento o falta absoluta del Presidente Chávez, luego de que el 10 de enero de 2013, no pudo tomar posesión del cargo para el cual había sido electo en octubre de 2012 para período constitucional 2013-2019.

Ese aspecto de las vicisitudes de las faltas temporales y de los intentos y anuncios de faltas absolutas del Presidente Chávez, en medio de la crisis política inconclusa que signó todos los años de su gobierno, sin duda, configura una parte importante de la historia constitucional contemporánea de Venezuela, que es a la cual nos referimos en este libro.

Creemos que para realmente entender el significado de dichos hechos, y comprender en su globalidad el decurso y eventual término del ciclo histórico iniciado en 1961, dentro de la crisis en la cual hemos estado inmersos en los últimos lustros, no hay duda que debemos recurrir a la historia de la cual mucho tenemos que aprender, particularmente si se tiene en cuenta las características de otros procesos de crisis política que marcaron los grandes períodos de crisis y transición entre cada uno de los cuatro grandes los cambios de los período políticos que hemos tenido en nuestra historia política y constitucional.

Recordemos así, que luego de reconstituida la República con la Constitución de Valencia de 1830, el primer período de crisis política ocurrió entre 1848 y 1874, como resultado de la cual se pasó del ciclo histórico del "Estado autónomo centro federal" regulado en 1830, al del "Estado Federal" regulado en la Constitución de 1864. El segundo período de crisis política ocurrió entre 1888 y 1914, como resultado de la cual se pasó del ciclo histórico de ese "Estado Federal" regulado en 1864, al del "Estado autocrático centralizado" regulado a partir de la Constitución de 1901. Y el tercer período de crisis política ocurrió entre 1935 y 1961, como resultado de la cual se pasó del ciclo histórico de ese "Estado autocrático centralizado" regulado en 1901 al del "Estado centralizado de democracia de partidos" establecido a partir de 1958 y regulado en la Constitución de 1961.

Después del estallido de la crisis política del ciclo histórico del Estado centralizado de democracia de partidos que se concretó en 1993, y luego de su desarrollo durante las dos últimas décadas, si atendemos a las enseñanzas de la historia, parecería que los venezolanos, a pesar del funesto ingrediente militarista como única innovación que el Presidente Chávez le imprimió a dicho Estado, podríamos estar acercándonos al final de dicho período de crisis política, con lo cual quizás estamos en la víspera de que definitivamente se abra un nuevo esperado ciclo histórico político en el país, que si nos atenemos a la globalización del mundo actual, mereceríamos que fuera el propio de una democracia más representativa y efectivamente participativa, basada en la descentralización y control del poder, acorde con los valores democráticos del siglo XXI, lo que implicaría no sólo distribuir el poder, sobre todo territorialmente, sino además, controlarlo, sujetando a los militares al control del poder civil; proceso todo ese que por supuesto, tendría que estar conducido por una nueva generación, como siempre ocurrió en la historia en los inicios de los grandes ciclos políticos.

Solo recordemos, por ejemplo, que cuando comenzó el primer ciclo histórico del "Estado autónomo centro federal" en 1830, José Antonio Páez tenía 40 años; que cuando se sucedieron las guerras federales que condujeron al segundo ciclo histórico del "Estado Federal" en 1863, Ezequiel Zamora y Juan Crisóstomo Falcón tenían 42 y 43 años; que cuando ocurrió la Revolución Liberal Restauradora que condujo al tercer ciclo histórico del "Estado autocrático centralizado" en 1899, Cipriano Castro y Juan Vicente Gómez tenían 41 y 42 años; y que cuando se produjo la Revolución de Octubre que condujo al cuarto ciclo histórico del "Estado centralizado de democracia de partidos" en 1945, Rómulo Betancourt y Raúl Leoni tenían 37 y 42 años.

La historia, quiérase o no, enseña. Los mortales no sólo estamos obligados a conocerla, sino que estamos compelidos a no olvidarla, pues la misma, en definitiva, luego reclama, y no sólo a quienes la ignoran, manipulan o distorsionan, sino también a quienes no aprenden de ella, condenándolos inmisericordemente a repetir los mismos errores alguna vez cometidos por otros.[7]

New York, junio de 2015

---

7   La frases "Aquéllos que no recuerdan el pasado están condenados a repetirlo," es de Jorge Ruiz de Santayana (1863-1952), en su trabajo *La razón en el sentido común*.

PRIMERA PARTE

LA MENTIRA INICIAL: LA FALSA RENUNCIA Y EL RÉGIMEN DE LAS FALTAS ABSOLUTAS (1999)

I. SOBRE LAS FALSA RENUNCIA DEL PRESIDENTE ANTE LA ASAMBLEA CONSTITUYENTE

Las vicisitudes políticas por las que pasó el Presidente Hugo Chávez Frías y que rodearon su permanencia en el cargo de Presidente, por los anuncios o amenazas de la ocurrencia de su falta, puede decirse que comenzaron en el mismo año en el cual fue electo por primera vez como Presidente de la República; elección que ocurrió en diciembre de 1998, conforme a las previsiones de la Constitución de 1961, la cual en febrero de 1999, al tomar posesión de su cargo, juró cumplir fielmente, pero cuestionándola al punto de calificarla como una Constitución "moribunda."

Pero fue precisamente en el marco de esa Constitución de 1961, que era la vigente, que por primera vez durante su larga vigencia reguladora de diversos mandatos presidenciales, se anunció la primera eventual ocurrencia de una falta absoluta del Presidente Chávez. Ese hecho ocurrió a los seis meses de haber tomado posesión de su cargo, en agosto de 1999, al ponerlo "a la orden de la Asamblea Nacional Constituyente." Te trataba, por supuesto, de un juego político que nadie realmente se tomó en serio, pues bien sabía Chávez que una Asamblea Constituyente que controlaba totalmente, nunca iba a aceptarle su renuncia o su gesto de "desprendimiento" político, y más bien, lo iba a ratificar con aplausos en su cargo.

Sin embargo, a pesar de haber sido un juego, el mismo, como todo juego, tenía un mensaje claro, y era el aviso dirigido a todos los órganos electos o no de los poderes públicos constituidos, de que debían prepararse para ser barridos de sus cargos por una Asamblea Constituyente que había asumido un poder constituyente originario, como efectivamente ocurrió con todos, excepto precisamente con el cargo del Presidente que fue el único que obtuvo una "ratificación." [1]

Para el momento en que se formuló dicha falsa oferta de una eventual falta absoluta (para el caso de que la Asamblea Constituyente hubiese aceptado la renuncia), en agosto de 1999, los supuestos que se regulaban en la "moribunda" Constitución de 1961 que era la que se le aplicaba al comenzar la gestión del Presidente Chávez, eran las siguientes: Primera, la previsión de la falta absoluta del Presidente, sin que la Constitución definiera las posibles diversas causas que la podían originar, estableciéndose sólo que si se producía luego de la toma de posesión del Presidente, la misma provocaba que las Cámaras Legislativas eligieran un nuevo Presidente por el resto del período constitucional, de manera que mientras ello ocurriera, asumía la Presidencia de la República, en orden de sucesión, el Presidente del Congreso, el Vicepresidente del mismo, o el Presidente de la Corte Suprema de Justicia (art. 187); y la segundo, la previsión de que cuando se produjera una falta absoluta, ello exigía que el Presidente designara un Ministro para suplirlas (art. 188). El primer supuesto, en todo el período democrático desde 1961 sólo se había producido con la remoción del Presidente Carlos Andrés Pérez en 1993, para su enjuiciamiento.

En todo caso, fue en ese marco constitucional que en agosto de 1999, el Presidente Chávez puso su cargo a la orden o a la disposición de la Asamblea Nacional Constituyente, es decir, técnicamente renunció y dejó en manos de dicho órgano la decisión de que se produjera su falta absoluta, pues teóricamente, la Asamblea podía haber aceptado su renuncia a la Presidencia. Por supuesto, nada de ello ocurrió ni se pretendía que se aplicase la Constitución de 1999 que se despreciaba, por lo que tratándose de una chanza, el Presidente estaba seguro que la Asamblea Nacional Constituyente, dominada totalmente por él y sus seguidores, lo "ratificaría" en su cargo. El objetivo de la farsa, como se dijo, sin embargo, no era otro que anunciar indirectamente y ratificarlo" oficialmente en forma general, que como la Asamblea Constituyente se había arrogado el ejercicio de un "poder constituyente originario," como tal tenía en sus manos la libre decisión de remover a todos los titulares de los órganos de los Poderes Públicos constituidos, incluso de los electos unos meses antes, como en definitiva así sucedió.

Debe recordarse que después de que la Corte Suprema de Justicia en Sala Político Administrativa, mediante sentencias de 19 de enero de 1999,[2] abrió

---

1   Véase el análisis detallado de las ejecutorias de la Asamblea Constituyente en Allan R. Brewer-Carías, *Asamblea Constituyente y Proceso Constituyente 1999*, Colección Tratado de Derecho Constitucional, Tomo VI, Fundación de Derecho Público, Editorial Jurídica Venezolana, Caracas 2013, 1198 pp.

2   Véase los textos de las sentencias en Allan R. Brewer-Carías, *Poder Constituyente Originario y Asamblea Nacional Constituyente*, (*Comentarios sobre la interpretación jurisprudencial relativa a la naturaleza, la misión y los límites de la Asamblea*

el camino para la estructuración de una tercera vía para reformar la Constitución de 1961, distinta a la Reforma General y la Enmienda previstas en sus artículos 245 y 246, el Presidente Hugo Chávez, el día 2 de febrero de 1999, el mismo día que tomó posesión de su cargo, dictó el Decreto N° 3 mediante el cual decretó "la realización de un referendo para que el pueblo se pronunciase sobre la convocatoria de una Asamblea Nacional Constituyente" (art. 1).[3] Dicha decisión de convocar una Constituyente había sido la médula de su única oferta política durante la campaña electoral presidencial de 1998,[4] de manera que luego de múltiples debates jurídicos y judiciales, y de decisiones de la Corte Suprema de Justicia que fijaron el marco general del estatuto constitucional de la Asamblea Constituyente,[5] la misma fue electa en julio de 1999, luego que se efectuara el prometido Referéndum Consultivo en abril de 1999.

Ese proceso constituyente, al contrario de lo que había sucedido con todas las experiencias constituyentes del pasado en la historia política de Venezuela, no fue, por tanto, producto de una ruptura constitucional con ocasión de una guerra, de un golpe de Estado o de una Revolución, sino de una ambigua interpretación dada por el máximo Tribunal de la República a la Constitución que estaba vigente de 1961, y de la voluntad popular expresada por el pueblo como Poder Constituyente Originario, en el Referéndum Consultivo del 25 de abril de 1999.[6] De allí lo indicado por la Corte Suprema de Justicia en la sentencia del 21 de julio de 1999, con ocasión de resolver un recurso de interpretación intentado por varios Candidatos Nacionales a la Asamblea Nacional Constituyente, acerca del régimen jurídico que regía el proceso electoral de la misma; en el sentido de que:

"Lo novedoso -y por ello extraordinario- del proceso constituyente venezolano actual, es que el mismo no surgió como consecuencia de un suceso fáctico (guerra civil, golpe de estado, revolución, etc.), sino que, por el contrario, fue concebido como un "Proceso Constituyente de Iu-

Nacional Constituyente), Colección Estudios Jurídicos N° 72, Editorial Jurídica Venezolana, Caracas 1999, pp. 25 y ss.

3   Véase en *Gaceta Oficial* N° 36.634 de 02-02-99. Véase los comentarios en Allan R. Brewer-Carías, *Golpe de Estado y Proceso Constituyente*, UNAM, México 2002, pp. 113 ss.

4   Véase Allan R. Brewer-Carías, *Asamblea Constituyente y Ordenamiento Constitucional*, Academia de Ciencias Políticas y Sociales, Caracas 1998.

5   Véase Allan R. Brewer-Carías, *Poder Constituyente Originario y Asamblea Nacional Constituyente*, Caracas 1999.

6   El golpe de Estado lo daría la propia Asamblea Nacional Constituyente una vez electa e instalada al asumir un poder constituyente originario que el pueblo no le había dado. Véase Allan R. Brewer-Carías, *Golpe de Estado y Proceso Constituyente*, UNAM, México 2002.

re" esto es, que se trata de un proceso enmarcado dentro del actual sistema jurídico venezolano".[7]

La consecuencia de lo anterior era que la Asamblea Nacional Constituyente no sólo derivaba "de un proceso que se ha desarrollado dentro del actual marco del ordenamiento constitucional y legal," sino que en su actuación estaba sometida al orden jurídico establecido por la voluntad popular en el Referéndum del 25 de abril de 1999, expresada en el conjunto de normas que derivaban de las preguntas del Referéndum y de las "Bases Comiciales" aprobadas en el mismo, las cuales la misma antigua Corte Suprema de Justicia en la sentencia antes mencionada, "por su peculiaridad e importancia," catalogó "como normas de un rango especial"; y en anterior sentencia del 3 de junio de 1999 (caso *Celia María Colón de González*) las había considerado como una "expresión popular" que "se tradujo en una *decisión de obligatorio cumplimiento, pues posee, validez suprema,*" es decir, de rango supra constitucional.

La Asamblea Nacional Constituyente que se eligió el 25 de julio de 1999, en consecuencia, estaba sometida a las normas aprobadas en el Referéndum Consultivo del 25 de abril de 1999, que eran de obligatorio cumplimiento y de rango y validez suprema, como manifestación del Poder Constituyente Originario que es el pueblo, conforme a las cuales no sólo se precisaba la misión de la Asamblea, sino sus límites; y ello, además, dentro de los límites que a la vez le había impuesto la Corte Suprema de Justicia al descartar, previo a la realización del Referéndum de abril de 1999, que dicha Asamblea *no podía tener un carácter de poder constituyente originario*, que sólo el pueblo tiene.

En efecto, el Consejo Nacional Electoral, como consecuencia de la anulación parcial de su Resolución N° 990217-32 decidida por la Corte Suprema de Justicia en sentencia de 18 de marzo de 1999,[8] dictó una nueva Resolución N° 990323-70 de 23 de marzo de 1999, en la cual, materialmente, reprodujo las mismas bases fijadas por el Presidente de la República para la realización del referendo, tal como se habían inicialmente publicado.[9] Con tal motivo, el recurrente en el juicio donde se dictó la sentencia anulatoria,

---

7   Véase la referencia en *Golpe de Estado y Proceso Constituyente*, UNAM, México, pp. 164 y ss.

8   Véase el texto de la sentencia en Allan R. Brewer-Carías, *Poder Constituyente Originario y Asamblea Nacional Constituyente*, Caracas 1999, pp. 169 a 185

9   El texto publicado de la Base Comicial Décima fue el siguiente: "**Décimo:** Una vez instalada la Asamblea Nacional Constituyente, *como poder originario que recoge la soberanía popular*, deberá dictar sus propios estatutos de funcionamiento, teniendo como límites los valores y principios de nuestra historia republicana, así como el cumplimiento de los tratados internacionales acuerdos y compromisos válidamente suscritos por la República, el carácter progresivo de los derechos fundamentales del hombre y las garantías democráticas dentro del más absoluto respeto de los compromisos asumidos."

solicitó ante la Sala Político Administrativa la ejecución de la misma con fundamento, entre otros aspectos, en que la base comicial *décima* propuesta por el Ejecutivo, y reproducida por el Consejo Nacional Electoral, desacataba el fallo de la Corte del 18 de marzo de 1999, al atribuirle "carácter originario" a la futura Asamblea Nacional Constituyente.

La Sala Político Administrativa, en respuesta a este requerimiento, dictó la sentencia de 13 de abril de 1999,[10] en la cual observó que ciertamente el Consejo Nacional Electoral había omitido pronunciamiento expreso acerca del examen que debió haber efectuado, de acuerdo a la orden contenida en la citada sentencia, y que originó la Resolución N° 990323-70 del 23 de marzo de 1999, tanto de la mencionada base, como de la establecida en el literal undécimo, de la referida "propuesta" del Ejecutivo Nacional.

Sobre el tema de la Base Comicial cuestionada, la Sala indicó que:

"en la sentencia dictada por esta Sala el 18 de marzo de 1999 se expresó con meridiana claridad que la Asamblea Constituyente a ser convocada, "... no significa, en modo alguno, por estar precisamente vinculada su estructuración al propio espíritu de la Constitución vigente, bajo cuyos términos se producirá su celebración, la alteración de los principios fundamentales del Estado democrático de derecho...", y que "...En consecuencia, es la Constitución vigente la que permite la preservación del Estado de derecho y la actuación de la Asamblea Nacional Constituyente, en caso de que la voluntad popular sea expresada en tal sentido en la respectiva consulta...."

A su vez, en el fallo aclaratorio del 23 de marzo de 1999, emanado de la Sala, se ratificó claramente la naturaleza vinculante de tal criterio interpretativo, referido a la primera pregunta del referendo consultivo nacional 1999, y cuyo contenido debía fijar el marco referencial y alcance de la segunda pregunta del mismo.

Por todo lo anterior, la Corte Suprema consideró que resultaba incontestable que el contenido de la Base Comicial mencionada incorporada en la Resolución del Consejo Nacional Electoral-, y específicamente, en lo referente a calificar la Asamblea Nacional Constituyente *como poder originario que recoge la soberanía popular,"* estaba en franca "contradicción con los principios y criterios" vertidos en la sentencia pronunciada por la Sala el 18 de marzo de 1999, y su aclaratoria del 23 de marzo de 1999, "induciendo a error al electorado y a los propios integrantes de la Asamblea Nacional Constituyente, si el soberano se manifestase afirmativamente acerca de su celebración, en lo atinente a su alcance y límites."

En consecuencia de lo anterior, la Sala Político-Administrativa concluyó su sentencia del 13 de abril de 1999, resolviendo, en ejecución de su prece-

---

10   Véase el texto en Allan R. Brewer-Carías, *Poder Constituyente Originario y Asamblea Nacional Constituyente*, Caracas 1999, pp. 190 a 198.

dente sentencia fechada 18 de marzo de 1999, que la frase *"como poder originario que recoge la soberanía popular"* debía ser eliminada de la Base Comicial Octava, y por tanto, el texto de la misma, debía ser corregido en la forma siguiente:

"Se reformula la base comicial octava para el referendo consultivo sobre la convocatoria de la Asamblea Nacional Constituyente a realizarse el 25 de abril de 1999, en los términos siguientes:

Octavo: Una vez instalada la Asamblea Nacional Constituyente, ésta deberá dictar sus propios estatutos de funcionamiento, teniendo como límites los valores y principios de nuestra historia republicana, así como el cumplimiento de los tratados internacionales, acuerdos y compromisos válidamente suscritos por la República, el carácter progresivo de los derechos fundamentales del hombre y las garantías democráticas dentro del más absoluto respeto de los compromisos asumidos."

Quedó en esta forma abierto y conforme a esta orientación el proceso constituyente en el país, mediante la celebración del referendo consultivo que se efectuó el 25 de abril de 1999, en el cual se consultó al pueblo sobre la convocatoria de una Asamblea Nacional Constituyente, con una misión y unos límites específicos y que no tenía carácter de poder constituyente originario (que sólo el pueblo tenía) fijados por el mismo pueblo al responder afirmativamente a las preguntas y las Bases Comiciales que conforman su Estatuto.

La Asamblea Nacional Constituyente fue electa el 25 de julio de 1999 y estaba sometida a las normas supra constitucionales que derivaban del *poder constituyente originario* que reposaba exclusivamente en el pueblo que se había expresado en el referendo consultivo del 25 de abril de 1999, conforme a las cuales, durante su funcionamiento debía respetar la vigencia de la Constitución de 1961, la cual sólo podía perder dicha vigencia cuando el pueblo soberano, es decir, el poder constituyente originario se pronunciara aprobando, mediante posterior referendo aprobatorio, la nueva Constitución que elaborase la Asamblea, tal como se precisó en la Base Comicial novena del referendo de 25 de abril de 1999.

La Asamblea Nacional Constituyente, por tanto, teniendo como límites los que le impuso el pueblo soberano en las preguntas y Bases Comiciales que fueron sometidas a consulta popular en el Referéndum Consultivo del 25 de abril de 1999, y la interpretación vinculante establecida por la Corte Suprema de Justicia, no podía asumir carácter "originario" alguno, pues ello significaba, al contrario de lo dispuesto por la voluntad popular, *suspender la vigencia de la Constitución de 1961* y pretender actuar fuera de los límites supra constitucionales que debían guiar su actuación.

Por ello, en comunicación que enviamos el 8 de agosto de 1999 al Presidente de la Asamblea Nacional Constituyente, la indicamos que no era "posible que la Asamblea Nacional Constituyente pueda disponer, durante su funcionamiento que está limitado a un lapso de 6 meses, la disolución del Congreso o de la Corte Suprema de Justicia, o de cualesquiera de los Poderes Constituidos que si bien no pueden limitar la actuación de la Asamblea, continúan rigiéndose por lo dispuesto en la Constitución de 1961 hasta tanto esta sea sustituida por la nueva Constitución."[11] En la *Pregunta Nº 1* del Referéndum Consultivo del 25 de abril de 1999 se había fijado con precisión la *misión constitucional de la Asamblea Nacional Constituyente* electa el 25 de julio de 1999, indicando la voluntad popular, manifestada a través del Referéndum, que la misma tenía como propósito transformar el Estado y crear un nuevo ordenamiento jurídico que permitiera el funcionamiento efectivo de una Democracia Social y Participativa. Ello, por supuesto, implicaba modificar la organización del Poder Público que regulaba la Constitución de 1961, la cual de acuerdo con la Base Comicial Décima que también fue manifestación de la voluntad popular en el mencionado Referéndum del 25 de abril de 1999, sólo podía ser sustituida por una nueva que debía entrar en vigencia cuando se aprobara mediante posterior Referéndum aprobatorio.

En consecuencia, mientras la Asamblea Nacional Constituyente cumpliera su tarea de elaborar un nuevo texto constitucional que reflejase su misión de transformar el Estado y crear un nuevo ordenamiento jurídico que asegurase la efectiva realización de la democracia social y participativa durante los seis meses de su funcionamiento, necesariamente, debía continuar vigente la Constitución de 1961, la cual no podía ser violada ni siquiera por la propia Asamblea Constituyente.

Ello implicaba que durante su funcionamiento, la Asamblea Nacional Constituyente debía respetar y observar la Constitución de 1961, pero no en el sentido de que la misma podía regir su funcionamiento -lo que no era así, pues la Asamblea Nacional Constituyente como instrumento político no estaba prevista en la Constitución-, sino en el sentido de que nada la autorizaba para derogarla, modificarla o suspender su vigencia. Y de las Bases Comiciales aprobadas en el Referéndum de 25 de abril de 1999, nada podía deducirse en el sentido de poder interpretar que la Asamblea Nacional Constituyente podía arrogarse un "poder constituyente originario" que le pudiera permitir disolver al Congreso, a la Corte Suprema de Justicia o a otros órganos constitucionales del Estado, ni aceptar o no la renuncia del Presidente de la república, y menos para "ratificarlo" en su cargo. Una disolución del Congreso y de la Corte Suprema de Justicia, en el sentido de terminación anticipada del mandato de dichos órganos constitucionales, sólo podía ocurrir después de que la nueva Constitución fuera aprobada, mediante Referéndum,

---

11   Allan R. Brewer-Carías, "Comunicación dirigida a los miembros de la Comisión redactora del Proyecto del Estatuto de la Asamblea Nacional Constituyente aprobado en la sesión del el 08-08-99," en *Debate Constituyente,* Tomo I, (Agosto-Septiembre), Fundación de derecho Público, Editorial Jurídica Venezolana, caracas 1999, pp. 17 ss.

sí así se disponía, por ejemplo, en sus Disposiciones Transitorias aprobadas popularmente y resultase necesaria del diseño de transformación del Estado que proyectaba la Asamblea.

Fue basado en los razonamientos anteriores, que en la sesión de la Comisión redactora del Proyecto del *Estatuto de Funcionamiento de la Asamblea Nacional Constituyente* que se realizó el día 7 de agosto de 1999 me opuse a la redacción propuesta para el artículo 1 del Estatuto de la Asamblea mediante el cual se pretendía otorgarle, contrariando las Bases Comiciales y lo resuelto por la Corte Suprema, carácter de *poder constituyente originario*. A pesar de las observaciones formuladas, ello fue aprobado por la Asamblea, disponiéndose en el primer artículo del Estatuto que:

"Artículo 1. Naturaleza y Misión. La Asamblea Nacional Constituyente es la depositaria de la voluntad popular y expresión de su Soberanía *con las atribuciones del Poder Originario* para reorganizar el Estado Venezolano y crear un nuevo ordenamiento jurídico democrático. La Asamblea, en uso de las atribuciones que le son inherentes, *podrá limitar o decidir la cesación de las actividades de las autoridades que conforman el Poder Público.*

Su objetivo será transformar el Estado y crear un nuevo ordenamiento jurídico que garantice la existencia efectiva de la democracia social y participativa.

PARÁGRAFO PRIMERO: *Todos los organismos del Poder Público quedan subordinados a la Asamblea Nacional Constituyente, y están en la obligación de cumplir y hacer cumplir los actos jurídicos estatales que emita dicha Asamblea Nacional.*

PARÁGRAFO SEGUNDO: La Constitución de 1961 y el resto del ordenamiento jurídico imperante, mantendrán su vigencia en todo aquello que no colida o sea contradictorio con los actos jurídicos y demás decisiones de la Asamblea Nacional Constituyente." [12]

Con esta decisión inicial adoptada por la propia Asamblea, con mi Voto Salvado, había quedado clara cuál era la política definida por el Presidente Chávez, quien desde el inicio monitoreó la conformación y funcionamiento de la Asamblea, sobre la naturaleza de la Asamblea Constituyente como poder constituyente originario con la mira de intervenir y sustituir todos los

---

12   Véase en *Gaceta Constituyente (Diario de Debates), Agosto-Septiembre 1999*, Sesión de 07-08-99, N° 4, p. 144. Véase el texto, además, en *Gaceta Oficial* N° 36.786 de 14-09-99. Véase lo que expresé en la Comunicación de 8 de agosto de 1999 a los miembros de la Comisión, que solicité se repartiera a todos los miembros de la Asamblea; así como el texto de mi intervención en la sesión de la Asamblea del 8 de agosto de 1999 oponiéndome a dicha norma

Poderes Públicos constituidos.[13] La consecuencia inmediata fue que la Asamblea decretó el día 12 de agosto de 1999, la reorganización de todos los órganos del Poder Público[14]; el 19 de agosto de 1999, decretó la reorganización del Poder Judicial, creando una Comisión de Emergencia Judicial que suplantaba los órganos regulares de la Justicia[15]; el 25 de agosto de 1999, dictó el Decreto de regulación de las funciones del Poder Legislativo, mediante la cual materialmente se declaró la cesación de las Cámaras Legislativas (Senado y Cámara de Diputados),[16] situación que luego fue mitigada políticamente[17]; y el 26 de agosto de 1999, la Asamblea suspendió las elecciones municipales que debían convocarse en el segundo semestre de 1999.[18]

En cuanto al Poder Ejecutivo, sin embargo, no hubo "intervención" por parte de la Asamblea Constituyente, sino que lo que se produjo fue la oferta del Presidente Hugo Chávez de "poner su cargo a la orden" de la misma, materialmente el mismo día de su instalación, y la subsecuente decisión de la ratificación en su cargo. Era, sin duda, una oferta para que se produjese una falta absoluta del Presidente similar a una renuncia, pero que en realidad no era más que una burla dado el dominio que ejercía sobre la Asamblea Constituyente.

---

13   Ese fue precisamente el punto respecto del cual en 1998 no hubo consenso entre quienes representaban a Chávez y quienes, opuestos a su candidatura, consideramos sin embargo que era necesaria la convocatoria de una Asamblea Constituyente, por supuesto, en el marco de la Constitución de 1961. Véase por ejemplo la reseña de Yaneiza Delgado Mijares "Habrá consenso para la Asamblea Constituyente," en *El Nacional*, Caracas 3-11-1998, p. D-7. Al contrario del título de la reseña allí lo que se informaba era "del obstáculo que significaba la disparidad de criterios acerca de la naturaleza de la Constituyente que requiere el país."

14   Véase en Allan R. Brewer-Carías, *Debate Constituyente*, Tomo I, *op. cit.*, pp. 43 a 56; y en *Gaceta Constituyente (Diario de Debates), Agosto-Septiembre de 1999, cit.*, Sesión de 12-08-99, N° 8, pp. 2 a 4. Véase el texto del Decreto en *Gaceta Oficial* N° 36.764 de 13-08-99.

15   Véase en Allan R. Brewer-Carías, *Debate Constituyente*, Tomo I, *op. cit.*, p. 57 a 73; y en *Gaceta Constituyente (Diario de Debates), Agosto-Septiembre de 1999, cit*, Sesión de 18-08-99, N° 10, pp. 17 a 22. Véase el texto del Decreto en *Gaceta Oficial* N° 36.782 de 08-09-99

16   Véase en Allan R. Brewer-Carías, *Debate Constituyente*, Tomo I, *op. cit.*, pp. 75 a 113; y en *Gaceta Constituyente (Diario de Debates), Agosto-Septiembre 1999, cit.*, Sesión de 25-08-99, N° 13, pp. 12 a 13 y 27 a 30 y Sesión de 30-08-99, N° 16, pp. 16 a 19. Véase el texto del Decreto en *Gaceta Oficial* N° 36.772 de 26-08-99.

17   Véase el texto del Acuerdo en *El Nacional*, Caracas 10-9-99, p. D-4.

18   Véase en Allan R. Brewer-Carías, *Debate Constituyente*, Tomo I, *op. cit.*, pp. 115 a 122; y en *Gaceta Constituyente (Diario de Debates), Agosto-Septiembre 1999, cit.*, Sesión de 26-08-99, N° 14, pp. 7 a 8, 11, 13 y 14. Véase el texto del Decreto en *Gaceta Oficial* N° 36.776 de 31-08-99.

Por ello, en la sesión del día 9 de agosto de 1999, al considerarse la comunicación del Presidente a la Asamblea poniendo su cargo a la orden, expresé sobre dicho "gesto" que el mismo:

"hubiera tenido algún sentido lógico, si el título del Presidente fuese ilegítimo o hubiese alguna duda sobre su legitimidad. Pero no, el Presidente fue electo democráticamente el 6 de diciembre pasado, con una muy apreciable mayoría que no deja lugar a duda alguna sobre la legitimidad de su título como Jefe de Estado." [19]

Por ello agregué que "El Presidente no necesita, para gobernar, que esta Asamblea lo ratifique," señalando que había que recordar que gestos como ese, y lamentablemente los reseñaba la historia, se producían "sólo cuando algún líder ha querido legitimarse, por la carencia de títulos adecuados, ante una Asamblea propia. No quisiera que así se recordara el gesto del Presidente."

Y cité en tal sentido el caso Hernán Cortés, en el inicio de la conquista de México en 1519, hace casi cinco siglos, sobre lo que ocurrió al desembarcar en las costas de México, sin licencia para descubrir y poblar pues la que tenía del gobernador de la Isla de Cuba, Diego de Velázquez, éste se la había revocado. Ante la carencia de títulos, para legitimarse en la conquista fundó la ciudad denominada la *Villa Rica de la Vera Cruz,* y aun cuando no tenía licencia para ello, nombró sus regidores y alcaldes, como era la costumbre fundacional, y al día siguiente renunció al mando ante ellos, y les dijo:

"Bien sabéis que yo gobierno el ejército sin otro título que un nombramiento de Diego Velásquez, que fue con poca intermisión escrito y revocado.

Dejo aparte la sin razón de su desconfianza, por ser de otro propósito, pero no puedo negar que la jurisdicción militar, de que tanto necesitamos, se conserva hoy en mí, contra la voluntad de su dueño, y se funda en un título violento, que trae consigo mal disimulada la flaqueza de su origen...

A vosotros, señores, toca el remedio de este inconveniente, y el Ayuntamiento, en quien reside hoy la representación de nuestro Rey, puede en su real nombre proveer el gobierno de sus armas, eligiendo persona en quien no concurran estas nulidades. Muchos sujetos hay en el Ejército capaces de esta ocupación, y en cualquiera que tenga otro género de autoridad, o que lo reciba de vuestra mano, estará mejor empleado. Yo desisto desde luego del derecho que pudo comunicarme la posesión, y renuncio en vuestras manos el título que me puso en ella, para que discurráis con todo el arbitrio en vuestra elección, y puedo aseguraros que

---

19 Véase Allan R. Brewer-Carías, *Debate Constituyente, (Aportes a la Asamblea Nacional Constituyente),* Tomo I (8 agosto-8 septiembre 1999), Fundación de Derecho Público-Editorial Jurídica Venezolana, Caracas 1999, pp. 41-42.

toda mi ambición se reduce al acierto de nuestra empresa, y que sabré sin violentarme acomodar la pica en la mano que deja el bastón, que si en la guerra se aprende el mandar obedeciendo, también hay casos en que el haber mandado enseña a obedecer."

Dicho esto, Cortés arrojó sobre la mesa el título de Diego Velásquez, y entregó el bastón de mando a los Alcaldes, retirándose. Los Alcaldes aceptaron la renuncia de Cortés y de seguidas, como sin duda estaba previsto, lo nombraron "Capitán General y Justicia Mayor, es decir, Gobernador del ejército de Nueva España." [20]

No había duda, por supuesto, que cuando Cortéz, consciente de la ilegitimidad de su título para emprender la conquista de México, puso su cargo a la orden o disposición de los Alcaldes de la Villa Rica de la Veracruz, que él mismo había recién nombrado al fundar la ciudad, para que dispusieran nombrar a alguien en su lugar como Capitán General de los ejércitos de la nueva ciudad, ello no era más que una burla pues bien sabía que lo ratificarían en su cargo, como efectivamente ocurrió.

Por eso terminé aquella exposición ante la Asamblea Constituyente, diciendo que ese no era "el caso del Sr. Presidente, pues él tenía "toda la legitimidad necesaria como Presidente de la República, por elección popular, para ejercer su función de gobierno, que tanto necesitamos en el país," concluyendo mi exposición afirmando que "esta Asamblea no tiene pronunciamiento alguno que hacer en este caso, salvo agradecerle al Presidente su gesto." [21]

En todo caso, la acción del Presidente no era más que un gesto, pero que evidenciaba un mensaje directo de acción futura, que era la intervención de todos los Poderes Públicos constituidos, electos o no, como luego efectivamente ocurrió. En cuanto a la presidencia de la República, fue la primera manifestación – aun cuando burlona – de una "falta" anunciada por el Presidente; anuncios de faltas que acompañarían toda la gestión del Presidente Chávez a lo largo de toda su mandato. La burla que contenía su formulación, sin embargo, algún constituyente como que se la tomó en serio, al punto de que en la sesión siguiente de la Asamblea, se tomó el trabajo de proceder a "responder" mi comentario.

La Asamblea Nacional Constituyente, después de haber rechazado "magnánimamente" el gesto del Presidente Chávez de "poner su cargo a la orden" de la misma, durante los primeros meses de su funcionamiento se dedicó a ejecutar la política de intervención de todos los poderes públicos constituidos, mediante la intervención del Poder legislativo y del Poder Judi-

---

20   Véase Allan R. Brewer-Carías, *La Ciudad Ordenada*, Caracas 2005.

21   Véase Allan R. Brewer-Carías, *Debate Constituyente, (Aportes a la Asamblea Nacional Constituyente)*, Tomo I (8 agosto-8 septiembre 1999), Fundación de Derecho Público-Editorial Jurídica Venezolana, Caracas 1999, pp. 41-42.

cial, para luego dedicar los últimos meses de su funcionamiento a la elaboración de la Constitución de 1999, en la cual en contraste con las anteriores Constituciones, se desarrollaron ampliamente las previsiones que regularon las situaciones de faltas temporales y de falta absoluta del Presidente de la República.[22]

A continuación el resumen de las previsiones constitucionales en la materia.

II. SOBRE LAS FALTAS TEMPORALES EN EL TEXTO CONSTITUCIONAL

Así, en relación con las faltas temporales, las cuales se producen de hecho, cuando por cualquier circunstancia el Presidente no pueda estar en ejercicio de sus funciones en la sede de los Poderes Públicos nacionales, la Constitución se limitó a establecer en el artículo 234 que las mismas deben ser suplidas por el Vicepresidente Ejecutivo hasta por 90 días, prorrogables por decisión de la Asamblea Nacional por 90 días más. El artículo 239 de la Constitución reitera que está dentro de las atribuciones del Vicepresidente Ejecutivo, "8. Suplir las faltas temporales del Presidente de la República." Se sustituyó, así la forma de suplir al Presidente mediante la designación de un Ministro para tal efecto, como lo preveía la Constitución de 1961, lo cual dejaba sin regular aquellos casos de situaciones de hecho que no dieran tiempo para designar un Ministro suplente (una operación quirúrgica o enfermedad súbita, por ejemplo). La Constitución agregó que si la falta temporal se prolonga por más de 90 días consecutivos, la Asamblea Nacional debe entonces decidir, si no la prorroga por 90 días mas, por mayoría de sus integrantes si debe considerarse que hay falta absoluta.

En los casos de faltas temporales por ausencia del territorio nacional por parte del Presidente de la República por más de cinco días consecutivos, la Constitución estableció la necesidad de que se obtenga la autorización de la Asamblea Nacional o de la Comisión Delegada (art. 235).

III. SOBRE LAS FALTAS ABSOLUTAS EN EL TEXTO CONSTITUCIONAL

El artículo 233 de la Constitución enumera como causas de falta absoluta del Presidente de la República: la muerte, su renuncia, la destitución decretada por sentencia del Tribunal Supremo de Justicia, la incapacidad física o mental permanente, certificada por una junta médica designada por el Tribunal Supremo de Justicia y con aprobación de la Asamblea Nacional, el abandono del cargo, declarado éste por la Asamblea Nacional, así como la revocatoria popular de su mandato.

---

22 Véase en Allan R. Brewer-Carías, *La Constitución de 1999*, Editorial Jurídica Venezolana, Caracas 2000; y Allan R. Brewer-Carías, *La Constitución de 1999. Derecho Constitucional Venezolano*, Tomo I, Editorial Jurídica Venezolana, Caracas 2004.

En los casos en los cuales se produzca la falta absoluta del Presidente electo o antes de tomar posesión, se debe proceder a realizar una nueva elección universal, directa y secreta dentro de los 30 días consecutivos siguientes, en cuyo caso el nuevo Presidente debe completar el período constitucional correspondiente. Mientras se elige y toma posesión el nuevo Presidente se debe encargar de la Presidencia de la República, el Presidente de la Asamblea Nacional.

Cuando la falta absoluta del Presidente de la República se produzca durante los primeros cuatro años del período constitucional, se debe proceder a una nueva elección universal y directa dentro de los 30 días consecutivos siguientes, en cuyo caso el nuevo Presidente debe completar el período constitucional correspondiente. Mientras se elige y toma posesión el nuevo Presidente, se debe encargar de la Presidencia de la República el Vicepresidente Ejecutivo.

En todo caso, si la falta absoluta se produce durante los últimos 2 años del período constitucional, el Vicepresidente Ejecutivo debe asumir la Presidencia de la República hasta completar el mismo.

A estos supuestos de falta absoluta, por supuesto hay que agregar el vencimiento del período constitucional, que es de seis años (art. 230), lo que se produce el día 10 de enero siguiente a la elección presidencial (art. 231);[23] así como la decisión de una Asamblea Constituyente conformada de acuerdo con lo dispuesto en el artículo 347 de la Constitución. De acuerdo con el artículo 349 del mismo texto, una vez electa y constituida una Asamblea Constituyente, "los poderes constituidos no podrán en forma alguna impedir las decisiones de la Asamblea Nacional Constituyente" (art. 349), lo que podría implicar la posibilidad de que pudiera decidir la cesación del mandato y ejercicio de su cargo del Presidente de la República y de todos los otros titulares de los poderes constituidos, como ocurrió de facto, con la Asamblea Nacional Constituyente de 1999.

Precisaremos, en todo caso, los diversos supuestos de falta absoluta que regula la Constitución, que en todo caso son causas de terminación del mandato del Presidente de la República.

---

23   Sobre las diversas formas de terminación del mandato del Presidente de la República nos ocupamos en Allan R. Brewer-Carías, "Formas constitucionales de terminación del mandato del Presidente de la República" (Especial para el Grupo Santa Lucía, oct. 2001), encartado. *Revista Primicia*, N° 199. Caracas, 2001, 8 pp.; y en *Reflexiones sobre el constitucionalismo en América*, Editorial Jurídica Venezolana, Caracas, 2001, pp. 243 y ss. Véase también nuestro libro: *La Constitución de 1999. Derecho Constitucional Venezolano*, Tomo I, Editorial Jurídica Venezolana, Caracas, 2004, pp. 496 ss.

1. El sometimiento a enjuiciamiento penal

El Presidente de la República puede ser enjuiciado penalmente por los delitos que cometa, como cualquier ciudadano, para lo cual, sin embargo, deben cumplirse una serie de condiciones que se configuran como prerrogativas del Jefe de Estado.

Conforme al artículo 266 de la Constitución, corresponde al Tribunal Suprema de Justicia en Sala Plena, declarar si hay o no méritos para el enjuiciamiento del Presidente de la República. La solicitud ante el Tribunal Supremo corresponde formularla al Ministerio Público (art. 285,5), y así lo establece también el artículo 377 del Código Orgánico Procesal Penal (COPP).

Si el Tribunal Supremo de Justicia decide que hay méritos para enjuiciar al Presidente, el asunto debe pasar a la Asamblea Nacional para que autorice el enjuiciamiento (art. 266,2). En la Constitución de 1961, esta autorización correspondía ser adoptada por al Senado; pero eliminando este en la Constitución de 1999, corresponde ahora a la Asamblea Nacional, y una vez que la Asamblea autorice el enjuiciamiento, entonces el Tribunal Supremo debe continuar conociendo de la causa hasta sentencia definitiva (art. 266,2).

La Constitución de 1999, sin embargo, nada dispuso sobre los efectos del enjuiciamiento del Presidente de la República en relación con el ejercicio de su cargo. La Constitución de 1961, en la norma que atribuía la autorización de enjuiciamiento al Senado, expresamente señalaba que "autorizado el enjuiciamiento, el Presidente quedará suspendido en el ejercicio de sus funciones" (art. 150,8). Esta suspensión daba origen a una falta temporal forzosa del Presidente de la República.

Como se dijo, la Constitución de 1999 nada dispone sobre la necesaria separación temporal del ejercicio de su cargo por el Presidente de la República una vez autorizado su enjuiciamiento y durante el lapso que dure el juicio. Este vacío lo suple, sin embargo, el Código Orgánico Procesal Penal, el cual regula expresamente la situación al señalar que "Cumplidos los trámites necesarios para el enjuiciamiento, el funcionario quedará suspendido e inhabilitado para ejercer cualquier cargo público durante el proceso" (art. 380).

En consecuencia, autorizado por la Asamblea Nacional el enjuiciamiento, el Presidente de la República queda suspendido del cargo, configurándose dicha situación jurídica como una falta temporal.

La Constitución dispone que estas faltas temporales del Presidente de la República deben ser suplidas por el Vicepresidente hasta por 90 días, prorrogables por decisión de la Asamblea Nacional hasta por 90 días más (art. 234). Por tanto, si el proceso penal se prolonga por más de 90 días consecutivos, al término de dicho lapso la Asamblea Nacional debe decidir prorrogarlo, o decidir por mayoría de sus integrantes si debe considerarse la falta como una falta absoluta (art. 234). Esta falta absoluta también se produce en forma automática al vencimiento de la prórroga de los 90 días de la falta temporal, de haber sido acordada.

Si la situación de falta absoluta, derivada del enjuiciamiento del Presidente de la República, se produce durante los primeros cuatros años del período constitucional, se debe proceder a una nueva elección universal, directa y secreta dentro de los 30 días consecutivos subsiguientes. Mientras se elige y toma posesión el nuevo Presidente, el Vicepresidente Ejecutivo (art. 233) se debe encargar de la Presidencia. En este caso, el nuevo Presidente una vez que tome posesión del cargo, debe sólo completar el período constitucional correspondiente. En cambio, si la falta absoluta se produce durante los dos últimos años del período constitucional, el Vicepresidente Ejecutivo debe asumir la Presidencia de la República hasta complementar dicho período.

2. *El abandono del cargo: la conversión de una falta temporal en falta absoluta*

La Constitución establece que el Presidente de la República puede separarse temporalmente del ejercicio de su cargo, en cuyos supuestos, las faltas temporales las suple el Vicepresidente Ejecutivo (art. 234).

Una falta temporal puede consistir, por ejemplo, en ausencia por enfermedad o por un viaje dentro o fuera del territorio nacional. En el caso de ausencias del territorio nacional cuando se prolongue por un lapso superior a cinco días consecutivos, entonces se requiere de la autorización de la Asamblea Nacional o de la Comisión Delegada (art. 235; 187, 17; 196,2).

Las faltas temporales, como se dijo, sólo pueden tener un lapso de 90 días, al término del cual, la Asamblea Nacional tiene el poder de decidir prorrogarlo por 90 días más, o decidir por mayoría de sus integrantes si debe considerarse que hay falta absoluta (art. 234). En este caso se da el supuesto de abandono del cargo declarado por la Asamblea Nacional (art. 233).

También se produce la situación de falta absoluta en forma automática, cuando concluya la prórroga de 90 días, es decir, cuando la falta absoluta sea de 180 días.

En caso de falta absoluta, como se dijo anteriormente, asume el Vicepresidente y debe o no realizarse una elección, según que la falta absoluta se produzca dentro de los 4 primeros años del período constitucional, o con posterioridad.

3. *La revocación popular del mandato*

En virtud de declararse en el artículo 6 de la Constitución que el gobierno de la República es y debe ser "democrático, participativo, electivo, descentralizado, alternativo, responsable, pluralista y de *mandatos revocables*," el artículo 72 de la misma dispone que "todos los cargos y magistraturas de elección popular son revocables," Dicha revocatoria se constituye, además, como uno de los "medios (en lo político) de participación y protagonismo del pueblo en ejercicio de su soberanía" (art. 70).

Ahora bien, la revocatoria del mandato de los funcionarios electos, entre ellos del Presidente de la República, sólo puede producirse mediante la realización de un referendo revocatorio, que conforme al artículo 72 de la Constitución, el cual se rige por las siguientes reglas:

Primero, la realización de un referendo revocatorio sólo puede efectuarse una vez transcurrido la mitad del período presidencial.

Segundo, la solicitud de la convocatoria de un referendo para revocar el mandato del Presidente de la República sólo puede tener su origen en una iniciativa popular, respaldada por un número no menor del 20% de electores inscritos en el Registro Civil y Electoral en la Circunscripción Nacional para el momento de presentación de la solicitud. Debe señalarse, además, que en ningún caso se puede hacer más de una solicitud de revocación del mandato durante el período presidencial o para el cual fue elegido el funcionario.

Tercero, la solicitud se formula ante el Consejo Nacional Electoral, a quien compete la organización, administración, dirección y vigilancia de los referendos (art. 293, 5).

Cuarto, al referendo revocatorio convocado deben concurrir, como votantes, un número de electores igual o superior al 25% de los electores inscritos en el Registro Electoral para el momento de la votación.

Quinto, para que se produzca la revocatoria del mandato de un funcionario público, incluido el Presidente de la República, deben votar a favor de la revocación, un número igual o mayor al número de electores que lo eligieron. En este caso, dice el artículo 72 de la Constitución, que "cuando igual o mayor número de electores o electoras que eligieron al funcionario o funcionaria hubieren votado a favor de la revocación [...] se considerará revocado su mandato y se procederá de inmediato a cubrir la falta absoluta de acuerdo con lo dispuesto en la Constitución" (art. 233). Esta norma tan absolutamente clara, sin embargo, fue mutada ilegítimamente por la Sala Constitucional del Tribunal Supremo, en 2002, apenas se comenzó a plantear la alternativa de que se solicitara popularmente la revocatoria del mandato del Presidente Chávez, cuando al "interpretar" el mencionado artículo 72 de la Constitución, en la sentencia N° 1139 de 5 de junio de 2002 (Caso: *Sergio Omar Calderón y William Dávila*) señaló que la revocación, "es un mecanismo de remoción o separación categórica del funcionario electo por votación popular," pero agregando algo que no está en la norma constitucional, al afirmar que "si el referéndum arroja un resultado favorable al representante, *en principio, éste tiene derecho a seguir ejerciendo su magisterio por el resto del período*," lo que no está así establecido en la Constitución, reduciendo la revocación del mandato a sólo los casos en los cuales cuando "proclamado el resultado de la consulta al cuerpo electoral," la misma resulta "favorable a la revocación del mandato," considerando que sólo en este caso es que se aplica el artículo 72 de la Constitución vigente cuando establece expresamente que "se procederá de inmediato a cubrir la falta absoluta conforme a lo dispuesto en la Constitución y las Leyes".[24] Nada de esto, por supuesto, lo dice la Constitución: esta sólo dice que se considera revocado el mandato cuando voten a favor de la revocación un número igual o mayor al número de electores que eligieron al funcionario, independientemente de los votos que se hayan expresado por la no revocación, que pueden ser más.

En todo caso, en esta forma, la Sala Constitucional abrió el camino para que ocurrida la revocación del mandato del Presidente en los términos de la norma constitucional, como sucedió en 2004, no se produjera la revocación sino la ratificación del mandato.

4. La destitución del Presidente de la República

Dentro de los supuestos de faltas absolutas del Presidente de la República, está la destitución decretada por sentencia del Tribunal Supremo de Justicia (art. 233), constituyendo esta posibilidad una innovación de la Constitución de 1999, ya que fue sólo en la Constitución de 1858 cuando se previó la figura de la "destitución" del Presidente de la República (art. 92), pero sin indicar el órgano que tenía el poder de decidir la destitución a algún órgano del Poder Público.

La Constitución de 1999, sin embargo, no indica ni las causales de destitución, ni la iniciativa para iniciar un proceso tendiente a la que se produzca. Sin embargo, tratándose de una sanción, para que el Tribunal Supremo pudiera imponer esta pena, sería necesario que previamente y mediante Ley, se estableciera el delito, la falta o la infracción que la origine (art. 49,6), debiendo garantizarse al Presidente de la República el debido proceso (art. 49).

5. La incapacidad del Presidente de la República

El artículo 233 de la Constitución también considera que habría una falta absoluta del Presidente de la República, cuanto la Asamblea Nacional apruebe la certificación que emita una junta médica designada por el Tribunal Supremo de Justicia, en la cual se determine que el Presidente de la República tiene incapacidad física o mental permanente para ejercer el cargo.

Para que pueda darse este supuesto de falta absoluta, por tanto, se requiere:

Primero, que exista una iniciativa ante la Corte Suprema de Justicia para que ésta designe una junta médica para que certifique sobre la incapacidad. Nada se indica en la Constitución sobre el número de médicos que deben formar la Junta; ni sobre quien tiene la iniciativa, ni si el Tribunal Supremo puede ejercer de oficio esta facultad de designación.

Segundo, luego de que la junta médica certifique la incapacidad del Presidente de la República, ello debe ser aprobado por la Asamblea Nacional.

---

24   Véase en http://www.tsj.gov.ve/decisiones/scon/Junio/1139-050602-02-0429.htm

La Constitución nada indica sobre el quórum para esta aprobación ni dispone votación calificada alguna.

6. *La renuncia del Presidente de la República*

Otra causal que originaría una falta absoluta del Presidente de la República es su renuncia al cargo, es decir, la separación voluntaria del cargo de Presidente de la República. Nada indica la Constitución sobre la forma de dicha renuncia, y por supuesto, sobre la necesidad de aceptación. Habiendo sido electo, la renuncia del Presidente es un acto unilateral que nadie tiene que aceptar.

7. *La muerte del Presidente de la República*

El artículo 233 de la Constitución también considera que se produciría una falta absoluta con la muerte del Presidente de la República.

SEGUNDA PARTE
LA SUPUESTA FALSA RENUNCIA DE HUGO CHÁVEZ, ANUNCIADA POR SUS MILITARES
(Abril 2002)

En horas de la madrugada del día 12 de abril de 2002 se anunció en forma pública por los militares de más alto rango del Estado, la renuncia del Presidente de la República, Hugo Chávez, lo cual por lo demás, se había venido exigiendo en múltiples y multitudinarias manifestaciones populares, lo que originó una crisis política sin precedentes en el país.

Ya para ese entonces, en efecto, las violaciones cometidas por parte del gobierno de los principios establecidos en la Carta Democrática Interamericana que se había suscrito unos meses antes en septiembre de 2011 se habían multiplicado, y el descontento se había apoderado de las calles. Se achacaba en efecto al gobierno:

1. Haber contrariado los principios de la democracia representativa, mediante el ejercicio por parte del Presidente de la República de la presidencia del partido de gobierno, en violación del artículo 145 de la Constitución que prohibía a los funcionarios públicos estar al servicio de alguna parcialidad política.

2. Haber contrariado los principios de la democracia participativa al haber propugnado la elección de los magistrados del Tribunal Supremo de Justicia, de los miembros del Consejo Nacional Electoral, del Fiscal General de la República, del Defensor del Pueblo, del Contralor General de la República sin la debida postulación por sendos comités de postulaciones integrados exclusivamente por representantes de los diversos sectores de la sociedad, en violación a lo establecido en los artículos 270, 279 y 295 de la Constitución.

3. Haber propugnando, en consecuencia, el acceso al poder y su ejercicio en violación del Estado de Derecho y del principio de la separación e independencia de los poderes públicos consagrados en los artículos 136, 254, 273 y 294 de la Constitución.

4. Haber vulnerado la institucionalidad, la misión, la dignidad y el papel de las Fuerzas Armadas Nacionales contrariando el artículo 328 de la Consti-

tución, al imponerle a la misma el ejercicio de funciones contrarias a su naturaleza, exigiéndole lealtad a una sola parcialidad política.

5. Haber menoscabado sistemáticamente los derechos humanos garantizados en la Constitución y en los tratados internacionales, en particular los derechos a la vida, al debido proceso, a la libertad de expresión y a la información, lo que había provocado la presentación de numerosas denuncias de violación de los mismos, ante la Comisión Interamericana de Derechos Humanos.

6. Haber obstaculizado la investigación y sanción de delitos contra la cosa pública en contra de los principios de transparencia de las actividades gubernamentales, de la probidad y de responsabilidad que debían caracterizar la gestión pública.

7. Haber mediatizando la autonomía del poder electoral, en violación al artículo 294 de la Constitución, desconociendo a las legítimas autoridades sindicales del país.

8. Haber dictado 48 decretos leyes o de delegación legislativa, violando la Constitución sin haber realizado el proceso de consulta pública obligatoria que exigen los artículos: 204 y 211 de dicha Constitución.

9. Haber puesto a la administración pública al servicio de una parcialidad política, en contra de lo dispuesto en el artículo 141 de la Constitución, estableciendo grupos paralelos al Estado (círculos bolivarianos) para intimidar a las personas opuestas a las políticas gubernamentales, en contra de los derechos garantizados en los artículos 43, 57, 58, 68 de la Constitución. [1]

En ese clima, a lo que se sumó las muertes ocurridas por los hechos violentos acaecidos en Caracas en la tarde del 11 de abril, contra manifestantes en los alrededores del Palacio de Miraflores, fue que se produjo el anuncio público y televisado de la renuncia del Presidente de la República que hizo el Jefe de su propio Alto Mando Militar, informándose así el país y el mundo, que había ocurrido una situación de falta absoluta del Presidente. La misma, conforme al artículo 233 de la Constitución, en virtud de que se habría producido durante los primeros cuatro años del mandato presidencial, debía ser suplida por el Vicepresidente Ejecutivo quien debía encargarse de la Presidencia. Éste, sin embargo, no estuvo visible en los días subsiguientes

Como lo observó la ex Magistrada de la Corte Suprema de Justicia, Hildegard Rondón de Sansó, la crisis política derivada de la anunciada renuncia del

---

1 Véase sobre las violaciones por parte del gobierno de los principios de la Carta Democrática Interamericana en Allan R. Brewer-Carías, *La democracia venezolana a la luz de la Carta Democrática Interamericana*, Aide Memoire, Caracas, febrero 2002. Véase en http://www.allanbrewercarias.com/Content/449725d9-f1cb-474b-8ab2-41efb849fea3/Content/I,%202,%2021.%20La%20democracia%20venezolana%20a%20la%20luz%20de%20la%20Carta%20Democratica%20Interamericana%20_02-02-_SIN%20PIE%20DE%20PAGINA.pdf

Presidente se produjo "no por razones de fuerza, sino por las imprecisiones de la Carta Magna frente a la forma de suplir la falta absoluta derivada de la renuncia tanto del Presidente como del Vicepresidente Ejecutivo de la República. El vacío de la Constitución se cubriría a través de decretos leyes de *facto*, de modo que el nuevo régimen busque y encuentre su propia juridicidad." [2]

Solo fue días después, cuando en Vicepresidente, en lugar de suplir al Presidente, lo que ocurre en forma automática en caso de falta absoluta, se "juramentó" ante la Asamblea Nacional, lo que constitucionalmente no tenía sentido.

En todo caso, esta fue la primera falta anunciada del Presidente Chávez a su cargo, la cual se produjo en medio de la mayor crisis política de sus años de gobierno, agravada en la noche de ese día jueves 11 de abril de 2002, luego de la jornada de paro nacional de ese día y de los trágicos sucesos que ocurrieron en la tarde de ese mismo día. [3]

Entre los antecedentes inmediatos de la anunciada renuncia presidencial se pueden identificar, por una parte, la actitud de desobediencia militar que se evidenció ante las órdenes presidenciales dadas en la tarde del 11 de abril, de ejecución de un plan bélico represivo contra una manifestación pacífica, [4] y por la otra, el desconocimiento de la autoridad del Presidente de la República y del Alto Mando Militar que se produjo en la noche del mismo día 11 de abril, al concluir la marcha cívica con muchos muertos y heridos, cuando los diversos oficiales de alta jerarquía en nombre de los diversos componentes de la Fuerza Armada Nacional, reaccionaron contra tales hechos. [5] Entre las consignas de la marcha había estado la solicitud de renuncia del Presidente de la República, lo que motivó que en la tarde de ese mismo día, el General en Jefe Lucas Rincón, Jefe del Alto Mando Militar en compañía de numerosos oficiales y en cadena de radio y televisión, emitiera un mensaje señalando que:

---

2   Véase en *El Nacional*, Caracas 13-04-02, p. D-10.

3   Véase sobre estos hechos y sus consecuencias jurídico constitucionales, Allan R. Brewer-Carías, *La crisis de la democracia venezolana. La Carta Democrática Interamericana y los sucesos de abril de 2002,* Los Libros de El Nacional, Colección Ares, Caracas 2002

4   Como lo señaló el Coronel Julio Rodríguez Salas, quien afirmó ser el autor del decreto de renuncia del Presidente de la República (*El Nacional,* 19-04-02, p. D-1), "los oficiales se opusieron a la aplicación de un plan de guerra para reprimir a la población civil indefensa" (*El Universal,* 29-07-02, p. 1-6).

5   Como lo señaló el Contralmirante Daniel Comisso Urdaneta ante la Comisión Especial de la Asamblea Nacional "El aspecto común de todos los pronunciamientos es el apego a la Constitución, no uso de las armas, no salen las unidades, rechazo a los hechos violatorios de la Constitución y, por supuesto, que también hubo allí un factor común, un desconocimiento del Alto Mando Militar en todos los pronunciamientos", en Albor Rodríguez, *Verdades, Mentiras y Videos ..., op. cit.,* p. 23.

"Se ha comentado que el Sr. Presidente de la República se encuentra detenido en Fuerte Tiuna o en Miraflores, lo desmiento categóricamente. El Sr. Presidente se encuentra en su Despacho. Desmiento categóricamente la renuncia del Alto Mando Militar."

Durante la noche del 11 de abril se produjeron toda suerte de hechos políticos de gran relevancia. Luis Miquilena, quien había sido Presidente de la Asamblea Nacional Constituyente, Ministro, Coordinador del partido de gobierno y soporte civil fundamental del Presidente Chávez, declaró en televisión esa noche que el gobierno se había llenado las manos de sangre, y que:

"El Presidente es el principal responsable de lo que ha ocurrido en la tarde de hoy. De esa responsabilidad no lo salvará nadie. Ahora las instituciones tienen que funcionar. La Fiscalía, el Poder Judicial y creo que hay posibilidad de que la Asamblea Nacional empiece a funcionar."

Y agregó, al marcar su deslinde con el gobierno del cual había formado parte, lo siguiente:

"Durante esos años hice lo posible y hasta lo imposible con el propósito de que se entendiera que el manejo de la democracia no es una gallera, no es la confrontación con la confrontación misma.

Quiero manifestar este sentimiento de dolor a los familiares y amigos, víctimas de esta criminal agresión sin precedentes en la historia de nuestra Nación.

Este es el resultado, el producto de la siembra del odio que se ha venido predicando en nuestro país y que al final no tiene otro resultado que el que hoy existe. El llamado a Uds. es porque quería públicamente marcar distancia de lo que es ese gobierno, que constituyó parte de nuestra experiencia al que aporté en los términos de mi vida todo lo que era posible aportar."[6]

Durante la noche del día jueves 11 de abril de 2002, y como consecuencia de los hechos ocurridos durante la tarde, como se dijo, se produjeron diversas manifestaciones de desobediencia de militares, sin uso de las armas, contra la autoridad presidencial y del Alto Mando Militar,[7] todas trasmitidas por tele-

---

6   Véase en *El Universal,* 12-04-02, p. 1-6.

7   La reseña de la secuencia de las manifestaciones de desobediencia militar por parte de los diversos componentes de la Fuerza Aérea puede verse en Cleodovaldo Hernández, "Historia caliente. Cuatro días que fueron como una año", *El Universal,* 20-04-02, p. 1-2.

visión, de parte de altos oficiales de los diversos componentes de la Fuerza Armada (Ejército, Aviación, Armada y Guardia Nacional).[8]

Así, el Vicealmirante Héctor Ramírez Pérez, junto con otros oficiales, en mensaje al país "para evitar un derramamiento de sangre" señaló:

> "Hemos decidido dirigirnos al pueblo para desconocer al actual régimen de gobierno y la autoridad del Presidente Chávez y del Alto Mando Militar por contrariar los principios y garantías democráticas y menoscabar los derechos humanos venezolanos."[9]

Luego vino la manifestación del Viceministro de Seguridad Ciudadana, General Luis A. Camacho Kairuz, también por televisión, haciendo un "llamado al gobierno nacional para que renuncie ya".

El Inspector General de la Guardia Nacional, General Carlos Alfonso Martínez, acompañado, entre otros, de los generales Rafael Damiani y Luis Camacho Kairuz que ya habían hecho manifestaciones públicas en contra del gobierno, también en mensaje televisivo, habló del uso indebido de la Guardia Nacional que enfrentaron la manifestación. Dijo el General Martínez:

> "Esta tarde, lamentándolo, en una acción del Comando General 5, utilizando al Regional como escudos, otros entes dispararon, contra una marcha pacífica que no llevaba armas, que no tenía intenciones sino simplemente ir al Palacio a manifestar su criterio."[10]

---

8   Debe señalarse, que durante el mes de febrero había habido varios pronunciamientos públicos de oficiales activos, solicitándole la renuncia al Presidente de la República, entre ellos, del Coronel Pedro V. Soto, *El Universal*, 13-02-02, p. 1-2; del Teniente Coronel Hugo Sánchez, *El Nacional*, 15-02-02, p. D-2; del Contralmirante C. Molina Tamayo (*El Universal*, 19-02-02, p. 1-2; *El Nacional*, 19-02-02, p. D-1); y del General Gómez Ruiz, quien "pidió al Presidente entregar el poder pacíficamente" (*El Nacional*, 26-02-02, p. D-2). El Presidente H. Chávez desestimó los pronunciamientos en lo que llamó en ese momento el "goteo militar" (*El Universal*, 27-02-02, p. 1-4; *El Nacional*, 27-02-02, p. D-2).

9   Véase en el libro de la Cadena Capriles, *Objetivo: Miraflores, Retratos de un país herido*, Caracas 2002, p. 16. La última frase coincide con lo que indica el artículo 350 de la Constitución. *Cfr. El Nacional*, 13-04-02, p. D-4. El Tribunal Supremo de Justicia en Sala Plena Accidental en su sentencia de 14-08-02, señaló en relación con esta intervención del Vicealmirante Héctor Ramírez Pérez acompañado de otros oficiales, que "hicieron un pronunciamiento ante los medios de comunicación, en el cual desconocieron al gobierno, porque consideraron, riesgo manifiesto de agravamiento de la conflictividad social y con fundamento en los artículos 57 y 350 de la Constitución de la República Bolivariana de Venezuela, porque presuntamente se lesionaron derechos humanos, debido a que el artículo 328 de la Carta Magna, le imponía a la Fuerza Armada nacional, mantener el orden interno y evitar derramamiento de sangre".

10 Véase en *El Universal*, 12-04-02, p. 1-2.

El General Efraín Vázquez Velasco, Comandante General del Ejército, acompañado de Altos Oficiales de ese componente, también en mensaje televisivo aclaró sobre el proceso de desconocimiento de la autoridad presidencial, que no se trataba de un golpe de estado o de una insurrección, sino de una posición de solidaridad con todo el pueblo venezolano, al cual pidió "perdón" por el atropello cometido. Dijo el General Vázquez Velasco:

"Hoy se violaron todos los derechos consagrados en nuestra Constitución. Murieron venezolanos por incapacidad de diálogo del Gobierno Nacional. Todo esto se advirtió al Alto Mando Militar hoy, con tiempo, y no se tomaron las medidas pertinentes. Existen grupos armados llamados Bolivarianos que ofenden el nombre del Libertador, que se dedican a pregonar la maldad y utilizar armas, lo que constituye un delito en nuestra Constitución. Se ha utilizado oficiales de la Fuerza Armada Nacional con fines políticos dentro de los cuarteles. Se ha mancillado el honor de las Fuerzas Armadas Nacionales y hemos perdido la identidad de nuestro uniforme."[11]

Posteriormente, oficiales de la Fuerza Aérea Venezolana se comprometieron a no reprimir al pueblo con las armas de la República, solicitando la búsqueda de conciliación y el diálogo. Además, en la madrugada del día 12 de abril se pronunció la Armada en un comunicado en el cual respaldaban las declaraciones de los demás componentes de la Fuerza Armada.[12]

Adicionalmente, entre las manifestaciones de altos oficiales, se destaca la efectuada también por televisión, por el General Francisco Uzón, Ministro de Finanzas del Gobierno, anunciando su renuncia "para facilitar el desenvolvimiento del nuevo gobierno" con lo que el propio Ministro de Finanzas del gobierno del Presidente Chávez, reconocía que habría un nuevo gobierno. En relación con el Presidente de la República señaló que había hablado con él:

"Para que se retire de la Presidencia sin ningún tipo de contratiempos. Le hablé como un amigo de muchos años, a los fines que su salida se haga sin traumas y sin sangre. Aseguró que el Alto Mando Militar le había solicitado la renuncia."

---

11 Véase en *El Universal,* 11-04-02, p. 1-2.

12 En la sentencia del Tribunal Supremo de Justicia en Sala Plena Accidental de fecha 14-08-02, en relación con este pronunciamiento señaló: "El 12-04-2002 a las 3:15 a.m., es decir, casi una hora después de la alocución del General Lucas Rincón anunciando la renuncia del Presidente de la República , el Almirante Vicente Quevedo (Inspector General de la Armada) se pronunció lamentando profundamente los hechos violentos y trágicos acaecidos ese día y se sumó al profundo sentimiento de tristeza que embarga al pueblo venezolano, respaldó las declaraciones de los demás componentes y su apoyo a la sociedad civil. Hizo un llamado a la calma".

Ese era el cúmulo de informaciones oficiales emitidas por televisión, de lo que estaba ocurriendo en el gobierno y de las cuales disponían los ciudadanos en Venezuela y el resto del mundo.

Como lo confirmó luego el propio Jefe del Alto Mando Militar, General en Jefe, Lucas Rincón, Inspector General de la Fuerza Armada Nacional:

"Eran pronunciamientos en contra pues del Presidente y del gobierno, incluso, algunos conocidos por todos nosotros, desconociendo la autoridad del señor Presidente y desconociendo también la autoridad del comandante natural, el comandante del componente, el comandante de la Fuerza."

Había, sin duda, una grave crisis política y militar que tenía como común denominador el desconocimiento de la autoridad presidencial, y cuyo toque final lo dio en la misma madrugada del día viernes 12 de abril de 2002, a las 3:00 a.m., también en mensaje transmitido por televisión, el General en Jefe, Lucas Rincón, Inspector General de la Fuerza Armada y Jefe del Alto Mando Militar del Presidente H. Chávez, quien horas antes había anunciado al país que el Presidente no había renunciado, acompañado de otros integrantes de éste, al anunciar lo contrario al país y al mundo, en la forma siguiente:

"Pueblo venezolano, muy buenos días, los miembros del Alto Mando Militar deploran los lamentables acontecimientos sucedidos en la ciudad capital el día de ayer. Ante tales hechos se le solicitó al señor Presidente de la República la renuncia a su cargo, la cual aceptó. Los miembros del Alto Mando Militar ponemos, a partir de este momento, nuestros cargos a la orden, los cuales entregaremos a los oficiales que sean designados por las nuevas autoridades."[13]

El mismo General Lucas Rincón, en la interpelación parlamentaria que le hizo la Comisión Especial designada por la Asamblea Nacional para investigar los sucesos de abril, el 4 de mayo de 2002, explicó la situación de la manera siguiente:

"Entonces le manifesté: mire Presidente, yo me voy a permitir hacer una anuncio acerca de la solicitud que le está haciendo el personal de oficiales generales, almirantes insurgentes para evitar un enfrentamiento entre nosotros y un posible enfrentamiento entre la población y por supuesto, insisto en esto, evitar un derramamiento de sangre."[14]

Posteriormente, ante una pregunta del Diputado Alfonso Marquina, dio la siguiente respuesta:

"Cuando yo anuncié lo de la renuncia, porque esa era la información que yo tenía en ese momento, por supuesto que el Alto Mando y mi per-

---

13 *Cfr.* en Albor Rodríguez, (ed), *Verdades, Mentiras y Videos... op. cit.,* pp. 13 y 14
14 *Idem,* p. 9

sona, el Alto Mando de ese entonces, pusimos el cargo a la orden ¿Por qué? Porque es obvio que quien está siendo interpelado en el día de hoy, no iba a trabajar con un gobierno de facto."[15].

Luego, ante una pregunta de la diputada Vestalia Araujo, dio la siguiente respuesta: "

> "Cuando el Presidente me dice eso (que el Presidente había aceptado que estos señores le estaban solicitando la renuncia y que habían aceptado unas garantías y consideraciones que el Presidente exigía), yo le dije, bueno entonces nosotros también ponemos el cargo a la orden. A quién? Bueno, de las nuevas autoridades que iban a existir, no se quienes iban a existir, pero al final aquí como que no hubo, no se pusieron de acuerdo."

El General Rincón, en esa misma interpelación, ante la pregunta de si consideraba "que la situación del país el 11 de abril era de una total ingobernabilidad" respondió "En la medida que fueron sucediéndose los acontecimientos, pues la situación se fue poniendo bastante difícil, indiscutiblemente que es así, sobre todo ya en altas horas de la noche y comienzo de la madrugada."

Agregó, además, el General Rincón que no se pudo comunicar con el Vicepresidente Ejecutivo Diosdado Cabello. El general Vásquez Velasco también declaró ante la Comisión Especial de la Asamblea Nacional que intentó ponerse en contacto con el Vicepresidente Diosdado Cabello, y no lo localizó pues "él mismo ha dicho aquí que no estaba"[16].

Todo lo anterior ocurría en Fuerte Tiuna, sede del Alto Mando Militar y de la Comandancia del Ejército. El General Rincón, en la interpelación que le hizo la Comisión Especial de la Asamblea Nacional, diría que:

> "La situación no era fácil: cierre de alcabalas, cierre de la Avenida Los Ilustres, la Carlota tomada, informes de la Armada y el pronunciamiento de generales y almirantes...."

Sobre la anunciada renuncia del Presidente de la República, el General Rincón agregó en esa interpelación, al destacar la actitud de insubordinación militar y el desconocimiento de su condición de General en Jefe, que llamó al Presidente:

> "Eso era para ver si se tranquilizaba la situación. El Presidente me dijo que estudiaría esa solicitud siempre y cuando estuviera apegada a la Constitución y se cumplieran ciertas garantías. Después volví a llamar. La situación está peor. Los oficiales me manoteaban y me preguntaban ¿cuándo va a hablar? Entonces le dije que me tomaría la libertad de

---

15 *Ibídem,* p. 10

16 Véase en *El Nacional,* 18-05-02, p. D-1.

anunciar la solicitud... En ese momento, los golpistas habían aceptado las condiciones de Chávez. Me permití redactar a mano el texto que anuncié con toda responsabilidad para evitar enfrentamiento [...] Fue un planteamiento moral. Posteriormente a mi conversación, los golpistas negaron las condiciones y el señor Presidente se negó a renunciar."[17]

Agregó, finalmente, que "Estoy convencido de que fui factor fundamental para evitar el derramamiento de sangre y a lo mejor, una guerra civil."

Sobre la situación referida por el General Rincón, el General Baduel, uno de los oficiales que aseguró el regreso del Presidente Chávez a la Presidencia de la República el día 15 de abril de 2002, señaló:

"Más tarde, ya en la madrugada, al Presidente se lo llevan a Fuerte Tiuna... Allí es cuando mi General Rincón sale diciendo que había renunciado. Estábamos ya en la madrugada del 12. Varias veces intenté hablar de nuevo con el Presidente y no lo logré. Fue cuando me di cuenta de que estaba incomunicado y de que algo raro estaba ocurriendo. Yo no se qué razones habría tenido el General en Jefe para formular ese anuncio. Pero entiendo que era un momento de mucha confusión. En todo caso, son los órganos jurisdiccionales los que determinarán si procedió de mala fe o si su actitud fue producto de toda esa confusión."[18]

Días después aparecerían publicados en *El Nacional*, sendas copias facsimilares, primero de un borrador de documento fechado el sábado 13 de abril de 2002 supuestamente redactado por el Presidente de la República y sin firma, en el cual señalaba que "consciente de que he sido depuesto de la Presidencia de la República declaro que abandono el cargo" y "declaro que he removido de su cargo ante la evidencia de los acontecimientos, al Vicepresidente Ejecutivo Ing. Diosdado Cabello"; y segundo, de un texto dirigido "al pueblo venezolano (o a quien pueda interesar), indicando que "No he renunciado al Poder Legítimo que el pueblo me dio", con fecha 13 de abril de 2002, a las 14:45 p.m., debidamente firmado.[19]

En todo caso, el propio General en Jefe Lucas Rincón, en la interpelación parlamentaria que se le hizo, afirmó que él mismo sólo supo que el Presidente de la República no había renunciado, casi dos días después de que él mis-

---

17   Véase en Albor Rodríguez, (ed) *Verdades, Mentiras y Videos, op. cit.,* p. 10. Sobre el anuncio público de la renuncia del Presidente de la República como "planteamiento moral", véase la reseña de la interpelación al General Lucas Rincón, en *El Nacional,* 05-05-02, p. 18. La información de la renuncia presidencial la hizo el General Lucas Rincón, también a los generales de la Fuerza Armada; así lo señaló el Vicealmirante H. Ramírez Pérez, al indicar que el General Lucas Rincón les dijo "Nosotros los del Alto Mando vamos a renunciar y ya el Presidente va a renunciar, *El Nacional,* 05-05-02, p. H-7.

18   Véase entrevista con la periodista Argelia Ríos, *El Universal,* 06-05-02, p. 1-8.

19   Véase en *El Nacional,* 18-04-02, p. D-1

mo había anunciado dicha renuncia al país; "al día siguiente, ya en la noche", es decir, en la noche del día 13 de abril de 2002. Dijo:

"Posteriormente a mi conversación, los oficiales golpistas negaron al Presidente las exigencias anteriormente aceptadas por ellos mismos, por lo tanto el señor Presidente no aceptó. Por supuesto que esto que estoy afirmando en este momento, lo supe yo al día siguiente, ya en la noche."

Si el General en Jefe, Jefe del Alto Mando Militar, pasó casi dos días convencido de que el Presidente Chávez había renunciado, después que él mismo había hecho el anuncio al país, nada distinto podía esperarse que pensaran el resto de los venezolanos y el mundo.

La alternativa que planteó el General Baduel respecto del anuncio que había hecho el General Rincón de la renuncia del Presidente de la República, era entre si el mismo había actuado "de mala fe" o producto "de toda esa confusión," y dicha alternativa, incluso no necesariamente era exacta; sino que según las propias expresiones del General Rincón, su conducta había sido el producto del convencimiento de que la renuncia efectivamente se había producido y que había sido aceptada por el Presidente, a quien se le habían aceptado sus condiciones.

Ese convencimiento, formulado además, como un "planteamiento moral" como él mismo lo calificó, convenció al país, y a sus ciudadanos. Y no podría ser de otro modo. No puede pretenderse que el anuncio público de un funcionario de tan elevado rango dentro del Estado y con el más elevado rango dentro de la Fuerza Armada, formulado en medio de una tremenda crisis de gobernabilidad, por radio televisión, no tuviera efectos en esa misma madrugada. No podía sino ser creíble.

La consecuencia de esa anunciada renuncia del Presidente, pública y televisada que hizo el General Lucas Rincón, Jefe del Alto Mando Militar, acompañado por sus integrantes, fue que en la madrugada del 12 de abril de 2002, en el país se produjo una crisis de gobierno. Algún efecto tuvieron por supuesto las palabras de Rincón: "ante los lamentables acontecimientos sucedidos en la ciudad capital…se solicitó al Señor Presidente de la República la renuncia a su cargo, la cual aceptó," y de que "los miembros del Alto Mando Militar ponemos a partir de ese momento nuestros cargos a la orden, los cuales entregaremos a los oficiales que sean designados por las nuevas autoridades".

Por ello, el General Belisario Landis, Comandante de la Guardia Nacional dijo: "La noche del 11 de abril, el General Rincón nos ordenó que colocáramos nuestros cargos a la orden." [20]

Sobre el sentido del anuncio del General Lucas Rincón en el ámbito militar, el General Efraín Vásquez Velasco, señaló "La renuncia del Presidente

---

20   Véase en *El Nacional*, 18-04-02, p. D-6.

para el ámbito militar no es lo mismo que para el ámbito civil. Esa es una orden y tiene que cumplirse"[21].

El anuncio del General en Jefe Lucas Rincón, por tanto, produjo, sin duda, consecuencias jurídicas y políticas graves,[22] pues con el mismo se le dijo al país y al mundo entero, simplemente que en Venezuela no había gobierno, es decir, no había Poder Ejecutivo y que, incluso habría unas nuevas autoridades[23].

En efecto, la renuncia de un Presidente de la República constituye una falta absoluta, y la misma, conforme al artículo 233 de la Constitución, la suple temporalmente el Vicepresidente Ejecutivo. El General Lucas Rincón, al anunciar la renuncia del Presidente, no le indicó al país como lo mandaba la Constitución, que en consecuencia el Vicepresidente Ejecutivo Diosdado Cabello estaba en ejercicio del Poder Ejecutivo, lo que hubiera implicado que el Alto Mando Militar habría permanecido inalterado. Al contrario, afirmó que sus integrantes ponían sus cargos a la orden de "nuevas autoridades", lo que implicaba, jurídicamente, también el anuncio de que en Venezuela no había "autoridades" en ejercicio del Poder Ejecutivo, y que supuestamente habría "nuevas autoridades".

La Constitución de 1999 no regula una solución jurídica en los casos en los cuales se produce a la vez la falta absoluta del Presidente y del Vicepresidente, en el sentido de que no establece quién asume, en ese caso, el Poder Ejecutivo. Al contrario, en la Constitución de 1961 si se regulaban los supuestos de sucesión presidencial transitoria, al disponer que en caso de falta absoluta del Presidente, mientras el Congreso elegía un nuevo Presidente, se

---

21   Véase en *El Universal*, 18-05-02, p. 1-4. *Cfr.* en Albor Rodríguez (ed) *Verdades, Mentiras y Videos, op. cit.,* p. 12. En igual sentido se refirió la esposa del general, Gladis de Vásquez, señalando "El pronunciamiento lo hizo el General en Jefe Lucas Rincón. Si los civiles aceptamos el anuncio de renuncia de boca del Inspector, imagínate para un militar que su General en Jefe diga que renunció. Eso se convierte en una orden y a partir de allí ellos tienen que actuar en base a lo que dijo el General Lucas", *El Universal*, 18-06-02, p. 1-8.

22   Véase lo que expusimos sobre la crisis de gobierno que se originó en *El Universal*, 18-05-02, p. D-4.

23   Incluso, el Ministro de la Defensa, José Vicente Rangel comentó el mismo día 12-04-02, sobre el tema de la ruptura del hilo constitucional, que habría "*un nuevo gobierno*"; dijo no saber donde estaba el Vicepresidente Ejecutivo e indicó que "no hemos presentado renuncia puesto que a nosotros nos reemplazan", *El Nacional,* 13-04-02, p. D-9. El Tribunal Supremo de Justicia en Sala Plena Accidental en sentencia de 14-08-02, al reseñar está entrevista hecha a Rangel, en la cual no contestó las preguntas de la periodista Gioconda Scoto sobre si había habido o no golpe de estado, dejó sentado lo siguiente: "Llama la atención a la Sala que el entonces Ministro de la Defensa no haya sido tajante al calificar los acontecimientos que se acababan de producir y más bien prefirió decir que se trataba de un problema semántico y que dijo no ser poder para reconocer a alguien, ¡precisamente el Ministro de la Defensa!"

encargaba de la Presidencia el Presidente del Congreso, a falta de éste, el Vicepresidente del mismo (Presidente de la Cámara de Diputados) y, en su defecto, el Presidente de la Corte Suprema de Justicia (art. 187). nada de eso se previó en la Constitución de 1999.

Con el anuncio al país y al mundo hecho por el General Lucas Rincón, por tanto, se produjo una crisis de gobierno que la Constitución no resolvía,[24] y además, no había ninguna razón para que alguien pudiera poner en duda el anuncio de la renuncia del Presidente y de la propia renuncia del Alto Mando Militar, y de que habría "nuevas autoridades". El anuncio, se insiste, no lo había hecho cualquier ciudadano ni cualquier funcionario; lo hizo el más alto General de la República con el más alto rango en la jerarquía militar, que había sido designado, además, por el propio Presidente de la República cuya renuncia anunciaba.

Como lo dijo con extrema claridad el Tribunal Supremo de Justicia en Sala Plena Accidental en su sentencia de 14 de agosto de 2002, (Caso: *Antejuicio de mérito a oficiales de la Fuerza Armada Nacional*), a partir del momento en el cual el General en Jefe Lucas Rincón, leyó su comunicado, como antes se indicó, "… todo el país tenía el derecho y la obligación de considerar como cierta tal afirmación al punto de que inclusive rebasó las fronteras de nuestro país", agregando que

"A partir de ese momento, todos los ciudadanos del país tenían el derecho y, más aún, la obligación de considerar como cierta tal afirmación al punto de que inclusive rebasó las fronteras de nuestro país…"

Por otra parte, debe destacarse que en esos momentos de crisis no hubo, además, ningún pronunciamiento oficial por parte de los otros Poderes Públicos, particularmente del Tribunal Supremo de Justicia o de su Sala Constitucional, la cual era la única que podía dar una interpelación constitucional que llenara el vacío normativo de la Constitución. El Tribunal Supremo sólo se pronunció en ese momento en la reunión que tuvieron sus Magistrados el día 12 de abril de 2002, sobre la condena a los graves acontecimientos ocurridos en el país que motivaron los pronunciamientos militares; y al contrario de resolver la crisis constitucional, el Presidente de dicho Tribunal,

---

24 El Dr. René Buroz Arismendi, abogado de los oficiales generales y almirantes a quienes se le siguió un antejuicio de mérito en el Tribunal Supremo, expresó su criterio sobre los efectos del anuncio del General Rincón: "El vacío de poder se generó cuando el General Lucas Rincón en presencia del Alto Mando militar afirmó que el Presidente había renunciado junto a su gabinete. En ese momento no había visiblemente ninguna autoridad que asumiera el cargo de Presidente", *El Universal*, 11-07-02, p. 1-8. Como lo afirmó el periodista Cleodobaldo Hernández, "la confirmación oficial (de la renuncia) se produjo con la alocución de Lucas Rincón ", *El Universal,* 20-04-02, p. 1-2. Por ello, lo afirmado por Pedro Carmona: "acepté la Presidencia porque Lucas Rincón proclamó la renuncia de Chávez", en entrevista con Milagros Socorro, *El Nacional,* 18-04-02, p. E-1.

Iván Rincón lo que hizo fue renunciar a su cargo para facilitar la "transitorie-dad" es decir, la labor del nuevo gobierno.[25]

En todo caso, frente al anuncio de la renuncia del Presidente de la República, los ciudadanos debían tener confianza legítima en lo que había dicho el Jefe del Alto Mando Militar. Como lo ha decidido, incluso, el Tribunal Supremo de Justicia al desarrollar el principio de la confianza legítima,

---

25　El periodista Edgar López reseñó la renuncia de Iván Rincón a su cargo de Presidente del Tribunal Supremo de Justicia, con ocasión de la reunión del Tribunal el día 12-04-02 en horas del mediodía, antes de la instalación del llamado gobierno de transición. Señaló que Iván Rincón renunció en estos términos: "A objeto de facilitar la transitoriedad, la continuidad de las instituciones y el respeto al Estado de derecho y la seguridad jurídica, pongo a la orden el cargo de Magistrado de la Sala Constitucional y Presidente del Tribunal Supremo de Justicia", *El Nacional,* 2002, p. D-6. La ex Presidenta de la Corte Suprema de Justicia, Cecilia Sosa, sobre la renuncia del Presidente del Tribunal Supremo de Justicia señaló que ello "hizo que el Tribunal Supremo de Justicia en pleno mantuviera un silencio cómplice con respecto a los hechos del 11 de abril de 2002", *El Universal,* 03-05-02, p. 1-9; agregando que el Presidente del Tribunal Supremo: "era el garante, el que debía evitar que nadie violara la Constitución, pero no lo hizo. El debía alertar a todos los venezolanos sobre la ruptura del hilo democrático, pero no lo hizo. Tenemos a la cabeza del Poder Judicial a un hombre que violó su juramento de cumplir y hacer cumplir las leyes. Tenemos al frente del TSJ a un presidente indigno de su cargo. No tiene condiciones morales ni éticas. Ese señor no puede dictar más sentencias en este tribunal y mucho menos puede juzgar a los generales y almirantes que estarían implicados en la transitoriedad a la que él se plegó". La ex-Magistrado Sosa acudió al Tribunal Supremo de Justicia a requerir se le "aceptara" la renuncia al Presidente del mismo, y cuando fue consultada sobre por qué sólo requirió la renuncia a Rincón, respondió: "El fue el único que nos puso la renuncia por escrito, así que yo espero que los demás magistrados también le acepten esa renuncia (*El Universal,* 03-05-02, p. 1-9). Es decir, ni el Tribunal Supremo ni su Presidente se pronunciaron en forma alguna sobre la crisis de gobierno que existía, originada por el anuncio de la renuncia del Presidente de la República. La Magistrado Blanca Rosa Mármol de León, en cambio, "denunció la posición genuflexa del máximo Tribunal ante el entonces Presidente H. Chávez. Lamentó que el Tribunal Supremo de Justicia no hubiera condenado de manera específica los delitos cometidos en los alrededores de Miraflores. Véase la reseña del periodista Edgar López. *El Nacional,* 2002, p. D-6. En otra reseña periodística de Edgar López, se ponen en evidencia las mutuas acusaciones y recusaciones entre sí, de los Magistrados del Tribunal Supremo, particularmente entre su Presidente Rincón y el Vicepresidente Arriechi, en relación con la actitud asumida por los Magistrados el 12 de abril de 2002. Se menciona el acta de la reunión del Tribunal Supremo del 12 de abril y la decisión de "los Magistrados de continuar en sus cargos", *El Nacional,* 15-06-02, p. D-1; *El Universal,* 04-07-02, p. 1-8. Confróntese con la información contenida en los reportajes de los periodistas Irma Álvarez, *El Universal,* Caracas, 23-06-02, p. 1-9; y 08-07-02, p. 1-8; y Alejandra Hernández, *El Universal,* 14-06-02, p. 1-4. Véase además las informaciones en *El Nacional,* 19-06-02, p. D-1; 27-06-02, p. D-1; *El Universal,* 19-06-02, p. 1-10; 04-07-02, p. 1-8; 05-07-02, p. 1-7.

"Dicha confianza se basa en signos externos producidos por la Administración lo suficientemente concluyentes para que induzcan racionalmente (al ciudadano) a confiar en la apariencia de legalidad de una actuación administrativa concreta, moviendo su voluntad a realizar determinados actos... que después no concuerdan con las verdaderas consecuencias de los actos que realmente y en definitiva son producidos con posterioridad por la Administración."[26]

Precisamente por ello, luego de anunciar la renuncia del Jefe del Estado, por esa confianza legítima que deben tener los ciudadanos en lo expresado por tan alto funcionario militar, éste no podría en ningún caso excusarse jurídicamente[27]. Nadie puede alegar su propia torpeza, dice un viejo principio del derecho romano, o como sucede con la figura del *estoppel* en el ámbito del derecho internacional, cuando un funcionario con sus palabras o con su conducta, produce voluntariamente a otra persona la creencia de la existencia de un determinado estado de cosas y la induce a actuar de manera que altere su previa posición jurídica, el primero no puede alegar frente a la segunda que en realidad existía un estado de cosas diferente. Por ello, en el ámbito internacional tan produjo efectos jurídicos la anunciada renuncia del Presidente Chávez por el Jefe de su Alto Mando Militar que, conforme lo

---

26 Sentencia N° 098 de 01-08-2001. En dicha sentencia se sigue el criterio del Tribunal Supremo de España en sentencia del 08-06-89. Sobre este tema, en otra sentencia del tribunal Supremo de España de fecha 1 de febrero de 1990, citada en la conferencia sobre "El Principio de la Confianza Legítima en el Derecho Venezolano" de la entonces Magistrado de la Sala Político Administrativa de la Corte Suprema de Justicia, Hildegard Rondón de Sansó en las III Jornadas Internacionales de Derecho Administrativo "Allan Randolph Brewer-Carías" en 1998, se estableció lo siguiente: "En el conflicto que suscita entre la legalidad de la actuación administrativa y la seguridad jurídica derivada de la misma, *tiene primacía ésta última* por aplicación de un principio, que aunque no extraño a los que informan nuestro ordenamiento jurídico, ya ha sido recogido implícitamente, por esta Sala, que ahora enjuicia, en su Sentencia de 28 de febrero de 1989 (R. 1458) y reproducida después en su última de 1990, y cuyo principio si bien fue acuñado en el ordenamiento jurídico de la República Federal de Alemania, ha sido asumido por la jurisprudencia del Tribunal de Justicia de las Comunidades Europeas de las que forma parte España, y que consiste en el "principio de protección de la confianza legítima" que ha de ser aplicado, no tan sólo cuando se produzca cualquier tipo de convicción psicológica en el particular beneficiado, *sino más bien cuando se base en signos externos producidos por la Administración lo suficientemente concluyentes para que le induzcan razonablemente a confiar en la legalidad de la actuación administrativa,* unido a que, dada la ponderación de los intereses en juego -interés individual e interés general- la revocación o la dejación sin efectos del acto, hace crecer en el patrimonio del beneficiado que confió razonablemente en dicha situación administrativa unos perjuicios que no tiene por qué soportar derivados de unos gastos o inversiones...".

27 Véase estos planteamientos sobre la crisis de gobierno y la confianza legítima en *El Nacional*, 16-05-02, p. D-4.

indicó el Secretario General de la OEA, en su Informe del 18 de abril de 2002,

"El Grupo de Río consideró la renuncia del Presidente Chávez como un hecho cumplido, así como también la destitución del vicepresidente y de su gabinete, por lo cual no se solicitó su restitución como parte de las acciones necesarias para defender el orden constitucional."

Es decir, incluso en el ámbito internacional los Presidentes representantes de los Estados americanos del Grupo de Río, que en esa misma fecha 11 de abril estaban reunidos en San José, Costa Rica, consideraron la renuncia del Presidente *como un hecho cumplido*, por lo que no podría, en forma alguna el Estado venezolano, reclamar a los Estados que consideraron como un hecho cumplido la renuncia del Presidente de la República, por causa del anuncio del Jefe del Alto Mando Militar[28].

Por otra parte, no podría alegarse que habría habido una "equivocación" en la expresión utilizada por el Jefe del Alto Mando Militar, pues la inducción a errar resultaría la misma. Y menos aún podría afirmarse que, en realidad, no habría habido renuncia del Presidente sino un supuesto abandono del cargo, como lo sugirió el mismo Presidente de la República, pues ello podía haber implicado la imputación al propio Presidente de un delito que castiga el Código Penal (abandono del cargo de funcionarios públicos)[29].

El Presidente de la República, en la Rueda de Prensa que dio al reasumir la Presidencia, el día 15 de abril de 2002, ante los corresponsales extranjeros, dio la siguiente versión de su anunciada renuncia:

"Vamos a ver qué es lo que quiere este grupo de generales. Comenzamos a pedirles información y entonces mandaron redactada la renuncia para que yo la firmara. Un fax. La leo. Buscamos la Constitución y es cuando digo el artículo 233, creo que es, si mal no recuerdo, si aquí está ¿ve?: 'Serán faltas absolutas del Presidente de la República su muerte, su renuncia o su destitución decretada por sentencia del Tribunal Supremo de Justicia'. Yo les respondo con una serie de condiciones. El abandono -y aquí entonces me empecé a fijar mucho-, al 'abandono del cargo, declarado como tal por la Asamblea Nacional, así como la revocación popular de su mandato'... Entonces comenzamos nosotros a discutir dos posibilidades: una renuncia o abandono del cargo. Entonces le digo a William Lara: 'Me gusta más abandono del cargo, porque tiene que ser ratificado por la Asamblea Nacional'. Claro, aún yo aceptando

---

28   Por ello, sin duda, el Presidente de El Salvador, Sr. Flores, justificó el voto de confianza que dio al gobierno provisional señalando que "la información que nosotros teníamos es que el Presidente Chávez había renunciado. Habiendo renunciado el Presidente Chávez había que darle un voto de confianza al nuevo". *El Nacional,* 18-04-02, p. A-3.

29   Art. 209

mi sacrificio, pero cuidando la Constitución y se lo dije a todo ese grupo de militares que estaban allá reunidos: 'Miren, yo estoy dispuesto a irme si la situación llegó a este extremo, sí, pero exijo que se respete la Constitución'.

Ellos habían respondido que sí, que estaba bien, que iban a asumir que abandoné el cargo. Le dije a William Lara: 'Vayan preparándose en la Asamblea Nacional, llámate a los partidos de oposición y al MVR para que busquen una figura de consenso y no se rompa el hilo constitucional. Sólo en esas condiciones yo estoy dispuesto a irme', y entonces Lucas me llama desde allá, y me pregunta: 'Mire Presidente, están esperando que usted responda, que firme el papel o cuál es su respuesta'.

He aceptado abandonar el cargo, pero si se cumplen las condiciones que estoy exigiendo. ¿Cuáles son?: el respeto a la vida y la integridad física y los derechos humanos de todos los que me acompañaron en este gobierno; de todos mis soldados y oficiales que aquí están leales conmigo y, en última instancia, la de mi familia y de mí mismo. Puse la condición de que tiene que ser firmado con garantes, y empecé a llamar a la Iglesia, embajadores, etc.

Yo estaba dispuesto, ante la contundencia de los hechos que amenazaban con ser más graves y sangrientos, a abandonar el cargo, pero estaba agarrado a la Constitución. Pero, por supuesto, yo jamás tuve la intención de renunciar a mi cargo por presiones. Sólo pensé en abandonar el cargo, y en La Orchila, antenoche, también llegó una comisión en la que estaba el cardenal Ignacio Velasco. Él es testigo excepcional de todo esto, así como un señor general, un general que es fiscal y un coronel que era del equipo. Pusieron un avión allá en La Orchila y me dijeron, 'Bueno, Presidente, aquí está la renuncia. Estaban tratando de enderezar las cosas, yo no sabía lo que aquí estaba pasando en verdad, nada, estaba totalmente incomunicado, pues, y entonces yo digo: 'Mira, cómo me vas a pedir que yo firme un decreto con fecha atrasada', porque me llevaron un decreto como si yo fuera un niño con fecha de 11 de abril. Dije: 'No, yo no voy a firmar esto'. Primero, porque no voy a renunciar; segundo, porque el decreto tiene fecha atrasada; tercero, no estoy informado para nada de lo que está ocurriendo allá; cuarto, hay una serie de condiciones que yo pondría, y ustedes saben cuáles.'[30]

Sobre la supuesta confusión entre "renuncia" y "abandono del cargo" por parte del General Lucas Rincón que mencionó el Presidente Chávez el 15 de abril de 2002 al recuperar el ejercicio de la Presidencia[31], el Coronel Rodríguez Salas, quien dijo haber elaborado el decreto de la renuncia del Presidente, y habérselo llevado y negociado con él, señaló:

---

30 Véase en *El Nacional,* 18-04-02, p. D-1.

31 Véase en *Tal cual,* 16-04-02, p. 13.

"El General Rincón no confundió abandono del cargo con renuncia, es que en ese momento era renuncia y no abandono lo que Chávez había aceptado. Jamás se habló de abandono del cargo allí cuando Lucas entrega el mando". El Coronel Rodríguez también indicó que fue el 13-04-02 cuando Chávez le propuso lo de abandono del cargo"[32].

El General Néstor González, quien había sido uno de los generales que se había pronunciado públicamente contra la autoridad del Presidente de la República el 10 de abril de 2002[33] en relación con esta versión de los hechos dada por el Presidente en la interpelación que le hizo la Comisión Especial de la Asamblea Nacional sobre los hechos de abril, el día 14 de mayo de 2002, señaló lo siguiente, según lo reseñó la periodista Cenovia Casas:

"González González también se refirió a la renuncia del primer mandatario y al vacío de poder que hubo por su decisión. Señaló que Chávez se dirigió directa y voluntariamente a la Comandancia General del Ejército, donde manifestó como única condición que le garantizaran su seguridad física y le permitieran irse a Cuba en compañía de algunos miembros de su familia y colaboradores. "Es importante entender que Chávez pretendía abandonar al país, a sus seguidores y dejar una estela de muertos que con sólo escuchar la recomendación del general de división Rosendo y de Rojas Pérez se hubiese evitado", explicó.

Afirmó que no era veraz la narración de los hechos que hizo el Presidente al pueblo venezolano y a la comunidad internacional: "Él nunca fue hecho preso por ningún profesional militar. Se presentó directamente a la Comandancia General del Ejército, solicitó que lo dejarán irse a Cuba en repetidas oportunidades y pidió perdón por no haber podido cumplirle a todos los venezolanos. Dijo que su salida aliviaría la crisis, con lo cual trató de dejar a la Nación envuelta en un caos y con decenas de muertos".

Según González González, esa fue su única condición y no que su salida se apegase a la Constitución, tal y como lo manifestó en el Parlamento Rincón Romero.

Ante los hechos de sangre ocurridos, el Alto Mando decidió dejarlo en el país por razones éticas y legales, y no políticas. Expresó que Chávez quedó en custodia, a la orden la FAN, para que respondiera por los sucesos".[34]

---

32 Véase en *El Nacional*, 19-04-02, p. D-1.

33 Véase *El Nacional*, 11-04-02, p. D-1

34 Véase en *El Nacional*, 15-05-02, p. D-1. En la interpelación que la Comisión Especial de la Asamblea Nacional le hizo al General Néstor González González, este expresó lo siguiente: "El presidente Chávez no es veraz en cuanto a su narración de los hechos al pueblo venezolano y a la comunidad internacional. El nunca fue hecho

Un testigo de excepción de la posición del Presidente Chávez respecto de su renuncia, fue Monseñor Baltasar Porras, Presidente de la Conferencia Episcopal quien fue llamado por el propio Presidente, para que le sirviera de garantía de su integridad. El Tribunal Supremo de Justicia en Sala Plena Accidental en sentencia de 14-08-02, (Caso: *Antejuicio de mérito a los oficiales de la Fuerza Armada Nacional*), citó el acta de entrevista a Monseñor Porras con Fiscales ante el Tribunal Supremo, en la sede de la Conferencia Episcopal, el 05 de mayo de 2002 en la cual manifestó:

"... Me llamó el Ministro Rodríguez Chacín y me pasó al Presidente, quien me preguntó si yo estaba dispuesto a garantizarle la vida a él, sus familiares, a los civiles y militares que se encontraban en el Palacio de Miraflores, porque él había decidido abandonar la Presidencia y además dijo el Presidente que esta decisión la había tomado luego de consultar con sus asesores y a las nueve de la noche los reunió para comunicarles su decisión y que por tal motivo requería mi presencia para que le garantizara la vida y lo acompañara hasta la escalerilla del avión que lo conduciría al exterior del país."

Además, Monseñor Porras en entrevista con la periodista Cenovia Casas, señaló que el Presidente había dicho:

"Les dije que yo destituía a Diosdado (Diosdado Cabello, el Vicepresidente) porque sé que no podía quedar al frente, porque no sería aceptado por todos, y para facilitarles el camino les propuse que pusieran allí (en el documento de renuncia) la destitución de Diosdado y de todo el gabinete y mi renuncia"."

Monseñor Porras indicó, además, que el Presidente le expresó a los generales su condición de salir del país, en estos términos: "Pienso que son menos

---

preso por ningún profesional militar para conducirlo a la Comandancia General del Ejército; él se presentó directamente a la Comandancia, él pidió que lo dejasen ir a Cuba en repetidas oportunidades, y pidió perdón por no haber podido cumplir con todos los venezolanos, y (dijo) que su salida aliviaría la crisis que vivíamos. Trató así de dejar a la Nación envuelta en un caos y con decenas de muertos, esa fue su única condición, no que su salida se apegase a la Constitución, tal como él quiere hacer creer o como lo ha manifestado abiertamente el general Lucas Rincón Romero en esta misma sala; su objetivo era Cuba. El Alto Mando en ejercicio acepta la renuncia del Presidente, pero delibera en cuanto a su salida del país en función de los hechos de sangre ocurridos durante el día y la posible responsabilidad directa del Presidente en la situación política, social, económica y militar el país (...) El Alto Mando en ejercicio decide dejarlo en el país en términos éticos y legales y no con visión política, por cuanto considera que han ocurrido hechos de sangre graves, por lo cual el Presidente queda en calidad de custodia a la orden de la Fuerza Armada Nacional". Véase en Albor Rodríguez (ed), *Verdades, Mentiras y Videos, op. cit.,* p. 13.

problemas para ustedes si me dejan ir del país, y que seré mayor problema para ustedes, si permanezco en el país. "[35].

Sobre estos hechos, en el escrito presentado por el Fiscal General de la República solicitando antejuicio de merito por el delito de rebelión militar a varios generales por los sucesos del 12 de abril de 2002, se reseñó la versión dada por el Presidente Chávez sobre su renuncia ante los fiscales del Ministerio Público, así:

"Lucas -el Inspector General de la Fuerza Armada Nacional, General de División del Ejército Lucas Rincón Romero, actualmente, ministro de la Defensa- me llama por teléfono y me dice: Mire Presidente, aquí, bueno, me están presionando. Aquí todos estos oficiales están alzados. Aquí está el Alto Mando Militar que se mantiene con usted, a excepción del general Vásquez Velazco. Entonces él me pregunta: ¿A usted por fin le llegó el decreto? Sí, lo tengo aquí, le dije. Pero usted acepta entonces la renuncia. Que me están presionando para que nosotros también renunciemos (…) Yo le digo a Lucas: Bueno, si en el marco de las condiciones que han aceptado, en el marco de esas condiciones, yo acepto la renuncia (…) diles allá, Lucas, que para evitar enfrentamientos y pasar a una situación más grave, yo, en el marco de esas condiciones que ellos ya conocen, yo acepto esa renuncia. Bueno, luego sale él, que seguía bajo presión; sale el Alto Mando Militar y dijo lo que dijo: El Presidente ha aceptado la renuncia."

De acuerdo con el comentario del periodista Edgar López en el diario *El Nacional,* donde se refiere al documento del Fiscal General de la República:

"El registro textual de la declaración de Chávez ante los representantes del Ministerio Público permite identificar que una de las condiciones exigidas por el Presidente de la República era que le permitieran salir del país. Sin embargo, también exigía que se acelerara un acuerdo político para asegurar el más inmediato retorno a la normalidad institucional, habida cuenta de que los oficiales alzados rechazaban la posibilidad de que el vicepresidente Diosdado Cabello lo sustituyera: "Yo no puedo irme del país así como si nada, tengo una serie de condiciones…", habría insistido Chávez en cuanto a su eventual renuncia al cargo.

Según el relato, cuando el mandatario se encontraba detenido en Fuerte Tiuna se le volvió a conminar para que renunciara, esta vez con mayor contundencia: "… entonces tomó la palabra un general de la Guardia Nacional, no me acuerdo cómo se llama este hombre, uno de los generales de división de la Guardia Nacional. Entonces, él hace un razonamiento, Dice: Nosotros no podemos aceptar que él se vaya del país, porque cómo vamos a explicarle al pueblo después por permitirnos que

---

35   Véase en *El Nacional,* 20-04-02, p. D-1.

se fuera un asesino o quien produjo todas estas muertes, todas estas cosas (…) tiene que ir preso por este genocidio, por toda esta sangre…"[36].

En todo caso, haya habido renuncia o abandono del cargo, el General en Jefe, Lucas Rincón, con su anuncio en nombre de todo el Alto Mando Militar, produjo política y jurídicamente una crisis de gobierno, induciendo a los ciudadanos y al mundo entero a creer que el país carecía de órganos que ejercieran el Poder Ejecutivo. Ello, además, como se ha dicho, planteaba el grave problema constitucional derivado del vacío normativo de la Constitución que no resuelve expresamente la sucesión presidencial en caso de ausencia del Presidente y del Vicepresidente. Quien podía resolverlo era el Tribunal Supremo de Justicia, el cual se reunió el día 12 de abril en horas de mediodía, pero lejos de pronunciarse sobre los acontecimientos, lo único que se supo es que su Presidente renunció para facilitar la labor de las nuevas autoridades, es decir, en definitiva también reconocía que habría nuevas autoridades.

Pero los acontecimientos del 12 de abril de 2002 con motivo del anuncio del General en Jefe Lucas Rincón, también produjeron otra serie de consecuencias jurídicas. El Vicepresidente Ejecutivo se juramentó con posterioridad ante el Presidente de la Asamblea Nacional, lo que podría interpretarse como la confirmación de que efectivamente se había producido una falta absoluta, por renuncia, del Presidente de la República[37]. Ese hecho, sin duda, produjo efectos jurídicos que se incorporaron al cuadro de confusión derivado de la crisis de gobierno mencionada.

Por otra parte, como antes señalamos, el mismo Presidente del Tribunal Supremo de Justicia decidió renunciar a su cargo para facilitar las labores de las "nuevas autoridades" anunciadas por el General en Jefe, Lucas Rincón. La renuncia de un funcionario pone fin a su relación funcionarial, por lo que una vez formulada, sobre todo cuando la misma no tiene que ser aceptada por otro funcionario, como es el caso de los Magistrados del Tribunal Supremo, produce efectos inmediatos. Ello implica que luego de renunciar, el funcionario renunciante no podría volver a asumir su cargo, y lo que tendría sería sólo una acción para exigirle responsabilidad al funcionario que por el principio de la confianza legítima, lo indujo a tomar una decisión partiendo de una situación creada con el anuncio público.

Incluso, como se señaló, el Comandante General de la Guardia Nacional, Belisario Landis también renunció a su cargo. Así lo dijo en la interpelación

---

36 Véase en *El Nacional,* 29-05-02, p. D-1

37 Sobre el efecto de la "juramentación" del Vicepresidente Diosdado Cabello, el abogado Tulio Álvarez señaló: "Chávez se separó del cargo en forma definitiva el 12 de abril. La prueba de su decisión está en boca del General Lucas Rincón y el Alto Mando. Como reconocimiento de tal acto, el Presidente de la Asamblea Nacional juramentó a Diosdado Cabello, como Jefe de Estado provisorio". Véase "Qué pasó con Diosdado?", *Así es la Noticia*, 03-05-02, p. 9.

que le hizo la Comisión Especial de la Asamblea Nacional que investigó los sucesos de abril de 2002:

"No conozco los detalles de ese proceso de renuncia o no renuncia… En la noche del 11 de abril o en la madrugada del 12 de abril, el General Lucas Rincón informó al país que el Alto Mando había puesto sus cargos a la orden de las nuevas autoridades… Yo le cumplí a cabalidad las instrucciones al General Rincón y al otro día esa misma madrugada redacté mi renuncia…".

Como se puede apreciar, muchas fueron las consecuencias jurídicas producidas por el anuncio del Jefe del Alto Mando Militar sobre la renuncia del Presidente de la República, sobre la propia renuncia de los integrantes del mismo y sobre que habría nuevas autoridades en el país, que motivó que incluso funcionarios públicos actuaran en consecuencia.[38] Lo que es claro es que conforme al principio de la confianza legítima, los hechos mencionados produjeron consecuencias jurídicas por la primacía del principio de la seguridad jurídica; y quien indujo a la adopción de determinados actos debía responder por los efectos producidos con su conducta.

En todo caso, lo que es cierto es que la situación de crisis de gobierno que se había producido con el anuncio de la renuncia del Presidente de la República, H. Chávez había sido real y efectiva, lo cual fue luego confirmado por el propio Presidente en la mañana del día domingo 14 de abril de 2002, ya reinstalado en el Palacio de Miraflores, luego de dictar un Decreto mediante el cual "reasumió" la Presidente de la República, luego de una "falta temporal" la cual supuestamente habría sido suplida por el Vicepresidente Ejecutivo. Confirmó el Presidente que efectivamente, oficiales de la Fuerza

---

38 Por ejemplo, se recuerda que el Fiscal general de la República el 09-07-02, presentó en el antejuicio de mérito que se seguía contra varios oficiales generales y almirantes por el delito de rebelión militar, una recusación contra la Magistrada María Cristina Parra de la Sala de Casación Penal, por considerar que la imparcialidad de dicha Magistrada había quedado comprometida por el hecho de que "el día 12 de abril del presente año, se encontraba presente en el acto de auto-juramentación como Presidente provisional de la República, del ciudadano Pedro Carmona Estanga, el cual se llevó a cabo en el Palacio de Miraflores, y quien fue presentado por los oficiales objeto del antejuicio de mérito como Presidente de la Junta Provisional de gobierno en horas de la madrugada de ese mismo día". Ante tal recusación, en su respuesta, la Magistrada Parra de Rojas alegó que "decidí asistir a dicho acto luego de la declaración que diera a través de los medios de comunicación social, el General en Jefe Lucas Rincón Romero, en ese momento Inspector General de la Fuerza Armada Nacional y posteriormente designado Ministro de la Defensa por el Presidente Hugo Chávez Frías, según la cual el referido Presidente Chávez habría renunciado al cargo". En consecuencia, mi presencia en el mencionado acto no constituyó en forma alguna reconocimiento de las actuaciones realizadas por los generales y almirantes objeto del presente antejuicio de mérito, actuaciones que desconocía para ese momento y que en la actualidad no conozco en detalle, pues no he accedido al expediente respectivo".

Armada le habían solicitado su renuncia y que, con tal motivo, había discutido dos posibilidades con sus colaboradores: o renunciar a su cargo o abandonar el cargo, informándole al Presidente de la Asamblea Nacional, que: "Me gusta más abandono del cargo porque tiene que ser ratificado por la Asamblea Nacional".

El Presidente de la República, después de haber acusado de "cobardes" a todo el Alto Mando Militar por haberlo traicionado[39] al reincorporarse a su cargo, sin embargo anunció la ratificación del General Lucas Rincón en su cargo, y luego lo designó luego Ministro de la Defensa, excusando "la confusión" que éste había tenido al anunciar su renuncia, diciendo lo siguiente:

> "He designado, he ratificado al General en Jefe Rincón, Lucas Rincón, como Inspector de la Fuerza Armada y pido para él, sé, ciertamente Lucas anunció al país que yo había renunciado, pero él estaba totalmente confundido y presionado además allá en Fuerte Tiuna y en un estado de presión y de confusión lo dijo, esa es la verdad; ¿Qué él estaba comprometido? No, pues jamás yo lo hubiera ratificado, no, no, y está trabajando duro y viajando y hablando con los militares, llamándoles pues a todos a la reflexión.."[40]

En todo caso, aún cuando el General Rincón se hubiera podido haber confundido en su mensaje al país, y en lugar de anunciar que el Presidente de la República había abandonado su cargo, hubiera anunciado que había renunciado, en ambos casos se evidenciaba una crisis de gobernabilidad, pues no anunció que el Vicepresidente Ejecutivo hubiera estado en ejercicio de las funciones de Presidente, lo que implicaba la continuación del Alto Mando Militar; sino más bien, como se ha dicho, que los miembros del mismo ponían "a partir de ese momento" sus cargos a la orden, los cuales entregarían "a los oficiales que sean designados por las nuevas autoridades".

De lo anterior sólo se podía deducir que el país carecía de gobierno civil, por renuncia o abandono del cargo de las altas autoridades del Poder Ejecutivo. Y eso fue lo que entendieron, no sólo los ciudadanos venezolano y el mundo entero, sino los propios funcionarios y oficiales de la Fuerza Armada. Así, sobre ese hecho de la anunciada renuncia se hicieron múltiples afirmaciones en las interpelaciones efectuadas por la Comisión Especial de la Asamblea Nacional que investigó los hechos de abril de 2002, destacándose las siguientes:

---

39   Sobre la actitud del Alto Mando Militar presidido por el General Lucas Rincón, el Presidente de la República había señalado un día antes que "Todo el Alto Mando me traicionó. Cobardes y desleales!", *El Nacional*, 02-05-02, p. D-4 y 03-05-02, p. 1-4; *El País*, Madrid, 03-05-02, p. 10.

40   Rueda de Prensa ante los medios de comunicación extranjeros, *El Nacional*, 16-05-02, p. D-1.

General Manuel Rosendo: (Jefe del Comando Unificado de la Fuerza Armada Nacional): "…con relación a la **renuncia** del señor Presidente, Comandante en Jefe de la Fuerza Armada yo quiero decirles lo siguiente, por fax el General Hurtado recibió la propuesta de la **renuncia** y en forma personal se le entregó al señor Presidente, posteriormente el General Damiani, el General Camacho Kairuz y el General Vargas Herrera le llevaron el original del documento que había recibido el General Hurtado por fax…"

José Vicente Rangel: (Ministro de la Defensa): "…La única comunicación que hubo entre el Presidente de la República y el General en Jefe, fue estando ya el General en Jefe en Fuerte Tiuna, el Presidente le expresó que si se garantizaba la vida de todas las personas que estaban en Miraflores, si se le permitía dirigirse en una alocución al país y si se le garantizaba poder abandonar el país en condiciones de seguridad, él podía considerar la **renuncia**…En base a esta afirmación es que se produce la declaración del General Rincón…"

General Efraín Vásquez Velazco (Comandante General del Ejército): "…General Manuel Rosendo, quien me informó que el Presidente había decidido **renunciar** si le daban un avión para irse al exterior…Al segundo, el Ministro de la Defensa José Vicente Rangel, quien me dio el mismo mensaje y que enviara dos Generales al canal 8, que el Presidente iba a ratificar su **renuncia** allí…A las 3 de la mañana el General en Jefe Lucas Rincón Romero, participó al país que el Presidente había **renunciado** y minutos más tarde, el Presidente llegó a la Comandancia del Ejército con su Jefe de Casa Militar, escolta, los Generales Hurtado y Rosendo… el ciudadano Ministro de la Defensa me llamó y me dijo, que el Presidente había decidido **renunciar** y que se iba para Cuba, y que le enviara a los Generales para el Canal 8, se le enviaron a los Generales para el Canal 8, no es que, a obligar al Presidente a que **renunciara**, ni que dijeran otra cosa, sino que fuera allá a esperar la **renuncia**. Estos oficiales se devolvieron al Fuerte, porque el Presidente nunca fue allí….el General Lucas nunca me dijo a mí que él tenía la **renuncia** escrita del Presidente, sí me dijo que el Presidente había **renunciado**…"

General Pedro Pereira Olivares (Jefe del Estado Mayor del Comando Unificado de la Fuerza Armada Nacional): "…en la Inspectoría General se encontraban reunidos varios Generales y almirantes comentando la situación, esperábamos la llegada del General en Jefe Lucas Rincón, cuando éste llegó acompañado de varios miembros del Alto Mando, el General en Jefe nos invitó a su oficina informándonos que el Presidente había **renunciado** y que él se preparaba para realizar este anuncio acompañado del Alto Mando Militar y que el Alto Mando iba a poner sus cargos a la orden…. Cuando estos oficiales, altos oficiales de la Fuerza Armada Nacional, anuncian la **renuncia** de un Presidente y es un hecho, ese hecho conmueve al país y crea una incertidumbre en las

Fuerzas Armadas, por favor, o a menos que haya estado planificado así, a menos que haya estado planificado así, repito, por qué más del 25%, porque a mí me dice el General en Jefe, General en Jefe de 3 soles, le dice al país que el Presidente **renunció**, aceptó la **renuncia**, y el país tiene que creerle a su General en Jefe que es uno solo, por favor Diputado, usted le creería? ¿Por qué más del 95% de los militares activos entendieron que el Presidente había **renunciado**, generando tranquilidad en las 36 guarniciones?..."

General Camacho Kairuz (Viceministro de Seguridad Ciudadana): "...el General Lucas Rincón anunció la **renuncia** del Presidente y la **renuncia** del Alto Mando, yo llegué a Fuerte Tiuna y salió una comisión de Generales y yo fui con ellos, yo dije, bueno, mira vamos allá a llevarle la **renuncia** al Presidente... llegaron a Fuerte Tiuna, yo no le solicité la **renuncia**, ya el Presidente había acordado **renunciar**, él no firmó efectivamente la **renuncia**, sí estaba en el salón en donde nuevamente le presentaron la misma **renuncia**, el mismo documento, que yo le llevé inicialmente, se lo volvieron a presentar y él se negó a firmarlo y eso fue todo, pero ya él había aceptado que había abandonado el cargo, que iba a **renunciar**, lo que no hubo fue el acuerdo de bajo qué condiciones, él quería irse a Cuba y hubo una decisión de los altos mandos militares que no se iba a Cuba, sino que se quedaba en Venezuela, así que eso es todo lo que sucedió. Así que yo no le he solicitado la **renuncia** al Presidente, ya el General Lucas Rincón había anunciado que el Presidente había **renunciado**, y por eso hice mi señalamiento al principio..."

Contralmirante Daniel Comisso Urdaneta: "...Luego al enterarme de que el Presidente se trasladaría a la Sede del Comando General del Ejercito me dirigí hacía allí, y estuve presente junto a más o menos 30 o 40 Generales, Monseñor Baltazar Porras, Monseñor Azuaje, en la reunión en la cual el Presidente manifiesta las condiciones bajo las cuales había **renunciado**, recordando que eran las salida del país con garantía de seguridad física para él y para su familia, y garantía de integridad física para sus ministros...Cuando el Presidente, fíjese usted, el Presidente negoció su **renuncia** en Miraflores y él llega a la Comandancia General del Ejército diciendo, "yo **renuncié** bajo estos términos..."

General Carlos Alfonso Martínez (Inspector General de la Guardia Nacional): "...Estando en esto observo en la televisión al General en Jefe Lucas Enrique Rincón Romero, Inspector General de la Fuerza Armada Nacional, anunciando al país la **renuncia** del ciudadano Presidente y del Alto Mando, quedando ellos a las órdenes de las nuevas autoridades a ser nombradas, para proceder de inmediato a la entrega de sus cargos, El Presidente tomó la palabra y explicó que él estaba de acuerdo en firmar el documento si se le daban las garantías de cumplirse con sus exigencias, de lo contrario él no firmaba la **renuncia.**[41].

Renuncia o no renuncia, o una anunciada renuncia, todo ello ocurrió en abril de 2002, como parte de la saga de la anunciada falta absoluta del Presidente Hugo Chávez y de la crisis política que caracterizó todo su mandato. Como parte de la misma, y en la búsqueda de símbolos para apuntalar la idea de una "revolución," el día 12 de abril de 2003 se convertiría en un fantástico día del "regreso" de Chávez a la Presidencia, luego de su "temporal" falta absoluta, gracias a los propios militares que la produjeron, y particularmente, al general Raúl Isaías Baduel, quien luego sería encarcelado por el propio Chávez por haberse atrevido, el día que cesó como Ministro de la Defensa, a expresar sus dudas sobre el proyecto de reforma constitucional propuesto por el Presidente en 2007, y aun cuando solo se había limitado a señalar que era necesario que se precisara, de acuerdo con el contexto histórico, social, político y cultural del país, en qué consistía el llamado "Socialismo del Siglo XXI," considerando que hasta ese momento, "este modelo teórico no existe y no ha sido formulado." [42] Esta duda, sin embargo le costó

---

41   Véase en la recopilación efectuada por Albor Rodríguez, *Verdades, Mentiras y Videos, op. cit.*

42   Ello ocurrió solo un mes antes de que el Presidente Chávez presentara su proyecto de reforma constitucional ante la Asamblea Nacional, el 15 de agosto de 2007, para crear un Estado socialista, centralizado, policial y militarista. De lo expuesto por el Ministro de la Defensa de Chávez, era difícil imaginar que el modelo se hubiera podido haber formulado sólo un mes después; habiéndole costado la duda que dejó sembrada al respecto, su propia libertad. Esa "duda" en resumen, como lo reseñó la nota oficial de "Prensa Presidencial (18.07.07)," consistió en que Baduel "brindó algunas recomendaciones acerca del proceso civicomilitar de construcción de una nueva Patria socialista y bolivariana, " [...] "alertó que debe concebirse con visiones netamente venezolanas y no debe copiar los errores que llevaron al fracaso a algunos países que tomaron esta visión de futuro como bandera," [...] "el caso de la extinta Unión de Repúblicas Socialistas Soviéticas (URSS, 1917-1991), la cual trató de implantar un modelo científico del socialismo que terminó transformándose en un capitalismo de Estado, hecho que consideró como un error que no puede copiarse; " [...] "No queremos repetir estos errores tampoco. No podemos permitir que nuestro sistema se transforme en un capitalismo de Estado: un país no puede cometer el error de llamarse socialista y ser un capitalismo de Estado." [...] "nuestro socialismo debe ser profundamente democrático", y consideró que debería marcar distancia de la ortodoxia marxista, donde se expresa que "la democracia con división de poderes es solamente un instrumento de dominación burguesa". [...] "uno de los atractivos de un sistema socialista es el reparto más "equitativo de la riqueza de un país y sus postulados reivindican la justa e igualitaria redistribución de la riqueza y los medios de producción", cosa que no fue eficazmente realizada en la URSS. Invitó a focalizar estos errores y tratar de, antes de redistribuir entre el pueblo la riqueza, generarla. " [...] "Antes de repartir la riqueza hay que generarla. No se puede repartir algo que no existe. Esa fórmula no se ha inventado. El modelo de socialismo que desarrollemos debe ser tal, que nos muestre el camino socialista hacia la producción y genera-

su propia libertad a pesar incluso de que meses después, el proyecto de reforma constitucional presentado por Chávez fue rechazado por el pueblo en el referendo de diciembre de ese año, en lo que fue su gran fracaso político.

---

ción de riqueza primero y luego permita un reparto equitativo de la misma entre quienes la generaron." [...] "Para que el modelo socialista que nos planteemos tenga éxito, este debe encontrar las maneras de hacernos a los venezolanos más productivos." [...] "Baduel pidió igualmente que no se repitan los errores de gobiernos anteriores de ayudas económicas y subsidios excesivos." [...] "Numerosos venezolanos llegaron a depender enteramente de la ayuda oficial. En vez de enseñarle a los venezolanos cómo generar riqueza a través del trabajo y el esfuerzo, se les enseñó a pedirle ayuda al gobierno de turno. Cuando el boom petrolero terminó, el Estado se encontró súbitamente sin los fondos para continuar subsidiando la economía nacional. Fue entonces cuando el país se sumergió en la crisis, la peor en toda la historia venezolana." Véase el reportaje: "No podemos permitir que nuestro sistema se transforme en un capitalismo de Estado. Baduel llamó a construir socialismo profundamente democrático y evitando errores del pasado." Por: Prensa Presidencial / Aporrea.org / Jueves, 19/07/2007 08:00 AM, en http://www.aporrea.org/ideologia/n98237.html

TERCERA PARTE

EL REFERENDO CONSULTIVO SOBRE LA RENUNCIA DE CHÁVEZ, Y EL SECUESTRO DEL PODER ELECTORAL

(2002 - 2003)

Meses después de la anunciada renuncia del Presidente de la República en abril de 2002 y de la crisis política que ello provocó, desde octubre de ese mismo año se comenzó a plantear en Venezuela la posibilidad de provocar la falta absoluta del Presidente mediante la iniciativa popular para la convocatoria de un referendo consultivo sobre la renuncia del Presidente de la República, sobre lo cual ese mismo año señalé que ante la crisis política que existía y persistía, y ante el derrumbamiento progresivo de las instituciones que se estaba produciendo y seguía ocurriendo, en democracia no había otra salida que no fuera la de consultar la voluntad del pueblo, agregando:

"Una consulta, por supuesto, podría ser sobre la renuncia del Presidente de la República o sobre la terminación de su mandato. Ello, en todo caso, en definitiva significaría un pronunciamiento popular sobre el fracaso de su gestión presidencial, para en consecuencia pedirle su renuncia o para desalojarlo de su cargo. Creemos que es difícil que en una negociación política para superar la crisis, incluso con la intermediación internacional del Secretario General de Estados Americanos, César Gaviria, el Presidente de la República acepte fácilmente que se realice un referéndum consultivo para que el pueblo se pronuncie sobre si quiere o no que renuncie, o un referéndum revocatorio para pedirle al pueblo que se pronuncie sobre si quiere o no revocarle su mandato. Ello significaría someter a la voluntad popular un juicio abierto sobre su fracaso, lo que creemos muy difícil que acepte."[1]

---

1   Además agregué: "Por ello estimamos que la salida democrática que debería buscarse para resolver la crisis política que nos agobia, por supuesto que tiene que ser de carácter electoral, pero mediante un proceso de elecciones generales para la renovación y legitimación de todos los poderes públicos incluyendo la Presidencia de la

El Presidente Chávez, por supuesto, como efectivamente ocurrió, no aceptó esa salida democrática a la crisis, de manera que para impedir la realización de toda consulta popular que pudiera significar la evaluación de su mandato, sus seguidores tuvieron que apartarse de la Constitución, secuestrando tanto al Poder Electoral como a la Sala Electoral del Tribunal Supremo para impedirles ser garantes del derecho de los ciudadanos a la participación política mediante la convocatoria de referendos; y también confiscándoles a estos dicho derecho a la participación política (art. 72, Constitución).

Y ello fue precisamente lo que sucedió entre 2002 y 2004, bajo la conducción de la Sala Constitucional del Tribunal Supremo de Justicia, la cual sirvió de instrumento para tales propósitos, como palanca del poder político controlado desde el Poder Ejecutivo para someter a los Poderes Públicos y desmantelar el Estado democrático de derecho.[2]

Específicamente, para evitar que se realizara el referendo revocatorio que se había planteado para salir de la crisis política, en 2003 y 2004 se produjo el secuestro del Poder Electoral, lo que ocurrió, primero, por la Sala Electoral del Tribunal Supremo de Justicia que bloqueó su actividad, y segundo,

---

República, y que incluso pueda permitir que el propio Chávez intervenga como candidato. Para ello la decisión a negociar, en definitiva, sería la de la reducción del término del mandato de los poderes públicos, mediante la aprobación de una enmienda constitucional". Véase, Allan R. Brewer-Carías, *La crisis de la democracia venezolana. La Carta Democrática Interamericana y los sucesos de abril de 2002*, Libros El Nacional, Caracas, 2002, p. 17. Esa posibilidad, sin embargo, se perdió.

2   Al estudio de dicho proceso dedicamos el libro Allan R. Brewer-Carías, *la Sala Constitucional vs. El Estado de Derecho*, Libros El Nacional, Caracas, 2004. Véase igualmente sobre el tema los trabajos: "El secuestro del Poder Electoral y de la Sala Electoral del Tribunal Supremo y la confiscación del derecho a la participación política mediante el referendo revocatorio presidencial: Venezuela: 2000-2004," en *Revista Costarricense de Derecho Constitucional*, Tomo V, Instituto Costarricense de Derecho Constitucional, Editorial Investigaciones Jurídicas S.A. San José, 2004. pp. 167-312; "El secuestro del Poder Electoral y la confiscación del derecho a la participación política mediante el referendo revocatorio presidencial: Venezuela 2000-2004," en *Boletín Mexicano de Derecho Comparado*, Instituto de Investigaciones Jurídicas, Universidad Nacional Autónoma de México, N° 112. México, enero-abril 2005 . pp. 11-73; "El secuestro del poder electoral y la confiscación del derecho a la participación política mediante el referendo revocatorio presidencial: Venezuela 2000-2004". en *Stvdi Vrbinati, Rivista tgrimestrale di Scienze Giuridiche*, Politiche ed Economiche, Año LXXI – 2003/04 Nuova Serie A – N. 55,3, Università degli studi di Urbino. Urbino, Italia, 2004 . pp. 379-436, en *Revista Jurídica del Perú*, Año LIV N° 55. Lima, marzo-abril 2004, pp. 353-396; en el libro: Juan Pérez Royo, Joaquín Pablo Urías Martínez, Manuel Carrasco Durán, Editores), *Derecho Constitucional para el Siglo XXI. Actas del Congreso Iberoameriacno de Derecho Constitucional*, Tomo I, Thomson-Aranzadi. Madrid, 2006, pp. 1081-1128; "El secuestro de la Sala Electoral por la Sala Constitucional del Tribunal Supremo de Justicia" en *La Guerra de las Salas del TSJ frente al Referéndum Revocatorio*, Editorial Aequitas. Caracas, 2004 . pp. 13-58

por la Sala Constitucional del mismo Tribunal Supremo de Justicia al designar sus miembros.

Luego, en 2004, se produjo el secuestro de la Sala Electoral del Tribunal Supremo de Justicia por la Sala Constitucional del mismo, impidiéndole a aquella ejercer la justicia contencioso electoral y así, controlando los actos del Consejo Nacional Electoral, permitir que se realizara el referendo revocatorio del mandato del Presidente de la República.

I. EL PRIMER SECUESTRO DEL PODER ELECTORAL, EJECUTADO POR LA SALA CONSTITUCIONAL DEL TRIBUNAL SUPREMO DE JUSTICIA

Dada la material imposibilidad política, por la correlación de fuerzas entre los partidos que apoyaban al gobierno y los que eran de oposición que todavía existía en 2003, que impedía que en la Asamblea Nacional se pudiera reunir la mayoría requerida de las 2/3 partes de sus integrantes (art. 296) para designar a los miembros del Consejo Nacional Electoral; y ante las manifestaciones de autonomía respecto del poder político que había evidenciado el viejo Consejo Nacional Electoral nombrado por la Comisión Legislativa Nacional[3] que había designado la Asamblea Nacional Constituyente, que podía implicar que se diera curso a la solicitud para un referendo revocatorio, la manera de evitarlo era controlando al Poder Electoral.

Tal propósito se hizo mediante el secuestro de la autonomía del mismo, por parte de la Sala Constitucional del Tribunal Supremo que había sido creada en el Decreto sobre Régimen de Transición del Poder Público de la Asamblea Nacional Constituyente de 22 de diciembre de 1999 y cuyos Magistrados, en su mayoría, también habían sido designados por decisión de dicha Asamblea Nacional Constituyente.

La ocasión para tal secuestro fue una solicitud de pronunciamiento presentada ante la Sala Constitucional del Tribunal Supremo por el propio Presidente de la República, Hugo Chávez, sobre la constitucionalidad de la Disposición Transitoria Séptima de la Ley Orgánica del Poder Electoral promulgada el 19 de noviembre de 2002,[4] en la cual se disponía que:

> "Los integrantes de la Junta Directiva del actual Consejo Nacional Electoral continuarán en el ejercicio de las funciones inherentes al cargo que desempeñan hasta tanto se designen y tomen posesión de sus cargos las nuevas autoridades de ese organismo, *y sus decisiones se harán de conformidad con esta Ley.*"

Esta disposición disponía que el Consejo Nacional Electoral podía adoptar sus decisiones por mayoría de sus miembros (3 de 5, art. 15), y no por la

---

3   Resolución N° 000204-25 de 04-02-2000, *G.O.* N° 36.892 de 15-02-2000.

4   Véase en *G.O.* N° 37.573 de 19-11-2002

mayoría calificada que había dispuesto transitoriamente el Estatuto Electoral dictado por la Asamblea Constituyente para regir las elecciones de ese año de 2000 (4 de 5, art. 19). Este cambio legal de la mayoría requerida para las decisiones, sin duda, le impedía al gobierno dominar el Consejo Nacional Electoral y permitía su funcionamiento con independencia. La solicitud del Presidente tenía precisamente por objeto impedir que ello pudiera suceder, buscando restablecer la mayoría calificada que la Ley había eliminado, para impedir que el órgano electoral pudiera tomar decisiones como precisamente la de darle curso al referendo revocatorio.

La Sala Constitucional decidió el recurso presidencial mediante sentencia N° 2.747 de 7 de noviembre de 2002 (Exp. 02-2736), declarando "sin lugar" la solicitud de nulidad formulada por el Presidente, pero sentando de oficio, *extrapetita* y *contra legem*, el criterio de que si bien la Ley Orgánica a la que se refería el artículo 292 de la Constitución era precisamente la Ley Orgánica del Poder Electoral, sin embargo, mientras se elegían los nuevos miembros del Consejo Nacional Electoral por la Asamblea Nacional,

> "el régimen transitorio sobre los organismos del Poder Electoral, creado por el Decreto emanado de la Asamblea Nacional Constituyente que contiene el Régimen de Transición del Poder Público (Gaceta Oficial de la República Bolivariana de Venezuela N° 36.920 del 28 de marzo de 2000), sigue vigente y con él no colide la Disposición Transitoria Séptima de la Ley Orgánica del Poder Electoral, el cual más bien lo complementa, y así se declara.
>
> Una vez en vigencia la Ley Orgánica del Poder Electoral, y mientras se designen los miembros del Consejo Nacional Electoral, quienes ostenten los cargos de dicho Consejo, en razón de la Disposición Transitoria impugnada, aplicarán la Ley Orgánica del Poder Electoral."

Es decir, a pesar de que la nueva Ley Orgánica del Poder Electoral se aplicaba evidentemente al Consejo Nacional Electoral existente, y de que dicha Ley de noviembre de 2002 expresamente había dispuesto que hasta tanto no se nombraran por la Asamblea Nacional los nuevos miembros del Consejo Nacional Electoral, en sustitución de los anteriores, seguían ejerciendo sus funciones conforme a la nueva Ley, lo que reconocía la sentencia; la Sala Constitucional, en la misma sentencia, anunció contradictoriamente que, sin embargo, el Régimen de Transición del Poder Público que había dictado la Asamblea Nacional Constituyente en diciembre de 1999, seguía vigente, y que sólo cuando se eligieran los nuevos miembros es que debía aplicar la nueva Ley. Ello, sin duda, era una decisión *contra legem*.

Adicionalmente, en la mencionada sentencia N° 2747, la Sala Constitucional en respuesta a las razones alegadas por el Presidente de la República en su carácter de impugnante, presagiado que por la correlación de fuerzas políticas en la Asamblea se pudiera llegarse a producir un "vacío" institucional en el Poder Electoral, anunciando que de producirse tal situación, la misma Sala establecería los "correctivos" necesarios, así:

"El impugnante señala razones de hecho sobre el actual funcionamiento del Consejo Nacional Electoral, con la indicación de la existencia de un posible vacío institucional. Ello no es materia que regule el artículo 214 constitucional, y no es objeto de esta decisión. La Sala ha tratado el punto en fallo del 23 de septiembre de 2002 (Exp. 02-2050, Caso: *Fiscal General de la República*), por lo que de darse efectivamente el vacío, una vez que las instituciones incumplan los mandatos legítimos constitucionales, la Sala, a petición de cualquier interesado, tomará los correctivos necesarios."

Ahora bien, en cuanto a la contradicción que contenía la sentencia sobre la aplicabilidad de la Ley Orgánica del Poder Electoral una vez que entrara en vigencia al Consejo Nacional Electoral existente, el sentido de la decisión sólo apareció clarificado 10 días después, cuando la misma Sala Constitucional, al decidir un recurso de interpretación que había sido introducido por el propio Consejo Nacional Electoral el 9 de julio de 2002, para "determinar la vigencia del artículo 29 del Estatuto Electoral del Poder Público, relativo al quórum para la toma de decisiones del Directorio del Consejo Nacional Electoral, en aquellos asuntos distintos al ámbito de aplicación de ese Decreto", mediante la sentencia N° 2816 de 18 de noviembre de 2002 (Caso: *Consejo Nacional Electoral*) concluyó señalado que si estaba vigente.

Al contrario de lo resuelto por la Sala, era evidente que no lo estaba pues el Estatuto Electoral se había dictado para regir sólo en las primeras elecciones post constitucionales de 2000, por lo que una vez que estas se realizaron, sus normas habrían decaído. La verdad es que dada la integración del Consejo Nacional Electoral que había designado la Comisión Legislativa Nacional, que por estar conformado por una mayoría de independientes (3/2) que no seguían la línea política del gobierno, en el seno del cuerpo se había planteado la duda sobre el quórum, pues si la mayoría necesaria para decidir era la calificada entonces no se podrían, por ejemplo, convocar el referendo revocatorio planteado.

La Sala Constitucional, sin embargo, para llegar a su absurda conclusión, revivió el régimen transitorio que la Asamblea Nacional había expresamente sustituido con la Ley Orgánica del Poder Electoral "estratégicamente" publicada en *Gaceta Oficial* el 19 de noviembre de 2002. Para hacer esto, en la sentencia N° 2816 del día anterior, 18 de noviembre de 2002 (Caso: *Consejo Nacional Electoral*), la Sala aparte de reconocer que el Estatuto Electoral del Poder Público había integrado el régimen constitucional nacido del proceso constituyente ("dado el carácter constitucional que esta Sala le ha reconocido... tienen un valor superior a cualquier normativa preconstitucional), concluyó que sólo perdería "validez en tanto en cuanto los órganos transitorios se adapten, en su organización y funcionamiento, a las leyes que dicte la Asamblea Nacional, de tal forma que, mientras ello no suceda, dicha transitoriedad sigue en vigor, en lo que no haya sido derogado".

Constatado esto, en virtud de que "uno de los aspectos regulados por el Estatuto Electoral del Poder Público se refiere al mínimo requerido (*quórum*) para la toma de decisiones por parte de la Junta Directa del Consejo Nacional Electoral" (art. 29)," la Sala consideró que "resulta desatinado pretender que el *quórum* especial a que hace referencia la norma antes transcrita, solamente se refiera a los primeros procesos comiciales". La Sala consideró además, que el artículo 25 de la Ley Orgánica del Sufragio y Participación Política de 1998, al prever un *quórum* de mayoría simple para la toma de decisiones por parte del Directorio del Consejo Nacional Electoral, había quedado necesariamente derogada, "no sólo porque el Régimen de Transición del Poder Público y, particularmente, el Estatuto Electoral del Poder Público señaló una mayoría calificada y no una mayoría simple, sino que cuando dicha norma legal establece el último *quórum* mencionado, lo hace con fundamento en el artículo 50 de la misma Ley Orgánica, que prevé una conformación del Consejo Nacional Electoral (siete miembros) que no concuerda con la nueva estructura del referido ente comicial, prevista en el artículo 296 de la Constitución de la República Bolivariana de Venezuela".

En definitiva, luego de toda esta argumentación, la Sala, a pesar de que ya tenía conocimiento de que la Ley Orgánica del Poder Electoral había sido sancionada (pues había dictado sobre ella, diez días antes la sentencia N° 2747 antes citada), concluyó que el Estatuto Electoral del Poder Público, regiría:

"los venideros procesos comiciales, especialmente en cuanto al mínimo requerido (*quórum*) de, por lo menos, cuatro de los cinco integrantes del Consejo Nacional Electoral, para la decisiones relativas a su organización, hasta tanto finalice la transición una vez promulgada la Ley Orgánica del Poder Electoral, que regulará su organización y funcionamiento, y sean designados por la Asamblea Nacional, conforme a la Constitución vigente, los nuevos integrantes del Consejo Nacional Electoral".

Ello significaba, en definitiva, que a pesar de que al día siguiente (19-11-2002) entraría en vigencia la nueva Ley Orgánica del Poder Electoral, en cuanto al quórum de decisión del Consejo Nacional Electoral, hasta tanto se nombrasen los nuevos miembros del Cuerpo conforme a esa Ley, no regiría el artículo 14 de dicha Ley Orgánica (que establecía una mayoría simple de 3/5) sino el artículo 29 del mencionado Estatuto transitorio y ya decaído, que requería una mayoría calificada (4/5).

La razón política de esta decisión era clara, y no era otra que impedir que el Consejo Nacional Electoral pudiera funcionar con la mayoría simple de tres votos de cinco pues los miembros afectos al gobierno eran minoría, y sólo eran dos. Pero con el correr del tiempo, y ante la imposibilidad que se encontraba el oficialismo en la Asamblea Nacional de poder designar a su antojo a los nuevos miembros del Consejo Nacional Electoral, la correlación de fuerzas internas en el Consejo existente habrían variado aún más, contando el gobierno sólo con uno de los cinco votos del cuerpo. La única forma de impedir que el Consejo Nacional Electoral pudiera decidir, y por ejemplo, convocara un referendo revocatorio como se había planteado en la opinión pública, era impedir materialmente que pudiera tomar decisiones, eliminando a uno de los miembros del Cuerpo no afecto al gobierno, de manera que sólo quedaran cuatro votos, en cuyo caso el Consejo sólo podría funcionar con decisiones unánimes, lo que era lo mismo que congelarlo.

II. EL SEGUNDO SECUESTRO DEL PODER ELECTORAL, EJECUTADO POR LA SALA ELECTORAL DEL TRIBUNAL SUPREMO DE JUSTICIA, PARA IMPEDIR LA CONVOCATORIA DE UN REFERENDO CONSULTIVO SOBRE LA RENUNCIA DEL PRESIDENTE

El Consejo Nacional Electoral, en efecto, en fecha 3 de diciembre de 2002, en una votación 4/1, mediante Resolución N° 021203-457 del 3 de diciembre de 2002[5] había resuelto aceptar la solicitud que le habían formulado un grupo de más de dos millones de electores para la convocatoria de un referendo consultivo (art. 71) con el objeto de preguntarle a los ciudadanos si estaban o no "de acuerdo con solicitar al Presidente de la República Ciudadano Hugo Rafael Chávez Frías la renuncia voluntaria a su cargo"; fijando la fecha de realización del referendo para el 2 de febrero de 2003.

Un grupo de diputados a la Asamblea Nacional impugnó por ilegalidad la referida Resolución así como los actos dictados por el Consejo Nacional Electoral "...contenidos en el acta de la sesión del Directorio (...) de fecha 18 de noviembre de 2002, por el cual se acordó la incorporación del ciudadano Leonardo Pizani como miembro Suplente". Esta fue, en definitiva la excusa, para congelar el funcionamiento del órgano del Poder Electoral.

El turno para proceder al nuevo secuestro del Poder Electoral, esta vez correspondió a una Sala Electoral Accidental del Tribunal Supremo de Justicia, que al igual que la Sala Constitucional, había sido creada en el Decreto sobre Régimen de Transición del Poder Público de la Asamblea Nacional Constituyente de 22 de diciembre de 1999 y cuyos Magistrados, en su mayoría, también habían sido designados a dedo por dicha Asamblea Nacional Constituyente en el asalto al poder perpetrado con dicho Decreto.

Ahora bien, con ocasión del mencionado recurso de nulidad, se alegó que el 5 de junio de 2000, la Comisión Legislativa Nacional había designado a Leonardo Pizani como miembro Suplente del Consejo Nacional Electoral, y que sin embargo, éste había renunciado a su cargo por escrito ante el Presidente de la Asamblea Nacional en octubre del mismo año; renuncia que no había sido tramitada ni aceptada. No obstante, luego de transcurridos más de dos (2) años de la consignación de la renuncia, el día 11 de noviembre de 2002 el Presidente de la Asamblea Nacional recibió comunicación mediante

---

5   Gaceta Electoral N° 168 del 5 de diciembre de 2002.

la cual Leonardo Pizani manifestó su voluntad de *"retirar"* su renuncia, bajo la justificación de la *"necesidad imperiosa de conformar un Consejo Nacional Electoral"*. El Directorio del Consejo Nacional Electoral, mediante la decisión impugnada del 18 de noviembre de 2002, procedió a admitir la incorporación del mencionado ciudadano en su condición de Suplente, conformándose la mayoría de miembros y adoptando una serie de decisiones que los recurrentes también procedieron "a impugnar toda vez que no fueron dictadas por el órgano competente, al no estar debidamente integrado", interponiendo además un amparo constitucional en representación de los intereses difusos y colectivos de los electores.

La Sala Electoral Accidental, entonces, mediante sentencia N° 3 de 22 de enero de 2003 (Caso: *Darío Vivas y otros*) luego de analizar los efectos de las renuncias de funcionarios públicos concluyó señalando que en el caso del Sr. Pizani no había razón que justificara "la exigencia adicional de la aceptación por parte del órgano competente, para que pueda considerarse válida y eficaz la renuncia," de lo cual, para acordar el amparo cautelar que se le había solicitado, la Sala Electoral consideró "procedente presumir que en la actualidad la integración del Directorio del Consejo Nacional Electoral no resulta apegada a la legalidad, al haberse procedido a incorporar como miembro Principal de éste a un ciudadano que no ostentaba el cargo de Suplente, condición *sine qua non* para que exista la posibilidad de su incorporación como Principal".

Por ello, la Sala Electoral Accidental decidió, entonces, ordenar "a la actual Directiva del Consejo Nacional Electoral abstenerse de sesionar con la presencia y participación como Miembro Principal, del ciudadano Leonardo Pizani", suspendiendo a la vez "los efectos de la Resolución emanada del Consejo Nacional Electoral distinguida con el N° 021203-457 del 3 de diciembre de 2002, publicada en la *Gaceta Electoral* N° 168 del 5 de diciembre de 2002" mediante la cual se había convocado al referendo consultivo sobre la renuncia del Presidente de la República. En esta forma, el Poder Electoral, con sólo cuatro miembros, fue compelido ilegítimamente a actuar con la mayoría calificada de cuatro miembros derivada de la interpretación del régimen constitucional transitorio que había hecho la Sala Constitucional en sentencia antes comentada, es decir, por unanimidad. Ello fue lo mismo que haber decretado el secuestro del Poder Electoral, el cual no pudo adoptar ninguna nueva decisión, dada la correlación de fuerzas en su seno. Y en cuanto a la decisión de convocar al referendo consultivo sobre la renuncia presidencial, la misma fue suspendida en sus efectos.

Por ello lo más destacado e insólito de esta decisión de la Sala Electoral Accidental, fue la parte en la cual:

"1) Se ordena a la actual Junta Directiva del Consejo Nacional Electoral, abstenerse de realizar aquellos actos que no resulten indispensables para garantizar el normal funcionamiento administrativo del referido órgano, y especialmente, abstenerse de iniciar la organización de procesos electorales, referendarios, u otros mecanismos de participación ciudadana en los asuntos públicos, así como suspender los ya iniciados de ser el caso, hasta tanto se resuelva la presente controversia."

En esta forma, de manera *extrapetita* pero expedita, la Sala Electoral en una sentencia de carácter cautelar redujo al Consejo Nacional Electoral a ser un simple conserje o guardián de sus bienes. Dos meses después, al dictar sentencia definitiva en el recurso de nulidad que había sido interpuesto, mediante sentencia N° 32 de 19 de marzo de 2003 (Caso: *Darío Vivas y otros*) pero publicada el 26 de marzo de 2003, la Sala Electoral declaró la nulidad "de los actos del Consejo Nacional Electoral atinentes a la realización del referendo consultivo cuya celebración estaba prevista para el 2 de febrero del presente año" (2003)... actos en cuya formación intervino el ciudadano Leonardo Pizani como miembro principal de la Directiva del referido órgano rector del Poder Electoral.".Adicionalmente, la Sala además de ordenar "la desincorporación del ciudadano Leonardo Pizani de la actual Junta Directiva del Consejo Nacional Electoral" estableció:

"que la aludida Junta Directiva podrá, a partir de la publicación del presente fallo, sesionar y adoptar válidamente decisiones vinculadas con el ejercicio de las competencias atribuidas por el artículo 293 constitucional, siempre y cuando cumpla con el quórum exigido por el contenido del artículo 29 del Estatuto Electoral del Poder Público conforme a lo establecido por las sentencia N° 2816 del 18 de noviembre de 2003 emanada de la Sala Constitucional de este Tribunal Supremo de Justicia".

En consecuencia, las decisiones de la referida Directiva del Consejo Nacional Electoral deberán ser adoptadas de manera unánime por cuatro (4) de sus integrantes actuales, hasta tanto la Asamblea Nacional, de conformidad con lo establecido en la Constitución y desarrollado en la Disposición Transitoria Primera de la Ley Orgánica del Poder Electoral, designe a los nuevos integrantes, principales y suplentes, de la Junta Directiva del referido órgano rector del Poder Electoral. Así se decide."

Quedó así el Consejo Nacional Electoral completamente paralizado, y el Poder Electoral secuestrado por la Sala Electoral del Tribunal Supremo, impidiendo que pudiera adoptar decisión alguna sobre las iniciativas populares para un referendo consultivo o revocatorio de mandato del Presidente.

Pero, en cuanto a la designación de los nuevos miembros del Consejo Nacional Electoral, la situación de extrema polarización política del país impedía toda posibilidad de que pudieran ser designados por la Asamblea Nacional dada la pretensión de la precaria mayoría parlamentaria que tenían los partidos que apoyaban al Presidente de la República, para designar a los miembros del Consejo Nacional Electoral asegurando en él una mayoría controlada.

No era posible, por tanto, que se produjera la designación de los miembros del Consejo Nacional Electoral; no había un Consejo Nacional Electoral que pudiera tomar decisiones y la crisis política sólo podía tener una solución electoral, particularmente mediante un referendo revocatorio del mandato del Presidente de la República conforme a lo dispuesto en el artículo 72 de la Constitución.

En efecto, con motivo del ya fallido intento de realizar un referendo consultivo para requerir la opinión del electorado sobre si estaba o no de acuerdo con solicitarle la renuncia al Presidente de la República, la Sala Constitucional del Tribunal Supremo se había encargado de descartar esa vía de participación política para tal efecto. Así, en sentencia dictada coincidencialmente el mismo día 22 de enero de 2003 en el cual la Sala Electoral del Tribunal Supremo había dictado la medida cautelar (Sentencia N° 3) en el juicio de nulidad contra la Resolución del Consejo Nacional Electoral, suspendiendo la realización del referendo consultivo convocado (Caso: *Darío Vivas y otros*), la Sala Constitucional del Tribunal Supremo dictó la sentencia N° 23 (de 22 de enero de 2003) (caso: *Harry Gutiérrez Benavides y Johbing Richard Álvarez Andrade*), en la cual interpretó el artículo 71 de la Constitución en relación con el referendo consultivo que había sido convocado por el Consejo Nacional Electoral señalando que el mismo no tiene carácter vinculante, así:

> "Ahora bien, el referendo consultivo es un mecanismo inspirado en el principio de participación, que otorga mayor legitimidad a las decisiones de especial trascendencia -las cuales competen a determinados órganos del Estado- y permite la realización -a posteriori- de una prueba de legitimidad a dichas decisiones asumidas por la elite política, de mandato revocable en nuestro ordenamiento constitucional, sea conforme a lo establecido en el artículo 72 de la Constitución de la República Bolivariana de Venezuela, o mediante su no reelección y, en ese sentido, el referendo consultivo legitima -directamente- la asunción de determinadas decisiones y, consecuentemente, a quienes ejercen las funciones de dirección política.

En consecuencia, con fundamento en los razonamientos precedentes, esta Sala considera que el resultado del referéndum consultivo previsto en el artículo 71 de la Constitución de la República Bolivariana de Venezuela no tiene carácter vinculante en términos jurídicos, respecto de las autoridades legítima y legalmente constituidas, por ser éste un mecanismo de democracia participativa cuya finalidad no es la toma de decisiones por parte del electorado en materias de especial trascendencia nacional, sino su participación en el dictamen destinado a quienes han de decidir lo relacionado con tales materias."

Descartada por tanto, la vía del referendo consultivo como una decisión que pudiera tener algún efecto en relación con la renuncia del Presidente de la República, se planteó entonces la vía del referendo revocatorio de su mandato; y así quedó plasmado luego de arduas negociaciones en una Mesa de Negociación y Acuerdos que se estableció como consecuencia de la crisis de de abril de 2002[6], en el Acuerdo suscrito entre el gobierno y la oposición que firmaron el 23 de mayo de 2003, denominado "Acuerdo entre la representación del Gobierno de la República Bolivariana de Venezuela y los Factores Políticos y Sociales que lo apoyan y la Coordinadora Democrática y las Organizaciones Políticas y de la Sociedad Civil que la conforman", en el cual entre, otros asuntos, se expresó lo siguiente:

"12.- Las partes, en cumplimiento del objetivo establecido en la Síntesis Operativa para buscar acuerdos con el fin de contribuir a la *solución de la crisis del país por la vía electoral*, coincidimos en que dicha solución se logra con la aplicación del Artículo 72 de la Constitución de la República Bolivariana de Venezuela, en el que se prevé la eventual celebración de referendos revocatorios del mandato de todos los cargos y magistraturas de elección popular que han arribado a la mitad del período para el cual fueron elegidos (Gobernadores, Alcaldes, Legisladores Regionales y Diputados a la Asamblea Nacional), o arribarán a dicha mitad en el transcurso de este año, como es el caso del Presidente de la República conforme a la sentencia del Tribunal Supremo de Justicia del 13 de febrero del 2003. Tales referendos, incluyendo los ya solicitados y los que se solicitaren en adelante, serán posibles si son formalmente requeridos por el número exigido de electores y se aprueban por el nuevo Consejo Nacional Electoral, una vez que se establezca que se han cumplido los requisitos constitucionales y legales."

III. EL TERCER SECUESTRO DEL PODER ELECTORAL, REALIZADO POR LA SALA CONSTITUCIONAL DEL TRIBUNAL SUPREMO DE JUSTICIA, PARA IMPEDIR LA CONVOCATORIA DE UN REFERENDO REVOCATORIO DEL MANDATO DEL PRESIDENTE

En esa forma, quedaba entonces fijada posibilidad de una la salida constitucional a la crisis política con la realización de un referendo revocatorio del mandato del Presidente de la República. Para ello, sin embargo, era necesario que se designara el nuevo Consejo Nacional Electoral, lo que también se había plasmado en el Acuerdo antes mencionado suscrito en la Mesa de Negociación y Acuerdos entre el gobierno y la oposición, al declarar:

"Coincidimos en que resulta indispensable contar a la brevedad posible con un árbitro electoral confiable, transparente e imparcial, a ser designado en la forma prevista en la Constitución. En este sentido, se considera muy importante el trabajo que se está adelantando en la Asamblea Nacional. Las dos partes manifestamos su disposición a coadyuvar co-

---

6   Véase Allan R. Brewer-Carías, *La Crisis de la democracia en Venezuela*, Caracas 2002

mo factor de entendimiento en todo lo referente a la conformación y operatividad del Árbitro Electoral, sin interferir en el proceso normal que se está llevando a cabo por el Poder Legislativo Nacional."

La Asamblea Nacional había cumplido los pasos previos para la designación de los miembros del Consejo Nacional Electoral mediante la recepción y selección de postulaciones conforme a lo que la Ley Orgánica del Poder Electoral establecía; sin embargo, dada la imposibilidad de lograr una decisión política de la Asamblea Nacional para la designación del nuevo Consejo Nacional Electoral que pudiera tomar decisiones, y dado que judicialmente se había prohibido al Consejo Nacional Electoral existente el poder tomar decisiones como la que se había acordado en la Mesa de Negociación y Acuerdos, ello condujo a que la Sala Constitucional del Tribunal Supremo, a tratar de remendar las consecuencias del secuestro anterior que junto con la Sala Electoral había realizado respecto del Poder Electoral, procedió, de nuevo, a ejecutar un nuevo secuestro del Poder Electoral, esta vez con motivo de conocer de un recurso de inconstitucionalidad por omisión que se había intentado contra la Asamblea Nacional, por no haber designado a los miembros del Consejo Nacional Electoral.

En efecto, la Sala Constitucional del Tribunal Supremo en la sentencia N° 2073 de 4 de agosto de 2003 (Caso: *Hermánn Escarrá Malaver y otros*), para resolver sobre la omisión del órgano legislativo, comenzó por reconocer la realidad del funcionamiento político de los cuerpos deliberantes, descartando toda inconstitucionalidad en la situación, al señalar que:

"el régimen parlamentario, en muchas oportunidades, exige la toma de decisiones por mayorías calificadas y no por mayorías absolutas o simples; y cuando ello sucede (lo que incluso puede ocurrir en el caso de la mayoría simple), si los integrantes de la Asamblea no logran el acuerdo necesario para llegar a la mayoría requerida, la elección no puede realizarse, sin que ello, en puridad de principios, pueda considerarse una omisión legislativa, ya que es de la naturaleza de este tipo de órganos y de sus votaciones, que puede existir disenso entre los miembros de los órganos legislativos nacionales, estadales o municipales, y que no puede lograrse el número de votos necesarios, sin que pueda obligarse a quienes disienten, a lograr un acuerdo que iría contra la conciencia de los votantes. Desde este ángulo no puede considerarse que existe una omisión constitucional que involucra la responsabilidad de los órganos aludidos en el artículo 336.7 constitucional."

Ahora bien, la falta de acuerdo parlamentario, si bien en algunas materias podría no producir efecto inmediato alguno, en lo concerniente a la designación del Poder Electoral respecto del cual la propia Constitución y la Ley Orgánica del Poder Electoral ordenaban a la Asamblea Nacional su designación, la Sala Constitucional consideró que la omisión en esta materia -aun sin ser ilegítima- podía conducir a que la propia Sala con base en el artículo 336,7 de la Constitución declarase la inconstitucionalidad de la omisión, y estableciera el plazo para corregirla y, de ser necesario, los lineamientos de esa concreción. Y eso fue lo que ocurrió, por lo que la Sala Constitucional le otorgó a la Asamblea Nacional omisa, un plazo de 10 días para que cumpliera con su obligación y, si no lo hacía dentro de dicho término, anunciaba que corregiría en lo que fuese posible la situación que naciera de la omisión concreta, que no era otra que "Si transcurrido el lapso aquí señalado, la Asamblea Nacional no ha procedido a nombrarlos, la Sala lo hará dentro de un término de diez (10) días continuos". En la sentencia, a todo evento, la Sala hizo los siguientes razonamientos y dejó sentado los siguientes criterios, que enmarcaron la forma conforme a la cual se operaría el secuestro del Poder Electoral:

En *primer lugar*, que en caso de omisión de nombramientos, las designaciones que pudiera hacer la Sala no podían ser sino provisorias, pero "acompañadas o no de los lineamientos que según este sentenciador se consideren necesarios para el cumplimiento de la función". Siendo provisorios los nombramientos, los nombrados cesarían en sus funciones cuando el órgano competente asumiera su competencia e hiciera los nombramientos, "en el tiempo que lo crea conveniente; o cuando la propia Sala -por motivos justificados-les revoca el cargo conferido". La Sala Constitucional, así, anunciaba desde ya que como consecuencia de la omisión legislativa en hacer los nombramientos, para el caso de que la propia Sala lo hiciera, se arrogaba la potestad también de revocarlos.

En *segundo lugar*, la Sala consideró que para realizar los nombramientos provisorios, debía "adaptarse a las condiciones que la Ley exige al funcionario", pero aclarando sin embargo, que "debido a la naturaleza provisoria y a la necesidad de que el órgano funcione", la Sala no requería "cumplir paso a paso las formalidades legales que exige la Ley al elector competente, ya que lo importante es llenar el vacío institucional, hasta cuando se formalice lo definitivo". Se desligaba así la Sala, de las exigencias legales que en cambio sí debía cumplir el elector omiso, para llenar el "vacío institucional" que ella misma había contribuido a crear. Para ello dejó sentado el criterio de que "de corresponder a esta Sala llenar los vacíos, ella puede hacerlo con personas de la lista de postulados admitidos como aspirantes a rectores, o puede hacerlo con personas fuera de la lista, o combinando ambos grupos. Con respecto a las personas, a tomarse en cuenta, que no hayan sido presentadas por el Comité de Postulaciones, éstas deberán reunir los mismos requisitos legales que los postulados".

La Sala insistió sobre su desvinculación con la Ley para hacer las designaciones provisorias señalando que al ser "urgente y necesario el funcionamiento del Poder Electoral y por ello, y por ser provisorio, no aplica en todo su alcance la Ley Orgánica del Poder Electoral, sino lo establecido en el artículo 296 constitucional en cuanto a la procedencia de los rectores electorales, los cuales no deben tener vinculación con organizaciones políticas, lo que significa que no tienen militancia política pública, ni se hayan manifestado públicamente a favor de partidos políticos o grupos electorales favorables al gobierno, a la oposición, o a cualquier otra tendencia política". La Sala Constitucional, sin embargo, consideró que los rectores que pudiere nombrar debían cumplir los requisitos del artículo 9 de la Ley Orgánica del Poder Electoral.

En *tercer lugar*, la Sala Constitucional constató la existencia del "vacío institucional", a pesar de que existiera un Consejo Nacional Electoral, el cual conforme al Decreto sobre Régimen de Transición del Poder Público, consideró que tenía "carácter provisorio". Consideró la Sala que "la falta de designación de los rectores, en el lapso legal, constituye un vacío que debe esta Sala llenar, si no lo hace la Asamblea Nacional".

En *cuarto lugar*, la Sala Constitucional decidió que en virtud de que "el nombramiento de los rectores -así sean provisorios- se trata de un hecho que trasciende lo jurídico"..."a partir de esta fecha, podrá oír a los Presidentes o Secretarios Generales de las organizaciones políticas representadas en la Asamblea, así como a los representantes de la sociedad civil que ella escoja, utilizando para determinar quienes conforman a la sociedad civil, el criterio expuesto por la Sala en fallos del 23 de agosto de 2000 y 21 de noviembre de 2000 (Casos: *Ruth Capriles Méndez y William Dávila Barrios y otros*); e, igualmente, podrá consultar al Poder Ciudadano y a los representantes de las facultades de Ciencias Jurídicas y Políticas que considere necesarios, a fin de cumplir con lo dispuesto en el artículo 296 constitucional". En esta forma, la Sala anunciaba que si suplía la omisión del Legislador, no sólo lo haría con criterio jurídico sino político. Se apartaba así, la Sala, de lo que había expresado en sentencia N° 457 de 5 de abril de 2001 (Caso: *Francisco Encinas Verde y otros*) en la cual había clarificado que si bien "la Jurisdicción Constitucional es *eo ipso*, jurisdicción sobre lo político...no es equiparable a jurisdicción política". La Sala, en la sentencia N° 2073 que comentamos, al contrario, anunciaba que actuaría como jurisdicción política.

En *quinto lugar*, en forma congruente con el anuncio de ingerencia en lo político, la Sala Constitucional anunció no sólo que "si la Asamblea no hace los nombramientos, los hará la Sala", sino que podía "señalar a los rectores algunas disposiciones -que sin alterar su independencia- sean por ellos cumplidas, y pudiendo, igualmente, proveer la integración de alguno o todos de los órganos subordinados, señalando quien los dirigirá, y decretando un cronograma de actuaciones para que el ente cumpla sus cometidos". Es decir, la Sala Constitucional anunciaba que iría mucho más allá que a suplir la omisión legislativa, y prescribiría lineamientos que los nombrados debían cumplir y haría nombramientos adicionales, quitándole tal potestad a los miembros del consejo nacional Electoral que nombrara. La salvedad respecto de la independencia del Poder Electoral, por tanto, no era más que un simple saludo a la bandera.

En *sexto lugar*, la Sala Constitucional, al reconocer el derecho de los ciudadanos a solicitar referendos consultivos y revocatorios, y constatar que para la fecha no existía una legislación sobre los mismos que garantizaran si ejercicio, prescribió que "a fin que no se haga nugatorio tal derecho, y para lograr la primacía de las normas constitucionales, la Sala estima que el Consejo Nacional Electoral puede dictar normas dirigidas al ejercicio de esos derechos políticos, los cuales perderán vigencia cuando se dicten las normas respectivas por la Asamblea Nacional; a objeto de garantizar el carácter normativo de la Constitución". Es decir, la Sala Constitucional, al constatar ahora de oficio la omisión legislativa en dictar las leyes reguladoras de ese derecho ciudadano, también de oficio se pronunciaba sobre tal omisión, "autorizando" al Consejo Nacional Electoral nada menos que para suplir al Legislador y dictar "leyes orgánicas" que son las que pueden regular los derechos políticos conforme al artículo 203 de la Constitución, agregando en su decisión que "para lograr la consulta electoral, el Consejo Nacional Electoral provisorio, deberá regular los referendos, la autenticidad de quienes los solicitan, etc., a fin de dar cumplimiento a la Disposición Transitoria Tercera citada, que es del tenor siguiente: 'Tercera: El Consejo Nacional Electoral dentro del primer año siguiente a su instalación elaborará el Proyecto de Ley de Registro del Estado Civil de las Personas, el Proyecto de Ley de los Procesos Electorales y de Referendos, y lo presentará ante la Asamblea Nacional' ". Una cosa ciertamente era la competencia del Consejo Nacional Electoral para elaborar los proyectos de ley, y otra cosa era "regular" esas materias como lo "autorizaba" la Sala, al insistir que "La Sala estima que el Consejo Nacional Electoral puede dictar normas dirigidas al ejercicio de esos derechos políticos, los cuales perderán vigencia cuando se dicten las normas respectivas por la Asamblea Nacional".

La Sala Constitucional, transcurridos los 10 días que le había otorgado a la Asamblea Nacional para cumplir su obligación, al no haber logrado la mayoría de la Asamblea poder imponer su criterio y obtener el apoyo de las 3/4 partes de sus integrantes en el nombramiento de los miembros del Consejo Nacional Electoral, procedió a suplir la omisión de la Asamblea Nacional pero no sólo desde el punto de vista jurídico sino político, por lo que lo que no pudo lograr la mayoría de la Asamblea en su propio seno, lo lograría a través de la Sala Constitucional del Tribunal Supremo: el control del Consejo Nacional Electoral. No en balde la propia Sala Constitucional había anunciado en su sentencia previa Nº 2073 de 4 de agosto de 2003, que dichos nombramientos "trasciende lo jurídico".

El la sentencia Nº 2341 del 25 de agosto de 2003 (Caso: *Hermánn Escarrá M. y otros*), la Sala Constitucional, en efecto, para adoptar las decisiones respecto de la omisión constatada, señaló lo siguiente:

En *primer lugar*, reiteró el criterio de que como se trataba de un nombramiento provisional no previsto en la Ley Orgánica del Poder Electoral, pero, producto de la omisión del nombramiento de los rectores electorales, la Sala, "en lo posible, aplicará la Ley Orgánica del Poder Electoral con las variables necesarias derivadas de la naturaleza de las medidas provisorias". Es decir, la Sala reiteraba que se desvinculaba de los términos de la Ley Orgánica, la cual aplicaría sólo "en lo posible". Por ello precisó que "en las designaciones, la Sala nombrará rectores principales o suplentes a las personas que postuló la sociedad civil, el Poder Ciudadano y las Universidades Nacionales que podían hacerlo; ello sin menoscabo de su poder para la elección de personas fuera de los que fueron candidateados". En tal sentido la Sala nombró a los miembros del Consejo Nacional Electoral y a sus suplentes "de acuerdo con el artículo 13 de la Ley Orgánica del Poder Electoral".

En *segundo lugar*, la Sala declaró que garantizaría "al Poder Electoral que ella nombre en forma provisoria, la mayor autonomía, tal como corresponde a uno de los Poderes Públicos"; pero en la propia sentencia procedió "con el fin de facilitar la integración del Consejo Nacional Electoral y sus órganos subordinados", a designarlos estableciendo "su composición, así como la del Consejo de Participación Política, el cual de manera provisoria y ante el vacío constitucional, funcionará como un ente consultivo del Poder Electoral. Para este último nombramiento, la Sala tomó en cuenta las consultas que se hicieron a los partidos políticos representados en la Asamblea Nacional y que se llevaron a cabo en el Tribunal". En esta forma, en la sentencia, la Sala Constitucional procedió a limitar la autonomía del Cuerpo que nombraba, designando ella misma quién sería su Presidente y su Vicepresidente, violando lo establecido en el artículo 296 de la Constitución que expresamente establece que: "Los o las integrantes del Consejo Nacional Electoral escogerán de su seno a su Presidente o Presidenta, de conformidad con la Ley". La Sala Constitucional, además, volvió a secuestrar y violar la autonomía del Poder Electoral al cercenarle al Consejo Nacional Electoral su potestad conforme a la Ley Orgánica del Poder Electoral, para designar a los titulares de los órganos del Poder Electoral; designando en la propia sentencia al Secretario y al Consultor Jurídico del Consejo Nacional Electoral; a los integrantes de los órganos subordinados (Junta Nacional Electoral; Comisión de Registro Civil y Electoral; Comisión de Participación Política y Financiamiento), integrándolos con miembros principales y suplentes del organismo, en la forma como la propia Sala lo determinó; y a los miembros de un Consejo de Participación Política.

En *tercer lugar,* la Sala reiteró el criterio de que "podrá desarrollar la normativa que le asigna la Ley Orgánica del Poder Electoral". El Consejo Nacional Electoral debía "elaborar los proyectos de leyes que le corresponden con exclusividad conforme a las Disposición Transitoria Tercera de la citada Ley, y presentarlas ante la Asamblea Nacional" así como dictar "la normativa tendente a la reglamentación de los procesos electorales y los referendos, en desarrollo de la Ley Orgánica del Poder Electoral, en particular la que regula las peticiones sobre los procesos electorales y referendos, así como las condiciones para ellos, la autenticidad de los peticionarios, la propaganda electoral, etc., así como resolver las dudas y vacíos que susciten las leyes electorales".

Los miembros del Consejo Nacional Electoral y todos los otros funcionarios nombrados por la Sala Constitucional, fueron juramentados por ella el día 27 de agosto de 2003; y a partir de entonces, ese Consejo Nacional Electoral, secuestrado por la Sala Constitucional, comenzó a confiscarle a los ciudadanos el derecho a la participación política mediante la convocatoria en un referendo revocatorio del mandato del Presidente de la República. Todo lo anterior ya había demorado el proceso lo suficiente como para que el Estado pudiera intervenir en la conformación del registro electoral, y se regulara en tal forma el procedimiento para realizar un referendo revocatorio, que resultara en tarea casi imposible realizarlo, excepto mediante una manifestación de voluntad popular indetenible.

CUARTA PARTE

EL REFERENDO REVOCATORIO DEL MANDATO DE HUGO CHÁVEZ Y LA CONFISCACIÓN DE LA PARTICIPACIÓN POLÍTICA

(2003 – 2004)

Con el marco institucional antes mencionado de funcionamiento del Consejo Nacional Electoral, a partir de fines de 2003, se planteó entonces la posibilidad política de desarrollar la iniciativa popular para un referendo revocatorio del mandato del Presidente Chávez, el cual sólo podía ocurrir durante la segunda mitad del mandato del Presidente iniciado en 2000, para lo cual ya la Sala Constitucional había establecido desde 2001 que habiendo sido electo el Presidente de la República el 19 de agosto de 2000 (en realidad "reelecto," pues la primera elección fue en diciembre de 1998), la mitad del período constitucional se cumplía el 18 de agosto de 2003[1], pudiendo por tanto, a partir del 19 de agosto de 2003, presentarse la solicitud de revocatoria de su mandato; solicitud que siempre es de iniciativa popular.

Y hacia tal fin se dirigieron los esfuerzos de la oposición, comenzando por el proceso de recolección de firmas para poder completar la iniciativa popular requerida para tal proceso, no exento de dificultades, que condujeron a que el derecho a la participación ciudadana mediante referendos fuera materialmente confiscado.

I. LA CONFISCACIÓN DEL DERECHO A LA PARTICIPACIÓN POLÍTICA MEDIANTE LA SOLICITUD DE REFERENDO REVOCATORIO: LA DISCUSIÓN SOBRE EL MOMENTO PARA RECOLECTAR LAS FIRMAS: EL "FIRMAZO"

Si bien era cierto que la Constitución de 1999, como lo dijo la Sala Constitucional, "nada menciona respecto del momento en el cual puede iniciarse la recolección de firmas al objeto de solicitar la realización del referendo

---

[1] Sentencias de la Sala Constitucional N° 457 de 05-04-2001 (Caso: *Francisco Encinas Verde*); y N° 759 de 16-05-2001 (Caso: *Asamblea Nacional*).

revocatorio,"[2] era evidente que si el derecho para presentar la solicitud nacía una vez transcurrida la mitad del período constitucional, entonces las firmas, que son la expresión concreta de la manifestación de voluntad popular, debían recogerse con posterioridad a esa fecha.

Se trataba, en todo caso, de un tema de reserva legal, en el sentido de que el legislador es quien puede regular la materia. La Sala Constitucional así lo había reconocido en la sentencia N° 137 de fecha 13 de febrero de 2003 (caso: *Freddy Lepage y otros)*, pero agregando lo que era obvio, es decir, que "las firmas deben preceder a una solicitud". La Sala en efecto, dijo que el artículo 72 se limitaba a señalar la oportunidad a partir de la cual podía efectuarse la solicitud de referendo revocatorio ante el Consejo Nacional Electoral, esto es, una vez transcurrida la mitad del período, pero "nada señala respecto de la oportunidad para recolectar las firmas, las cuales, lógicamente deben preceder a la solicitud, sólo podrían recolectarse en el término establecido en dicho precepto constitucional." En todo caso, señaló también la Sala que "establecer un requisito temporal para la recolección de las mencionadas firmas conllevaría menoscabar dicho principio de técnica fundamental."

La expresión de esta sentencia en el sentido de que las firmas "lógicamente deben preceder a la solicitud", condujo a que se llegase a interpretar que ese proceso podía ejecutarse aún antes de transcurrida la mitad del período del mandato del Presidente Chávez, para presentar la solicitud posteriormente, una vez transcurrido ese lapso. Y fue en tal sentido que la oposición al Presidente de la República convocó a un proceso de recolección de firmas para respaldar una declaración sobre la revocación del mandato del Presidente[3], denominado el "Firmazo", el cual se realizó el 2 de febrero de 2003, es decir, más de seis meses antes de que hubiera transcurrido la mitad del período constitucional del Presidente.[4] Las firmas fueron presentadas ante el Consejo Nacional Electoral el día 20 de agosto de 2003 por un grupo de partidos políticos y organizaciones con fines políticos, pero la presentación estuvo signada por la discusión sobre la oportunidad para recoger las firmas en respaldo de la solicitud de referendo y la forma cómo debió haberse formulado la petición, solicitud pregunta.

---

2   Sentencia N° 137 de fecha 13 de febrero de 2003 (Caso*: Freddy Lepage y otros)*

3   El texto del encabezamiento de las planillas rezaba así: "Iniciativa de Convocatoria a un Referendo Revocatorio del Mandato del Presidente de la República." "Nosotros, los firmantes de esta Planilla, inscritos en el registro Electoral, tomamos la iniciativa de convocar a un referendo revocatorio del mandato del Presidente de la República, ciudadano Hugo Rafael Chávez Frías, de conformidad con lo establecido en el artículo 72 de la Constitución. A tal efecto, sugerimos la siguiente pregunta: ¿De conformidad con lo previsto en el artículo 72 de la Constitución de la República Bolivariana de Venezuela, está usted de acuerdo con revocar el mandato al Presidente de la República Hugo Rafael Chávez Frías?"

4   En esa oportunidad se informó que se habían recogido en respaldo de la solicitud, 3.236.320 firmas de electores inscritos en el registro electoral

La discusión y la interpretación que se había hecho de la frase antes mencionada de que las firmas lógicamente debían preceder a la solicitud contenida en la sentencia de la Sala Constitucional N° 137 de fecha 13 de febrero de 2003 (caso: *Freddy Lepage y otros)*, había llegado al mismo Tribunal Supremo, por lo que la Sala Constitucional una semana antes de la consignación de las firmas ante el Consejo Nacional Electoral, se vio en la necesidad de publicar una "nota de prensa", el 14 de agosto de 2003, en la cual informaba que la Sala no se había pronunciado sobre el tema de la oportunidad para la recolección de las firmas, ni tampoco sobre "lo relacionado con la validez de dichas firmas, todo lo cual es competencia del Consejo Nacional Electoral, según las normas que rigen su funcionamiento".

En respuesta a la documentación y firmas sobre la revocatoria del mandato del Presidente de la República que se habían consignado ante el Consejo Nacional Electoral el 20 de agosto de 2003, dicho organismo, mediante Resolución N° 030912-461 de fecha 12 de septiembre de 2003, después de constatar la incertidumbre que originaba la ausencia de regulación legal sobre la materia,[5] declaró inadmisible la solicitud presentada al considerar, entre otros aspectos,[6] que las firmas que respaldaban las solicitudes "fueron suscritas de manera extemporánea por anticipada, esto es, antes de que naciera la titularidad del derecho del referendo revocatorio". El Consejo Nacional Electoral señaló, en efecto, que:

> "no es un ejercicio legítimo del derecho previsto en el artículo 72 de la Constitución solicitar el referendo revocatorio de un funcionario electivo mediante peticiones que sean anteriores al momento en que nace o se

---

5   El Consejo expuso en la Resolución lo siguiente: "estos medios de participación política como derechos constitucionales que son, pueden ser ejercitados desde su sola regulación constitucional, pero la ausencia de desarrollo legislativo de los mismos hace que su ejercicio esté sujeto a un contexto de altísima incertidumbre. Por consiguiente, a los fines de completar el régimen del derecho constitucional, se harán necesarias la intervención del legislador por vía general o bien la intervención pretoriana del juez, caso por caso, como fuentes de desarrollo y complementación del derecho tal y como aparece regulado en la Constitución".

6   La Resolución expresó sobre la forma de la solicitud, lo siguiente: "En estricto sentido, pues, el texto firmado por quienes participaron el "Firmazo" no es expresión de una solicitud o petición dirigida a este Organismo Electoral del que se prescinde totalmente y, de otro lado, se omiten datos formales, estimados por la Sala Constitucional como formas esenciales que las solicitudes deben cumplir inexorablemente, tales como la indicación de la "fecha de toma de posesión efectiva " del cargo del funcionario cuestionado y la mención del Poder Electoral como destinatario de la solicitud". Por ello, el Consejo Nacional Electoral la declaró "inadmisible...porque las planillas cuyas firmas respaldarían la solicitud de los presentantes no contienen una manifestación de voluntad que llene los requisitos del artículo 72 de la Constitución, según la jurisprudencia citada de la Sala Constitucional del Tribunal Supremo de Justicia y, en todo caso, tales planillas no contienen una solicitud o petición dirigida a este Poder Electoral".

origina el derecho. Así como no se puede cursar solicitud ante el Poder Electoral antes de que se cumpla el momento constitucional fijado, en el cual se consolida la titularidad del derecho y puede ejercer el derecho de solicitarlo; de esa misma manera no pueden recabarse las firmas para acompañar una solicitud para cuyo objeto el firmante no tiene derecho todavía."

Ello se reguló luego en forma expresa en las Normas de Referendos Revocatorios que el Consejo Nacional Electoral dictó en septiembre de 2003, estableciéndose que la recolección de firmas para la solicitud de los referendos revocatorios, sólo puede tener lugar una vez que haya trascurrido la mitad del período del funcionario electo.

Se frustró, en esa forma el primer intento de plantear una iniciativa para un referendo revocatorio del mandato presidencial que había sido respaldada por más de tres millones doscientos mil firmas.

II. LA CONFISCACIÓN DEL DERECHO DE PETICIÓN PARA SOLICITAR LA CONVOCATORIA DE REFERENDO REVOCATORIO POR EL CONSEJO NACIONAL ELECTORAL

Como antes se ha dicho, la Sala Constitucional del Tribunal Supremo de Justicia, mediante sentencia N° 2341 del 25 de agosto de 2003 (Caso: *Hermánn Escarrá M. y otros*) designó por la inconstitucional omisión legislativa en hacerlo, a los miembros del Consejo Nacional Electoral, quienes fueron juramentados el 27 de agosto de 2003.

Al mes de esta decisión, el nuevo el Consejo Nacional Electoral, mediante Resolución N° 030925-465 de 25 de septiembre de 2003, dictó las "Normas para regular los procesos de referendos revocatorios de mandatos de cargos de elección popular,"[7] con las cuales puede decirse que el Poder Electoral, cuya autonomía había sido secuestrada por los Poderes del estado, a su vez inició el proceso de confiscación del derecho ciudadano a la participación política mediante la iniciativa popular de solicitud de convocatoria de referendos revocatorios, al encasillar de tal manera el ejercicio del derecho, que lo ha hecho de casi imposible ejercicio, en contradicción incluso con las declaraciones iniciales de la misma Resolución (art. 3) en el sentido de las mismas supuestamente tenían como propósito "garantizar el derecho del elector a solicitar la convocatoria de referendo revocatorio de mandato de los funcionarios electos popularmente" y "garantizar el respeto de la voluntad de los electores expresada a través del ejercicio del voto." Sin embargo, al contrario, con las normas dictadas, no se garantizó tal derecho de los electores.

La Sala Constitucional del Tribunal Supremo, en la citada sentencia N° 1139 de 5 de junio de 2002 (Caso: *Sergio Omar Calderón y William Dávila*),

---

7   La Resolución fue modificada en cuanto al artículo 24 mediante Resolución N° 031030-717 de 30-10-2003.

había establecido el criterio de que el referendo revocatorio "se encuentra sometido a las reglas previstas en el artículo 72 de la Constitución, sin que deje ningún margen de discrecionalidad que autorice al Consejo Nacional Electoral a emitir pronunciamiento alguno sobre el mérito o conveniencia de la solicitud formulada, *ni a establecer -en las normativas de carácter sub legal que dicte-, nuevas condiciones para la procedencia de la revocación del mandato, no contempladas en el marco constitucional vigente"*. El Consejo Nacional Electoral en las normas antes citadas, que son de carácter sub legal, precisamente estableció nuevas condiciones para la procedencia de la revocación del mandato no contempladas en el marco constitucional vigente. Estimamos que no es posible que se pueda sostener que estas normas puedan tener carácter y rango de Ley, y menos de ley orgánica que son las únicas que pueden regular los derechos constitucionales, especialmente los derechos políticos (art. 203). En todo caso, los requisitos y formalidades establecidos en las citadas normas para ejercer el derecho ciudadano de peticionar o solicitar la convocatoria de un referendo revocatorio son de tal naturaleza, que casi se confunden con el derecho mismo de revocar el mandato del funcionario electo, pues en las mismas se estableció un control total del derecho de petición a los efectos de solicitar la convocatoria de un referendo revocatorio, regulándose un complejo procedimiento para admitir la solicitud de iniciar el proceso de recolección de firmas, con indicación de los *lugares y la fechas* en los cuales proyectan hacer la recolección de firmas (en un lapso exclusivo de 4 días), conformándose un apoderamiento estatal del proceso de recolección de firmas y además de huellas dactilares que se convirtió en un acto público a ser realizado en unos lugares predeterminados, en unas planillas preestablecidas *numeradas y foliadas*, en unos días fijos y bajo la vigilancia del Estado con *observadores* designados por el Consejo. El Consejo Nacional Electoral en realidad, confundió ilegalmente el ejercicio del derecho de petición con el derecho al sufragio o acto de votación en si mismo.

En las normas además, se reguló un engorroso procedimiento de verificación de los requisitos confrontando los datos de los solicitantes con los Registro Electoral, clasificándose las firmas solicitantes validados, aceptados y rechazados, procediéndose luego a verificar si las firmas y datos que contienen las planillas son fidedignos. Para este proceso, además, el 20 de noviembre de 2003, el Consejo Nacional Electoral mediante Resolución N° 031120-794 dictó las "Normas sobre los criterios de validación de las firmas y de las planillas de recolección de firmas para los procesos de referendo revocatorio de mandatos de cargos de elección popular" estableciendo los múltiples casos en los cuales las firmas no se consideran válidas, con criterios formales casi imposible de superar. De todo ello se debe elaborar un Informe que Consejo Nacional Electoral debe aprobar, indicándose "si el porcentaje de los solicitantes aceptados es mayor o igual al porcentaje de los electores previsto en el artículo 72 de la Constitución." El Informe debe ser publicado, dándose a los afectados la posibilidad de a los electores firmante rechazado, de acudir ante el Consejo Nacional Electoral, a los fines de subsanar cualquier error material en que haya incurrido la Administración Electoral durante la verificación de sus datos.

III LAS VICISITUDES DE LA PETICIÓN DE CONVOCATORIA A REFERENDO REVOCATORIO DEL MANDATO DEL PRESIDENTE DE LA REPÚBLICA, O "EL REAFIRMAZO"

Con esta camisa de fuerza reglamentaria, sin embargo, y a pesar de su carácter extremadamente limitante para el ejercicio del derecho de petición, diversas organizaciones políticas de oposición formularon ante el Consejo Nacional Electoral la participación correspondiente sobre el inicio del procedimiento para la solicitud de revocatoria del mandato del Presidente de la República, conocida como *El Reafirmazo*; habiendo el Consejo fijado los días entre el 28 de noviembre y el 1° de diciembre de 2003, como las fecha para efectuar la recolección de firmas (Resolución N° 031015-529 de fecha 15 de octubre de 2003).[8]

Después de cumplirse todas las formalidades y los muy engorrosos requisitos que conforman el procedimiento para la obtención de firmas, antes de que terminara el plazo para ello, ya el Presidente de la República calificaba el proceso como un "megafraude;"[9] lo que no impidió que las organizaciones promotoras de la solicitud, anunciaran haber consignado el 19 de diciembre de 2003 ante el Consejo Nacional Electoral un total de planillas con 3.467.050 firmas.[10] Sin embargo, antes de la consignación de las firmas, en el Consejo Nacional Electoral se había iniciado una polémica sobre los criterios para anularlas firmas o las planillas (con todas sus firmas),[11] habiendo sido en la segunda semana de enero de 2004 cuando se comenzó a realizar la verificación de las firmas, mediante un instructivo relativo a la validación de planillas y actas[12]. El excesivo formalismo que comenzó a aplicarse en la revisión fue advertido por los observadores internacionales[13]; y el 7 de febre-

---

8   Véase por ejemplo, *El Nacional*, Caracas 27-11-200, p. A-7; *El Nacional*, Caracas 30-11-200, p. A-9.

9   Véase *El Nacional*, Caracas 01-12-2003, p. A-4, y en particular, las declaraciones sobre ello de Cesar Gaviria, Secretario General de la OEA. Miembros del Consejo Nacional Electoral, en respuesta, solicitaban que cualquier denuncia se presentara ante el organismo. *Ídem*. Véase la declaración del Presidente del Consejo Nacional Electoral en *El Nacional*, Caracas 01-12-2003, p. A-4,

10   Véase *El Nacional*, Caracas 17-12-2003, p. A-1 y A-4. Véase también *El Nacional*, Caracas 19-12-2003, p. A-2.

11   Véase *El Nacional*, Caracas 13-12-2003, p. A-1; *El Nacional*, Caracas 16-12-2003, p. A-2

12   Véase *El Nacional*, Caracas 09-01-2004, p. A-3; *El Nacional*, Caracas 13-01-2004, p. A-2.

13   Véase las observaciones de los representantes del Centro Carter y de la OEA en *El Nacional*, Caracas 03-02-2004, p. A-1

ro de 2004 uno de los Ministros del Poder Ejecutivo ya indicaba la necesidad de invalidar muchas firmas, lo que fue protestado por miembros del Poder Electoral considerando las declaraciones como irrespeto a la autonomía de dicho Poder.[14]

En todo caso, en materia de validación de las firmas y planillas, para el 9 de febrero de 2004, la discusión en el propio Consejo Nacional Electoral comenzó a centrarse sobre las objeciones que se habían formulado respecto de las planillas con firmas en las cuales los nombres y apellidos de las personas firmantes y sus números de cédulas de identidad, se habían escrito en caligrafía similar por personas distinta. En las Normas que regían el procedimiento de verificación y validación nada se decía al respecto, y más bien lo único que se exigía fuera manuscrita era la firma (art. 29,3) pero no los datos de identificación (nombre, apellido y número de cédula de identidad), respecto de los cuales no se exigía que fueran de puño y letra de los peticionantes[15]. Por ello, en medio de denuncias varias[16], los observadores internacionales en el proceso advertían, con razón, que el Consejo Nacional Electoral en el proceso de verificación de las firmas, debía privilegiar la voluntad del firmante sobre los tecnicismos[17]. Ello por lo demás es lo que derivaba del principio del Estado de Justicia, que conforme al artículo 26 de la Constitución debe ser "sin formalismos."

Pero para el 17 de febrero de 2004, ya la prensa anunciaba que de las casi 3 millones y medio de firmas entregadas respaldando la petición de convocatoria de un referendo revocatorio del mandato del Presidente de la República, sólo algo más de un millón de firmas no tendían observaciones[18]; y a la vez, que se había intentado ante la Sala Electoral del Tribunal Supremo de Justicia una acción de amparo para proteger el derecho a la participación política contra el supuesto criterio de validación sobrevenido que se anunciaba respecto de las planillas de firmas donde los datos de identificación de los fir-

---

14 Véase en *El Nacional*, Caracas 08-01-2004, p. A-2

15 Solamente en unas "Normas para Regular las Actividades de los Observadores del Consejo Nacional Electoral en la Recolección de Firmas y de los Agentes de Recolección de Firmas de los Presentantes de las solicitudes de Convocatorias de Referendos Revocatorios de Mandatos de Cargos de Elección Popular" (Resolución Nº 031030-74 de 30-10-2003) se disponía que los observadores debían "Entregar a los firmantes formato en el cual estos mismos plasmarán, con base a la información que le suministre el Agente de Recolección de Firmas, los datos de la Planilla de Recolección de Firmas en la cual han manifestado su voluntad" (Art. 4). Véase el reportaje de Alfredo Meza, *El Nacional*, Caracas 09-02-2004.

16 Véase las declaraciones del Diputado Carlos Berrisbeitia, denunciando que "se está gestando un fraude con la anulación de las planillas tipo planas" en *El Nacional*, Caracas 09-02-2004, p. A-2.

17 Véase las declaraciones de los representantes del Centro Carter y de la OEA, en *El Nacional*, Caracas 14-02-2004, p. A-2

18 Véase *El Nacional*, Caracas 17-02-2004, p. A-1 y A-2

mantes se habían escrito con la misma caligrafía[19]. El 20 de febrero de 2004 ya el Presidente del Consejo Nacional Electoral anunciaba sobre la objeción que se habían formulado a 213.190 planillas, de las cuales 148.190 era por presentar similar caligrafía.[20]

Entre el 21 y 23 de febrero de 2004 se discutió en el Consejo Nacional Electoral sobre un "instructivo" que debía guiar el trabajo del Comité Técnico Superior mediante el cual se formalizaría el rechazo de las planillas con similar caligrafía (planillas planas) que afectaba 148.000 planillas, pero el mismo no pudo ser aprobado[21] hasta el día 24 de febrero de 2004[22] en una votación de tres a dos. Al día siguiente, el Vicepresidente de la República se apresuró a señalar que la decisión adoptada era "impecable desde el punto de vista jurídico y procedimental", y el Ministro de la Defensa diría que la haría respetar[23]

Los dos miembros del Consejo Nacional Electoral que habían salvado su voto en la decisión adoptada, destacaron la crisis institucional que se había abierto en el Cuerpo con la decisión. Uno de ellos expresó que "Aquí no se están respetando las normas establecidas. El nuevo criterio de planillas planas no estaba en las normas. Choca contra todo lo que estaba establecido. Es un grave golpe el que se ha dado al referendo revocatorio"[24]; la otra rectora miembro del Consejo "consideró la decisión como una abierta violación de

---

19 Véase las declaraciones Enrique Ochoa Antich, accionante del amparo, en *El Nacional*, Caracas 17-02-2004, p. A-2. Véase la información sobre el criterio de la Consultoría Jurídica del Consejo Nacional Electoral en *El Nacional*, Caracas 19-02-2004, p. A-1.

20 Reconocía, además, que si bien el tema de las "planillas planas" no estaba contemplado en las Normas, se trataba de "hechos sobrevenidos que provocan duda que debe resolver el directorio". Véase reportaje de Marianela Palacios, *El Nacional*, Caracas 20-02-2004, p. A-2.

21 Véase *El Universal*, Caracas 21-02-2004, p. 1-1; *El Universal*, Caracas 22-02-2004, p. 11-1; *El Nacional*, Caracas 24-02-2004, p. 1-3.

22 Según lo informó el periodista Alfredo Meza, había triunfado la propuesta "que sostenía que era una violación de la norma que los agentes que recogieron las firmas transcribieran el nombre y el número de cédula de los participantes, por lo que había que colocar en observación todas aquellas rúbricas que se derivaron de esa mecánica". *El Nacional*, Caracas 25-02-2004, p. A-2. La "norma" sin embargo, no aparece en Resolución alguna del Poder Electoral y sólo se adoptaría *ex post facto* en un "Instructivo" el día 24-02-2004, denominado "Instructivo sobre el tratamiento por el Comité Técnico Superior de las Firmas de Caligrafía Similar o Renglones de Planillas Llenadas por la misma Persona", el cual tampoco fue publicado ni en Gaceta Oficial ni siquiera en la página web del Consejo Nacional Electoral. Véase las referencias al "Instructivo" en la sentencia de la Sala Electoral N° 24 del 15-032994, en la cual suspendió los efectos de dicho Instructivo.

23 Véase *El Nacional*, Caracas 26-02-2004, p. A-6

24 Véase lo expresado por Ezequiel Zamora al periodista Alfredo Meza en *El Nacional*, Caracas 25-02-2004, p. A-2.

la Constitución y de las normas del referéndum revocatorio aprobadas por el directorio". Se ha confundido el acto personalísimo que establecen las normas con la transcripción de datos. La normativa decía que sólo la firma y la huella. La manifestación de la voluntad debe respetarse"[25].

En todo caso, con la decisión tomada se terminaba de confiscar el derecho ciudadano a la participación política mediante la solicitud de convocatoria de un referendo revocatorio. El día 28 de febrero ya se leía en la prensa un "aviso" del Consejo Nacional Electoral donde informaba en relación a las solicitudes del referéndum revocatorio en qué casos sería reconocida la firma,[26] formulándose normas de invalidación de firmas que no estaban en vigencia para cuando se inició el procedimiento, aplicándoselas, además, retroactivamente.

El proceso confiscatorio del derecho ciudadano concluyó con la adopción de la Resolución N° 040302-131 del Consejo Nacional Electoral de 2 de marzo de 2004[27], en la cual el organismo hizo "del conocimiento público que en el procedimiento revocatorio iniciado en relación con el ciudadano Hugo Rafael Chávez Frías, Presidente de la República, la actividad de verificación de las solicitudes y firmas adelantada por este Poder Electoral", había arrojado los siguientes "resultados preliminares": a) 388.108 planillas procesadas sometidas a la verificación física por el Organismo; b) 7.297 planillas vacías y/o inutilizadas en la jornada de recolección de firmas; c) 39.060 planillas invalidadas en razón del incumplimiento de las "Normas sobre los Criterios de Validación de las Firmas y de las Planillas de recolección de firmas para los proceso de Referendo Revocatorio de Mandatos de Cargos de Elección Popular." Además, se informaba que había: "d) 3.086.013 solicitudes procesadas del universo de planillas validadas según actas. e) 1.832.493 solicitudes validadas para la convocatoria del referendo revocatorio. f) 143.930 solicitudes rechazadas en razón del Registro Electoral (no inscritos; menores de edad; extranjeros; fallecidos; inhabilitación electoral e incongruencia de datos de la solicitud con el registro). Y g) 233.573 solicitudes rechazadas en razón del artículo 3 y los numerales 1, 6 y 7 de las Normas sobre los Criterios de Validación."" h) 876.017 solicitudes se colocaron "bajo observación, calificadas por la opinión unánime de los cinco supervisores del Comité Técnico Superior, susceptibles de ser ratificadas por la vía del reparo, en razón de constituir solicitudes o firmas de similar caligrafía," sin que se indicara la base legal para ello, ya que tal requisito no está en norma alguna reguladora de los procesos de referendo revocatorio.

---

25 Véase lo expresado por Sobella Mejías, en *El Nacional*, Caracas 25-02-2004, p. A-2.

26 Véase en *El Nacional*, Caracas 28-02-2004, p. A-9; *El Nacional*, Caracas 29-02-2004, p. A-11.

27 Véase en *El Nacional*, Caracas 03-02-2004, p. A-2. La Resolución se publicó en la página web del Consejo Nacional Electoral, indicándose erradamente como fecha de la misma el "8 de enero de 2004", cuando al final del texto se afirma que fue aprobada el 02-03-2004.

La Resolución, por tanto, estaba viciada de inmotivación por ausencia de fundamentos de derecho y, por tanto, de ausencia de base legal. Por supuesto, además la Resolución era inconstitucional por violar el derecho constitucional a la participación política y violar el derecho constitucional al debido proceso que rige también para los procedimientos administrativos, al violentar el principio de la presunción de inocencia e invertir la carga de la prueba. Los propios observadores internacionales que estuvieron presentes en el transcurso de todo el procedimiento, sobre este último literal de la Resolución expresaron que "no compartimos el criterio de separar esas firmas para que sean ratificadas por el ciudadano; esta decisión podría cambiar el resultado final del procesos.[28]

Y en efecto, así fue, pues la Resolución adoptada lo cambió todo, al terminar de confiscar el derecho ciudadano a formular una petición para la convocatoria de un referendo revocatorio del mandato del Presidente de la República.

Los solicitantes de la convocatoria del referendo informaron habían consignado 3.467.050 firmas; el Consejo Nacional Electoral admitió en su Resolución que después del proceso de validación, existían 1.832.493 solicitudes validadas para la convocatoria del referendo revocatorio. Si a esa cifra se le sumaban las 876.017 firmas que se colocaron bajo observación, el total era de 2.708.510 firmas, y para solicitar el referendo revocatorio en el caso del Presidente de la República[29] bastaban 2.405.856 de firmas. La Resolución del Poder Electoral secuestrado, por tanto, había cambiado todo: con ella se le había confiscado a los ciudadanos su derecho ciudadano a solicitar o formular una petición para convocar un referendo revocatorio del mandato del Presidente de la República. Nada menos se podía esperar de un Poder Electoral secuestrado por el poder político, a través de decisiones de la Sala Constitucional del Tribunal Supremo de Justicia.

Efectivamente, la Resolución había cambiado todo: llevó al país a una situación de violencia política generalizada nunca antes conocida, precisamente porque el ciudadano sintió que le había sido impunemente arrebatado su derecho.

IV. LA CONFISCACIÓN DE LAS SOLICITUDES DE "EL REAFIRMAZO" AL EXIGIRSE LA "RATIFICACIÓN" DE PARTE DE LAS PETICIONES EN UN IMPRECISO PROCEDIMIENTO DE "REPARO"

Debe mencionare que el Consejo Nacional Electoral, en la indicada Resolución N° 040302-131 del 2 de marzo de 2004, había informado que había recibido de las organizaciones promotoras del referendo revocatorio presidencial, 388.108 planillas las cuales fueron "procesadas sometidas a la veri-

---

28 Véase en *El Nacional*, Caracas, 02-03-2004, p. A-2

29 El Presidente de la República, fue electo en 2000 con 3.757.774 votos.

ficación física por el Organismo". Si estas planillas hubieran tenido 10 firmas cada una, el número de solicitudes para la convocatoria del referendo revocatorio del mandato del Presidente de la República hubiera sido de 3.881.080 peticiones. Pero la Asociación Civil Súmate que coordinó el proceso de la obtención de las firmas y todos los aspectos técnicos que rodearon su procesamiento, informó que se habían entregado al Consejo Nacional Electoral, 388.400 planillas, en las cuales, como antes se ha dicho, había 3.448.747 solicitudes, de las cuales la propia Asociación Súmate reconocía que 407.310 no cumplían con los criterios originales que habían sido establecidos para la validación de las firmas. Ello significa que los promotores de la convocatoria del referendo revocatorio presidencial habrían consignado ante el Consejo Nacional Electoral, 3.041.437 solicitudes[30]. El Consejo Nacional Electoral, en cambio, en su Resolución estimó que de las solicitudes presentadas, 740.237 eran las que no cumplían con los mencionados criterios originales; y adicionalmente, sin apegarse a los criterios originales establecidos para la validación, determinó que 876.017 solicitudes "pasaban a observación," es decir, no se aceptaban, por presentar los datos sobre identidad de los solicitantes "caligrafía similar," exigiendo sobre las mismas que fueran "reparadas," es decir, que los firmantes acudieran ante los centros que se establecerían, en los días precisos para ello, a ratificar sus firmas o a objetarlas.

Esto, en efecto, desde el 28 de febrero de 2004, es decir, varios días antes de que la Resolución fuera aprobada por el Consejo Nacional Electoral, era lo que el mismo organismo ya anunciaba en "Avisos" publicados en la prensa. En ellos, como se ha dicho antes, se afirmaba que *sólo serían reconocidas las firmas* de los solicitantes, cuando éstos hubieran llenado "legalmente los datos de identidad con tu puño y letra, firmaste y colocaste tu huella dactilar", o cuando las personas hubieran sido "asistidos para llenar la planilla con tus datos, debido a algún impedimento y quedó constancia de ello". El no "reconocimiento" de las firmas conforme a esos criterios, significaba que las mismas entonces pasarían a "observación"[31], luego de lo cual el Consejo "decidió" o ratificó en su Resolución, que participaría a la colectividad a través de los medios masivos de comunicación, "el total de números de cédula de identidad de los firmantes participantes en el presente procedimiento revocatorio, con indicación de su condición a los fines de que los ciudadanos expresen su voluntad en la siguiente fase del procedimiento."

Esta decisión del organismo electoral, adoptada después de que una gran marcha de protesta organizada por la oposición el día 27 de febrero de 2004 precisamente en defensa de las firmas y solicitudes consignadas, fuera brutalmente reprimida por las fuerzas de seguridad del Estado, aún antes de que se pretendiera entregar un documento en la reunión de Presidentes del "Gru-

---

30 Véase "Comunicado" de la Asociación Civil Súmate, en *El Nacional*, Caracas 05-03-2004, p. A-17

31 Véase en *El Nacional*, Caracas 28-02-2004, p. A-9.

po de los 15" en Caracas[32]; fue precisamente la que originó una ola de protestas cívicas generalizadas en todo el país,[33] la mayoría de ellas de carácter espontáneo. Estas fueron de nuevo y en forma continuada, brutalmente reprimidas por la Guardia Nacional, en una forma nunca antes vista en el país (por la nueva tecnología de represión existente y por el odio demostrado por la fuerza pública en la represión), originando detenciones ilegales y violaciones generalizadas a los derechos a la vida, libertad, seguridad e integridad personales.[34] La protesta contra la brutal represión fue nacional[35] y mundialmente[36] expresada, y el 6 de marzo de 2004 se efectuó en Caracas una extraordinaria y multitudinaria manifestación de rechazo contra la represión del gobierno.[37]

Sin embargo, el secuestro del Poder Judicial por el poder político que ha ocurrido en Venezuela desde 1999[38], llevó con razón a Pedro Nikken, ex Presidente de la Corte Interamericana de Derechos Humanos y Consejero Permanente del Instituto Interamericano de Derechos Humanos, a dudar que el Estado venezolano cumpliera con su "deber de investigar, juzgar y sancionar los excesos en la represión de las más recientes manifestaciones públicas contra la obstaculización del referéndum revocatorio del mandato del presidente Hugo Chávez, los cuales han generado homicidios, torturas y detenciones arbitrarias"[39]. El secuestro del Poder Judicial en Venezuela había sido de tal naturaleza, que cuando dos juezas penales dieron libertad a algunos detenidos en las manifestaciones de protesta (el principio procesal penal vigente en el país es el derecho a ser juzgado en libertad, siendo la excepción la privación de la libertad del procesado) fueron inmediatamente destituidas

---

32 Véase *El Nacional*, Caracas 28-02-2004, p. A-1 y A-2. Dos semanas antes, otra multitudinaria marca de la oposición con el mismo fin se había realizado en Caracas, véase *El Universal*, Caracas, 15-02-2004, p. 1-1; *El Nacional*, Caracas 1-02-2004, p. A-1.

33 Véase por ejemplo, *El Universal*, Caracas 28-02-2004, p. 1-1; *El Nacional*, Caracas 01-03-2004, p. A-1; *El Nacional*, Caracas 02-03-2004, p. A-1.

34 Véase *El Nacional*, Caracas 04-03-2004, p. A-1; *El Nacional*, Caracas 06-03-2004, p. A-1.

35 Véase por ejemplo la declaración de los decanos de las facultades de derecho y miembros de la Academia de Ciencias Políticas y Sociales, en *El Nacional*, Caracas 06-03-2004, p. A-4.

36 Véase por ejemplo la manifestación de la Sociedad Internacional para los Derechos Humanos, firmada entre otros por los Presidentes de Polonia, Lituania y República Checa, Lech Walesa, Vitautas Landsbergis y Vaclav Havel. Véase en *El Nacional*, Caracas 06-03-2004, p. A-2.

37 Véase *El Nacional*, Caracas, 07-03-2004, pp. A-1; A-2; A-3

38 Véase Allan R. Brewer-Carías, *Golpe de Estado y Proceso Constituyente en Venezuela*, UNAM, México 2002, pp. 224 y ss. y 395 y ss.

39 Véase en *El Nacional*, Caracas 05-03-2004, p. A-2.

por el Tribunal Supremo de Justicia, sin respetarse, por supuesto el derecho al debido proceso, lo que originó nuevas protestas públicas[40] y jurídicas.[41]

La decisión del Consejo Nacional Electoral, en todo caso, era un acto administrativo definitivo, cuya revisión, si bien lo plantearon en una u otra forma diversos sectores de la oposición[42], parecía difícil que fuera el propio Consejo Nacional Electoral el que fuera a reformarlo, salvo por lo que se refería a la "flexibilización" del procedimiento de "reparo" de las firmas que habían sido colocadas en "observación,"[43] con el objeto, entre otros factores, de que el referido procedimiento de "reparo" no se convirtiera en un "tercer firmazo con menos posibilidades y con menos días."[44]

Ahora bien, siendo la decisión del Consejo Nacional Electoral un acto administrativo definitivo, el mismo estaba sujeto a impugnación por ante la Jurisdicción contencioso electoral, es decir, por ante la Sala Electoral del Tribunal Supremo de Justicia, por lo que un nuevo frente de lucha se abría por el control de la decisión judicial por parte del poder político. La Sala Electoral, en efecto, conocería de un recurso de nulidad con pretensión de amparo contra dicha decisión, suspendiendo sus efectos en medida cautelar de amparo dictada mediante sentencia N° 24 del 15 de marzo de 2004; pero dicha sentencia, una semana después, sería anulada a su vez por la Sala Constitucional del Tribunal Supremo mediante sentencia N° 442 del 23 de marzo de 2004, produciéndose en este caso, el secuestro de la Sala Electoral del Tribunal Supremo por parte de la Sala Constitucional del mismo Tribunal Supremo.

La Sala Electoral, a pesar de los intentos de la Sala Constitucional por impedir que llegara a tomar decisión definitiva sobre el asunto en virtud de estar estudiando una solicitud de avocamiento que se le había formulada a esta última, rechazó las pretensiones de la Sala Constitucional mediante sentencia N° 27 del 29 de marzo de 2004, en la cual no sólo afirmó su competencia para ejercer la Jurisdicción contencioso electoral, reiterando el principio de la igualdad de todas Salas del Tribunal Supremo", sino que rechazando toda posibilidad de avocamiento por parte de la Sala Constitucional, resolvió elevar al conocimiento de la Sala Plena la resolución del "conflicto de funcionamiento" que se estaba planteando entre las dos Salas. Posteriormen-

40 Véase sobre la manifestación ante la Dirección Ejecutiva de la Magistratura del Tribunal Supremo de Justicia, en *El Nacional*, Caracas, 05-03-2004, p. A-4.

41 Véase la declaración de los decanos de las facultades de derecho y miembros de la Academia de Ciencias Políticas y Sociales, en *El Nacional*, Caracas 06-03-2004, p. A-4.

42 Véase la posición de la Coordinadora Democrática en; *El Nacional*, Caracas, 04-03-2004, p. A-4; *El Universal*, Caracas, 04-03-2004, p. 1-2.

43 Véase las declaraciones de los representantes de dos partidos políticos de la oposición (La Causa R y Primero Justicia) en *El Nacional*, Caracas, 2004, p. A-6.

44 Véase en *El Nacional*, Caracas, 03-03-2004, p. A-3

te, además, resistiendo las presiones de la Sala Constitucional, la Sala Electoral dictó sin embargo su decisión definitiva en el juicio de nulidad mediante sentencia N° 37 de 12 de abril de 2004, anulando los actos del Consejo Nacional Electoral.

El mismo día, sin embargo, la Sala Constitucional mediante sentencia N° 566 de 12 de abril de 2004 (la cual había sido supuestamente anunciada el día 31 de marzo de 2004), decidiría avocarse al conocimiento de la causa, y posteriormente, al resolver una solicitud de aclaratoria de dicha sentencia N° 566, mediante sentencia N° 628 de 23 de abril de 2004, declararía la sentencia N° 37 de la Sala Electoral como nula de nulidad absoluta. Con ello, de nuevo y por segunda vez se produciría el secuestro de la Sala Electoral del Tribunal Supremo por parte de la Sala Constitucional del mismo Tribunal Supremo.

Con esta decisión de la Sala Constitucional, quedaba entonces confirmada la confiscación del derecho a la participación política mediante la solicitud de convocatoria del referendo revocatorio del mandato del Presidente de la República, que había quedado consolidada con la Resolución No N° 040302-131 del 2 de marzo de 2004 del Consejo Nacional Electoral. En ella se había resuelto que de las, 3.041.437 de solicitudes consignadas ante el organismo electoral, 740.237 no cumplían con los criterios originales establecidos para la validación, y que además, 876.017 solicitudes "pasaban a observación", es decir, no se aceptaban, por presentar los datos sobre identidad de los solicitantes en "caligrafía similar", exigiendo sobre las mismas que fueran "reparadas", es decir, que los firmantes acudieran ante los centros que se establecerían, en los días precisos para ello, a ratificar sus firmas o a objetarlas.

Paralelamente a la adopción de las decisiones judiciales que consolidaron el secuestro de la Sala Electoral, el Consejo Nacional Electoral había estado elaborando en discusiones con los "actores" de las solicitudes de referendos revocatorios[45], las *Normas que tienen por objeto regular la fase de reparo*

---

45 La Coordinadora Democrática, en comunicado de 05-04-2004 y en representación de la oposición, señaló que a pesar de que estaba convencida de que la razón le asistía, sin embargo, estaba dispuesta a hacer pública una propuesta de reparos que consideró haría factible la realización del Referendo Revocatorio Presidencial en el corto plazo, que contempló los siguientes 4 puntos: / "1. Garantizar la transparencia de los resultados. Ello comienza por convocar a los ciudadanos que participarán en el proceso de reparos para que acudan al Centro de Votación Electoral más cercano al sitio donde firmaron. De esa forma los funcionarios del CNE, los testigos y los observadores nacionales e internacionales acreditados podrán efectuar su labor en establecimientos debidamente acondicionados. Igualmente los procesos deben ser auditables previo al evento y los observadores podrán realizar sus conteos muestrales para emitir sus resultados al finalizar cada jornada de los 5 días fijados en las normas para efectuar los reparos. / 2. Garantizar un procedimiento eficaz de reparo. Esto parte por establecer un mecanismo sencillo según el cual los firmantes que acudan a su Centro de Reparo puedan confirmar su voluntad o demostrar que no firmaron, con solo presentar su Cédula de Identidad laminada y firmar en el cuaderno electoral

las cuales fueron aprobadas el 20 de abril de 2004, con los votos salvados de dos de los cinco rectores del organismo, Ezequiel Zamora y Sobilla Mejías.[46].

En dichas normas se estableció un procedimiento de reparo no sólo para subsanar las solicitudes o firmas que hubieran sido rechazadas (susceptibles de subsanación), sino las validadas, a los efectos de subsanar la razón del reparo o excluirse de los listados de firmantes publicados por el Consejo Nacional Electoral, a cuyo efecto después de la publicación con los datos de los mismos, los interesados debían en un término de cinco días acudir personalmente a los "Centros de Reparo" integrados por funcionarios del órgano electoral para manifestar su voluntad atendiendo al tipo de reparo. Este mecanismo, en todo caso, desvirtuaba una vez más el derecho ciudadano de peticionar, convirtiendo una solicitud para convocar un referendo revocatorio en un procedimiento más complejo que el de una propia votación.

V. EL NUEVO FRENTE JUDICIAL DEL CONFLICTO POLÍTICO EN TORNO AL REFERENDO REVOCATORIO Y LOS INTENTOS DE SECUESTRO DE LA SALA ELECTORAL DEL TRIBUNAL SUPREMO POR LA SALA CONSTITUCIONAL DEL MISMO TRIBUNAL

Ahora bien, como antes se dijo, varios diputados a la Asamblea Nacional actuando además como representantes de varios partidos de oposición, con fecha 8 de marzo de 2004 intentaron un recurso de nulidad por legalidad e inconstitucionalidad con pretensión de amparo cautelar tanto contra la Resolución del Consejo Nacional Electoral Nº 131 del 2 de marzo de 2004 como

---

correspondiente preimpreso con los datos del firmante y subdividido en 10 tomos separados por el último dígito de su cédula, para que de esta forma las colas puedan fluir adecuadamente. Igualmente, una totalización diaria basada en los cuadernos de firmas que permita tener la cifra de firmas al final de cada jornada (muerte súbita). En este sentido, es vital que los actores del proceso puedan colocar en la parte externa del Centro de Votación, los mecanismos de información al elector sin restricciones. (afiches, computadoras, teléfonos, etc.). / 3. Garantizar un punto de partida adecuado. Ello implica partir de una cifra de firmantes válidos y de firmas a reparo suficientes para hacer viable el proceso de reparos. Es de destacar que pueden ser reparadas firmas pertenecientes al conjunto de solicitudes objetadas como planas más las firmas válidas encontradas en planillas que según el CNE no estaban debidamente relacionadas en las actas. / 4. Las fechas pare el mecanismo de reparos y la celebración del Referendo Revocatorio debería establecerse de manera tal que el RR estuviera convocado a más tardar en los primeros días de agosto. En este sentido, nos oponemos a la celebración del RR de los diputados de oposición, antes de que se efectúe el RR presidencial. Ese cronograma no tiene lógica, dado las importancias relativas de ambos eventos y la fecha tope del 19 de agosto 2004, que afecta el RR Presidencial y no, al de los diputados". Véase la posición de la Coordinadora Democrática en *El Naci*onal, Caracas, 04-03-2004, p. A-4; *El Universal*, Caracas, 04-03-2004, p. 12-; y en *Globovisión.com* (Documentos

46 Véase el texto en *Globovisión.com* (Documentos).

del "Instructivo" de fecha 24 de febrero de 2004 mediante los cuales se había colocado las solicitudes de convocatoria de referendo revocatorio presidencial "en observación".

La Sala Electoral del Tribunal Supremo de Justicia, contrariamente a lo que había sucedido en años anteriores, puede decirse que en marzo de 2004 no estaba controlada por el poder político gubernamental, como lo había estado en el pasado. Por ello, la acción del gobierno se dirigió, a través de sus dirigentes político partidistas, a recusar a los dos de los tres Magistrados de la Sala Electoral que consideraban podían votar en contra de la posición oficialista[47] y a su vez, la de la oposición, se dirigió a recusar el tercer Magistrado. Además, adicionalmente, y en forma totalmente incomprensible en el ámbito de la jurisdicción contencioso electoral, el propio Consultor Jurídico del Consejo Nacional Electoral, cuyos actos eran precisamente los impugnados ante la Sala, también recusaría a los mismos Magistrados[48].

Por su parte, los representantes de los partidos de gobierno, y a todo evento, también acudieron ante la Sala Constitucional del Tribunal Supremo solicitándole, que aún no teniendo competencia específica en la materia, se avocara al conocimiento de los recursos que habían sido intentados por ante la Sala Electoral, e impedir, así, que ésta pudiera decidir dichos recursos[49]. Por su parte, un diputado de la oposición había, a su vez, recusado a dos Magistrados de esta Sala Constitucional en la solicitud de avocamiento de los juicios sobre el referendo revocatorio[50].

La Sala Constitucional había sido la que había secuestrado al Poder Electoral al haber designado a los miembros (rectores) del Consejo Nacional Electoral, con toda la lesión a la autonomía de dicho organismo, como antes se ha analizado. En consecuencia, en fecha 11 de marzo de 2004, declararía inadmisible la recusación intentada contra sus Magistrados, por haberse formulado antes de que la solicitud de avocamiento fuera admitida[51]; y además,

---

47 Véase las informaciones sobre las recusaciones interpuestas por Ismael García del Comando Ayacucho, de las fuerzas políticas del gobierno, y por William Dávila, Diputado del partido de gobierno contra los Magistrados Alberto Martini Urdaneta y Rafael Hernández Uzcátegui, en *El Universal*, Caracas, 04-03-2004, p. 1-5; *El Nacional*, Caracas, 04-03-2004, p. A-7; y *El Nacional*, Caracas, 05-03-2004, p. 1-4.

48 Véase la referencia en Juan M. Raffalli, "Portazos en la cara", en *El Universal*, Caracas 14-03-2004.

49 Véase la información, corroborada por el Magistrado Iván Rincón, Presidente de la Sala Constitucional, en el reportaje de Edgar López, en *El Nacional*, Caracas, 04-03-2004, p. A-7; 1-5; y la información publicada en *El Nacional*, Caracas, 06-03-2004, p. A-2.

50 La recusación fue presentada por el diputado Gerardo Blyde. Véase la referencia en Sentencia de la Sala Constitucional N° 347 de 11-03-2004, Exp. 04-0475.

51 Sentencia N° 347 de 11-03-2004, Exp. 04-0475. La Sala Electoral, a su vez, también habría declarado inadmisible la recusación intentada contra sus Magistrados. Véase la información en *El Universal*, Caracas 12-03-2004. Dicha decisión, a su vez, fue

en una decisión que según anunciaba la prensa se habría adoptado por tres de los cinco Magistrados de la Sala y sin el quórum necesario para constituirse (de cuatro magistrados) requerido en el artículo 54 de la Ley Orgánica de la Corte Suprema de Justicia, habría ordenado a la Sala Electoral que se inhibiera de tomar decisiones en los casos relacionados con el referendo revocatorio, hasta tanto la Sala Constitucional se pronunciara sobre si se avocaba o no a conocer de dichos asuntos[52]. En un "comunicado" público inusitado, el presidente de la Sala Constitucional, días después, el 15 de marzo de 2004, "explicaría" sus argumentos sobre la "legalidad" de la forma como se habría tomado la decisión[53], y sólo el 16 de marzo de 2004 se ordenaría publicar la decisión adoptada por los tres Magistrados[54].

---

objeto de un recurso de revisión por ante la Sala Constitucional, ante la cual los representantes de los sectores oficiales insistieron en recusar a los Magistrados de dicha Sala Electoral. Véase la información en *Globovisión.com*, Caracas 12-03-2004.

52 Véase la información en *El Universal*, Caracas 12-03-2004; y *Globovisión.com*, Caracas 12-03-2004. Esta irregular situación la constataría posteriormente el Magistrado Rondón Haaz de la Sala Constitucional en su Voto Salvado a la sentencia Nº 566 de la Sala Constitucional de 12-04-2004 en la cual se avocaría al conocimiento de las causas que cursaban ante la Sala Electoral, señalando que el 11-03-2004 "tres Magistrados habrían llamado a otro para informarle que habían tomado una decisión ("se le explico -*sic*- y se le advirtió que quedaba aprobada con el voto de los tres magistrados")..".

53 En efecto en el "Comunicado" hecho público el 15-03-2004 "donde ratifica la validez de la decisión de la Sala Constitucional que impide a la Sala Electoral pronunciarse sobre el referéndum revocatorio", el Presidente de la Sala Constitucional señaló que vista la diligencia que habían formulado los dos Magistrados quienes no participaron en la decisión, que en una reunión convocada el 11-03-2004 aclarando dicho hecho, que "Presentes los cuatro magistrados Iván Rincón, José Manuel Delgado Ocando, Jesús Eduardo Cabrera (ponente) y Antonio García García se le explicó la grave situación que se estaba presentando en la Sala Electoral, el avocamiento que cursaba ante la Sala Constitucional y además el contenido de la ponencia del magistrado Jesús Eduardo Cabrera con la urgencia de la decisión que el caso ameritaba y se le explicó que el Poder Electoral había actuado con la potestad normativa que le delegó la Sala Constitucional y la que esta misma Sala dictó por excepción para el funcionamiento del Poder Electoral y que a fin de resolver sobre la procedencia o no del avocamiento se le estaba ordenando a la Sala Electoral paralizar cualquier acción de nulidad, amparo o cualquier otro recurso incoados contra los actos del Poder Electoral referidos a los procedimientos de referéndum revocatorio de cargos de elección popular e igualmente se le ordenaba abstenerse de decidir los mismos, paralizarlos y remitirlos a la Sala Constitucional al igual que todas las acciones que incoasen en este sentido. Los magistrados Iván Rincón Urdaneta, Jesús Eduardo Cabrera y José Manuel Delgado Ocando manifestaron estar de acuerdo con la sentencia y se le advirtió al magistrado Antonio García García que quedaba aprobada; *el cual exigió el texto escrito; se le entregó firmado ya por los tres magistrados que lo aprobaron* y se retiró del despacho" (cursivas agregadas). No es difícil deducir de este "comunicado" cómo el Presidente de la Sala Constitucional lo que hizo en él fue confesar que la decisión la tomaron tres Magistrados y así se la pre-

Con esta decisión de impedir que la Sala Electoral pudiera dictar las decisiones en materias de su exclusiva competencia (contencioso-electoral), se intentaba un nuevo secuestro institucional por parte de la Sala Constitucional, pero esta vez respecto de otra Sala del Tribunal Supremo de Justicia, de igual jerarquía en el orden judicial, lo que por supuesto no podría tener otra explicación que no fuera la de orden político. La figura del "avocamiento", mediante el cual la Sala Constitucional del Tribunal Supremo podría asumir (se podría avocar) al conocimiento de una causa que curse ante un tribunal inferior, respecto de lo cual la Sala Constitucional, en su propia jurisprudencia se había "auto creado" su propia competencia, en ningún caso podría proceder en relación con causas que se pudieran estar ventilando en otras Salas del propio Tribunal Supremo de Justicia conforme a sus propias competencias constitucionales, sino eventualmente ante tribunales inferiores en materias en las cuales la Sala Constitucional pudiera tener competencia[55]; y además, el solicitante del avocamiento al menos debía ser parte en el proceso judicial respecto del cual se requería que la Sala asumiera el conocimiento.

En todo caso, con esta solicitud, de nuevo se planteaba el reto institucional que con frecuencia debe enfrentar toda jurisdicción constitucional, y que simplemente es el del deber-poder de actuar ante el hecho político, como juez constitucional imparcial ante el poder político, enfrentando las presiones que este ejerce y apartándose de sus tentaciones. Lo contrario, es decir, actuar con una máscara de juez, pero como diabólico instrumento al servicio de dicho poder político, como lamentablemente ya había ocurrido antes en la historia reciente venezolana, parecía que se repetía.

Pero la Sala Electoral del Tribunal Supremo, sin embargo, reaccionó contra la pretensión de la Sala Constitucional como lo hace un órgano judicial al servicio de la justicia, rebelándose ante el intento de secuestro. Fue la primera vez que una Sala del mismo Tribunal Supremo pondría en duda el rol de la Sala Constitucional, la cual lejos de haber sido el pilar de la construcción del

---

sentaron firmada al cuarto, el cual por tanto no pudo haber "participado" en la toma de la misma. Véase el texto en *Globovisión.com.* Caracas 15-03-2004.

54 En una "diligencia" que se estampó en el expediente por la propia Sala, se dejaría constancia que "en el día de hoy, 16 de marzo de 2004, siendo las 4:50 de la tarde, se recibió del despacho del Magistrado Antonio García García ... la sentencia aprobada en la sesión del 11 de marzo de 2004 a las 2:30 p.m. en el expediente N° 04-0475, la cual fue devuelta sin la firma del mencionado Magistrado" por lo que entonces, la Sala lo remitía a la Secretaría para su publicación.

55 El profesor José Peña Solís, ex Magistrado de la Sala Electoral y quien había sido Presidente de la misma sobre esto recordó, en declaraciones dadas a María Lilibeth da Corte, que la figura del avocamiento está prevista "sólo para tribunales inferiores. Una Sala no es un tribunal, todas constituyen el TSJ. No se puede pretender que una Sala pueda avocarse a lo de otra Sala, porque eso crea una crisis institucional de incalculables dimensiones", en *El Universal*, Caracas 13-03-2004.

Estado de Derecho, en muchas de sus actuaciones había sido un instrumento del autoritarismo.

Así, el 15 de marzo de 2004 el Presidente de la Sala Electoral respondió el "memorando" que le había remitido la Sala Constitucional acusando a dicha Sala de haber intentado "violentar el Estado de Derecho" al querer impedir que la Sala Electoral decidiera en las causas de su propia competencia,[56] anunciando que ejercería sus competencias constitucionales en la decisión del recurso de nulidad y amparo que se había intentado contra la Resolución del Consejo Nacional Electoral.

Y así lo hizo, además, declarando con lugar el amparo cautelar que se le había solicitado en protección del derecho constitucional a la participación política en el juicio de nulidad contra la Resolución del Consejo Nacional Electoral, mediante sentencia N° 24 del 15 de marzo de 2004[57] (Caso: *Julio Borges, César Pérez Vivas, Henry Ramos Allup, Jorge Sucre Castillo, Ramón José Medina y Gerardo Blyde vs. Consejo Nacional Electoral*). En esta decisión, el Tribunal Supremo estimó que los efectos de la Resolución N° 040302-131 de fecha 2 de marzo de 2004, dictada con fundamento en el *Instructivo sobre el tratamiento por el comité técnico superior de las firmas de caligrafía similar o renglones de planillas llenadas por la misma persona*, colocando "bajo observación", la cantidad de 876.017 firmas o solicitudes de revocatoria de mandato presidencial, sometiéndolas, al denominado "procedimiento de reparo", por considerar que los datos de identificación habían sido escritos con "caligrafía similar", debían suspenderse considerando que existía una "presunción grave de violación" del derecho constitucional consagrado en el artículo 62 de la Constitución y garantizado en el artículo 70; ordenando al Consejo Nacional Electoral que *desaplicara* a las 876.017 firmas colocadas "bajo observación" en la Resolución impugnada el criterio contenido en el Instructivo antes mencionado, que también había sido impugnado, que imponía la exigencia de ratificación de la manifestación de

---

56 En un inusitado "Comunicado" leído por el Presidente de la Sala Electoral y dirigido a los Magistrados de la Sala Constitucional, según el resumen hecho por la periodista Irma Álvarez, aquél cuestionó las comunicaciones que los días 11-03-2004 y 12-03-1004 se habían recibido de ésta, a través de las cuales le participaba a la Sala Electoral que estaba impedida de actuar en los casos relacionados con el referendo, en virtud de la solicitud de avocamiento formulada ante la Sala Constitucional; manifestándoles que "las referidas comunicaciones pretenden constituirse en una orden dictada, sin estar respaldada por sentencia alguna, razón por la cual la Sala Electoral ostenta todo el poder necesario para sustanciar y pronunciarse, de acuerdo a lo previsto en el artículo 297 de la Constitución y la jurisprudencia". Además dijo no entender cuál es la motivación que tuvieron estos magistrados "al pretender sustraer de su juez natural los recursos" o "al participar que hubo una sesión de Sala que no se efectuó, como lo hacen constar los magistrados Antonio García y Pedro Rondón". Sus preguntas fueron pues: ¿qué pretenden? ¿Violentar el Estado de Derecho?. Véase en *El Universal*, caracas 16-03-2004.

57 Exp. AA70-E 2004-000021 (Exp. x-04-00006)

voluntad de los titulares de esas firmas (denominado reparo negativo). La Sala Electoral, además, con el mismo fin restablecedor de la situación jurídica infringida, *acordó incluir o sumar* a las solicitudes validadas por el Consejo Nacional Electoral para la convocatoria del referendo revocatorio que alcanzaba a 1.832.493 de solicitudes las 876.017 firmas o solicitudes antes indicadas, operación ésta que arrojaba "la cifra total de *2.708.510* de solicitudes o firmas."

Como consecuencia de dicha operación aritmética la Sala Electoral ordenó al Consejo Nacional Electoral *aplicar*, a tales solicitudes, el procedimiento de reparo de conformidad con lo establecido en el artículo 31 de las "Normas para regular los procesos de referendos revocatorios de mandatos de cargos de elección popular", a los fines de que los ciudadanos que manifiesten no haber firmado soliciten su exclusión.

En cuanto a las planillas que habían sido invalidadas por el Consejo Nacional Electoral, y que alcanzaba la suma de 39.060, la Sala Electoral *ordenó* al Consejo Nacional Electoral "permitir a los electores firmantes contenidos en ellas acudir al procedimiento de reparo establecido en el artículo 31 de las mencionadas Normas."

Por último, la Sala, en su sentencia, ordenó al Consejo Nacional Electoral procediera a *efectuar el procedimiento de reparo* en el lapso establecido en el artículo 31 de las Normas citadas y luego de realizado éste procedimiento, y de existir al menos el veinte por ciento (20%) de solicitudes válidas, "proceda a convocar el referéndum revocatorio a que se refiere el presente fallo, en el lapso establecido en el artículo 33 de dichas Normas."

Con esta importante decisión,[58] la solicitud popular del referendo revocatorio del mandato del Presidente de la República, se encontraba entonces con un camino libre de obstáculos, pero no exento de consecuencias políticas ni de que en el mismo se colocaran nuevos obstáculos políticos, los cuales se anunciaron el mismo día de la decisión.

En cuanto a las consecuencias políticas, en un sistema constitucional donde la separación de poderes no garantiza totalmente su independencia, dado que la Asamblea Nacional tiene la potestad de remover a los titulares de los Poderes Públicos no electos (Poder Judicial, Poder Electoral, Poder Ciudadano: arts. 265, 279, 296) las reacciones y amenazas no se hicieron esperar, tanto de parte del Poder Legislativo como del Poder Ejecutivo, e incluso, de órganos del Poder Ciudadano[59]. En cuanto al Poder Legislativo,

---

58 En un inusitado "comunicado" público de fecha 16-03-2004, sin embargo, el Magistrado Luis Martínez de la Sala Electoral, quien no había firmado la decisión, pondría en entredicho "la honorabilidad de sus colegas Martini y Hernández, quienes con su decisión -dijo- "ponen en duda, no sólo su falta de objetividad e imparcialidad para conocer y decidir del presente recurso, sino su idoneidad ética para desempeñarse como jueces de la República". Véase *Globovisión.com*, Caracas 16-03-2004.

59 La decisión fue públicamente cuestionada por el Fiscal General de la República, Isaías Rodríguez, quien estimó que más que una medida cautelar lo que había dicta-

fue primero la Junta directiva de la Asamblea Nacional, y después, la plenaria de la misma, el 16 de marzo de 2004, las que adoptarían un "acuerdo" donde se "condena enfáticamente" el fallo por considerarlo "absolutamente irrito y nulo", y lo más grave, exhortaban al Poder Ciudadano para que calificara la conducta de los magistrados como "falta grave" a los efectos de poder ser removidos por la propia Asamblea Nacional.[60]

La sugerencia de la Asamblea Nacional, por supuesto, surtió efectos de inmediato, y en mismo día 16 de marzo de 2004, por una parte, representantes del partido de gobierno solicitarían ante el Tribunal Supremo de Justicia en Pleno, el inicio de un antejuicio de mérito para enjuiciar a los Magistrados Alberto Martini Urdaneta, Rafael Hernández Uzcátegui y Orlando Gravina Alvarado de la Sala Electoral[61], seguramente por el "delito" de haber sido independientes y autónomos como jueces; y por la otra, el Consejo Moral Republicano (Poder Ciudadano), como consecuencia de la solicitud de la Asamblea Nacional, acordaría con base en el artículo 275 de la Constitución y el artículo 32 de la Ley Orgánica del Poder Ciudadano, iniciar el procedimiento de calificación de las presuntas faltas atribuidas a los mismos Magistrados de la Sala Electoral del Tribunal Supremo, en relación con la decisión anunciada por esa instancia del máximo Tribunal sobre el proceso refrendario[62].

Pero también se produciría la reacción del Poder Ejecutivo contra una Sala del Tribunal Supremo, a través del Vice Presidente Ejecutivo de la República, quién calificaría a la sentencia como inconstitucional, subversiva, mafiosa e inmoral, reivindicando además un supuesto tutelaje de la Sala Constitucional del Tribunal Supremo de Justicia sobre el Consejo Nacional Electoral y en general sobre la materia electoral, en razón que haber sido esa Sala la que había nombrado al Consejo Nacional Electoral por la omisión de la Asamblea Nacional, lo que en criterio del representante Poder Ejecutivo

---

do la Sala Electoral había sido una decisión de fondo. Señaló que el contenido de la decisión: " hace de la cautelar una decisión de fondo y no una medida provisoria, y se corre el riesgo de que cause en sí misma el agravio o el daño que pretende evitar, desnaturalizándose el contenido de ella. Es decir, pasa a ser una decisión de fondo mas no provisoria"...Por lo demás, la cautelar adelanta opinión sobre la nulidad y pudiéramos estar ante una extralimitación de atribuciones. La decisión de la Sala Electoral ha incurrido en un evidente desorden procesal, puesto que pareciera que con una medida provisional se pretende anular un acto administrativo que para los promotores del amparo constituye el verdadero fondo de la acción. Véase en *El Universal*, Caracas 16-03-2004.

60 Véase en *Globovisión.com*, Caracas 16-03-2004.

61 *Ídem.*

62 *Ibídem.* En dicho procedimiento, con fecha 18-03-2004, el Consejo Moral Republicano requeriría de la Sala Constitucional del Tribunal Supremo de Justicia copia del Expediente de la solicitud de avocamiento que cursaba ante la misma. Véase *El Universal*, Caracas 19-03-2004.

"significa que todo lo relativo a la cuestión electoral corresponde estrictamente al CNE, y vía recurso a la Sala Constitucional", a cuyas decisiones se acogerían por supuestamente ser la única con "jurisdicción en esta materia, y que es la que resguarda precisamente a la Constitución de 1999"[63].

En efecto, como hemos analizado, la Sala Constitucional había secuestrado al Poder Electoral, cuyo órgano, entonces, se pretendía que quedara sometido sólo al control de dicha Sala y no al de su juez natural que era la Sala Electoral.

En todo caso, todas las manifestaciones de los Poderes Legislativo, Ciudadano y Ejecutivo en contra de la decisión adoptada por la Sala Electoral al suspender los efectos de la decisión del Consejo Nacional Electoral, lo que evidenciaban una vez más, en general, era la reacción del poder político contra un órgano del Poder Judicial, cuando se sintió que podía actuar con autonomía e independencia, es decir, que escapaba de su control y que no lo tenían totalmente a su servicio. Así estaba, en marzo de 2004, la flamante "penta separación" del Poder Público en Venezuela.

VI. EL SECUESTRO DE LA SALA ELECTORAL POR LA SALA CONSTITUCIONAL DEL TRIBUNAL SUPREMO CON OCASIÓN DE LA ANULACIÓN DE LA DECISIÓN CAUTELAR DE LA PRIMERA, Y EL "AVOCAMIENTO" DE LA CAUSA POR LA SEGUNDA

No había, por tanto, otra forma de callar a la Sala Electoral del Tribunal Supremo y de impedirle que siguiera ejerciendo sus competencias constitucionales y siguiera decidiendo sobre ellas, permitiendo que el referendo revocatorio presidencial se pudiera realizar, que no fuera inhabilitándola para ello, en definitiva, secuestrándola. Y a ese objetivo se dirigieron todas las acciones imaginables, siendo la Sala Constitucional el instrumento para el secuestro y, por tanto, para de nuevo obstaculizar el camino del referendo revocatorio.

En esta forma, el mismo día de la decisión de la Sala Electoral, el Alcalde del Municipio Libertador del Distrito Capital en nombre del partido de gobierno intentaría por ante la Sala Constitucional, según se informaba en nota de prensa emitida por el propio Tribunal Supremo de Justicia, un supuesto "recurso de protección" contra la referida decisión de la Sala Electoral, ale-

---

63 Véase en *El Universal*, Caracas, 17-03-2004. Incluso, en un inusitado "Comunicado" emitido por la Embajada de Venezuela en Washington el día anterior, 15-03-2004, su afirmaba tajantemente que: "La decisión de la Sala Electoral es contraria a los artículos 335 y 336 de la Constitución de la República Bolivariana de Venezuela. Bajo la Constitución, esta Sala no tiene la competencia para tomar decisiones en materia constitucional. En cambio, el árbitro final de la interpretación constitucional es la Sala Constitucional de la Corte Suprema. Por lo tanto, la decisión de la Sala Electoral está en contra de los principios del debido proceso y en contra de la Ley". Véase también en *Globovisión.com*, Caracas 16-03-2004.

gando que la misma era supuestamente ilegal "por violatoria del artículo 135 (*sic*) de la Constitución... en cuanto a que la decisión de la Sala Constitucional del viernes pasado es vinculante o sea es de uso obligatorio por el resto de las Sala. Es así que la Sala Electoral no podía, en el día de hoy, emitir ninguna decisión con respecto al recurso de amparo porque la Sala Constitucional se había avocado al respecto".

La inconstitucional tesis de que la Sala Constitucional supuestamente sería la única que podía resolver sobre la materia, se concretaba así en un recurso que, en definitiva sería un recurso de revisión de sentencias (art. 336,10 de la Constitución), en el cual se solicitaba se suspendieran "los efectos del fallo de la Sala Electoral hasta tanto se produzca una decisión firme de la Sala Constitucional"[64].

En esta forma, de nuevo, la Sala Constitucional del Tribunal Supremo de Justicia volvía a tener en sus manos el destino del referendo revocatorio del mandato presidencial, y la posibilidad de reaccionar, a través de una decisión judicial, contra la Sala Electoral del mismo Tribunal Supremo de Justicia que había "osado" cuestionar públicamente sus pretensiones hegemónicas y la había acusado, incluso, de haber querido "violentar el Estado de Derecho"; y que además, había tenido el "atrevimiento" de asumir las competencias que tenía conforme a la Constitución y había decidido el recurso que se había interpuesto ante ella.

El primer paso para asumir el control político sobre la materia que daría la Sala Constitucional, se produjo el 16 de marzo de 2004, cuando la Sala consignó un auto en el expediente de la solicitud de avocamiento que para impedir que la Sala Electoral decidiera en el recurso de nulidad contra la decisión del Consejo Nacional Electoral había formulado por el Sr. Ismael García, como representante del denominado Comando Nacional de Campaña Ayacucho, de los partidos que apoyaban al gobierno (aún no siendo "parte" en proceso judicial alguno que cursara ante la Sala Electoral para poder "solicitar" el avocamiento de una causa por parte de la Sala Constitucional), paralizando toda actividad judicial de la Sala Electoral en la materia "a fin de resolver si es procedente o no el avocamiento solicitado", ordenándole, "que envíe todos los expedientes contentivos de las acciones de nulidad, amparo o cualquier otro recurso incoado contra los actos del Poder Electoral, relativos a los procesos de referendos revocatorios de mandatos de cargos de elección popular", resolviendo que:

"En consecuencia, desde el momento en que la Sala Electoral de este Tribunal Supremo reciba la comunicación respectiva, deberá paralizar todos los procesos y se abstendrá de decidir los mismo, debiendo remitir

---

64   Véase la información en *El Universal*, Caracas 16-03-2004.

- de inmediato- a esta Sala, hasta que se resuelva el avocamiento, cualquier acción que se incoase en dicho sentido."[65]

Debe destacarse que este auto en su motivación hizo referencia a que había sido la Sala Constitucional la que había dictado "la normativa para el funcionamiento del Poder Electoral" y que había sido la que había "delegado" en el Consejo Nacional Electoral "la potestad normativa para garantizar a los ciudadanos el ejercicio de los derechos políticos", de lo cual se podía vislumbrar el argumento de que la Sala Constitucional que al considerarse como una especie de "tutor" del Poder Electoral al cual le había secuestrado y limitado su autonomía, entonces podía asumir en exclusividad el control jurisdiccional sobre sus actos (durante el régimen transitorio *sine die*, por supuesto!), quitándole sus competencias en la materia a la Sala Electoral. Y ello fue precisamente lo que ocurrió, el 31 de marzo de 2004, cuando la Sala Constitucional finalmente anunciaría que se avocaría al conocimiento de la causa.

En esta forma, el secuestro de la Sala Electoral por la Sala Constitucional se comenzaba a consolidar, aún cuando *ex post facto*, pues como se ha dicho, ya para el 16 de marzo de 2004 la Sala Electoral había adoptado la decisión cautelar de suspender los efectos de la Resolución del Consejo Nacional Electoral en las materias del referendo revocatorio presidencial. El paso siguiente para impedir el referendo revocatorio, por tanto, no podía ser otro que no fuera anular dicha decisión de la Sala Electoral del Tribunal Supremo e impedirle que siguiera conociendo del asunto.

Pero algo imprevisto surgiría en el proceso de secuestro, y fue que la referida decisión de la Sala Constitucional sería públicamente rechazada por la Sala Electoral, de nuevo, a través de un inusitado "comunicado" de su Presidente, Martini Urdaneta, de fecha 18 de marzo de 2004, en el cual aseguraba que no remitiría a la Sala Constitucional el expediente contentivo de los casos relacionados con el referendo revocatorio presidencial, tal como lo habría solicitado esta última el día anterior, 17 de marzo de 2004, agregando que "Esta Sala Electoral ratifica su competencia para el conocimiento de la

---

65 Véase en *El Universal*, Caracas 17-03-2004. Para el día 18-03-2004, el Presidente de la Sala Electoral seguía argumentando que se trataba de una decisión inexistente, como lo reseña la periodista Irma Álvarez: "Por otra parte, el presidente de la Sala Electoral cuestionó el hecho de que le estén solicitando remitir, a la mayor brevedad posible, los expedientes en curso y las acciones que sean ejercidas con relación a los referendos revocatorios, partiendo para ello de una "sentencia inexistente." En este sentido recordó que los magistrados Antonio García García y Pedro Rondón Haaz estamparon una diligencia, en el expediente en el cual el Comando Ayacucho requirió el avocamiento presto de la Sala Constitucional. En dicha diligencia denunciaron que no estuvieron presentes en sesión alguna en la que se hubiera publicado una sentencia sobre el revocatorio. Por ello acotó que según el art. 246 del Código de Procedimiento Civil: "no se considerará como sentencia, ni se ejecutará, la decisión a cuyo pronunciamiento aparezca que no han concurrido todos los jueces llamados por ley ni la que no esté firmada por todos". Véase en *El Universal*, 19-03-2004.

causa que se ventila en esta Sala accidental, y declara no a lugar los requerimientos en el oficio antes identificado, por cuanto los mismos son inaccesibles en derecho y así se declara."[66]

Pero a la polémica por el control de los juicios, también se agregaría el propio Consejo Nacional Electoral al intentar ante la Sala Constitucional, como lo informara su presidente Francisco Carrasquero, "en protección y defensa de los derechos e intereses del CNE", un "recurso de controversia constitucional por conflicto de poderes" entre la Sala Electoral y el Consejo Nacional Electoral con el objeto, primero, de "preservar la autonomía del Poder Electoral como el competente para resolver toda la controversia y actos relacionados con la materia electoral"; segundo, de solicitar se decretase "una medida cautelar innominada de suspensión de los efectos de la sentencia del 15 de marzo de 2004" que había dictado la Sala Electoral; tercero, solicitar que se acumulasen "a la causa constitucional todos los procesos que se encuentren en curso y, en especial, el proceso contencioso electoral que cursa ante la Sala Electoral"; y, cuarto, que una vez dirimida "la controversia entre la Sala Electoral y el organismo comicial, la Sala Constitucional declare la nulidad de la sentencia de fecha 15 de marzo de 2004 y se ratifique la competencia del CNE como rector del Poder Electoral"[67].

Demás está decir que tal "recurso de controversia constitucional" entre un órgano del Poder Electoral (Consejo Nacional Electoral) y el órgano del Poder Judicial (Sala Electoral) llamado constitucionalmente a controlar los actos del primero, es una imposibilidad lógica y constitucional, pues de proceder no habría posibilidad alguna de control judicial de los actos del Poder Público, pues siempre se podría alegar tal "conflicto constitucional".

---

66   La periodista Irma Álvarez reseñó lo expuesto por el Magistrado Martini Urdaneta así: En el oficio de tres páginas indicó que estas medidas las está tomando ante la existencia de un fallo emitido por la misma Sala Constitucional, el 4 de abril del 2003, según el cual el avocamiento de las causas que cursaban en la Sala Electoral sobre el referendo consultivo era "inaccedible en derecho", porque tanto la Sala Electoral como la Constitucional "cuentan con igual rango, siendo ambas en su orden las cúspides de la jurisdicción constitucional y electoral." Con esto intentó salirle al paso a las afirmaciones según las cuales la Sala Constitucional puede avocarse y conocer los expedientes sobre el revocatorio, alegando para ello el riesgo de violación de derechos constitucionales o que el Instructivo sobre el Tratamiento de las Firmas de Caligrafía Similar tiene "efectos generales" o "colectivos." Acto seguido, destacó Martini Urdaneta que la Sala Electoral recurrió a dicha jurisprudencia y se declaró competente para conocer los casos del revocatorio, no sólo por ser "la cúspide de la jurisdicción electoral, sino por mandato del artículo 297 de la Constitución." De acuerdo con esta norma, "la jurisdicción contencioso electoral será ejercida por la Sala Electoral del TSJ". Véase en *El Universal*, Caracas 20-03-2004.

67   Véase la información en *El Universal*, Caracas 17-03-2004. El día 19-03-2004, dos de los miembros del Consejo Nacional Electoral expresaban su desacuerdo con tal solicitud. Véase en *El Universal*, Caracas, 20-03-2004.

En todo caso, y por más ausencia de fundamento jurídico que pudieran tener las solicitudes y "recursos" que se habían intentado por ante la Sala Constitucional, lo cierto es que la misma disponía de instrumentos, así fueran inadmisibles, para poder perpetrar el secuestro final de la Sala Electoral del mismo Tribunal Supremo y consolidar la confiscación del derecho a la participación política que había hecho el Consejo Nacional Electoral. En efecto, en primer lugar, se le había formulado una solicitud de avocamiento para impedir que la Sala Electoral decidiera sobre la nulidad de la decisión del Consejo Nacional Electoral, formulada por el representante del Comando de campaña de los partidos políticos que apoyaban al gobierno, que no tenía la condición de parte en el proceso ante aquélla Sala; en segundo lugar, se había interpuesto un supuesto "recurso de protección" que no existe en el ordenamiento procesal constitucional y que más bien podía ser un recurso de revisión constitucional, que había intentado el Alcalde del Municipio Libertador en representación del partido de gobierno, contra la sentencia que ya había dictado la Sala Electoral; y en tercer lugar, también se había intentado un inexistente y absurdo "recurso de controversia constitucional por conflicto de poderes" que había intentado el Consejo Nacional Electoral que también buscaba la anulación de dicha sentencia.

No era difícil imaginarse lo que con ese cuadro podía ocurrir: por una parte, que la Sala Constitucional podía acordar el avocamiento (lo que anunció el 30 de marzo de 2004 y efectivamente hizo el 12 de abril de 2004), para lo cual el mismo día 16 de marzo la Sala, formalmente, había ordenado publicar la sentencia firmada por sólo tres Magistrados que habían ordenado a la Sala Electoral abstenerse de dictar sentencia y, en consecuencia, anular la sentencia de la Sala Electoral por haberse dictado contra lo ordenado en su decisión por la Sala Constitucional; y en segundo lugar, que la Sala también revisara la sentencia de la Sala Electoral, y la anulara por considerarla inconstitucional al haber vulnerado su "doctrina" (Lo que efectivamente también ocurrió el 23 de marzo de 2004). Es decir, ambas cosas sucedieron, y así, por lo demás, lo vaticinaba el titular de la primera página del diario *El Universal* de Caracas del día 18 de marzo de 2004 al anunciar que: "Anularán fallo del Sala Electoral", sobre lo cual la periodista Irma Álvarez reportó lo siguiente:

> "Como nula será declarada la sentencia que le ordenó al Consejo Nacional Electoral convocar a referendo revocatorio del mandato presidencial, después de que ejerzan su derecho a reparo las personas que no firmaron; y validar las 876 mil 017 rúbricas que fueron pasadas a observación...

Los argumentos para emitir el fallo ya están claros. Según aseveró una fuente oficial, en primer lugar reiterarán que la Sala Constitucional es la competente para actuar, de acuerdo a lo previsto en el artículo 334 de la Constitución, el cual establece que les corresponde "exclusivamente" a los miembros de esta instancia "declarar la nulidad de las leyes y demás actos de los órganos que ejercen el Poder Público dictados en ejecución directa e inmediata de la Constitución o que tengan rango de ley"...

Igualmente indicarán, por otra parte, que están capacitados para analizar el Instructivo sobre el tratamiento de las firmas de caligrafía similar o renglones de planillas llenadas por la misma persona que objetó la oposición, porque el mismo es considerado como "un acto administrativo de efectos generales".

En consecuencia, y puesto que la aplicación de dicho instructivo afecta al colectivo, el cuestionado sólo sería un acto electoral en la medida en que fue dictado por el CNE y su revisión escaparía de las manos de la Sala Electoral."

La periodista destacaba además, en su información, como "Camino al avocamiento," lo siguiente:

"Toda esta información fue dada a conocer por fuentes oficiales, después de que el presidente del Tribunal Supremo, Iván Rincón, y los magistrados José Delgado y Jesús Eduardo Cabrera (ponente), ordenaron publicar con tan sólo tres firmas una sentencia y la diligencia que inhabilitaban a la Sala Electoral para actuar en los casos sobre el referendo, desde el 11 de marzo.

La referencia es relevante tomando en consideración que dichos actos les permitirían a los tres jueces insistir en la paralización de los procesos y la entrega de todos los expedientes vinculados con el mismo tema, por parte de la Sala Electoral, para luego determinar si procede el avocamiento."[68]

Y en efecto, la muerte anunciada de la sentencia de la Sala Electoral ocurrió una semana después, cuando la Sala Constitucional mediante sentencia N° 442 de 23 de marzo de 2004 (Caso: *Ismael García vs. Sentencia N° 24 de la Sala Electoral*), al conocer el recurso de revisión que un diputado en nombre del Comando Ayacucho de los partidos de gobierno había interpuesto contra la sentencia, lo declaró con lugar, anulándola.[69]

Esta decisión de la Sala Constitucional fue rechazada por la Sala Electoral en su mencionada sentencia N° 27 de 29 de marzo de 2004, en la cual señaló que la misma no podía:

"menos que causar asombro, por decir lo menos, pues además de manifestar desconocimiento de las actuaciones cursantes en el cuaderno

---

68   Véase en *El Universal*, Caracas 18-03-2004

69   Véase el detalle del contenido de esta sentencia en Allan R. Brewer-Carías, *La Sala Constitucional versus el Estado Democrático de Derecho. El secuestro del poder electoral y de la Sala Electoral del Tribunal Supremo y la confiscación del derecho a la participación política*, Los Libros de El Nacional, Colección Ares, Caracas 2004, pp 101 ss.

separado en el cual se dictó la sentencia de naturaleza interlocutoria por ella revisada –y en el que consta que si hubo oposición a la medida de amparo cautelar por distintos interesados- constituye un pronunciamiento que la vicia de falso supuesto, de hecho y de derecho..."

La decisión de la Sala Constitucional dictada al "revisar" una sentencia de la Sala Electoral, sin duda constituía un pronunciamiento de fondo sobre la causa que cursaba ante la Sala Electoral, como si la Sala Constitucional estuviera conociendo de una "apelación". Un pronunciamiento de tal naturaleza era totalmente improcedente, por lo que la Sala Electoral en su sentencia N° 27 de 29 de marzo de 2004 lo rechazó señalando que con el mismo:

"La Sala Constitucional Accidental se aparta abiertamente de las competencias que le han sido atribuidas por la Constitución... y delineadas por su propia jurisprudencia, para hacer pronunciamientos acerca del mérito de la causa, que la sentencia revisada se abstiene de proferir por tratarse de una sentencia de amparo cautelar en la que, como bien sabe, le esta prohibido hacer pronunciamientos que impliquen un examen del fondo del asunto debatido, lo cual, sin duda, esta circunscrito a determinar si los actos impugnados violan o contradicen la normativa aplicable al caso de autos."

En esta forma ocurrió lo que estaba anunciado: la Sala Constitucional había concluido el secuestro de la Sala Electoral del mismo Tribunal Supremo, pretendiendo someterla a su autoridad y a la obligación de acatar "su doctrina" jurisprudencial, desconociendo que la Sala Electoral tenía y tiene la misma competencia que la Sala Constitucional de ser el máximo y último interprete de la Constitución cuando decide los asuntos de su competencia (art. 335). Al consumar dicho secuestro, la Sala Constitucional también pretendía confirmar la confiscación que el Consejo Nacional Electoral ya había decretado del derecho a la participación política de los ciudadanos mediante la petición del referendo revocatorio presidencial. Ello, sin embargo, tampoco era de extrañar pues, en definitiva, se había dictado por un órgano del Poder Público (Poder Electoral) que ya había sido previamente secuestrado por la misma Sala Constitucional.

Pero la Sala Electoral, como se ha analizado, resistió al ataque de la Sala Constitucional, y en la antes analizada sentencia N° 27 del 29 de marzo de 2004, no sólo afirmó su competencia para ejercer la Jurisdicción contencioso electoral, constatando que las distintas Salas del Tribunal Supremo "tienen la misma jerarquía en sus respectivas competencias y atribuciones", y rechazando "la intimación" que le había hecho la Sala Constitucional con base en el principio de "la igualdad que existe entre todas y cada una de las Salas que conforman el Tribunal Supremo"; sino que resolvió elevar "a la Sala Plena la resolución de un conflicto de funcionamiento derivado de una 'intimación' u 'orden' a fin de que sea analizado, por esa Sala Plena, lo perjudicial que resulta para el normal funcionamiento y administración de justicia el uso de términos imperativos de una Sala a otra de igual jerarquía".

Como ya se ha señalado, todas las antes mencionadas y analizadas ejecutorias de la Sala Constitucional del Tribunal Supremo de Justicia en Venezuela, lo que harían sería poner en evidencia cómo un instrumento tan importante para afianzar el Estado de derecho como lo es la Jurisdicción Constitucional, podía también ser un instrumento al servicio del autoritarismo, particularmente cuando sus decisiones, como ninguna de las decisiones de cualesquiera de las otras Salas, en principio son irrevisables. Con decisiones como la reseñada y con procesos como los descritos en relación con el Poder Electoral y con la Jurisdicción contencioso electoral, puede decirse que a comienzos de 2004, del Estado de derecho en Venezuela sólo había quedado la expresión verbal del artículo 2 de la Constitución, y muy poco más.

En esta situación de conflicto entre las Salas, la fórmula para despojar a la Sala Electoral de toda posibilidad de decidir en la causa contencioso electoral en la que era juez natural (Caso: *Julio Borges, César Pérez Vivas, Henry Ramos Allup, Jorge Sucre Castillo, Ramón José Medina Y Gerardo Blyde vs. Consejo Nacional Electoral*), sin duda, era que la Sala Constitucional se avocara al conocimiento de la misma, tal como se le había solicitado, lo cual por supuesto no era procedente. Y sobre ello, ya la misma Sala Electoral, en su sentencia N° 27 del 29 de marzo de 2004, antes comentada, había sido enfática en considerar que el mencionado avocamiento era "a todas luces, inadmisible o en todo caso improcedente de conformidad con la pertinente jurisprudencia (*Vid*. Sentencia N° 806 de fecha 24 de abril de 2002, Caso: *Sintracemento*), además de la circunstancia de haber sido solicitado por una persona que no es parte en los procesos judiciales involucrados cuyo avocamiento solicita y haber pretendido, la Sala Constitucional Accidental hacer valer los efectos de tal avocamiento mediante una sentencia evidentemente inexistente...". El mismo Magistrado Presidente del Tribunal Supremo Iván Rincón Urdaneta, actuando como Juez de Sustanciación de la Sala Constitucional del Tribunal Supremo, en sentencia N° 94 de 2 de diciembre de 2003 (Caso: *Robert Osuna y otros vs. Consejo Nacional Electoral*), ya había incluso sido expreso y enfático en declarar incompetente a la Sala Constitucional para conocer de la impugnación de la Resolución N° 030925-465 de fecha 25 de septiembre de 2003, emanada del Consejo Nacional Electoral, mediante la cual dictó Normas para Regular los Procesos de Referendos Revocatorios de Mandatos de Cargos de Elección Popular, por considerar que era de naturaleza electoral.[70]

En consecuencia, el avocamiento por la Sala Constitucional del juicio de nulidad de actos administrativos de efectos externos (Resolución) y de efectos internos (Instructivo) del Consejo Nacional Electoral, jurídicamente no era posible, pues la competencia exclusiva para controlar la constitucionalidad y legalidad de dichos actos corresponde a la Sala Electoral (Jurisdicción contencioso electoral). La Sala Constitucional en forma alguna podía llegar a tener competencia para controlar la constitucionalidad de dichos actos admi-

---

70 Exp. N° AA50-T-2003-002900

nistrativos, dado su rango sublegal y dado que sus atribuciones como Jurisdicción constitucional, en cuanto a juicios de nulidad, estaban limitadas al conocimiento de la inconstitucionalidad de los actos de rango legal, es decir, de las leyes, de los actos con valor de ley y de los actos dictados en ejecución directa e inmediata de la Constitución que tienen, por tanto, rango de ley. Los actos impugnados ante la Sala Electoral, sin duda alguna, no encajaban en dichas categorías, por lo que no teniendo competencia la Sala Constitucional para conocer de su nulidad, no tenía posibilidad alguna de avocarse al conocimiento de la causa.

Sin embargo, en solo tres meses el Magistrado Iván Rincón Urdaneta cambiaría se opinión, y la Sala Constitucional con su voto, mediante una sentencia anunciada en su página web el 31 de marzo de 2004, que después resultó que no existía[71], anunciaría que había decidido avocarse al conocimiento de la causa contencioso electoral antes mencionada que se había iniciado con la impugnación de la Resolución del Consejo Nacional Electoral N° 040302-131 de 2 de marzo de 2004, lo cual haría a costa de la irresponsable destrucción, de un sólo plumazo, de uno de los principios fundamentales del ordenamiento constitucional formal venezolano, como lo es el de la formación del derecho por grados partiendo de la Constitución, conforme al llamado principio de la "pirámide de Kelsen."[72] De manera que para llegar a la absurda mutación de unos actos administrativos de rango sub legal dictados en ejecución directa e inmediata de la legislación e indirecta y mediata de la Constitución, en actos estatales de rango legal supuestamente dictados en ejecución directa e inmediata de la Constitución, la Sala Constitucional en la anunciada "sentencia,"[73] que luego resultó no existir o ser sólo el proyecto

---

71 La Sala Constitucional en un inusitado "Comunicado" difundido el 16-04-2004 "frente al uso político del derecho, ante la pretendida judicialización de la política, y ante las falsas, temerarias y tendenciosas declaraciones en los diversos medios de comunicación social" del Magistrado de la propia Sala Pedro Rondón Haaz, señalaría que el proyecto de sentencia N° 566 de 12-04-2004 habría sido aprobado el 31-04-2004. Esto fue nuevamente señalado en el texto de la sentencia N° 628 de 23-04-2004 mediante la cual se declararon improcedentes las aclaratorias a la sentencia N° 566 de 12-04-2004.

72 Véase los comentarios críticos a la sentencia en Allan R. Brewer-Carías, *La Sala Constitucional versus el Estado Democrático de Derecho. El secuestro del poder electoral y de la Sala Electoral del Tribunal Supremo y la confiscación del derecho a la participación política*, Los Libros de El Nacional, Colección Ares, Caracas 2004, pp. 107 ss.

73 Así se anunció en la página web del Tribunal Supremo de Justicia, el 01-04-04. El Magistrado Rondón Haaz de la Sala Constitucional en su Voto Salvado a la sentencia N° 566 de 12-04-2004 diría que "La nota de prensa que apareció en el sitio web del Tribunal el 31 de marzo de 2004 es violatoria del artículo 59 de la Ley Orgánica de la Corte Suprema de Justicia y, por tanto, es inaceptable... la nota de prensa en cuestión informó sobre el contenido de la sentencia, antes de su publicación y, por tanto, de su existencia misma como actuación judicial, en evidente esguince evasivo del cumplimiento de la norma que se precitó". Dicho Voto Salvado, aun cuando no

de la sentencia N° 566 de 12 de abril de 2004, se avocó al conocimiento de la causa, con lo cual quedaba consolidado el secuestro de la Sala Electoral al pretenderse imposibilitarla para decidir en cualquier caso vinculado a los referendos revocatorios, quedando confiscado el derecho ciudadano a la participación política. En todo caso, la sentencia de avocamiento que había sido anunciada públicamente por la Sala Constitucional el 31 de marzo de 2004, resultó que no existía o que sólo era un proyecto de una decisión que se adoptaría el 12 de abril de 2004 cuando la Sala publicó la sentencia N° 566, sin el Voto Salvado de un de sus Magistrados, avocándose al conocimiento de la causa[74]. El avocamiento entre Salas del Tribunal Supremo evidentemente que no era procedente, pues ninguna Sala es superior a las otras; por tanto, sólo violando la Constitución podía la Sala Constitucional avocarse al conocimiento de una causa cursante ante otra Sala del Tribunal Supremo, como lo hizo en la sentencia N° 566[75], en la cual, además, indicó que ello supuestamente ya tenía como precedente una decisión de la Sala Político Administrativa de la antigua Corte Suprema de Justicia respecto de una causa que cursaba ante la Sala de Casación Civil en 1999[76], lo cual era completamente falso.

_____

fue publicado junto con la sentencia, se incorporó al Voto Salvado presentado por el mismo Magistrado a la sentencia N° 628 de 23-04-2004 que declaró improcedentes las aclaratorias respecto de la sentencia N° 566. La sentencia, con el N° 566, en todo caso, sólo sería publicada el día 12-04-04, coincidencialmente el mismo día en el cual la Sala Electoral, mediante sentencia N° 37, decidiría el recurso de nulidad intentado contra de los actos del Consejo Nacional Electoral referidos a las llamadas solicitudes (del referendo revocatorio presidencial) con caligrafía similar, declarándolo con lugar, juicio cuyo conocimiento pretendía avocarse la Sala Constitucional..

74   El Magistrado Rondón Haaz de la Sala Constitucional, calificaría la sentencia de nula, por haber sido publicada sin su voto salvado, para cuya consignación disponía de cinco días. Véase *Globovisión. Com,* Caracas 15-04-2004.

75   El Magistrado Rondón Haaz, en su Voto Salvado a la sentencia, en efecto señaló con razón que: "Determina así, la Ley, que, para la procedencia del avocamiento, debe ser otro Tribunal en donde curse el expediente que será solicitado, lo cual excluye, como es evidente, a las otras Salas del Tribunal Supremo de Justicia; y no podría ser de otra forma, tanto por la igualdad de jerarquía entre las Salas como por el caos que supondría, para el proceso y los justiciables, que unas Salas pudiesen avocar las causas de las otras". Véase el texto del Voto salvado en el Voto salvado que presentó a la sentencia N° 628 de 23-04-2004.

76   El Magistrado Rondón Haaz, en su Voto Salvado a la sentencia, calificó de "mendaz la declaratoria de la mayoría sentenciadora", calificándola como una "violación al Código de Ética del Abogado en que incurrieron los Magistrados que suscribieron la sentencia", pues la Sala Político Administrativa nunca había decidido avocarse al conocimiento de causa alguna que cursaba ante la Sala de Casación Civil, habiéndose limitado en decisión de 11-11-1999 a solicitarle a la Sala de Casación Civil un expediente sólo para estudiar una solicitud de avocamiento que había formulado el Procurador General de la República en unos juicios (Caso *Capriles*), solicitud que luego fue desistida por el Procurador.

La consecuencia del avocamiento fue la orden a la Sala Electoral de remitirle de inmediato los expedientes respectivos "así como todos los expedientes contentivos de las acciones de nulidad, amparo o cualquier otro recurso incoado contra los actos del Poder Electoral, relativos a los procesos de referendos revocatorios de mandatos de cargos de elección popular". Además, declaró nula cualquier decisión que en dichos expedientes se hubiera podido haber tomado por la Sala Electoral "a partir de la fecha de recepción de la orden de remisión de los expedientes, comunicada según oficio N° 04-0570 de esta Sala. Además, de lo ya anulado según sentencia de esta Sala N° 442 del 23 de marzo de 2004". Concluyó la Sala informándole al Consejo Nacional Electoral "que sólo debe acatar las decisiones de esta Sala Constitucional en la materia de que se trata este fallo", declarando que "la doctrina contenida en el presente fallo tiene carácter vinculante".

Sobre esto último, por supuesto, salvo para tratar de imponer "a la fuerza" lo resuelto en la sentencia, no se entiende cual es la doctrina vinculante que establece, pues la Sala no "interpretó" en su sentencia norma o principio constitucional alguno, respecto de la cual se pueda identificar su carácter vinculante[77].

En definitiva, la sentencia N° 566 de la Sala Constitucional, al subvertir principios fundamentales del ordenamiento constitucional como el de la formación del derecho por grado; al subvertir el orden procesal al pretender despojar a la Jurisdicción electoral de sus competencias, pretendiendo convertir a la Sala Electoral en un órgano judicial subordinado, creó un desorden procesal inaceptable y, como lo destacó el Voto Salvado del Magistrado Rondón Haaz, las "evidentes contradicciones de dicho fallo y las groseras incongruencias del mismo con los criterios conformantes de la jurisprudencia de la Sala, la divorcian y distancian abismalmente del propósito de uniformidad en la interpretación y aplicación de la Constitución de la República Bolivariana de Venezuela que preceptúa el artículo 335 *eiusdem*".

Ahora bien, el mismo día en el cual la Sala Constitucional publicaba la sentencia N° 566 de 12 de abril de 2004 avocándose al conocimiento de la causa en el juicio de nulidad que había sido intentado por Julio Borges, César Pérez Vivas, Henry Ramos Allup, Jorge Sucre Castillo, Ramón José Medina y Gerardo Blyde contra el "Instructivo sobre el tratamiento por el Comité Técnico Superior de las firmas de caligrafía similar o renglones de planillas

---

77   Como lo advirtió el Magistrado Rondón Haaz en su Voto Salvado: "El fallo del que se difiere solucionó -en forma por demás desacertada- un caso concreto y analizó la potestad de avocamiento que la Ley Orgánica de la Corte Suprema de Justicia otorga al Tribunal Supremo de Justicia, pero no interpretó el contenido o alcance de norma, principio o valor alguno de rango constitucional, de modo que sus razonamientos para la resolución del caso de autos no gozan del carácter vinculante a que se refiere el artículo 335 de la Constitución de la República Bolivariana de Venezuela, cuya finalidad, como revela el título y capítulo de la Constitución en donde se inserta la norma, es la protección y garantía de la Carta Magna"

llenadas por la misma persona" del 24 de febrero de 2004 y, la Resolución N° 040302-131 del 2 de marzo de 2004 del Consejo Nacional Electoral, la Sala Electoral del Tribunal Supremo dictó la sentencia N° 37 de 12 de abril de 2004 en la cual, no sólo anuló dichos actos administrativos, sino que planteó "ante la Sala Plena del Tribunal Supremo de Justicia, de conformidad con lo dispuesto en el artículo 42, numeral 21 de la Ley Orgánica de la Corte Suprema de Justicia, el conflicto de competencia entre esta Sala Electoral Accidental y la Sala Constitucional Accidental". Esa sentencia N° 37 de la Sala Electoral, se publicó a las 9:45 a.m. del día 12 de abril de 2004, el mismo día cuando la Sala Constitucional mediante sentencia N° 566 (publicada irregularmente sin el Voto Salvado del Magistrado Rondón Haaz)[78] resolvía avocarse al conocimiento de la causa. En ese estado cabía preguntarse: ¿Cuál causa? ¿Una donde ya existía sentencia definitivamente firme como la antes comentada de la Sala Electoral? La Sala Constitucional, por ello, también decidiría en su sentencia de avocamiento, que "Se declara **NULA** cualquier decisión que en dichos expedientes se haya tomado por la Sala Electoral Accidental o Principal, a partir de la fecha de recepción de la orden de remisión de los expedientes, comunicada según oficio N° 04-0570 de esta Sala". La Sala Constitucional, además, en su sentencia de avocamiento reiteraría "lo ya anulado según sentencia de esta Sala N° 442 del 23 de marzo de 2004", es decir, la nulidad de la sentencia de la Sala Electoral dictada al decidir la medida cautelar de amparo en la misma causa; decisión que, por lo demás, se podía considerar que había cesado en sus efectos ese mismo día, al haber la Sala Electoral dictado la sentencia definitiva en la causa.

Lo cierto, en todo caso, es que, por una parte, el Consejo Nacional Electoral había continuado el proceso de elaboración del reglamento destinado a regular los procedimientos de "reparos" de las firmas o solicitudes del referendo revocatorio, cuyo texto había venido discutiendo con los diversos "actores" de los diversos procedimientos de referendos revocatorios, tanto del oficialismo como de la oposición[79], a pesar de la anulación judicial por la Sala Electoral de los actos del Consejo Nacional Electoral que exigían los reparos de las firmas rechazadas en el referendo revocatorio presidencial[80]; y por la otra, para el día 15 de abril de 2004, ya se anunciaba en la prensa que

---

78 Véase el reportaje de Juan Francisco Alonso en *El Universal*, Caracas 15-04-20043

79 En la prensa del día 20-04-2004, el Presidente de la Junta Electoral Nacional, Jorge Rodríguez anunciaba que el proceso de consultas había concluido y que el Reglamento sería aprobado ese día. Véase *El Universal*, Caracas 20-04-2004.

80 Por ello, con razón, Hermán Escarrá advertía sobre la incongruencia que resultaba que se estuviese discutiendo y negociando sobre los reparos cuando había una sentencia definitiva que había anulado los actos del Consejo Nacional Electoral. Esto, dijo, "nos puede colocar a nosotros en contumacia frente a una sentencia que ha ordenado que las más de 800 mil firmas sean sumadas aritméticamente, cuya consecuencia inmediata no es otra que la convocatoria del referendo revocatorio presidencial". Véase en *El Universal,* Caracas 16-04-2004.

la Sala Constitucional anularía la sentencia definitiva de la Sala Electoral[81] con motivo de decidir sobre las solicitudes de "aclaratoria" de la sentencia N° 566 de 12 de abril de 2004, que habían sido formuladas por el Consejo Nacional Electoral y el denominado Comando Ayacucho. El viernes 16 de abril de 2004, desde la Secretaría de la Sala Constitucional se informaría a la prensa que "la invalidación había sido acordada" y uno de los conjueces "había confirmado el anuncio a los representantes de los medios de comunicación"[82]; y el martes 20, diputados de la oposición solicitarían a la Sala Electoral procediera a la ejecución forzosa de su sentencia[83].

El dilema que se plantaba en esa situación y en ese momento era diabólico para la oposición: si hubiera aceptado ir al procedimiento de reparos de solicitudes del referendo presidencial, conforme al Reglamento que aprobara el Consejo Nacional Electoral, ello hubiera podido significar no sólo el desconocimiento por la propia oposición de la sentencia de la Sala Electoral que había anulado tal exigencia de ir a reparos de firmas o solicitudes, en cuyo caso, la Sala Constitucional no tendría apremio alguno en hacer efectiva la anunciada anulación de dicha sentencia, sino la aceptación de la confiscación que se había producido del derecho ciudadano a solicitar la realización de un

---

81 En el reportaje de Juan Francisco Alonso, se indicaba que "La invalidación se producirá bajo el argumento de que la instancia que interpreta la Carta Magna es la única competente para conocer los casos relacionados con los referendos, debido a la ausencia de un instrumento legal que los regule y que los magistrados Alberto Martini, Rafael Hernández y Orlando Gravina (suplente de Luis Martínez) desacataron a la Constitucional cuando se pronunciaron sobre la validez de las llamadas rúbricas asistidas, aun cuando se lo habían prohibido", *El Universal*, Caracas 15-04-2004

82 Sin embargo, como lo reseñó el periodista Juan Francisco Alonso: "Pero a las 2:30 p.m. De La Hoz corrigió la versión: "Cuenta con la aprobación de cuatro magistrados, pero no ha sido aprobada". Aseguró que todo se debió "a una confusión" y ofreció disculpas a los periodistas... Por su parte, el conjuez Vadell afirmó que el fallo había contado con su respaldo y con el de los magistrados Rincón y Cabrera. Del mismo modo aseguró que el magistrado Pedro Rondón Haaz había participado en la reunión y que había salvado su voto". Véase en El Universal, Caracas 17-04-2004.

83 El Diputado Gerardo Blyde informaría que: "una vez vencido el plazo de cinco días -que la propia decisión establecía como lapso para cumplir con el dictamen-, el TSJ debe emplazar al ente comicial a decir cuáles han sido sus gestiones para acatar la medida. "Una vez que sea recibido el informe o si no es recibido en el CNE, entonces solicitaremos la ejecución forzosa y los siguientes pasos que, en este proceso de ejecución de sentencia, vamos a continuar ante la Sala Electoral", dijo el dirigente de la tolda amarilla." El diputado también solicitó formalmente ante la Sala Constitucional que -hasta no decidirse el conflicto de competencias planteado ante la Sala Plena- se abstenga de producir nuevas decisiones respecto al avocamiento del caso de las firmas. Tras una visita a la secretaría de la Sala Plena, Blyde pudo confirmar que el caso del conflicto de competencias está siendo enviado del Juzgado de Sustanciación a la cuenta de la Sala para nombrar ponentes, de modo que ya se estaría aproximando una decisión al respecto". Véase en *El Universal.com*, Caracas, 20-04-2004.

referendo revocatorio presidencial. Si la oposición, en cambio, se negaba a ir al procedimiento de reparos de solicitudes, alegando que la sentencia de la Sala Electoral surtía plenos efectos ya que no había sido anulada por la Sala Constitucional, entonces la propia oposición hubiera sido la que habría renunciando a ejercer tales derechos de reparos en la "oportunidad" que fijare el Reglamento. Una vez que ello ocurriera, quedaba siempre la posibilidad de que la Sala Constitucional anularía con efectos *ex tunc* la sentencia de la Sala Electoral, con lo que confirmaría que las decisiones del Consejo Nacional Electoral nunca habrían perdido vigencia, y habiendo la oposición entonces renunciado a ejercer los reparos, el referendo revocatorio presencial no se llegaría a realizar.

El dilema, sin embrago, no llegaría a plantearse efectivamente en esos términos, y sería simplificado por la Sala Constitucional el 23 de abril de 2004, mediante la sentencia N° 628 dictada con ocasión de decidir las solicitudes de aclaratoria (declarándolas improcedentes) que se le habían formulado respecto de la sentencia N° 566 de 12 de abril de 2004 mediante la cual se había avocado al conocimiento de la causa; con la cual volvió a secuestrar a la Sala Electoral, negándole sus competencias y declarando nulas de nulidad absoluta sus decisiones, y negando, además, de antemano, las posibles competencias de la Sala Plena del mismo Tribunal Supremo. En su sentencia, en efecto, la Sala Constitucional concluyó señalando que no tenía nada que aclarar, ya que supuestamente no existían puntos dudosos u oscuros en la sentencia N° 566 del 12 de abril de 2004, lo que no le impidió cambiar la fecha de dicha sentencia al señalar que no era del 12 de abril de 2004 sino del "31 de marzo de 2004 y publicada el 12 de abril de 2004", y además, decidir sobre una materia que no se le había solicitado declarando que la sentencia de la Sala Electoral N° 38 de esa misma fecha de 12 de abril de 2004, era una "sentencia nula de nulidad absoluta"; y además, de paso, sentando el criterio de que las sentencias de la Sala Plena también serían revisables por la Sala Constitucional si se apartaban de sus "interpretaciones vinculantes", lo cual sería un disparate, pues los Magistrados de la Sala Constitucional son también miembros de la Sala Plena.[84]

---

84 El Magistrado Rondón Haaz salvó su voto en relación con dicha decisión, advirtiendo con razón, que la "sentencia aclaratoria, a pesar de que declara la improcedencia de las solicitudes de aclaración, innovó respecto del fallo a que se refiere, en violación del artículo 252 del Código de Procedimiento Civil", señalando entre otros aspectos, lo siguiente: "Es incomprensible que se desestimen las solicitudes de "aclaratorias" que fueron examinadas, y, a la vez, la Sala Constitucional declare la nulidad de la sentencia n° 37 de la Sala Electoral, que fue pronunciada después del fallo n° 566 de aquélla, a pesar de que la nulidad "declarada" se refirió, con absoluta indeterminación, a cualquier decisión que *se haya tomado por la Sala Electoral Accidental...*", es decir, incluso las que ya habían sido pronunciadas el 12 de abril de 2004, cuando se dictó el pronunciamiento n° 566. Ni siquiera mediante una solicitud de ampliación era procedente la nulidad de la sentencia n° 37 de la Sala Electoral,

En esta forma, la posibilidad de realización del referendo revocatorio del mandato del Presidente de la República, conforme a las solicitudes que se habían formulado ante el Consejo Nacional Electoral, quedaba sometida a lo que había resuelto el Consejo Nacional Electoral mediante Resolución Nº 040302-131 del Consejo Nacional Electoral de 2 de marzo de 2004, antes comentada, complementada con las *Normas que tienen por objeto regular la fase de reparo* aprobadas el 20 de abril de 2004, que también hemos comentado.

Con ello, el referido procedimiento de "reparo" se había convertido en un "tercer firmazo" con menos posibilidades y con menos días, sometiéndose a los ciudadanos a intensas presiones políticas y gubernamentales, pues en definitiva, lo que constitucionalmente era el simple ejercicio de un derecho ciudadano de peticionar, a los ojos y oídos del poder político y del Gobierno se había convertido en una afrenta contra el Presidente de la República y contra todos los órganos del Estado, dispuestos a vengarla contra más de tres millones de venezolanos, que quedaban marginados de toda posible relación con el Estado, incluso para el ejercicio de sus más elementales derechos.

---

porque no formó parte del *thema decidendum* respecto de la petición de avocamiento y, por ende, del dispositivo del fallo n° 566 de la Sala Constitucional."

QUINTA PARTE

LA ILEGÍTIMA CONVERSIÓN DEL REFERENDO REVOCATORIO DEL MANDATO DE CHÁVEZ, EN UNA "RATIFICACIÓN" EN SU CARGO (2004)

Después de todas las vicisitudes políticas imaginables, y reparadas las firmas en la solicitud del refrendo revocatorio del mandato del Presidente de la República, el 15 de agosto de 2004 se efectuó en Venezuela el referendo revocatorio del mandato del Presidente de la República, Hugo Chávez Frías. Este había sido electo en agosto de 2000 con una votación de 3.757.774 electores, por lo que bastaba al menos ese número de votos por la revocatoria de su mandato para que esta quedara consumada *ex constitutione*.

En dicho referendo votaron a favor de la revocatoria de su mandato 3.989.008 electores, es decir, un número mayor que aquellos que lo eligieron, por lo que conforme al artículo 72 de la Constitución, se produjo la falta absoluta del Presidente al considerarse revocado su mandato, y se debía proceder de inmediato a realizar una elección para cubrir la falta absoluta que se había producido.

Dicho referendo revocatorio del mandato presidencial, sin embargo, por una interpretación del Consejo Nacional Electoral, evidentemente contraria a la Constitución, contenida en una norma de un acto administrativo, y luego, por una frase inserta en una sentencia de la Sala Constitucional del Tribunal Supremo de Justicia, fue convertido, de golpe, en un "referendo ratificatorio" del mandato del Presidente de la República, sin asidero constitucional alguno, frustrándose una vez más la voluntad popular.

En efecto, debe recordarse que el artículo 72 de la Constitución dispone:

"*Artículo 72.* Todos los cargos y magistraturas de elección popular son revocables.

"Transcurrida la mitad del período para el cual fue elegido el funcionario o funcionaria, un número no menor del veinte por ciento de los electores o electoras inscritos en la correspondiente circunscripción podrá solicitar la convocatoria de un referendo para revocar su mandato.

Cuando igual o mayor número de electores o electoras que eligieron al funcionario o funcionaria hubieren votado a favor de la revocación, siempre que haya concurrido al referendo un número de electores o electoras igual o superior al veinticinco por ciento de los electores o electoras inscritos, *se considerará revocado su mandato y se procederá de inmediato a cubrir la falta absoluta conforme a lo dispuesto en esta Constitución y en la ley.*

La revocación del mandato para los cuerpos colegiados se realizará de acuerdo con lo que establezca la ley."

Durante el período para el cual fue elegido el funcionario o funcionaria no podrá hacerse más de una solicitud de revocación de su mandato"[1].

Como se observa, esta norma regula con cierta precisión el mecanismo para hacer efectivo el sistema de gobierno de mandatos revocables que establece la Constitución; pero dadas las interpretaciones de la Sala Constitucional, su texto ha resultado inocuo y trastocado.[2]

I. EL SENTIDO DE UN GOBIERNO DE MANDATOS REVOCABLES

El artículo 6 de la Constitución de 1999 establece que el gobierno de la República y de las entidades políticas que la componen, es decir, básicamente, de los Estados y de los Municipios, "es y será siempre democrático, participativo, electivo, descentralizado, alternativo, responsable, pluralista y *de mandatos revocables*".

Debe recordarse que el calificativo del gobierno como "representativo", que siempre había estado en todas las Constituciones de los Siglos XIX y XX, fue deliberadamente eliminado de la Constitución en 1999 con base en un discurso político supuestamente de carácter "participativo"[3]; y, en cambio, se estableció la revocación de los mandatos de elección popular como de la esencia del sistema de gobierno de Venezuela y, además, como un derecho ciudadano. Por ello, el artículo 62 de la Constitución establece el derecho de los ciudadanos a participar libremente en los asuntos públicos, directamente o por medio de sus representantes elegidos; el artículo 70 de la Constitución enumera los "medios de participación y protagonismo del pueblo en ejercicio

---

1 Destacados del autor. Sobre la Constitución de 1999 *V.*: Allan R. Brewer-Carías, *La Constitución de 1999. Derecho Constitucional Venezolano*, 2 tomos, Editorial Jurídica venezolana, Caracas 2004.

2 Véase sobre esta parte, Allan R. Brewer-Carías, *Crónica sobre la "In" Justicia Constitucional. La Sala Constitucional y el autoritarismo en Venezuela*, Colección Instituto de Derecho Público, Universidad Central de Venezuela, Nº 2, Caracas 2007, pp. 337 ss.

3 Véase nuestro voto salvado en relación con esta norma en Allan R. Brewer-Carías, *Debate Constituyente, (Aportes a la Asamblea Nacional Constituyente)*, Tomo III, Caracas 1999, pp. 237 y 252.

de su soberanía, en lo político: la elección de cargos públicos, el referendo, la consulta popular, *la revocación del mandato*, las iniciativas legislativa, constitucional y constituyente, el cabildo abierto y la asamblea de ciudadanos cuyas decisiones serán de carácter vinculante, entre otros"; y el artículo 72 antes citado, regula específicamente el referendo revocatorio de mandatos de iniciativa popular.

Adicionalmente, el artículo 198 de la Constitución establece cuáles son los efectos de la revocatoria del mandato de los diputados a la Asamblea Nacional, disponiendo que aquellos cuyo mandato fuese revocado no pueden optar a cargos de elección popular en el siguiente período; y el artículo 233 enumera como causa de falta absoluta del Presidente de la República "la revocación popular de su mandato".

La revocatoria del mandato de los representantes electos, por tanto, conforme lo ha establecido la sala Electoral del tribunal Supremo de Justicia, es un mecanismo constitucional de "participación política del soberano en los asuntos que le conciernen", que exige al juez interpretar el ordenamiento jurídico, adaptando sus normas "a los valores, principios y reglas que pauta el nuevo Texto Fundamental, que resulta ser la guía orientadora en toda labor hermenéutica progresiva y ajustada a los nuevos valores de nuestro ordenamiento"[4].

II. LA PETICIÓN POPULAR PARA LA REALIZACIÓN DEL REFERENDO REVOCATORIO DEL MANDATO DEL PRESIDENTE CHÁVEZ

En coincidencia con lo dispuesto en el artículo 70 de la Constitución, que identifica como uno de los medios de participación en lo político a "la revocación del mandato"; el artículo 72 de la Constitución regula el mecanismo del referendo revocatorio de mandatos de elección popular, disponiendo que en virtud de que todos los cargos y magistraturas de elección popular son revocables (art. 6), transcurrida la mitad del período para el cual fue elegido un funcionario, un número no menor del 20% de los electores inscritos en la correspondiente circunscripción electoral al momento de formular la solicitud, puede solicitar la convocatoria de un referendo para revocar dicho mandato.

En ausencia de una normativa legal que desarrollara el texto del artículo 72 de la Constitución, el Consejo Nacional Electoral en septiembre de 2003, con motivo de rechazar una solicitud de referendo revocatorio del mandato del Presidente de la República ("El Firmazo"), mediante Resolución n° 030912-461 de fecha 12 de septiembre de 2003, resumió lo que consideró

---

4   Véase la sentencia de la Sala Electoral del Tribunal Supremo de Justicia, N° 170 de 22 de diciembre de 2000 (Caso: *Club Social Layalina),* en *Revista de Derecho Público,* N° 84 (octubre-diciembre), Editorial Jurídica Venezolana, Caracas, 2000, pp. 49 y ss.

era la doctrina de la Sala Constitucional[5] sobre los requisitos mínimos de orden formal que se requerían para ejercer el *derecho constitucional al referendo revocatorio*, los cuales pueden ser resumidos como sigue:

a) Está sujeto a un límite de naturaleza temporal como es, sin duda, que el derecho al referendo revocatorio sólo puede ejercerse una vez que haya transcurrido la mitad del período del funcionario cuya revocación se persigue;

b) Entre los requisitos formales de la solicitud, como formas esenciales que se deben cumplir inexorablemente, como "imprescindibles", está la exigencia de que la petición o solicitud de revocación exprese con precisión "el nombre y apellido del funcionario cuestionado y el cargo para el cual fue elegido popularmente, con indicación de la fecha de toma de posesión efectiva del mismo";

c) Teniendo el referendo revocatorio como único origen la *iniciativa popular,* el derecho al referendo revocatorio tiene como titulares a los ciudadanos integrantes del cuerpo electoral, por lo que la solicitud debe ir acompañada, "de los nombres y apellidos, números de cédula de identidad y las firmas respectivas", para que sean verificadas por el Consejo Nacional Electoral, el cual debe constatar, a través de la Comisión de Registro Civil y Electoral, "la debida inscripción de los electores y electoras que figuran como solicitantes de la revocación del mandato en el Registro Electoral de la correspondiente circunscripción, pues, es éste el único organismo autorizado para verificar tales datos";

d) La solicitud debe formularse ante el Consejo Nacional Electoral;

e) La actividad del Consejo Nacional Electoral se ciñe a verificar las reglas del artículo 72 de la Constitución, con lo cual tiene prohibido cualquier "margen de discrecionalidad que autorice al Consejo Nacional Electoral a emitir pronunciamiento alguno sobre el mérito o conveniencia de la solicitud"; y

f) El Consejo Nacional Electoral no puede "establecer -en las normativas de carácter sub legal que dicte- nuevas condiciones para la procedencia de la revocación del mandato, no contempladas en el marco constitucional vigente."

La materia, sin embargo, fue regulada días después por el mismo Consejo Nacional Electoral en la Resolución n° 030925-465 de 25 de septiembre de 2003, mediante la cual se dictaron las "Normas para Regular los Procesos de Referendos Revocatorios de Mandatos de Cargos de Elección Popular"[6], en las cuales, en nuestro criterio, se vulneró el derecho a la participación política consagrado en la Constitución, pues antes que facilitar su ejercicio, esta-

---

5   Sentada en la sentencia N° 1139 de 05-06-2002 (Caso: *Sergio Omar Calderón y William Dávila*), *Revista de Derecho Público*, N° 89-92, Editorial Jurídica Venezolana, Caracas 2002, pp. 164 y ss.

6   *G.O.* N° 37.784 del 26 de septiembre de 2003.

blecieron trabas y requisitos que afectaron su ejercicio y lo limitaron más allá de lo permitido en la Constitución.

Estas limitaciones afectaron el ejercicio del derecho de petición de los electores en relación con la revocación del mandato del Presidente Chávez, pues sin fundamento constitucional alguno, establecieron entre otras cosas, que las firmas en respaldo de la petición de los referendos sólo podían estamparse en un formulario preestablecido en papel especial diseñado por el Consejo Nacional Electoral; que las dichas firmas sólo se podían estampar en unos lugares precisos y en un plazo de sólo unos días preestablecidos, eliminándose además, el derecho de aquellos ciudadanos que estuviesen fuera del país de poder respaldar con su firma la petición.

Posteriormente, en forma sobrevenida, con motivo de la presentación de la solicitud de revocatoria de mandato del Presidente de la República ("*El Reafirmazo*"), el Consejo Nacional Electoral estableció en una nueva Resolución[7], requisitos formales adicionales, como el que la inscripción de los datos de los solicitantes debían ser escritos de puño y letra de cada uno de ellos, lo que llevó al cuestionamiento de un número considerable de peticiones ("*Los Reparos*")[8].

Es de advertir que la manifestación de voluntad de respaldo a una solicitud de referendo revocatorio es un derecho constitucional que todos los ciudadanos tienen a la participación política, el cual no puede restringirse ni siquiera por ley, por lo que menos aún puede restringirse mediante actos reglamentarios, como el contenido en la mencionada Resolución. Así lo había afirmado la Sala Constitucional del Tribunal Supremo de Justicia en sentencia nº 321 de 22-02-2002, en la cual señaló que las limitaciones a los derechos constitucionales "derivan por sí mismas del texto constitucional, y si el legislador amplía el espectro de tales limitaciones, las mismas devienen en ilegítimas". Por tanto, la condición de ciudadano y el ejercicio de los derechos políticos de los mismos no pueden restringirse a sólo unos días; y esa condición no se pierde, en forma alguna, por encontrarse la persona fuera del país.

---

7   Resolución Nº 040302-131 del Consejo Nacional Electoral de 2 de marzo de 2004.

8   Del total de 3.467.050 firmas o peticiones presentadas, fueron objetadas 876.017 firmas aproximadamente. La antes indicada, que estableció en forma sobrevenida los señalados requisitos, fue impugnada ante la Sala Electoral del Tribunal Supremo, la cual la anuló; pero la Sala Constitucional del mismo Tribunal Supremo, a su vez, al conocer de un recurso de revisión y de una posterior solicitud de avocamiento al conocimiento de la causa, la admitió y anuló la sentencia de la Sala Electoral. Se produjo, así, el secuestro de la Sala Electoral y la confiscación del derecho a la participación política de los ciudadanos. Véase Allan R. Brewer-Carías, *La Sala Electoral vs. El Estado democrático de derecho (El secuestro del Poder Electoral y de la Sala Electoral del Tribunal Supremo y la confiscación del derecho a la participación política)*, Ediciones El Nacional, Caracas, 2004.

III. LA ILEGÍTIMA TRANSFORMACIÓN POR LA SALA CONSTITU-CIONAL, DEL REFERENDO REVOCATORIO DEL MANDATO DEL PRESIDENTE CHÁVEZ EN UN REFERENDO DE "RATIFI-CACIÓN" DE SU MANDATO

Como antes se ha señalado, en el artículo 72 de la Constitución se establece que para que un referendo revocatorio sea válido, no sólo se requiere que al menos el 20% de los electores inscritos en la circunscripción de que se trate solicite la convocatoria a referendo; sino que, al menos, participe en el referendo un 25% de los electores inscritos.

Como lo ha dicho la Sala Constitucional del Tribunal Supremo de Justicia, en sentencia N° 2750 de 21 de octubre de 2003, con estos porcentajes mínimos para solicitar el referendo y para que pueda tomarse en cuenta el resultado del mismo, un referendo revocatorio "aunque hubiera sido convocado correctamente, no tendrá valor alguno si existe escasa participación"; lo que tiene por objeto "evitar que pueda ser revocado el mandato de un funcionario electo con base en el resultado de un referendo con alta abstención".

En cuanto a los votos necesarios para que se produzca la revocatoria del mandato, la Sala Constitucional en la misma sentencia señaló:

"El artículo 72 también dispone que sólo se revocará el mandato del funcionario *si votan a favor* de ello al menos una cantidad de personas igual al número de quienes lo eligieron en su momento, como una manera de impedir que funcionarios que alcanzaron su puesto con altos porcentajes de apoyo popular puedan perderlo por simple mayoría"[9].

En consecuencia, a los efectos de que se produzca la revocatoria del mandato, se requiere, en *primer lugar,* que se produzca un quórum de asistencia consistente en que concurran al referendo un número de electores igual o superior al 25% de aquellos que estén inscritos en el registro civil y electoral. Sobre esto, la Sala Constitucional en la antes referida sentencia n° 1139 de 5 de junio de 2002 (Caso: *Sergio Omar Calderón Duque y William Dávila Barrios)* ha interpretado:

"Que el quórum mínimo de participación efectiva en el referéndum revocatorio, debe estar representado necesariamente –por lo menos-, por el 25% de los electores inscritos en el Registro Electoral de la circunscripción correspondiente para el momento de la celebración de los comicios referendarios"[10].

---

9   Caso: *Carlos E. Herrera Mendoza, Interpretación del artículo 72 de la Constitución,* en *Revista de Derecho Público*, N° 93-96, Editorial Jurídica Venezolana, Caracas 2003.

10   En *Revista de Derecho Público,* N° 89-92, Editorial Jurídica Venezolana, Caracas 2002, pp. 165 y ss. Este criterio fue rectificado en la sentencia N° 137 de 13-02-2003

En *segundo lugar*, se requiere que voten a favor de tal revocatoria un número de electores inscritos en el Registro Electoral para el momento de la celebración del referendo, igual o mayor de los que eligieron al funcionario. En el caso del referendo revocatorio del mandato del Presidente de la República ocurrido el 15 de agosto de 2004 bastaba, para la revocatoria del mismo, que votaran a favor de tal revocatoria un número de electores igual o mayor a 3.757.774, que había sido el número de votantes que lo habían elegido en agosto de 2000.

Sobre ello, la Sala Constitucional precisó en la misma sentencia n° 1139 de 5 de junio de 2002 (Caso: *Sergio Omar Calderón y William Dávila*) que:

"La revocación del mandato no es producto de la arbitrariedad, sino una consecuencia lógica que se deriva del principio de soberanía popular, pues, por ser el pueblo soberano, puede ejercer el poder con la finalidad de dejar sin efecto el mandato de sus representantes elegidos popularmente, que han dejado de merecerles confianza, por haberse desempañado en el ejercicio de sus funciones de forma inconveniente o contraria a los intereses populares o del Estado en general, quienes quedan entonces sometidos a la decisión del cuerpo electoral.

Siendo así las cosas, considera la Sala que el requerimiento del constituyente de 1999, cuando estableció en el segundo aparte del artículo 72, determinadas condiciones cuantitativas para que se considere revocado el mandato del funcionario electo, tiene como propósito demostrar fehacientemente la veracidad de los resultados obtenidos en el referéndum revocatorio ejecutado, de manera que no haya duda sobre la pérdida tan grave de popularidad del funcionario que deviene en ilegítimo, y la desaprobación de su gestión, por lo que resulta lógico que se exija que su revocación se produzca en virtud de la misma cantidad de votos, e incluso uno más, de los que previamente lo favorecieron cuando quedó investido del cargo público que ejercía, siempre que un quórum mínimo considerable de electores inscritos en el Registro Electoral hayan concurrido a desaprobar la gestión del mandatario cuestionado.

Según los planteamientos anteriores, interpreta la Sala que el quórum mínimo de participación efectiva en el referéndum revocatorio, debe estar representado necesariamente -por lo menos-, por el 25% de los electores inscritos en el Registro Electoral de la circunscripción correspondiente para el momento de la celebración de los comicios referendarios, y además, que la votación favorable a la revocación debe ser igual o mayor que la que el funcionario obtuvo cuando fue electo, sin que puedan someterse tales condiciones numéricas a procesos de ajuste o de proporción alguno."

(Caso: *Freddy Lepage y otros*), en *Revista de Derecho Público*, N° 93-96, Editorial Jurídica Venezolana, Caracas 2003.

En consecuencia, conforme a esta doctrina jurisprudencial de la Sala Constitucional y a la expresa disposición constitucional, se produce la revocación de un mandato de elección popular como consecuencia de un referendo revocatorio, cuando "la votación favorable a la revocación [sea] igual o mayor que la que el funcionario obtuvo cuando fue electo". Y nada más.

Se trata de un referendo revocatorio de mandatos de elección popular y no de un referendo "ratificatorio" de tales mandatos, el cual no existe en el texto constitucional. Este no regula plebiscito alguno, sino un referendo revocatorio de mandatos; y precisamente por ello, nada indica la Constitución para el caso de que si bien voten a favor de la revocatoria de un mandato un número de electores superior al número de votos que obtuvo el funcionario cuando fue electo, paralelamente, en dicha votación refrendaria se pronunciaren por la no revocación, un número mayor de votos. Ello podría ocurrir, pero la Constitución no le atribuye a ese hecho efecto jurídico constitucional alguno, limitándose a regular los efectos revocatorios del referendo, y nada más.: basta que la votación a favor de la revocación del mandato sea igual o mayor que la que el funcionario obtuvo cuando fue electo, para que quede el mandato revocado. Y ello es así, incluso a pesar de que el Registro Electoral haya variado con el transcurso del tiempo.

Sin embargo, de manera evidentemente inconstitucional, en las *Normas para regular los procesos de Referendos Revocatorias de mandatos de Elección Popular* dictadas por el Consejo Nacional Electoral mediante acto administrativo de 25 de septiembre de 2003[11], si bien se estableció que se considera revocado el mandato "si el número de votos a favor de la revocatoria es igual o superior al número de los electores que eligieron al funcionario", se agregó la frase: "*y no resulte inferior al número de electores que votaron en contra de la revocatoria*" (Art. 60).

Con este agregado, en una norma contenida en un acto administrativo que por tanto es de rango sublegal, se restringió el derecho ciudadano a la revocatoria de mandatos populares, al establecerse un elemento que no está en la Constitución relativo al los efectos del voto por la "no revocación". Con ello se pretendió trastocar la naturaleza "revocatoria" del referendo que regula el artículo 72 de la Constitución, y se lo quiso convertir en un referendo "ratificatorio" de mandatos de elección popular.

Lo inaudito de este fraude constitucional, es que dicho criterio luego sería avalado por la propia Sala Constitucional del Tribunal Supremo en una frase contenida en la sentencia nº 2750 de 21 de octubre de 2003 (Caso: *Carlos E. Herrera Mendoza, Interpretación del artículo 72 de la Constitución*), en la cual señaló que:

"Se trata de una especie de relegitimación del funcionario y en ese proceso democrático de mayorías, incluso, si en el referendo obtuviese más votos la opción de su permanencia, debería seguir en él, aunque vo-

---

11   Resolución Nº 030925-465 de 25-09-2003.

ten en su contra el número suficiente de personas para revocarle el mandato."[12]

Se trataba, en efecto, de una simple "apreciación" de la Sala Constitucional, sobre un criterio de que el funcionario revocado constitucionalmente, sin embargo, en esa circunstancia "debería" permanecer en el cargo. En el texto de la sentencia, además, nada se dijo de que se tratara de una "interpretación vinculante" de la Constitución.

En un referendo revocatorio no puede haber votos "por la permanencia" del funcionario en el cargo; lo que hay son votos por la revocatoria o por la no revocatoria del mandato; es decir, hay votos SI o votos NO. Los votos por la no revocatoria del mandato son votos negativos (NO); y un voto negativo "por la no revocatoria" del mandato no puede ser convertido en un voto positivo (SI) "por la permanencia" del funcionario en su cargo o por la "ratificación del mandato". Ello sería cambiar la naturaleza del referendo revocatorio, lo que efectivamente ocurrió en Venezuela en agosto de 2004.

En efecto, en esa frase de la sentencia antes citada, la Sala Constitucional cambió la naturaleza de la revocación del mandato, y lo convirtió en un mecanismo para "relegitimar" o para "ratificar" mandatos de elección popular, cuando ello no fue la intención del Constituyente. Lo que la Constitución regula es la revocatoria popular de mandatos, y para ello, lo único que exige en materia de votación es que un número "igual o mayor de electores que eligieron al funcionario hubieren votado a favor de la revocación".

Es tan evidente que la citada sentencia modificó la Constitución, que con ocasión de la realización del referendo revocatorio del mandato del Presidente de la República que se efectuó el 15 de agosto de 2004, e independientemente de las denuncias que se formularon en relación a los manejos fraudulentos que acompañaron el proceso de votación, y que se formularon ante el Consejo Nacional Electoral, este órgano, mediante Resolución n° 040826-1118 de 26 de agosto de 2004, no sólo dio los datos definitivos de la votación efectuada en el referendo revocatorio, sino que acordó "ratificar" al Presidente de la República en su cargo en "acto solemne", hasta la terminación del período constitucional en enero de 2007.

En efecto, en la *página web* del Consejo Nacional Electoral del día 27 de agosto de 2004, apareció la siguiente nota en la cual se informaba que:

"El Presidente del Consejo Nacional Electoral, Francisco Carrasquero López, se dirigió al país en cadena nacional para anunciar las cifras definitivas y oficiales del evento electoral celebrado el pasado 15 de agosto, *las cuales dan como ratificado en su cargo al Presidente de la República,* Hugo Rafael Chávez Frías, con un total de 5 millones 800 mil 629 votos a favor de la opción "No"

---

12 En *Revista de Derecho Público*, n° 93-96, Editorial Jurídica Venezolana, Caracas 2003 (en prensa).

En la contienda electoral participaron 9 millones 815 mil 631 electores, de los cuales 3.989.008 se inclinaron por la opción "Sí" para revocar el mandato del Presidente Chávez. La totalización arrojó que la opción "No" alcanzó el 59,25% de los votos, mientras el "Sí" logró el 40,74% del total general, y la abstención fue del 30,02%.

Vale destacar que para estos comicios el Registro Electoral se incrementó significativamente, alcanzando un universo de 14.027.607 de electores con derecho a sufragar en el RR.

Con base en la expresión de la voluntad popular, el Consejo Nacional Electoral, este viernes 27 de agosto, ratificará en la Presidencia de la República Bolivariana de Venezuela a Hugo Chávez Frías, quien culminará su período constitucional en el año 2006."

De la información contenida en dicha nota, resultaba claro que los electores que votaron por la revocatoria del mandato del Presidente, que fueron 3.989.008, constituían un número mayor que el de los electores que en su momento habían elegido al Presidente, que fueron 3.757.774, lo que conforme al texto expreso del artículo 72 de la Constitución bastaba para que se considerara revocado el mandato. Sin embargo, en la misma nota, y al contrario de lo que se establecía en la Constitución, se consideraba que con la referida votación el Presidente de la República habría sido "ratificado" en su cargo.

Además, siguiendo la orientación de esta nota, el Consejo Nacional Electoral en la mencionada Resolución n° 040826-1118 de 26 de agosto de 2004, resolvió "publicar los resultados de la totalización de actas de escrutinio correspondiente al referendo revocatorio presidencial, celebrado el 15 de agosto de 2004"; siendo su texto leído en el acto solemne efectuado en la sede de dicho organismo el día 27 de agosto de 2004. En dicha Resolución, que sólo fue publicada días después en *Gaceta Electoral* del 30 de agosto de 2004[13], el Consejo Nacional Electoral publicó "los resultados de la totalización de Actas de Escrutinio correspondientes al referendo revocatorio presidencial celebrado el 15 de agosto de 2004", indicando que los votos por la opción SI, es decir, por la revocatoria del mandato del Presidente de la República fueron de 3.989.008 votos; y que los votos por la opción NO fueron de 5.800.629 votos. El Presidente de la República, como se dijo, había sido electo en agosto de 2000 con 3.757.774 votos, por lo que conforme al artículo 72 de la Constitución su mandato había quedado revocado.

Sin embargo, el Consejo Nacional Electoral en la mencionada Resolución de 26 de agosto de 2004, señaló que vistos los resultados de la votación señalados,

"[Con] con fundamento en el artículo 20 de las Normas para la Totalización y Proclamación de los Resultados del Referendo Revocatorio

---

13   *Gaceta Electoral* N° 210 de 30-08-2004.

Presidencial del 15 de agosto de 2004 y *especialmente, **con atención a lo dispuesto en la doctrina vinculante con el artículo 72 de la Constitución** de la República establecida por la Sala Constitucional del Tribunal Supremo de Justicia en su sentencia de fecha 21 de octubre de 2001,* el Consejo Nacional Electoral *hace constar que el mandato* popular del ciudadano Hugo Rafael Chávez Frías, titular de la cédula de identidad n° 4.258.228, como Presidente de la República de la República, ***ha sido ratificado** por el pueblo venezolano en la jornada electoral del 15 de agosto pasado y, por consiguiente, el mencionado ciudadano tiene derecho a ocupar y ejercer el señalado cargo público, hasta la culminación del actual período constitucional".*

Con esta Resolución, puede decirse que se consolidó el fraude constitucional que había ido configurándose, al trastocarse una "revocación de mandato" en una supuesta "ratificación de mandato" de un funcionario que había quedado constitucionalmente revocado.

Además, la propia Asamblea Nacional participó en la configuración del fraude constitucional, y en la misma fecha 27 de agosto de 2004 realizó una sesión solemne para entregarle al Presidente de la República, un "Acuerdo de la Asamblea Nacional *sobre ratificación* del Presidente de la República", en uno de cuyos Considerandos se afirmó:

"Que el resultado del proceso refrendario ha expresado de manera clara e inequívoca *la ratificación del mandato* del Presidente Constitucional Hugo Chávez Frías, representando una incuestionable victoria democrática de la voluntad mayoritaria del pueblo heroico del Libertador Simón Bolívar, en el esfuerzo colectivo para consolidar y profundizar la revolución democrática, pacífica, la justicia social y la autodeterminación nacional, proceso y proyecto político comprometido con el logro de los fines y propósitos contenidos en la Constitución de la Republica Bolivariana de Venezuela".

III. LOS EFECTOS DE LA REVOCATORIA DEL MANDATO Y SU TRASTOCAMIENTO POR EL JUEZ CONSTITUCIONAL

Pero el trastocamiento del sentido de la revocación de mandatos en la Constitución, tanto por la Sala Constitucional del Tribunal Supremo como por el Consejo Nacional Electoral, no sólo ocurrió al cambiarse la naturaleza "revocatoria" del referendo por una supuesta "ratificación" de mandatos; sino que además se evidenció por las imprecisiones interpretativas adoptadas por la mencionada Sala Constitucional del Tribunal Supremo.

En efecto, en caso de que se produzca la revocatoria del mandato de un funcionario electo, los efectos de tal revocatoria es que debe procederse de inmediato a cubrir la falta absoluta conforme a lo dispuesto en la Constitución y en la Ley. Si se trata de un Diputado a la Asamblea Nacional, debería realizarse una nueva elección, pero la Sala Constitucional ha determinado que lo sustituye su suplente por el resto del período[14]. En caso de que no existan suplentes, por supuesto que debería efectuarse una nueva elección.

En relación con el Presidente de la República, la forma de proceder para cubrir la falta absoluta que se produciría con la revocación del mandato, conforme al artículo 233, varía según que ésta ocurra durante los primeros cuatro años de los seis del período constitucional o durante los dos últimos: En el primer caso, debe procederse a una nueva elección presidencial para que quien resulte electo *complete* el período constitucional por los dos años restantes; y en el segundo caso, el Vicepresidente Ejecutivo es quien debe asumir la Presidencia hasta completar dicho período.

Ahora bien, la revocación del mandato de cargos de elección popular, sin duda, confronta claramente dos derechos constitucionales. Por una parte, el derecho individual de cada ciudadano a ser postulado como candidato y ser electo popularmente para cargos o mandatos representativos; y por la otra, el derecho colectivo de los ciudadanos a revocar el mandato de aquellos a quienes el pueblo eligió.

El juez constitucional y, en general, el interprete, por tanto, al momento de considerar los efectos de la revocatoria del mandato, tiene que poner en la balanza judicial ambos derechos, y determinar cuál tiene mayor valor en caso de conflicto o duda. En una democracia puramente representativa, quizás el derecho del representante podría privar; pero en una democracia que además de ser representativa, la participación popular como derecho constitucional tiene un valor preponderante, sin duda que el derecho colectivo del pueblo soberano de revocar el mandato de los elegidos tiene que tener un mayor valor.

Esto tiene particular importancia en cuanto a los efectos de la revocación del mandato. Este es un acto político del pueblo a rechazo de un funcionario, desalojándolo del ejercicio de su cargo; razón por la cual, como sanción popular que es, ello tendría que impedir que el funcionario revocado pueda presentarse de nuevo como candidato al mismo cargo en las elecciones subsiguientes para completar el período constitucional que le habría sido truncado por el pueblo.

Ahora bien, en cuanto a los efectos de la revocatoria de los mandatos, en lo que se refiere a la revocación del mandato de los diputados a la Asamblea Nacional, la Constitución es explícita en cuanto a la determinación de los efectos de la revocatoria, al señalar expresamente que el diputado revocado "no podrá optar a cargos de elección popular en el siguiente período" (art. 198). Sin embargo, nada indica la Constitución sobre los efectos de la revocación del mandato en el caso del Presidente de la República y de los otros funcionarios electos, como son los Legisladores miembros de los Consejos Legislativos estadales, los Concejales miembros de Concejos Municipales, o los Gobernadores y Alcaldes. En estos casos, sin embargo, lo cierto es que el

---

14   Sentencia de 05-06-2003 (Caso: *Sergio Omar Calderón Duque y William Dávila*).

intérprete tiene que considerar la existencia de los dos derechos constitucionales antes señalados y que se encontrarían confrontados. Por una parte, el derecho político colectivo de los ciudadanos a revocarle el mandato a los funcionarios de elección popular, incluido el Presidente de la República; y por la otra, el derecho político individual de éste a ser electo; conflicto en el cual la balanza se tendría que inclinar, sin duda, a favor del derecho político colectivo de los ciudadanos a revocarle el mandato, lo que acarrearía lógicamente que el funcionario revocado no podría presentarse como candidato en la elección que resultara necesario hacer para que un "nuevo Presidente" complete el período constitucional correspondiente[15]. De lo contrario se estaría configurando otro fraude a la Constitución.

IV. LA INCERTIDUMBRE CONSTRUIDA POR LA SALA CONSTITUCIONAL PARA ELIMINAR EL CARÁCTER DEL GOBIERNO COMO DE MANDATOS REVOCABLES

La Sala Constitucional del Tribunal Supremo de Justicia, sin duda, es la llamada a resolver el conflicto entre los dos derechos antes indicados; y acorde con los valores y principios constitucionales, descartar la posibilidad de que un Presidente de la República cuyo mandato haya sido revocado, pudiera ser candidato en la elección que debiera realizarse como consecuencia de la revocatoria de su mandato. Estas nuevas votaciones deberían tener por objeto elegir a un nuevo Presidente para completar el mandato del revocado, dándole primacía al derecho político colectivo de los ciudadanos a la revocación del mismo, como manifestación de la democracia de participación consagrada en la Constitución, y del gobierno de mandatos revocables que ella establece[16].

Lamentablemente, sin embargo, la Sala Constitucional, en esta materia, no sólo no ha sido el máxime interprete de la Constitución acorde con sus valores y principios, sino que más bien ha sido complaciente con el Poder, lo que ha quedado en clara evidencia a través de sus sucesivas decisiones en la materia.

En efecto, dado el silencio de la Constitución, la Sala Constitucional comenzó estableciendo en su sentencia n° 2404 de 28 de agosto de 2003 (Caso: *Exssel Alí Betancourt Orozco, Interpretación del artículo 72 de la Constitución*), que en el supuesto de la revocatoria del mandato del Presidente de la República, en la elección del nuevo Presidente:

---

15 Véase las declaraciones de Allan R. Brewer-Carías, "El derecho de los ciudadanos a revocar priva sobre la candidatura de Chávez", dadas al periodista Edgar López, *El Nacional*, Caracas 11-06-2004, pp. A-1 y A-4.

16 Nótese que la Constitución de 1999 sustituyó el calificativo de "gobierno representativo" que contenía el artículo 3 de la Constitución de 1961 por el de "gobierno de mandatos revocables" que contiene el artículo 6, equivalente, en la Constitución de 1999.

"Evidentemente no podría participar dicho funcionario (revocado), pues cualquier falta absoluta del Presidente implica la separación del cargo y la consecuente sustitución del mismo. Lo contrario supondría una amenaza de fraude a la soberanía popular"[17].

El texto de esta sentencia, sin embargo, fue desconocido posteriormente por la propia Sala Constitucional del Tribunal Supremo, de manera por demás insólita: Su contenido fue publicado por el Tribunal Supremo incluso hacia los medios de comunicación, pero no llegó a ser publicada en la *página web* del Tribunal Supremo. La Sala Constitucional, en una inusual "Aclaratoria" emitida de oficio en fecha 1° de septiembre de 2003, *desconoció lo expresado en el fallo*, considerando el tema como no decidido. El texto de la "Aclaratoria", sin embargo, luego da haber sido incorporada en la *página web* del Tribunal Supremo, fue posteriormente eliminado de la misma, y tiene el tenor siguiente:

"ACLARATORIA; El 28 de agosto de 2003 esta Sala Constitucional, en el expediente 03-0763, pronunció sentencia n° 2404, en la que declaró inadmisible el recurso de interpretación que interpuso el ciudadano EXSSEL ALÍ BETANCOURT OROZCO, en relación con el artículo 72 de la Constitución de la República Bolivariana de Venezuela.

Como se observa que en el texto de dicha decisión aparecen expresiones que erróneamente pudieran entenderse como una definitiva interpretación de la norma constitucional que se mencionó (art. 72) en el punto que requirió el solicitante, la Sala de oficio aclara y decide que, por cuanto la pretensión del actor fue declarada inadmisible, los alcances de dicho fallo n° 2404 quedan estrictamente limitados y sujetos al pronunciamiento de inadmisibilidad, sin que, en consecuencia, puedan extenderse a otros aspectos de cualquier naturaleza que pudieran extraerse de la redacción del mismo, máxime cuando, equivocadamente, se invocan pronunciamientos precedentes que la Sala no ha hecho. Por otra parte, ante esta misma Sala cursa expediente número 02-3215 (solicitud hecha por el ciudadano Estaban Gerbasi), cuyo ponente es el Magistrado Dr. José Manuel Delgado Ocando, en el que corresponderá a la Sala Constitucional la decisión sobre si un funcionario de elección popular, a quien le sea revocado el mandato, podrá participar o no en un inmediato y nuevo comicio. Sépase, pues, que sólo en la oportunidad cuando recaiga sentencia que expresamente decida la interpretación del asunto que se refirió habrá certeza sobre el punto."[18]

En las actas procesales del expediente, en todo caso, la única referencia que quedó relativa a este espinoso asunto, es un "Auto" de la Sala Constitu-

---

17 Véase la reseña del periodista Edgar López, *El Nacional*, Caracas, 04-01-2004, p. A-2.

18 El texto ha sido tomado de la cita que hizo el Magistrado Antonio J. García García en su *voto salvado* a la sentencia n° 1173 de 15-06-2004 (Caso: *Esteban Gerbasi*).

cional del mismo día, 1° de septiembre de 2003, ordenando abrir una averiguación penal para establecer responsabilidades sobre el contenido de la sentencia que supuestamente no se correspondía con el texto del fallo que habían aprobado los Magistrados. Todo este incidente, que originó la apertura de una investigación criminal inusitada, la cual por supuesto, no ha concluido y seguramente concluirá en nada, fue calificado, con razón, como una polémica "con características escandalosas." [19]

Con el desconocimiento de su decisión por la propia Sala Constitucional, quedó abierta entonces la cuestión jurídica aún por resolver, sobre si un Presidente de la República revocado podría presentarse como candidato en la elección subsiguiente: No sólo la que debía efectuarse para completar el período constitucional si es revocado después de cumplir tres años de mandato pero antes de que se cumplan cuatro del período presidencial; sino en la elección para el período constitucional subsiguiente. El asunto, como se dijo, no está resuelto expresamente en la Constitución, como sí lo está respecto de la revocación de los mandatos de los diputados a la Asamblea Nacional. [20]

Posteriormente, el 10 de junio de 2004 ya se reseñaba sobre la existencia de una ponencia de sentencia que circulaba en la Sala Constitucional, de interpretación del artículo 72 de la Constitución, y que aparentemente no resolvía la duda que había quedado con el texto de la sentencia n° 2042 de 28-08-2003, (Caso *Exssel Alí Bentancourt Orozco*), que había sido desconocido por la propia Sala Constitucional. [21]

Y así, conforme a ese anuncio, días después, la Sala Constitucional dictaría la sentencia n° 1173 de 15 de junio de 2004 (Caso: *Esteban Grebasi*) con motivo de la solicitud de interpretación del artículo 72 de la Constitución, en virtud de la duda razonable que el recurrente había alegado "consistente en saber si un funcionario cuyo mandato le fuere revocado con base en el citado artículo 72 puede optar a algún cargo de elección popular durante el siguiente período correspondiente". El recurrente también había argumentado que la "prohibición de postulación a cargos de elección popular prevista en el artículo 198 de la Carta Magna" debía "entenderse comprendida dentro del alcance del artículo ... ya que resulta contrario a la razón y, en consecuencia, a toda regla lógica, que un funcionario cuyo mandato ha sido revocado por el propio pueblo que lo eligió opte inmediatamente a un cargo (al) que debe ser también elegido"; considerando que un funcionario, al serle revocado su mandato con fundamento en el mecanismo previsto en el artícu-

---

19 Véase la reseña de Edgar López, *El Nacional*, Caracas, 04-01-2004, p. A-2.

20 El artículo 198 dispone que los diputados cuyo mandato fuera revocado no pueden optar a cargos de elección popular en el siguiente período.

21 Véase la reseña de Edgard López en El Nacional, Caracas 10-06-2004; Véanse los comentarios en Allan R. Brewer-Carías, *La Sala Constitucional vs. El Estado democrático de derecho (El secuestro del Poder Electoral y de la sala Electoral del Tribunal Supremo y la confiscación del derecho a la participación política)*, Caracas 2004, pp. 58-59.

lo 72 de la Carta Magna, "pierde el derecho a ser elegido al mismo cargo del cual le ha sido revocado por mandato popular."

La Sala Constitucional, para decidir, delimitó el ámbito de la solicitud en relación a "la duda existente en el ánimo del solicitante al interponer la presente acción de interpretación constitucional ...en saber si el Presidente de la República, dado el caso que se le revocara su mandato de conformidad con el mecanismo de participación política previsto en el artículo 72 de la Constitución de la República Bolivariana de Venezuela, le sería aplicable la inhabilitación prevista en el artículo 198 *eiusdem*, respecto de los Diputados a la Asamblea Nacional"; pasando entonces a decidir interpretando "las disposiciones constitucionales en concordancia con el resto de la Carta Magna, considerada ésta *in totum.*"

La Sala Constitucional, después de argumentar sobre las técnicas de interpretación constitucional, recordó la "restricción para el empleo de la interpretación modificativa, contenida en el aforismo romano *favorabilia amplianda, odiosa restringenda*, según el cual las disposiciones de carácter prohibitivo deben ser interpretadas restrictivamente y aquéllas favorables a las libertades consagradas en el ordenamiento deben serlo extensivamente", concluyendo que la interpretación en materia de derechos humanos debe "siempre hacerse conforme al principio de preeminencia de los derechos humanos, el cual, junto con los pactos internacionales suscritos y ratificados por Venezuela relativos a la materia, forma parte del bloque de la constitucionalidad."

A continuación la Sala Constitucional analizó el artículo 233 de la Constitución, y estableció que la revocatoria del mandato otorgado al Presidente de la República, conforme al mecanismo previsto en el artículo 72 de la Carta Magna, generaría una falta absoluta de dicho funcionario, la cual debía ser cubierta de los modos siguientes:

"a.- Si la revocatoria del mandato opera antes de concluido el cuarto año de su período constitucional (en el caso del corriente, de conformidad con lo señalado por esta Sala en sus sentencias núms. 457/2001 y 759/2001, del 5 de abril y 16 de mayo de 2001, respectivamente, casos: Francisco Encinas Verde y otros, y Willian Lara, en su orden; antes del 19 de agosto de 2004), tal falta sería cubierta por un nuevo Presidente de la República, resultante de una nueva elección universal, directa y secreta a realizarse dentro de los treinta (30) días consecutivos siguientes a la revocatoria, al cual correspondería concluir el período en curso; y

b.- En el caso de que la revocatoria se produzca durante los últimos dos años del período constitucional (en el caso del presente período presidencial, si se produjera con posterioridad al 19 de agosto de 2004), la falta sería cubierta por el Vicepresidente Ejecutivo o Vicepresidenta Ejecutiva, quien asumiría la Presidencia de la República hasta completar dicho período".

Luego de estos razonamientos, la Sala fue concluyente al afirmar que:

"Visto lo anterior, esta Sala observa que la revocatoria popular del mandato del Presidente de la República, de conformidad con los artículos 72 y 233 de la Constitución de la República Bolivariana de Venezuela, acarrea su falta absoluta en el *cargo y, por ende, su separación definitiva del mismo por el período correspondiente* (subrayado nuestro)".

Pero en relación con los alegatos del solicitante en cuanto a la aplicación al Presidente de la República del artículo 198 de la Carta Magna, relativo a la restricción a los Diputados de la Asamblea Nacional para postularse a cargos de elección popular en el período siguiente a la revocatoria popular de su mandato, la Sala Constitucional juzgó "que de ser cierta tal afirmación constituiría una limitación al ejercicio de un derecho fundamental, cual es, el derecho a la participación del Presidente de la República (*cfr.* sentencia de la Sala Plena de la extinta Corte Suprema de Justicia del 5 de diciembre de 1996, Caso: *Ley de División Político-Territorial del Estado Amazonas*), en una de sus vertientes, el derecho de postulación, consagrado en el último párrafo del artículo 67 de la Carta Magna"; estimando además, que "dicha restricción no se encuentra en la Constitución ni en ley alguna, y pertinente es señalar que la Convención Americana sobre Derechos Humanos, suscrita y ratificada por Venezuela (*Gaceta Oficial* N° 31.256 del 14 de junio de 1977), la cual, de conformidad con el artículo 23 de la Constitución, es de aplicación preferente cuando contenga disposiciones sobre el goce y ejercicio de los derechos humanos más favorables a las establecidas en el ordenamiento interno, y son de aplicación inmediata y directa por los tribunales y demás órganos del Poder Público". Por todo ello, la Sala concluyó su sentencia resolviendo que:

"Sobre la base de la anterior motivación y en atención al principio constitucional de preeminencia de los derechos fundamentales establecido en el artículo 2 de la Carta Magna, esta Sala Constitucional del Tribunal Supremo de Justicia declara que la restricción contenida en el artículo 198 de la Constitución de la República Bolivariana de Venezuela, según la cual los Diputados a la Asamblea Nacional, cuyo mandato fuere revocado de conformidad con el mecanismo previsto en el artículo 72 *eiusdem*, no podrán optar a cargos de elección popular en el siguiente período, no es aplicable al Presidente de la República, y así se decide."

Olvidó la Sala, sin embargo, que en el caso concreto de la revocatoria del mandato del Presidente de la República estaban en juego dos derechos constitucionales y no sólo uno de ellos: la Sala razonó con base en el solo derecho político individual del Presidente de la República a ser postulado y a ser electo; pero para ello se había olvidado que existía otro derecho constitucional en juego, el derecho político colectivo de los ciudadanos a revocarle el mandato al Presidente de la República, el cual debía privar sobre el primero.

Además, la Sala olvidó analizar el artículo 230 de la Constitución que establece que el período presidencial es de seis años, pudiendo el Presidente "ser reelegido, *de inmediato* y por una sola vez, *para un nuevo período*". Olvidó la Sala considerar que para que un Presidente de la República pueda ser reelecto, tiene que haber completado su período presidencial para poder ser electo "de inmediato y por una sola vez, para un nuevo período". Si un Presidente no termina su mandato, porque renunció o porque fue revocado, tendría entonces una imposibilidad de ser reelecto "de inmediato". Por lo que en caso de revocarse el mandato del Presidente de la República, en forma alguna podría ser candidato en la elección para el próximo período presidencial.

Mucho menos, por supuesto, podría ser candidato un Presidente revocado antes de cumplirse los cuatro primeros años de su mandato, en la elección subsiguiente para elegir un "nuevo Presidente" para completar el resto del período del Presidente revocado. Como lo dijo la propia Sala Constitucional en su sentencia: La revocatoria del mandato "acarrea su falta absoluta en el cargo y, por ende, su separación definitiva del mismo por el período correspondiente", por lo cual no puede pretender ser electo por el resto de dicho período en el cual fue revocado.

Pero ello no había sido resuelto expresamente, por lo que una vez se prolongó la incertidumbre sobre la posibilidad –absurda- que podía deducirse en forma indirecta, de que un Presidente revocado al no aplicársele la restricción del artículo 198 de la Constitución, pudiera ser candidato y electo en las elecciones presidenciales para el próximo período constitucional. Continuó existiendo la supuesta "duda" sobre si el Presidente revocado antes de cumplirse los primeros cuatro años de su mandato, podía presentarse a la elección para elegir un "nuevo Presidente" que completara el resto del período presidencial.

La antes mencionada sentencia nº 1173 de la Sala Constitucional tuvo dos votos salvados de los Magistrados Antonio J. García García y Rondón Haaz.

El Magistrado Antonio J. García García consideró que los planteamientos de la sentencia de la Sala "confunden los efectos de la revocatoria de mandato de los Diputados a la Asamblea Nacional y del Presidente de la República, en virtud del error en que se incurrió en la elaboración de una de sus premisas", considerando que:

> "[la] Sala, en ejercicio de una interpretación sistemática de la Constitución, debió pronunciarse con claridad sobre cada uno de los supuestos que la solicitud de interpretación encierra. Particularmente, frente a la actual realidad política y electoral que vive el país, se estima importante la definitiva posición de la Sala respecto a la posibilidad de que el Presidente de la República que sea revocado por vía de referendo, intervenga pasivamente en el proceso electoral convocado tanto para proveer –por el resto del período- la vacante producida por la revocatoria del mandato, como para escoger a un nuevo Presidente por el período cons-

titucional siguiente, pues, si bien expresamente se resolvió, como ya se indicó, el último escenario mencionado, quien suscribe observa que, aún cuando resultara obvia la consecuencia lógica de la revocatoria del mandato, nada se dice sobre el impedimento que tendría dicho funcionario para ser candidato en el otro escenario planteado, esto es, en las elecciones a realizarse dentro de los treinta (30) días consecutivos siguientes a la eventual remoción del Presidente por vía de referendo revocatorio, cuando la mayoría sentenciadora señaló que "la revocatoria popular del mandato del Presidente de la República, de conformidad con los artículos 72 y 233 de la Constitución de la República Bolivariana de Venezuela, acarrea su falta absoluta en el cargo y, por ende, su separación definitiva del mismo por el período correspondiente".

En caso de revocatoria del mandato, como falta absoluta del Presidente de la República, el Magistrado García consideró que:

"[una] interpretación armónica de la Constitución y de la institución de la figura del revocatorio, nos permitiría decir que el constituyente exige la elección de un nuevo Presidente, sin la posibilidad de que el funcionario revocado pueda medirse en ese proceso electoral convocado para suplir la falta absoluta, de manera que, lógicamente, debe entenderse que la afirmación que se ha hecho en el fallo que antecede con respecto a que la restricción contenida en el artículo 198 eiusdem no es aplicable al Presidente de la República, sólo conduce a concluir que quien haya sido revocado en el cargo de Presidente de la República podrá optar para ser nuevamente elegido por un período constitucional distinto al que no concluyó por la voluntad popular expresada en el referendo revocatorio.

Resultaría un contrasentido que un funcionario al que se le revocó el mandato pueda presentarse como candidato en la elección que se convoque para proveer la vacante causada por la sanción que los electores le propinaron, improbando su gestión, dado que la propia Constitución, en su artículo 233, determina que 'el nuevo Presidente' asumirá sus funciones para completar el período, lo que indica claramente que se trata de otro Presidente, pues cualquier falta absoluta implica la separación categórica del funcionario y la consiguiente sustitución personal del mismo. Pretender un efecto contrario significaría una amenaza de fraude a la soberanía de la voluntad popular que, expresada por vía de referendo revocatorio, ha interrumpido el desempeño de un cargo de elección popular, bien por motivos de legitimidad, cuando ha dejado de merecerles su confianza, o bien por resultar inconveniente o inoportuna para los intereses del país la gestión que en el ejercicio del mismo realiza su titular.

Siendo ello así, la inhabilitación natural producida por la revocatoria popular que excluye la aspiración del Presidente removido para culminar el período correspondiente, no podría asimilarse a la inhabilitación a que se refiere el artículo 198 de la Constitución, ya que, según dispone el propio texto constitucional, la forma de cubrir la falta absoluta de los Diputados a la Asamblea Nacional cuyo mandato sea revocado es distinta a la que se preceptúa para proveer la vacante al cargo de Presidente de la República, dada la ausencia en este último caso de un suplente que, junto con el principal, haya sido también elegido popularmente".

Concluyó el Magistrado García su voto salvado señalando que:

> "[una] interpretación integrada de las normas constitucionales lleva a concluir que, independientemente de la falta de prohibición expresa que inhabilite al Presidente de la República removido, para optar a cargos de elección popular, el efecto práctico del referendo revocatorio no puede ser otro que una nueva elección para completar el período presidencial, en la cual no puede participar quien ha sido revocado. Sostener un criterio distinto, bajo el argumento del derecho a ser elegido y el consecuente derecho a postularse que tiene toda persona en cabeza del revocado, dejaría completamente sin efecto la finalidad esencial de todo proceso revocatorio, cual es la sanción política de separarlo del ejercicio del cargo e inhabilitarlo para ello por el período por el cual fue elegido. En definitiva, se irrespetaría con ello la voluntad popular manifestada en el referendo correspondiente".

Por su parte, el Magistrado Rondón Haaz, en particular destacó que la sentencia no daba respuesta a la duda que expresó el solicitante de la interpretación en cuanto a la posibilidad de participación del Presidente de la República, a quien se le hubiere revocado el mandato, en la elección *inmediata* a que se refiere el artículo 233 de la Constitución de la República Bolivariana de Venezuela como fórmula para la cobertura de falta absoluta que tal revocatoria produce. Agregó el Magistrado que:

> "Más allá del error del solicitante respecto a la posibilidad, que la Sala descartó, de extensión de la inhabilitación a que se contrae el artículo 198 de la Constitución a funcionarios distintos a los que éste se refiere, la Sala ha debido agotar la interpretación que se le requirió para la resolución, de una vez y en forma integral, de las dudas interpretativas que han generado las disposiciones constitucionales en cuestión y que se reflejan en un grueso número de solicitudes de interpretación de las mismas que cursan en sus archivos".

Pero lamentablemente, la línea de acción de la mayoría de la Sala Constitucional en esta materia parecía ser más bien no agotar la interpretación de las normas constitucionales sino, al contrario, mantener siempre alguna incertidumbre para tener un hilo de poder permanente. Ello se evidenció de la sentencia n° 1378 del 22 de julio de 2004 (Caso: *Braulio Jatar Alonso y otros*), dictada días después, con motivo de un recurso de interpretación interpuesto precisamente sobre el artículo 233 de la Constitución, el cual fue declarado sin lugar[22], perdiéndose la oportunidad que tenía la Sala de interpretar definitivamente su contenido.

Ahora bien, en cuanto a la sentencia n° 1173, y por lo que respecta al Voto Salvado del Magistrado Rondón Haaz, luego de concordar con la opinión del Magistrado García García, señaló que:

> "[Cuando] la Carta Magna exige la elección de un nuevo Presidente, impide la posibilidad de que el funcionario cuyo mandato hubiere sido revocado pueda participar como candidato en el proceso electoral que se convoque para que supla su propia falta absoluta. Y es que, además de que la simple lógica repudia que un funcionario al que se le hubiere revocado el mandato pudiera presentarse como candidato en la elección que se convocase para la provisión de la vacante que habría causado la improbación de su gestión por el electorado, la propia norma constitucional determina que, en esto oportunidad (elección inmediata) deberá elegirse a un nuevo Presidente que completará el período del Presidente saliente.

Por otra parte, la pretensión de lo contrario, con cualquier fundamento (como podría ser el derecho al sufragio pasivo y a postulación de aquel cuyo mandato hubiere sido revocado), enervaría la finalidad de todo proceso revocatorio, cual es, como apuntó el Magistrado García García, la sanción política al funcionario en cuestión, que comporta, además de la separación del ejercicio del cargo, la inhabilitación para su ejercicio por el período por el cual fue elegido, en abierto fraude a la voluntad popular".

En todo caso, las dudas que habían quedado de la interpretación constitucional que había efectuado la Sala Constitucional, hechas incluso antes de que la sentencia se conociera, dada la divulgación del contenido de la ponen-

---

22   La Sala Constitucional, en efecto, se limitó a interpretar el término de los dos últimos años del período presidencial iniciado en 2000, así: "Así las cosas, es claro que en la decisión parcialmente transcrita, la Sala sentenció que el actual período presidencial, cuya duración es de seis (6) años de acuerdo con el artículo 230 constitucional, culmina el 19 de agosto de 2006, pero que el actual Presidente de la República –o quien desempeñe conforme a la Constitución dicho cargo en caso de falta absoluta de aquél- seguirá ocupando dicho cargo hasta la fecha de inicio del primer año del siguiente período constitucional, esto es, hasta el 10 de enero de 2007, para ajustar la realidad electoral del órgano Presidencia de la República a la exigencia del Texto Constitucional sin que sea menester para ello efectuar una enmienda del artículo 231 de la vigente Constitución; en tal sentido, del contenido de la sentencia examinada se desprende de manera indubitable que los (2) dos últimos años del actual período presidencial, iniciado el día 19 de agosto de 2000, comienzan el día 19 de agosto de 2004, sin que para declarar tal situación cronológica sea necesario realizar una interpretación de la norma contenida en el artículo 233 de la Norma Fundamental, o efectuar una interpretación de las normas incluidas en los artículos 230 y 231 *eiusdem*, adicional o complementaria a la hecha en la decisión N° 457/2001, del 5 de abril, caso: *Francisco Encinas Verde y otros*".

cia respectiva[23] fueron inmediatamente advertidas[24]; razón por la cual el solicitante de la interpretación anunció que solicitaría la aclaratoria de la sentencia[25]. La sentencia, en realidad, se había limitado a señalar que el texto del artículo 198 de la Constitución que contiene una restricción respecto de los diputados revocados, no se podía aplicar al Presidente de la República, lo que era de lógica interpretativa constitucional elemental; pero dejaba sin resolver lo esencial: *Primero*, si el Presidente revocado podía presentarse como candidato en la elección que dentro del mes siguiente debía efectuarse para elegir un "nuevo Presidente" que concluyera el período constitucional para el cual había sido electo el Presidente revocado; y *segundo*, si el Presidente revocado, quien por ello no habría completado su período presidencial, podía presentarse como candidato a la nueva elección presidencial para el próximo período presidencial, una vez completado por un nuevo Presidente el período del cual hubiera sido revocado.

En cuanto a la elección presidencial para elegir a un nuevo Presidente para completar el período constitucional del Presidente revocado, la sentencia sí dijo que la revocación del mandato del Presidente de la república "acarrea su falta absoluta en el cargo y, por ende, su separación definitiva del mismo por el período correspondiente", lo que significa que no podría el Presidente pretender presentarse como candidato para ser electo y terminar el período constitucional del cual habría sido popularmente revocado.

Pero el propio Presidente de la República, cuyo mandato se había solicitado fuera revocado en la votación que se efectuó el día 15 de agosto de 2004, antes de esa fecha, el día 8 de julio de 2004 desde Puerto Iguazú, donde había asistido como invitado a la XXVI Cumbre del Mercado Común del Sur, se encargaría de "aclararle" a quien quisiera oír o leer, que si llegaba a perder el referendo revocatorio, entregaría la Presidencia "porque al mes siguiente estaré peleando nuevamente por la Presidencia"[26]. Lamentablemente, esta "aclaratoria" afectaba la que se había solicitado a la Sala Constitucional, particularmente por las simultáneas declaraciones del Presidente del Tribunal Supremo y de la Sala Constitucional, Iván Rincón, dadas con toda diligencia, y que aparecieron publicadas en la prensa al día siguiente, cuyo contenido permitía pensar que el mandado ya estaba hecho.

En efecto, por encima de cualquier duda que pudiera existir, el Presidente del Tribunal Supremo de Justicia y de la Sala Constitucional, en declaraciones publicadas en la prensa el 10 de julio de 2004, ratificaría lo que el Presidente de la República había anunciado la víspera. Dicho Magistrado declaró que ya existía una ponencia de sentencia de "aclaratoria" de la sentencia n°

23 Véase la reseña de Edgar López, en *El Nacional*, Caracas 10-06-2004, p. A-6.

24 Véase la opinión de Hermánn Escarrá en *El Nacional*, Caracas, 10-06-2004, p. A-6.

25 Véase en *El Nacional*, Caracas 16-06-2004, p. A-2; *El Nacional*, Caracas 17-06-2004, p. A-2; 4.

26 Véase *El Nacional*, Caracas 9-06-2004.

1173 de la Sala Constitucional, elaborada por el Magistrado Delgado Ocando, cuyo texto dijo que ya conocía, pero había que esperar que la vieran los otros Magistrados, y sin rubor alguno y sin recordar que los jueces no pueden adelantar opinión sobre fallos no publicados, indicó que la confusión que existía en la materia se debía a:

> "Las declaraciones encontradas de los famosos juristas que siempre están desglosando sentencias y leyes, olvidándose de lo que aprendieron en las Universidades, de las investigaciones que han hecho y de lo que saben... juristas que pertenecen a las famosas Academias de Caracas..."[27]

Agregando que:

> "La sentencia es muy clara y tiene solo una lectura...La sentencia dice: Señores, los derechos consagrados en la Constitución son iguales para todos, salvo en casos de excepciones establecidas en la misma Carta Magna, en las leyes o en los Tratados Internacionales.

> En materia de derechos constitucionales, las restricciones tienen que estar expresamente establecidas en leyes formales, como se desprende de la Convención Americana sobre Derechos Humanos y de la resolución de la Comisión Interamericana de Derechos Humanos, con las cuales se nos amenaza constantemente.

> Nosotros, lo que decimos es que la Constitución establece expresamente la imposibilidad de que un diputado al que se le haya revocado su mandato, opte a cargos de elección popular en el siguiente período, pero no indica nada respecto de los alcaldes, los gobernadores y el Presidente de la República. Terminamos diciendo que no puede haber restricciones si no están en ley o en la Constitución

> La gente lo que pregunta es: pero ¿Chávez puede participar? Señores, no hay restricciones si no están en la Constitución o en la ley y ahora

---

27 Pedro Llorens, sobre esta frase del Magistrado, señaló que "no es capaz de redactar una sentencia medianamente correcta y se limita a leer las que elaboran los otros", en "El hacedor de sentencias", *El Nacional*, Caracas 11-07-2004, p. A-9. Por su parte, el profesor José Muci Abraham, ex Presidente de la Academia de Ciencias Políticas y Sociales, dijo: "Los vendedores de sentencias despotrican de los juristas que orgullosamente pertenecemos 'a las famosas academias de Caracas'. El complejo de provincialismo le sale por los poros. Los punza el dolor de sentirse inferiores y de haberse destacado sólo a expensas de servir los intereses de los poderosos, por una dádiva compensatoria de su servilismo. ¿Han pensado esos bufones del foro, que con su torcida interpretación exponen al país a una contienda de impredecibles consecuencias? ¿Han meditado sobre los efectos de constreñir insensatamente a un pueblo a que vuelva a los comicios para enfrentar de nuevo al gobernante proscrito 30 días antes?, en "Supina ignorancia del supremo", *El Nacional*, Caracas, 14-07-22004, p. A-9.

nosotros tenemos que responder en la aclaratoria si Hugo Chávez Frías puede participar o no en caso de que le sea revocado el mandato."[28]

El Magistrado, al dar dichas declaraciones, no sólo olvidó su condición de tal Magistrado, sino que olvidó de nuevo que lo que estaba en juego en este caso judicial, no solo era el ejercicio de un derecho político individual del Presidente revocado de postularse y ser electo; sino el derecho político colectivo de los ciudadanos a revocarle el mandato a los representantes electos. La Sala Constitucional no podía resolver la cuestión tomando en cuenta el sólo derecho individual del Presidente e ignorando el derecho político colectivo de los ciudadanos. Al hacer tal afirmación, en todo caso, el Magistrado había ignorado que el gobierno en Venezuela "es de mandatos revocables" (Art. 6 de la Constitución); y había olvidado que al menos tenía que ponderar ambos derechos en la balanza de la justicia, y establecer por qué uno privaría sobre el otro.

El abogado Gerbasi, quien había sido el recurrente en el recurso de interpretación, el día 13 de julio de 2004 no tuvo otra alternativa que recusar al Magistrado Presidente de la Sala Constitucional, por haber adelantado opinión sobre la anunciada "aclaratoria" de la sentencia[29]; pero al día siguiente, el 14 de julio de 2004, el propio Magistrado Iván Rincón, Presidente del Juzgado de Sustanciación (además de ser Presidente de la Sala Constitucional y del propio Tribunal Supremo), declararía sin lugar la recusación por considerarla extemporánea, ya que después de dictarse sentencia definitiva no habría recusación, y en el caso concreto se trataba de una aclaratoria de una sentencia. Argumentó además el Magistrado que las declaraciones que aparecieron en la nota del periodista Edgar López en el diario *El Nacional*, supuestamente eran "el producto de interpretación que realizó el periodista y no una trascripción exacta" de lo que había expresado en la entrevista; a lo cual respondió el periodista Edgar López, en la "Nota del redactor" que publicó, que "Es inútil aclarar que en el texto publicado no hay interpretación ni inexactitud que pudiera alterar el sentido de lo dicho por el presidente del TSJ… La grabación no permitirá a nadie mentir"[30].

En definitiva, la Sala Constitucional del Tribunal Supremo, a pesar de haber tenido en sus manos la posibilidad de resolver la interpretación constitucional de los artículos 72, 230 y 233 de la Constitución antes de la realización del referendo revocatorio del mandato del Presidente de la República, el cual finalmente se efectuó el 15 de agosto de 2004 a solicitud popular con-

---

28   Véase en la entrevista con Edgard López, *El Nacional*, Caracas 10-07-2004, p. A-2.

29   Gerbasi dijo a la prensa: "Después de un año y seis meses que no contestaron el recurso de interpretación, solicitamos una aclaratoria. Chávez le dejó una orden expresa a Rincón desde Argentina", *El Nacional*, Caracas, 11-07-2004, p. A-7. Véase además, *El Nacional*, 14-07-2004, p. A-6.

30   Véase en *El Nacional*, Caracas 15-07-2004, p. A-4.

forme al artículo 72 de la Constitución[31]; sin embargo, no lo hizo y continuaron las dudas que existían sobre dos aspectos esenciales en esta materia de los efectos de un referendo revocatorio de mandato presidencial: Primero, si el Presidente cuyo mandato era revocado podía presentarse como candidato y ser electo como "nuevo Presidente", en las elecciones que debían convocarse dentro del mes siguiente a su revocación para completar los dos años restantes (2004-2006) del período constitucional presidencial (que había iniciado en 2000 y culminaba en 2006) del cual había sido revocado; y segundo, si un Presidente revocado podía presentarse como candidato a la "reelección", en las elecciones presidenciales que debían realizarse a finales de 2006, para el período constitucional presidencial subsiguiente (2007-2013).

La duda interpretativa continuó, y el órgano constitucional llamado a interpretar la Constitución y a aclarar las dudas, lo que había hecho era prolongar la incertidumbre, con el objeto, sin duda, de seguir ejerciendo el poder último de decisión en la materia.

El Presidente de la República, antes de que se realizara el acto de votación del referendo sobre la revocatoria de su mandato el 15 de agosto de 2004, en todo caso, sobre el primer aspecto que había quedado constitucionalmente sin resolver, ya se había anticipado a los posibles acontecimientos y había anunciado públicamente que en caso de ser revocado su mandato, el Vicepresidente Ejecutivo quedaría encargado de la Presidencia de la República y él, "al mes siguiente ya sería candidato a la Presidencia de la República otra vez"[32].

Sin embargo, no tuvo oportunidad de violentar la Constitución, pues se le había adelantado el Consejo Nacional Electoral, el cual, como se ha dicho, el 26 de agosto de 2004, sin competencia constitucional alguna, decidiría "ratificar" al Presidente de la República en su cargo, dado que según las cifras de votación que anunció, a pesar de que había suficientes votos para que constitucionalmente hubiera quedado revocado el mandato (más de los que había sacado cuando fue electo), sin embargo, habría habido más votos por la no revocación de su mandato.

---

31 Sobre las vicisitudes para dicha convocatoria véase Allan R. Brewer-Carías, *La Sala Constitucional vs. El Estado democrático de derecho (El secuestro del Poder Electoral y de la sala Electoral del Tribunal Supremo y la confiscación del derecho a la participación política)*, Ediciones El Nacional, Caracas, 2004.

32 Véase *El Nacional*, Caracas 06-08-2004, p. A-6. La misma declaración la formuló ante los corresponsales extranjeros el 12-08-2004. Véase *El Nacional*, Caracas, 13-08-2004, p. A-4

EL GRAN FRACASO POLÍTICO DE HUGO CHÁVEZ: LA FALLIDA REFORMA CONSTITUCIONAL (2007)

Después haber ganado tres elecciones presidenciales (1999, 2000 y 2006), y después de haber obtenido mayoría en tres referendos (1999, 1999 y 2004), el gran fracaso político del Presidente Hugo Chávez fue el rechazo popular a la reforma constitucional que anunció iba a presentar al tomar posesión de la Presidencia de la República en enero de 2007, la cual luego de sometida ante la Asamblea Nacional el 15 de agosto de 2007, y de sancionada por ésta el 2 de noviembre de 2007,[1] fue rechazada popular mediante referendo realizado el 2 de diciembre de 2007.[2]

---

[1] Véase sobre la propuesta de reforma constitucional de 2007: Allan R. Brewer-Carías, *Hacia la consolidación de un Estado Socialista, Centralizado, Policial y Militarista, Comentarios sobre el sentido y alcance de las propuestas de reforma constitucional 2007*, Colección Textos Legislativos N° 42, EJV, Caracas 2007, 157 pp.; y *La Reforma Constitucional de 2007 (Comentarios al proyecto inconstitucionalmente sancionado por la Asamblea Nacional el 2 de noviembre de 2007)*, Colección Textos Legislativos, N° 43, Editorial Jurídica Venezolana, Caracas 2007, 224 pp.

[2] Tomando en cuenta los resultados anunciados por el Consejo Nacional Electoral en día 2 de diciembre en la noche, del un universo de más de 16.109.664 de electores inscritos, sólo acudieron a votar 9.002.439 votantes, lo que significó un 44,11 % de abstención; y de los electores que votaron, **votaron por rechazar la reforma** (voto NO) por el Bloque de artículos marcado A, 4.504.354 de votantes, con 50.70% y por el Bloque de artículos marcado B, 4.522.332 de votantes, con 51.05%. Es decir, sólo votaron **por aprobar** la reforma (voto SI), por el bloque A 4.379.392 de votantes, con 49.29%; y por el bloque B 4.335.136 de votantes con 48.94%. Ello equivale que sólo al 28 % del universo de los electores inscritos en el Registro Electoral votaron por aprobar la reforma constitucional. En dicho referendo, por tanto, en realidad, **no fue que "triunfó" el voto NO** por poco margen como lo aludió el Presidente de la República, sino que lo que ocurrió fue que su propuesta de reforma **fue rechazada por el 72% de los electores inscritos**, quienes o votaron por el NO (50,70%) o simplemente **no acudieron a votar para pronunciarse por la reforma**. Véase en general sobre esto Allan R. Brewer-Carías,

I. LA INCONSTITUCIONAL "REFORMA CONSTITUCIONAL" PRO-
PUESTA POR EL PRESIDENTE CHÁVEZ EN 2007, LA RENUNCIA
DEL TRIBUNAL SUPREMO A CONTROLAR SU INCONSTITU-
CIONALIDAD, Y SU RECHAZO POR EL PUEBLO

En efecto, al tomar posesión de su segundo mandato presidencial (2007-
2013), el Presidente Chávez anunció al país que propondría una serie de
reformas a la Constitución de 1999, para cuya elaboración designó un Consejo Presidencial para la Reforma de la Constitución[3]. Este estuvo presidido
por la Presidenta de la Asamblea Nacional e integrado por altos funcionarios
del Estado como fueron el Segundo Vicepresidente de la Asamblea Nacional
y otros cuatro diputados; la Presidenta del Tribunal Supremo de Justicia; el
Defensor del Pueblo; el Ministro del Trabajo; la Procuradora General de la
República y el Fiscal General de la Republica. En esta forma, el Presidente
de la República comprometió de antemano en su proyecto a los titulares de
materialmente todos los Poderes Públicos, indicando en forma expresa en el
Decreto que el trabajo de dicho Consejo se debía realizar "*de conformidad
con los lineamientos del Jefe de Estado en estricta confidencialidad*" (art.
2)[4]. Es decir, el Consejo no tenía libertad alguna de pensamiento, y su trabajo
debía desarrollarse en estricta confidencialidad, lo que de por si es contrario
a los principios que deben guiar cualquier reforma constitucional en un país
democrático.

Las pautas para la reforma constitucional que en diversos discursos y alo-
cuciones fue dando el Presidente de la República, apuntaron, por una parte, a
la conformación de un Estado del Poder Popular o del Poder Comunal, o
Estado Comunal, estructurado desde los Consejos Comunales que ya habían
sido creados al margen de la Constitución en 2006[5], como unidades u organizaciones sociales no electas mediante sufragio universal, directo y secreto
y sin autonomía territorial, supuestamente dispuestos para canalizar la participación ciudadana, pero conforme a un sistema de conducción centralizado
desde la cúspide del Poder Ejecutivo Nacional; y por la otra, a la estructuración de un Estado socialista, con una doctrina socialista y "bolivariana" como doctrina oficial, sustituyendo al sistema plural de libertad de pensamiento
y acción que siempre ha existido en el país y, en particular, sustituyendo la
libertad económica y el Estado de economía mixta que siempre ha existido,
por un sistema de economía estatista y colectivista, de capitalismo de Estado,
sometido a una planificación centralizada, minimizando el rol del individuo
y eliminando todo vestigio de libertad económica y de propiedad privada.

Dicho proyecto de reforma, como se dijo, fue rechazado por el pueblo en
el referendo realizado el 2 de diciembre de 2007, lo que en cualquier país

---

3   Véase Decreto N° 5138 de 17-01-2007, *Gaceta Oficial* N° 38.607 de 18-01-2007

4   Ello también lo declaró públicamente, además, la Presidenta de la Asamblea Nacional al instalarse el Consejo. Véase en *El Universal*, 20-02-2007.

5   Ley de Consejos Comunales *Gaceta Oficial,* N° 5.806 *Extraordinario,* 10-04-2006.

democrático, como manifestación de voluntad del poder constituyente originario, hubiera implicado que la misma tenía que ser respetada por todos los poderes constituidos, los cuales no hubieran podido pretender, en forma alguna, adelantar la rechazada reforma mediante otros mecanismos, por prohibirlo la Constitución. En cualquier país democrático, la decisión del pueblo, en definitiva, no hubiera podido ser ignorada, desconocida y mucho menos anulada por algún poder constituido del Estado, so riesgo de ser sometidos tales actos a control de constitucionalidad por la Jurisdicción Constitucional.

Lamentablemente, nada de ello ocurrió en Venezuela a partir de 2007, habiendo dado el Tribunal Supremo de Justicia la pauta para la violación impune de la Constitución, al haberse abstenido incluso de controlar la constitucionalidad del procedimiento de reforma constitucional irregularmente utilizado en 2007, y haber declarado "improponibles" las demandas de nulidad contra los actos del procedimiento de reforma constitucional.[6]

En efecto, mediante el proyecto de reforma constitucional de 2007, con el cual sin duda era uno de los más sustanciales que se hubiera propuesto en toda la historia constitucional del país, se buscaba transformar aspectos esenciales y fundamentales del Estado, cambiando radicalmente el modelo de Estado descentralizado, democrático, pluralista y social de derecho que se había venido construyendo y consolidando desde la segunda guerra mundial, por el de un Estado Socialista, centralizado, policial y militarista, con una doctrina oficial "bolivariana", que se identificó como "el Socialismo del Siglo XXI", y un sistema económico de capitalismo de Estado. Una reforma de tal naturaleza no podía realizarse ni por el procedimiento de "reforma constitucional" ni de "enmienda constitucional," y sólo mediante la convocatoria de una Asamblea nacional Constituyente.[7], Por ello, se trataba de una reforma fraudulenta o que se pretendía realizar en fraude a la Constitución, para cuyo funcionamiento la Constitución estableció la participación del pueblo como poder constituyente originario, de dos maneras, primero, manifestado mediante referendo, y segundo para la elección de los miembros de la Asamblea Constituyente.

---

6   Véase el estudio de dichas sentencias en Allan R. Brewer-Carías, *El juez constitucional vs. la supremacía constitucional. O de cómo la Jurisdicción Constitucional en Venezuela renunció a controlar la constitucionalidad del procedimiento seguido para la "reforma constitucional" sancionada por la Asamblea Nacional el 2 de noviembre de 2007, antes de que fuera rechazada por el pueblo en el referendo del 2 de diciembre de 2007*, New York, 4 de diciembre de 2007, en www.allanbrewercarias.com, Parte I,2 (Documentos, 2007).

7   Ello incluso fue advertido de inmediato por el Rector del Consejo Nacional Electoral, Sr. Vicente Díaz, quien el día 16-08-2007 indicó "que la propuesta presidencial para reformar el texto constitucional modifica las disposiciones fundamentales y por ello sería necesario convocar una Asamblea Constituyente para su aprobación". Véase en Unión Radio, 16 de agosto de 2007, http://www.unionradio.com.ve/Noticias /Noticia.aspx?noticiaid=212503.

Desde el momento en que la Constitución estableció detalladamente los procedimientos para la revisión de la Constitución, los mismos son obligatorios y debían ser respetados por los órganos constituidos del Estado. Ello, sin embargo, fue desconocido por la Jurisdicción Constitucional, en particular, al decidir varias acciones de amparo constitucional que se ejercieron contra los actos estatales adoptados en sus diversas fases durante el procedimiento de reforma constitucional inconstitucionalmente desarrollado: por el Presidente de la República, por la Asamblea Nacional y por el Consejo Nacional Electoral. En todas y cada una de las sentencias que resolvieron las acciones intentadas, la Sala Constitucional desconoció el derecho ciudadano a la supremacía constitucional y a la tutela judicial efectiva, y fue declarando inadmisibles o que no había lugar a ellas, considerando, por una parte, que no había legitimación alguna de parte de los recurrentes para intentar las acciones,[8] y por la otra, con el absurdo argumento de que los actos estatales dictados en el procedimiento de reforma constitucional (la presentación del proyecto y la sanción de la Asamblea Nacional) no eran actos que producían efectos jurídicos externos, ni podían causar gravamen a los derechos de los ciudadanos, concluyendo que solamente hubieran podido ser impugnados cuando concluyera el procedimiento con el referendo aprobatorio de la reforma, y la reforma hubiera sido aprobada.[9] Con estas decisiones, lo que hizo la sala Constitucional fue negar el derecho ciudadano de acceso a la justicia y a la tutela judicial efectiva consagrados en la Constitución (art. 26), al "inventar" un tipo de "decisión" no prevista en la Ley que rige sus funciones, de que "no ha lugar a la acción" lo que equivale a decidir, que el ciudadano en ese caso, no tiene derecho de acceder a la justicia. Ello es la negación misma del Estado de derecho.

El Presidente de la República, en todo, sin duda estaba consciente de la inconstitucionalidad de la reforma constitucional, tal como había sido presentada ante la Asamblea nacional, pero también estaba seguro que no habría posibilidad de que se ejerciera control de constitucionalidad alguno. Basta constatar que dos días después de que sometiera el proyecto de reforma a la Asamblea el 15 de agosto de 2007, [10], el días 17 de agosto de 2007, ade-

---

8   Véase por ejemplo, las sentencias del Tribunal Supremo de Justicia en Sala Constitucional Nº 1974 de 23-10-2007, *Caso José Ignacio Guedez Yépez en* http://www.tsj.gov.ve/decisiones/scon/Octubre/1974-231007-07-1055.htm; Nº 2042 del 2 de Noviembre de 2007, *Caso Néstor Luis Romero Méndez* en http://www.tsj.gov.ve/decisiones/scon/Noviembre/2042-021107-07-1374.htm

9   Véase por ejemplo, sentencia del Tribunal Supremo de Justicia en Sala Constitucional Nº 2191 del 22 de Noviembre de 2007, *Caso Yvett Lugo Urbaéz* en http://www.tsj.gov.ve/decisiones/scon/Noviembre/2191-221107-07-1605.htm. Criterio reiterado también en las sentencias 2108/2007; 2147/2007 y 2189/2007 de esta misma sala.

10   Véase el *Proyecto de Exposición de Motivos para la Reforma Constitucional, Presidencia de la República, Proyecto Reforma Constitucional. Propuesta del Presidente Hugo Chávez Agosto 2007.* El texto completo fue publicado como *Proyecto de Re-*

lantándose a cualquier impugnación y emitiendo opinión pública impunemente y prejuzgando cualquier asunto, la Presidenta del Tribunal Supremo de Justicia, Luisa Estella Morales Lamuño, Presidenta además de la Sala Constitucional (es decir de la Jurisdicción Constitucional) y quien además, como se dijo, había sido miembro del Consejo Presidencial para la Reforma Constitucional (para lo cual era evidentemente tenía situación de incompatibilidad), declaró públicamente que "la Sala Constitucional *no tramitará* ninguna acción relacionada con las modificaciones al texto fundamental, hasta tanto éstas no hayan sido aprobadas por los ciudadanos en el referendo" agregando que "Cualquier acción debe ser presentada después del referendo cuando la reforma ya sea norma, porque no podemos interpretar una tentativa de norma. Después de que el proyecto sea una norma podríamos entrar a interpretarla y a conocer las acciones de nulidad."[11]

La consecuencia de este anuncio público anticipado, fueron las referidas declaraciones como inadmisibles e "improponibles" por la Sala Constitucional, con la participación de su Presidenta quien había adelantado opinión

---

forma Constitucional. Versión atribuida al Consejo Presidencial para la reforma de la Constitución de la república Bolivariana de Venezuela, Editorial Atenea, Caracas 01 de julio de 2007,

11 Véase la reseña del periodista Juan Francisco Alonso, en *El Universal*, Caracas 18-08-07. Esto, por lo demás, fue lo que decidió la Sala Constitucional en su sentencia N° de 22-11-07 (Expediente N° 07- 1596) al declarar "inproponible" una acción de inconstitucionalidad contra el acto de la Asamblea nacional sancionando la reforma constitucional, con la participación y firma de la misma Presidente de la Sala, quien no se inhibió a pesar de haber adelantado públicamente opinión sobre lo decidido. Por otra parte, luego de varias solicitudes de recursos de interpretación sobre el artículo 342 de la Constitución, y de nulidad del acto sancionatorio de la reforma por la Asamblea Nacional, con motivo de la recusación que efectuaron los peticionantes contra la Presidenta de la Sala por estar comprometida su imparcialidad en la materia al haber formado parte de la Comisión Presidencial para la Reforma Constitucional, en decisión de 01-11-07, el magistrado J.E. Cabrera de la misma Sala, decidió que de la lectura del Decreto de creación del Consejo de Reforma (art. 5), "se desprende que la Secretaria Ejecutiva, cumplía funciones administrativas y no de redacción, corredacción, o ponencia sobre el contenido de un anteproyecto de reforma constitucional; por lo que la Dra. Luisa Estella Morales Lamuño no es – necesariamente- promovente del "Proyecto de Reforma Constitucional" que ha presentado el Presidente de la República, y los recusantes no señalan cuál aporte de la Secretaria Ejecutiva fue incorporado al Proyecto de Reforma, ni siquiera alguno que haga presumir la intervención de la Dra. Morales"; agregando que "Además, por ser parte del Consejo Presidencial, la Secretaria Ejecutiva no está dando ninguna recomendación sobre el juicio de nulidad de que trata esta causa, ya que nada ha manifestado en ese sentido, ni se le imputa declaración alguna de su parte que adelante opinión sobre la inconstitucionalidad denunciada en esta causa". Véase también, la Reseña periodística de JFA, *El Universal*, Caracas 2-11-07. Posteriormente, en sentencia de 22-11-07, el mismo Magistrado Cabrera declaró sin lugar otra recusación contra la Presidenta de la Sala por motivos similares (Exp. 07-1597).

pública en la materia, de numerosos recursos de amparo y nulidad que se habían interpuesto contra los actos de los órganos de los poderes constituidos que habían intervenido en el procedimiento de "reforma constitucional."[12]

Con base en estas erradas premisas, confundiendo el proceso de reforma constitucional con el procedimiento de formación de las leyes, la Sala Constitucional renunció, en contra del principio de la universalidad del control, a ejercer el control de constitucionalidad respecto del acto definitivo de iniciativa presidencial al presentar el proyecto de reforma ante la Asamblea Nacional; del acto definitivo de la Asamblea Nacional al sancionar el proyecto de reforma constitucional y del acto definitivo del Consejo Nacional Electoral que lo sometió a referendo, considerando que "mientras el proyecto de reforma esté en proceso de trámite no es susceptible de control jurisdiccional, salvo que el proceso de reforma *"aborte"* en alguna de esas etapas sucesivas y no se perfeccione el acto normativo (Vid. sentencia N° 2147 del 13 de noviembre de 2007, caso: *Rafael Ángel Briceño*)"; y concluyendo que "el proyecto de reforma constitucional sancionado por la Asamblea Nacional el día 2 de noviembre de 2007, al tratarse de un acto normativo no perfeccionado, no puede producir efectos jurídicos externos y, por lo tanto, no es posible controlar jurisdiccionalmente a *priori* su contenido". De todo estos ilógicos argumentos, como se dijo, la Sala concluyó declarando "improponible en derecho la presente acción popular de inconstitucionalidad."

Sin embargo, ello lo que mostró fue la connivencia entre los Poderes del Estado para adelantar una reforma fraudulenta, en contra de la Constitución, o realizada en fraude a la Constitución, utilizado para ello un procedimiento previsto para otros fines, engañando al pueblo,[13].con la seguridad de que no sería objeto de control de constitucionalidad.

---

12 Véase Allan R. Brewer-Carías, "El juez constitucional vs. la supremacía constitucional O de cómo la jurisdicción constitucional en Venezuela renunció a controlar la constitucionalidad del procedimiento seguido para la 'reforma constitucional' sancionada por la Asamblea Nacional el 2 de noviembre de 2007, antes de que fuera rechazada por el pueblo en el referendo del 2 de diciembre de 2007," en Eduardo Ferrer Mac Gregor y César de Jesús Molina Suárez (Coordinadores), *El juez constitucional en el Siglo XXI*, Universidad nacional Autónoma de México, Suprema Corte de Justicia de la Nación, México 2009, Tomo I, pp. 385-435; y en *Revista de Derecho Público*, N° 112, Editorial Jurídica Venezolana, Caracas 2007, pp. 661-694.

13 La Sala Constitucional del Tribunal Supremo de Justicia en la sentencia N° 74 de 25-01-2006 señaló que un *fraude a la Constitución* ocurre cuando se destruyen las teorías democráticas "mediante el procedimiento de cambio en las instituciones existentes aparentando respetar las formas y procedimientos constitucionales", o cuando se utiliza "del procedimiento de reforma constitucional para proceder a la creación de un nuevo régimen político, de un nuevo ordenamiento constitucional, sin alterar el sistema de legalidad establecido, como ocurrió con el *uso fraudulento de los poderes* conferidos por la ley marcial en la Alemania de la Constitución de *Weimar*, forzando al Parlamento a conceder a los líderes fascistas, en términos de du-

En efecto, la rechazada reforma era una propuesta de modificación constitucional que buscaba transformar aspectos esenciales y fundamentales del Estado, por lo que sin duda, de haber sido aprobada, hubiera sido una de las más sustanciales de toda la historia constitucional de Venezuela. Con ella, en efecto, se buscaba cambiar radicalmente el modelo de Estado descentralizado, democrático, pluralista y social de derecho que con todos sus problemas está regulado en la Constitución de 1999, por el de un Estado Socialista, centralizado, policial y militarista, con una doctrina oficial "bolivariana", que se identificaba como "el Socialismo del Siglo XXI"[14] y un sistema económico comunista y de de capitalismo de Estado. La consecuencia de esta propuesta de reforma a la Constitución en relación con los ciudadanos, era que con la misma, de haber sido aprobada, se hubiera establecido en Venezuela, formalmente, una ideología y doctrina de Estado, de corte socialista y supuestamente "bolivariana", la cual en consecuencia, a pesar de su imprecisión – y he allí lo más peligroso-, se pretendía que fuera una doctrina "oficial", y por tanto, no hubiera admitido disidencia alguna.

En resumen, con el proyecto de reforma constitucional sancionado por la Asamblea Nacional en Noviembre de 2007, en Venezuela se pretendía efectuar una radical transformación del Estado y se buscaba sentar las bases para la creación de un nuevo ordenamiento jurídico, para:

Primero, transformar el Estado en un Estado Socialista, con una doctrina política oficial de carácter socialista, que se denominaba además como "doctrina bolivariana", con lo cual se eliminaba toda posibilidad de pensamiento distinto al oficial y, por tanto, toda disidencia, pues la doctrina política oficial se quería incorporar en la Constitución, como política y doctrina del Estado y la Sociedad, hubiera constituido un deber constitucional de todos los ciudadanos cumplir y hacerla cumplir. Con ello, se buscaba sentar las bases para la criminalización de la disidencia.

Segundo, transformar el Estado en un Estado Centralizado, de poder concentrado bajo la ilusión del Poder Popular, lo que implicaba la eliminación definitiva de la forma federal del Estado, imposibilitando la participación política y degradando la democracia representativa; todo ello, mediante la supuesta organización de la población para la participación en los Consejos del Poder Popular, como los Comunales, que son instituciones sin autonomía

---

dosa legitimidad, la plenitud del poder constituyente, otorgando un poder legislativo ilimitado"; y que un *falseamiento de la Constitución* ocurre cuando se otorga "a las normas constitucionales una interpretación y un sentido distinto del que realmente tienen, que es en realidad una modificación no formal de la Constitución misma", concluyendo con la afirmación de que *"Una reforma constitucional sin ningún tipo de límites, constituiría un fraude constitucional"*. Véase en *Revista de Derecho Público*, Editorial Jurídica Venezolana, N° 105, Caracas 2006, pp. 76 ss.

14 Véase el *Proyecto de Exposición de Motivos para la Reforma Constitucional, Presidencia de la República, Proyecto Reforma Constitucional. Propuesta del presidente Hugo Chávez Agosto 2007*, p. 19.

política alguna, cuyos miembros se pretendía declarar en la propia Constitución, que no fueran electos. Dichos Consejos, creados por Ley en 2006, están controlados desde la Jefatura del gobierno y para cuyo funcionamiento, el instrumento preciso es el partido único que el Estado ha tratado de crear durante 2007.

Tercero, transformar el Estado en un Estado de economía estatista, socialista y centralizada, propia de un capitalismo de Estado, con lo que se buscaba eliminar la libertad económica y la iniciativa privada, y desaparecía la propiedad privada, que con la reforma dejaban de ser derechos constitucionales, buscándose darle al Estado la propiedad de los medios de producción, la planificación centralizada y la posibilidad de confiscar bienes de las personas materialmente sin límites, configurándolo como un Estado del cual todo dependía, y a cuya burocracia quedaba sujeta la totalidad de la población. Ello choca, sin embargo, con las ideas de libertad y solidaridad social que se proclaman en la propia Constitución, y lo que se buscaba era sentar las bases para que el Estado sustituyera a la propia sociedad y a las iniciativas particulares, minimizándoselas.

Cuarto, transformar el Estado en un Estado Policial (represivo), con la tarea fundamental de someter a toda la población a la doctrina oficial socialista y "bolivariana" que se pretendía constitucionalizar, y velar por que la misma se cumpliera en todos los órdenes, lo que se buscaba asegurar mediante la regulación, con acentuado carácter regresivo y represivo, del ejercicio de los derechos civiles en situaciones de excepción, para lo cual se preveían amplios márgenes de restricción y suspensión.

Quinto, transformar el Estado en un Estado Militarista, dado el rol que se le pretendía dar a la "Fuerza Armada Bolivariana" en su configuración y funcionamiento, toda sometida al Jefe de Estado, y con la propuesta de creación en la Constitución de la Milicia Popular Bolivariana como nuevo componente.

En esta forma, siete años después de la sanción de la Constitución de 1999, el mismo Presidente de la República que en aquél momento había motorizado la concepción y sanción de aquella, a través de sus seguidores, quienes controlaban totalmente la Asamblea Constituyente; en 2007 condujo el fraudulento proceso de cambiar de nuevo la Constitución, esta vez por una Asamblea Nacional también totalmente controlada por sus seguidores, pero con el objeto, en esta ocasión sí, de transformar radicalmente el sistema político constitucional venezolano, buscando establecer un Estado Centralizado del Poder Popular, como Estado Socialista, de economía estatal y centralizada, y como Estado Militarista y Policial de ideología única oficial, lo que se apartaba radicalmente de la concepción del Estado descentralizado, civil, social, democrático y pluralista de derecho y de justicia, y de economía mixta que regula la Constitución de 1999.

Lo importante a destacar ahora es que el Presidente de la República, durante todo el año 2007, y en particular en su "Discurso de Presentación del

Anteproyecto de reforma a la Constitución ante la Asamblea Nacional" en agosto de 2007[15], señaló con toda claridad que el objetivo central de la reforma que estaba proponiendo era "la construcción de la Venezuela bolivariana y socialista"[16]; es decir, como lo expresó, se trataba de una propuesta para sembrar "el socialismo en lo político y económico"[17], lo que –dijo- no se había hecho en la Constitución de 1999. Cuando ésta se sancionó –dijo el Jefe de Estado- "no proyectábamos el socialismo como camino", agregando, que "así como el candidato Hugo Chávez repitió un millón de veces en 1998, "Vamos a Constituyente", el candidato Presidente Hugo Chávez dijo: "Vamos al Socialismo", y todo el que votó por el candidato Chávez, votó por ir al socialismo."[18]

Por ello, el Anteproyecto de Constitución que presentó ante la Asamblea Nacional, era para "la construcción del Socialismo Bolivariano, el Socialismo venezolano, nuestro Socialismo, nuestro modelo socialista"[19], cuyo "núcleo básico e indivisible" era "la comunidad", "donde los ciudadanos y las ciudadanas comunes, tendrán el poder de construir su propia geografía y su propia historia"[20]. Y todo ello bajo la premisa de que "sólo en el socialismo será posible la verdadera democracia"[21], pero por supuesto, una "demo-

---

15   Véase *Discurso de Orden pronunciado por el ciudadano Comandante Hugo Chávez Frías, Presidente Constitucional de la República Bolivariana de Venezuela en la conmemoración del Ducentécimo Segundo Aniversario del Juramento del Libertador Simón Bolívar en el Monte Sacro y el Tercer Aniversario del Referendo Aprobatorio de su mandato constitucional*, Sesión especial del día Miércoles 15 de agosto de 2007, Asamblea Nacional, División de Servicio y Atención legislativa, Sección de Edición, Caracas 2007.

16   *Idem*, p. 4

17   *Idem*, p. 33.

18   *Idem*, p. 4. Es decir, se pretendía imponer al 56% de los votantes que no votaron por la reelección presidencial, la voluntad expresada por sólo el 46% de los votantes inscritos en el Registro Electoral que votaron por la reelección del Presidente. Según las cifras oficiales del CNE, en las elecciones de 2006, de un universo de 15.784.777 votantes inscritos en el Registro Electoral, sólo 7.309.080 votaron por el Presidente.

19   Véase *Discurso...* p. 34

20   *Idem*, p. 32.

21   *Idem*, p. 35. Estos conceptos se recogen igualmente en la *Exposición de Motivos* para la Reforma Constitucional, Agosto 2007, donde se expresa la necesidad de "ruptura del modelo capitalista burgués" (p. 1), de desmontar la superestructura que le da soporte a la producción capitalista"(p. 2); de "dejar atrás la democracia representativa para consolidar la democracia participativa y protagónica"(p. 2); de "crear un enfoque socialista nuevo" (p. 2) y "construir la vía venezolana al socialismo"(p. 3); de producir "el reordenamiento socialista de la geopolítica de la Nación" (p. 8); de la "construcción de un modelo de sociedad colectivista" y "el Estado sometido al poder popular"(p. 11); de "extender la revolución para que Venezuela sea una República socialista, bolivariana", y para "construir la vía venezolana al socialismo;

cracia" sin representación que, como lo propuso el Presidente y fue sancionado por la Asamblea Nacional en la rechazada reforma del artículo 136 de la Constitución, que decía que "no nace del sufragio ni de elección alguna, sino que nace de la condición de los grupos humanos organizados como base de la población". Es decir, se buscaba establecer una "democracia" que no era democracia, pues en el mundo moderno no hay ni ha habido democracia sin elección de representantes.

Todas estas propuestas que fueron rechazadas por el pueblo en diciembre de 2007, las resumió el Presidente en su Discurso del 15 agosto de 2007, así:

> "en el terreno político, profundizar la democracia popular bolivariana; en el terreno económico, preparar las mejores condiciones y sembrarlas para la construcción de un modelo económico productivo socialista, nuestro modelo, lo mismo en lo político la democracia socialista; en lo económico, el modelo productivo socialista; en el campo de la Administración Pública incorporar novedosas figuras para aligerar la carga, para dejar atrás el burocratismo, la corrupción, la ineficiencia administrativa, cargas pesadas del pasado, que todavía tenemos encima como rémoras, como fardos en lo político, en lo económico, en lo social" [22].

Y todas estas propuestas de construcción del socialismo, además, el Presidente las vinculó al proyecto que Simón Bolívar había elaborado en plena guerra de independencia en 1819, el cual -dijo- "es perfectamente aplicable a un proyecto socialista: perfectamente se puede tomar la ideología bolivariana originaria, como elemento básico de un proyecto socialista"[23]. Sin embargo, basta leer el "Discurso de Angostura" del Libertador Simón Bolívar, al presentar el proyecto de Constitución de 1819 en Congreso reunido en aquella ciudad (Angostura), para captar que nada de lo que allí expresó tiene que ver con proyecto socialista alguno.[24]

En todo caso, la reforma constitucional sancionada y rechazada popularmente, tocaba las bases fundamentales del Estado, en particular, en relación con la ampliación constitucional de la llamada "doctrina bolivariana"; con la sustitución del Estado democrático y social de derecho por el Estado Socialista; con la eliminación de la descentralización como política de Estado supuestamente en aras de la participación política, la cual por otra parte se

---

construir el socialismo venezolano como único camino a la redención de nuestro pueblo"(p. 19).

22   *Idem*, p. 74

23   *Idem*, p. 42.

24   Véase Simón Bolívar, *Escritos Fundamentales*, Caracas, 1982. Véase también, Pedro Grases (Ed), *El Libertador y la Constitución de Angostura de 1819*, Caracas, 1969; y José Rodríguez Iturbe (Ed.), *Actas del Congreso de Angostura*, Caracas, 1969.

limitaba. Y todo ello fue lo que precisamente rechazó el pueblo en el referendo de diciembre de 2007. [25]

II. EL RECHAZO POPULAR AL ESTABLECIMIENTO DE UNA "DOCTRINA BOLIVARIANA" COMO DOCTRINA DEL ESTADO SOCIALISTA

En efecto, una de las innovaciones de la Constitución de 1999, fue sin duda el cambio de la denominación de la República de Venezuela por el de "República Bolivariana de Venezuela" (art. 1), que nada tenía que ver con Simón Bolívar y su pensamiento, y ni siquiera con la idea de construcción del socialismo –pues incluso, como lo dijo el Presidente en su discurso del 15 de agosto de 2007, en ese momento no estaba planteado-[26], habiendo obedecido en su momento a una motivación político partidaria, partisana o partidista[27], vinculada al partido "bolivariano" que no se podía utilizar.[28]

En 2007, todo ello cambió, de manera que al formular su propuesta de reforma constitucional, el Presidente de la República buscó identificar la doctrina bolivariana con otra cosa distinta al pensamiento del Libertador, como fue el modelo socialista de sociedad y Estado, y el "bolivarianismo" como su ideología política. Por ello se propuso denominar a todos los componentes de la Fuerza Armada como "bolivariana" (art. 156,8; 236,6; 328 y 329), a la cual se le asignaba el cumplimiento de su misión de defensa que debía realizar "mediante el estudio, planificación y ejecución de la doctrina militar bolivariana".

Además, en la reforma al artículo 103 de la Constitución, se buscaba completar el concepto de vinculación de lo bolivariano con el socialismo, al disponerse que la inversión prioritaria que debe realizar el Estado en materia educativa, debía ser "de acuerdo a los principios humanísticos del socialismo bolivariano, y tomando en cuenta las recomendaciones de la Organización de las Naciones Unidas".

---

25 Véase Allan R. Brewer-Carías, "La proyectada reforma constitucional de 2007, rechazada por el poder constituyente originario", en *Anuario de Derecho Público 2007,* Año 1, Instituto de Estudios de Derecho Público de la Universidad Monteávila, Caracas 2008, pp. 17-65.

26 Véase *Discurso...*, citado *supra*, nota 16, p. 4.

27 Véase lo que expusimos en Allan R. Brewer-Carías, *La Constitución de 1999*, Editorial Arte, Caracas 1999, pp. 44 ss.

28 De acuerdo con la Ley de Partidos Políticos, *Gaceta Oficial* N° 27.725, de 30-04-1965, los partidos políticos no pueden usar los nombres de los próceres ni los símbolos de la patria. La organización política que el Presidente había formado antes de la campaña presidencial de 1998, se llamó el Movimiento Bolivariano 2000, nombre que no podía ser usado. Por ello, el partido político que fundó se denominó Movimiento V Republica.

De nada valió el rechazo popular, pues en fraude a la voluntad popular, se comenzó a calificar mediante leyes diversas instituciones como "Bolivarianas" como por ejemplo sucedió con la Fuerza Armada Bolivariana, la Policía nacional Bolivariana, y la Milicia Bolivariana.

III. EL RECHAZO POPULAR A LA SUSTITUCIÓN DEL ESTADO DEMOCRÁTICO Y SOCIAL DE DERECHO Y DE JUSTICIA POR UN ESTADO SOCIALISTA

El artículo 2 de la Constitución de 1999 define a Venezuela como un Estado democrático y social de derecho y de justicia, precisamente para diseñar un Estado no socialista, es decir, contrario al Estado Socialista que se pretendió crear con la rechazada reforma constitucional.

Ello resultaba de la propuesta de reforma que se pretendía respecto del artículo 16, donde se buscaba crean las comunas y comunidades como "el núcleo territorial básico e indivisible del Estado Socialista Venezolano"; del artículo 70, donde al definirse los medios de participación y protagonismo del pueblo en ejercicio directo de su soberanía mediante todo tipo de consejos, se pretendía indicar que era "para la construcción del socialismo", haciéndose mención a las diversas asociaciones "constituidas para desarrollar los valores de la mutua cooperación y la solidaridad socialista"; del artículo 112 donde se proponía indicar, en relación con el modelo económico del Estado, que era para crear "las mejores condiciones para la construcción colectiva y cooperativa de una economía socialista"; del artículo 113 en el cual se buscaba indicar la necesidad de la constitución de "empresas mixtas o unidades de producción socialistas"; del artículo 158, del que se buscaba eliminar toda mención a la descentralización como política nacional, y definir como política nacional, "la participación protagónica del pueblo, restituyéndole el poder y creando las mejores condiciones para la construcción de una democracia socialista"; del artículo 168 relativo al Municipio, en el que se buscaba precisar la necesidad de incorporar "la participación ciudadana a través de los Consejos del Poder Popular y de los medios de producción socialista"; del artículo 184 en el que se buscaba orientar la descentralización de Estados y Municipios para permitir "la construcción de la economía socialista"; del artículo 299, relativo al régimen socioeconómico de la República, en el que se pretendía indicar que se debía fundamentar "en los principios socialistas"; del artículo 300 relativo a la creación de empresas públicas, que se pretendía orientar sólo "para la promoción y realización de los fines de la economía socialista"; del artículo 318, sobre el sistema monetario nacional en el cual se pretendía indicar que debía "propender al logro de los fines esenciales del Estado Socialista", todo de acuerdo con el Plan de Desarrollo Integral de la Nación cuyo objetivo, se pretendía indicar que era "para alcanzar los objetivos superiores del Estado Socialista"; y del artículo 321 sobre el régimen de las reservas internacionales, respecto de las cuales los fondos que se pretendía regular, se buscaba declarar que fueran sólo para "el desarrollo integral, endógeno, humanista y socialista de la Nación".

De nada valió el rechazo popular a la propuesta de establecer un Estado Socialista, pues el mismo se estableció formalmente mediante las leyes Orgánicas del Poder Popular en fraude a la voluntad popular y en paralelo al Estado constitucional.

IV. EL RECHAZO POPULAR A LA PRETENSIÓN DE HACER DES-APARECER A VENEZUELA INTEGRÁNDOLO EN UN "ESTADO GRANNACIONAL" O "NACIÓN DE REPÚBLICAS."

Entre las bases constitucionales que se establecieron en la Constitución de 1999, como una importante novedad, para que la República pudiera participar con seguridad jurídica en los procesos de integración económica latinoamericana, en el artículo 153 se le dio solución a las exigencias constitucionales para poder ingresar en dichos procesos, permitiendo que el derecho comunitario resultante tuviese aplicación inmediata y directa en el país.

Dicha norma, y los principios que en la misma se incorporaron se buscó que fueran eliminadas en la reforma constitucional de 2007, y en su lugar se buscó establecer un conjunto de principios de política exterior, en el sentido de que "La República promoverá la integración, la Confederación y la unión de América Latina y del Caribe a objeto de configurar un gran bloque regional de poder político, económico y social".

La norma propuesta agregó, que "para el logro de este objetivo el Estado privilegiará la estructuración de nuevos modelos de integración y unión en nuestro continente, que permitan la creación de un espacio geopolítico, dentro del cual los pueblos y gobiernos de nuestra América vayan construyendo un solo proyecto Grannacional, al que Simón Bolívar llamó 'Una Nación de Repúblicas'."

Para ello, se estableció en la reforma que la República podía "suscribir tratados y convenios internacionales basados en la más amplia cooperación política, social, económica, cultural, la complementariedad productiva Grannacional, la solidaridad y el comercio justo".

Con lo anterior, se buscaba establecer en la Constitución normas que dieran apoyo a la entrega de soberanía que venía siendo diseñada y establecida en multitud de convenios internacionales suscritos por ejemplo con Cuba.

De nada valió el rechazo popular a la propuesta de establecer un Estado dependiente de Cuba, pues en fraude a la Constitución y a la propia voluntad popular eso lo logró de hecho, mediante infinidad de convenios internacionales.

V. EL RECHAZO POPULAR A LA ELIMINACIÓN DE LA DESCEN-TRALIZACIÓN COMO POLÍTICA DE ESTADO

La Constitución de 1999 en su artículo 4 no sólo precisó que "La República Bolivariana de Venezuela es un Estado federal descentralizado en los términos consagrados por esta Constitución"; sino que definió a la descentralización como política de Estado (arts. 16, 84, 166, 184, 185, 269, 272, 285, 300) para "profundizar la democracia, acercando el poder a la población y creando las mejores condiciones, tanto para el ejercicio de la democracia como para la prestación eficaz y eficiente de los cometidos estatales" (art. 158).

Todo esto se buscaba eliminar con la rechazada reforma constitucional de 2007, en la cual siguiendo la orientación de la práctica política centralista de los últimos años, definitivamente se buscaba centralizar completamente el Estado, eliminándose todo vestigio de descentralización como organización y política pública, de autonomía territorial y de democracia representativa a nivel local, es decir, de la unidad política primaria en el territorio, lo que tocaba otro aspecto fundamental y medular del Estado venezolano, que es la forma federal. Con la rechazada reforma constitucional, en efecto, se buscaba formular una supuesta "nueva geometría del poder" donde no había ni podía haber autonomías, con la propuesta de creación de nuevas instancias territoriales, todas sometidas al poder central, mediante las cuales el Poder Popular supuestamente iba a desarrollar "formas de agregación comunitaria política territorial" que constituían formas de autogobierno, pero sin democracia representativa alguna, sino sólo como "expresión de democracia directa" (art. 16). Con ello se buscaba, como lo dijo el Presidente de la república, "el desarrollo de lo que nosotros entendemos por descentralización, porque el concepto cuartorepublicano de descentralización es muy distinto al concepto que nosotros debemos manejar. Por eso, incluimos aquí la participación protagónica, la transferencia del poder y crear las mejores condiciones para la construcción de la democracia socialista"[29].

De nada valió el rechazo popular a la propuesta de desmantelar el principio de descentralización política, pues progresivamente ello es lo que ha perseguido la política pública del gobierno, no sólo estableciendo el Estado del Poder Popular para ahogar a los Estados y Municipios, sino obligando a los Municipios a vaciar sus competencias en entidades sin gobiernos democráticos representativo.

VI. EL RECHAZO POPULAR A LA ELIMINACIÓN DE LA DEMOCRACIA REPRESENTATIVA A NIVEL LOCAL

De acuerdo con el artículo 5° de la Constitución de 1999, se definió a la democracia conforme a la representatividad política, es decir, la democracia indirecta (democracia representativa) conforme a la cual todos los órganos del Poder Público tienen que tener su origen en elección popular, la cual se complementó con la posibilidad de su ejercicio directo. La democracia, por tanto, para ser tal, tiene que ser representativa, mediante la elección de cargos públicos (art. 70), a través de votaciones libres, universales, directas y secretas (art. 63). Por ello, en la Constitución no existe ni puede existir de-

---

29 Véase *Discurso….*, citado *supa*, nota 16.

mocracia que no sea representativa, siendo de la esencia del régimen político democrático la idea de que el pueblo, titular de la soberanía, no la ejerce directamente, sino a través de representantes.

Esa democracia representativa, por supuesto, no se opone a democracia participativa; pero en forma laguna esta puede pretender sustituir a aquella. La democracia, para que sea participativa, además de esencialmente representativa, lo que tiene es que permitir al ciudadano participar en los asuntos públicos, teniendo acceso al poder lo que puede ocurrir sólo cuando lo tiene cerca. Ello implica necesariamente un bien arraigado y desarrollado sistema de gobierno local, en cada lugar, asentamiento urbano o rural, que goce de autonomía política, lo que sólo puede estar basado en la descentralización política, es decir, en la creación de entidades políticas autónomas que permitan el autogobierno local. En ese sentido, participar es sólo posible cuando mediante la descentralización, se crean autoridades locales en los niveles territoriales más pequeños, lo que implica desparramar el poder.

Este sistema democrático es contrario a la concentración del Poder y al centralismo que es lo que se buscaba encubrir con el rechazad proyecto de reforma constitucional, que estaba destinado a la construcción del socialismo, de una sociedad colectivista y de supuesta "participación protagónica"[30], eliminando de la Constitución toda referencia a la descentralización política, y por tanto, de efectiva posibilidad de participación, y además, la sustitución de la democracia representativa por una supuesta "democracia participativa". Para ello, lo que se buscaba era acabar con la propia democracia como régimen político, tratando de sustituirla por un régimen autoritario, centralizador y concentrador del Poder que hubiera impedido la real participación política, al no existir entidades locales autónomas, y depender los consejos comunales de la cúspide del poder ejecutivo nacional. Ello se pretendía lograr con la eliminación de los entes territoriales descentralizados políticamente, sin las cuales no puede haber efectivamente democracia participativa, y la creación en su lugar de consejos del poder popular que no pasan de ser una simple manifestación de movilización controlada desde el Poder Central. Ello es lo que ha ocurrido, precisamente, con los Consejos Comunales creados por Ley

---

30   En la *Exposición de Motivos del Proyecto de Reforma Constitucional* presentado por el Presidente de la República en agosto 2007, se lee que el Poder Popular "es la más alta expresión del pueblo para la toma de decisiones en todos sus ámbitos (político, económico, social, ambiental, organizativo, internacional y otros) para el ejercicio pleno de su soberanía. Es el poder constituyente en movimiento y acción permanente en la construcción de un modelo de sociedad colectivista de equidad y de justicia. Es el poder del pueblo organizado, en las más diversas y disímiles formas de participación, al cual está sometido el poder constituido. No se trata del poder del Estado, es el Estado sometido al poder popular. Es el pueblo organizado y organizando las instancias de poder que decide las pautas del orden y metabolismo social y no el pueblo sometido a los partido políticos, a los grupos de intereses económicos o a una particularidad determinada", *cit.,* p 11.

en 2006[31], cuyos miembros no son electos mediante sufragio sino designados por Asambleas de ciudadanos controladas por el propio Poder Ejecutivo Nacional. Ello era lo que con la rechazada reforma constitucional, se pretendía consolidar en el texto fundamental, al proponerse una "nueva geometría del poder" en la cual se sustituía a los Municipios, por las comunidades, como el "núcleo territorial básico e indivisible del Estado Socialista Venezolano", que debían agrupar a las comunas (socialistas)[32] como "células sociales del territorio", las cuales se debían agrupar en ciudades que eran las que se pretendía concebir como "la unidad política primaria de la organización territorial nacional". En la rechazada reforma constitucional se buscaba establecer en forma expresa que los integrantes de los diversos Consejos del Poder Popular no nacían "del sufragio ni de elección alguna, sino que nace de la condición de los grupos humanos organizados como base de la población".

Con ello, en definitiva, en nombre de una "democracia participativa y protagónica", lo que se buscaba era poner fin en Venezuela a la democracia representativa a nivel local, y con ello, de todo vestigio de autonomía política territorial que es la esencia de la descentralización.

De nada valió el rechazo popular a la propuesta de eliminar la representatividad democrática, pues en fraude a la Constitución y a la voluntad popular se organizó a los Consejos Comunales y a las organizaciones del Poder Popular sin representación democrática, e incluso se eliminó la elección de las Juntas Parroquiales.

VII. EL RECHAZO POPULAR A LA REDUCCIÓN DEL DERECHO A LA PARTICIPACIÓN POLÍTICA SÓLO PARA LA EJECUCIÓN DE LA IDEOLOGÍA SOCIALISTA

Conforme al artículo 62 de la Constitución de 1999 todos tienen el derecho "de *participar libremente* en los asuntos públicos, directamente o por medio de sus representantes elegidos o elegidas", refiriéndose a "la participación del pueblo en la formación, ejecución y control de la gestión pública" como "el medio necesario para lograr el protagonismo que garantice su completo desarrollo, tanto individual como colectivo", a través de los mecanismos de participación enumerados en el artículo 70.

---

31 Véase los comentarios sobre ello en Allan R. Brewer-Carías et al, *Ley Orgánica del Poder Público Municipal*, Editorial Jurídica Venezolana, Caracas 2007, pp. 75 y ss.,

32 En la *Exposición de Motivos* del Proyecto de Reforma Constitucional presentado por el Presidente de la República en agosto 2007, a las comunas se las califica como "comunas socialistas", y se la define como "Es un conglomerado social de varias comunidades que poseen una memoria histórica compartida, usos, costumbres y rasgos culturales que los identifican, con intereses comunes, agrupadas entre sí con fines político-administrativos, que persiguen un modelo de sociedad colectiva de equidad y de justicia", *cit.*, p. 12

Con la rechazada reforma constitucional, dichos medios de participación política, entre los cuales se proponía incluir a los Consejos del Poder Popular, perdían su carácter libre y se buscaba que quedaran reducidos al único propósito de "la construcción del socialismo", de manera que quien no quisiera construir socialismo alguno, hubiera quedado excluido del derecho a la participación política, que sólo estaba destinado a desarrollar los valores de "la solidaridad socialista" y no era libre como indica el artículo 62.

Por otra parte, en sustitución del concepto amplio de participación ciudadana que establece el artículo 168 de la Constitución y que deben desarrollar los Municipios, con la rechazada reforma constitucional se pretendía establecer la obligación de los Municipios de "incorporar, dentro del ámbito de sus competencias, la participación ciudadana a través de los Consejos del Poder Popular y de los medios de producción socialista", eliminándose toda posibilidad de otras formas de participación, la cual dejaba de ser libre.

De nada valió el rechazo popular a la propuesta de establecer la participación local sólo para el establecimiento del socialismo, al haberse establecido el Estado Comunal o del Poder Popular, reduciendo los mecanismos de participación política local, incluso a nivel municipal, solo para la consecución del socialismo.

VIII. EL RECHAZO POPULAR A LA ELIMINACIÓN DE LA PARTICI-PACIÓN DE LOS REPRESENTANTES DE LA SOCIEDAD CIVIL EN LA POSTULACIÓN DE ALTOS FUNCIONARIOS DEL ESTADO

El proyecto de reforma constitucional de 2007, por otra parte, buscaba eliminar las formas de participación política de la sociedad civil en los asuntos públicos que directamente establece la Constitución de 1999, para la postulación de los candidatos a los cargos de Magistrados del Tribunal Supremo de Justicia, de Miembros del Consejo Nacional Electoral, del Defensor del Pueblo, del Contralor General de la República y del Fiscal General de la República. Esa postulación debe hacerse ante la Asamblea Nacional por sendos Comités de Postulaciones que necesariamente debían estar integrados por "representantes de los diferentes sectores de la sociedad" (arts. 264, 279, 295).

Estas previsiones de la Constitución de 1999 han sido distorsionadas por la práctica política y legislativa desarrollada desde que se sancionó la propia Constitución, tanto por parte de la entonces Asamblea Nacional Constituyente (1999) como luego por la Asamblea Nacional (2000), que fueron convirtiendo dichos Comités de Postulaciones en violación de la Constitución, en simples Comisiones parlamentarias ampliadas (2002-2007), limitando el derecho a la participación política de la sociedad civil[33]. Esa tendencia es la

---

33 Véase Allan R. Brewer-Carías, "La participación ciudadana en la designación de los titulares de los órganos no electos de los Poderes Públicos en Venezuela y sus vicisi-

que se buscaba constitucionalizar con el rechazado proyecto de reforma constitucional, al buscarse regular los Comités de Postulaciones para la elección de los Magistrados del Tribunal Supremo de Justicia y de los titulares de los órganos del Poder Electoral y del Poder Ciudadano, en los cuales se pretendía eliminar su integración exclusiva por representantes de los diversos sectores de la sociedad, y pasando a estar integrados mayoritariamente por diputados, representantes del Poder Popular, en fin, por funcionarios del Estado (arts. 264, 295, 279).

De nada valió el rechazo popular a la propuesta para eliminar la participación de los diversos sectores de la sociedad civil en la designación de los altos funcionarios de los Poderes Públicos del Poder Ciudadano, del Poder Electoral y del Poder Judicial, pues en fraude a la Constitución, desde 2000, y en leyes sucesivas, los Comités de Postulaciones del Poder Judicial, del Poder Electoral y del Poder Judicial, se han convertido legalmente en comisiones parlamentarias ampliadas, dominadas por una mayoría de diputados, que por esencia no constituyen la sociedad civil.

IX. EL RECHAZO POPULAR A LA LIMITACIÓN DEL DERECHO A LA PARTICIPACIÓN POLÍTICA MEDIANTE REFERENDOS

Con la rechazada propuesta constitucional, por otra parte, se buscaba restringir los mecanismos de democracia directa establecidos en la Constitución, particularmente en relación con los referendos consultivo, el referendo revocatorio, el referendo aprobatorio, y el referendo abrogatorio (art. 71 a 74). Respecto de todos ellos, en efecto, la rechazada propuesta de reforma constitucional pretendía elevar el porcentaje de firmas necesarias para que pudieran ser iniciados por iniciativa popular, es decir, hacer más dificultosa dicha iniciativa; y además, buscaba aumentar el porcentaje de votos necesarios para que los referendos pudieran tener efectos. En particular, respecto del referendo revocatorio, con el rechazad proyecto de reforma constitucional se buscaba hacerlo menos participativo y más dificultoso, al buscarse establecer, en primer lugar, en vez de que la solicitud de convocatoria del mismo correspondiera directamente, como un derecho popular, a un número no menor del 20 % de los electores inscritos en la correspondiente circunscripción, que lo que hubiera podido hacerse era "solicitar al Consejo Nacional Electoral la activación del mecanismo para que los electores y electoras inscritos e inscritas en la correspondiente circunscripción del Registro Electoral, en un número no menor del treinta por ciento, soliciten la convocatoria de un referendo para revocar su mandato", distorsionado la iniciativa popular; en segundo lugar, en lugar de exigirse que sólo concurran al referendo un número de electores igual o superior al 25% de los electores inscritos para que se considere válido el referendo, con la rechazada reforma constitucional

---

tudes políticas", en *Revista Iberoamericana de Derecho Público y Administrativo*, Año 5, Nº 5-2005, San José, Costa Rica 2005, pp. 76-95 se buscaba que concurrieran al referendo el 40% de los electores inscritos; y en tercer lugar, adicionalmente a la exigencia de que se considerase revocado el mandato cuando voten a favor de la revocatoria "igual o mayor número de electores que eligieron al funcionario", con la reforma constitucional que h sido rechazada popularmente, se buscaba exigir que "sea mayor el total de votos a favor que el total de votos en contra", así hubieran votado por la revocatoria más electores que los que eligieron al funcionario, con lo cual se perseguía distorsionar el referendo revocatorio y transformarlo en un "referendo ratificatorio".

Por otra parte, en la Constitución de 1999 se establecen tres mecanismos institucionales para la revisión constitucional que se distinguen según la intensidad de las transformaciones que se proponen, y que son las Enmiendas constitucionales, las Reformas Constitucionales y la Asamblea Nacional Constituyente. En todos los caso, la Constitución ha previsto la iniciativa popular de las propuestas de cambios constitucionales, mediante la fijación de un porcentaje de ciudadanos que oscila entre el 15 y el 30% de los inscritos en el registro Electoral.

En la rechazada reforma constitucional, se hacía más difícil la iniciativa popular al proponerse en todos los casos, aumentar el porcentaje de ciudadanos que podían presentarla, y además, se buscaba hacer más dificultoso el proceso de modificación constitucional, al buscarse también aumentar el porcentaje de electores que debían concurrir a los referendos y de votos que se necesitan para aprobar los proyectos en los referendos (arts. 341 y ss).

En todo caso, de nada valió el rechazo popular a la propuesta de establecer limitaciones excesivas para la realización de referendos, pues las mismas se han establecido reglamentariamente por el Poder Electoral, de manera que la materialización de la iniciativa popular en esos casos se ha tornado en una acción materialmente imposible.

X. EL RECHAZO POPULAR AL ESTABLECIMIENTO UNA NUEVA ORGANIZACIÓN TERRITORIAL: LA "NUEVA GEOMETRÍA DEL PODER"

La forma del Estado venezolano ha sido siempre formalmente la de una Federación, en la cual el Poder Público está distribuido en el territorio entre entidades políticas territoriales autónomas en tres niveles: el nivel nacional (República), el nivel estadal (Estados) y el nivel municipal (Municipios), cuyas respectivas autonomías garantiza la propia Constitución. Con la rechazada reforma constitucional de 2007, si bien no se eliminaba expresamente la palabra "federación", o la forma "federal" del Estado, la misma se vaciaba totalmente de contenido.

En particular, en cuanto a los Estados y Municipios sobre cuya concepción se monta el sistema federal, con la reforma que se pretendía hacer al artículo 16, desaparecía la garantía constitucional de la autonomía municipal y el principio de la descentralización político administrativa que establece la Constitución de 1999 como condición esencial de la división territorial.

En particular, en relación con los Municipios, con la rechazada reforma constitucional se buscaba quitarles el carácter de unidad política primaria que el artículo 168 de la Constitución de 1999 les garantiza, y en su lugar se proponía establecer a "la ciudad" como la unidad política primaria de la organización territorial nacional, entendida como "todo asentamiento poblacional dentro del municipio, e integrada por áreas o extensiones geográficas denominadas comunas". Además, se buscaba definir a estas comunas, como las células sociales del territorio conformadas por las "comunidades", cada una de las cuales se proponía que constituyera "el núcleo territorial básico e indivisible del Estado Socialista Venezolano, donde los ciudadanos y las ciudadanas tendrán el poder para construir su propia geografía y su propia historia". En la rechazada propuesta de reforma constitucional, también se proponía crear la figura de la Ciudad Comunal que debía constituirse cuando en la totalidad de su perímetro, se hubieran establecido las comunidades organizadas, las comunas y el autogobierno comunal, pero asignándose su creación al Presidente de la República en Consejo de Ministros.

A partir de este esquema inicial, en el artículo 16 del proyecto de la rechazado de reforma constitucional, se buscaba cambiar radicalmente la división política del territorio nacional en "entidades políticas" (Estados, Distrito Capital, dependencias federales, territorios federales y Municipios y otras entidades locales) que conforme a la Constitución gozan esencialmente de autonomía política territorial, y deben tener un gobierno "electivo" (art. 6); por una "conformación" del territorio nacional a los fines político-territoriales y de acuerdo con una "nueva geometría del poder", por un Distrito Federal, por los estados, las regiones marítimas, los territorios federales, los municipios federales y los distritos insulares". En ese esquema, se proponía eliminar la exigencia constitucional de que todo el territorio se nacional se debe organizar en municipios, por la previsión de que sólo "los Estados se organizan en municipios" (art. 16), los que por tanto se buscaba que desaparecieran, si una parte del territorio se convertía en alguna de las "nuevas" entidades. Por ello es que precisamente, se buscaba que el Municipio desapareciera como unidad política primaria en la organización nacional.

Lo más notorio de la rechazada reforma constitucional es que mediante la misma, se buscaba autorizar al Presidente de la República, en Consejo de Ministros, para que "previo acuerdo aprobado por la mayoría simple de los diputados y diputadas de la Asamblea Nacional", pudiera "decretar regiones marítimas, territorios federales, municipios federales, distritos insulares, provincias federales, ciudades federales y distritos funcionales, así como cualquier otra entidad que establezca esta Constitución y la Ley", con lo que materialmente, la totalidad de la división político territorial de la República se pretendía que dejara de ser una materia de rango constitucional y pasara a ser una materia ni siquiera de regulación legislativa, sino solamente ejecutiva. En fin, lo que se pretendía con la rechazada reforma constitucional era la total centralización del poder, lo que se confirma mediante la asignación que se pretendía hacer al Presidente de la República para designar y remover "las autoridades respectivas" de dichas entidades que hubieran quedado sujetas completamente al Poder Central.

De nada valió el rechazo popular a la propuesta de establecer una nueva organización territorial que ahogara a las entidades político territoriales, pues mediante diversas leyes, en fraude a la voluntad popular y a la Constitución se han establecido espacios de regiones con subdivisiones, a cargo de jefes de gobierno delegados designados por el Poder Ejecutivo, para ahogar y buscar sustituir a las entidades políticas como los Estados y sus gobiernos.

XI. EL RECHAZO POPULAR AL ESTABLECIMIENTO DEL DISTRITO FEDERAL SIN AUTONOMÍA POLÍTICA NI GOBIERNO DE-MOCRÁTICO LOCAL

En cuanto al régimen político de la ciudad capital, Caracas, La Constitución de 1999 aseguró definitivamente un régimen de gobierno local descentralizado y democrático, en el cual se debe garantizar la autonomía municipal y la participación política de las diversas entidades que componen la ciudad. De allí el esfuerzo por establecer un gobierno metropolitano a dos niveles, para asegurar por una parte, el gobierno global (metropolitano) de la ciudad y por la otra, asegurar el gobierno local. En esta forma en 1999 se eliminó la figura territorial del "Distrito Federal" que había quedado como vestigio decimonónico del esquema tradicional de las federaciones, en el cual la ciudad capital carece de autogobierno.

Con la rechazada reforma constitucional de 2007, lo que se pretendía era volver al mismo esquema del siglo XIX, ya superado en todas las capitales de todas las Federaciones del mundo, de restablecer un Distrito Federal sin garantía alguna de la autonomía municipal o territorial, ni del carácter democrático y participativo de su gobierno, cuyas autoridades se pretendía que quedaran totalmente sujetas y controladas por el Poder Nacional, y en particular, por el Presidente de la república a quien se buscaba atribuir la designación y remoción de sus autoridades.

Además, en la propuesta de reforma constitucional rechazada por el pueblo, se pretendía "nacionalizar" totalmente las competencias públicas respecto de todos los asuntos que concernieran a la ciudad capital, mediante la propuesta de asignar al "Poder Nacional por intermedio del Poder Ejecutivo" (con la colaboración y participación de todos los entes del Poder Público Nacional, Estadal y Municipal, así como del Poder Popular) disponer "todo lo necesario para el reordenamiento urbano, reestructuración vial, recuperación ambiental, logros de niveles óptimos de seguridad personal y pública, fortalecimiento integral de la infraestructura del hábitat de las comunidades, sistemas de salud, educación, cultura, deporte y recreación, recuperación total de su casco y sitios históricos, construcción de un sistema de pequeñas y medianas ciudades a lo largo de sus ejes territoriales de expansión". Es decir, todo lo que es propio de los gobiernos locales, se pretendía asignar al Ejecutivo Nacional.

De nada valió el rechazo popular a la propuesta de restablecer al Distrito federal y ahogar al gobierno democrático representativo del área metropolitana de caracas, pues en fraude a la voluntad popular y a la Constitución, desde 2008 se creó a la región Capital en la misma área territorial, con un sistema de gobierno especial totalmente dependiente del Ejecutivo Nacional.

XII. EL RECHAZO POPULAR AL ESTABLECIMIENTO DEL "PODER POPULAR" EN PARALELO AL PODER PÚBLICO

Con la rechazada propuesta de reforma constitucional, se buscaba agregar a la distribución vertical del Poder Público entre el Poder Municipal, el Poder Estadal y el Poder Nacional (art. 136), a un denominado Poder Popular, que se pretendía concebir como el medio para que supuestamente "el pueblo" como el depositario de la soberanía, la ejerciera "directamente", pero con la advertencia expresa de que dicho Poder Popular" "no nace del sufragio ni de elección alguna, sino que nace de la condición de los grupos humanos organizados como base de la población", sino mediante la constitución de comunidades, comunas y el autogobierno de las ciudades, a través de toda suerte de consejos comunales y de otra índole.

Se pretendía, así, agregar como un Poder Público más en el territorio, al Poder Popular, cuyos voceros, por ejemplo, con la rechazada reforma constitucional se pretendía que también formaran parte de los Comités de Postulaciones y Evaluaciones para la escogencia de los magistrados del Tribunal Supremo de Justicia, los titulares del Poder Ciudadano y los miembros del Consejo Nacional Electoral (arts. 264, 279 y 295).

De nada valió el rechazo popular a la propuesta de establecer al Poder Popular en paralelo al Poder nacional, lo que se manifestó en la sanción, en 2010, en fraude a la voluntad popular y en violación de la Constitución con el establecimiento del Estado Comunal o Estado del Poder Popular, con las leyes Orgánicas del Poder Popular.

XIII. EL RECHAZO POPULAR A LA "NACIONALIZACIÓN" DE LAS COMPETENCIAS EN EL PODER PÚBLICO

Con la rechazada reforma constitucional, además, se buscaba trastocar la distribución de competencias públicas prevista en la Constitución entre los tres niveles territoriales de gobierno (nacional, estadal y municipal), de manera de centralizar materialmente todas las competencias del Poder Público en el nivel nacional (arts. 156, 164), vaciándose de competencias a los Estados y obligándose a los Municipios a transferir sus competencias a los Consejos Comunales, con lo que en definitiva hubieran quedado como entelequias vacías.

Pero entre las materias que con el rechazad proyecto de reforma constitucional se pretendía asignar al Poder Nacional, estaba la que se pretendía incorporar al artículo 156,10, para "la ordenación y gestión del territorio y el régimen territorial del Distrito Federal, los Estados, los Municipios, las Dependencias Federales y demás entidades regionales"; y en el Artículo 156,11, para "la creación, supresión, ordenación y gestión de provincias federales, regiones estratégicas de defensa, territorios federales, municipios federales, ciudades federales y comunales, distritos funcionales, regiones marítimas y distritos insulares". En esta forma, se pretendía con la reforma rechazada que los Estados y Municipios dejaran de ser "entidades políticas" perdiendo efectiva autonomía, y pasaran a depender totalmente del Poder Nacional, como órganos sin autonomía alguna, es decir, como administraciones periféricas del Poder Central sometidas a la ordenación y gestión que establezca el Poder Nacional. Por ello también se buscaba reformar el artículo 164,2 de la Constitución, para establecer que los Estados tuvieran competencia para ejercer "la coordinación de sus municipios y demás entidades locales", lo que también hubiera implicado la eliminación de la autonomía municipal.

La centralización de todas las competencias del Poder Público en el nivel nacional llegaba a tal extremo en la rechazada reforma constitucional que con la misma se pretendía eliminar formalmente la tradicional competencia residual de los Estados (art. 164,11) –que existe en todas las federaciones del mundo-, respecto de toda otra competencia no asignada expresamente a los otros niveles de gobierno (nacional y municipal), y en cambio, establecer dicha competencia residual a favor del Poder nacional (art. 156,36), dejando a los Estados, sólo y exclusivamente, competencia en "todo lo que le atribuya esta Constitución o ley nacional" (art. 164,10).

De nada valió el rechazo popular a la propuesta de establecer la nacionalización por ejemplo de las competencias de los Estados para administrar las autopistas, puertos y aeropuertos nacionales, pues las mismas fueron "nacionalizadas" en virtud de una mutación constitucional establecida con motivo de una interpretación constitucional adoptada por la Sala Constitucional a solicitud del Poder Ejecutivo.

XIV. EL RECHAZO POPULAR A LA LIMITACIÓN DE LA AUTONOMÍA MUNICIPAL Y A LA ELIMINACIÓN DE LAS PARROQUIAS COMO ENTIDADES LOCALES

De acuerdo con el artículo 168 de la Constitución de 1999, la autonomía municipal respecto de los otros niveles de gobierno (nacional y estadal), está garantizada al disponer que sus actos "no pueden ser impugnados sino ante los tribunales competentes, de conformidad con la Constitución y la ley"; lo que implica que pueden ser revisados, en forma alguna, por los órganos del Poder Nacional ni de los Estados. Con el rechazada proyecto de reforma constitucional de 2007, se buscaba eliminar de este artículo no sólo la característica del Municipio de ser la unidad política primaria de la organización nacional, lo que se pretendía atribuir a la ciudad (art. 16), sino la mencionada autonomía jurídica e institucional de los Municipios, lo que hubiera permitido que sus actos hubieran podido ser impugnados y revisados por los otros órganos administrativos de los Estados, o del poder ejecutivo u otro ente

El rechazado proyecto de reforma constitucional, además, pretendía eliminar del artículo 173 de la Constitución toda referencia a la existencia de las "parroquias" como entidades locales.

De nada valió el rechazo popular a la propuesta de minimizar al Municipio, pues en violación a la Constitución y en fraude a la voluntad popular ello se logró con la reforma de la ley Orgánica del Poder Público Municipal de 2010 y la aprobación de las Leyes Orgánicas del Poder Popular ese mismo año, eliminándose las Juntas Parroquiales electas, que pasaron a ser órganos consultivos de los Consejos Comunales cuyos órganos no son electos democráticamente.

XV. EL RECHAZO POPULAR A LA ACENTUACIÓN DEL PRESIDENCIALISMO

Con la rechazada reforma constitucional se pretendía acentual el presidencialismo y la concentración del poder, por una parte, mediante el establecimiento de la posibilidad de reelección indefinida del Presidente de la República y el aumento del período constitucional del Presidente de 6 a 7 años (art. 230); y por la otra, mediante la ampliación de las competencias asignadas al Presidente de la República (art. 236).

En este último aspecto, lo que ha sido rechazado en el referéndum del 2 de diciembre de 2007 por voluntad del poder constituyente originario, fueron las propuestas de atribuir al Presidente de la República diversas nuevas competencias, entre las cuales destacan:

1. Para resolver en materia de "la ordenación y gestión del territorio", y el "régimen territorial del Distrito Federal, los estados, los municipios, dependencias federales y demás entidades regionales, de acuerdo con la ley nacional" (art. 236,3), con lo que hubiera desaparecido todo vestigio de autonomía y división territorial, ya que dicha materia ni siquiera hubiera sido competencia del legislador, sino del Poder Ejecutivo.

3. Para "crear o suprimir las provincias federales, territorios federales, ciudades federales, distritos funcionales, municipios federales, regiones marítimas y distritos insulares, según lo establecido en esta Constitución, designar y remover sus autoridades, conforme a la ley, asimismo podrá crear ciudades comunales de acuerdo con esta Constitución" (art. 236,4), con lo cual se buscaba dejar en todo lo que concernía al territorio y su división en manos del Jefe de Estado.

4. Para "formular el Plan Nacional de Desarrollo y dirigir su ejecución" (art. 236,20), eliminándose la necesaria aprobación por parte de la Asamblea

Nacional en relación con la formulación y ejecución del Plan Nacional de desarrollo que dispone la Constitución (art. 236, 18).

5. Para "decretar la suspensión o restricción de garantías" en casos de que declare estados de excepción (art. 236,9), cuando en el artículo 236,7 de la Constitución sólo se autoriza al Presidente a "restringir" garantías, perno nunca a "suspenderlas". Esta atribución se buscaba ratificar, además, en la reforma propuesta y rechazada respecto del artículo 337 de la Constitución, con la que se buscaba ampliar los poderes presidenciales en los estados de excepción (art. 338 y 339).

6. Para administrar "las reservas internacionales, así como el estableci- miento y regulación de la política monetaria, en coordinación con el Banco Central de Venezuela" (236,13).

7. Para "decretar Regiones Estratégicas de Defensa a fin de garantizar la soberanía, la seguridad y defensa en cualquier parte del territorio y espacios geográficos de la República"; para "decretar autoridades especiales en situa- ciones de contingencia, desastres o cualquier otra que requiera la interven- ción inmediata y estratégica del Estado" (art. 11); para crear por decreto las ciudades comunales (art. 16); para "decretar regiones marítimas, territorios federales, municipios federales, distritos insulares, provincias federales, ciu- dades federales y distritos funcionales, así como cualquier otra entidad que establezca esta Constitución y la ley"(art. 16); y para designar y remover las autoridades respectivas de las regiones marítimas, territorios federales, Dis- trito Federal, municipios federales, distritos insulares, provincias federales, ciudades federales y distritos funcionales, así como cualquier otra entidad que establezca esta Constitución y la ley"(art. 16).

De nada valió el rechazo popular a la propuesta de acentuar el presiden- cialismo, para lo cal en 2009, por ejemplo, se sometió a referendo aprobato- rio una Enmienda Constitucional para establecer la reelección inmediata indefinida del Presidente de la república y de todos los cargos de elección popular.

XVI. EL RECHAZO POPULAR A LA CONCENTRACIÓN DEL PODER

Con la rechazada reforma constitucional de 2007, además de haberse pre- tendido acentuar el centralismo y el presidencialismo, también se pretendía acentuar la concentración del poder, particularmente en la Asamblea Nacio- nal, y mediante el dominio que sobre la misma ejerce el Presidente de la República, en definitiva en manos de este.

En tal sentido en la rechazada propuesta de reforma constitucional se pre- tendía reformar el sistema tanto para la selección de los titulares de los Pode- res Judicial, Ciudadano y Electoral como para su remoción por la Asamblea Nacional.

A tal efecto, como se destacó anteriormente, con la rechazada reforma constitucional se pretendía cambiar radicalmente la conformación de los

Comité de Postulaciones Judiciales (arts. 264, 279, 292), para convertirlos materialmente en Comisiones parlamentarias eliminando la exigencia de la Constitución de que deben estar integrados solamente por representantes de los diversos sectores de la sociedad, precisamente para neutralizar las componendas políticas de la Asamblea en dichas designaciones; y se buscaba además, eliminar el principio de la mayoría calificada de dos terceras partes para la designación de dichos altos funcionarios (art. 279).

Pero además, con la rechazada reforma constitucional se pretendía establecer en general, la posibilidad de que los titulares de los Poderes Judicial (Magistrados del Tribunal Supremo de Justicia), Ciudadano (Contralor General de la República, Fiscal General de la República, Defensor del Pueblo) y Electoral (rectores del Consejo Nacional Electoral) pudieran ser removidos de sus cargos por la Asamblea Nacional mediante la mayoría de votos de los diputados, eliminándose la mayoría calificada de las dos terceras partes que establece la Constitución (art. 265, 279, 292).

De nada valió el rechazo popular a la propuesta de establecer consolidar la concentración del poder, pues lo mismo se ha logrado mediante sentencias interpretativas de la Sala Constitucional, mutando la Constitución para permitir la elección por mayoría simple de los órganos del Poder Ciudadano; mediante la Ley Orgánica del Tribunal Supremo de Justicia, para la elección por mayoría absoluta de sus magistrados; y mediante un pretendido recurso por abstención constitucional, para permitir la elección de los rectores del Consejo Nacional Electoral por la propia Sala Constitucional.

XVII. EL RECHAZO POPULAR A LA ACENTUACIÓN DEL MILITARISMO

En la rechazada reforma constitucional, se buscaba cambiar la denominación de la Fuerza Armada y de sus componentes para calificarlas de "bolivarianas" (art. 156,8; 236,6; 328 y 329) y, además, se buscaba eliminar la previsión constitucional de que la Fuerza Armada es una "institución esencialmente profesional, sin militancia política", y en su lugar se pretendía establecer que la misma constituía "un cuerpo esencialmente patriótico, popular y antiimperialista". Con ello, hubiera desaparecido la institución militar como institución profesional y la prohibición de que la misma no tuviera militancia política, buscándosela definir en cambio como "patriótico popular y antiimperialista", lo que hubiera abierto el camino constitucional para la integración de la Fuerza Armada Bolivariana en el partido político de su Comandante en Jefe, quien ejerce la Suprema Autoridad Jerárquica en todos sus Cuerpos, Componentes y Unidades, tal como se buscaba disponer en la reforma del artículo 236,6 de la Constitución.

Por otra parte, con la reforma constitucional que ha sido rechazada popularmente, en lugar de establecerse que los objetivos de las Fuerzas Armadas deben lograrse "mediante la defensa militar, la cooperación en el mantenimiento del orden interno y la participación activa en el desarrollo nacional", se pretendía establecer que se debían lograr "mediante el estudio, planificación y ejecución de la doctrina militar bolivariana, la aplicación de los principios de la defensa integral y la guerra popular de resistencia, la cooperación en tareas de mantenimiento de la seguridad ciudadana y del orden interno, así como la participación activa en planes para el desarrollo económico, social, científico y tecnológico de la Nación". Se buscaba así incorporar, la "doctrina militar bolivariana", como elemento esencial de la actuación de la Fuerza Armada, que era lo mismo que doctrina militar socialista, dada la vinculación que la rechazada reforma constitucional hacía entre "socialismo" y "bolivarianismo"; y se buscaba incorporar en la Constitución elementos de guerrilla como "la guerra popular de resistencia", convirtiéndose a la Fuerza Armada en una organización de policía nacional, al buscar atribuirle competencia en materia de mantenimiento de la seguridad ciudadana y del orden interno.

Adicionalmente, con la rechazada reforma constitucional, en lugar de establecerse como lo prevé la Constitución, que en el cumplimiento de sus funciones, la Fuerza Armada "está al servicio exclusivo de la Nación y en ningún caso al de persona o parcialidad política alguna", esta previsión se buscaba sustituirla por otra donde se pretendía indicar que en "el cumplimiento de su función, estará siempre al servicio del pueblo venezolano en defensa de sus sagrados intereses y en ningún caso al de oligarquía alguna o poder imperial extranjero", eliminándose la prohibición de que la Fuerza Armada pueda estar al servicio de persona o parcialidad política alguna. Con ello se buscaba abrir el camino constitucional para la integración de la Fuerza Armada en el partido político de su Comandante en Jefe, quien ejerce la Suprema Autoridad Jerárquica en todos sus Cuerpos, Componentes y Unidades (art. 236,6), quien la podía poner a su servicio o al servicio del partido del gobierno.

Con estas rechazadas reformas, se buscaba acentúa el carácter político de la Fuerza Armada y el militarismo del Estado, que la propia Constitución de 1999 ya había iniciado, al desaparecer del texto constitucional "el carácter apolítico y no deliberante" de la Fuerza Armada que establecía el artículo 132 de la Constitución de 1961; la obligación esencial que tenía la Fuerza Armada Nacional conforme a ese mismo artículo, de asegurar "la estabilidad de las instituciones democráticas y el respeto a la Constitución y las leyes, cuyo acatamiento estará siempre por encima de cualquier otra obligación"; la tradicional prohibición de que la autoridad militar y la civil no podían ejercerse simultáneamente que establecía el artículo 131 de la Constitución de 1961; y el control por parte de la Asamblea Nacional respecto de los ascensos de los militares de alta graduación (art. 331, C. 1961).

De nada valió el rechazo popular a la propuesta de fortalecer el militarismo, pues ello en fraude a la voluntad popular y en contra de la Constitución, se logró con las múltiples reformas de la Ley Orgánica de las Fuerza Armada Bolivariana, y la invasión de los altos cargos de la Administración Pública por todo tipo de militares.

XVIII. EL RECHAZO POPULAR A LA ELIMINACIÓN DE LA LIBERTAD ECONÓMICA

Uno de los componentes normativos esenciales de toda Constitución contemporánea, es la llamada *Constitución Económica* que deriva de los principios constitucionales que guían el régimen de las relaciones económicas y el papel que, en las mismas, corresponde a la iniciativa privada y al propio Estado, y que conforme al constitucionalismo desarrollado desde mitades del siglo pasado, está montada sobre un modelo económico de economía mixta, basado en el principio de la libertad como opuesto al de economía dirigida, similar al que existe en todos los países occidentales. Este sistema económico, por tanto, se fundamenta en la libertad económica, la iniciativa privada y la libre competencia, pero con la participación del Estado como promotor del desarrollo económico, regulador de la actividad económica, y planificador con la participación de la sociedad civil.

Conforme a esa orientación, la Constitución de 1999 establece un sistema económico de economía mixta, es decir, de economía social de mercado que se fundamenta en la libertad económica, pero que debe desenvolverse conforme a principios de justicia social, que requiere de la intervención del Estado. Ese régimen socioeconómico, conforme al artículo 299 de la Constitución de 1999, se fundamenta en los siguientes principios: justicia social, democratización, eficiencia, libre competencia, protección del ambiente, productividad y solidaridad, a los fines de asegurar el desarrollo humano integral y una existencia digna y provechosa para la colectividad. Por ello, el mismo artículo constitucional dispone expresamente que el Estado, "conjuntamente con la iniciativa privada", debe promover "el desarrollo armónico de la economía nacional con el fin de generar fuentes de trabajo, alto valor agregado nacional, elevar el nivel de vida de la población y fortalecer la soberanía económica del país, garantizando la seguridad jurídica, solidez, dinamismo, sustentabilidad, permanencia, equidad del crecimiento de la economía, para garantizar una justa distribución de la riqueza mediante una planificación estratégica democrática, participativa y de consulta abierta".

Como lo precisó la Sala Constitucional del Tribunal Supremo de Justicia en sentencia N° 117 de 6 de febrero de 2001, se trata de "un sistema socioeconómico intermedio entre la economía de libre mercado (en el que el Estado funge como simple programador de la economía, dependiendo ésta de la oferta y la demanda de bienes y servicios) y la economía interventora (en la que el Estado interviene activamente como el "empresario mayor")", conforme al cual, el texto constitucional promueve "expresamente la actividad económica conjunta del Estado y de la iniciativa privada en la persecución y concreción de los valores supremos consagrados en la Constitución"; persiguiendo "el equilibrio de todas las fuerzas del mercado y la actividad conjunta del Estado e iniciativa privada". Conforme a este sistema, dijo además la Sala Constitucional en esa sentencia, la Constitución: "propugna una serie de valores normativos superiores del régimen económico, consagrando como tales la libertad de empresa en el marco de una economía de mercado y fundamentalmente el del Estado Social de Derecho (*Welfare State*, Estado de Bienestar o Estado Socialdemócrata), esto es un Estado social opuesto al autoritarismo"[34].

La aplicación práctica de ese modelo constitucional, en todo caso, ha provocado el desarrollo de una economía basada en la libertad económica y la iniciativa privada, pero con una intervención importante y necesaria del Estado para asegurar los principios de justicia social que constitucionalmente deben orientar el régimen económico; lo que se ha acrecentado por el hecho de ser el Estado, el titular desde siempre del dominio público sobre el subsuelo.

Con el rechazado proyecto de reforma constitucional de 2007, se pretendía cambiar radicalmente este modelo, acentuando el desequilibrio existente entre lo público y lo privado, buscando transformarlo en un sistema de economía estatal, de planificación centralizada, propia de un Estado y economía socialista, donde desaparecía la libertad económica y el derecho de propiedad como derechos constitucionales.

En artículo 112 de la Constitución establece como uno de los principios fundamentales del sistema constitucional, el derecho de todas las personas de poder dedicarse libremente a la actividad económica de su preferencia, sin más limitaciones que las previstas en la Constitución y las que establezcan las leyes, por razones de desarrollo humano, seguridad, sanidad, protección del ambiente u otras de interés social, a cuyo efecto, el Estado está obligado a promover "la iniciativa privada, garantizando la creación y justa distribución de la riqueza, así como la producción de bienes y servicios que satisfagan las necesidades de la población, la libertad de trabajo, empresa, comercio, industria, sin perjuicio de su facultad para dictar medidas para planificar, racionalizar y regular la economía e impulsar el desarrollo integral del país".

Con la rechazada propuesta de reforma constitucional de 2007, en cambio, se buscaba eliminar este derecho y la libertad económica, es decir, se pretendía quitarle rango constitucional, buscándose sustituir esta norma por otra en la cual lo que se establecía era la definición de una política estatal para promover "el desarrollo de un modelo económico productivo, intermedio, diversificado e independiente, fundado en los valores humanísticos de la cooperación y la preponderancia de los intereses comunes sobre los individuales, que garantice la satisfacción de las necesidades sociales y materiales

---

34 Esos valores aludidos conforme a la doctrina de la Sala Constitucional "se desarrollan mediante el concepto de libertad de empresa, que encierra, tanto la noción de un derecho subjetivo "a dedicarse libremente a la actividad económica de su preferencia", como un principio de ordenación económica dentro del cual se manifiesta la voluntad de la empresa de decidir sobre sus objetivos. En este contexto, los Poderes Públicos, cumplen un rol de intervención, la cual puede ser directa (a través de empresas) o indirecta (como ente regulador del mercado)". Véase en *Revista de Derecho Público, N°* 85-88, Editorial Jurídica Venezolana, Caracas, 2001, pp. 212-218.

del pueblo, la mayor suma de estabilidad política y social y la mayor suma de felicidad posible"; proponiéndose agregar que el Estado, asimismo, "fomentará y desarrollará distintas formas de empresas y unidades económicas de propiedad social, tanto directa o comunal como indirecta o estatal, así como empresas y unidades económicas de producción o distribución social, pudiendo ser estas de propiedad mixta entre el Estado, el sector privado y el poder comunal, creando las mejores condiciones para la construcción colectiva y cooperativa de una economía socialista".

Es decir, en un artículo como el 112 ubicado en el Capítulo constitucional sobre los derechos económicos, simplemente se buscaba eliminar el derecho al libre ejercicio de las actividades económicas y la propia libertad económica, lo que era contrario al principio de la progresividad en materia de derechos humanos y constitucionales que garantiza el artículo 19 de la Constitución.

Con la eliminación de esta derecho, como derecho constitucional, lo que en definitiva se pretendía era desaparecer las garantías constitucionales al mismo y en particular la desaparición de la garantía de la reserva legal, es decir, que las limitaciones o restricciones al derecho sólo pueden establecerse mediante ley formal emanada de la Asamblea Nacional, y no mediante decretos reglamentarios del Ejecutivo.

Además, con la rechazada reforma constitucional respecto del artículo 299, se buscaba eliminar de la Constitución, como fundamentos del sistema económico, los principios de justicia social, libre competencia, democracia y productividad y en su lugar se buscaba establecer, entre otros, los principios socialistas, antiimperialistas, humanistas, a los fines asegurar el desarrollo humano integral y una existencia digna y provechosa para la colectividad. Por otra parte, la garantía del desarrollo armónico de la economía no se asignaba "al Estado conjuntamente con la iniciativa privada" como dispone la Constitución de 1999, sino "al Estado conjuntamente con la iniciativa comunitaria, social y personal".

Por otra parte, con la rechazada reforma constitucional, se buscaba cambiar radicalmente el régimen de la actividad económica, buscándose establecer en el artículo 113 una serie de limitaciones a la misma que iban mucho más allá de la restricción de los monopolios y la posición dominante de empresas, privilegiándose la economía estatal y los medios de producción socialista, proponiéndose agregar a la norma, que en general, "no se permitirán actividades, acuerdos, prácticas, conductas y omisiones de los y las particulares que vulneren los métodos y sistemas de producción social y colectiva con los cuales se afecte la propiedad social y colectiva o impidan o dificulten la justa y equitativa concurrencia de bienes y servicios", con lo cual hubiera quedado en manos del Estado la suerte de cualquier actividad económica particular.

De nada valió el rechazo popular a la propuesta de eliminar la libertad económica, pues en fraude a la voluntad popular y en violación a la Constitución, mediante decretos leyes dictados desde 2008, la intervención del Estado en la economía ha sido total, habiéndose desmantelado el aparato productivo del país mediante confiscaciones y expropiaciones sin compensación; pasando a estar la economía totalmente controlada por la burocracia estatal.

XIX. EL RECHAZO A LA ELIMINACIÓN DE LA PROPIEDAD PRIVADA

Por otra parte, otro de los pilares fundamentales de la Constitución de 1999, además de la libertad económica, es la garantía del derecho de propiedad privada, que conforme al artículo 115 de la Constitución de 1999, se la concibe como el derecho que tiene toda persona "al uso, goce, disfrute y disposición de sus bienes", aún cuando sometida a "las contribuciones, restricciones y obligaciones que establezca la ley con fines de utilidad pública o de interés general". Dicha garantía implica que "sólo por causa de utilidad pública o interés social, mediante sentencia firme y pago oportuno de justa indemnización, podrá ser declarada la expropiación de cualquier clase de bienes".

Con el rechazado proyecto de reforma constitucional de 2007 se buscaba cambiar radicalmente el régimen de la propiedad privada, la cual se eliminaba como derecho constitucional, y quedaba materialmente reducida a la que pudiera existir sobre los bienes de uso, consumo y medios de producción legítimamente adquiridos, quedando por tanto minimizada y marginalizada en relación con la propiedad pública[35].

Además, se pretendía eliminar con la rechazada reforma constitucional la garantía de la propiedad al proponerse eliminar la exigencia de que "sólo" mediante expropiación podía extinguirse la propiedad como se ha establecido siempre en el ordenamiento constitucional, lo que abría la vía para que por ley se pudiera establecer otras formas de extinción de la propiedad.

En este caso, de nuevo, de nada valió el rechazo popular a la propuesta de eliminar el derecho de propiedad, pues en fraude a la voluntad popular y en violación a la Constitución, mediante decretos leyes dictados desde 2008, se

---

35   Sobre esto, el magistrado Jesús Eduardo Cabrera en el Voto salvado a la sentencia Nº 2042 de la Sala Constitucional de 2 de noviembre de 2007 en la cual se declaró inadmisible un amparo constitucional ejercido contra el Presidente de la República y la Asamblea Nacional, con motivo de la inconstitucional "reforma constitucional", sostuvo lo siguiente:"El artículo 113 del Proyecto, plantea un concepto de propiedad, que se adapta a la propiedad socialista, y que es válido, incluso dentro del Estado Social; pero al limitar la propiedad privada solo sobre bienes de uso, es decir aquellos que una persona utiliza (sin especificarse en cual forma); o de consumo, que no es otra cosa que los fungibles, surge un cambio en la estructura de este derecho que dada su importancia, conduce a una transformación de la estructura del Estado. Los alcances del Derecho de propiedad dentro del Estado Social, ya fueron reconocidos en fallo de esta Sala de 20 de noviembre de 2002, con ponencia del Magistrado Antonio García García".

le ha otorgado a los entes públicos amplias potestades expropiatorias, que han sido ejecutadas, acrecentando la propiedad pública además, mediante nacionalizaciones y confiscaciones, sin control judicial posible.

XX. EL RECHAZO POPULAR A LA ELIMINACIÓN DE LA AUTONOMÍA DEL BANCO CENTRAL DE VENEZUELA

En materia del régimen fiscal, por primera vez en el constitucionalismo venezolano en la Constitución de 1999 se incorporaron un conjunto de normas relativas al Banco Central de Venezuela y a la política macroeconómica del Estado (arts. 318 a 321), atribuyéndosele en particular, al Banco Central de Venezuela, dotado de autonomía, el ejercicio de las competencias monetarias del Poder Nacional para formular y ejecutar la política monetaria, participar en el diseño y ejecutar la política cambiaria, regular la moneda, el crédito y las tasas de interés, administrar las reservas internacionales, y todas aquellas que establezca la ley.

Con el rechazado proyecto de reforma constitucional sancionado en noviembre de 2007 se buscaba cambiar total y radicalmente el régimen de la política monetaria y del Banco Central de Venezuela, eliminándosele sus competencias y su autonomía, y estableciendo su total dependencia directa respecto del Ejecutivo Nacional. A tal efecto, en el artículo 318 se buscaba precisar que "El sistema monetario nacional debe propender al logro de los fines esenciales del Estado Socialista y el bienestar del pueblo, por encima de cualquier otra consideración", y las competencias para fijar las políticas monetarias del Poder Nacional y ejercer las competencias monetarias del Poder nacional que la Constitución de 1999 asigna "exclusivamente" al Banco Central de Venezuela, se proponía que se atribuyeran al "Ejecutivo Nacional, a través del Banco Central de Venezuela en estricta y obligatoria coordinación". Como consecuencia de esas propuestas de reforma, rechazadas popularmente, también se propuso establecer la naturaleza totalmente dependiente, jerárquicamente, del Banco Central de Venezuela, como "ente del Poder Ejecutivo Nacional", eliminándose formalmente la autonomía del Banco Central, a proponer que la norma constitucional dijera que "es persona de derecho público sin autonomía para la formulación y el ejercicio de las políticas correspondientes", agregándose que "sus funciones estarán supeditadas a la política económica general y al Plan Nacional de Desarrollo de la Nación para alcanzar los objetivos superiores del Estado Socialista y la mayor suma de felicidad posible para todo el pueblo".

Además, en la rechazada reforma constitucional, se buscaba quitarle al Banco Central de Venezuela la competencia de "administrar las reservas internacionales" y en su lugar se pretendía establecer, que "las reservas internacionales de la República serán manejadas por el Banco Central de Venezuela, bajo la administración y dirección del Presidente o Presidenta de la República, como administrador o administradora de la Hacienda Pública Nacional".

Por último, en la rechazada reforma constitucional se buscaba eliminar del artículo 320 de la Constitución la previsión de que "en el ejercicio de sus funciones, el Banco Central de Venezuela no estará subordinado a directivas del Poder Ejecutivo y no podrá convalidar o financiar políticas fiscales deficitarias", eliminándose la necesidad de que la actuación coordinada del Poder Ejecutivo y del Banco Central de Venezuela se debe realizar "mediante un acuerdo anual de políticas", en el cual se debe establecer "los objetivos finales de crecimiento y sus repercusiones sociales, balance externo e inflación, concernientes a las políticas fiscal, cambiaria y monetaria; así como los niveles de las variables intermedias e instrumentales requeridos para alcanzar dichos objetivos finales", buscándose eliminar todo principio de coordinación entre el Ejecutivo Nacional y el Banco Central, el cual, como se dijo, ha quedado sin autonomía, como un brazo ejecutor dependiente del Ejecutivo y de lo que este disponga.

En la rechazada reforma constitucional, además, se buscaba eliminar la existencia del Fondo de Estabilización Macroeconómica, y en su lugar, lo que se proponía era la atribución del Presidente de la república de establecer "en coordinación con el Banco Central de Venezuela y al final de cada año, el nivel de las reservas necesarias para la economía nacional, así como el monto de las reservas excedentarias" con la propuesta de indicar que las mismas se debían destinar "a fondos que disponga el Ejecutivo Nacional para inversión productiva, desarrollo e infraestructura, financiamiento de las misiones y, en definitiva, el desarrollo integral, endógeno, humanista y socialista de la Nación".

De nada valió el rechazo popular a la propuesta de eliminar la autonomía del Banco Central de Venezuela, pues la misma, en fraude a la voluntad popular y en violación a la Constitución, ha sido totalmente eliminada mediante reformas de la Ley del Banco Central, que lo han convertido en un apéndice del Poder Ejecutivo.

XXI. EL RECHAZO POPULAR A LA REGRESIÓN EN EL RÉGIMEN DE LOS DERECHOS HUMANOS

En materia de derechos constitucionales, dejando aparte las propuestas de reforma sobre derechos sociales las cuales pueden implementarse mediante ley y no requerían reforma constitucional alguna, respecto de los derechos individuales, en cambio, la rechazada propuesta de reforma constitucional tenía un notable carácter regresivo, completamente contrario a dicho principio de la progresividad, por lo que de haber sido aprobadas se hubiera configurado al Estado como un Estado Policial y represivo.

En particular, en cuanto al régimen de los estados de excepción derivados de circunstancias excepcionales que pueden originar situaciones que afecten gravemente la seguridad de la Nación, de las instituciones y de las personas, y que pueden ameritar la adopción de medidas político-constitucionales para afrontarlas (art. 337), la rechazada reforma constitucional buscaba cambiar radicalmente las previsiones sobre los mismos, ampliándose incluso sus categorías (art. 338), al buscar eliminar los límites temporales que pueden tener los estados de excepción y que conforme a la Constitución no pueden ser superiores a 90 días. En su lugar, en la rechazada reforma constitucional se buscaba disponer que los estados de excepción debían durar "mientras se mantengan las causas que los motivaron", lo que de haberse aprobada, los hubiera podido convertir en estados de excepción de duración ilimitada, y en todo caso, de duración sujeta a la sola discreción del Presidente de la República, con lo cual además, la Asamblea Nacional hubiera perdido la potestad que le daba el artículo 338 de la Constitución de 1999, de aprobar o negar la prórroga de los estados de excepción.

En esta materia de los Estados de excepción, una de las reformas de mayor interés de la Constitución de 1999 fue la eliminación de la posibilidad de que en los casos de estados de excepción, se pudieran "suspender" las garantías constitucionales como lo había autorizado la Constitución de 1961, habiendo dado origen a muchos abusos institucionales, quedando la potestad de excepción reducida a la sola posibilidad de "restringir" (art. 236,7) temporalmente las garantías constitucionales. Mediante la rechazada reforma constitucional, en una forma asombrosamente regresiva, en cambio se buscaba establecer la posibilidad de que por decisión del Presidente de la República, no sólo se pudiera "restringir" las garantías constitucionales, sino más grave aún, que se pudieran "suspender" dichas garantías (art. 337), lo cual es inadmisible en una sociedad democrática por lo que fue expresamente eliminado cuando se sancionó la Constitución de 1999.

Por otra parte, en la Constitución de 1999, entre las garantías consagradas en la Constitución que no pueden ser afectadas en los estados de excepción por decisión ejecutiva, están las referidas a los derechos a la vida, prohibición de incomunicación o tortura, el derecho al debido proceso, el derecho a la información y los demás derechos humanos intangibles". En cambio, en la rechazada reforma constitucional, en franca violación del principio de progresividad en materia de derechos humanos, se buscaba reducir los derechos y garantías que no podían ser suspendidos mediante una enumeración engañosa con el siguiente texto: "las referidas al derecho a la vida, la prohibición de tortura, la incomunicación, la desaparición forzosa, el derecho a la defensa, a la integridad personal, a ser juzgado o juzgada por sus jueces naturales y no ser condenado o condenada a penas que excedan los treinta años."

De nada valió el rechazo popular a la propuesta de minimizar los derechos humanos en el país, pues en fraude a la voluntad popular y en violación a la Constitución, por la acción del gobierno, con el aval de la Sala Constitucional del Tribunal Supremo, Venezuela incluso denunció la Convención Americana de Derechos Humanos.

XXII. LA IMPLEMENTACIÓN DE LA RECHAZADA REFORMA CONSTITUCIONAL MEDIANTE LEYES Y DECRETOS LEYES EN DESPRECIO A LA CONSTITUCIÓN, Y LA RENUNCIA DE LA JURISDICCIÓN CONSTITUCIONAL A CONTROLAR SU IN-CONSTITUCIONALIDAD

El rechazo popular a todas las reformas promovidas por el Presidente Chávez, y que quedaron englobadas en la reforma constitucional de 2007, sin duda fue su más grande fracaso político, y por ello, fue también, durante sus catorce años de gobierno, el punto de arranque del comienzo de su más abso-luto y abierto desprecio por la Constitución a la cual, sin embargo, tanto se refería, al mostrar siempre en sus manos en sus mensajes televisivos, el pe-queño librito azul con su texto.

Ese desprecio y la violación abierta a la Constitución por todos los órga-nos del Estado, en efecto se comenzó a producir en el mismo año 2007, en paralelo con el rechazo popular de la reforma constitucional, al comenzarse su inconstitucional implementación mediante leyes y decretos leyes, y me-diante acuerdos internacionales, tanto en fraude a la propia Constitución como a la misma voluntad del pueblo. A Chávez, en realidad, a partir de allí, nada le importó ni la Constitución ni que el pueblo se hubiese manifestado contra su proyecto de reforma, procediendo a implementarla impunemente.

Ello lo comenzó a hacer, como se ha dicho, incluso paralelamente a la discusión de la reforma constitucional habiendo aprobar por la Asamblea Nacional la Ley de los Consejos Comunales,[36] y la Ley de la Comisión de Planificación Centralizada,[37] con lo que comenzó a implementar la rechazada reforma económica y la rechazada reforma política, lo que se continuó des-pués del referendo de diciembre de 2007, mediante la emisión de un conjun-to de decretos leyes,[38] como el Decreto Ley N° 6.130 de 2008, contentivo de

---

36 Véase en *Gaceta Oficial* N° 5.806 Extra. de 10-04-2006. Véase Allan R. Brewer-Carías, "El inicio de la desmunicipalización en Venezuela: La organización del Po-der Popular para eliminar la descentralización, la democracia representativa y la par-ticipación a nivel local", en *AIDA, Opera Prima de Derecho Administrativo. Revista de la Asociación Internacional de Derecho Administrativo*, Universidad Nacional Autónoma de México, Facultad de Estudios Superiores de Acatlán, Coordinación de Postgrado, Instituto Internacional de Derecho Administrativo "Agustín Gordillo", Asociación Internacional de Derecho Administrativo, México, 2007, pp. 49 a 67.

37 Véase en *Gaceta Oficial* N° 5.841, Extra. de 22 de junio de 2007. Véase Allan R. Brewer-Carías, "Comentarios sobre la inconstitucional creación de la Comisión Central de Planificación, centralizada y obligatoria", *Revista de Derecho Público*", No. 110, (abril-junio 2007), Editorial Jurídica Venezolana, Caracas 2007, pp. 79-89.

38 Véase Lolymar Hernández Camargo, "Límites del poder ejecutivo en el ejerci-cio de la habilitación legislativa: Imposibilidad de establecer el contenido de la reforma constitucional rechazada vía habilitación legislativa," en *Revista de De-recho Público 115 (Estudios sobre los Decretos Leyes)*, Editorial Jurídica Ve-nezolana, Caracas 2008, pp. 51 ff.; Jorge Kiriakidis, "Breves reflexiones en torno

la Ley para el Fomento y Desarrollo de la Economía Popular,[39] o el relativo a la Fuerza Armada Bolivariana,[40] así como mediante la ejecución de una política masiva de estatización de empresas, de ocupación de otras, de expropiación y confiscación de toda clase de bienes.[41] Incluso mediante Ley se reguló la organización del Distrito Capital, eliminándosele el carácter de entidad local autónoma que regula la Constitución,[42] todo conforme a la rechazada reforma constitucional.

La secuela de todo esto, fue el definitivo golpe a la Constitución, el cual es parte, técnicamente, del golpe de Estado continuado que institucionalmente se produjo en el país desde 1999,[43] y que se produjo en diciembre de 2010, cuando la Asamblea Nacional aprobó un conjunto de leyes destinadas a implementar definitivamente la rechazada reforma constitucional, pero esta vez con un preciso signo marxista, tal como resultó de la declaración del Presidente de la República a comienzos de dicho año, de asumir el marxismo

---

a los 26 Decretos-Ley de julio-agosto de 2008, y la consulta popular refrendaría de diciembre de 2007," *id.*, pp. 57 ff.; José Vicente Haro García, "Los recientes intentos de reforma constitucional o de cómo se está tratando de establecer una dictadura socialista con apariencia de legalidad (A propósito del proyecto de reforma constitucional de 2007 y los 26 decretos leyes del 31 de julio de 2008 que tratan de imponerla)," *id.*, pp. 63 ss; Ana Cristina Nuñez Machado, "Los 26 nuevos Decretos-Leyes y los principios que regulan la intervención del Estado en la actividad económica de los particulares," *id.*, pp. 215-20; Aurilivi Linares Martínez, "Notas sobre el uso del poder de legislar por decreto por parte del Presidente venezolano," *id.*, pp. 79-89; Carlos Luis Carrillo Artiles, "La paradójica situación de los Decretos Leyes Orgánicos frente a la Ingeniería Constitucional de 1999," *id.*, pp. 93-100; Freddy J. Orlando S., "El "paquetazo," un conjunto de leyes que conculcan derechos y amparan injusticias," *iid.*, pp. 101-104.

39   Véase en *Gaceta Oficial* N° 5.890 Extra. de 31 de julio de 2008.

40   Véase Decreto Ley N° 6.239, de ley Orgánica de la Fuerza Armada Bolivariana, en *Gaceta Oficial* N° 5.933, Extra., de 21 de Octubre de 2009. Véase en general, Alfredo Arismendi A., "Fuerza Armada Nacional: Antecedentes, evolución y régimen actual," in *Revista de Derecho Público*, N° 115 (Estudios sobre los Decretos Leyes), Editorial Jurídica Venezolana, Caracas 2008, pp. 187-206; Jesús María Alvarado Andrade, "La nueva Fuerza Armada Bolivariana (Comentarios a raíz del Decreto N° 6.239, con rango, valor y fuerza de Ley Orgánica de la Fuerza Armada Nacional Bolivariana)," *id.*, pp. 207-14

41   Véase en general, Antonio Canova González, Luis Alfonso Herrera Orellana, and Karina Anzola Spadaro, *¿Expropiaciones o vías de hecho? (La degradación continuada del derecho fundamental de propiedad en la Venezuela actual,"* Funeda, Universidad Católica Andrés Bello, Caracas 2009

42   Véase en *Gaceta Oficial* N° 39.156, de 13 de abril de 2009. Véase en general, Allan R. Brewer-Carías et al., *Leyes sobre el Distrito Capital y el Área Metropolitana de Caracas*, Editorial Jurídica Venezolana, Caracas 2009.

43   Véase en general, Allan R. Brewer-Carías, *Golpe de estado y proceso constituyente en Venezuela,* Universidad Nacional Autónoma de México, México 2002.

como doctrina oficial,[44] lo cual fue incorporado también ese mismo año 2010, en la Declaración de Principios del partido de gobierno.[45]

Ello ocurrió luego de la pérdida de la mayoría de la votación popular en las elecciones parlamentarias de septiembre de 2010 por parte del partido de gobierno, donde la oposición llegó a obtener un número de votos suficiente que le impidió a la bancada oficialista, a partir de enero de 2011, poder controlar la mayoría calificada de la votación en la Asamblea.

La pérdida de esas elecciones legislativas fue el segundo más importante fracaso político del Presidente Chávez, sobre todo cuando las mismas se plantearon por él mismo y por el partido de gobierno, como una suerte de "plebiscito" respecto de su actuación así como respecto de las políticas socialistas que venían siendo inconstitucionalmente implementadas, a pesar de que habían sido previamente rechazadas por el pueblo en 2007; "plebiscito" que el Presidente de la República y su partido perdieron pues la mayoría del país que votó en contra de las mismas.

Al haber perdido el Presidente y su partido el control absoluto que habían ejercido desde 2005 sobre la Asamblea Nacional, ello en el futuro les impedía imponer a su antojo la legislación que quisieran. La respuesta antidemocrática a ese cambio político fue que antes de que los nuevos diputados electos a la Asamblea pudieran tomar posesión de sus cargos en enero de 2011, en diciembre de 2010, atropelladamente y de nuevo en fraude a la voluntad popular y a la Constitución, la ya deslegitimada Asamblea Nacional precedente procedió a sancionar un conjunto de leyes orgánicas mediante las cuales se terminó de definir, al margen de la Constitución, el marco normativo de la rechazada reforma constitucional creando un nuevo Estado *paralelo al Estado Constitucional*, denominado "Estado Comunal, que no es otro que el Estado Socialista, Centralizado, Militarista y Policial que el pueblo había rechazado en 2007.

Dichas Leyes Orgánicas fueron las Leyes Orgánicas del Poder Popular, de las Comunas, del Sistema Económico Comunal, de Planificación Pública y Comunal y de Contraloría Social.[46] Además, en el mismo marco de estructura-

---

44　En su Mensaje anual ante la Asamblea Nacional, el 15 de enero de 2010, el Presidente Chávez declaró, que ""asumía el marxismo" aunque confesó que nunca había leído los trabajos de Marx. Véase María Lilibeth Da Corte, "Por primera vez asumo el marxismo," en *El Universal*, Caracas Jan. 16, 2010, http://www.eluniversal.com/2010/01/16/pol_art_por-primera-vez-asu_1726209.shtml.

45　Véase la "Declaración de Principios, I Congreso Extraordinario del Partido Socialista Unido de Venezuela," Apr. 23, 2010, at http://psuv.org.ve/files/tcdocumentos/Declaracion-de-principios-PSUV.pdf.

46　Véase en *Gaceta Oficial* N° 6.011 Extra. de 21-12-2010. Véase en general sobre estas leyes, Allan R. Brewer-Carías, Claudia Nikken, Luis A. Herrera Orellana, Jesús María Alvarado Andrade, José Ignacio Hernández y Adriana Vigilanza, *Leyes Orgánicas sobre el Poder Popular y el Estado Comunal (Los consejos comunales, las comunas, la sociedad socialista y el sistema económico comunal)* Colección Textos Legislativos N° 50, Editorial Jurídica Venezolana, Caracas 2011; Allan R.

ción del rechazado Estado Comunal montado sobre el Poder Popular, se destaca la reforma de la Ley Orgánica del Poder Público Municipal, y de las Leyes de los Consejos Estadales de Planificación y Coordinación de Políticas Públicas, y de los Consejos Locales de Planificación Pública.[47]

La Asamblea Nacional, además, sancionó una Ley habilitante autorizando al Presidente de la República para por vía de legislación delegada, dictar leyes en todas las materias imaginables, incluso de carácter orgánico, vaciando así por un período de 18 meses, hasta 2012, a la nueva Asamblea Nacional de materias sobre las cuales poder legislar.

Con estas leyes, con el desprecio más absoluto y abierto a la Constitución, se decretó la transformación radical del Estado venezolano, estableciendo un Estado Socialista por el cual nadie había votado, y más bien había sido rechazado por el pueblo; con el agravante de que ello se hizo sin reformarse la Constitución, sino mediante leyes estableciendo un Estado paralelo al Estado Constitucional, denominado Estado Comunal o del Poder Popular.

Este Estado paralelo tiene a la Comuna como a su célula fundamental, suplantando inconstitucionalmente al Municipio en el carácter que tiene de "unidad política primaria de la organización nacional" (art. 168 de la Constitución). A través de esas Comunas y de los Consejos Comunales, conforme a dichas leyes, ese Estado ejerce el Poder Popular, el cual se concreta en el ejercicio de la soberanía popular *sólo directamente* por el pueblo, y no mediante representantes. Se trata por tanto, de un sistema político estatal en el cual se ignora la democracia representativa violándose así abiertamente la Constitución de la República.

Ese Estado Comunal, supuestamente como producto del ejercicio de una democracia directa, sin sufragio ni representación, irá vaciando progresivamente de competencias al Estado Constitucional, pero organizado bajo el control de un Ministerio del Ejecutivo Nacional, de manera que lejos de ser un instrumento de descentralización es un sistema de centralización y control férreo de las comunidades por el Poder Central. Ello implica que el principio esencial del régimen político democrático, basado en la igualdad, la no discriminación y el pluralismo se rompe desde que el sistema de Estado Comunal, paralelo al Estado Constitucional, se monta sobre una concepción única, que es el Socialismo, de manera que quien no sea socialista está automáticamente discriminado.

No es posible, por tanto, en el marco de esta ley poder conciliar el pluralismo que garantiza la Constitución y el principio de la no discriminación por razón de "opinión política" con sus disposiciones que persiguen todo lo contrario, es decir, el establecimiento de un Estado Comunal, cuyas instancias

---

Brewer-Carías, "La Ley Orgánica del Poder Popular y la desconstitucionalización del Estado de derecho en Venezuela," en *Revista de Derecho Público*, Nº 124, Editorial Jurídica Venezolana, Caracas 2010, pp. 81-101,

47 Véase en *Gaceta Oficial* Nº 6.015 Extra. de 30-12-2010

sólo pueden actuar en función del Socialismo y en las cuales todo ciudadano que tenga otra opinión queda excluido.

Pero además de la reforma política para la estructuración del Estado Comunal del Poder Popular, en la Ley Orgánica del Sistema Económico Comunal,[48] se estableció el mismo definiéndolo como "el conjunto de relaciones sociales de producción, distribución, intercambio y consumo de bienes y servicios, así como de saberes y conocimientos, desarrolladas por las instancias del Poder Popular, el Poder Público o por acuerdo entre ambos, a través de organizaciones socio-productivas bajo formas de propiedad social comunal" (art. 2).

Se trata de un sistema económico que se desarrolla exclusivamente "a través de organizaciones socio-productivas bajo formas de propiedad social comunal" las cuales conforme a la Ley son solamente las empresas del Estado Comunal creadas por las instancias del Poder Público; las empresas públicas creadas por los órganos que ejercen del Poder Público; las unidades productivas familiares; o los grupos de trueque, donde está excluida toda iniciativa privada y la propiedad privada de los medios de producción y comercialización de bienes y servicios, y está excluida la idea misma de la empresa privada.

Este Sistema Económico Comunal, cuyo establecimiento por supuesto también requería de una Asamblea Nacional Constituyente, se configura en paralelo y para sustituir el sistema de economía mixta que garantiza la Constitución de 1999, como un sistema económico estatista o controlado por el Estado, mezclado con previsiones propias de sociedades primitivas y lugareñas que en el mundo globalizado de hoy ya simplemente no existen. En ese sistema, por lo demás, la propiedad privada queda reducida a la mínima expresión, sustituyéndosela en la Ley por la "propiedad social" como dominio del Estado, lo que significa que en la práctica, no se trata de ningún derecho que sea "de la sociedad," sino del aparato Estatal, cuyo desarrollo, regido por un sistema de planificación centralizada, elimina toda posibilidad de libertad económica e iniciativa privada, y convierte a las "organizaciones socio-productivas" en meros apéndices del aparato estatal.

Ese sistema económico, como lo precisa textualmente la Ley, está basado en los siguientes tres pilares fundamentales: la propiedad social de los medios de producción, la eliminación de la división social del trabajo y la reinversión social del excedente; para lo cual los redactores de la norma, sin duda, se basaron quizás en algún vetusto *Manual* de alguna revolución comunista fracasada, parafraseado en la Ley lo que Carlos Marx y Federico Engels escribieron sobre la sociedad comunista hace más de 150 años, en su

---

48   Véase en *Gaceta Oficial* N° 6.011 Extra. de 21 de diciembre de 2010

conocido libro *La Ideología Alemana* (1845–1846),[49] como contraria al sistema capitalista.

Todo este Estado Comunal y el Sistema Económico Comunal que se regulan e estas leyes de 2001, en todo caso, se han establecido como formando un "Estado paralelo" al Estado Constitucional, pero con previsiones que permiten al Estado Comunal ahogar y secar al Estado Constitucional, como en botánica lo hace el árbol *Ficus benjamina L.*, originario de la India, Java y Bali, muy conocido en nuestros países de América Latina como "matapalo," que puede crecer como "estranguladora," rodeando al árbol huésped hasta formar un tronco hueco, destruyéndolo.

Por ello, en la Ley Orgánica del Poder Popular se establecen una serie de previsiones para regular las relaciones entre el Estado o el Poder Público y el Poder Popular, y que son las siguientes:

En *primer lugar*, se establece como obligación legal para los órganos, entes e instancias del Poder Público el promover, apoyar y acompañar las iniciativas populares para la constitución, desarrollo y consolidación de las diversas formas organizativas y de autogobierno del pueblo (art. 23). En particular, incluso, la Ley Orgánica de Comunas dispone que "los órganos integrantes del Poder Ciudadano apoyarán a los consejos de contraloría comunal a los fines de contribuir con el cumplimiento de sus funciones" (art. 48).

En *segundo lugar*, se sujeta a todos los órganos del Estado Constitucional que ejercen el Poder Público, a los mandatos de las organizaciones del Poder Popular, al instaurarse un nuevo principio de gobierno, consistente en "gobernar obedeciendo" (art. 24). Como las organizaciones del Poder Popular no tienen autonomía política pues sus "voceros" no son electos democráticamente mediante sufragio universal, directo y secreto, sino designados por asambleas de ciudadanos controladas e intervenidas por el partido oficial y el Ejecutivo Nacional que controla y guía todo el proceso organizativo del Estado Comunal, en el ámbito exclusivo de la ideología socialista, sin que tenga cabida vocero alguno que no sea socialista, en definitiva esto de "gobernar obedeciendo" es una limitación a la autonomía política de los órganos del Estado Constitucional electos, como la Asamblea Nacional, los Gobernadores y Consejos Legislativos de los Estados y los Alcaldes y Concejos Municipales, a quienes se le impone en definitiva la obligación de obedecer lo que disponga el Ejecutivo Nacional y el partido oficial enmarcado en el ámbito exclusivo del socialismo como doctrina política. La voluntad popular expresada en la elección de representantes del Estado Constitucional, por tanto, no

---

49 Véase en Karl Marx y Frederich Engels,"The German Ideology," en *Collective Works*, Vol. 5, International Publishers, New York 1976, p. 47. Véanse además los textos pertinentes en http://www.educa.madrid.org/cms_tools/files/0a24636f-764c-4e03-9c1d-6722e2ee60d7/Texto%20Marx%20y%20Engels.pdf

tiene valor alguno, y al pueblo se le confisca su soberanía trasladándola de hecho a unas asambleas que no lo representan.

En *tercer lugar*, en particular, se establece la obligación para el Poder Ejecutivo Nacional, para que "conforme a las iniciativas de desarrollo y consolidación originadas desde el Poder Popular," planifique, articule y coordine "acciones conjuntas con las organizaciones sociales, las comunidades organizadas, las comunas y los sistemas de agregación y articulación que surjan entre ellas, con la finalidad de mantener la coherencia con las estrategias y políticas de carácter nacional, regional, local, comunal y comunitaria"(art. 25).

En *cuarto lugar*, se establece la obligación para los órganos y entes del Poder Público en sus relaciones con el Poder Popular, de dar "preferencia a las comunidades organizadas, a las comunas y a los sistemas de agregación y articulación que surjan entre ellas, en atención a los requerimientos que las mismas formulen para la satisfacción de sus necesidades y el ejercicio de sus derechos, en los términos y lapsos que establece la ley" (art. 29). Igualmente se prevé que los órganos, entes e instancias del Poder Público, en sus diferentes niveles político-territoriales, deben adoptar "medidas para que las organizaciones socio-productivas de propiedad social comunal, gocen de prioridad y preferencia en los procesos de contrataciones públicas para la adquisición de bienes, prestación de servicios y ejecución de obras" (art. 30).[50]

En *quinto lugar*, se establece la obligación para la República, los estados y municipios, de acuerdo con la ley que rige el proceso de transferencia y descentralización de competencias y atribuciones, la obligación de trasferir "a las comunidades organizadas, a las comunas y a los sistemas de agregación que de éstas surjan; funciones de gestión, administración, control de servicios y ejecución de obras atribuidos a aquéllos por la Constitución de la República, para mejorar la eficiencia y los resultados en beneficio del colectivo" (art. 27).[51]

Con ello, se dispone legalmente un proceso de centralización desde las entidades formalmente descentralizadas, mediante el vaciamiento de competencias de los Estados y Municipios, de manera que queden como estructuras vacías, con gobiernos representativos electos por el pueblo pero que no tienen materias sobre las cuales gobernar.

---

50   En particular, conforme al artículo 61 de la Ley Orgánica de las Comunas, se dispone que "todos los órganos y entes del Poder Público comprometidos con el financiamiento de proyectos de las comunas y sus sistemas de agregación, priorizarán aquéllos que impulsen la atención a las comunidades de menor desarrollo relativo, a fin de garantizar el desarrollo territorial equilibrado.

51   Esta misma norma se repite en la Ley Orgánica de las Comunas (art. 64). El 31 de diciembre de 2010, quedó pendiente en la Asamblea Nacional la segunda discusión del proyecto de Ley Orgánica del Sistema de Transferencia de Competencias y atribuciones de los Estados y Municipios a las organizaciones del Poder Popular.

Con esta Ley Orgánica marco del Poder Popular, no cabe duda de la decisión política adoptada en diciembre de 2010 por la completamente deslegitimada Asamblea Nacional que había sido electa en 2005, pues ya no representaba a la mayoría de la voluntad popular que se expresó el 26 de septiembre de 2010 en contra del Presidente de la República, de la propia Asamblea Nacional y de la política socialista que habían adelantado; en imponerle a los venezolanos en contra de la voluntad popular y en fraude a la Constitución, un modelo de Estado Socialista, denominado "Estado Comunal," basado en el ejercicio del Poder Popular por el pueblo, como supuesta forma de ejercicio de la soberanía en forma directa (lo que no es cierto pues se ejerce mediante "voceros" que lo "representan" y que no son electos en votaciones universales, directas y secretas); modelo de Estado Socialista establecido en forma paralela al Estado Constitucional (el Estado federal descentralizado, democrático y social, de derecho, y de justicia previsto en la Constitución de 1999) establecido para el ejercicio del Poder Público por el pueblo tanto en forma indirecta mediante representantes electos en votaciones universales, directas y secretas, como en forma directa mediante los mecanismos autorizados en la Constitución, donde se incluye a las Asambleas de Ciudadanos.

Esta regulación, en paralelo, de dos Estados y dos formas de ejercicio de la soberanía, uno, el Estado Constitucional regulado en la Constitución y el otro, el Estado Comunal o Estado Socialista regulado en leyes orgánicas inconstitucionales, se ha dispuesto en forma tal que como se ha dicho, el segundo puede ir estrangulando al primero, rodeándolo hasta formar un tronco hueco, destruyéndolo.

En esta forma, al fraude a la Constitución, que fue la técnica constantemente aplicada por el gobierno autoritario de Chávez desde 1999 para imponer sus decisiones a los venezolanos al margen de la Constitución,[52] se sumó en 2010 el fraude a la voluntad popular, al imponérsele a los venezolanos mediante leyes orgánicas, un modelo de Estado por el cual nadie ha votado, y que cambió radical e inconstitucionalmente el texto de la Constitución de 1999, que no fue reformada conforme a sus previsiones, en abierta contradicción al rechazo popular mayoritario que se expresó en diciembre de 2007 a la reforma constitucional que se intentó realizar, incluso violando la propia Constitución, y al rechazo popular mayoritario del pueblo expresado respecto de la política del Presidente de la República y de su Asamblea Nacional con ocasión de las elecciones parlamentarias del 26 de septiembre de 2010.

---

52 Véase Allan R. Brewer-Carías, *Reforma constitucional y fraude a la Constitución (1999-2009)*, Academia de Ciencias Políticas y Sociales, Caracas 2009; *Dismantling Democracy. The Chávez Authoritarian Experiment*, Cambridge University Press, New York 2010.

Y frente a ello, el sumiso Juez Constitucional, ante la impugnación de las mencionadas Leyes del Poder Popular, ni siquiera llegó a pronunciarse sobre su admisibilidad. [53]

53 Véase el texto de la acción de inconstitucionalidad ejercida contra las Leyes en el libro Allan R. Brewer-Carías, Claudia Nikken, Luis A. Herrera Orellana, Jesús María Alvarado Andrade, José Ignacio Hernández y Adriana Vigilanza, *Leyes Orgánicas Sobre El Poder Popular y El Estado Comunal. (Los Consejos Comunales, Las Comunas, La Sociedad Socialista y El Sistema Económico Comunal*, Colección Textos Legislativos N° 50, Editorial Jurídica Venezolana, Caracas 2011, pp. 507-593.

SÉPTIMA PARTE

LAS FALTAS TEMPORALES DE CHÁVEZ Y EL BIZARRO FALSO GOBIERNO DESDE LA HABANA (2011 – 2012)

Toda persona enterada del funcionamiento del Estado en Venezuela, sin duda debe haberse escandalizado al leer el mensaje, vía Twitter, que circuló en las redes sociales el día 22 de abril de 2012, en el cual se informó que "Chávez aprobó reforma a la Ley del Seguro Social, desde La Habana;" o al leer los comentarios que aparecieron en la prensa el día 23 de abril de 2012 sobre el hecho de que "el mandatario Hugo Chávez se dedique a gobernar por Twitter desde La Habana, donde permanece desde el 14 de abril para someterse a la última fase de su tratamiento de radioterapia;"[1] y el día 24 de abril de 2012, indicando que:

"Por más de una semana, mientras ha estado sometido a terapia de radiación, el único signo del usualmente muy visible Presidente fueron una serie de mensajes en su cuenta oficial de Twitter."[2]

El Presidente Hugo Chávez, en efecto, se encontraba en ese momento hospitalizado en esa ciudad, sometido a tratamiento médico por la enfermedad que lo aquejó desde 2011. Desde el punto de vista institucional, se trataba de otra falta temporal por ausencia del Presidente de la República del territorio nacional para someterse a tratamiento médico fuera del país, ya que por lo visto los servicios médicos en el Venezuela no eran los apropiados. Ese hecho, en sí mismo, se configuraba jurídicamente como una falta temporal del Presidente en cuanto al ejercicio de su cargo, conforme a la cual, de acuerdo con la Constitución, sin que fuera necesario algún acto formal adicional, el Vicepresidente Ejecutivo lo suplía en ejercicio de la Presidencia.

---

1   Véase la reseña de EFE, Caracas, "Capriles: Gobernar un país por Twitter es una burla," en *El Diario/La Prensa,* Nueva York, Lunes 23 de abril de 2012, p. 11.

2   Véase William Neuman, "Chavez Out of Sight but Big as Life on Twetter," en *The New York Times*, New York April 24, 2012, p. A-7.

Por tanto, cualquiera podía preguntarse con razón cómo podía ser entonces, que con un Vicepresidente supliendo al Presidente enfermo, éste desde una cama de hospital en La Habana pudiera estar tratando de gobernar, y llegar pretender ponerle el ejecútese a una Ley, y ello anunciarlo por Twitter. Esto no sólo era para escandalizar a cualquier persona enterada, sino que estoy seguro que con razón hubiera dicho que se trataba, ni más ni menos, que de un disparate gubernamental más.

Lo cierto fue, en todo caso, que la situación constitucional durante esas ausencias presidenciales del territorio nacional por enfermedad, produjeron una serie de desaguisados jurídicos cometidos por los subalternos del Presidente, quienes tratando de ignorar que una ausencia del territorio es precisamente eso, y nada más, es decir, una ausencia física, que implica una falta temporal, la misma no se podía ocultar ni desdibujar, pues estando alguien ausente no podía estar presente.

Y ello, en el caso del Presidente de la República, implicaba que estando fuera del país, ausente del territorio nacional, alguien tenía que estar supliendo su falta temporal, es decir, alguien tenía que estar gobernando en el país. No podía estar fuera y no estarlo; y no podía gobernar vía twitter o estampando firmas electrónicas en documentos fijos.

Lo anterior, durante 2011 y 2012, originó una extravagante situación constitucional en el país, específicamente con la ausencia del Presidente Chávez del territorio nacional, primero durante un mes, entre el 5 de junio y el 4 de julio de 2011, cuando después de pasar breves días entre Brasil y Ecuador, tuvo que someterse súbitamente a tratamiento médico en La Habana, Cuba;[3] y luego, en la misma ciudad de La Habana, durante varias semanas de los meses de julio a septiembre de 2011, para someterse a un tratamiento de quimioterapia; y posteriormente en abril de 2012, para someterse a un tratamiento de radioterapia; y luego finalmente en noviembre y diciembre de 2012, a tratamientos médicos finales.

Toda esas ausencias del territorio nacional constituyeron, sin duda, faltas temporales en los términos del artículo 234 de la Constitución, independientemente de la razón o motivo que hubiera tenido el Presidente para viajar y permanecer en el exterior, de su justificación para el cumplimiento de sus funciones, del tratamiento de una enfermedad, o de si para ello, en su momento, obtuvo o no autorización de la Asamblea Nacional (art. 235) para viajar al exterior, si es que preveía permanecer ausente del territorio nacional por más de cinco días.

---

3   Véase la información en http://internacional.eluniversal.com/ 2011/06/08/chavez-llega-a-cuba-para-repasar-los-vinculos-bilaterales.shtml Véase En general, Allan R. Brewer-Carías, "La extraña situación constitucional respecto del funcionamiento del gobierno en Venezuela, durante la falta temporal del Presidente de la República, por su ausencia del territorio nacional entre el 5 de junio y el 4 de julio de 2011," *Revista de Derecho Público*, N° 126, (abril-junio 2011), Editorial Jurídica Venezolana, Caracas 2011, pp. 59-75.

Como en los países normalmente la acción de un gobierno no se puede paralizar; como los seres humanos se enferman, incluso los Jefes de Estado y de Gobierno; y como ningún ser humano tiene, que se sepa, el don de la ubicuidad; a los efectos de que el gobierno continúe funcionando aún en los casos de falta temporal del Presidente de la República por ausentarse del territorio nacional, estas situaciones se prevén generalmente en las Constituciones, como precisamente se establece en la Constitución venezolana, al disponer que el Vicepresidente Ejecutivo suple las faltas temporales del Presidente de la República, lo que siempre ocurre cuando se ausenta del país por el tiempo que sea.

Por tanto, el hecho que desde el 5 de junio de 2011 y por todo el resto de dicho mes de junio y hasta el 4 de julio de 2011, como el mismo Presidente de la República lo expresó en alocución televisiva desde La Habana el día 30 de junio de 2011,[4] él hubiese estado sometido a un fuerte tratamiento post operatorio después de dos operaciones para extirparle un tumor cancerígeno, la primera realizada el 10 de junio de 2011,[5] y la segunda, diez días después, el 20 de junio de 2011, incluso habiendo pasado cuatro días en Terapia Intensiva, como lo informó el propio Presidente el 4 de julio de 2011 al llegar a Caracas;[6] todo ello por más lamentable y grave que fuera, no podía paralizar la acción del gobierno del Estado. Igualmente ocurrió con las faltas temporales para el tratamiento de quimioterapia en La Habana en julio, agosto y septiembre del mismo año 2011. Posteriormente, ocurrió también en oportunidades sucesivas desde febrero de 2012, y finalmente desde el de abril de 2012, mediante una autorización sin límite de días, dada por la Asamblea Nacional; y luego en noviembre y diciembre de 2012.

En una lamentable situación como esa, había que dejar que el Presidente se ocupase de su salud, y se recuperase, por lo que para ello, constitucionalmente estaba dispuesto que el Vicepresidente Ejecutivo se debía encontrar en el país supliendo la ausencia temporal del Presidente de la República (arts. 234 y 239.8). Esa es la solución, como se dijo, que establece la Constitución para garantizar la continuidad del gobierno.

Frente a ello, por supuesto, debía esperarse que el Vicepresidente Ejecutivo asumiera la responsabilidad de su cargo, siendo totalmente inaceptable y, además, inconstitucional, que pudiera llegar a decir que él no estaba a cargo del Poder Ejecutivo, ni estaba supliendo la ausencia o falta temporal

---

4   Véase la alocución por televisión del Presidente de la República del 30 de junio de 2011, desde La Habana, en http://www.eluniver-sal.com/2011/06/30/presidente-chavez-informo-que-le-fue-extirpado-un-tumor-cancerigeno.shtml

5   Véase la información del Ministro de Relaciones Exteriores, el 10 de junio de 2011, http://www.eluniversal.com/2011/06/10/operan-al-presidente-chavez-en-cuba.shtmléase

6   Véase en *El Universal*, Caracas 5 de Julio de 2011, http://www.eluniver-salcom/2011/07/05/chavez-advierte-que-batalla-contra-el-cancer-no-esta-ganada.shtml ; *The Wall Street Journal*, New York, Tuesday , July 5, 3011, p. A8

del Presidente de la República; es decir, que dijera que en Venezuela simplemente no había gobierno. En ese caso, sin embargo no ocurrió así, y al Vicepresidente Ejecutivo le pasó algo similar a aquello que se atribuye a un personaje de Molière en "El burgués gentilhombre," quién descubrió tardíamente que se había pasado casi toda su vida hablando en prosa, sin saberlo. Lo grave en este caso, es que aún descubriendo el Vicepresidente que efectivamente debía suplir la falta temporal del Presidente de la República durante su ausencia del territorio, ignorado la situación, se negó a actuar en consecuencia. Al menos el personaje de Molière tomo conciencia de su situación.

Para entender cuál es el curso que debía seguir el gobierno en Venezuela en la situación constitucional que se produjo en junio de 2011 de ausencia del Presidente del territorio nacional –que es la misma que luego ocurrió en abril y luego en noviembre y diciembre de 2012 -, y de la existencia de una falta temporal del mismo por su permanencia en un país extranjero, recuperando su salud, intentaré precisar y analizar el tema de la situación constitucional de las faltas temporales del Presidente; el de las atribuciones constitucionales tanto del Presidente de la República como del Vicepresidente Ejecutivo, y cuál es su forma de ejercicio; el del sentido de la suplencia que correspondía asumir al Vicepresidente en aquella falta temporal del Presidente; para destacar la extravagante, extraña y bizarra situación que se dio en el país en 2011 y 2012 con motivo de la ausencia del Presidente del territorio nacional y de la consecuente ausencia de gobierno.

I. LA FALTA TEMPORAL DEL PRESIDENTE DE LA REPÚBLICA POR SU AUSENCIA DEL TERRITORIO NACIONAL

1. *Las faltas temporales del Presidente de la República*

La Constitución establece que el Presidente de la República puede separarse temporalmente del ejercicio de su cargo, lo que ocurre en todas aquellas circunstancias de hecho, de la naturaleza que sean, en las cuales el Presidente se encuentre en la situación de no poder ejercer efectivamente el cargo. Es lo que la Constitución denomina como "falta temporal" al referirse a esas situaciones de hecho en las cuales el Presidente se encuentra separado del ejercicio del cargo por un tiempo. Como lo he expresado desde hace años "Una falta temporal puede consistir, por ejemplo, en ausencia por enfermedad o por un viaje dentro o fuera del territorio nacional."[7]

Los Presidentes, como cualquier persona humana, se enferman, y por ello, deben permanecer a resguardo, curándose, lejos de la carga del ejercicio del sus funciones como Jefe de Estado y del Ejecutivo Nacional; y en el mundo contemporáneo, con frecuencia viajan y se alejan efectivamente del centro del ejercicio de sus funciones. En todos esos casos, se está en presen-

---

7   Véase en Allan R. Brewer-Carías, *La Constitución de 1999. Derecho Constitucional Venezolano*, Editorial Jurídica Venezolana, Caracas 2004, p. 497.

cia de faltas temporales, que como tantos acaecimientos propios de la persona humana, son en general situaciones de hecho, sucesos, que obligan a una persona a separarse de sus tareas ordinarias, que ocurren, y que, con frecuencia no se programan con anterioridad, es decir, no siempre se pueden planificar, ni se pueden "autorizar" previamente, como sucede precisamente con las enfermedades. Simplemente, en general, acaecen, y en muchos casos no pueden ser controlados por la persona. Por supuesto, en muchos otros casos, la situación de hecho que produce la falta temporal sí podría efectivamente controlarse por la persona, casos en los cuales si se podría anticipadamente programar su conducta.

Un Presidente de la República previsivo, por ejemplo, si bien no puede como cualquier humano anticiparse a su estado de salud y programar cuándo se va a enfermar, en muchos otros casos si puede programar su separación temporal del ejercicio del cargo, como sucede por ejemplo, cuando decide someterse a una operación quirúrgica o a un tratamiento médico, o decide realizar un viaje. Ello, sin embargo, no siempre puede ocurrir programadamente, porque la situación de hecho y la separación del ejercicio del cargo pueden producirse de manera súbita, sin posibilidad de programación previa alguna, como sucede por ejemplo con un accidente o una operación quirúrgica de urgencia o de emergencia, o con un viaje imprevisto.

Lo cierto, en todo caso, es que hay falta temporal, cuando una enfermedad, una situación cualquiera de salud, o un viaje al exterior, imposibilitan al Presidente poder estar en ejercicio efectivo de su cargo, en el lugar donde tienen su sede los órganos del Poder Nacional, que es la capital de la República, Caracas, y poder acudir efectivamente al lugar donde está el centro de sus operaciones como Jefe del Estado y del Ejecutivo Nacional.

2. *Los viajes fuera del asiento de los órganos del Poder Nacional como faltas temporales del Presidente de la República*

Como se dijo, en particular, hay falta temporal del Presidente de la República en todo caso cuando se produce un viaje del mismo, cuando desde el punto de vista fáctico ello le impida ejercer efectivamente sus funciones, particularmente como Jefe del Ejecutivo Nacional, sea que el viaje se realice hacia el interior del país, o hacia al exterior del país, en este caso originando ausencia del territorio nacional.

En cuanto a los viajes al interior del país, conforme al artículo 18 de la Constitución, si bien la ciudad de Caracas es el asiento de los órganos del Poder Nacional, conforme a dicha norma ello "no impide el ejercicio del Poder Nacional en otros lugares de la República". Por ello, el Presidente de la República al viajar por el territorio nacional no se considera separado del ejercicio de las funciones de su cargo, las que puede continuar ejerciendo en otros lugares del territorio nacional. Una falta temporal con ocasión de un viaje en el país, sin embargo, sólo se produciría si por alguna razón fáctica, natural, accidental o de emergencia, el Presidente se encontrase aislado sin poder por ejemplo, comunicarse.

En cuanto a los viajes al exterior, en cambio, todos constituyen una "ausencia" del Presidente del territorio nacional y del ejercicio de su cargo, es decir, todos constituyen faltas temporales del Presidente de la República. El ejercicio del Poder Nacional conforme a la Constitución, incluyendo el Poder Ejecutivo, no se puede ejercer sino en el territorio de la República, en principio, en el asiento de los órganos del Poder Nacional, que es la ciudad de Caracas, o en otros lugares de la República (art. 18, Constitución), pero nunca en el exterior. Un Presidente de la República como Jefe del Ejecutivo Nacional nunca puede gobernar desde el exterior.

El Presidente de la República, por tanto, cuando viaja al exterior, es decir, fuera del territorio nacional, necesaria y obligatoriamente se separa temporalmente del ejercicio de su cargo en cuanto a Jefe del Ejecutivo Nacional. Ello por otra parte, constituye una situación respecto de la cual el Presidente no tiene entera libertad de decidir, en el sentido de que no es libre de ausentarse en viajes al exterior, cuando y como quiera y, por tanto, colocarse en situación de falta temporal en el ejercicio de sus funciones. De acuerdo con la Constitución, si el viaje al exterior, es decir, la ausencia del territorio nacional por el Presidente se prolonga por un lapso superior a cinco días consecutivos, los artículos 187.17 y 235 le imponen la necesidad de obtener la autorización de la Asamblea Nacional. Como toda autorización, que es un acto distinto en derecho a una "aprobación," cuando emana de la Asamblea Nacional tiene que por supuesto emitirse antes de que ocurra la ausencia, nunca *ex post facto*. Las aprobaciones son las que en derecho, en general, se dan con posterioridad a la realización de un acto.

Lo importante a destacar en esto, sin embargo, es que la autorización de la Asamblea Nacional en esos casos de viajes al exterior, no es un condicionante, en forma alguna, para que la falta temporal se produzca. La autorización de la Asamblea no es una autorización para que se de la situación de falta temporal del Presidente. Esta se produce tácticamente, en forma automática, independientemente de que haya o no la autorización de la Asamblea Nacional para un viaje fuera del territorio nacional.

La autorización legislativa es simplemente una de las tantas funciones de control político que ejerce la Asamblea Nacional respecto del Poder Ejecutivo. Otras autorizaciones de este tipo son, por ejemplo, la relativa al nombramiento de funcionarios diplomáticos (art. 187.14), al empleo de misiones militares (art. 187.16) y al enjuiciamiento del Presidente de la República (art. 266.2). La importancia de la autorización legislativa para la ausencia del territorio nacional resulta, además, del hecho de que en caso de receso de la Asamblea, la misma debe darla la Comisión Delegada (art. 196.2).

Por tanto, en todo caso de viaje al exterior, es decir, de ausencia del Presidente del territorio nacional, independientemente del tiempo de ausencia y de que se haya o no obtenido autorización de la Asamblea Nacional, hay siempre una falta temporal del Presidente. Es decir, independientemente de si el viaje es por un día, o por cinco días, o por un lapso superior a cinco días, siempre la ausencia del territorio nacional produce la situación de falta temporal del Presidente. Como se dijo, se trata de una situación fáctica que en estos casos de viajes fuera del territorio nacional se produce con el viaje en sí mismo, es decir, con la ausencia del territorio.

3. *La forma de suplir las faltas temporales del Presidente de la República*

De acuerdo con lo dispuesto en el artículo 234 de la Constitución, las faltas temporales del Presidente de la República son suplidas automáticamente por el Vicepresidente Ejecutivo, sin necesidad de "acto" oficial, formal o protocolar alguno, y sin necesidad de que se "juramente" ante órgano alguno, o que órgano alguno "declare" o "disponga" que hay "falta temporal."

Este cargo de Vicepresidente Ejecutivo fue establecido en la Constitución, entre otras razones, precisamente para resolver las situaciones de falta temporal del Presidente de la República, como el "órgano directo y colaborador inmediato del Presidente de la República en su condición de Jefe del Ejecutivo Nacional" (art. 238), por lo cual expresamente se le atribuyó, entre sus competencias específicas, la de "suplir las faltas temporales del Presidente de la República (art. 239.5), lo que ocurre en forma automática cuando las mismas se produzcan.

Ello llevó al Constituyente, incluso, a ser particularmente cuidadoso y disponer en su normativa lo que es la única causal de incompatibilidad de rango constitucional para el desempeño de cargos públicos basada en relaciones de parentesco, por consanguinidad o por afinidad con algún otro funcionario público, específicamente, con el Presidente de la República. Así, en el artículo 238 de la Constitución, luego de establecerse el cargo de Vicepresidente Ejecutivo, como se dijo, como órgano directo y colaborador inmediato del Presidente de la República en su condición de Jefe del Ejecutivo Nacional, la misma norma precisa que el mismo "no podrá tener ningún parentesco de consanguinidad ni de afinidad con éste."

Se trata por tanto, de una disposición absolutamente excepcional y clara, lo que por ejemplo impide que el padre, un hermano, un primo, o un cuñado del Presidente de la República o cualquier otra persona con cualquier grado de parentesco de consanguinidad o afinidad con el mismo, pueda llegar a ser designado constitucionalmente como Vicepresidente Ejecutivo, por prohibirlo expresamente la Constitución.

Ahora bien, como hemos dicho, suplir las faltas temporales del Presidente es, precisamente, una de las atribuciones del Vicepresidente Ejecutivo, como lo indica el artículo 239.8 de la misma Constitución; atribución que la "Exposición de Motivos" de la Constitución explicó, al decir que el Vicepresidente es "el suplente formal del Presidente de la República en las diferentes hipótesis de faltas tanto absolutas como temporales que contempla el texto constitucional;" aclarando sin embargo que la figura del Vicepresidente en la Constitución no fue concebida como "el típico cargo que tiene la función de resolver la sucesión presidencial por la ausencia temporal o absoluta del Presidente de la República. Más que ello, el Vicepresidente es una institución que comparte con el Presidente el ejercicio de su jefatura de gobierno y responde políticamente por la gestión general del gobierno frente al Parlamento." La Exposición de Motivos concluyó indicando que las funciones que le otorga la Constitución al Vicepresidente "son esenciales para el normal desenvolvimiento del Ejecutivo Nacional."

En consecuencia, producida una falta temporal del Presidente de la República, de cualquier naturaleza que sea, el Vicepresidente la suple automáticamente, siendo ello su atribución constitucional directa, sin necesidad de que nadie lo autorice a ello, o que algún órgano la declare, y sin necesidad de que se juramente para ello ante nadie. Desde cuando un funcionario comienza a ocupar el cargo de Vicepresidente, éste presta el juramento de ley de cumplir fielmente sus atribuciones, entre las cuales está, expresamente, suplir las faltas temporales del Presidente de la República. En consecuencia, producida una situación de falta temporal del Presidente, como la que se produjo por la ausencia del Presidente de la República del territorio nacional durante casi todo el mes de junio de 2012, y durante el mes de abril de 2012, nadie tenía que decirle al Vicepresidente que supliera la falta temporal, y a nadie tenía que notificárselo.

Debe señalarse, por otra parte, que si bien esta es le atribución constitucional del Vicepresidente, la de suplir las faltas temporales del Presidente de la República, ello tiene un límite constitucional, y es que sólo puede extenderse por un lapso de "hasta por 90 días." Es decir, el Vicepresidente sólo puede estar en ejercicio de la Presidencia supliendo la falta temporal del Presidente por ese lapso de 90 días. Al vencerse dicho lapso, la Asamblea Nacional es entonces llamada por la Constitución (art. 234) para ejercer el control político sobre el Poder Ejecutivo, y la misma debe decidir en alguna de estas dos formas:

En primer lugar, la Asamblea Nacional puede decidir prorrogar el lapso inicial de 90 días de falta temporal del Presidente, "por 90 días más." Y nada más, de manera que en este caso, al concluir la prórroga de 90 días, es decir, cuando la falta temporal se extienda hasta los 180 días, automáticamente se produce la situación de falta absoluta del Presidente de la República.

En segundo lugar, "si una falta temporal se prolonga por más de 90 días consecutivos, la Asamblea Nacional debe decidir por mayoría de sus integrantes si debe considerarse que hay falta absoluta," en cuyo caso se daría el supuesto de abandono del cargo declarado por la Asamblea Nacional (art. 233).

II. LAS ATRIBUCIONES DEL PRESIDENTE Y DEL VICEPRESIDENTE EJECUTIVO, Y LA FORMA DE SU EJERCICIO, PARTICULARMENTE EN LOS CASOS DE FALTA TEMPORAL DEL PRIMERO

1. *Las atribuciones del Presidente de la República y la forma de su ejercicio*

Conforme al sistema presidencial de gobierno que regula la Constitución, y de acuerdo con el artículo 226 de la misma, el Presidente de la República es a la vez el Jefe del Estado y el Jefe del Ejecutivo Nacional, en cuya condición dirige la acción del Gobierno. Como Jefe de Estado, fundamentalmente hacia el exterior, el Presidente actúa y representa a la República ante la Comunidad Internacional, y dirige las relaciones internacionales y diplomáticas del país. Como Jefe del Ejecutivo Nacional, fundamentalmente en el orden interno, conduce la acción de gobierno.

Así, de todas las atribuciones enumeradas en el artículo 236 de la Constitución que más adelante se detallan, se pueden considerar como propias del carácter de Jefe de Estado del Presidente, las siguientes:

1. El nombramiento y remoción del Vicepresidente Ejecutivo, quien está llamado a suplirlo en sus faltas temporales, y en quien puede delegar las funciones de Jefe de Estado (art. 236.3; y art. 239.9);

2. Dirigir las relaciones exteriores de la República y celebrar y ratificar los tratados, convenios o acuerdos internacionales (art. 236.4);

3. Declarar los estados de excepción y decretar la restricción de garantías en los casos previstos en la Constitución (art. 236.7); y

4. Designar, previa autorización de la Asamblea Nacional o de la Comisión Delegada, a los jefes de las misiones diplomáticas permanentes (art. 236.15).

Todas estas atribuciones son propias del carácter de Presidente como Jefe de Estado, y si bien en general deben ejercerse en el territorio nacional, algunas de ellas, como la dirección de las relaciones exteriores se pueden ejercer en el exterior, precisamente cuando el Presidente viaja representando a la República.

Las otras atribuciones del Presidente, y en particular aquellas que ejerce como Jefe del Ejecutivo Nacional, las debe ejercer en principio estando en el territorio nacional, y, en particular, en la sede de los órganos del Poder Nacional que es la ciudad de Caracas, lo que sin embargo no impide que el Poder Nacional se pueda ejercer en otros lugares de la República (art. 18), lo que debe decidirse así formalmente por el órgano respectivo.

En el ejercicio de sus funciones, el Presidente está asistido por el Vicepresidente de la República y por los Ministros, quienes son sus órganos directos (arts. 238 y 242), razón por la cual la Constitución dispone que en general sus decisiones deben estar refrendadas para su validez tanto por el

Vicepresidente Ejecutivo como por el Ministro o los Ministros respectivos (art. 236), según la materia.

Es decir, los decretos y actos del Presidente además de su firma, deben llevar la firma del Vicepresidente Ejecutivo y del Ministro o los Ministros respectivos, excepto en dos casos expresamente previstos en los ordinales 3 y 5 del artículo 236, y que son las decisiones consistente en:

1. El nombramiento y remoción del Vicepresidente Ejecutivo y de los Ministros (art. 236.3), los que obviamente, no requieren del refrendo del o de los nombrados; y

2. La dirección de la Fuerza Armada Nacional en su carácter de Comandante en Jefe, el ejercicio de la suprema autoridad jerárquica de ella y la fijación de su contingente (art. 236.5). Esta es una atribución respecto de la cual expresamente la Constitución excluye la necesidad de que esté refrendada por el Vicepresidente Ejecutivo y el Ministro de la Defensa, y que el Presidente ejerce sólo, como Comandante en Jefe.

Por otra parte, las decisiones del Presidente de la República pueden adoptarse actuando solo o como decisión colectiva tomada en Consejo de Ministros, siendo este último órgano definido en la Constitución, como la reunión de los Ministros con el Presidente y con el Vicepresidente (art. 242).

En efecto, además de las atribuciones antes indicadas que se regulan en los ordinales 3 y 5 del artículo 236 (el nombramiento y remoción del Vicepresidente y de los Ministros; y la dirección de la Fuerza Armada Nacional como Comandante en Jefe), el Presidente también adopta sólo, es decir, por sí mismo sin necesidad de reunir al Consejo de Ministros, aún cuando con el refrendo del ministro respectivo, las atribuciones establecidas en los siguientes ordinales:

1. Cumplir y hacer cumplir la Constitución y la ley (art. 236.);

2. Dirigir la acción del Gobierno (art. 236.2);

3. Dirigir las relaciones exteriores de la República y celebrar y ratificar los tratados, convenios o acuerdos internacionales (art. 236.4);

4. Ejercer el mando supremo de la Fuerza Armada Nacional, promover sus oficiales a partir del grado de coronel o capitán de navío, y nombrarlos para los cargos que les son privativos (art. 236.6);

5. Administrar la Hacienda Pública Nacional (art. 236.11);

6. Designar, previa autorización de la Asamblea Nacional o de la Comisión Delegada, al Procurador General de la República y a los jefes de las misiones diplomáticas permanentes (art. 236.15);

7. Nombrar y remover a aquellos funcionarios cuya designación le atribuyen la Constitución y la ley (art. 236.16);

8. Dirigir a la Asamblea Nacional, personalmente o por intermedio del Vicepresidente Ejecutivo, informes o mensajes especiales (art. 236.17);

9. Conceder indultos (art. 236.19);

10. Convocar y presidir el Consejo de Defensa de la Nación (art. 236.23); y

11. Las demás atribuciones señaladas en la Constitución y en las leyes (art. 236.24).

En cambio, las siguientes atribuciones enumeradas en el artículo 236, las debe ejercer el Presidente de la República siempre en Consejo de Ministros:

1. Declarar los estados de excepción y decretar la restricción de garantías en los casos previstos en la Constitución (art. 236.7)

2. Dictar, previa autorización por una ley habilitante, decretos con fuerza de ley (art. 236.8);

3. Convocar la Asamblea Nacional a sesiones extraordinarias (art. 236.9);

4. Reglamentar total o parcialmente las leyes, sin alterar su espíritu, propósito y razón (art. 236.10);

5. Negociar los empréstitos nacionales (art. 236.12);

6. Decretar créditos adicionales al Presupuesto, previa autorización de la Asamblea Nacional o de la Comisión Delegada (art. 236.13);

7. Celebrar los contratos de interés nacional conforme a la Constitución y a la ley (art. 236.14));

8. Formular el Plan Nacional de Desarrollo y dirigir su ejecución previa aprobación de la Asamblea Nacional (art. 236.18);

9. Fijar el número, organización y competencia de los ministerios y otros organismos de la Administración Pública Nacional, así como también la organización y funcionamiento del Consejo de Ministros, dentro de los principios y lineamientos señalados por la correspondiente ley orgánica (art. 236.20);

10. Disolver la Asamblea Nacional en el supuesto establecido en esta Constitución (art. 236.21); y

11. Convocar referendos en los casos previstos en la Constitución (art. 236.22).

Además de estas atribuciones, debe indicarse que el Legislador, con frecuencia, ha dispuesto que determinadas decisiones reguladas en las respectivas leyes, se adopten también el Consejo de Ministros.

2. El rol del Vicepresidente Ejecutivo y la suplencia de las faltas temporales del Presidente de la República

Ahora bien, en toda situación en la cual el Presidente se encuentre ausente del territorio nacional, independientemente de que para ello haya recibido o no autorización de la Asamblea Nacional (art. 235), lo que por lo demás nada incide en el efecto de la ausencia como falta temporal; ello constituye precisamente una falta temporal del Presidente de la República derivada de dicha ausencia. Ello significa que el Presidente de la República, constitucionalmente, por la falta temporal, se encuentra fácticamente imposibilitado de ejercer las antes mencionadas atribuciones de Jefe del Ejecutivo Nacional en la sede de los órganos del Poder Nacional, las cuales, en esa situación, corresponden ser ejercidas por Vicepresidente Ejecutivo supliendo la falta temporal del Presidente.

Para resolver las situaciones de falta temporal del Presidente de la República, como hemos dicho, la Constitución de 1999 le atribuyó al Vicepresidente Ejecutivo, entre sus competencias específicas, la de "suplir las faltas temporales del Presidente de la República, (art. 239.5), lo que ocurre en forma automática cuando se produce la falta temporal. Tal atribución, sin embargo, no puede considerarse como de ámbito universal, aplicable a todas las atribuciones constitucionalmente asignadas al Presidente. Debe más bien entenderse como circunscrita, en principio, a las atribuciones que corresponden al Presidente como "Jefe del Ejecutivo Nacional," que son en relación con las cuales, de acuerdo con las expresas previsiones de la Constitución, el Vicepresidente es "órgano directo y colaborador inmediato" del Presidente.

Este rol de suplir las faltas temporales del Presidente, por tanto, en principio no se extiende en la Constitución respecto de las atribuciones del Presidente como Jefe de Estado, salvo cuando el Presidente expresamente se las delegue al Vicepresidente (art. 239,9).

Ahora bien, conforme al artículo 239 de la Constitución, el Vicepresidente tiene otras funciones adicionales a la de suplir las faltas temporales del Presidente, y que son las siguientes:

1. Colaborar con el Presidente de la República en la dirección de la acción del Gobierno.

2. Coordinar la Administración Pública Nacional de conformidad con las instrucciones del Presidente de la República.

3. Proponer al Presidente de la República el nombramiento y la remoción de los Ministros.

4. Presidir, previa autorización del Presidente de la República, el Consejo de Ministros.

5. Coordinar las relaciones del Ejecutivo Nacional con la Asamblea Nacional.

6. Presidir el Consejo Federal de Gobierno

7. Nombrar y remover, de conformidad con la ley, los funcionarios nacionales cuya designación no esté atribuida a otra autoridad; y

9. Ejercer las atribuciones que le delegue el Presidente de la República.

Ahora bien, en caso de falta temporal del Presidente de la República, el Vicepresidente Ejecutivo no sólo debe seguir ejerciendo sus propias atribuciones constitucionales, sino las que corresponden al Presidente al suplir su falta, por lo que conforme al artículo 239:

1. Asume la dirección de la acción del Gobierno.

2. Coordina la Administración Pública Nacional, sin tener que recibir instrucciones del Presidente de la República.

3. Nombra y remueve los Ministros.

4. Preside el Consejo de Ministros, sin necesidad de previa autorización alguna del Presidente de la República.

5. Coordina las relaciones del Ejecutivo Nacional con la Asamblea Nacional.

6. Preside el Consejo Federal de Gobierno

7. Nombra y remueve, de conformidad con la ley, los funcionarios nacionales cuya designación no esté atribuida a otra autoridad; y

9. Ejerce todas las otras atribuciones que le delegue el Presidente de la República.

En particular en relación con el funcionamiento de las reuniones del Consejo de Ministros, al no poder asistir el Presidente por su falta temporal, por ejemplo, por su ausencia del territorio nacional, el mismo no las puede presidir y no se necesita de su autorización para que el Vicepresidente Ejecutivo las presida. Supliendo la falta temporal del Presidente, el Vicepresidente, como se dijo, es entonces quien preside las reuniones del Consejo de Ministros, en cuyo caso, las decisiones tomadas en el mismo, en caso de ausencia temporal del Presidente, no necesitan ser ratificadas por el Presidente de la República. De lo contrario, si no hubiese una situación de falta temporal ni el Vicepresidente estuviese supliendo al Presidente de la República, toda decisión adoptada en Consejo de Ministros sin la presencia del Presidente no tendría efectos hasta ser ratificada por el Presidente.

III. DE LA IRREGULAR E INCONSTITUCIONAL ACTUACIÓN DE LOS ÓRGANOS DEL ESTADO CON MOTIVO DE LA FALTA TEMPORAL DEL PRESIDENTE DE LA REPÚBLICA EN JUNIO DE 2011

Teniendo la anterior normativa como el marco de su actuación constitucional, el Presidente Hugo Chávez anunció en su Programa de televisión *Aló Presidente* del 5 de junio de 2011 que después de haber sufrido una operación de rodilla que lo tuvo alejado de la actividad pública, retomaba su agenda internacional y que ese día saldría del territorio nacional rumbo a Brasil, a Ecuador y a Cuba, en misión oficial.

Debe entenderse que el viaje al exterior del Presidente no estaba previsto para prolongarse por más de 5 días, como lo anunció el Ministro de Información del Gobierno,[8] y lo había señalado el propio Presidente días antes al afirmar que "En Brasil estaremos día y medio, en Ecuador pueden ser dos y luego a Cuba."[9] Precisamente por ello, habiendo salido de Caracas el 5 de junio, llegó a Cuba el 8 de junio de 2011.[10] De lo contrario, como lo impone la Constitución, debía haber obtenido una autorización previa mediante Acuerdo de la Asamblea Nacional, la cual por lo demás, se publica en la *Gaceta Oficial*. Sin embargo, ni con anterioridad al viaje, ni después de su salida del territorio nacional, se publicó en la *Gaceta Oficial* Acuerdo alguno de la Asamblea Nacional en el cual se hubiese autorizando la permanencia del Presidente en el exterior, es decir, fuera del territorio nacional por un lapso mayor a los 5 días.

Sólo fue en 14 de junio, diez días después de la salida del Presidente del país, y una vez ya hospitalizado en La Habana, Cuba, cuando la Asamblea Nacional, indudablemente *ex post facto*, emitió la autorización que hasta ese momento había estado faltante.

Los medios de comunicación informaron que el Presidente de la República, después de haber estado en Brasil y en Ecuador, había viajado a La Habana, Cuba, donde llegó el día 8 de junio de 2011,[11] y donde debió ser atendido por quebrantos de salud, al punto de haber sido operado inmediatamente según se anunció, de un "absceso pélvico," el 10 de junio de 2011.[12] Luego, como el propio Presidente lo informara en alocución de televisión del día 30 de junio de 2011 desde La Habana, [13] la situación fue que después de

---

8   Véase la información del Ministro de Información dada el 5 de junio de 2011, al afirmar que "El presidente de la República Bolivariana de Venezuela, Hugo Chávez, realizará durante cinco días una gira presidencial por Brasil, Ecuador y Cuba," en http://www.eluniversal.com/2011/06/05/este-domingo-si-se-transmi-tira-alo-presidente.shtml

9   El anuncio lo hizo en reunión del Consejo de Ministros transmitida por televisión el 1 de junio de 2011. Véase en http://www.diariocola-ino.com/es/20110601/inter-nacionales/93026/Ch%C3%A1vezvisitar%C3%A1-Brasil-Ecuador-y-Cuba-la-pr%C3%B3xima-semana.htm

10   Véase la información en http://internacional.eluniversal.com/ 2011/06/08/chavez-llega-a-cuba-para-repasar-los-vinculos-bilaterales.shtml

11   *Ídem*

12   Véase la información del Ministro de Relaciones Exteriores, el 10 de junio de 2011, http://www.eluniversal.com/2011/06/10/operan-al-presidente-chavez-en-cuba.shtml

13   Véase la alocución por televisión del Presidente de la República del 30 de junio de 2011, desde La Habana, en la cual sin embargo, informó que la primera operación

haberse sometido a una primera intervención quirúrgica, fue sometida a una segunda operación mediante la cual se le extirpó un tumor cancerígeno. Ello lo confirmó a su llegada a Caracas el 4 de julio de 2011, al señalar que por causa de esta otra operación realizada el 20 de junio de 2011, estuvo en La Habana, Cuba, en Terapia Intensiva hasta el 24 de junio de 2011.[14]

De todo ello resultó que durante todo el mes de junio de 2011 y hasta el 4 de julio de 2011, el Presidente de la República permaneció en La Habana, Cuba, recluido en un centro hospitalario bajo estricto tratamiento médico.

Es obvio, por tanto, que el Presidente de la República, a partir del día 5 de junio de 2011 y hasta el 4 de julio de 2011 no estuvo en Caracas. Ello fue confirmado formalmente por la propia Asamblea Nacional, al aprobar un Acuerdo el día 14 de junio de 2011[15] en el cual declaró que el 31 de mayo de 2011, la mayoría de la misma ya había autorizado al Presidente para ausentarse del país a partir del 5 de junio de 2011, lo que en esta nueva ocasión se ratificó para que pudiera permanecer en el exterior por el tiempo que fuera necesario para recuperarse de la operación quirúrgica que se confirmó se había realizado en La Habana el 10 de junio de 2011.[16] El Presidente, luego, regresó al país el 4 de julio de 2011,[17] concluyendo así su falta temporal, al menos la motivada por la ausencia del territorio nacional.[18]

Debe destacarse que la Asamblea Nacional en el Acuerdo mencionado, formuló una denuncia de lo que consideró "interpretaciones tendenciosas" de las normas contenidas en la Constitución que supuestamente se habían formulado "con la intención de plantear la falta temporal del Presidente de la República," lo que, sin duda, evidenció la ignorancia total que los señores

tuvo lugar el día 11 de junio de 2011 desde La Habana, en http://www.eluniversal.com/2011/06/30/presidente-chavez-informo-que-le-fue-extirpado-un-tumor-cancerigeno.shtml

14 Véase en *El Universal*, Caracas 5 de Julio de 2011, http://www.eluniversal.com/2011/07/05/chavez-advierte-que-batalla-contra-el-cancer-no-esta-ganada.shtml ; *The Wall Street Journal*, New York, Tuesday, July 5, 3011, p. A8

15 Véase en *Gaceta Oficial* N° 39695 de 14-6-2011.

16 Véase la alocución por televisión del Presidente de la República del 30 de junio de 2011, desde La Habana, en la cual sin embargo, informó que la primera operación tuvo lugar el día 11 de junio de 2011 desde La Habana, en http://www.eluniversal.com/2011/06/30/presidente-chavez-informo-que-le-fue-extirpado-un-tumor-cancerigeno.shtml

17 Véase en *El Universal*, Caracas 5 de Julio de 2011, http://www.eluniversal.com/2011/07/05/chavez-advierte-que-batalla-contra-el-cancer-no-esta-ganada.shtml; *The Wall Street Journal*, New York, Tuesday, July 5, 3011, p. A8.

18 Véase en general, Allan R. Brewer-Carías, "La extraña situación constitucional respecto del funcionamiento del gobierno en Venezuela, durante la falta temporal del Presidente de la República, por su ausencia del territorio nacional entre el 5 de junio y el 4 de julio de 2011," *Revista de Derecho Público*, N° 126, (abril-junio 2011), Editorial Jurídica Venezolana, Caracas 2011, pp. 59-75.

Diputados tenían sobre las previsiones constitucionales y de lo que significan las faltas temporales del Presidente de la República.

Estas, las faltas temporales, ni se decretan ni se declaran, ni se inventan, sino que constituyen situaciones de hecho, de manera que si el Presidente no está en el territorio nacional, simplemente no está, y ello no significa otra cosa sino una falta temporal, y nada lo puede remediar; porque el Presidente, como cualquier ser humano, carece del don de la ubicuidad, que le podría permitir, por ejemplo, estar a la vez en La Habana, Cuba, recluido en un hospital, y al mismo tiempo, en el Palacio de Miraflores en Caracas, presidiendo el Consejo de Ministros y dictando decretos. No hay, por tanto, nada extraño, ni maligno ni tendencioso en decir, que como el Presidente de la República estaba ausente del territorio nacional, había una falta temporal. Era, simplemente, la realidad de los hechos.

1. Las falsedades en la Gaceta Oficial

Por tanto, no es sino una tremenda falsedad lo que puede apreciarse en la *Gaceta Oficial* de casi todo aquél mes de junio de 2011, donde apareció que el Presidente de la República, Hugo Chávez Frías, el mismo que se encontraba en Brasil, Ecuador y La Habana, sin embargo, firmó decretos y le puso el ejecútese a leyes en Caracas ("Dado en Caracas," dicen los textos) cuando ello era y es completamente falso, pues el Presidente estaba en Brasil, en Ecuador o básicamente en La Habana.

En efecto, si se analiza la *Gaceta Oficial* en los números publicados después de la salida del Presidente de la República del país el 5 de junio de 2011, y se identifican los actos adoptados durante su falta temporal por ausencia del territorio nacional hasta el 4 de julio de 2011, se aprecia lo siguiente:

1. En la *Gaceta Oficial* N° 39.689 de 6 de junio de 2011, aparecieron los decretos Nos. 8.262 y 8.263 de esa misma fecha, en los cuales el Presidente nombró al Presidente de un Fundación del Estado, y encargó a un funcionario de la Presidencia de una empresa del Estado. Ambos decretos fueron "dados en Caracas" en esa misma fecha, cuando sin embargo, el Presidente estaba en Brasil y, además, los refrendó el Vicepresidente de la República, que era el único que al refrendarlos dejó constancia de que supuestamente se reunió con el Presidente en Caracas, habiendo el Presidente además, delegado en él la juramentación de uno de dichos funcionarios. Todo ello, por supuesto, es falso: el Presidente no pudo haber dado en Caracas decreto alguno, cuando estaba en Brasil.

2. En la *Gaceta Oficial* N° 39.692 de 9 de junio de 2011, apareció el decreto N° 8.265 de fecha 8 de junio de 2011, en el cual el Presidente encargó un funcionario del Ministerio del Poder Popular de Planificación y Finanzas desde el 8 al 12 de junio de 2011. Este decreto también apareció "dado en Caracas," cuando sin embargo, el Presidente estaba en viaje desde Ecuador a Cuba. El decreto no estuvo refrendado por el Vicepresidente ni por Ministro

alguno, de manera que nadie dejó constancia de haber estado con el Presidente por allí. A pesar de ello, sin embargo, lo afirmado es por supuesto falso, pues el Presidente no pudo haber "dado en Caracas" decreto alguno cuando estaba en un avión en viaje entre desde Ecuador hacia Cuba.

3. En la *Gaceta Oficial* N° 39.694 de 13 de junio de 2011, apareció el decreto N° 8264 de fecha 7 de junio de 2011, en el cual el Presidente nombró a uno de sus hermanos como Viceministro de Desarrollo Eléctrico del Ministerio del Poder Popular para la Energía Eléctrica. Este decreto también apareció "dado en Caracas" en esa fecha del 8 de junio, cuando sin embargo el Presidente estaba en Ecuador. El decreto está refrendado por el Vicepresidente y por el Ministro del Poder Popular para la Energía Eléctrica, los únicos que por ello dejan constancia de que supuestamente estuvieron reunidos con él en Caracas. Todo ello, por supuesto, es falso: el Presidente no pudo haber dado en Caracas decreto alguno cuando estaba en Ecuador.

4. En la misma *Gaceta Oficial* N° 39.694 de 13 de junio de 2011, apareció publicada la Ley Especial de Endeudamiento Complementaria para el Ejercicio Fiscal 2011. El Ejecútese a esta Ley lo firmó el Presidente de la República el 12 de junio de 2011, sólo dos días después de una operación severa y traumática efectuada en La Habana; y la firma está supuestamente dada, no sólo en Caracas, sino precisamente "en el Palacio de Miraflores," sede del Poder Ejecutivo, cuando sin embargo, es evidente que el Presidente se encontraba postrado en una cama de hospital en La Habana. El Ejecútese de la Ley está refrendado por el Vicepresidente y por todos los Ministros, habiéndose aprobado "en Consejo de Ministros," por lo que todos ellos supuestamente habían estado con el Presidente en el Palacio presidencial en Caracas. Todo ello, por supuesto, es completamente falso: el Presidente no pudo haberle puesto el Ejecútese a esa Ley en Caracas cuando estaba en La Habana, y recluido en un hospital; y el Ministro de Relaciones Exteriores menos pudo haberlo refrendado en Caracas, pues continuaba en La Habana con el Presidente.

5. En la *Gaceta Oficial* N° 39.695 de 14 de junio de 2011, aparecieron publicados los decretos Nos. 8264 y 8268 de esa misma fecha, transfiriendo a una empresa del Estado las acciones de otra empresa del Estado, así como disponiendo la liquidación de otra empresa del Estado; los decretos Nos. 8269, 8270, 8271, 8272, 8275, 8276 y 8277, mediante los cuales el Presidente acordó traspasos de créditos adicionales al Presupuesto; los decretos Nos 8273 y 8274 de la misma fecha sobre rectificaciones al Presupuesto; el decreto N° 8278 sobre exoneración de IVA a una empresa del Estado; el decreto N° 8281 sobre traspaso de crédito presupuestario; y el decreto N° 8280 sobre adquisición forzosa de diversos bienes de propiedad privada. Todos estos decretos, también aparecieron como "dados en Caracas" en esa fecha 14 de junio de 2011 por el Presidente de la República, cuatro días después de una operación severa y traumática efectuada en La Habana, cuando sin embargo, es evidente que el Presidente aún se encontraba postrado en una cama de hospital en La Habana. Los decretos todos están refrendados por el Vice-

presidente y por todos los Ministros, habiéndose supuestamente aprobado en Consejo de Ministros, dejando así constancia todos ellos de haber estado con el Presidente por Caracas. Todo ello, por supuesto, es completamente falso: el Presidente no pudo haber firmado esos decretos en Caracas cuando estaba en La Habana, y recluido en un hospital; y al menos el Ministro de Relaciones Exteriores no pudo haberlos refrendado, pues continuaba en La Habana con el Presidente

6. En *Gaceta Oficial* N° 39721 de 26 de julio de 2011, apareció publicado el Decreto N° 8266 de fecha 14 de junio de 2011, es decir, supuestamente dictado más de un mes antes, pero estando el Presidente en La Habana, creando el Ministerio de Poder Popular para el Servicio Penitenciario. Este Decreto también apareció como "dado en Caracas" por el Presidente de la República, pero es obvio que ello tampoco ocurrió, pues el Presidente, cuatro días antes había sido sometido a una operación severa y traumática efectuada en La Habana, donde permanecía. El Decreto, sin embargo está refrendado por el Vicepresidente y por todos los Ministros, dejando así, todos ellos, constancia de que supuestamente estuvieron con el Presidente en Caracas. Todo ello, por supuesto, también es completamente falso: el Presidente no pudo haber dado este decreto en Caracas cuando estaba en La Habana en ese mismo día.

7. En la *Gaceta Oficial* N° 39.700 de 21 de junio de 2011, aparecieron publicados los decretos Nos. 8283, 8284, 8285, 8286, 8287, 8288, 8389, 8290, 8291, 8292 y 8293 de esa misma fecha, mediante los cuales el Presidente acordó créditos adicionales al Presupuesto. Todos estos decretos, también fueron supuestamente "dados en Caracas" por el Presidente de la República, once días después de una operación severa y traumática efectuada en La Habana, cuando sin embargo, era evidente que el Presidente aún se encontraba en tratamiento en un hospital en La Habana; y no sólo eso, sino que estaba en Terapia Intensiva, como él mismo lo informó a su regreso a Caracas el 4 de julio de 2011.[19] Todos esos decretos están refrendados por el Vicepresidente y por todos los Ministros, habiéndose supuestamente aprobado en Consejo de Ministros, dejando así "constancia," todos ellos, de supuestamente haber estado con el Presidente por Caracas. Todo ello, por supuesto, también es completamente falso, pues el Presidente no pudo haber dado esos decretos en Caracas cuando estaba en La Habana, y recluido en un hospital; y menos pudo haberlos refrendado el Ministro de Relaciones Exteriores, que continuaba en La Habana con el Presidente.

8. En la *Gaceta Oficial* N° 39.701 de 22 de junio de 2011, apareció publicado el decreto N° 8294 de esa misma fecha, mediante el cual el Presidente acordó créditos adicionales al Presupuesto; y el decreto N° 8295 de la misma fecha, mediante el cual el Presidente declaró un duelo de tres días por

---

19 Véase en *El Universal*, Caracas 5 de Julio de 2011, http://www.eluniversal.com/2011/07/05/chavez-advierte-que-batalla-contra-el-cancer-no-esta-ganada.shtml; *The Wall Street Journal*, New York, Tuesday, July 5, 3011, p. A8

el fallecimiento del Contralor General de la República, lo que acaeció precisamente en la misma ciudad de La Habana, donde estaba el Presidente de la República. Todos estos decretos, sin embargo, también fueron "dados en Caracas" por el Presidente, doce días después de una operación severa y traumática efectuada en La Habana, cuando sin embargo, era evidente que el Presidente aún se encontraba en tratamiento en un hospital en la misma ciudad de La Habana; y no sólo eso, sino en Terapia Intensiva, como él mismo lo informó a su regreso a Caracas el 4 de julio de 2011.[20] Es muy posible, incluso, que por esa circunstancia de estar en Terapia Intensiva, el Presidente lógicamente ni se hubiera enterado siquiera del fallecimiento del Contralor General en La Habana, posiblemente en el mismo hospital donde estaba. Los decretos, todos, están refrendados por el Vicepresidente y por todos los Ministros, habiéndose aprobado en Consejo de Ministros, dejando así "constancia," todos ellos, de supuestamente haber estado con el Presidente por Caracas. Todo ello, por supuesto, de nuevo, era completamente falso, pues el Presidente no pudo haber dado esos decretos en Caracas cuando estaba en La Habana, y recluido en un hospital; y al menos el Ministro de relaciones Exteriores no pudo haberlos refrendado, pues continuaba en La Habana con el Presidente.

9. En la *Gaceta Oficial* N° 39.703 de 28 de junio de 2011, aparecieron publicados los decretos N° 8296 y 8297 de esa misma fecha, mediante los cuales el Presidente autorizó la constitución de una empresa del Estado y acordó el traspaso de créditos adicionales; y el decreto N° 8298 de la misma fecha de reforma de un decreto previo N° 8054 de 15 de febrero de 2011, sobre una empresa del Estado. Todos estos decretos, también fueron "dados en Caracas" por el Presidente de la República, dieciocho días después de una operación severa y traumática efectuada en La Habana, cuando sin embargo, era evidente que el Presidente aún se encontraba en tratamiento en un hospital en la misma ciudad de La Habana, y venía de salir de Terapia Intensiva. Los decretos, todos, están refrendados por el Vicepresidente y por todos los Ministros, habiéndose aprobado en Consejo de Ministros, dejando así "constancia," todos ellos, de supuestamente haber estado con el Presidente por Caracas. Todo ello, por supuesto, de nuevo, es completamente falso: el Presidente no pudo haber dado esos decretos en Caracas cuando estaba en La Habana, y recluido en un hospital; y al menos el Ministro de Relaciones Exteriores no pudo haberlo refrendado, pues continuaba en La Habana con el Presidente.

10. En la *Gaceta Oficial* N° 39.705 de 30 de junio de 2011, apareció publicado el decreto N° 8299 de esa misma fecha, mediante el cual el Presidente nombró un funcionario como encargado de la presidencia de un Instituto Autónomo. Este decreto, sin embargo, es obvio que tampoco fue "dado en

---

20 Véase en *El Universal*, Caracas 5 de Julio de 2011, http://www.eluniversal.com/2011/07/05/chavez-advierte-que-batalla-contra-el-cancer-no-esta-ganada.shtml; *The Wall Street Journal*, New York, Tuesday, July 5, 3011, p. A8

Caracas" por el Presidente de la República, el mismo día que desde La Habana, en programa de televisión, el mismo anunciaba al país sobre la operación que se le había practicado. El decreto, sin embargo, está refrendado por el Vicepresidente y por el Ministro de Relaciones Interiores y Justicia, dejando así, ellos, constancia de que supuestamente estuvieron con el Presidente en Caracas. Todo ello, por supuesto, también es completamente falso: el Presidente no pudo haber dado esos decretos en Caracas cuando estaba en La Habana, en ese mismo día, además, anunciando al país desde allá, que allí estaba y había permanecido todo el tiempo en Cuba desde el 9 de junio de 2011.

11. Por último, en la *Gaceta Oficial* N° 6029 de 1 de julio de 2011, apareció publicado el decreto N° 8300 de esa misma fecha, mediante el cual se declaró día no laborable el 4 de julio de 2011. Este Decreto también apareció como "dado en Caracas" por el Presidente de la República, pero es obvio que ello tampoco ocurrió, pues el Presidente continuaba en La Habana. El decreto, sin embargo, está refrendado por el Vicepresidente y por los Ministro, dejando así, todos ellos, constancia de que supuestamente estuvieron con el Presidente en Caracas. Todo ello, por supuesto, también es completamente falso: el Presidente no pudo haber dado este decreto en Caracas cuando estaba en La Habana en ese mismo día.

Es difícil, con esta insólita forma de gobernar, que alguien pueda realmente creer lo que se afirmó en los actos estatales que se publicaron en la *Gaceta Oficial,* en forma totalmente contraria a la realidad y a la seguridad jurídica.

2.   *La situación constitucional en Venezuela en junio de 2011*

De todo lo antes expuesto, se puede indicar, sobre la situación constitucional del gobierno en Venezuela, desde el 5 de junio de 2011 al 4 de julio del mismo año, lo siguiente:

a. El Presidente de la República se ausentó del territorio nacional el día 5 de junio de 2011 en un viaje oficial hacia Brasil, Ecuador y Cuba; de donde solo regresó al país el 4 de julio de 2011.

b. Ni antes ni después de iniciarse dicho viaje, se publicó en *Gaceta Oficial* Acuerdo legislativo alguno autorizando al Presidente para ausentarse del país por más de cinco días. El Presidente, el mismo día que salió de viaje, anunció un periplo internacional de breves días; lo que sin duda se complicó al tener que ser sometido a una operación quirúrgica en La Habana, Cuba, el 10 de junio de 2011,[21] lo que lo retuvo en esa ciudad durante todo el mes de

---

21   Véase la alocución por televisión del Presidente de la República del 30 de junio de 2011, desde La Habana, en la cual sin embargo, informó que la primera operación tuvo lugar el día 11 de junio de 2011 desde La Habana, en http://www.eluniversal.com/2011/06/30/presidente-chavez-informo-que-le-fue-extirpado-un-tumor-cancerigeno.shtml

junio de 2011. Ello lo reconoció *ex post facto* la Asamblea Nacional en el Acuerdo del 14 de junio de 2011, autorizando la permanencia del Presidente en el exterior por el tiempo que fuera necesario; y el propio Presidente de la República quien incluso indicó a su llegada a Caracas el 4 de julio de 2011, que había estado en Terapia Intensiva durante cuatro días del 20 al 24 de junio de 2011.[22]

c. Cualquiera que hubiera sido el motivo del viaje, e independiente del tiempo de permanencia en el exterior, y de si se obtuvo o no autorización previa o posterior de la Asamblea Nacional para permanecer en el exterior, y de los quebrantos de salud del Presidente, con ocasión de ese viaje, como con cualquier otro viaje que lo ausente del territorio nacional, se produjo una falta temporal del Presidente de la República a partir del 5 de junio de 2011 hasta el 4 de julio de 2011, correspondiendo en ese lapso al Vicepresidente Ejecutivo suplir la falta o ausencia temporal del Presidente en el ejercicio de sus funciones.

d. En esa situación de ausencia del territorio nacional y de falta temporal, el Presidente de la República estuvo impedido, desde el exterior, de ejercer sus funciones de Jefe del Ejecutivo Nacional, porque ausente del territorio nacional, estuvo separado de su cargo. Si hubiese estado en misión oficial en el exterior, como efectivamente ocurrió durante los primeros 5 días de su viaje, pudo en cambio y, por supuesto, ejercer sólo sus funciones de Jefe de Estado al representar a la República ante la comunidad internacional. Esto significó, que el Presidente de la República no pudo como jefe del Ejecutivo Nacional despachar desde el exterior. En esa función lo suplía el Vicepresidente Ejecutivo.

e. Por tanto, desde el día 5 de junio de 2011 y hasta el 4 de julio de 2011, el Vicepresidente Ejecutivo, aún cuando lo desconoció o lo negó, se encontraba supliendo la falta temporal del Presidente de la República, lo que podía durar hasta por un lapso de 90 días. El Vicepresidente Ejecutivo no podía negarse a ejercer la suplencia de la falta temporal del Presidente. Es una obligación constitucional que no podía ni debía eludir. De lo contrario, lo que resultó fue el desaguisado constitucional que se evidencia de la gaceta Oficial, diciendo falsedades, constituyendo eso una falta en el ejercicio de las atribuciones de su cargo.

f. Todos los decretos y actos que aparecieron en la *Gaceta Oficial* del mes de junio hasta el 1 de julio de 2011, supuestamente "dados" y firmados por el Presidente de la República, en Caracas, y en el "Palacio de Miraflores," por supuesto, están viciados de nulidad por falso supuesto, ya que el Presidente de la República no estuvo en Caracas en las fechas cuando supuestamente se dictaron, ni se reunió allí con el Vicepresidente y sus Ministros, pues salió

---

22 Véase en *El Universal*, Caracas 5 de Julio de 2011, http://www.eluniversal.com/2011/07/05/chavez-advierte-que-batalla-contra-el-cancer-no-esta-ganada.shtml; *The Wall Street Journal*, New York, Tuesday, July 5, 3011, p. A8

del país el 5 de junio de 2011, y luego de haber visitado Brasil y Ecuador, permaneció desde el 8 de junio hasta el día 4 de julio de 2011 en La Habana, Cuba, habiéndole sido imposible firmar nada en Caracas.

IV. LA BIZARRA E INCONSTITUCIONAL ACTUACIÓN DE LOS ÓRGANOS DEL ESTADO CON MOTIVO DE LAS FALTAS TEMPORALES DEL PRESIDENTE DE LA REPÚBLICA ENTRE JULIO Y SEPTIEMBRE DE 2011

Con motivo del tratamiento de quimioterapia al cual el Presidente de la República debió comenzar a someterse contra el cáncer, luego de que se le extirpó el tumor, en lugar de seguirlo en Caracas, decidió seguirlo en La Habana, Cuba, hacia donde, con tal motivo, comenzó a ausentarse regularmente del territorio nacional, con lo que, de nuevo, se produjo sucesivamente una situación de falta temporal del Presidente en el ejercicio de sus funciones.[23]

1. *Falta temporal del Presidente para someterse a la primera sesión de quimioterapia en La Habana entre el 17 y el 23 de julio de 2011*

La primera falta temporal por ausencia del territorio ocurrió entre los días 17 al 24 de julio de 2011, cuando permaneció en La Habana para someterse al mencionado tratamiento de quimioterapia.

En este caso, sin embargo, como el Presidente estimó que su ausencia del territorio nacional y del ejercicio de la Presidencia tendría lugar por un lapso mayor de 5 días, conforme lo prescribe el artículo 235 de la Constitución, requirió de la Asamblea Nacional la autorización correspondiente. Ahora bien, lo que podía haberse desarrollado conforme al ordenamiento jurídico constitucional, y luego de la experiencia de la situación confusa ocurrida durante casi todo el mes de junio de 2011 cuando el Presidente tuvo que ser operado de urgencia en dos oportunidades en Cuba, se convirtió en una "bizarra" situación constitucional y administrativa derivada de la falta temporal del Presidente en el ejercicio de su cargo, que se quiso ignorar.

A. *Medidas administrativa previas y preparatoria al viaje al exterior del Presidente de la República.*

Durante los días previos a su proyectado viaje al exterior de julio de 2011, para recibir tratamiento médico, el Presidente de la República tomó varias decisiones administrativas de importancia que deben destacarse.

---

23 Véase Allan R. Brewer-Carías, "Comentario sobre la bizarra situación constitucional y administrativa derivada de la ausencia temporal del Presidente de la República entre el 17 y 24 de julio de 2011 por encontrarse en tratamiento médico en La Habana, Cuba," en *Revista de Derecho Público* Nº 127, julio-septiembre 2011, Editorial Jurídica Venezolana, Caracas 2011 p. 47-54,

a. *Nombramiento anticipado de un hermano como Ministro Encargado de Energía Eléctrica*

En primer lugar, mediante Decreto N° 8307 de fecha 11 de julio de 2011, el Presidente de la República nombró a uno de sus hermanos (Argenis Chávez Frías) como encargado del Ministerio del Poder Popular para la Energía Eléctrica y Presidente de Corporación Eléctrica en una forma completamente inusual en la practica administrativa y política del país, particularmente por su forma anticipada, para un período fijo entre el 23 y el 30 de julio de 2011.

El Decreto anticipado, sin embargo, no se publicó de inmediato, como es lo usual, sino diez días después de dictado, el 21 de julio de 2011,[24] una vez el que el Presidente ya estaba ausente del país.

b. *Delegación de atribuciones presidenciales en el Vicepresidente*

Como hemos señalado, de acuerdo con el artículo 239 de la Constitución, el Vicepresidente de la República tiene, entre sus atribuciones, la de ejercer aquellas que le delegue el Presidente de la República. Se consagra así, en la Constitución, una figura clásica del derecho administrativo regulada legalmente en el artículo 34 de la Ley Orgánica de la Administración Pública, conforme a la cual el Presidente de la República puede delegar el ejercicio de las atribuciones que le asigne la Constitución o la ley, en el Vicepresidente Ejecutivo, quien precisamente, por la delegación, puede tomar dichas decisiones, asumiendo por supuesto, plenamente la responsabilidad de las mismas cuando las adopte en ejecución de la atribución delegada.

Es el principio que está en el artículo 37 de la referida Ley Orgánica al indicar que "los funcionarios del órgano al cual se haya delegado una atribución serán responsables por su ejecución." Ello no impide, sin embargo, que a los efectos del ejercicio de acciones contencioso administrativas contra los actos administrativos dictados por el Vicepresidente en ejercicio de las atribuciones delegadas por el Presidente, se tengan siempre como dictados por el propio Presidente, como autoridad delegante (art. 37); esto, básicamente con efectos adjetivos, para determinar el órgano judicial competente para conocer de la acción de nulidad. La delegación de atribuciones se distingue, por otra parte, de la delegación de firma, también prevista en el artículo 34 de la misma Ley Orgánica, conforme a la cual, el Presidente también puede delegar en el Vicepresidente "la firma de documentos" lo que significa que la responsabilidad administrativa como órgano decisor queda en el Presidente.

Ahora bien, teniendo este marco normativo, el Presidente de la República, en la víspera de su viaje al exterior, emitió el Decreto No. 8328 de 14 de julio de 2011,[25] mediante el cual delegó en el Vicepresidente Ejecutivo "el ejercicio de las atribuciones y la firma de los actos" que enumeró en el artí-

24 *Gaceta Oficial* N° 39.718 de 21-7-2011
25 *Gaceta Oficial* N° 39715 de 18-07-2011

culo 1, y que se refieren a: (i) los decretos de traspasos presupuestarios; de rectificación de los presupuestos; de prórroga para la supresión o liquidación de órganos y entes de la Administración Pública; de nombramientos de Vice Ministros y Presidentes y directivos de entes descentralizados; de expropiación o adquisición forzosa; de modificación, supresión, modificación o liquidación de entes descentralizados (así como el conocimiento, aprobación, diferimiento o negación de puntos de cuenta de los Ministros del Despacho sobre los decretos antes mencionados); y los decretos autorizados previamente por el Presidente y el Consejo de Ministros; (ii) la actuación del Presidente como miembro de órganos colegiados; (iii) la aprobación y firma de actos de otorgamiento de jubilaciones; y (iv) la aprobación, diferimiento o negativa de puntos de cuenta de los Ministros sobre la adquisición de divisas, y los presupuestos de enes descentralizados.

En el artículo 2, el Presidente de la República también delegó en el Ministro del Poder Popular para la Planificación y las Finanzas, la emisión de decretos sobre insubsistencias presupuestarias, sobre exoneración del Impuesto al Valor Agregado (IVA) y sobre exoneración del Impuesto sobre la Renta.

En todos estos casos, se trató, sin duda de una delegación de atribuciones, y no solo de la firma de unos documentos, por lo que la responsabilidad administrativa que derivó de la emisión de los actos respectivos, corresponde al funcionario delegado y no al Presidente delegante.

Debe observarse que en el artículo 3 del Decreto, en forma totalmente innecesaria, pues la delegación por esencia es modificable y revocable, el Presidente precisó que se reservaba el ejercicio de las atribuciones y la firma de los actos delegados "en el momento que lo considere conveniente." Ello era y es así, sin necesidad de esta aclaratoria.

Sin embargo, lo que si aparecía como evidente de los Decretos dictados a partir de esa fecha por el Vicepresidente Ejecutivo "por delegación," fue que en sí mismos, como se verá más adelante, desconocieron la propia naturaleza de la delegación, pues si bien estuvieron firmados por el Vicepresidente delegado y, por supuesto, no los firmó el Presidente delegante, estuvieron sin embargo absurda y extrañamente encabezados por el propio Presidente de la República, cuando precisamente había delegado la atribución. Se destaca, además, que si la emisión del decreto por el Vicepresidente coincidía con la falta temporal del Presidente por viaje al exterior, físicamente era imposible que siquiera pudiese haber visto el texto del Decreto respectivo.

No parece que en el Gobierno se hubiese entendido realmente de qué se trataba la delegación administrativa.

    c. *La solicitud de autorización a la Asamblea para viajar fuera del país más de 5 días.*

Previendo el Presidente de la República que con el viaje que tenía programado para una sesión de quimioterapia en Cuba iba a tener una duración superior a cinco días, en fecha 15 de julio de 2011 se dirigió a la Asamblea Nacional solicitándole, conforme al artículo 187 de la Constitución, le fuera:

"otorgada autorización legislativa para ausentarme del territorio nacional a partir del próximo sábado 16 de julio del año en curso, con el fin de continuar en La Habana, República de Cuba, el plan de tratamientos necesarios para la recuperación plena de mi salud."

El Presidente de la República, con razón, no solicitó de la Asamblea Nacional le autorizase a estar en la situación constitucional de falta temporal en el ejercicio de sus funciones, sino que lo que solicitó fue una autorización para viajar al exterior y ausentarse del territorio nacional, lo que obviamente, como consecuencia, originó una falta temporal. Es decir, constitucionalmente hablando la autorización que corresponde dar a la Asamblea es sólo para viajar al exterior por más de cinco días, no para separarse del cargo por más de 5 días, lo que puede ocurrir aun estando en el territorio nacional, sin salir al exterior.

De acuerdo con lo que se informó en los medios de comunicación, el asunto fue debatido el día sábado 16 de julio de 2011 en una sesión extraordinaria de la Asamblea Nacional,[26] en la cual esta autorizó al Presidente "para viajar a la República de Cuba, donde cumplirá con la segunda fase del tratamiento médico al cual es sometido, tras haber sido operado de un tumor abscesado con células cancerígenas en la hermana nación, el pasado mes de junio." "Minutos después," según esas informaciones de los medios, el Presidente de la República quien habría visto el debate de la Asamblea por televisión, declaró que:

"*La autorización se me ha dado conservando mi condición de Presidente de la República* (…) Gracias a la Asamblea Nacional por esta autorización, yo espero que no sea un plazo muy largo, debo regresar muy pronto, quizá más pronto de lo que ellos (opositores) quieren", apuntó." (destacado nuestro)

Realmente es incomprensible que el Presidente de la República pueda haber declarado esto, pues constitucionalmente, su "condición de Presidente" no la perdía porque se le diera una autorización para ausentarse del país ni por producirse una falta temporal. La condición de Presidente sólo la pierde en casos de falta absoluta.

En la reseña del debate de la Asamblea Nacional, otro medio de comunicación electrónico, sin embargo, pareció ofrecer la clave de lo que afirmó el Presidente, al resumirse el debate como sigue:

---

26   Véase por ejemplo la información en *El Correo del Orinoco*, 16-7-2011, en http://www.correodelorinoco.gob.ve/nacionales/asamblea-nacional-autorizo-al-presidente-chavez-para-viajar-a-cuba/

"La bancada parlamentaria de oposición votó a favor de otorgar el permiso, aunque solicitó que el vicepresidente, Elías Jaua, asuma la jefatura de Estado porque Chávez no debe ejercer la presidencia desde Cuba.

"Autorizamos el viaje del presidente para Cuba y esperamos que se recupere (...) pero mientras dure la ausencia, todos los actos deben hacerse desde Venezuela y no desde Cuba", dijo el diputado opositor Hiram Gaviria.

Gaviria reiteró: "A partir de hoy la jefatura del Gobierno recae en el Vicepresidente".

Por su parte, el también opositor Miguel Rodríguez acusó a la bancada oficialista de "traficar" con la salud del presidente."

Y luego se recogió en los medios lo que se atribuyó al Presidente:

"Estos voceros de la derecha perdieron la conciencia del límite del absurdo", dijo Chávez mientras escuchaba el debate y calificó de "estupidez" los argumentos que señalan que su partida implica que hay una ausencia de jefe de Estado en el país."[27]

Sin embargo, así el Presidente hubiera considerado que ello era una "estupidez," esa era la realidad: la partida del Presidente hacia el exterior y su permanencia fuera del territorio nacional, implicaba una falta temporal del Presidente; tan sencillo como eso, y ello implicaba que el Jefe de Estado y del Ejecutivo Nacional no estaba "en el país," y que por tanto, había una ausencia temporal. Todo ello, no es estúpido, es normal en las funciones de gobierno al punto de estar regulado en la propia Constitución, la cual en su artículo 239.8 dispone que el Vicepresidente debe suplir automáticamente las faltas temporales del Presidente, así se produzcan en el país y por horas, o días. Para ello, precisamente fue que se creó tal figura del Vicepresidente.

Pensar o decir lo contrario, sí rebasaba "los límites del absurdo," pues hubiera implicado afirmar que una persona estando en el exterior, sometido a un tratamiento médico, así fuera el Jefe del Estado, podía a la vez considerarse que seguía "en el país." No hay nada de extraño que si alguien está ausente de un sitio, pues está ausente, y nada se puede hacer. No se puede estar ausente y a la vez no estarlo. Las leyes de la física lo impiden, y que se sepa, como lo hemos comentado, ningún ser viviente, así sea un Presidente de la República, tiene el don de la omnipresencia.

En todo caso, el Presidente fue autorizado el 16 de julio de 2011 para ausentarse del país por más de cinco días, pero el Acuerdo de la Asamblea Nacional nunca se publicó en la *Gaceta Oficial*. Como consecuencia de ello,

---

27 Véase la información en *La República* del mismo día 16 de julio de 2011, en http://www.larepublica.ec/blog/internacional/2011/07/16/venezuela-asamblea-debate-si-autoriza-que-chavez-viaje-a-cuba-a-recibir-quimioterapia/

el Presidente estuvo ausente del territorio nacional entre el 17 de julio de 2011 y el 23 de julio de 2011, fecha esta última cuando regresó al país, y cesó su falta temporal provocada por el viaje al exterior, produciéndose entonces una escena francamente repulsiva para la civilidad, al ser recibido en el Aeropuerto Internacional de Maiquetía por unos Cadetes de la Armada, como lo mostró la televisión, todos en posición de "rodilla en tierra" (o medio "arrodillados") ante el Presidente."[28]

d. *La firma autógrafa de los actos del Jefe de Estado y Jefe del Ejecutivo y el tema de la "firma electrónica*

Los actos del Presidente de la República adoptados como Jefe de Estado y Jefe del Ejecutivo Nacional, en principio deben estar firmados con firma autógrafa. En las normas que rigen el funcionamiento de la Administración Pública, en general, desde cuando se sancionó la Ley Orgánica de Procedimientos Administrativos de 1981,[29] se ha regulado la posibilidad de utilización de firmas electrónicas, pero mediante previsiones que no son aplicables respecto de los actos presidenciales, como el acto de Ejecútese de una Ley por ejemplo, estando realmente destinadas a facilitar la firma en caso de "actos administrativos repetitivos y frecuentes," para cuya emisión se puede recurrir a la firma electrónica, pero incluso, siempre que se haya emitido un Decreto previo del Presidente de la República autorizando dicho uso.

En efecto, en la legislación general sobre el funcionamiento de la Administración Pública se destaca, incluso con carácter orgánico, la disposición del artículo 18.8 de la mencionada Ley Orgánica de Procedimientos Administrativos de 1981, en la cual se dispuso el principio general de que "el original del respectivo instrumento contendrá la firma autógrafa del o de los funcionarios que lo suscriban," estableciéndose sin embargo, una excepción respecto de "aquellos actos cuya frecuencia lo justifique," en cuyo caso "se podrá disponer mediante decreto, que la firma de los funcionarios sea estampada por medios mecánicos que ofrezcan garantías de seguridad." Como se dijo, esta disposición se aplica respecto de actos administrativos iguales, repetitivos y frecuentes, pero no respecto de decisiones administrativas y políticas del Presidente de la República como jefe del Estado o jefe del Eje-

---

28 La imagen, en el lenguaje civil, mostró a unos militares "arrodillados" ante el Presidente, y en castellano, para usar los sinónimos, ello significa que todos estaban "postrados, inclinados, de hinojos, acuclillados, agachados, humillados" o con posición de "adorar o venerar." Véase la información en Noticiero Digital del 23-07-2011, 11.39 pm: "(foto) Cadetes arrodillados a la llegada del presidente Chávez." "La siguiente imagen muestra a cadetes de la Armada Venezolana arrodillados ante el presidente Chávez, a su llegada al aeropuerto de Maiquetía este sábado en la noche. La imagen es del sitio GPNoticias." Véase en http://www.noticierodigital.com:80/fo-rum/viewtopic.php?t=788612

29 Véase en *Gaceta Oficial* N° 2.818 Extraordinario de 01-07-1981

cutivo nacional como puede ser ponerle el Ejecútese a una ley, nombrar un Ministro o suscribir un Convenio Internacional.

Sin embargo, en la víspera de su viaje a Cuba el 16 de julio de 2011, se anunció en los medios de comunicación que el Presidente de la República había recibido un "Certificado para generar firma electrónica" en un acto realizado "en Consejo de Ministros, desde el Palacio de Miraflores, en presencia del Ministro del Poder Popular para Ciencia, Tecnología e Industrias Intermedias, Ricardo Menéndez y demás integrantes del gabinete ministerial." Sobre "la legalidad del proceso" dijo el mencionado Ministro. "Ya está lista lo que es la tarjeta con la Firma Electrónica donde va encriptada la información y está avalada por una Ley que fue promulgada en revolución," con lo que hacía referencia a la Ley de Mensaje de Datos y Firmas Electrónicas de 2001;[30] a lo que agregó la Superintendente de Servicios de Certificación Electrónica, Niurka Hernández González, que "A partir de hoy el presidente Chávez podrá firmar electrónicamente sus documentos, entiéndase mensaje de datos: correos electrónicos, acuerdos de cooperación memorandos, puntos de cuenta, oficios, contratos digitales, etc.; apalancando el proceso de cambio de revolución tecnológica." El Presidente, a su vez, recalcó sobre la garantía de seguridad del servicio y la pertinencia de su uso que "Estando en La Habana, en Moscú, en Washington, en Buenos Aires, uno firma electrónicamente y además está totalmente blindado (existe) la seguridad, que no haya firma falsa, ni nada."[31]

Sin embargo, a pesar de la fanfarria publicitaria con dicho acto sobre certificado de firma electrónica, la Ley de Mensaje de Datos y Firmas Electrónicas de 2001, aparte de que como ley ordinaria no puede derogar la Ley Orgánica de Procedimientos Administrativos, no puede servir para sustituir la firma autógrafa de decretos presidenciales ni de actos del Jefe de Estado y Jefe del Ejecutivo Nacional establecidos en la Constitución. Como lo advirtió la propia Superintendente de Servicios de Certificación Electrónica, en la forma antes indicada, con la mencionada Certificación, lo que se puede "firmar electrónicamente" son, *entiéndase mensaje de datos*, citando algunos documentos electrónicos como "correos electrónicos, acuerdos de cooperación, memorandos, puntos de cuenta, oficios, contratos digitales." La Ley de Mensaje de Datos y Firmas Electrónicas, en efecto, es muy precisa en definir el ámbito de su aplicación respecto de "Mensaje de Datos" (art 1), definiéndolo con precisión como "*toda información inteligible en formato electrónico o similar* que pueda ser almacenada o intercambiada por cualquier me-

---

30 Véase Ley de Mensaje de Datos y Firmas Electrónicas, Decreto-Ley N° 1.204, en *Gaceta Oficial* N° 37.148 de 28-02-2001

31 El sistema, se agregó en la información "se pondrá en funcionamiento a través de la Autoridad Excepcional de Seguridad para Altos Funcionarios de la República Bolivariana de Venezuela, proyecto de interés nacional que otorgará a Suscerte- ente regulador en la materia- el resguardo de toda la información." Véase en http://www.suscerte.gob.ve/index.php/es/noticias-mppctii/982-nota

dio;" y por "Firma Electrónica" la "información creada o utilizada por el Signatario, *asociada al Mensaje de Datos*, que permite atribuirle su autoría bajo el contexto en el cual ha sido empleado."

Definitivamente, un Decreto presidencial no es, en los términos de esta Ley, un "Mensaje de Datos," pues no puede tener formato electrónico, al igual que por ejemplo, la decisión presidencial de ponerle el Ejecútese en Consejo de Ministros a una Ley para su publicación, tampoco puede considerarse como "Mensaje de Datos" pues tampoco puede tener forma electrónica. Esos actos jurídicos, por otra parte, no se "firman" por el Presidente como mera formalidad, que pueda sustituirse por una "Firma Electrónica" pues son actos jurídicos que requieren deliberación, incluso en Consejo de Ministros.

Por lo demás, en caso de que ilegalmente se pretendiera utilizar esa figura de la "Firma Electrónica" para estampar la firma de un Presidente de la República en un decreto presidencial u otro acto reservado al Poder Ejecutivo, lo menos que desde el punto de vista formal debería acreditarse en el texto mismo del acto, es que la firma ha sido estampada como producto de agregar al documento una "Firma Electrónica," con indicación expresa de esa circunstancia en la publicación que se haga de la decisión, decreto o acto jurídico administrativo en la *Gaceta Oficial*.

B. *La situación constitucional y administrativa durante la falta temporal del Presidente durante la primera sesión de quimioterapia en La Habana*

El Presidente, como se dijo, después de adoptar los mencionados actos previos a su partida, salió de Venezuela el 16 de julio de 2011, de manera que el 17 de julio de 2011 ya estaba en La Habana para someterse al tratamiento médico que tenía prescrito;[32] ausencia temporal que se prolongó hasta el 24 de julio de 2011 cuando regresó a Caracas.

Durante su ausencia temporal tal como resulta de la lectura de la *Gaceta Oficial*, se adoptaron una serie de actos ejecutivos, unos dictados y firmados por el Presidente de la República, en el Palacio de Miraflores, en Caracas, cuando en realidad, estaba en Cuba; y otros dictados por el Vicepresidente supuestamente por delegación de atribuciones, pero comprometiendo la responsabilidad del Presidente.

---

32 Así se anunció, por ejemplo, en *El Universal,* 17-7-2011, en http://www.eluniversal.com/2011/07/17/chavez-llega-a-cuba-para-iniciar-tratamiento-de-quimioterapia.shtml

a. *La supuesta decisión del Presidente de la República adoptada en Caracas de promulgar varias Leyes aprobatoria de convenios o acuerdos internacionales, pero sin estar en el territorio nacional*

Durante la ausencia del Presidente de la República del territorio nacional, encontrándose en La Habana, según la *Gaceta Oficial* N° 39.719 de 22 de julio de 2011, el mismo Presidente "apareció" en el Palacio de Miraflores, en Caracas, promulgando, es decir, poniéndole el "Ejecútese," a las siguientes Leyes: Ley Aprobatoria del Protocolo Adicional al Acuerdo Complementario en el Ámbito del Desarrollo del Programa Venesat-1 (Sistema Satelital Simón Bolívar) para el uso Conjunto de la Posición Orbital 78° Solicitada por la República Oriental del Uruguay para el Programa Urusat-3 entre la República Bolivariana de Venezuela y la República Oriental del Uruguay; Ley Aprobatoria del Acuerdo de Cooperación entre el Gobierno de la República Bolivariana de Venezuela y el Gobierno del estado Plurinacional de Bolivia para la Producción de Tecnologías Agrícolas; Ley Aprobatoria del Acuerdo Marco entre el Gobierno de la República Bolivariana de Venezuela y el Gobierno del estado Plurinacional de Bolivia para la Constitución de la Gran Nacional de Producción de Alimentos; Ley Aprobatoria del Protocolo al Acuerdo Marco de Cooperación entre el Gobierno de la República Bolivariana de Venezuela y el Gobierno de la República del Ecuador para Profundizar los Lazos de Comercio y Desarrollo; Ley Aprobatoria del Acuerdo de Comercio de los Pueblos para la Complementariedad Económica, Productiva entre el Gobierno de la República Bolivariana de Venezuela y el estado Plurinacional de Bolivia; Ley Aprobatoria del Memorando de Entendimiento entre el Gobierno de la República Bolivariana de Venezuela y el Gobierno del estado Plurinacional de Bolivia para el Desarrollo de Actividades de Intercambio y Capacitación en Ciencia y Tecnología para la Exploración y Utilización del Espacio Ultraterrestre con Fines Pacíficos; y Ley Aprobatoria del Memorando de Entendimiento sobre el Plan de Trabajo de Factibilidad de un Proyecto Productivo Conjunto en el Sector Cemento en el Marco de la Gran Nacional de Manufactura, Ciencia y Tecnología entre el Gobierno de la República Bolivariana de Venezuela y el Gobierno del estado Plurinacional de Bolivia.

Por supuesto, todo ello fue completamente falso. El Presidente de la República el día 22 de julio de 2011 estaba en La Habana, Cuba, de donde regreso dos días después, el 24 de julio de 2011. Y es también falso que los Ministros, con sus refrendos, supuestamente pudieran haber dado fe de haber estado en el Palacio de Miraflores junto con el Presidente, y haber firmado junto con él, ese mismo día, el ejecútese a esas leyes, las cuales además, salieron publicadas en la *Gaceta Oficial* del mismo día, sin que en su texto se indicara nada de cómo apareció firmando el Presidente ese día en el Palacio de Miraflores. Los gobiernos extranjeros que firmaron los acuerdos o convenios internacionales antes mencionados, en todo caso, podrían razonablemente plantearse dudas sobre la validez de la firma del Jefe de Estado en ponerle el Ejecútese a los mismos, sin haber estado en Caracas.

b. *Decretos dictados por el Vicepresidente supuestamente por delegación del Presidente durante su falta temporal, pero encabezados por el Presidente delegante comprometiendo ilegítimamente su responsabilidad*

Por otra parte, durante la falta temporal del Presidente por su ausencia del territorio nacional, el Vicepresidente Ejecutivo comenzó a dar ejecución a la delegación de atribuciones presidenciales que había recibido. Sin embargo, la forma como ello ocurrió, fue totalmente irregular y en contra de la situación jurídica administrativa del Presidente como funcionario delegante.

En efecto, en la *Gaceta Oficial* N° 39.717 de 20 de julio de 2011, aparecieron publicados una serie de Decretos ejecutivos, específicamente los Nos. 8334 a 8340, todos de fecha 19 de julio de 2011, relativos a aprobaciones de traspasos de créditos adicionales y de créditos adicionales al presupuesto de diversos Ministerios; materias que caían dentro de ámbito de la delegación presidencial de atribuciones que se había hecho al Vicepresidente Ejecutivo. Esto significa, que tales Decretos, estando el Presidente ausente del territorio nacional, y en una situación de falta temporal, pura y simplemente debían ser adoptados y firmados por el Vicepresidente Ejecutivo, por delegación del Presidente, y nada más.

Sin embargo, no fue así, y en todos ellos, al contrario, aparece el siguiente encabezamiento que tomamos como ejemplo del primero de dichos Decretos, el N° 8334 de 19 de julio de 2011, sobre un traspaso de créditos presupuestarios, que dice:

HUGO CHÁVEZ FRÍAS

Presidente de la República

Con el supremo compromiso y voluntad de lograr la mayor eficacia y calidad revolucionaria en la construcción del socialismo y engrandecimiento del País, basado en los principios humanistas y en las condiciones morales y éticas Bolivarianas, por mandato del pueblo y en ejercicio de la atribución que le confiere el numeral 11 del artículo 236 de la Constitución de la República Bolivariana de Venezuela y el numeral 4 del artículo 84 del Reglamento N° 1 de la Ley Orgánica de la Administración Financiera del sector Público, sobre el Sistema Presupuestario, en Consejo de Ministros.

ELÍAS JAUA MILANO,

Vicepresidente Ejecutivo de la República

Por delegación del Presidente de la república Hugo Chávez Frías, según Decreto N° 8328 de fecha 14 de julio de 2011, Publicado en la Gaceta Oficial de la república Bolivariana de Venezuela, N° 39715 de 18 de julio de 2011,

DECRETA

Artículo 1.   Un traspaso de Créditos Presupuestarios entre acciones específicas de diversos proyectos, [...].

De la lectura de los encabezamientos de estos Decretos, por supuesto no se podía saber quién era el que "decretaba" y adoptaba la decisión respectiva, si el Presidente de la República, en este caso, funcionario delegante y, además, ausente del territorio nacional; o el Vicepresidente Ejecutivo, en este caso, funcionario delegado y en ejercicio de las funciones presidenciales supliendo su falta temporal. Ambos encabezaban el Decreto, como si lo hubieran estado dictando los dos a la vez, aun cuando sin la firma del Presidente y solo la del Vicepresidente.

Este encabezamiento, formalmente, no sólo fue un disparate jurídico engañoso, sino que con el mismo se compromete innecesariamente la responsabilidad del Presidente de la República como funcionario delegante, en decisiones que conforme a lo dispuesto en la Ley Orgánica de la Administración Pública, la responsabilidad sólo comprometía al Vicepresidente como funcionario delegado. Aparte de que era falso lo que se decía en los mismos, pues el Presidente no estaba en Venezuela para ese momento, sino en La Habana, sometido a un tratamiento de quimioterapia, de manera que no podía estar en ejercicio de ninguna atribución.

C.   *La continuación de la irregular práctica de involucrar al Presidente en los decretos ejecutivos adoptados por el Vicepresidente por delegación*

El Presidente de la República, como se dijo, luego de concluido el primer tratamiento médico de quimioterapia que lo alejó del país durante diez días, regresó a Venezuela desde Cuba, el día 24 de julio de 2011.[33]

En principio, habiendo cesado la falta temporal, debía presumirse que el Presidente reasumió sus funciones de Jefe de Estado y del Ejecutivo Nacional, aún cuando hubiera seguido vigente el Decreto de delegación de atribuciones y firma en el Vicepresidente que había dictado el 14 de julio de 2011, con independencia de las posibles faltas temporales del Presidente.

A partir del 26 de julio de 2011, en consecuencia, comenzaron a aparecer publicados en la *Gaceta Oficial*, Decretos presidenciales varios, unos emitidos y firmados por el Presidente de la República y otros por el Vicepresidente de la República, pero con el mismo encabezamiento general antes mencionado, involucrando al Presidente en decisiones que no tomó, pues las tomó el funcionario delegado que era el Vicepresidente.

---

33   Véase por ejemplo, http://noticias.terra.com.ar/internacionales/chavez-regresa-tras-quimioterapia-y-sin-celulas-malignas,43bded05bec51310VgnVCM10000098f154d0RCRD.html

1. Así por ejemplo, en la mencionada *Gaceta Oficial* N° 39.721 del 26 de julio de 2011, apareció publicado el Decreto N° 8341 de fecha 24 de julio de 2011, es decir, del mismo día cuando había regresado de La Habana, Cuba, sobre dedicación conmemorativa de la Casa Natal del Libertador, y el Decreto N° 8342 de 26 de julio de 2011, de nombramiento de la Ministra del Servicio Penitenciario, ambos firmados por el mismo Presidente de la República. La Ministra, sin embargo, solo fue juramentada diez días después, el día 6 de agosto de 2011, lo que no impidió que actuara como tal y tomara decisiones.[34]

2. En paralelo, en la misma *Gaceta Oficial* N° 39.721 del 26 de julio de 2011, aparecieron publicados, los siguientes Decretos: N° 8343, de nombramiento de un Viceministro de Fomento Económico Cultural; Nos. 8344 a 8352, de aprobación de traspasos de créditos presupuestarios y de créditos adicionales; y N° 8353, sobre aumento de salarios en el Sistema Nacional de Salud Pública, todos de fecha 26 de julio de 2011, y todos firmados por el Vicepresidente, por delegación del Presidente.

3. En igual forma, en la *Gaceta Oficial* N° 39726 de 2 de agosto de 2011, aparecieron publicados los decretos 8357 a 8375 de fecha 2 de agosto de 2011, todos relativos a aprobación de Créditos Adicionales en diversos despachos ministeriales, igualmente suscritos por el Vicepresidente Ejecutivo, pero involucrando al Presidente en el encabezamiento, lo que compromete su responsabilidad innecesariamente; y de lo cual hicieron coro todos los Ministros del Ejecutivo que refrendaron dichos Decretos.

4. En la *Gaceta Oficial* N° 39729 de 5 de agosto de 2011, también apareció el decreto N° 8377 de la misma fecha, de nombramiento de un Presidente de un Instituto público (Instituto Nacional de Aeronáutica) firmado por el Vicepresidente, pero con la irregular inclusión en el encabezamiento del Presidente de la República, como si él estuviese ejerciendo atribuciones que delegó.

Es decir, en todos estos decretos, se siguió la misma viciada práctica de poner en el "encabezamiento" al Presidente delegante – que a los efectos jurídicos ya había decidido la delegación previamente en el mencionado Decreto N° 8328 de 14 de julio de 2011 –, en una forma y con un texto como si él hubiese estando ejerciendo una facultad que había delegado, es decir, como si el Presidente de la República mismo lo estuviese dictando "en uso de sus atribuciones." Ello, además de que era falso, pues quien los dictó efectivamente fue el Vicepresidente Ejecutivo, por delegación, lo que originó fue que el Vicepresidente y los demás Ministros refrendantes hubieran comprometido innecesaria e ilegítimamente la responsabilidad del Presidente de la República en unos actos administrativos que no dictó. Como funcionario delegante respecto de dichos actos administrativos que dictó el Vicepresiden-

---

34   Véase el texto de la Circular de la Ministra a todos los Centros Penitenciarios de 3 de agosto de 2011, en http://www.globovision.com/news.php? nid=197912

te, como funcionario delegado, éste y los Ministros que lo refrendaron eran los únicos funcionarios responsables.

Si la delegación se efectuó, como ocurrió efectivamente en estos casos, el funcionario delegado, es decir, el Vicepresidente Ejecutivo debió ejercer la atribución plenamente, con entera responsabilidad, pues de los actos que dictó por delegación, él fue el único responsable, sin que pudiera "escudarse" en el nombre y atribuciones del Presidente de la Republica, involucrándolo en una decisión que él no adoptó.

De eso se trata la delegación.

V. FALTA TEMPORAL DEL PRESIDENTE PARA SOMETERSE A LA SEGUNDA SESIÓN DE QUIMIOTERAPIA EN LA HABANA, EN AGOSTO Y SEPTIEMBRE DE 2011

1. *Anuncios previos y preparativos para el viaje del Presidente*

El 3 de agosto de 2011 el Presidente anunció la creación del territorio insular Miranda integrado por algunas de la Dependencias Federales, como las "islas La Orchila, Los Roques, las Aves y los islotes de Paraguaná."[35] Se presume que la intención fue la creación de un territorio federal mediante ley habilitante. El Vicepresidente Ejecutivo "recordó que la creación de la dependencia insular está amparada en los artículos 10, 11, 16 y 17 de la Constitución, en respuesta a cuestionamientos de sectores de la oposición que intentan manipular el tema."[36] En todo caso, la ley habilitante de diciembre de 2010 no autorizaba al Presidente para crear un territorio federal.[37]

Dos días después, el viernes 5 de agosto de 2011 se reportó en la prensa que el Presidente de la República había anunciado, "en un contacto telefónico con el canal [de TV] del Estado," que había firmado la carta en la que solicitó a la Asamblea Nacional "el permiso para ausentarse del país y viajar a La Habana, Cuba, este sábado a continuar la segunda fase del tratamiento de quimioterapia;" solicitud que hizo pues pensaba que su ausencia del territorio nacional iba a ser mayor de cinco días.[38]

---

35 Véase en http://www.telesurtv.net/secciones/noticias/96011-NN/presi-dente-chavez-anuncia-creacion-de-nueva-territorio-federal-insular-en-venezuela/

36 Véase en *Prensa Latina*, 6-8-2011, en http://www.prensalatina.cu/in-dex.php?option=com_content&task=view&id=313017&Itemid=1

37 Véase Gerardo Fernández, "Territorio Insular, un fraude más," en *El Universal*, 3 de agosto de 2011 en http://playball.eluniversal.com/2011/08/03/te-rritorio-insular-un-fraude-mas.shtml

38 Véase en *Globovisión*, 5-8-2011, en http://www.globovision.com/news.php? id==197862; en http://www.eluniversal.com/2011/08/05/chavez-solicita-permiso-para-ausentarse-del-pais-desde-maana.shtml;   y   en http://www.flickr.com/photos/globovision/6014704897/

A tal efecto, la Asamblea Nacional convocó una sesión extraordinaria para la discusión de la autorización parlamentaria para la ausencia temporal del Presidente del territorio nacional, la cual se realizó en la tarde del día 6 de agosto de 2011, autorizando dicha ausencia por unanimidad,[39] a cuyo efecto el Presidente viajó a Cuba ese mismo día en horas de la tarde.

2. *La juramentación tardía de la Ministro de Asuntos Penitenciarios y sus extravagantes o bizarras decisiones*

Antes de viajar, sin embargo, el Presidente el mismo día juramentó como Ministra de Asuntos Penitenciarios a la ex parlamentaria Iris Valera, quién sin embargo, desde días antes de ser juramentada, ilegalmente ya estaba en ejercicio del cargo, al punto de haber emitido como tal Ministra, una Circular de 3 de agosto de 2011 en la cual participó a los Directores de los Centros Penitenciarios e Internados Judiciales de la República que "queda *suspendido* el ingreso de nuevos Privados de libertad provenientes tanto del Poder Judicial, como de los distintos organismos policiales del territorio nacional, hasta tanto sean debidamente autorizados por este Despacho."[40] O sea, que la Ministra, sin siquiera estar en ejercicio del cargo por no haber sido juramentada, dictaba un acto administrativo que además interfería abiertamente con las funciones judiciales, pues implicaba que la ejecución de cualquier sentencia penal condenatoria privativa de libertad de algún condenado, no podía ser ejecutada por orden de un Ministro no autorizado para ejercer su cargo, imponiéndole a los jueces que la ejecución de sus sentencias debía ser previamente "autorizada" por el Poder Ejecutivo; y peor aún, cuando la Ministra no juramentada no estaba habilitada para dictar tal inconstitucional decisión.

Pero eso nada le importó al Presidente enfermo, en la víspera de su viaje para seguir el tratamiento médico prescrito, procediendo a juramentar a la Ministra,[41] pretendiendo así, *ex post facto* no solo sanear sus ilegales actos administrativos, sino peor aún, avalarlos.

3. *La continuación de la irregular práctica de involucrar al Presidente en los decretos ejecutivos adoptados por el Vicepresidente por delegación*

Durante la falta temporal del Presidente de la República debido a su ausencia del territorio nacional, en la *Gaceta Oficial* N° 39.731 del 9 de agosto de 2011, aparecieron publicados los Decretos: N° 8378 y 8379 de la misma fecha 9 de agosto de 2011 sobre traspasos de Créditos presupuestarios y N° 8380 a 8390 de la misma fecha 9 de agosto de 2011, sobre aprobación de Créditos Adicionales, todos firmados por el Vicepresidente, por delegación

---

39   Véase en http://www.globovision.com/news.php?nid=197931

40   Véase el texto de la Circular en http://www.globovision.com/news.-php?nid=197912

41   Véase en http://primicias24.com/nacionales/iris-valera-juramentada-como-minis-tra-para-servicios-penitenciarios/la

del Presidente, pero con la irregular inclusión del nombre del Presidente e indicación de sus atribuciones para emitirlo en el encabezamiento de los mismos, como si "en uso de sus atribuciones" estuviese dictando los decretos. Debe llamarse la atención, sin embargo, que en *Gaceta Oficial* N° 39.733 del 11 de agosto de 2011, se volvió a publicar el mismo decreto N° 8379 de 9 de agosto de 2011, de traspaso de Créditos presupuestarios, sin explicación alguna del porqué de la republicación, igualmente firmado por el Vicepresidente Ejecutivo, por delegación del Presidente, pero con la irregular inclusión del nombre del Presidente e indicación de sus atribuciones para emitirlo en el encabezamiento, como si "en uso de sus atribuciones" estuviese dictando los decretos.

Lo mismo ocurrió con los decretos N° 8391, 8392 y 8393, de la misma fecha 9 de agosto de 2011, publicados en la misma *Gaceta Oficial*, sobre decisiones organizativas (transferencia de un órgano a un Ministerio, adscripción ministerial de una empresa pública, y modificación del objeto de otra empresa pública, respectivamente) todos firmados por el Vicepresidente Ejecutivo, por delegación del Presidente, igualmente con la irregular inclusión del nombre del Presidente e indicación de sus atribuciones para emitirlo en su encabezamiento como si "en uso de sus atribuciones" estuviese dictando los decretos.

En la *Gaceta Oficial* de 10 de agosto de 2011, también se publicó el Decreto N° 8394 de esa misma fecha 10 de agosto de 2011, designando miembros de una junta directiva de un Banco del Estado, igualmente firmado por el Vicepresidente Ejecutivo y refrendado por el Ministro de Planificación y Finanzas, por delegación del Presidente, igualmente con la irregular inclusión del nombre del Presidente e indicación de sus atribuciones para emitirlo en su encabezamiento, como si "en uso de sus atribuciones" estuviese dictando el decreto.

4. *El regreso del Presidente de la República al territorio nacional el 13 de agosto de 2011, y las subsecuentes faltas temporales para los tratamientos de quimioterapia*

El Presidente de la República después de seguir su tratamiento de quimioterapia en La Habana, regreso al país el 13 de agosto de 2011,[42] continuando en todo caso, la irregular práctica de que fuera involucrado en los decretos ejecutivos adoptados por el Vicepresidente por delegación.

En cuanto a la Tercera sesión de quimioterapia, el domingo 21 agosto apareció una noticia indicando que la Directiva de la Asamblea Nacional habría convocado a una Sesión Extraordinaria para el lunes 22 de agosto de 2011, a las 3:00 pm, "a fin de autorizar el viaje del presidente Hugo Chávez a La Habana, Cuba, donde se aplicará una tercera sesión de quimioterapia

---

42 Véase en *El Universal*, 14-8-2011 http://www.eluniver-sal.com/2011/08/14/cha-vez-regresa-al-pais-tras-terminar-sesiones-de-quimioterapia.shtml

por el cáncer que le aqueja." Dicha información se dio a conocer a través de la página web del Parlamento[43]

Sin embargo, a través del sitio web de la Fundación Televisora de la Asamblea Nacional (ANTV), se desmintió dicha convocatoria a una sesión extraordinaria de la Asamblea, indicándose lo siguiente:

"Pedimos disculpas por este grave error, al divulgar por esta vía una información distorsionada que además involucra al Jefe de Estado; rogamos que dispensen las molestias que esto haya podido ocasionar y detallamos la propuesta del orden del día corroborado oficialmente en otra nota a publicarse", dice la nota publicada en la página de ANTV."

La situación confusa se aclaró unos días después al anunciar el Presidente Chávez el 27 de agosto de 2011[44], que:

"Estoy listo para iniciar en las próximas horas el tercer ciclo de quimioterapia, estoy preparando todo con Elías (Jaua, vicepresidente), los ministros para continuar con este ritmo del tratamiento como convaleciente que soy de la enfermedad que tuve", señaló el presidente.

El jueves pasado el jefe de Estado dijo que aún no se sabía en qué lugar se aplicaría el tercer ciclo y adelantó que podría ser en Cuba o en Venezuela."

Lo cierto en todo caso, fue que el 28 de agosto de 2011 el Presidente ingresó en el Hospital Militar de Caracas para someterse al tercer ciclo de quimioterapia,[45] de donde salió el 5 de septiembre.

La cuarta y última sesión de quimioterapia tuvo lugar de nuevo en La Habana, Cuba, para lo cual se ausentó del país el 17 septiembre de 2011,[46] regresando a Venezuela el 22 de septiembre de 2011, con lo cual, dijo, "se ha cerrado la fase de quimioterapia y ahora vamos a dedicarnos a la recuperación plena". Señaló que su salud está "muy bien" y llamó a desestimar los rumores que señalan lo contrario." [47]

V. EL RECOMIENZO DEL "FALSO GOBIERNO" INTERMITENTE DE HUGO CHÁVEZ A PARTIR DE FEBRERO DE 2012

Pero no todo lo que concernía a la salud presidencial estaba resuelto, por lo que el día viernes 24 de febrero de 2012, el Presidente de la República

---

43 Véase http://www.globovision.com/news.php?nid=199692:

44 Véase en *El Universal*, 27-8-2011, en http://www.eluniversal.com/2011/08/27/chavez-en-proximas-horas-iniciare-ciclo-de-quimioterapia.shtml

45 http://www.globovision.com/news.php?nid=200435

46 http://www.globovision.com/news.php?nid=202866

47 http://www.globovision.com/news.php?nid=203415

Hugo Chávez viajó a Cuba, para someterse a una nueva operación, anunciando que allí estaría por unos días.

A tal efecto, la Asamblea Nacional había aprobado el día anterior, el jueves 23 de febrero de 2012, la salida del Presidente para ausentarse del territorio nacional conforme al artículo 235 de la Constitución, ya que se trataba de una ausencia anunciada que se prolongaría por más de cinco días.

Durante dicha ausencia temporal, sin embargo, el Vicepresidente Ejecutivo de nuevo se negó inconstitucionalmente a suplir la falta temporal del Presidente de la República como se lo imponía la Constitución (arts. 234 y 239.8); y no sólo ello, sino que como consecuencia llegó a formar y firmar actos estatales falsos.

Así, el lunes 27 de febrero de 2012, apareció publicado en la *Gaceta Oficial* N° 39.871 el Decreto N° 2.815 de la misma fecha 27 de febrero de 2012, mediante el cual se afirmó que el Presidente Hugo Chávez Frías habría designado a los miembros Principales y Suplentes del Directorio del Instituto Nacional de Tierras, haciendo precisión de cuál entre ellos ejercería la presidencia de dicho Directorio. El Presidente de la República, además, se afirmó en el decreto, habría delegado en el Ministro del Poder Popular para la Agricultura y Tierras la juramentación de dichos funcionarios.

Este Decreto apareció como "**Dado en Caracas, a los veintisiete días del mes de febrero de dos mil doce.**" No se dijo en el texto, sin embargo, como era usual en los decretos presidenciales, que hubiese sido dado en el "Palacio de Miraflores." Ello por supuesto era imposible decirlo, pues lo cierto es que no fue dado ni firmado en parte alguna de la ciudad de Caracas por el Presidente, siendo absolutamente falsa la afirmación hecha en el texto del decreto, pues el Presidente de la República no estaba en Caracas en esa fecha, ni pudo, por tanto, haberlo dado y firmado allí. Estaba en La Habana sometido a una nueva operación quirúrgica. Es más, como lo anunció el Vicepresidente de la Republica el día siguiente, 28 de febrero de 2012, el día anterior, precisamente el 27 de febrero, el Presidente de la República habría estado en una mesa de operaciones, de la cual habría salido satisfactoriamente y se encontraba en recuperación.[48]

La falsa afirmación de su presencia en Caracas cuando en realidad estaba en La Habana, en realidad la hizo el Sr. Elías Jaua, quien refrendó doblemente el Decreto que la contiene, al firmarlo en su carácter de Vicepresidente Ejecutivo y, además, en su carácter de Ministro del Poder Popular para la Agricultura y Tierras. Por otra parte, el acto de nombramiento de los funcionarios del Instituto Nacional de Tierras que contiene el Decreto además, puede considerarse que quedó viciado de falsedad, pues como no pudo haber sido dado ni firmado por el Presidente de la República, pues no estaba en Caracas en esa fecha 27 de febrero de 2012, el acto de juramentación de los

---

48 Véase en http://eltiempo.com.ve/venezuela/gobierno/jaua-chavez-esta-en-buena-condicion-fisica-tras-cirugia/45850

mismos que pudo haber hecho el Vicepresidente, y los actos administrativos que pudieran haber adoptado dichos Miembros del Directorio del Instituto Nacional de Tierras, carecerían de validez.

Pero además, el mismo día 28 de febrero de 2012, cuando Chávez estaba en recuperación de una operación en La Habana, aparecieron en la *Gaceta Oficial* N° 39172, los siguientes decretos emitidos por el mismo Hugo Chávez Frías, con la indicación de que habrían sido todos "**Dados en Caracas, a los veintiocho días del mes de febrero de dos mil doce.**"

1. Decreto N° 8817, 8818 y 8819 de 28 de febrero de 2012, mediante el cual se autorizó al Instituto Nacional de desarrollo Rural para crear empresas del Estado, denominadas Empresa Integral de producción Agraria Socialista José Ignacio de Abreu e Lima S.A.; Empresa Integral de producción Agraria Socialista Valle de Quibore S.A.; y Empresa Nacional de proyectos Agrarios S.A.

2. Decreto N°. 8820 de 28 de febrero de 2012, mediante el cual se dictó el reglamento N° 1 de la Ley Orgánica de deporte, Actividad Física y Educación Física.

Tampoco se dijo en el texto de los decretos, sin embargo, como había sido usual en los decretos presidenciales (que se firman o son dados normalmente en el "Palacio de Miraflores)," dónde en Caracas fue que los mismos habrían sido supuestamente dados y, por supuesto, dónde es que habrían sido firmados por el Presidente quién lo emitió. Lo cierto, sin embargo, es que no fueron dados ni firmados en parte alguna de la ciudad de Caracas por el Presidente, siendo absolutamente falsa la afirmación hecha en el texto de los decretos, pues el Presidente de la República no estaba en Caracas en esa fecha, ni pudo, por tanto, haberlo dado y firmado allí. Estaba según información oficial en proceso de recuperación de una operación en un hospital en La Habana

La falsa afirmación, en realidad la hicieron en este caso, no sólo el Sr. Elías Jaua, quien refrendó doblemente los decretos al firmarlos en su carácter de Vicepresidente Ejecutivo y, además, en su carácter de Ministro del Poder Popular para la Agricultura y Tierras, sino todos los Ministros que lo refrendaron y con ello, cohonestaron la falsedad.

Lo mismo ocurrió después del 14 de abril de 2012, con motivo del nuevo traslado a La Habana del Presidente de la República, para someterse a tratamiento de radioterapia. En efecto, en la *Gaceta Oficial* N° 39904 de 17 de abril de 2012, apareció publicado el Decreto N° 8917 de la misma fecha mediante el cual se creó la Comisión Nacional Presidencial para la televisión Digital Terrestre (TDT), como órgano consultivo y asesor, multidisciplinario e interinstitucional de alto nivel, en materia de ciencia, tecnología e innovación, orientada especialmente a la investigación, transferencia tecnológica, desarrollo e implementación de la Televisión Digital Terrestre (TDT), a escala nacional e internacional. Dicho decreto, firmado por todos los ministros, pues se indicó que fue adoptado "en Consejo de Ministros," dice su texto que fue "**Dado en Caracas**, a los diecisiete días del mes de abril de dos mil doce. Año 2012," lo cual por supuesto también era falso, pues el Presidente no estaba en Caracas. Estaba en La Habana sometido a tratamiento de radioterapia para el tratamiento de la enfermedad que lo aquejaba.

En todas esas ocasiones de ausencia del Presidente de la República del territorio nacional, es decir, de falta temporal, simplemente no podía haber un decreto que se publicase en la *Gaceta Oficial*, con indicación de que había sido "dado en Caracas" con la firma de Hugo Chávez Frías. Él no estaba en Caracas, por lo que la afirmación contenida en los decretos así emitidos era falsa, configurándose como una manifestación de un falso gobierno. En este caso también, debe decirse que en realidad, la afirmación falsa la hicieron el Sr. Elías Jaua, todos los Ministros quienes supuestamente estuvieron en un Consejo de Ministros desarrollado en Caracas, al cual evidentemente no asistió el Presidente, con lo cual cohonestaron la falsedad

Quedaba por determinar, no sólo el vicio de todos esos actos administrativos, sino si dichos funcionarios que cohonestan la falsedad que contenían habrían incurrido en el delito previsto en el artículo 317 del Código Penal (Falsedad material cometida por funcionario público en acto público) donde se dispone que el "funcionario público que, en el ejercicio de sus funciones haya formado, en todo o en parte, algún acto falso o que haya alterado alguno verdadero, de suerte que por él pueda resultar perjuicio al público o a los particulares, será castigado con presidio de tres a seis años."

OCTAVA PARTE

LA REELECCIÓN DE HUGO CHÁVEZ ENFERMO, Y LA AUSENCIA DE GOBIERNO (2012-2013)

La enfermedad que aquejaba al Presidente de la República, que todo el país conocía, era sin duda de una gravedad que en cualquier país del mundo hubiera impedido a la persona aquejada poder pretender a ser candidato en una elección presidencial, y ningún órgano de control electoral hubiese aceptado dicha candidatura, y además, permitir que dicha persona participara en una campaña electoral.

Pero en Venezuela pasó eso, y tantas otras cosas ocurrieron, de manera que el Presidente de la República Hugo Chávez Frías se lanzó a la reelección en 2012, después de haber logrado en 2009 una Enmienda Constitucional que había permitido la reelección indefinida de todos los cargos electivos, por lo cual el Consejo Nacional Electoral aceptó su candidatura.

Dejando de lado todas las dudas reales y existenciales que quedaron de la elección presidencial, luego de una sin duda agotadora campaña política que ninguna persona enferma debía haber soportado, lo cierto fue que el Consejo Nacional Electoral lo declaró a Hugo Chávez reelecto en el cargo el 7 de octubre de 2012.

Días después, ya se comenzaron a evidenciar las consecuencias del agotamiento, de manera que el día 20 de octubre de 2012, el mismo Chávez admitió públicamente que su salud afectó su desempeño en la campaña para lograr su reelección para un tercer mandato. Y un mes después, el 27 de noviembre de 2012, a través de una comunicación dirigida a la Asamblea Nacional solicitó autorización para salir del territorio nacional por más de 5 días, y viajar a Cuba para iniciar un "tratamiento especial" de "varias sesiones de oxigenación hiperbárica", sin detallar su fecha de retorno. Se trataba materialmente de un viaje sin retorno fijo.

Sin embargo, tras pasar nueve días en Cuba, para sorpresa general, el día 7 de diciembre de 2012, el Presidente Chávez regresó a Caracas, pero solo para anunciar el día siguiente, 8 de diciembre de 2012 una nueva recurrencia del cáncer que lo aquejaba, explicando al país por televisión que debía ser sometido a una nueva operación en Cuba, y señalando que en caso de que quedase inhabilitado para gobernar, estimada que Nicolás Maduro debía ser el candidato en las elección respectiva que en tal caso debía realizarse. El anuncio y la alocución televisada fue lo suficientemente grave como para que quedara claro que estaba ya en peligro de muerte. Fue su última alocución pública, y al día siguiente, el día 10 de diciembre de 2012, obtuvo una nueva autorización de la Asamblea Nacional y viajo a Cuba; y el 11 de diciembre fue sometido a una nueva operación quirúrgica contra el cáncer que lo aquejaba, en un Hospital en La Habana, de la cual nunca más saldría.

Desde esa fecha, en efecto, nada más se supo del Presidente, salvo los anuncios de los Ministros, pero definitivamente sin soporte o anuncio de ningún parte médico sobre su salud, que era lo que procedía en esa situación. Así, por ejemplo, el 13 de diciembre de 2012, el nuevo Vicepresidente Nicolás Maduro afirmó que el proceso postoperatorio de Chávez sería "complejo y duro" y pedía a los venezolanos estar "preparados" y "unidos" en estos días "difíciles;" y el 30 de diciembre de 2012, tras visitar supuestamente a Chávez en La Habana, el mismo Vicepresidente Maduro informó que el estado de salud del mandatario presentaba "nuevas complicaciones", cuyo tratamiento no estaba "exento de riesgos".[1]

En virtud de haber sido reelecto Presidente para el nuevo período 2013-2017, a los efectos de poder iniciar el nuevo período constitucional, el Presidente debía comparecer ante la Asamblea Nacional el 10 de enero de 2013 a prestar juramento y tomar posesión del cargo, lo que dado lo secreto de su estado de salud, generaba dudas y expectativas de si podía efectivamente ocurrir a dicho acto, si es que estaba aún con vida.

En medio de esa incertidumbre, conforme iban transcurriendo los días, y en medio de la secretud, todo el país sin duda estuvo atento a los acontecimiento, tal como ocurrió en mi caso, lo que me llevó a escribir a partir del 28 de diciembre de 2012 y hasta marzo de 2013, una serie de Crónicas Constitucionales sobre la situación constitucional del país, que conforman buena parte de las páginas que siguen.[2]

---

1   Véase "Cronología de los problemas de salud del presidente Hugo Chávez," *El Universal*, Caracas 31 de diciembre de 2012 (05:36 PM), en http://www.eluniversal.com/nacional-y-politica/salud-presidencial/121231/cronologia-de-los-problemas-de-salud-del-presidente-hugo-chavez

2   Véase Allan R. Brewer-Carías, "Crónicas Constitucionales sobre el régimen constitucional en Venezuela con motivo de la ausencia del territorio nacional del Presidente (re-electo) de la República, a partir del 9 de diciembre de 2012 (Crónicas I-IX: 29-1-2012/12-1-2013)," en la *Revista digital "Elementos de juicio. Temas Constitucionales"* (http://www.elementosdejuicio.com.co/), Bogotá, 19 de enero de 2013, en http://www.elementosdejuicio.com.co/in-dex.php?option=com_content&view=article&id=1583:cronicas-constitucionales-sobre-el-regimen-constitucional-en-venezuela-con-motivo-de-la-ausencia-del-territorio-nacional-del-presidente-re-electo-de-la-republica-a-partir-del-9-de-diciembre-de-

I. EL RÉGIMEN CONSTITUCIONAL DEL INICIO DEL PERÍODO CONSTITUCIONAL DEL PRESIDENTE DE LA REPÚBLICA EN ENERO DE 2013 (28-12-2012)

A finales de diciembre de 2012, en efecto, existía una generalizada situación de incertidumbre derivada de las noticias o de la desinformación sobre la salud del Presidente de la República, quién se encontraba ausente del país, y sobre la situación constitucional que se podía presentar con motivo del inicio del período constitucional presidencial 2013-2017 que comenzaría el mismo día 10 de enero de 2013, en el cual terminaba el período 2007-2012, y sobre la eventual posibilidad que había de que el Presidente saliente y electo, no compareciera ante la Asambleas. Esa situación era en general la siguiente: [3]

La intención del artículo 231 de la Constitución había sido la de establecer una fecha fija para el comienzo y el término del período constitucional para el cual se elige a un Presidente, que es de 6 años (art. 230), el cual se inicia el 10 de enero del año siguiente a la elección, cuando debe tomar posesión del cargo mediante juramentación ante la Asamblea Nacional (art. 231); y el cual termina precisamente el día 10 de enero del año en el cual se completa el año sexto del período; período que en ningún caso es "prorrogable." Se trata de un período que tiene un término fijo, con una fecha precisa de comienzo y de terminación.

El Presidente Hugo Chávez quién estaba en ejercicio del cargo, fue reelecto, por lo que en su caso, al terminar el 10 de enero su período anterior (2007-2013), ese mismo día y no otro, comenzaba el nuevo período (2013-2019). Por eso es que debía juramentarse ese día y no otro, ante la Asamblea o excepcionalmente ante el Tribunal Supremo de Justicia, en el lugar donde dichos órganos tienen su asiento, que es la capital de la República (sede de los Poderes Públicos) (art. 18).

En la situación de ese fin de año de 2012 y comienzo del nuevo año 2013, el día 10 de enero de 2013 terminaba el período constitucional del Presidente Chávez que se había iniciado el 10 de enero de 2007; y en ese mismo día debía comenzar un nuevo período constitucional para el cual había sido elec-

---

2012&catid=47:columnista-1&Itemid=285. para este libro el texto se ha corregido, particularmente en cuanto al tiempo de los verbos.

3   Esta parte fue redactado entre el 27 y el 28 de diciembre de 2012, como respuestas a preguntas formuladas por el periodista Edgar López, del diario *El Nacional* de Caracas, para una entrevista que no fue publicada. Sólo aparecieron referencias en el reportaje: "Opinión sobre faltas temporales y absolutas del Presidente," en Edgard López, "Enero, lo más pronto posible", en *El Nacional*, Siete Díaz, Caracas 6 de enero de 2013, p. 3. Caracas, 6 de enero 2013. p. 3. Véase en http://impresodigital.el-nacional.com/edicio-nes/2013/01/06/print-PV.asp?pageview=pS_3_p...

to en octubre, para lo cual debía tomar posesión mediante juramentación en la forma indicada.

Incluso, la Sala Constitucional al decidir una solicitud de interpretación constitucional que le formuló el Presidente de la Asamblea Nacional el día 28 de febrero de 2001, mediante sentencia de 16 de mayo de 2001 (Exp. N° 01-0401), en relación con los artículos 230 y 231 de la Constitución, había decidido que los mismos "no requieren aclaración alguna, pues sus textos son explícitos. La duración del mandato del Presidente de la República es de seis años y la toma de posesión, mediante juramento ante la Asamblea Nacional, es el 10 de enero del primer año del período constitucional."

Por tanto, así como el Tribunal Supremo lo había resuelto claramente en esa sentencia, en relación con al primer período constitucional del Presidente Chávez que se había iniciado el 10 de enero de 2001, el mismo concluía el 10 de enero de 2013, término en el cual comenzaba el próximo período presidencial, conforme lo dispone el artículo 231 de la Constitución de la República Bolivariana de Venezuela. Por tanto, si el Tribunal Supremo hubiese tenido que decidir en enero de 2013, sobre dicha situación, no podría decir nada distinto a que "el período constitucional del Presidente Hugo Chávez Frías concluía el 10 de enero de 2013, término en el cual comenzaba el próximo período presidencial, conforme lo dispone el artículo 231 de la Constitución de la República Bolivariana de Venezuela."

Pero el Presidente de la República, para esas fechas no estaba en Caracas, y había sospechas de que no regresaría. Frente a ello, como toda ausencia del Presidente de la República del territorio nacional constituye siempre una falta temporal, ello significaba que en ese estado, el Vicepresidente Ejecutivo, en esos casos, la suplía automáticamente, asumiendo el ejercicio de la Presidencia hasta por noventa días, prorrogables por decisión de la Asamblea Nacional hasta por noventa días más (art. 234).

Como se ha dicho, la falta temporal, es una situación de hecho, que se produce, entre otros acaecimientos, precisamente por ausentarse del país. La falta temporal no se decreta ni se declara; sucede, de manera que toda ausencia del territorio nacional constituye siempre una falta temporal. Siendo una situación de hecho, en particular cuando se trata de una ausencia del territorio nacional que se produzca sin cumplir por ejemplo funciones oficiales, de acuerdo con la Constitución, si la falta temporal se prolonga por más de noventa días consecutivos, la Asamblea Nacional debe decidir por mayoría de sus integrantes si debe considerarse que hay falta absoluta (art. 234). Por otra parte, si la falta temporal del Presidente por viaje al exterior se prevé que es por menos de 5 días, la decisión de ausentarse no requiere de la autorización de la Asamblea Nacional. En cambio, esa autorización sí se requiere, conforme al artículo 231 de la Constitución, en los casos de ausencia del territorio nacional por más de 5 días. Pero en estos casos, la autorización no es para que pueda tener lugar la falta temporal. Esta, que es una situación de hecho, como se dijo, se produce siempre cuando hay ausencia del territorio nacional, independientemente del tiempo. Por otra parte, y por supuesto, la falta temporal puede ocurrir también aun estando en Presidente en el territorio nacional, en caso de hospitalización, por ejemplo.

En la situación que existía en el país al final del mes de diciembre de 2012, la perspectiva era que el 10 de enero de 2013 terminaba el período constitucional que se había iniciado el 10 de enero de 2007, y debía comenzar uno nuevo. En esa fecha, Hugo Chávez Presidente, cesaba como Presidente por el período 2007-2013, condición que en ningún caso podía prorrogarse; y debía comenzar el nuevo período para el cual había sido electo (2013-2019) para lo cual debía juramentarse ante la Asamblea Nacional o excepcionalmente ante el Tribunal Supremo de Justicia. Si tal juramento no se producía, el Presidente electo no podía iniciar el ejercicio del cargo.

La Constitución, en relación con el Presidente electo, sólo regulaba expresamente el supuesto de que se produjera su "falta absoluta antes de tomar posesión" del cargo, en cuyo caso, mientras se elegía y tomaba posesión un nuevo Presidente que debía ser electo dentro de los 30 días consecutivos siguientes al 10 de enero, el Presidente de la Asamblea Nacional se debía encargar de la Presidencia. De acuerdo con la Constitución, la falta absoluta que por ejemplo en la situación de ese momento se podía producir antes de la toma de posesión el próximo 10 de enero, era por muerte, renuncia, o incapacidad física o mental permanente certificada por una junta médica designada por el Tribunal Supremo de Justicia y con aprobación de la Asamblea Nacional (art. 233). En esos casos, el Presidente de la Asamblea Nacional estaba obligado constitucionalmente a encargarse el 10 de enero de la Presidencia de la República, y no podía negarse a ello.

Situación distinta era que antes de la toma de posesión no se hubiera producido falta absoluta del Presidente electo, pero sin embargo, el 10 de enero, por cualquier circunstancia no se pudiera presentar a juramentarse para tomar posesión del cargo y a comenzar a ejercer como Presidente. La Constitución no regula esta situación que se podía producir cuando un Presidente electo, que no hubiera incurrido en una causal de falta absoluta, no tomase posesión de su cargo el día 10 de enero del año de inicio del período constitucional, que es el mismo día en el cual termina el período anterior. En estos casos no podía hablarse estrictamente de "falta temporal" pues como el Presidente electo no habría tomado posesión del cargo, no podía haber falta temporal alguna en el ejercicio de un cargo que no ejercía. En este supuesto, era necesaria una interpretación constitucional, y lo cierto, de ella, es que en ningún caso podía concluirse que el Presidente anterior quien terminaba el 10 de enero o su Vicepresidente en ejercicio temporal de la Presidencia quien también terminaba su cargo el mismo día 10 de enero de 2013, pudieran continuar ejerciendo el cargo después de terminado el periodo constitucional, en una especie de "prórroga" no establecida constitucionalmente.

Por ello, en esa excepcional situación, la interpretación más acorde con la Constitución en nuestro criterio, era la que deriva de apreciar el texto fundamental en su integralidad, conforme a la intención del Constituyente, teniendo en cuenta la regulación relativa a la situación de falta absoluta del "Presidente" electo, y a la "falta temporal" del Presidente. De estas regulaciones, la conclusión debía ser que quien suplía la "falta temporal" del Presidente electo que no se presentase a tomar posesión de su cargo, era el Presidente de la Asamblea Nacional, mientras se resolvía la situación del Presidente electo cuando éste no se hubiera presentado a juramentarse.

Esa situación se tenía que resolver en dos formas: primero, con la toma de posesión del Presidente electo de su cargo, en la forma prescrita en la Constitución con posterioridad al 10 de enero, mediante su juramentación ante la Asamblea Nacional, o excepcionalmente ante el Tribunal Supremo, lo que en ningún caso podía ocurrir después de transcurridos 90 días contados a partir del 10 de enero, cuando debía procederse a convocar una nueva elección.

Y en cuanto a esa posibilidad de juramentación ante el Tribunal Supremo para la toma de posesión del cargo por el Presidente, la misma es una medida excepcional, que sólo puede aplicarse cuando por alguna causa justificada y justificable, la juramentación no se pueda hacer ante la Asamblea Nacional, por ejemplo, cuando ésta no se ha podido instalar o no puede sesionar.

La otra forma de resolución, es mediante la declaración formal (en principio por la Asamblea Nacional) de que después del 10 de enero lo que se habría producido era una falta absoluta del Presidente electo, lo que podía ocurrir si después de esa fecha el mismo fallecía; renunciaba; era destituido por sentencia del Tribunal Supremo de Justicia; era declarado incapaz permanente, física o mental, certificado por una junta médica designada por el Tribunal Supremo de Justicia y con aprobación de la Asamblea Nacional; o había abandonado el cargo, declarado tal abandono por la Asamblea Nacional (art. 233 de la Constitución). En este caso, declarada la ausencia absoluta, mientras se elegía y tomaba posesión un nuevo Presidente que debía ser electo dentro de los 30 días consecutivos siguientes a tal declaratoria, se debía encargar de la Presidencia el Presidente de la Asamblea Nacional.

En todos los casos en los cuales el Presidente de la Asamblea estaba llamado a encargarse de la Presidencia de la República, se trataba de una obligación constitucional que no podía eludir ni negarse a cumplir.

En la situación a finales de 2012, había una situación de falta temporal del Presidente, como situación de hecho que se había producido por la ausencia del Presidente del territorio nacional. En esa situación, desde el 9 diciembre de 2012, cuando el Presidente salió para Cuba con autorización de la Asamblea, esa falta temporal debía haberse suplido automáticamente por el Vicepresidente Ejecutivo sin que nadie la tuviera que haber "declarado." Estando el Presidente fuera del país, el que debía suplirlo en el ejercicio de la Presidencia en Venezuela por mandato constitucional era el Vicepresidente, por lo que no tenía sentido ni fundamento constitucional alguno el tardíamente anunciado Decreto presidencial del 9 de diciembre de 2012, de delegación de funciones al Vicepresidente. Este ejercía de pleno derecho las funciones del Presidente cuando suplía su falta temporal, por lo que delegarle además, funciones, era innecesario y redundante.

Por otra parte, el hecho de que el Presidente hubiese sido reelecto no cambiaba la necesidad de que tuviera que juramentarse en la forma antes indicada ante la Asamblea Nacional. La reelección presidencial no equivalía a la continuación de un mismo mandato, como erradamente lo apreció la Presidenta del Tribunal Supremo adelantado opinión en la materia constitucional.[4] Esa afirmación no tiene sentido alguno en el régimen constitucional venezolano. La reelección no es continuación de mandato alguno. En el caso del mandato presidencial 2007-2013, el mismo cesó el 10 de enero de 2013, y ese día se inició un nuevo mandato, y nada cambiaba esa situación constitucional el hecho de que fuera la misma persona quien cesaba en un mandato y debía iniciar otro. El Tribunal Supremo, en todo caso, podía interpretar las respectivas normas constitucionales, en caso de duda, de ambigüedad o de laguna, lo que por supuesto debía hacer con independencia e imparcialidad, como supremo intérprete y garante de la Constitución y no como actor político.[5]

---

4   La Presidenta del Tribunal Supremo, Luisa Estela Morales, ya el 20 de diciembre de 2012 había expresado según apareció en el reportaje: "TSJ atento a consultas sobre asunción de Chávez, pero hasta ahora no hay "nada que interpretar", en *Noticias24,* lo siguiente: "Para este momento sencillamente el presidente (Chávez) ha cumplido, de acuerdo con lo que establece la Constitución con solicitar un permiso a la Asamblea Nacional para asuntarse del país por más de cinco días. Hasta allí las otras circunstancias ya las conoce el país, pero no tiene por qué ser objeto de interpretación constitucional"... La magistrada Morales además matizó el tema al asegurar que en todo caso no se trataba de un nuevo presidente, sino de la continuidad de mandato de un jefe de Estado reelecto, como lo fue Chávez el pasado 7 de octubre en los comicios generales. "No es nuevo, es el mismo presidente, ¿verdad? y aquí hay un hecho muy importante que es la continuidad por la reelección del presidente", dijo Morales. La Constitución no menciona a presidentes reelectos y sólo especifica cuándo debe asumir el cargo el presidente electo." Véase en http://www.noticias24.com/venezuela/noti-cia/142468/tsj-sobre-la-fecha-de-asuncion-de-chavez-esperaremos-que-nos-hagan-la-consulta/. Como se expresa más adelante, precisamente al día siguiente, el 21 de diciembre de 2012 se conoció que se había formulado ante la Sala Constitucional la esperada "consulta."

5   En la situación constitucional de la terminación del mandato del Presidente Chávez en enero de 2013, el Vicepresidente Ejecutivo N. Maduro, desde el día 10 de diciembre de 2012, al ausentarse el Presidente Chávez del país, ya había declarado a la prensa que: "Cualquier asunto que tenga que dirimirse, tenemos nuestra muy prestigiosa Sala Constitucional del Tribunal Supremo de Justicia, que ha demostrado gran capacidad para interpretar cualquier tema que sea necesario de la Constitución." Véase en http://www.el-nacional.com/politica/Maduro-manos-TSJ-decision-prorroga_0_102592472.html. Días después, al día siguiente de las declaraciones antes mencionadas de la Presidenta del Tribunal Supremo de Justicia, el 21 de diciembre de 2012, se conoció que había sido presentado ante la Sala Constitucional del TSJ un recurso de interpretación sobre el artículo 231 de la Constitución (Expediente es 2012-1358). Ese recurso fue precisamente el decidido mediante sentencia N° 2 de 9 de enero de 2013. Véase en http://www.tsj.gov.ve/decisiones/scon/Enero/02-9113-2013-12-1358.html

II. SOBRE LA SITUACIÓN DE FALTA DE GOBIERNO, A PARTIR DEL 28 DE DICIEMBRE DE 2012, POR LA AUSENCIA DEL TERRITORIO NACIONAL DEL PRESIDENTE Y DEL VICE-PRESIDENTE EJECUTIVO (30-12-2012)

Para fines de diciembre de 2012, a la situación anteriormente indicada de incertidumbre constitucional, adicionalmente en el país ocurría una situación inédita y extraordinaria de carencia o falta de gobierno, por la falta temporal, por estar ausentes del territorio nacional, a la vez, tanto del Presidente Chávez como del Vicepresidente N. Maduro.

Se recuerda, que con motivo de la ausencia del Presidente de la República del territorio nacional a partir del 9 de diciembre de 2013, se había producido su falta temporal, la cual en virtud de la Constitución, comenzó a ser suplida por el Vicepresidente Ejecutivo, en quien, además, el Presidente delegó un conjunto de atribuciones mediante Decreto N° 9315 de la misma fecha, publicado semanas después, y luego republicado en *Gaceta Oficial* N° 40.076 del 26 de diciembre de 2013. La consecuencia de la falta temporal del Presidente por estar ausente del territorio nacional fue la puesta en funcionamiento del artículo 234 de la Constitución, conforme al cual, el Vicepresidente Ejecutivo suple al Presidente en sus funciones.

Es decir, estando el Presidente hospitalizado por grave enfermedad en La Habana, en una actividad evidentemente de carácter no oficial, en Venezuela, el Vicepresidente y solo el Vicepresidente Nicolás Maduro suplía las funciones del Presidente, tanto como Jefe de Estado como Jefe del Ejecutivo Nacional, dirigiendo la acción de gobierno. Sin embargo, ocurrió que el Vicepresidente Maduro también salió del país el día 28 de diciembre de 2013, rumbo a La Habana, anunciando que el Ministro de Energía Eléctrica, Héctor Navarro, sería "encargado" de la Vicepresidencia "por el tiempo que estemos visitando a nuestro comandante Chávez."[6] Esa ausencia, sin embargo y a pesar de lo indefinido de su término anunciado, se presume que debió haber sido prevista por un lapso de menos de 5 días, pues de lo contrario el Vicepresidente encargado de la Presidencia hubiera tenido que solicitar autorización de la Asamblea Nacional, en los mismos términos en los cuales la hubiera debido solicitar el Presidente en esos casos (art. 235).

Pero en cuanto a la posibilidad misma de la ausencia y falta temporal del Vicepresidente por ausentarse del país, lo cierto es que la Constitución no prevé en forma alguna tal posibilidad de que el Vicepresidente Ejecutivo, cuando esté supliendo las funciones del Presidente por su falta temporal, pueda también ausentarse del país y provocar la situación de falta total de Presidente. Tampoco prevé la Constitución que el Vicepresidente, supliendo al Presidente por su ausencia temporal, nombre a otra persona como Vicepresidente "encargado."

---

6   Véase en http://www.el-nacional.com/politica/Designacion-Navarro-vicepresidente-genero-dudas_0_108591083.html

El "nombramiento" de un Ministro, como el anunciado respecto del Ministro de Energía (Navarro) como "encargado" de la Vicepresidencia, por tanto, no tenía validez constitucional alguna, pues con ello en definitiva dicho Ministro estaría supliendo las funciones del Presidente, quién, sin embargo, no lo había nombrado Vicepresidente Ejecutivo. Sólo el Presidente de la República puede nombrar un Vicepresidente Ejecutivo (art. 236.3), y el Vicepresidente Ejecutivo no puede, a su vez, nombrar otro Vicepresidente (ni siquiera "encargado"), salvo en caso de que se produzca una falta absoluta del Presidente, en cuyo caso el Vicepresidente al asumir en pleno la Presidencia (cuando le corresponda) podría entonces designar un Vicepresidente.

Por todo ello, y quizás por la inconstitucionalidad esencial de la bizarra situación creada por el Vicepresidente Ejecutivo al abandonar el país y nombrar un "encargado" de la Vicepresidencia, el texto del "decreto" de designación de tal "encargado" de la Vicepresidencia, al 31-12-2013, no se conocía, ni había sido publicado en la *Gaceta Oficial*. Por tanto, al 31 de diciembre de 2012, Venezuela simplemente carecía de gobierno, sin que nadie en el territorio nacional cumpliera las funciones de Jefe de Estado ni de Jefe del Ejecutivo Nacional.

III. SOBRE LA INÚTIL, SUPERFLUA Y ABSOLUTAMENTE LIMITANTE DELEGACIÓN DE ATRIBUCIONES EN EL VICEPRESIDENTE EJECUTIVO PUBLICADA EL 26 DE DICIEMBRE DE 2012 (1-1-2013)

Hemos hecho referencia a que mediante Decreto N° 9.215 de fecha 9 de noviembre de 2012 supuestamente dictado por el Presidente Chávez en la víspera de su definitiva ausencia del país, pero publicado 12 días después, el 21 de diciembre de 2012,[7] el Presidente habría delegado un conjunto de atribuciones en el Vicepresidente Ejecutivo.

La delegación de atribuciones por parte del Presidente de la República en otros órganos del Ejecutivo Nacional, en general, y parafraseando uno de los considerandos de dicho Decreto N° 9.315, sin duda puede considerarse como "una figura jurídica, constitucional y legalmente establecida," específicamente en la Ley Orgánica de la Administración Pública, que puede contribuir a "agilizar el trámite de materias sujetas a la decisión del Primer Mandatario Nacional." Sin embargo, ello constituye una inútil y redundante decisión, cuando el funcionario en quien se delegan tales atribuciones ya las tiene en virtud de previsiones constitucionales.

Y ello fue precisamente lo que ocurrió con el mencionado Decreto N° 9.315 de 9 de diciembre de 2012, que supuestamente dictó el Presidente Chávez el mismo día cuando se ausentó del país para ser sometido a una operación quirúrgica en La Habana, para lo cual fue autorizado por el Asam-

---

7 Originalmente publicado en *Gaceta Oficial* N° 40.077 de 21 de diciembre de 2012, y luego republicado en *Gaceta Oficial* N° 40.078 de 26 de diciembre de 2012

blea Nacional, habiendo sido supuestamente, ese decreto, en realidad su último decreto presidencial dictado en Caracas. Por esa ausencia del territorio nacional, a partir del 9 de diciembre de 2012, que fue la fecha del Decreto, se produjo la situación constitucional de falta temporal del Presidente, la cual debió ser automáticamente suplida por el Vicepresidente Ejecutivo, quien por ello debió pasar a ejercer todas las funciones del Presidente de la República.

En consecuencia, si ello era así, ningún sentido tenía entonces proceder a "delegarle" unas funciones que el Vicepresidente Ejecutivo comenzaba ejercer automáticamente, de pleno derecho, ese mismo día, sobre todo porque en contrario a lo afirmado en otro de los "Considerandos" del mismo Decreto, el "tratamiento médico" al cual el Presidente anunciaba que debía "ser sometido," lo limitaba en forma total "en el desempeño del cargo," al punto de no poder volver a ejercer las funciones inherentes al mismo.

El Decreto de delegación N° 9.315 de 9 de diciembre de 2012, en todo caso, sólo fue publicado diecisiete días después de que se iniciara la ausencia temporal del Presidente y de que fuera operado en La Habana, en la *Gaceta Oficial* N° 40. 077 el 21 de diciembre de 2012, lapso durante el cual, postrado como estaba el Presidente en un hospital en el extranjero pasando por un complejo proceso postoperatorio, había estado y estaba total y absolutamente incapacitado para gobernar. En esa circunstancia, fue a partir de la publicación del Decreto de delegación el 26 de diciembre, cuando el mismo comenzó a surtir efectos. Nada se sabe sobre el porqué la publicación no coincidió con la salida del Presidente del territorio nacional, por lo que es posible pensar que la misma, o el mismo texto del decreto, se haya realizado cuando otras circunstancias parece que lo exigieron.

El Decreto de delegación, según se anunció oficialmente, era referido básicamente a medidas de tipo económico-financiero del sector público, y "delegaba" en el Vicepresidente Ejecutivo las siguientes atribuciones (que si se hubiera aplicado la previsión constitucional del artículo 239.8 que le asigna el deber de suplir las faltas temporales del Presidente de la República, ya hubiera tenido): 1. Créditos adicionales; 2. Traspasos de partidas presupuestarias; 3. Rectificaciones al presupuesto; 4. Operaciones de crédito público; 5. Prórroga para la liquidación de órganos o entes públicos; 6. Nombramiento de algunos altos funcionarios públicos; 7. Afectación para expropiación; 8. Reforma organizacional de entes descentralizados; 9. Puntos de cuenta ministeriales sobre las anteriores materias; 11. Las actuaciones presidenciales como parte de cuerpos colegiados; 12. Jubilaciones especiales a funcionarios; 13. Puntos de cuenta ministeriales sobre adquisición de divisas; 14. Puntos de cuentas sobre presupuestos de los entes descentralizados; 15. Insubsistencias presupuestarias; 16. Exoneraciones del Impuesto al Valor Agregado; 17 Exoneraciones del Impuesto sobre la renta; así como 18. Todas las decisiones administrativas previstas en la Constitución y las leyes (art. 1). Toda esta enumeración de atribuciones, en la cual no estaba en forma alguna delegación posible al Vicepresidente para designar un "Vicepresidente encargado," por supuesto, era redundante e inútil, pues toda ellas no sólo las podía, sino las debía ejercer el Vicepresidente Ejecutivo supliendo la falta temporal del Presidente como lo indica la Constitución.

Sin embargo, así no lo entendió el gobierno desde cuando en 2011 comenzó el tratamiento médico al Presidente de la República en el exterior, ignorándose el hecho de que el Vicepresidente suple automáticamente las faltas temporales del Presidente como las que en ese caso ocurrieron por los viajes al exterior por razones médicas. Ello, sin embargo, lo obviaron tanto el Presidente como los Vicepresidentes Ejecutivos en funciones, razón por la cual se acudió a la, en este caso, redundante figura de delegación de facultades al Vicepresidente para que las ejerciera, precisa y básicamente, durante las faltas temporales del Presidente.

Fue en esa orientación que se dictó entonces el Decreto N° 9315 del 9 de diciembre de 2012, que derogó el previo N° 9222 de 16 de octubre de 2012,[8] en el cual, tal como apareció en su versión supuestamente firmada por el Presidente (se habría tratado en efecto del último decreto que el Presidente de la República habría firmado estando en Caracas) publicada en *Gaceta Oficial* N° 40.077 del 21 de diciembre de 2012, se estableció una muy importante limitante para el ejercicio de sus competencias (incluyendo algunas de las delegadas) por parte el Vicepresidente, y quizás esa era la intención de no considerar aplicable el artículo 239.8 de la Constitución, y es que *todos sus decretos y actos debía someterlos a "previa consulta con el Presidente,"* y a dictarlos siempre, todos, en Consejo de Ministros,

El numeral 10 del artículo 1° del Decreto N° 9315 de 9 de diciembre de 2012 publicado en la *Gaceta Oficial* N° 40.077 de 21 de diciembre de 2012,[9] en efecto estableció la facultad delegada de:

> 10. "Dictar los decretos y actos **previa consulta al Presidente de la República, y aprobados en Consejo de Ministros** distintos a los señalados en los numerales 1, 2, 3, 4, 5, 6, 7 y 8 del presente artículo, sin perjuicio de lo dispuesto en el artículo 35 y 38 del Decreto con rango, valor y fuerza de Ley Orgánica de la Administración Pública."

Habría sido la voluntad del Presidente de la República, por tanto, al ausentarse del país, considerar (aún cuando inconstitucionalmente), que el Vicepresidente no lo suplía automáticamente durante su ausencia temporal, por lo que habría procedido a delegarle atribuciones, y además, a someter absolutamente todos los actos que dictase el Vicepresidente distintos a los expresamente delegados en los 8 primeros numerales del artículo 1° del decreto referidos a temas de finanzas públicas, a consulta previa al Presidente y a su aprobación en Consejo de Ministros.

---

8   *Gaceta Oficial* N° 40.031 de 18-10-2012

9   En la reimpresión por "fallas en los originales" aparecida en la *Gaceta Oficial* N° 40.078 de 26 de diciembre de 2012, el numeral conservó el mismo texto

Con base en tal decreto de delegación, por tanto, era evidente que el Vicepresidente Ejecutivo: primero no podía dictar ningún acto en ejercicio de sus funciones (distinto a los referidos a las materias financieras indicadas) sin la consulta previa al Presidente, lo que sin duda era difícil si no imposible por la naturaleza de su postración; y que en ningún caso podía dictar actos ejecutivos sólo, sino en Consejo de Ministros.

Tal Decreto, por tanto, en las circunstancias en las cuales se dictó el 9 de diciembre de 2012 y en particular, en las que existían para el momento en el cual se publicó (21-12-2012) y se republicó (26-12-2012), momento en el cual por la gravedad postoperatoria el Presidente ausente éste estaba totalmente incapacitado para gobernar, la previsión del artículo 1.10 del Decreto le impedía al Vicepresidente materialmente dictar decisión alguna, al imponerle la obligación de someter a una "previa consulta al Presidente de la República" todos sus actos.

El decreto de delegación, como se dijo, se republicó en la *Gaceta Oficial* Nº 40.078 del 26 de diciembre de 2012, por supuestas "fallas en los originales" que no se especificaron, supuestamente referidas "únicamente en un inconveniente en la enumeración de los artículos", quedando sin embargo la limitante impuesta al Vicepresidente (art. 1.10) sin modificación, en el sentido de que en todo caso, salvo las materias económicas delegadas (numerales 1 a 8 del art. 1) debía consultar previamente al Presidente, y en ningún caso podía dictar actos ejecutivos sólo, sino siempre en Consejo de Ministros. La primera limitante, por lo demás, como se dijo, a partir del 10 de diciembre ya era de imposible superación por la imposibilidad fáctica que había de que al Presidente se le pudiera consultar algo sobre el gobierno, dada su postración postoperatoria. La segunda limitante obligaba al Vicepresidente Ejecutivo a gobernar siempre en Consejo de Ministros.

Era jurídicamente imposible, por tanto, conforme a tal Decreto de delegación, que el Vicepresidente Ejecutivo, sin consultar previamente al Presidente de la República y sin aprobación en Consejo de Ministros pudiera por ejemplo nombrar, él solo, a un "Vicepresidente Encargado" para suplirlo a él mismo, y así ausentarse del país, originando su propia falta temporal, por carecer totalmente de competencia para ello. Ello hubiera sido una especie de delegación de facultades delegadas en cuyo caso se hubiera violado no sólo el propio texto del artículo 1.10 del Decreto de delegación sino el artículo 35 de la Ley Orgánica de la Administración Pública al cual remitía, que establece que la delegación no procede "3. Cuando se trate de competencias o atribuciones ejercidas por delegación"

A pesar de todo ello, sin embargo, al día siguiente de "reimprimirse" el Decreto de delegación presidencial, el Vicepresidente Maduro procedió a designar un funcionario para suplirlo a él mismo, como "Vicepresidente Encargado" y ejercer incluso las facultades que le había delegado el Presidente, lo que era evidentemente inconstitucional.

IV. SOBRE LA DESIGNACIÓN DE UN "VICEPRESIDENTE EN-CARGADO" POR TRES DÍAS, POR UN VICEPRESIDENTE EJE-CUTIVO "POR DELEGACIÓN DEL PRESIDENTE" QUIEN NO LE DELEGÓ TAL ATRIBUCIÓN, IMPIDIÉNDOLE SUPLIR SU FALTA TEMPORAL (3-1-2013)

El día 2 de enero de 2013, circuló la *Gaceta Oficial* N° 40.080 de fecha 28 de diciembre de 2012, y con ella, se pudo conocer el contenido de un Decreto N° 9333 de fecha 27 de diciembre de 2012 que se había anunciado en la prensa, mediante el cual supuestamente el Presidente Hugo Chávez Frías, él mismo, y a la vez, el Vicepresidente Ejecutivo, Nicolás Maduro, por delegación del primero, habría nombrado a Héctor Navarro como:

"Vicepresidente Ejecutivo de la República Bolivariana de Venezuela, en calidad de Encargado, a partir del 28 de diciembre de 2012 y hasta el 31 de diciembre de 2012, ambas fechas inclusive."

Ello significó que para cuando dicha *Gaceta Oficial* estuvo disponible a la lectura de los ciudadanos, no sólo la condición de "Vicepresidente Encargado" del Sr. Navarro ya había cesado, al haber tenido su nombramiento una fecha fija de terminación el 31 de diciembre de 2012, sino que se estaba produciendo la confirmación en forma auténtica de que a partir del 1 de enero de 2013, definitivamente nadie ejercía en Venezuela la Presidencia de la República, ya que el Presidente estaba fuera del territorio nacional, quizás postrado en una cama de hospital en La Habana pero totalmente inhabilitado para ejercer el cargo; el Vicepresidente Ejecutivo también estaba fuera del territorio nacional, de visita al enfermo o inhabilitado en La Habana, aún cuando había anunciado su regreso para el día 2 de enero; y el supuesto "Vicepresidente Encargado" por sólo tres días (28 al 31 de diciembre), ya para el 2 de enero cuando se conoció el texto del decreto que lo nombraba, había cesado en sus funciones.

Pero además, independientemente de la temporalmente inefectiva designación de un Vicepresidente Encargado por tres días mediante un decreto que nadie conoció sino cuando ya había cesado la encargaduría, interesa ahora destacar desde el punto de vista constitucional, es la figura del "Vicepresidente Ejecutivo Encargado."

Era evidente que la designación de un funcionario público sólo puede realizarse por el funcionario competente, siendo una condición de validez del acto de designación, la competencia de que quien lo dicte, que debe ser expresa, en el sentido de que no se presume, debiendo estar establecida en la Constitución o en la ley.

En cuanto al Vicepresidente Ejecutivo, la Constitución es absolutamente clara y precisa al indicar que dicho funcionario sólo puede ser designado, única y exclusivamente, por el Presidente de la República (art. 236.3), pudiendo considerarse dicho acto como un acto de gobierno dictado en ejecución directa de atribuciones constitucionales, siendo dicho funcionario su órgano directo y colaborador inmediato (art. 238), de su libre nombramiento y remoción (art. 236.3).

Siendo el nombramiento del Vicepresidente Ejecutivo de la competencia exclusiva del Presidente, éste es el único que también podría resolver designar a un funcionario como "encargado" de la Vicepresidencia Ejecutiva (principio del paralelismo de la competencia), por ejemplo, en caso de falta temporal del Vicepresidente titular. En ningún caso, un funcionario que ha sido designado por otro puede, a su vez, encargar de su propio cargo, a su propio arbitrio, a otro funcionario. Por tanto, no puede el Vicepresidente Ejecutivo, "encargar" por su propia decisión, a otro funcionario como encargado de su propio cargo. Ello sería, por ejemplo, como admitir que un Ministro designado por el Presidente de la República pueda, él mismo, a su voluntad, designar a un funcionario distinto como "encargado" de su propio cargo ministerial; o que un Director de un Ministerio designado por el Ministro respectivo pudiera, él mismo, a su propia voluntad, designar como encargado de su propio cargo de director a un funcionario distinto.

En consecuencia, es esencialmente inconstitucional que el Vicepresidente Ejecutivo designe a un "Vicepresidente Encargado", nombramiento que sólo podría efectuar quien nombró al Vicepresidente Ejecutivo, que es el Presidente de la Republica.

Sin embargo, lo contrario fue precisamente lo que ocurrió en el caso del Decreto N° 9.333 de 27 de diciembre de 2012, el cual apareció en su encabezamiento como supuestamente dictado por "Hugo Chávez Frías" Presidente de la República," lo cual era falso, "en ejercicio de la atribución **que me confiere** el numeral 3 del artículo 236 de la Constitución," y a renglón seguido procedió el Sr. Nicolás Maduro Moros, Vicepresidente Ejecutivo de la República, sin indicar que hubiera consultado previamente al Presidente (lo que evidentemente era imposible), "por delegación del Presidente de la República Hugo Chávez Frías, según Decreto N° 9.315 de fecha 09 de diciembre de 2012, publicado en la *Gaceta Oficial* de la República Bolivariana de Venezuela N° 40.077 de fecha 21 de diciembre de 2012, reimpreso en la *Gaceta Oficial* N° 40.078, de fecha 26 de diciembre de 2012" a emitir un decreto mediante el cual resolvió:

> "Artículo 1°. Nombro Vicepresidente Ejecutivo de la República Bolivariana de Venezuela, en calidad de Encargado, a partir del 28 de diciembre de 2012 y hasta el 31 de diciembre de 2012, ambas fechas inclusive, al ciudadano Héctor Augusto Navarro Díaz, titular de la cédula de identidad N° V- 3.714.184."

El Decreto, por otra parte, está firmado en Caracas el 27 de diciembre de 2012, obviamente, solo por el Vicepresidente Encargado, sin haberse aprobado el texto en Consejo de Ministros como lo exigía el decreto de delegación.

El texto del decreto, por supuesto, era ambiguo, pues se decía que supuestamente lo dictó Chávez "en ejercicio de la atribución *que me confiere* el numeral 3 del artículo 236 de la Constitución," pero en realidad lo dictó Nicolás Maduro como Vicepresidente Ejecutivo, "por delegación del Presidente" citando el Decreto N° 9.315 de fecha 09 de diciembre de 2012 (publicado el 21 de diciembre y reimpreso el 26 de diciembre de 2012). Sin embargo, basta leer dicho decreto para constatar que en el mismo no hay delegación alguna al Vicepresidente para que pueda nombrar un "Encargado" de su propio cargo, y precisamente por ello el Decreto de nombramiento del "Vicepresidente Encargado" no se basa en ningún numeral del artículo 1 del Decreto de delegación, precisamente porque ninguno prevé tal posibilidad o atribución.

En realidad, la única atribución "delegada" por el Presidente en el Vicepresidente Ejecutivo conforme a ese Decreto de delegación, que podía haber tenido relación con el nombramiento de funcionarios públicos, era la establecida en el ordinal 6 del artículo 1, que se refiere a "Dictar los Decretos mediante los cuales se nombran a Viceministros, así como a los Presidentes y miembros de las Juntas Directivas de los entes descentralizados funcionalmente cuyo nombramiento corresponde al Presidente de la República conforme a su instrumento de creación," lo cual no se refiere en forma alguna supuesta potestad de nombrar un Vicepresidente Ejecutivo, así fuera como "encargado."

Por otra parte, dicha decisión de nombrar un Vicepresidente nunca podía haberse considerado como una decisión "de carácter administrativo que me son atribuidas (al Presidente) por la Constitución y la Ley" como reza el numeral 18 del artículo 1 del Decreto de delegación, pues el nombramiento de un Vicepresidente, así sea como "Encargado," es un acto de gobierno en el sentido de que lo dicta el Presidente en ejecución directa e inmediata de la Constitución.

Por último es de observar que el Vicepresidente Ejecutivo, al nombrar un "Vicepresidente Encargado" de su propio cargo, en definitiva lo que hizo, en la práctica, fue delegar en el "Vicepresidente Encargado" las atribuciones que el Presidente le había supuestamente delegado en el Decreto de delegación, lo cual como se dijo, es contrario a la previsión del artículo 35.3 de la Ley Orgánica de la Administración Pública.

Todo este embrollo, por supuesto tuvo un solo origen, que fue la inconstitucional negativa del Presidente a considerar que en sus faltas temporales lo suplía el Vicepresidente, y la inconstitucional negativa del Vicepresidente Ejecutivo de cumplir sus atribuciones constitucionales, entre las cuales está, ante todo, la de suplir al Presidente de la República (art. 239.8).

En todo caso, hasta el 3 de enero de 2013, no había en Venezuela nadie que condujera la acción de gobierno: había falta temporal del Presidente, quien estaba inhabilitado por complicaciones postoperatorias en un hospital de La Habana; también había falta temporal del Vicepresidente Ejecutivo quien no estaba en el país, por estar también en La Habana; y el Vicepresidente Ejecutivo "Encargado" había cesado en tal supuesto carácter el 31 de diciembre de 2012.

El 3 de enero, sin embargo el Vicepresidente Ejecutivo Nicolás Maduro regresó a Venezuela, seis días después de haber abandonado el territorio nacional. Estando el Vicepresidente supliendo al Presidente, su ausencia del país por viaje al exterior por más de 5 días, siendo a la vez una "falta temporal" debió haberse sometido al mismo régimen previsto en el artículo 235 para los viajes del Presidente, en virtud de estar constitucionalmente supliendo al Presidente de la República, en cuanto a la necesidad de solicitar la autorización de la Asamblea Nacional. En este caso, eso no ocurrió, violándose de nuevo la Constitución. Suplir al Presidente, sin duda equivale a estar encargado de la Presidencia, por lo que el Vicepresidente no sólo tiene y ejerce las atribuciones del Presidente sino también sus obligaciones.

Bajo ese ángulo debe aclararse que no era "desatino" alguno el que pudiera decirse que en los casos de ausencia del Presidente del territorio nacional, el Vicepresidente estaba encargado de la Presidencia durante la falta temporal. Ello no significaba que se desconociera la titularidad del Presidente sobre su cargo, aún cuando el ejercicio del mismo estuviese temporalmente en manos de quien lo suplía constitucionalmente que era el Vicepresidente.[10]

V. SOBRE LAS VICISITUDES CONSTITUCIONALES CON OCASIÓN DE LA INSTALACIÓN DE LA ASAMBLEA NACIONAL EL 5 DE ENERO DE 2013, Y LAS PERSPECTIVAS SUBSIGUIENTES (5-1-2013)

La Asamblea Nacional está compuesta por diputados electos por el pueblo, en votación universal, directa y secreta con representación proporcional (art. 186), que duran cinco años en sus funciones (art. 192). Conforme al artículo 197 de la Constitución, los diputados están obligados a cumplir sus labores a dedicación exclusiva, "en beneficio de los intereses del pueblo y a mantener una vinculación permanente con sus electores, atendiendo sus opiniones y sugerencias y manteniéndolos informados acerca de su gestión y la de la Asamblea." A tal efecto deben "dar cuenta anualmente de su gestión a los electores de la circunscripción por la cual fueron elegidos" y pueden ser

---

10 Es un error del Ministro de Ministro del Poder Popular para la Comunicación e Información, Ernesto Villegas Poljak, afirmar en carta dirigida a Globovisión de fecha 3 de enero de 2013, que el Presidente Chávez era el único Presidente en ejercicio del cargo, cuando era evidente y elemental que un era cierto porque no lo estaba, por estar postrado en una cama de hospital en La Habana, y en todo caso completamente inhabilitado para gobernar. Una cosa es la titularidad del cargo y otra cosa su ejercicio. El 3 de enero, una vez que el Vicepresidente regresó al país, éste comenzó de nuevo a suplir al Presidente en el ejercicio del cargo, sin que ello implique negarle la titularidad del cargo al enfermo o quizás ya fallecido. Véase la carta en: http://www.lapatilla.com/site/2013/01/03/villegas-a-globovision-el-unico-presidente-de-venezuela-se-llama-hugo-chavez-carta/

sometidos a referendo revocatorio del mandato en los términos previstos en la Constitución y en la ley sobre la materia.

En todo caso, dice el artículo 201 de la Constitución, "los diputados son representantes del pueblo y de los Estados en su conjunto, no sujetos a mandatos ni instrucciones, sino sólo a su conciencia" de manera que "su voto en la Asamblea Nacional es personal." Esto implica, constitucionalmente hablando, que conforme al texto de la Constitución en Venezuela, no debe haber línea de partido o de grupo o fracción parlamentaria que comprometa el voto de los diputados.

Con este marco constitucional, que en la práctica ha sido completamente ignorado desde que se sancionó la Constitución, la Asamblea Nacional debe funcionar en sesiones ordinarias o extraordinarias. En cuanto a las primeras, el artículo 219 de la Constitución dispone que anualmente hay dos: Hay un primer período de sesiones ordinarias que comienza, sin convocatoria previa, el día cinco de enero de cada año o el día posterior más inmediato posible y dura hasta el quince de agosto; y un segundo período que comienza el día quince de septiembre o el día posterior más inmediato posible y terminar el quince de diciembre.

En cuanto a los requisitos y procedimientos para la instalación y demás sesiones de la Asamblea Nacional, el artículo 221 remite para su regulación al reglamento interno, disponiendo sin embargo, que el quórum no puede ser en ningún caso inferior a la mayoría absoluta de los integrantes de la Asamblea Nacional.

En el primer año de inicio del período constitucional del Presidente de la República, como era el caso del período constitucional 2013-2019, luego de la elección presidencial de octubre de 2012, la instalación de la Asamblea Nacional el 5 de enero de 2013, la elección en esa fecha de su directiva era de enorme importancia, pues era ante la misma, el día 10 de enero de 2013 que el Presidente electo en 2012 debía tomar posesión de su cargo mediante juramento ante la misma.

Sólo "si por cualquier motivo sobrevenido el Presidente de la República no podía tomar posesión ante la Asamblea Nacional," el artículo 231 de la Constitución disponía que "lo hará ante el Tribunal Supremo de Justicia." La elección de la directiva de la Asamblea nacional, según lo anunció el Presidente de la misma a la prensa el día 4 de enero de 2013, no sería de carácter plural, por lo que en la misma no se preveía que hubiera representación de la oposición a pesar de tener ésta el 40% de los diputados[11]. Y efectivamente, el día 5 de enero de 2013, la directiva designada de la Asamblea, presidida por

---

11 "Cabello enfatizó el jueves la imposibilidad de alcanzar un acuerdo con el sector opositor en el Parlamento, aseverando que **"con esta oposición (...) no hay conciliación posible"**, en http://www.noticierovenevision.net/politica/2013/enero/4/50616=diosdado-cabello-llama-a-manifestar-ante-parlamento-para-impedir-a-la-oposicion-

el mismo Diosdado Cabello, resultó integrada toda, por otros diputados oficialistas.

En todo caso, una vez instalada la Asamblea Nacional y designada su nueva directiva el 5 de enero de 2013, la toma de posesión de su cargo ante la misma por parte del Presidente electo era una condición formal de carácter esencial para que pudiera iniciar su período constitucional. No se trataba de un "formalismo" insustancial. Al contrario, tan sustancial era, que si el Presidente no tomaba posesión ante la Asamblea Nacional no podía comenzar a ejercer su cargo, y sólo continuaría siendo "Presidente electo" pero sin poder ejercer el cargo. Por ser un requisito formal sustancial, la norma constitucional permite que "si por cualquier motivo sobrevenido" el Presidente de la República no pudiera tomar posesión de su cargo el día 10 de enero ante la Asamblea Nacional, entonces lo puede hacer "ante el Tribunal Supremo de Justicia."

La "flexibilidad dinámica" que abría dicho artículo, según expresión del Vicepresidente Ejecutivo de la República Nicolás Maduro,[12] quien desde el 10 de diciembre de 2012 suplía al Presidente Chávez en el ejercicio de la Presidencia (aun cuando se negaba a hacerlo), implicaba la necesidad de que existiera un "motivo sobrevenido" para que el Presidente no compareciera a tomar posesión de su cargo ante la Asamblea Nacional el día 10 de enero de 2013 (fecha hasta la cual el Vicepresidente Maduro podía suplir la falta temporal del Presidente Chávez); motivo que además, tendría que ser justificado y justificable. Un accidente de tránsito, por ejemplo, o un quebranto súbito de salud, sin duda, pueden ser hechos sobrevenidos que pueden impedirle a un Presidente electo presentarse ante la Asamblea Nacional el día de la toma de posesión. Igualmente puede decirse del impedimento que puede causar algún hecho natural como un movimiento telúrico, o una inundación.

En todo caso, el hecho que puede válidamente impedir la comparecencia ante la Asamblea Nacional debe ser "sobrevenido" en el sentido de que su ocurrencia debe producirse con posterioridad a otro hecho esencial en relación con el cual se considera "sobrevenido," que en este caso no parece ser otro que el hecho que originó la condición de "Presidente electo," que sin duda es el acto de su elección. En ese caso, se trataba de la toma de posesión del cargo de Presidente para el cual la persona había sido electa, por lo que se entiende que el hecho sobrevenido a que se refería la norma era el que

---

12 N. Maduro: "La Constitución establece que en todo caso como formalismo debe presentar su juramento ante la AN el 10 de enero, pero ya el 10 de enero comienza el nuevo periodo constitucional y el continúa en sus funciones y se establecerá (...) el momento que pueda prestar juramento ante el TSJ", indicó. Según el vicepresidente, el artículo 231 de la Constitución "abre una flexibilidad dinámica." "Es un formalismo presentar juramento ante la AN el 10 de enero. *El Universal*, Caracas 5-1-2013, en http://www.eluniversal.com/nacional-y-politica/salud-presidencial/130104/maduro-es-un-formalismo-presentar-juramento-ante-la-an-el-10-de-enero

podía ocurrir después de que la persona fue electa. Un hecho anterior a la elección, en tal sentido, no podría considerarse como "sobrevenido."

En el caso del Presidente Chávez (Presidente por el período 2007-2013), el hecho sobrevenido que le podía impedir tomar posesión ante la Asamblea Nacional del cargo de Presidente para el cual había sido electo en octubre de 2012 (período 2013-2019), por tanto, tenía que haber ocurrido después de su elección como Presidente el 7 de octubre de 2012. Y ese fue el caso.

Independientemente de la gravedad de la enfermedad de la que padecía H. Chávez, que era anterior a octubre de 2012 y que fue ocultada al electorado,[13] en el caso del "hecho sobrevenido" para poder invocar la norma constitucional, era sin duda la operación a la cual había sido sometido el Presidente de la República en La Habana el 11 de diciembre de 2012, y los efectos que tuvo físicamente tal hecho en relación con la salud del Presidente, que lo postró definitivamente en una cama de hospital, imposibilitándolo totalmente para gobernar, por estar además ausente del territorio nacional. Ese hecho, sin duda, podía constituir un "hecho sobrevenido," de acaecimiento posterior a su elección (7 de octubre de 2012), el cual con toda lógica y razonabilidad le podría impedir acudir a la Asamblea Nacional el día 10 de enero de 2013 y tomar posesión del cargo para el cual fue electo. Eso, al menos, es lo que se infería razonablemente de la cronología de los hechos acaecidos después del 7 de octubre de 2012, según se fueron informado por la prensa unos días después, desde el 20 de octubre de 2012 hasta el 30 de diciembre de 2012,[14] y ya, a comienzos de 2013 cuando se informó - como si se tratara de parte de un "programa" predefinido de informaciones que luego se constató que se cumplió hasta el 5 de marzo de 2013-, lo siguiente:

- 4 de enero de 2013: "El Ministro de Comunicación e Información, Ernesto Villegas, anunció al país en cadena de radio y televisión que el Presidente de la República, Hugo Chávez, presenta una insuficiencia respiratoria producto de una "severa infección pulmonar" a raíz de la intervención quirúrgica a la que fue sometido el pasado 11 de diciembre." [15]

---

13 Por ejemplo, el 9 de julio de 2012, Chávez aseguró estar "totalmente libre" del cáncer y negó que su salud pudiera incidir en la campaña para las presidenciales del 7 de octubre. Véase en la reseña publicada en http://www.elup-sal.com/nacional-y-politica/salud-presidencial/121231/cronologia-de-los-problemas-de-salud-del-presidente-hugo-chavez

14 Véase "Cronología de los problemas de salud del presidente Hugo Chávez," *El Universal*, Caracas 31 de diciembre de 2012 (05:36 PM), en http://www.eluniversal.com/nacional-y-politica/salud-presidencial/121231/cronologia-de-los-problemas-de-salud-del-presidente-hugo-chavez

15 Maduro: "Après la délicate opération du 11 décembre dernier, le commandant Chavez a souffert de complications suite à un grave infection pulmonaire. Cette infection a provoqué une insuffance respiratoire qui implique un suivi strict de traitement," en "Chavez: des 'complications' après une 'grave infection pulmonaire'", en *Le Monde*, Paris 5-1-2013, p. 6.

- 7 de enero de 2013: "El ministro de Comunicación e Información, Ernesto Villegas, informó este lunes en cadena nacional que el presidente Chávez se encuentra en un estado "estacionario", luego de que se le diagnosticara una insuficiencia respiratoria. Dijo además que recibe el tratamiento adecuado y que el paciente responde de forma positiva a los medicamentos."[16]

Lo cierto de todo esto es que para el día 5 de enero de 2013, cuando se instaló la Asamblea Nacional en su primer período de 2013, y se eligió su nueva Directiva, existía, con toda certeza, al menos un cuadro de gravedad en la salud del Presidente, lo que permitía considerar con toda razonabilidad, que el mismo no iba a poder acudir ante la Asamblea Nacional a tomar posesión de su cargo el día 10 de enero de 2013, e incluso, que no iba a poder regresar a Venezuela antes de esa fecha desde La Habana, de manera que tampoco iba a poder juramentarse ante el Tribunal Supremo de Justicia en Caracas, que es la sede de los Poderes Públicos nacionales.

Se planteaba por tanto, claramente, el tema de la falta del Presidente Chávez, para lo cual la Constitución, en la situación de ese día, sólo regulaba dos supuestos:

Primero, su falta temporal por estar ausente del país, la cual desde el 10 de diciembre de 2012 había suplido el Vicepresidente Ejecutivo Nicolás Maduro (a pesar de que se negaba a ello), lo que solo podía hacer hasta el 10 de enero de 2013, cuando terminaba el mandato para el cual había sido electo en 2006 (período 2007-2013) (art. 239.8). Ese día concluyó el período constitucional 2007-2013, y con ello el mandato del gobierno, es decir, del Presidente Chávez, del Vicepresidente Maduro y de los Ministros.

Segundo, su falta absoluta, sólo si se llegaba a producir antes del 10 de enero de 2013, por su muerte – si es que no se había producido desde antes-, su renuncia, o su incapacidad física o mental permanente certificada por una junta médica designada por el Tribunal Supremo de Justicia y con aprobación de la Asamblea Nacional (art. 233), en cuyo caso debía procederse a una nueva elección universal, directa y secreta dentro de los treinta días consecutivos siguientes a dicha falta. En ese caso, mientras se elegía y tomase posesión el nuevo Presidente, se debía encargar de la Presidencia de la República el Presidente de la Asamblea Nacional designado el 5 de enero de 2013 (art. 233).

Pero como hemos dicho, la Constitución no regula expresamente la situación de falta de toma de posesión de un Presidente electo, y en ese caso –si es que Chávez seguía vivo-, las secuelas que pudieran presentarse después del 10 de enero de 2013, en cuyo caso, la interpretación constitucional que consideramos más acorde con las regulaciones de la Constitución sobre faltas del Presidente, era que debía encargarse de la Presidencia de la República el

---

16 Villegas: "Chávez se encuentra en estado estacionario," Caracas 7-1-2013, en http://www.lapatilla.com/site/2013/01/07/villegas-en-cadena-nacional-2/

Presidente de la Asamblea, quien debía nombrar un nuevo Vicepresidente y un nuevo Gabinete ejecutivo, hasta que se resolviera la situación del Presidente electo. En ningún caso, en ese supuesto, el Vicepresidente Nicolás Maduro podía seguir en ejercicio del cargo de Vicepresidente Ejecutivo que terminaba el 10 de enero con el mandato de quien lo había nombrado, y menos podría "suplir" a un Presidente electo que no hubiese comenzado a ejercer su cargo por falta de toma de posesión.[17]

En este caso, de la situación de un Presidente electo que no tomaba posesión del cargo en la fecha y forma prescrita en la Constitución, constitucionalmente sólo podían darse dos soluciones: la primera, de acuerdo con los motivos sobrevenidos, que el Presidente electo – si es que estaba vivo - se juramentase posteriormente, lo que en todo caso debía ocurrir en un lapso de 90 días, después de lo cual la Asamblea resolviese sobre su falta absoluta; y la segunda, que por las circunstancias del caso, la Asamblea Nacional decidiera que se había producido una falta absoluta del Presidente en los casos establecidos en el artículo 233 de la Constitución, y que pudieran ser aplicables (su muerte, su renuncia, su incapacidad física o mental permanente certificada por una junta médica designada por el Tribunal Supremo de Justicia y con aprobación de la Asamblea Nacional). En todo caso de falta absoluta, se tenía que proceder a una nueva elección universal, directa y secreta dentro de los treinta días consecutivos siguientes a la declaración de tal falta absoluta.

Ahora bien, en el caso de la situación existente en el país para el 5 de enero de 2013, y asumiendo que estaba aún con vida, era legítimo prever que el Presidente no iba a concurrir a la toma de posesión ante la Asamblea Nacional el 10 de enero de 2013, como en efecto ocurrió, y ello, además, por el motivo sobrevenido ya bien conocido que era la enfermedad y quebranto de salud del Presidente Chávez, tal como había sido anunciado oficialmente. En esa situación, era evidente que el único camino constitucional del cual disponía el Presidente de la Asamblea Nacional al posesionarse temporalmente del cargo de Presidente el 10 de enero de 2013, era requerir del Tribunal Supremo que designase la junta médica que prevé el artículo 233 de la Cons-

---

17 Carece de todo fundamento constitucional lo afirmado el día 5-1-2013 por Herman Escarrá, en el sentido de que durante este período 2013-2019 "el Vicepresidente (Nicolás Maduro) queda en ejercicio de sus funciones," destacando que esto sucederá "así el Presidente no esté juramentado, porque se trata de un régimen especial de carácter temporal." Ello no tiene sustento en norma constitucional alguna, y ante la "situación sobrevenida" de que el Presidente electo no concurra a tomar posesión del cargo el día 10 de enero, no es cierto que esa sea la solución "en el marco de la Constitución." En este supuesto de motivo sobrevenido para la no concurrencia del Presidente electo ante la Asamblea a tomar posesión del cargo, la Constitución, en realidad, no provee "su propia ingeniería para resolver", la cual, por el contrario, es necesario integrar mediante la interpretación de sus normas. Véase Herman Escarrá, "En Venezuela no cabe el análisis de falta temporal o falta absoluta," en http://www.lapati-lla.com/site/2013/01/05/hermann-escarra-en-venezuela-no-cabe-el-analisis-de-falta-temporal-o-falta-absoluta/

titución con aprobación de la Asamblea Nacional, para certificar – en caso de que continuara con vida - la capacidad o la incapacidad física o mental permanente de H. Chávez para ejercer el cargo para el cual había sido electo, de manera que en el segundo caso, el Presidente de la Asamblea pudiera proceder a convocar y que se realizase una nueva elección universal, directa y secreta dentro de los treinta días consecutivos siguientes a la declaración de tal falta absoluta por la certificación mencionada. Nada de ello, sin embargo, ocurrió.

VI. SOBRE EL SIGNIFICADO CONSTITUCIONAL DEL FIN Y DEL INICIO. EL 10 DE ENERO DE 2013, DE LOS PERÍODOS CONSTITUCIONALES 2007-2013 Y 2013-2019, LA NECESARIA TOMA DE POSESIÓN EN ESA FECHA DEL PRESIDENTE ELECTO MEDIANTE SU JURAMENTO ANTE LA ASAMBLEA, Y LOS EFECTOS DE SU NO COMPARECENCIA (7-1-2013)

La Constitución establece sólo en dos casos específicos, una fecha fija para la realización de actos estatales: primero, para determinar el inicio (5 de enero y 15 de septiembre) y la terminación (15 de agosto y 15 de diciembre) de las sesiones ordinarias de la Asamblea Nacional (art. 219); y segundo, para determinar el inicio del período constitucional de seis años del Presidente de la República (art. 230), lo que se produce el 10 de enero del primer año de su período constitucional, mediante la toma de posesión de su cargo, juramentándose ante la Asamblea nacional (art. 231). En ambos casos, se trata de establecer fechas fijas con efectos jurídicos constitucionales específicos, que no pueden ignorarse ni cambiarse ni prorrogarse, pues son de rango constitucional.

En cuanto al inicio del período constitucional del Presidente de la República, ello ocurre ineludiblemente el 10 de enero del año siguiente a la elección, que es el primer año de dicho período constitucional presidencial; fecha que no se puede cambiar, pues en esa misma fecha, en el sexto año, termina dicho período constitucional. Es decir, el día 10 de enero de inicio del período constitucional de un Presidente, coincide siempre con el día de terminación del período presidencial del Presidente anterior, ocurriendo ambos términos de inicio y terminación, el mismo día. No se trata, por tanto, de cualquier fecha ni la misma puede modificarse en forma alguna.

Ahora bien, es precisamente en esa fecha 10 de enero del primer año del período constitucional, que conforme a la Constitución el "candidato elegido" debe tomar "posesión del cargo" de Presidente de la República "mediante juramento ante la Asamblea Nacional" (art. 231), con lo que inicia su período constitucional. Ello significa que un Presidente electo para iniciar su período constitucional, es decir, para ejercer el cargo para el cual fue electo, tiene ineludiblemente que juramentarse ante la Asamblea Nacional (art. 231), y sólo "si por cualquier motivo sobrevenido" el Presidente "no pudiese tomar posesión ante la Asamblea Nacional, lo hará ante el Tribunal Supremo de

Justicia." (art. 231). La toma de posesión del cargo, por tanto, es la condición esencial para que pueda ejercerse el mismo, para lo cual la Constitución establece una formalidad sustancial que es el juramento.

La Constitución, en efecto, establece dicho juramento como condición para ejercer un cargo público y tomar posesión del mismo, sólo en dos casos: en el caso de los jueces (art. 255) y en el caso del Presidente de la República (art. 231); teniendo dicho requisito rango constitucional. En cuanto al juramento en relación con todos los otros funcionarios públicos, el mismo está regulado en la Ley de Juramento de 1945, en la cual se indica ante quién debe ser prestado; Ley que en todo caso dispone que "Ningún empleado podrá entrar en ejercicio de sus funciones sin prestar antes juramento de sostener y defender la Constitución y las leyes de la república y de cumplir fiel y exactamente los deberes de su empleo" (art. 1).[18]

El juramento, por tanto, es la condición esencial para que un funcionario público pueda tomar posesión de su cargo o pueda entrar en ejercicio del mismo, condición que como se dijo, sólo en dos casos tiene rango constitucional, en el caso de los jueces y en el caso del Presidente de la República. En los otros casos es un requisito de rango legal. En consecuencia, no se trata de un formalismo insustancial que pueda soslayarse o evitarse, y menos cuando tiene rango constitucional como es el caso del Presidente de la República o de los jueces. Sin juramento, sencillamente, el funcionario designado o electo no puede entrar en ejercicio de sus funciones, no puede tomar posesión de su cargo.

Y ello es lo que ocurre, por ejemplo, con el Presidente electo de la República, quien para tomar posesión de su cargo tiene que juramentarse ante la Asamblea Nacional, pero no en cualquier día después de su elección, sino precisamente el 10 de enero del año siguiente a su elección, en la sesión correspondiente de la Asamblea Nacional, que es cuando comienza su período constitucional.

Entre el momento de la elección de un Presidente y el momento de su juramentación para tomar posesión del cargo, por tanto, se produce un período de transición en el cual coinciden, por una parte, un Presidente en ejercicio del cargo, en los últimos meses de su período constitucional; y por la otra, un Presidente electo, quién aun siendo titular del cargo por elección, no puede ejercerlo sino a partir del 10 de enero siguiente una vez que se juramente ante la Asamblea Nacional.

Durante ese período de transición, la Constitución regula la situación de las posibles faltas de ambos Presidentes: el que está en ejercicio de sus funciones, y el que solo es Presidente electo.

En cuanto al Presidente en ejercicio del cargo, la Constitución regula el régimen de la posible falta temporal y falta absoluta del mismo. En cuanto a la primera, la falta temporal, se regula en los artículos 234 y 239.4 de la

_____

18 *Gaceta Oficial* N° 21.799 de fecha 30 de agosto de 1945

Constitución donde se dispone que la suple el Vicepresidente Ejecutivo, quien es designado por el propio Presidente, de quien es su "órgano directo y colaborador inmediato" (art. 238). Esta fue la situación constitucional que por ejemplo existió en el país desde el 10 de diciembre de 2012, cuando el Presidente de la República viajó a Cuba para someterse a una delicada operación que desde entonces lo mantuvo hospitalizado e inhabilitado para gobernar, cuando la falta temporal debió haber sido suplida por el Vicepresidente Nicolás Maduro.

En cuanto a los casos de falta absoluta del Presidente de la República en funciones, en particular en el período de transición entre períodos constitucionales cuando coincide con el Presidente electo, si la misma llegare a ocurrir, estando al final del período constitucional (durante los últimos dos años del mismo), el Vicepresidente Ejecutivo es quien asume la Presidencia de la República "hasta completar dicho período," es decir, hasta el 10 de enero del año en el cual termina. Ello implica que en esos casos, constitucionalmente, el Vicepresidente Ejecutivo encargado de la Presidencia por falta absoluta del Presidente en funciones, no puede ejercer el gobierno sino hasta completar el periodo del Presidente que estaba en funciones, debiendo transferir el Poder Ejecutivo al Presidente electo en ese día 10 de enero.

En cuanto al Presidente electo, como se dijo, la Constitución exige que tome posesión del cargo el 10 de enero del primer año de su período constitucional. Con anterioridad a esa fecha, su status es de "Presidente electo," pero sin estar y sin poder estar en ejercicio del cargo, que sólo puede asumir al juramentarse ante la Asamblea Nacional el 10 de enero. Por tanto, mientras es Presidente electo, no se le puede aplicar en forma alguna las causales de "falta temporal" pues no está en ejercicio de cargo alguno. El régimen de las faltas temporales sólo se puede concebir respecto del Presidente en ejercicio del cargo, una vez que ha tomado posesión del mismo.

Por ello, respecto del Presidente electo, la Constitución sólo regula el supuesto de falta absoluta del mismo (art. 233) precisamente durante el período de transición, a cuyo efecto establece que en esos casos de falta absoluta del Presidente electo antes de tomar posesión del cargo, es decir, después de su elección y antes de 10 de enero siguiente, una vez que el Presidente en ejercicio completa su período y ejerce el cargo hasta esa misma fecha 10 de enero, a partir de la misma el Presidente de la Asamblea Nacional se debe encargar de la Presidencia de la República mientras se elige y toma de posesión el nuevo Presidente que debe elegirse; y ello en virtud del principio democrático de la Constitución que exige que quien ejerza el cargo de Presidente tiene que ser una persona electa popularmente.

Distinta era la situación que existía desde el 10 de diciembre de 2012, cuando por la falta temporal del Presidente Chávez, por estar sometido a cuidados médicos postoperatorios en Cuba, lo suplía (aun cuando no lo quisiera reconocer) en la Presidencia de la República el Vicepresidente Ejecutivo, que era un funcionario no electo popularmente. En esa situación, había un Presidente titular que a la vez era Presidente electo, de manera que si se hubiese producido en ese período de transición entre los dos períodos constitucionales, una falta absoluta del Presidente Chávez, el Vicepresidente Ejecutivo Maduro que lo suplía temporalmente en el cargo, debía completar el período hasta el 10 de enero, y a partir de ese día, por imposibilidad de que el Presidente electo pudiera asumir el cargo, la interpretación constitucional más elemental imponía que se siguiese el mismo régimen de la falta absoluta del Presidente electo antes de la toma de posesión, es decir, que aparte de que el Vicepresidente Ejecutivo en ejercicio del cargo completase el período constitucional hasta esa misma fecha 10 de enero, a partir de la misma sólo el Presidente de la Asamblea Nacional (que tenía legitimidad democrática pues había sido electo popularmente) hubiese podido encargarse de la Presidencia de la República mientras se elegía y tomaba posesión el nuevo Presidente que debía elegirse.

Pero esa situación no era la que previsiblemente podía darse en los días previos al 10 de enero de 2013, cuando en el período de transición entre los dos períodos constitucionales (2007-2013 y 2013-2019), el Presidente Chávez, titular del cargo del período 2007-2013, se decía que estaba hospitalizado en La Habana, y su falta temporal la suplía el Vicepresidente Ejecutivo, situación que se tenía que prolongar hasta el 10 de enero de 2013, cuando le correspondía al propio Presidente Chávez, como Presidente electo (o reelecto), tomar posesión del cargo y juramentarse para el nuevo período constitucional 2013-2019 para el cual había sido electo el 7 de octubre de 2012.

Sin embargo, por las informaciones oficiales de las cuales se disponía, dadas por el voceros gubernamentales desde el 11 de diciembre de 2012, en realidad, lo que era previsible era que el Presidente Chávez no iba a acudir ante la Asamblea Nacional a tomar posesión del cargo de Presidente de la República para el período 2013-2019, mediante su juramento ante la Asamblea. En esa situación, lo cierto es que, por una parte, el Vicepresidente Ejecutivo que lo suplía temporalmente en el ejercicio del cargo por los problemas de salud que lo aquejaban, sólo podía y debía completar el período constitucional correspondiente, es decir, el que terminaba el 10 de enero de 2013, en su carácter de Vicepresidente Ejecutivo de un Presidente que terminaba en sus funciones esa fecha al concluir su período constitucional; y por la otra, que a partir del 10 de enero, cuando comenzaba un nuevo período constitucional para el cual había sido electo el mismo Presidente Chávez, al no poder este tomar posesión del cargo por no poder juramentarse en la Asamblea ese día, y en ausencia de normas constitucionales expresas, debía interpretarse la Constitución para determinar quien debía en tal situación encargarse de la Presidencia y cuales debían ser sus tareas inmediatas. En ningún caso podía interpretarse que el Vicepresidente Ejecutivo que suplía la falta temporal del Presidente Chávez, aún cuando él se hubiera negado a ello, pudiera seguir en ejercicio de la Presidencia "supliendo" a un Presidente que no podía tomar posesión del cargo y que él, además, se negaba a "suplir." Además, si el Presidente Chávez no acudía ante la Asamblea a juramentarse el 10 de enero de 2012, no entraba en ejercicio del cargo, por lo que mal podría pretenderse "suplir" a alguien en el ejercicio de un cargo cuyo ejercicio no se había asumido por no haber tomado posesión del mismo.

Como se dijo, en esta materia de régimen de la no comparecencia del Presidente electo a tomar posesión de su cargo mediante juramento ante la Asamblea Nacional el 10 de enero, la Constitución sólo regula expresamente la hipótesis de que "si por cualquier motivo sobrevenido" el Presidente de la República electo "no pudiese tomar posesión ante la Asamblea Nacional," en ese caso, dispone la norma, "lo hará ante el Tribunal Supremo de Justicia" (art. 231). Esta regulación, por una parte, confirma la importancia de la fecha del 10 de enero que es la única en la cual el Presidente puede juramentarse ante la Asamblea Nacional, de manera que si por cualquier "motivo sobrevenido" no pudiese tomar posesión ante la Asamblea Nacional," entonces sólo puede hacerlo posteriormente "ante el Tribunal Supremo de Justicia."

No regula la norma expresamente quien debe encargarse de la Presidencia el 10 de enero en caso de incomparecencia del Presidente electo a tomar posesión de su cargo para el cual fue electo el año anterior. Evidentemente que no puede ser el Presidente de la República saliente, que termina su período ese día, ni puede ejercer dicha Presidencia el Vicepresidente Ejecutivo del Presidente saliente en caso de que para esa fecha hubiese estado supliéndolo temporalmente. El 10 de enero termina un período constitucional y comienza otro, y no podrían las autoridades ejecutivas en ejercicio en el período constitucional anterior, asumir el gobierno del período subsiguiente, simplemente porque es un nuevo período. Y poco importa que se trate de una misma persona que sea el Presidente titular del período constitucional anterior y el Presidente electo para el período siguiente, quien para asumir el cargo en este siguiente período debe juramentarse ante la Asamblea. Sin ese juramento no puede ejercer la Presidencia para ese siguiente período.

Por tanto, a la no comparecencia del Presidente electo para asumir el cargo ante la Asamblea, como puede tener el mismo efecto que una falta absoluta del Presidente electo antes de tomar posesión del cargo que es lo que esta regulado constitucionalmente, desde el punto de vista interpretativo, y ante la carencia de norma expresa que regule la situación, debe aplicársele analógicamente la misma regulación que la Constitución prevé para este último caso, conforme al principio democrático, que es que el 10 de enero se debe encargar de la Presidencia de la República el Presidente de la Asamblea Nacional, quien entre sus funciones inmediatas tiene la de determinar la situación constitucional derivada de la no comparecencia del Presidente electo, es decir, los "motivos sobrevenidos" que le impidieron presentarse ante la Asamblea, y que podrían dar lugar a un caso de falta absoluta, y con esto, a la convocatoria de una nueva elección.

Se destaca, en todo caso, que sea cual sea el motivo sobrevenido que le impide al Presidente electo comparecer a la sesión respectiva de la Asamblea Nacional el 10 de enero para tomar posesión del cargo mediante juramento, la Constitución dispone que este juramento para la toma de posesión del cargo "lo hará ante el Tribunal Supremo de Justicia," se entiende que posteriormente, dependiendo de la naturaleza y determinación que se haga sobre el "motivo sobrevenido," lo que ocurre siempre que el mismo no resulte finalmente en una falta absoluta (como la muerte). En todo caso y para el caso de que se pueda prestar el juramento con posterioridad al 10 de enero ante el Tribunal Supremo de Justicia, debe advertirse que el período constitucional del nuevo Presidente terminaría siempre el 10 de enero del año sexto del período constitucional y no en fecha posterior.

Ahora bien, en el contexto de la falta de comparecencia del Presidente electo a la juramentación ante la Asamblea el 10 de enero, en todo caso queda claro que el elemento esencial a considerar, y que es el que tiene que asumir el Presidente de la Asamblea Nacional al encargarse de la Presidencia de la República, es determinar en qué consistió el "motivo sobrevenido" que impidió la comparecencia del Presidente electo ante la Asamblea el 10 de enero.

Muchos ejemplos podrían darse para ilustrar la situación y fundamentar la lógica de la interpretación constitucional mencionada que exige que el Presidente de la Asamblea se encargue de la Presidencia mientras se determina la situación del Presidente electo no juramentado el 10 de enero. Podría tratarse por ejemplo, de un accidente aéreo, de un secuestro o en fin, de una desaparición, en cuyo caso el Presidente de la Asamblea Nacional como encargado de la Presidencia debe asegurar que se realice el proceso de constatación para determinar si dicho accidente, el secuestro o la desaparición produjeron o no una falta absoluta del Presidente electo. En el caso de un accidente aéreo la determinación podría ser más rápida que en los otros casos, en los cuales puede imponerse que transcurra más tiempo, aún cuando con un límite. De nuevo, en estos casos, hay que acudir a la interpretación constitucional y aplicar analógicamente previsiones que regulen situaciones similares, que en este caso sería la del artículo 234 de la Constitución que dispone que la Asamblea Nacional debe decidir por mayoría de sus integrantes si se considera que la prolongación de una falta temporal por más de 90 días debe considerarse como falta absoluta.

En todo caso en el que se considere que hay falta absoluta, también habría que aplicar analógicamente lo que prescribe la Constitución en los casos de falta absoluta del Presidente electo antes de tomar posesión de su cargo (art. 233), en el sentido de que el Presidente de la Asamblea como encargado de la Presidencia, debe velar porque se realice la elección correspondiente y tome posesión el nuevo Presidente. Siendo esta falta absoluta producida al inicio del período constitucional, esa elección debería realizarse dentro de los treinta días consecutivos siguientes, tal como se prescribe respecto de las faltas absolutas del Presidente que se produzcan durante los cuatro primeros años del período constitucional (art. 233). De esa norma, sin embargo, no puede aplicarse el régimen de encargaduría por parte del Vicepresidente Ejecutivo que sólo se prevé para casos de falta temporal de un Presidente en ejercicio, pues en la hipótesis de falta absoluta del Presidente electo como motivo de su no comparecencia el día 10 de enero, no podría haber Vicepresidente como "órgano directo y colaborador inmediato" del Presidente electo (art. 238), pues si este no pudo tomar posesión de su cargo el 10 de enero, mal podría haber nombrado a su Vicepresidente Ejecutivo para el período constitucional que se inicia ese día.

Pero sin duda, la falta de comparecencia del Presidente electo a la sesión de la Asamblea Nacional del 10 de enero del primer año del período constitucional, podría tener otras causas o "motivos sobrevenidos" que también podrían derivar en una falta absoluta del Presidente electo, y que en todo caso, habría que dilucidar a partir de esa fecha. Este era precisamente la situación que se podía presentar el 10 de enero de 2013, como ocurrió, particularmente por lo que se derivaba de los propios anuncios gubernamentales sobre la salud del Presidente Chávez.

En efecto después de haber sido sometido a una operación delicada en La Habana el 11 de diciembre de 2012, en los primeros días de enero, específicamente el 4 de enero de 2013, el Ministro de Comunicación e Información anunció al país en cadena de radio y televisión que el Presidente de la República, Hugo Chávez, presentaba "una insuficiencia respiratoria producto de una 'severa infección pulmonar' a raíz de la intervención quirúrgica a la que fue sometido el pasado 11 de diciembre"[19]; y el 7 de enero de 2013, el mismo Ministro de Comunicación e Información, Ernesto Villegas, informó igualmente en cadena nacional que el presidente Chávez "se encuentra en un estado 'estacionario', luego de que se le diagnosticara una insuficiencia respiratoria."[20]

De lo anterior era más que previsible que el Presidente Chávez, como Presidente electo – si es que seguía con vida - no se presentaría ante la Asamblea Nacional a prestar juramento y posesionarse del cargo de Presidente para el período 2013-2019 por estar gravemente enfermo y en una situación postoperatoria igualmente grave y delicada. En este caso, en la víspera del 10 de enero de 2013, por tanto, y de acuerdo a los anuncios oficiales, se estaba ya en presencia de un "motivo sobrevenido" que conforme al artículo 231 de la Constitución razonablemente le iba era a impedir al Presidente regresar a Venezuela y tomar posesión ante la Asamblea. En ese supuesto, como antes se ha argumentado, ante la incomparecencia del Presidente electo, a partir del mismo 10 de enero, el Presidente de la Asamblea Nacional era el que debe encargarse de la Presidencia de la República.

---

19 Maduro: "Après la délicate opération du 11 décembre dernier, le commandant Chavez a souffert de complications suite à un grave infection pulmonaire. Cette infection a provoqué une insuffisance respiratoire qui implique un suivi strict de traitment," en "Chavez: des 'complications' après une 'grave infection pulmonaire'", en *Le Monde*, Paris 5-1-2013, p. 6.

20 Villegas: "Chávez se encuentra en estado estacionario," Caracas 7-1-2013, en http://www.lapatilla.com/site/2013/01/07/villegas-en-cadena-nacional-2/

De la Presidencia de la República, evidentemente que no podría encargarse el Vicepresidente Ejecutivo Nicolás Maduro designado para el período constitucional que terminaba el mismo día 10 de enero, y menos aún cuando para esa fecha estaba supliendo la falta temporal del propio Presidente Chávez en el final de su período constitucional 2007-2013, que terminaba precisamente ese día. El 10 de enero de 2013, como se ha dicho, terminó un período constitucional y comenzó otro, y no podían las autoridades ejecutivas en ejercicio en el período anterior, asumir el gobierno del período subsiguiente, simplemente porque era un nuevo período. Y poco importaba que en este caso se tratase de una misma persona que fuera el Presidente titular del período constitucional anterior (2007-2013) y el Presidente electo para el período siguiente (2013-2019), quien para asumir el cargo en este siguiente período debía juramentarse ante la Asamblea. Sin ese juramento, como se ha dicho, no podía ejercer la Presidencia para ese segundo período, y su no comparecencia ante la Asamblea para asumir el cargo, por razones de salud, como podía tener el mismo efecto que una falta absoluta del Presidente electo antes de tomar posesión del cargo que era lo que estaba regulado constitucionalmente, desde el punto de vista interpretativo, y ante la carencia de norma expresa que regule la situación, debía aplicársele analógicamente la misma regulación que la Constitución prevé para este último caso, que era que el 10 de enero se debía encargar de la Presidencia de la República el Presidente de la Asamblea Nacional, quien entre sus funciones inmediatas tiene la de determinar el "motivo sobrevenido" derivado de los problemas de salud anunciados oficialmente que afectaban al Presidente electo, y que con seguridad le iban a impedir presentarse ante la Asamblea, y que podían dar lugar a un caso de falta absoluta, y con esto a la necesidad de la convocatoria de una nueva elección.

En esta situación, de eventual falta de comparecencia del Presidente electo a la juramentación ante la Asamblea el 10 de enero por razones de salud, quedaba claro que el elemento esencial a considerar era el que tenía que asumir el Presidente de la Asamblea Nacional al encargarse de la Presidencia de la República, de determinar en qué habría consistido el "motivo sobrevenido" que había impedido la comparecencia del Presidente electo ante la Asamblea el 10 de enero. En este caso, como se había anunciado oficialmente que se trataba de una enfermedad grave que aqueja la salud del Presidente Chávez, el Presidente de la Asamblea Nacional como encargado de la Presidencia era quien debía asegurar que se realizase el proceso de constatación para determinar si dichos problemas de salud afectaban la capacidad del Presidente para ejercer sus funciones, lo que podía desembocar incluso en la declaración de falta absoluta del Presidente electo.

En estos casos, ante la ausencia de regulación expresa constitucional para el supuesto de enfermedad como "motivo sobrevenido" que impidiera la comparecencia del Presidente electo ante la Asamblea Nacional para tomar posesión del cargo el día 10 de enero de 2013, y que podía dar origen a una falta absoluta, debía aplicarse analógicamente la regulación constitucional establecida para las faltas absolutas del Presidente de la República (art. 233), a los efectos de determinar la naturaleza de la situación de su salud, lo que tratándose de un tema médico, debía encomendarse a la junta médica prevista en la norma que el Tribunal Supremo debía designar con aprobación de la Asamblea Nacional, para determinar y certificar sobre la capacidad o la "incapacidad física o mental permanente" del Presidente, si es que continuaba con vida. Mientras ese procedimiento se desarrollaba, como se ha dicho, el Presidente de la Asamblea debía encargarse de la Presidencia de la República por aplicación analógica de la previsión que regula la falta absoluta del Presidente electo (art. 233)

Si dicha junta médica certificaba que el Presidente de la República, por su situación de salud, estaba incapacitado para ejercer la Presidencia para el período 2013-2019, se debía proceder a declarar la falta absoluta del Presidente electo no juramentado y procederse a realizar una elección universal, directa y secreta dentro de los treinta días consecutivos siguientes a la declaratoria de tal incapacidad por la falta absoluta que ello implicaba, quedando el Presidente de la Asamblea Nacional encargado de la Presidencia mientras se elegía y tomaba posesión el nuevo Presidente (art. 233).

Si dicha junta médica, por el contrario, certificaba que el Presidente de la República, a pesar de la gravedad de su cuadro de salud, tal como había sido anunciado oficialmente, sí estaba en capacidad física y mental para asumir y ejercer el cargo de Presidente de la República, el Presidente de la Asamblea Nacional debía continuar como encargado de la Presidencia hasta que el enfermo Presidente electo se pudiera juramentar ante el Tribunal Supremo de Justicia, conforme se disponía en el artículo 231 de la Constitución. En este caso, tampoco existía previsión constitucional expresa sobre el tiempo que puede transcurrir entre la declaratoria de capacidad por una junta médica y la toma de posesión mediante juramento ante el Tribunal Supremo, pero lo cierto es que no podía ser indefinido por atentar ello contra la gobernabilidad democrática. Ante la ausencia de norma expresa, en este caso, también hay que acudir a la interpretación constitucional y aplicarse analógicamente la previsión del artículo 234 que regula situaciones similares, conforme a la cual es la Asamblea Nacional la llamada a decidir por mayoría de sus integrantes si se considera que la prolongación de la enfermedad por más de 90 días debía considerarse como falta absoluta, en cuyo caso, como antes se ha dicho, quedaba el Presidente de la Asamblea encargado de la Presidencia mientras se elegía y tomaba posesión el nuevo Presidente (art. 233).

La anterior era la situación constitucional para el comienzo del día 7 de enero de 2013, cuando ya se venían anunciando en declaraciones diversas del Vicepresidente Nicolás Maduro,[21] de la Procuradora General de la Repúbli-

---

21   El día 4 de enero de 2013, Globovisión informaba que "El vicepresidente Nicolás Maduro reiteró que en este momento Hugo Chávez "es Presidente en funciones" de Venezuela, pues la Asamblea Nacional aprobó "por unanimidad" que atendiera asuntos relacionados con su salud en Cuba. Aseguró que si el 10 de enero Chávez no

ca[22] y de otros altos funcionarios públicos, que el Presidente Chávez no iba a concurrir a la Asamblea y que no era necesaria su juramentación para considerar que seguía ejerciendo el cargo de Presidente para el cual había sido electo; todo lo cual mostraba un cuadro de absoluta inconstitucionalidad.

---

pudiese estar presente en la Asamblea Nacional para tomar posesión de su cargo, el período constitucional arrancaría igualmente ese día y "el formalismo de su juramentación podrá resolverse ante el Tribunal Supremo de Justicia" cuando éste lo estipule." Globovisión.com, 4-1-2013.

22   La Procuradora general de la república, Cilia Flores declaró que el Presidente "estaba en pleno ejercicio de su cargo" y que desde que se lo proclamó electo en octubre de 2012, ya tenía los símbolos del poder. Declaraciones a VTV, Caracas 6 de enero de 2013, véase en http://www.youtube.com/watch?v=prAZvXE93zQ

NOVENA PARTE

LA "FALTA ABSOLUTA" OCULTA DE HUGO CHÁVEZ, Y EL SINGULAR GOBIERNO SIN PRESIDENTE (ENERO - MARZO 2013

El día 8 de enero de 2013, el Grupo de Profesores de Derecho Público de las Universidades de Venezuela, emitió una "Declaración sobre la no comparecencia del Presidente electo a la toma de posesión de su cargo y la irregular pretensión de prorrogar las funciones de los integrantes del actual gobierno sin fundamento jurídico alguno,"[1] en la cual puntualizaron los aspectos jurídicos más relevantes de la situación constitucional derivada de la ausencia del Presidente de la República del territorio nacional, precisamente en el momento en el cual como Presidente electo, debía juramentarse ante la Asamblea Nacional el 10 de enero de 2013 para tomar posesión del cargo.

En tal sentido entre otros conceptos indicaron que como el período presidencial era de seis años, que comenzaba el día 10 de enero del primer año, para poder tomar posesión del cargo para el nuevo período que se iniciaba el 10 de enero de 2013, el Presidente electo debía prestar juramento ante la Asamblea Nacional; juramento que no era una mera formalidad, sino una condición exigida por la Constitución para que el candidato electo pudiera tomar posesión del cargo. Por ello, la falta de juramento imposibilitaba al Presidente electo el convertirse en Presidente en ejercicio.

Precisaron además los Profesores, que en relación con dichos principios constitucionales, la reelección presidencial no alteraba su estricta aplicación, por lo que el Presidente, habiendo sido reelecto, también debía prestar juramento para tomar posesión del cargo para el nuevo período, sin que pudiera admitirse considerar la "continuidad" o "extensión" del período anterior, supuesto que no permitía, de ningún modo, la Constitución ya que los períodos presidenciales son fijos e improrrogables. Precisaron los Profesores en la Declaración, además, que

---

1   Véase el texto en http://www.notirapida.com/ver_noticia.php?id=26651

"al no prestar juramento ante la Asamblea Nacional el próximo 10 de enero y al no tomar posesión del cargo para el cual fue electo el ciudadano Hugo Chávez Frías, debe entenderse –por aplicación analógica del artículo 233- que el Presidente de la Asamblea Nacional – única autoridad legitimada constitucional y popularmente para ello- debe asumir temporalmente el cargo de Presidente de la República."

En la Declaración, los Profesores de Derecho Público advirtieron que aún sin la juramentación del Presidente electo:

"funcionarios del Gobierno correspondiente al período presidencial que está por culminar el 10 de enero pretenden mantenerse en ejercicio de sus cargos, incluido el Vicepresidente de la República, ciudadano Nicolás Maduro, sin fundamento jurídico alguno válido," a cuyo efecto, "se ha pretendido explicar que hay una continuación del período y que, por lo tanto, el ciudadano Hugo Chávez Frías mantiene su condición de Presidente, hasta que pueda tomar posesión del cargo mediante juramento."

I.   SOBRE LA ANUNCIADA USURPACIÓN DEL PODER POR LA FALTA DE JURAMENTACIÓN DEL PRESIDENTE ELECTO ANTE LA ASAMBLEA NACIONAL EL 10 DE ENERO DE 2013, Y LA FALTA DE DECISIÓN AL RESPECTO POR PARTE DE LA ASAMBLEA NACIONAL EL 8 DE ENERO DE 2013 (8-1-2013)

Y tenían razón los Profesores de Derecho Público en expresar su preocupación y, además, en advertir sobre el cuadro de usurpación de poder que se anunciaba, totalmente inconstitucional, el cual comenzó a concretarse ese mismo día 8 de enero de 2013, en horas de la tarde, con el texto de la comunicación que el Vicepresidente Ejecutivo Nicolás Maduro remitió al Presidente de la Asamblea Nacional, Diosdado Cabello, en el cual le indicó que el Presidente Chávez (quién por las informaciones oficiales se sabía que al menos estaba totalmente incapacitado) le había:

"pedido informar que, de acuerdo con las recomendaciones del equipo médico que vela por el restablecimiento de su salud, el proceso de recuperación postquirúrgica deberá extenderse más allá del 10 de enero del año en curso, motivo por el cual no podrá comparecer en esa fecha ante la Asamblea Nacional, constituyendo un irrebatible hecho sobrevenido, por lo cual se invoca el artículo 231 de la Constitución de la República Bolivariana de Venezuela a objeto de formalizar, en fecha posterior, la juramentación correspondiente ante el Tribunal Supremo de Justicia."[2]

---

2   Véase en http://www.lapatilla.com/site/2013/01/08/esta-es-la-famosa-carta-que-envio-maduro-anunciando-que-chavez-no-viene-foto/

Sobre esta comunicación deben destacarse varios aspectos:

En primer lugar, que el Vicepresidente se dirigió al Presidente de la Asamblea "en nombre" del Presidente de la República, para agradecerle "la autorización constitucional que la Asamblea le otorgó en fecha 9 de diciembre de 2012" [...] "gracias a la cual se encuentra en La Habana." Ante esta afirmación, lo primero que debe observarse es que el Vicepresidente Ejecutivo, si bien constitucionalmente es el órgano directo y colaborador inmediato del Presidente de la República (art. 238), ello no lo convierte en su "representante" ni en su "mandatario."[3] Lo que sí corresponde en cambio al Vicepresidente era "suplir las faltas temporales del Presidente" (art. 239.8), lo que sin embargo no había cumplido cabalmente a pesar de que desde el 10 de diciembre el Presidente estaba ausente del país, en situación de falta temporal.

La otra observación que debe formularse respecto de la comunicación del Vicepresidente es que en realidad, conforme al artículo 235 de la Constitución, la Asamblea Nacional sólo autorizó al Presidente para ausentase del país por un lapso superior a cinco días, y nada mas. Se trata de una autorización que sólo se necesita cuando un Presidente se ausenta del territorio nacional por más de 5 días, sea cual fuere el motivo que la justifique y que evalúe la Asamblea. En este caso, por supuesto, se trataba además de una autorización que caducaba al concluir el periodo constitucional el 10 de enero de 2013, pues se le había otorgado al Presidente en ejercicio que concluyó su mandato en esa fecha. Habiendo sido reelecto, el Presidente Chávez, si tomaba posesión de su cargo para el nuevo período es que podía entonces solicitar un nuevo permiso para ausentarse del país por más de cinco días.

En segundo lugar, el Vicepresidente Ejecutivo en el tercer párrafo de la comunicación, cambió el sentido de la misma, abandonando el supuesto carácter de "representante" del Presidente, y en general expresó que el Presidente enfermo la había "pedido informar" (sin indicar cómo, cuando, en qué forma y a quién) a la Asamblea sobre su estado de salud, y sobre la imposibilidad de su comparecencia ante la misma el día 10 de enero de 2013. Aparte de ser difícil de entender cómo una persona hospitalizada con un cuadro crítico de "insuficiencia respiratoria producto de una 'severa infección pulmonar' a raíz de una intervención quirúrgica" como lo informó oficialmente días antes el Ministro de Información,[4] quien además, el día anterior también había informado que esa situación se mantenía en "estado 'estacionario',

---

3   Véase lo expuesto por Manuel Rachadell, en "Tres observaciones a la carta de Maduro sobre la imposibilidad de juramentarse el Presidente electo ante la Asamblea Nacional." 9-1-2013, en: http://t.co/Sd5R2EwX

4   Maduro: "Après la délicate opération du 11 décembre dernier, le commandant Chavez a souffert de complications suite à un grave infection pulmonaire. Cette infection a provoqué une insuffiance respiratoire qui implique un suivi strict de traitment," en "Chavez: des 'complications' après une 'grave infection pulmonaire'", en *Le Monde*, Paris 5-1-2013, p. 6.

luego de que se le diagnosticara una insuficiencia respiratoria"[5]; es difícil entender, -repito- cómo una persona en ese estado - si era que estaba vivo - podía haber tenido la posibilidad de pedir a alguien, que no se nombraba (pero presumiblemente en La Habana, donde se encontraba), para que se informara a la Asamblea que de acuerdo con las recomendaciones del equipo médico que lo atendía (que no se conocían ni identificaban), no iba poder comparecer ante la misma el 10 de enero de 2012. En una situación como esa, lo menos que podía requerirse del Vicepresidente Ejecutivo era que hubiese acompañado a su comunicación el informe médico del equipo que supuestamente velaba por el restablecimiento de la salud del Presidente, donde se explicara porqué el proceso de recuperación postquirúrgica debía extenderse más allá del día 10 de enero de 2013, es decir, más allá del término del período constitucional 2007-2013.

Sin embargo, nada de eso se hizo, y sólo se formuló una vaga afirmación de que dicho proceso de recuperación postoperatoria constituía un "irrebatible motivo sobrevenido" para no comparecer ante la Asamblea, invocándose el artículo 231 de la Constitución para indicar que en fecha posterior se formalizaría el juramento ante el Tribunal Supremo de Justicia.

Lo importante a destacar de la comunicación, sin embargo, es que no concluyó con petición o solicitud alguna formal del Presidente, y menos con una solicitud de que se otorgara permiso alguno para permanecer indefinidamente en el exterior recuperando su salud. Como se dijo, el término de su período constitucional ocurriría dos días después, y la Asamblea no podía dar permiso alguno para una falta temporal de un Presidente que no estaba en ejercicio. El Presidente había sido autorizado para ausentarse del país el 9 de diciembre de 2013, y en su condición de Presidente en ejercicio, esa autorización por supuesto cesaba en sus efectos el día 10 de enero de 2013, cuando terminaba su período constitucional. Luego de esa fecha, y si el Presidente entraba en posesión del cargo para el cual había sido reelecto, sin duda hubiera podido solicitar una nueva autorización para ausentarse del país por un lapso superior a cinco días para tratamiento médico. Por eso, en la comunicación, el Vicepresidente Ejecutivo se cuidó de no formular petición alguna a la Asamblea.

La comunicación del Vicepresidente Ejecutivo ni siquiera era una solicitud de prórroga del acto de toma de posesión y juramentación del Presidente para el nuevo período 2013-2019, lo cual la Asamblea no estaba autorizada a otorgar, limitándose su contenido a informar, que el Presidente por su enfermedad "no podrá comparecer" el 10 de enero ante la Asamblea Nacional, constituyendo eso un "hecho sobrevenido," limitándose la comunicación a "invocar" el artículo 231 de la Constitución "a objeto de formalizar, en fecha

5   Villegas: "Chávez e encuentra en estado estacionario," Caracas 7-1-2013, en http://www.lapatilla.com/site/2013/01/07/villegas-en-cadena-nacional-2/

posterior, la juramentación correspondiente ante el Tribunal Supremo de Justicia."[6]

A pesar de la ausencia de petición alguna, lo que en realidad se perseguía con esta comunicación enviada por el Vicepresidente Ejecutivo a la Asamblea, era formalizar lo que ya se había venido sospechando y anunciando extraoficialmente, que no era otra cosa que hacer saber a la Asamblea que el Presidente de la República supuestamente estaba con vida, y que definitivamente no podía comparecer ante la misma el 10 de enero de 2013 a tomar posesión del cargo para el cual había sido electo o reelecto, fecha en la que concluía su período constitucional 2007-2013.

La recepción de esta comunicación por la Asamblea, a pesar de que era simplemente informativa y nada peticionaba, en cambio si producía efectos jurídicos que la Asamblea estaba en la obligación de considerar y debatir, y que concernían a la situación constitucional del gobierno a partir del 10 de enero de 2013 cuando se iniciaba el nuevo período constitucional presidencial (2013-2019). Se informaba formalmente que el Presidente electo no tomaría posesión de su cargo, con lo que no podía iniciar el ejercicio del mismo, lo que implicaba la necesidad de debatir sobre quién se encargaría en esa fecha del cargo de Presidente de la República, no pudiendo ser otro que no fuera el Presidente de la propia Asamblea Nacional, lo que implicaba plantear ante la Asamblea que se separaría del cargo de Presidente de la misma a partir de esa fecha.

Pero no. La Asamblea Nacional, el 8 de enero de 2013, se limitó a "decidir" que debía aplicarse el artículo 231 de la Constitución, lo que por supuesto en ningún caso era necesario pues aún sin decidirlo, la norma constitucional siempre es imperativa. En definitiva, la Asamblea se abstuvo de resolver la cuestión constitucional que derivaba de aplicar precisamente dicha norma, y que era determinar quién debía quedar encargado de la Presidencia el 10 de enero de 2013, al término del período constitucional 2007-2013, al iniciarse el nuevo período constitucional (2013-2019) de un Presidente que no iba a poder tomar posesión de su cargo. Sobre esto nada se decidió.

En efecto, basta leer el texto del Acuerdo adoptado el 8 de enero de 2013 por la Asamblea Nacional, como consecuencia de la comunicación del Vicepresidente Ejecutivo, para constatar:

Primero, que se trató de un "pronunciamiento en respaldo a la decisión soberana del pueblo venezolano que reeligió al Comandante Presidente Hugo Chávez,"[7] decisión soberana que en realidad nadie estaba desconociendo,

---

6   Véase   en   http://www.lapatilla.com/site/2013/01/08/esta-es-la-famosa-carta-que-envio-maduro-anunciando-que-chavez-no-viene-foto/

7   Véase el texto en *Gaceta Oficial* No. 40.085 de 09-01-2013. Igualmente en: http://www.noticias24.com/venezuela/noticia/144813/la-imagen-oficialistas-respaldaron-mediante-documento-ausencia-de-chavez-el-10-e/

pues sin duda, el Consejo Nacional Electoral había anunciado su elección en octubre de 2012.

Segundo, el Acuerdo de la Asamblea reconoció el derecho del Presidente de la República que presumía estaba vivo, a la recuperación de su salud," como dicho sea de paso lo tenía o debía tener toda persona; derecho que nadie le estaba negando.

Y tercero, el Acuerdo de la Asamblea se limitó a "decidir" que

"en virtud de la comunicación del Vicepresidente Ejecutivo de la República que informa sobre el hecho sobrevenido, convoca a las instituciones del Estado venezolano actuar de conformidad con lo previsto en lo establecido en el artículo 231 de la Constitución de la República."

Para llegar a esta decisión absolutamente inútil, pues las normas constitucionales se aplican sin mismas sin que nadie tenga que decidir convocar a que se acaten, en los "Considerandos" del "Pronunciamiento," se afirmó, entre otros aspectos, que el Vicepresidente había informado a la Asamblea que el Presidente Chávez "se encuentra en pleno proceso de recuperación," lo cual no era cierto pues nada de eso dijo el Vicepresidente (basta leer la Comunicación del Vicepresidente para constatarlo); y además, se afirmó que la reelección del Presidente Chávez el 7 de octubre constituyó una decisión del "Poder Constituyente originario" [...] "que según el artículo 5 de la Constitución de la República es preponderante sobre cualquier otra formalidad," pero sin indicar de qué formalidad se trata. Lo que es cierto, en todo caso, es que primero, no correspondía a la Asamblea Nacional establecer preponderancias entre derechos constitucionales siendo ello competencia de los jueces; y segundo, conforme a esa misma norma, lo que podía ser preponderante era el derecho de la ciudadanía en general, del pueblo, a conocer de la salud del Presidente de la República, y a ser gobernada democráticamente por funcionarios electos mediante sufragio, no pudiendo ser "preponderante" sobre ello el derecho de una persona a ser reelecto para un cargo que no podía ejercer e imponerle al pueblo unos gobernantes por los cuales no había votado.

De todo ello resulta que, en definitiva, la "decisión" adoptada por la Asamblea Nacional fue "convocar" a los órganos del Estado para que actuaran conforme a lo previsto en el mencionado artículo 231 de la Constitución, que es el que prevé que el Presidente electo debe tomar posesión de su cargo de Presidente el día 10 de enero "del primer año de su período constitucional, mediante juramento ante la Asamblea Nacional," y que "si por cualquier motivo sobrevenido" no lo pudiese hacer ante la Asamblea, "lo hará ante el Tribunal Supremo de Justicia."

Es decir, la Asamblea Nacional, en realidad, en su "Proclamación" no decidió nada más, y menos, como se resumió en las informaciones periodísticas derivadas del debate parlamentario, de haberle otorgado "un permiso" al

Presidente Chávez "por el tiempo que necesite"[8]; o un "permiso" para "que no se juramente el 10 de enero en la Asamblea Nacional"; o que se le habría otorgado un permiso "hasta que pueda volver de la situación sobrevenida" que presenta por su enfermedad,"[9] ni para que el Presidente electo pudiera "tomarse el tiempo que necesite para su recuperación plena" como también se informó.[10] Esta deformación y desinformación de lo contenido del texto del Acuerdo de la Asamblea Nacional, también se evidenció en algunas de las reseñas de opiniones de diputados que votaron a favor del "Pronunciamiento" y que se refirieron a un supuesto "permiso indefinido otorgado al Presidente."[11]

Al contrario de todo ello, basta leer el texto del Pronunciamiento para constatar que nada de eso fue lo "decidido" por la Asamblea Nacional, la cual, en realidad, no hubiera podido adoptar esas decisiones, por carecer de competencia para ello. Por ello es asombroso, por decir lo menos, lo expresado por la Fiscal General de la República, Sra. Ortega Díaz, en el sentido de que "es 'correcta' la decisión de la Asamblea Nacional de concederle al primer mandatario 'el tiempo que necesite' para reincorporarse a sus funciones, pues 'él está en posesión de su cargo,'"[12] cuando nada de eso fue lo que decidió la Asamblea. Se insiste, del texto del Pronunciamiento, en realidad, lo que resulta es que la Asamblea, simplemente, decidió que se aplicara el artículo 231 de la Constitución, y nada más, lo que por supuesto, como se dijo,

---

8 Véase "AN otorga permiso al Presidente Chávez por el tiempo que necesite," en *El Universal*, Caracas 8-1-2013. En esa reseña se informa que "El presidente de la Asamblea Nacional, Diosdado Cabello, informó se aprobó conceder al presidente Hugo Chávez, quien se encuentra en Cuba de reposo tras haber sido sometido a una cirugía, "todo el tiempo que necesite para recuperarse y volver a Venezuela, cuando la causa sobrevenida haya desaparecido". El presidente de la Asamblea Nacional, Diosdado Cabello, informó se aprobó conceder al presidente Hugo Chávez, quien se encuentra en Cuba de reposo tras haber sido sometido a una cirugía, "todo el tiempo que necesite para recuperarse y volver a Venezuela, cuando la causa sobrevenida haya desaparecido." Véase en http://www.eluniversal.com/nacional-y-politica/salud-presidencial/130108/an-otorga-a-chavez-permiso-por-el-tiempo-que-necesite

9 Véase el texto en: http://www.lapatilla.com/site/2013/01/08/asamblea-nacional-otorga-permiso-a-chavez-hasta-que-pueda-volver/

10 Véase la reseña "La imagen: Este es el acuerdo aprobado hoy en la AN," en Noticias 24, 8 de enero, 2013, en http://www.noticias24.com/venezuela/noti-cia/144813/la-imagen-oficialistas-respaldaron-mediante-documento-ausencia-de-chavez-el-10-e/

11 Véase la reseña: "Pedro Carreño: el Presidente, el Vicepresidente y los ministros tienen continuidad administrativa," en http://globovision.com/articulo/pedro-carreno-el-presidente-el-vicepresidente-y-los-ministros-tienen-continuidad-administrativa

12 Véase " Ortega: No asume Cabello porque la falta del Presidente es temporal, no absoluta," en El Nacional, Caracas 8-1-2013, en http://www.el-nacional.com/poli-tica/Ortega-Cabello-Presidente-temporal-absoluta

era absolutamente innecesario, pues la imperatividad de la norma constitucional exige su cumplimiento sin que nadie tenga que "declararlo."

Lo anterior lo que puso en evidencia fue que el "Pronunciamiento" de la Asamblea Nacional a lo que dio origen fue a la "tesis oficial" de que la no comparecencia del Presidente de la República al acto de toma de posesión y juramentación el día 10 de enero de 2013, que fue lo que se informó oficialmente ante la Asamblea por el Vicepresidente Ejecutivo, y por tanto, el hecho de que no pudiese iniciar su nuevo período constitucional (2013-2019), supuestamente no tenía importancia ni efectos constitucionales algunos, pues como el Presidente había sido "reelecto" en octubre de 2012, y ya había sido "juramentado" en enero de 2007 al inicio del período que terminaba el 10 de enero, y "estaba en posesión de su cargo" (lo cual no era cierto pues de estar vivo estaba inhabilitado en una cama de hospital) entonces no había necesidad de una nueva juramentación.

Por ello con razón, el profesor Ricardo Antela expresó que:

"La redacción del Acuerdo finalmente aprobado por la mayoría oficialista en el Parlamento es confusa y deliberadamente indescifrable, para ocultar las consecuencias reales de esta fallida interpretación del artículo 231 de la Constitución, pero confesadas por el presidente de la Asamblea al terminar la sesión: Prorrogar **indefinidamente** el período constitucional del Poder Ejecutivo y el permiso que en ese contexto se le otorgó al presidente Chávez para curarse en el exterior; postergar **indefinidamente** la toma de posesión del presidente Chávez; y, entretanto, habilitar a Nicolás Maduro para asumir **indefinidamente** la condición de Presidente encargado, sin tener legitimidad electoral y constitucional para ejercer la presidencia de la República después del 10 de enero. Esta claro que no es lo mismo un Presidente reelecto (que lo hay) que un Vicepresidente "reelecto" (que no lo hay ni podría haberlo)."[13]

El tema, en efecto, lo planteó en una forma evidentemente contraía a la Constitución, la profesora Hildegard Rondón de Sansó quien en un trabajo difundido el mismo día 8 de enero, a raíz del "Pronunciamiento" de la Asamblea,[14] señaló que "existe continuidad en el país porque el jefe de Estado venezolano fue reelecto y en ese caso Hugo Chávez continúa en posesión de su mandato y no tendría que volver a juramentarse." Agregó que debían saberse dos cosas:

---

13   Véase Ricardo Antela, "Donde está el Presidente", en Globovisión, Caracas 9-1-2013. Véase en http://globovision.com/articulo/donde-esta-el-presidente.

14   Véase "La ex magistrada del TSJ, Hildegard Rondón de Sansó confirma que en Venezuela no existe vacío de poder," (8-1-2013), en http://www.aporrea.org/imprime/n221068.html Véase el texto en http://www.vtv.gob.ve/articulos/2013/01/08/hildegard-rondon-de-sanso-en-venezuela-no-e...

"una de ella es la condición de Presidente electo por primera vez y otra muy diferente es un Presidente reelecto, la condición de la toma de posesión es en un día específico ante la Asamblea Nacional, y en el caso de que no pudiese producirse ante la Asamblea Nacional por una causa sobrevenida, lo haría ante el Tribunal Supremo de Justicia, pero en el caso del presidente Chávez, nos encontramos que él fue reelecto, él sigue en posesión de su mandato y decir que tiene que juramentar su cargo no tiene lógica."[15]

La reseña de la entrevista a la profesora Sansó, terminó indicando su opinión de que en este momento lo que "está es transcurriendo el lapso para la fijación de un nuevo mandato", pero el Presidente venezolano "sigue en posesión de su cargo."[16]

Este criterio era básicamente inconstitucional en cuanto a indicar que el Presidente no tenía que juramentarse para iniciar su período constitucional (2013-2019), producto de su reelección. Su juramentación en 2007 fue para el período constitucional 2007-2013, y nada más. Para el período constitucional 2013-2019 debía volver a tomar posesión de cargo mediante juramento porque su cargo anterior cesaba al concluir su período constitucional el 10 de enero de 2013, y nada cambiaba eso por el hecho de que el Presidente hubiera sido "reelecto." Debía comenzar a ejercer su nuevo período constitucional el día que se juramentase ante el Tribunal Supremo de Justicia, pero mientras esto no ocurriera, no podía estar en posesión del cargo de Presidente para el período 2013-2019. Y por supuesto, si se hubiera llegado a juramentar posteriormente ante el Tribunal Supremo, hubiera sido desde ese momento que hubiera podido comenzar a estar en posesión de su cargo sin que se pudiera producir ningún "efecto retroactivo con fecha del 10 de enero" como erradamente lo afirmó la propia profesora Sansó.[17]

Al final del día 8 de enero de 2013, por tanto, el país entero seguía desinformado y en la incertidumbre, no solo sobre la verdadera condición y situación vital de H. Chávez, sino sobre la situación constitucional que se iba a producir dos días después, a partir del 10 de enero; aún cuando por supuesto, ya había demasiados elementos que apuntaban hacia una usurpación de autoridad, la autoridad del Presidente electo para el período constitucional 2013-2019 por parte de un Vicepresidente Ejecutivo como órgano directo de un Presidente que iba a concluir sus funciones el mismo día 10 de enero de 2013.

---

15 Véase igualmente en http://impresodigital.el-nacional.com/ediciones/2013/01/09/default.asp?cfg=577FZHC163&iu=757

16 Véase "La exmagistrada del TSJ, Hildegard Rondón de Sansó confirma que en Venezuela no existe vacío de poder," (8-1-2013), en http://www.aporrea.org/imprime/n221068.html Véase el texto en http://www.vtv.gob.ve/articulos/2013/01/08/hildegard-rondon-de-sanso-en-venezuela-no-e...

17 *Ídem.*

La sospecha de la preparación general que se planeaba para que se produjera la usurpación de autoridad a partir del 10 de enero de 2013, por lo demás, contó con el aval de la opinión de la Fiscal General de la República, quien en un programa de televisión del día 8 de enero de 2013, expresó el mismo criterio de que el Presidente Chávez, si es que vivía y estaba postrado en una cama de hospital lejos de Venezuela, era "un presidente reelecto, pues ya está en posesión del cargo y fue juramentado en su momento", por lo que con motivo de la reelección, "de acuerdo con lo establecido en el artículo 230 de la Constitución," "actualmente existe una continuidad en el cargo porque sigue siendo el mismo Presidente y el mismo gabinete Ejecutivo." De ello, sin embargo, concluyó la Fiscal General expresando que "así el presidente Chávez no asista el próximo 10 de enero a la Asamblea Nacional, pues ya se informó que no estará presente, se debe convocar una sesión para dar inicio al período constitucional." [18]

Después de estas manifestaciones públicas de altos funcionarios del Estado, al comenzar el día 9 de enero de 2013, por tanto, la incertidumbre política y constitucional seguía campeando en Venezuela, pues ante la ausencia de información veraz sobre la situación vital del Presidente Chávez, y de decisión alguna por parte de la Asamblea Nacional, nadie sabía quién asumiría la Presidencia de la República el día 10 de enero de 2013, luego de la ya anunciada no comparecencia del Presidente electo a la sesión de la Asamblea Nacional que según la Fiscal General de la República debía ser en todo caso convocada, "para dar inicio al período constitucional." [19] Quedaba sólo esperar la sentencia anunciada de la Sala Constitucional del Tribunal Supremo de Justicia, resolviendo el recurso de interpretación que se había introducido el 21 de diciembre de 2012 respecto del sentido y alcance del artículo 231 de la Constitución.

II. SOBRE LA ANUNCIADA SENTENCIA DE LA SALA CONSTITUCIONAL DEL TRIBUNAL SUPREMO DE 9 DE ENERO DE 2013 MEDIANTE LA CUAL SE CONCULCÓ EL DERECHO CIUDADANO A LA DEMOCRACIA Y SE LEGITIMÓ LA USURPACIÓN DE LA AUTORIDAD EN GOLPE A LA CONSTITUCIÓN (9-1-2013)

En un Estado constitucional democrático de derecho, además de los clásicos derechos civiles, políticos, sociales, económicos y ambientales, los ciudadanos tienen un conjunto de derechos que derivan de la propia concepción de dicho Estado de derecho, como son por ejemplo, el derecho ciudadano a la supremacía constitucional y el *derecho a la democracia*, de manera que

---

18 Véase en Programa Contragolpe: "Fiscal General: Chávez es un presidente reelecto y está en posesión de su cargo," VTV, 8 de enero de 2013, en http://www.noticias24.com/venezuela/noticia/144829/fiscal-ortega-diaz-habla-sobre-el-10-e-y-la-ausencia-confirmada-de-chavez-para-la-fecha/

19 *Ídem.*

los derechos políticos no se reducen a los que desde antaño generalmente se han establecido expresamente en las Constituciones, como son los clásicos derecho a elegir y a ser electo, el derecho de asociarse en partidos políticos, el derecho a ocupar cargos públicos o el derecho a la participación política.

Además de éstos, en la Constitución también se puede identificar igualmente como derecho político, el derecho a la democracia como un derecho ciudadano a la existencia de un régimen político en el cual se garanticen los siguientes *elementos esenciales* que precisamente enumera la *Carta Democrática Interamericana*: 1) el respeto a los derechos humanos y las libertades fundamentales; 2) el acceso al poder y su ejercicio con sujeción al Estado de derecho; 3) la celebración de elecciones periódicas, libres, justas y basadas en el sufragio universal y secreto, como expresión de la soberanía del pueblo; 4) el régimen plural de partidos y organizaciones políticas y 5) la separación e independencia de los poderes públicos (art. 3)[20]. Este derecho a la democracia, por supuesto, sólo puede configurarse en Estados democráticos de derecho, y es inconcebible en los Estados autoritarios donde esos elementos esenciales no se pueden garantizar, por la ausencia de controles en el ejercicio del poder, aun cuando se trate de Estados en los cuales, en fraude a la Constitución y a la propia democracia, los gobiernos puedan haber tenido su origen en algún ejercicio electoral. No debe olvidarse que "Es una experiencia eterna – como lo advirtió hace varias centurias Charles Louis de Secondat, Barón de Montesquieu – que todo hombre que tiene poder tiende a abusar de él; y lo hace hasta que encuentra límites" de lo que dedujo su famoso postulado de que "para que no se pueda abusar del poder es necesario que por la disposición de las cosas, el poder limite al poder."[21]

Fue precisamente este derecho a la democracia, como derecho de los ciudadanos a ser gobernados por funcionarios electos democráticamente en elecciones libres y que deben acceder al poder en la forma prescrita en la

---

20   Véase Allan R. Brewer-Carías, "Sobre las nuevas tendencias del derecho constitucional: del reconocimiento del derecho a la Constitución y del derecho a la democracia", en *VNIVERSITAS, Revista de Ciencias Jurídicas (Homenaje a Luis Carlos Galán Sarmiento)*, Pontificia Universidad Javeriana, facultad de Ciencias Jurídicas, Nº 119, Bogotá 2009, pp. 93-111; "Algo sobre las nuevas tendencias del derecho constitucional: el reconocimiento del derecho a la constitución y del derecho a la democracia," en Sergio J. Cuarezma Terán y Rafael Luciano Pichardo (Directores), *Nuevas tendencias del derecho constitucional y el derecho procesal constitucional*, Instituto de Estudios e Investigación Jurídica (INEJ), Managua 2011, pp. 73-94; "El derecho a la democracia entre las nuevas tendencias del Derecho Administrativo como punto de equilibrio entre los Poderes de la Administración y los derecho del administrado," en Víctor Hernández Mendible (Coordinador), *Desafíos del Derecho Administrativo Contemporáneo (Conmemoración Internacional del Centenario de la Cátedra de Derecho Administrativo en Venezuela*, Tomo II, Ediciones Paredes, Caracas 2009, pp. 1417-1439

21   *De l'Espirit des Lois* (ed. G. Tunc), Paris 1949, Vol. I, Libro XI, Cáp. IV, pp.162-163

Constitución, el que se violó abierta y flagrantemente en Venezuela por la Sala Constitucional del Tribunal Supremo de Justicia en sentencia N° 02 del día 9 de enero de 2013, al resolver un recurso de interpretación[22] intentado el 21 de diciembre de 2012, para determinar el contenido y alcance del artículo 231 de la Constitución, en particular, "en cuanto a si, la formalidad de la Juramentación prevista para el 10 de enero de 2013 constituye o no una formalidad sine qua non para que un Presidente Reelecto, continúe ejerciendo sus funciones y si tal formalidad puede ser suspendida y/o fijada para una fecha posterior."[23]

Sobre el recurso intentado que dio origen a la sentencia, lo interesante que debe advertirse fue la fecha en la cual se ejerció, que fue el 21 de diciembre de 2012, a los diez días de haber sido operado el Presidente en La Habana. La recurrente, sin duda, parece que tenía alguna información privilegiada que la hacía sospechar que el Presidente nunca regresaría al país, o al menos que no comparecería a juramentarse ante la Asamblea Nacional el 10 de enero de 2013.

En todo caso, en esta sentencia, en definitiva, la Sala Constitucional resolvió que el *derecho que tenía un solo ciudadano* como era el caso de H. Chávez, electo o reelecto como Presidente de la República, a ejercer el cargo para el cual había sido electo, pero que al momento de tomar posesión del mismo mediante su juramentación ante la Asamblea Nacional conforme al artículo 231 de la Constitución, no pudiera hacerlo, ni pudiera, por tanto, iniciar su acción de gobierno por un motivo sobrevenido como fue la operación quirúrgica y complicaciones postoperatorias; prevalecía sobre el *derecho de todos los ciudadanos* a estar gobernaos por gobernantes electos popularmente. Se violó así, con la sentencia, la Constitución, se violó el derecho ciudadano a la democracia, y se le impuso a los venezolanos la carga antidemocrática de comenzar el 10 de enero de 2013 a estar gobernados por funcionarios que no tenían legitimidad democrática pues no habían sido electos.

Como se ha señalado, el artículo 231 de la Constitución cuya interpretación fue lo que la recurrente buscó ante el Tribunal Supremo de Justicia, establece que:

"El candidato elegido o candidata elegida tomará posesión del cargo de Presidente o Presidenta de la República el diez de enero del primer año de su período constitucional, mediante juramento ante la Asamblea Nacional. Si por cualquier motivo sobrevenido el Presidente o Presidenta de la República no pudiese tomar posesión ante la Asamblea Nacional, lo hará ante el Tribunal Supremo de Justicia."

---

22   Expediente N° 12-1358, Solicitante: Marelys D'Arpino

23   Véase el texto de la sentencia en http://www.tsj.gov.ve/decisiones/scon/Enero/02-9113-2013-12-1358.html

La primera parte de la norma, en realidad, no requería de interpretación alguna, pues concatenada con el artículo anterior que establece que el período constitucional del Presidente "es de seis años" (art. 230), dispone con toda claridad que el Presidente electo (o reelecto) debe tomar ("tomará") posesión del cargo "el diez de enero del primer año de su período constitucional, mediante juramento ante la Asamblea Nacional."

Era la segunda parte de la norma la que sin duda requería de interpretación, por no regular con precisión quién debía encargarse de la Presidencia de la República en el nuevo periodo que se iniciaba cuando por motivos sobrevenidos el Presidente electo no compareciese a tomar posesión de su cargo mediante juramento ante la Asamblea.

Por ello, en relación con la primera parte de la norma (que no requería interpretación), la Sala Constitucional precisó, desmintiendo afirmaciones que se habían hecho con anterioridad por altos funcionarios del Estado, que el juramento previsto en la norma constitucional del artículo 231, "no puede ser entendido como una mera formalidad carente de sustrato y, por tanto, prescindible sin mayor consideración" sino que más bien se trata de una "solemnidad para el ejercicio de las delicadas funciones públicas" con "amplio arraigo en nuestra historia republicana," que "procura la ratificación, frente a una autoridad constituida y de manera pública, del compromiso de velar por el recto acatamiento de la ley, en el cumplimiento de los deberes de los que ha sido investida una determinada persona."

Partiendo de esta afirmación que rechazaba el absurdo criterio de que la juramentación era un mero formalismo,[24] la Sala Constitucional se refirió al juramento en el caso del Presidente de la República, indicando que el mismo "debe tener lugar ante la Asamblea Nacional, como órgano representativo de las distintas fuerzas sociales que integran al pueblo, el 10 de enero del primer año de su período constitucional." Precisó además, la Sala, que "si por '*cualquier motivo sobrevenido*', a tenor de la citada norma, la misma no se produce ante **dicho órgano** y en la **mencionada oportunidad**, deberá prestarse el

---

24   Al contrario, el día anterior a la sentencia, en la reseña de un programa de televisión, se informó que la Fiscal General de la República, Sra. Ortega, afirmaba que "Estamos en presencia de un presidente reelecto y el requisito que exige el 231 es la toma de posesión, y toma posesión del cargo a través del juramento, pero como es reelecto él está en posesión de cargo y él está en el cargo por el juramento", puntualizó. Por ello señaló que las posibles circunstancias planteadas en el 231 de la Constitución "no se hacen necesarias" porque el presidente Chávez sigue en la posición del cargo. Precisó que dicha formalidad no puede poner "en riesgo la estabilidad de un país, la institucionalidad, el estado de derecho, social, sencillamente porque el Presidente que está en posesión del cargo, se encuentra debidamente autorizado por la Asamblea Nacional para recuperarse de su estado de salud". En "Fiscal Ortega Díaz: Presidente Chávez y tren ministerial están en posesión de su cargo," en http://www.patriagrande.com.ve/temas/venezuela/fiscal-ortega-diaz-presidente-chavez-tren-ministerial-posesion-cargo/

juramento ante el Tribunal Supremo de Justicia, sin señalarse una oportunidad específica para ello" (Cursiva y negritas de la Sala).

Esto significaba, en criterio de la Sala Constitucional, que el acto de juramentación no era ni es una "formalidad prescindible, sino que al contrario "debe tener lugar, aunque por la fuerza de las circunstancias (*"cualquier motivo sobrevenido"*) sea efectuado en otras condiciones de modo y lugar."

En todo caso, luego de estas aclaratorias, la Sala Constitucional precisó que el objetivo de la interpretación de la norma constitucional que se le requería, no era el determinar el carácter imprescindible del acto de la juramentación, que no lo era, sino a determinar "con certeza los efectos jurídicos de la asistencia o inasistencia al acto de *"toma de posesión y juramentación ante la Asamblea Nacional"*, el 10 de enero próximo [de 2013], por parte del **Presidente reelecto.**"

Para ello, la Sala Constitucional consideró "imprescindible tomar en consideración el derecho humano a la salud y los principios de justicia, de preservación de la voluntad popular –representada en el proceso comicial del 7 de octubre de 2012- y de continuidad de los Poderes Públicos," refiriéndose además, a la tradición constitucional en la materia, particularmente conforme se consagraba en la Constitución de 1961.

De este último análisis, y contrariamente a lo que se establecía en el artículo 186 de la Constitución de 1961 que regulaba la consecuencia jurídica de la no comparecencia del Presidente entrante al acto de juramentación, al precisar que *"Cuando el Presidente electo no tomare posesión dentro del término previsto en este artículo, el Presidente saliente resignará sus poderes ante la persona llamada a suplirlo provisionalmente en caso de falta absoluta, según el artículo siguiente, quién los ejercerá con el carácter de Encargado de la Presidencia de la República hasta que el primero asuma el cargo"*; ante la ausencia de una norma similar en la Constitución de 1999, la Sala Constitucional concluyó que ello "impide considerar la posibilidad de que, una vez concluido el mandato presidencial, deba procederse como si se tratara de una falta absoluta, a los efectos de la suplencia provisional que cubriría el Presidente de la Asamblea Nacional."

Por supuesto, era evidente que la falta de comparecencia al acto de juramentación, en si misma conforme a la Constitución de 1999, no podía ser considerada como una "falta absoluta," pues no encuadraba en ninguno de los supuestos establecidos en el artículo 233 de la Constitución, que por lo demás se aplicaban al Presidente electo en virtud de la misma norma, sólo cuando se producían "antes de tomar posesión";[25] pero nada autorizaba a

---

25 La Sala, en la sentencia agregó sobre esto que "considerar que la solemnidad del juramento, en la oportunidad prefijada del 10 de enero y ante la Asamblea Nacional, suponga una especie de falta absoluta que, no sólo no recoge expresamente la Constitución, sino que antagoniza con la libre elección efectuada por el soberano, en franco desconocimiento de los principios de soberanía popular y democracia protagónica y participativa que postulan los artículos 2, 3, 5 y 6 del Texto Fundamen-

señalar (incluso habiéndose incorporado la reelección inmediata a la Constitución de 1999) que para la solución constitucional del hecho de la no comparecencia y determinar en esos casos quién se debía encargarse de la Presidencia de la República, no debía procederse "como si se tratara de una falta absoluta" del Presidente electo y que conforme al artículo 233 de la Constitución conllevaba a que fuera el Presidente de la Asamblea Nacional en que se encargase de la Presidencia.

Así como podía considerarse correcta la apreciación de la Sala de que la falta de comparecencia del Presidente electo al acto de toma de posesión no podía *per se* considerarse como una "falta absoluta,"[26] sin embargo no podía considerarse correcta la apreciación de la misma Sala de negar que en esos casos, para determinar quién se debía encargar de la Presidencia hubiera que rechazar a esos solos efectos, que se procediera "como si se tratara de una falta absoluta" encargándose el Presidente de la Asamblea de la Presidencia mientras el Presidente electo se juramentaba ante el Tribunal Supremo, quién en definitiva era el único que tenía legitimidad democrática, pues había sido a su vez electo popularmente, y asegurar así el derecho a la democracia.

Por otra parte, la Sala argumentó que "la falta de juramentación ante la Asamblea Nacional, el 10 de enero, tampoco produce tal suerte de ausencia, pues la misma norma admite que dicha solemnidad sea efectuada ante este Máximo Tribunal, en una fecha que no puede ser sino posterior a aquella." Ello era correcto en cuanto al hecho de que se permitiera en la norma que la juramentación pudiera hacerse en una fecha posterior, pero era innegable que si el Presidente electo no acudía a juramentarse el 10 de enero por estar postrado en una cama de hospital, fuera de Venezuela, gravemente enfermo, en ese caso su "ausencia" era patente, como cuestión de hecho, que el Presidente del Congreso se encargase de la Presidencia, hasta que cesase la ausencia.

La Sala Constitucional luego pasó a argumentar que "en el caso de una autoridad reelecta y, por tanto, relegitimada por la voluntad del soberano," sería un "contrasentido mayúsculo considerar que, en tal supuesto, existe una indebida prórroga de un mandato en perjuicio del sucesor, pues la persona en la que recae el mandato por fenecer coincide con la persona que habrá de asumir el cargo." Esta afirmación no tenía sentido alguno, pues en ningún

---

tal." Dijo además la Sala en este aspecto que "al no evidenciarse del citado artículo 231 y del artículo 233 *eiusdem* que se trate de una ausencia absoluta, debe concluirse que la eventual inasistencia a la juramentación prevista para el 10 de enero de 2013 no extingue ni anula el nuevo mandato para ejercer la Presidencia de la República, ni invalida el que se venía ejerciendo."

26 Esto lo reitera la sala en otro párrafo de la sentencia al señalar que "las vacantes absolutas no son automáticas ni deben presumirse. Estas están expresamente contempladas en el artículo 233 constitucional y, al contrario de lo que disponían los artículos 186 y 187 de la Constitución de 1961, la imposibilidad de juramentarse (por motivos sobrevenidos) el 10 de enero de 2013, no está expresamente prevista como causal de falta absoluta."

caso en que se pospusiera el acto de toma de posesión de un Presidente se podía operar una "prorroga" del mandato del período constitucional que termina; por lo que la afirmación era contradicha en la misma sentencia al afirmarse de seguidas que "tampoco existe alteración alguna del período constitucional pues el Texto Fundamental señala una oportunidad precisa para su comienzo y fin: el 10 de enero siguiente a las elecciones presidenciales, por una duración de seis años (artículo 230 *eiusdem*)." Por ello, era que al no presentarse al acto de toma de posesión, el nuevo mandato se iniciaba indefectiblemente el 10 de enero y para ello era que mientras comparecía el Presidente electo para tomar posesión del nuevo mandato, se debía encargar el Presidente de la Asamblea Nacional. Nada cambiaba esta solución constitucional el hecho de que el Presidente electo fuera a la vez "reelecto."

La Sala Constitucional, a renglón seguido pasó luego a referirse a otro aspecto jurídico en el ejercicio de cargos públicos, que nada tenía que ver con la norma constitucional que se buscaba interpretar, y era el referido al *"Principio de Continuidad Administrativa"*, como técnica que impide la paralización en la prestación del servicio público," según el cual, "la persona designada para el ejercicio de alguna función pública no debe cesar en el ejercicio de sus atribuciones y competencias, hasta tanto no haya sido designada la correspondiente a sucederle (*vid.* sentencia n° 1300/2005)." Ciertamente se trata de un principio elemental del derecho administrativo de la función pública, pero que no se puede aplicar a la terminación de un período constitucional y al inicio del otro.[27] La Sala Constitucional, en efecto, erradamente resolvió que" ´

> "En relación con el señalado principio de continuidad, en el caso que ahora ocupa a la Sala, resultaría inadmisible que ante la existencia de un desfase cronológico entre el inicio del período constitucional (10 de enero de 2013) y la juramentación de un Presidente reelecto, se considere (sin que el texto fundamental así lo paute) que el gobierno (saliente) queda *ipso facto* inexistente. No es concebible que por el hecho de que no exista una oportuna *"juramentación"* ante la Asamblea Nacional quede vacío el Poder Ejecutivo y cada uno de sus órganos, menos aún si la propia Constitución admite que tal acto puede ser diferido para una oportunidad ulterior ante este Supremo Tribunal."

---

27 Como lo expresó el profesor Ricardo Combellas en declaraciones a BBC Mundo: "Ese es un principio muy sano del derecho administrativo: que independientemente de los cambios en la dirección administrativa de los asuntos del estado, las funciones del gobierno continúan. Lo que está planteado es que ha terminado un período constitucional y que eso no es un supuesto de continuidad administrativa sino es un supuesto de renovación de los poderes públicos que tienen un plazo limitado en la Constitución." En Carlos Chirinos, "El limbo de consecuencias impredecibles", BBC Mundo, 11 de enero de 2013. En : http://www.bbc.co.uk/mundo/movil/noticias/2013/01/130110_venezuela_constituyente_combellas_opinion_cch.shtml

Por supuesto, esta afirmación, absolutamente errada, ignora primero que como la misma sentencia lo afirmó antes, que el Texto Fundamental señala para el período constitucional "una oportunidad precisa para su comienzo y fin: el 10 de enero siguiente a las elecciones presidenciales, por una duración de seis años (artículo 230)." Y por supuesto, en esa fecha, en ningún caso se produce "vacío del Poder Ejecutivo" alguno pues al terminar su período el Presidente en ejercicio, en esa fecha 10 de enero, el Presidente electo toma posesión de su cargo iniciando el nuevo período, y si por algún motivo sobrevenido no lo puede hacer, se encarga de la Presidencia el Presidente de la Asamblea Nacional.[28] No hay, en caso alguno, tal vacío, debiendo corresponder al Presidente encargado designar el nuevo tren ejecutivo de Vicepresidente y Ministros, estando por supuesto obligados los anteriores a permanecer en sus cargos hasta ser reemplazados en virtud del señalado principio de continuidad administrativa.

Luego pasó la Sala Constitucional a considerar la situación específica del caso del Presidente Chávez, a pesar de que la sentencia interpretativa debía ser abstracta, notando,

"por si aún quedaran dudas, que en el caso del Presidente Hugo Rafael Chávez Frías, no se trata de un candidato que asume un cargo por vez primera, sino de un Jefe de Estado y de Gobierno que no ha dejado de desempeñar sus funciones y, como tal, seguirá en el ejercicio de las mismas hasta tanto proceda a juramentarse ante el Máximo Tribunal, en el supuesto de que no pudiese acudir al acto pautado para el 10 de enero de 2013 en la sede del Poder Legislativo.

De esta manera, a pesar de que el 10 de enero se inicia un nuevo período constitucional, la falta de juramentación en tal fecha no supone la pérdida de la condición del Presidente Hugo Rafael Chávez Frías, ni como Presidente en funciones, ni como candidato reelecto, en virtud de existir continuidad en el ejercicio del cargo."

En estas afirmaciones, la Sala Constitucional sin duda incurrió en varios errores fácticos y jurídicos:

El primero, fue afirmar que el Presidente Chávez, en las circunstancias de su enfermedad e inhabilitación desde la operación quirúrgica efectuada en La Habana el 11 de diciembre de 2012, si es que permanecía vivo, pudiera con-

---

28   Es en este contexto que debe leerse lo reiterado por la misma Sala en la sentencia, "tal como señaló esta Sala en los antes referidos fallos números 457/2001 y 759/2001, que no debe confundirse "*la iniciación del mandato del Presidente con la toma de posesión, términos que es necesario distinguir cabalmente*". Efectivamente, el nuevo periodo constitucional presidencial se inicia el 10 de enero de 2013, pero el constituyente previó la posibilidad de que "*cualquier motivo sobrevenido*" impida al Presidente la juramentación ante la Asamblea Nacional, para lo cual determina que en tal caso lo haría ante el Tribunal Supremo de Justicia, lo cual necesariamente tiene que ser *a posteriori*."

siderarse que era "un Jefe de Estado y de Gobierno que no ha dejado de desempeñar sus funciones." Por supuesto que de haber sido tal la situación, no había perdido la titularidad de su cargo, pero al contrario de lo afirmado por la Sala, desde el 11 de diciembre de 2012 – según las noticias oficiales - el Presidente Chávez había estado postrado en una cama de hospital totalmente imposibilitado de ejercer sus funciones de Jefe de Estado y Jefe de Gobierno, situación constitucional que se configuraba como de falta temporal por estar ausente del país. El mismo Presidente Chávez previó que su ausencia del país sería por más de 5 días y por ello él mismo solicitó la autorización correspondiente a la Asamblea Nacional (art. 235).

Su falta temporal, en consecuencia, era un hecho evidente, que imponía la obligación en el Vicepresidente Ejecutivo de suplirla conforme a la Constitución, no siendo posible afirmar que durante su enfermedad y postración en La Habana "no ha dejado de desempeñar sus funciones," pues al contrario, claro que había dejado de desempeñarlas. Por otra parte, en esta materia de falta temporal, menos sentido y fundamento constitucional tenía la errada afirmación de la Sala Constitucional de que la solicitud de autorización a la Asamblea Nacional que pudiera formular el Presidente para ausentarse del territorio nacional *por un lapso superior a cinco días,* se refería "exclusivamente a la autorización para salir del territorio nacional, no para declarar formalmente la ausencia temporal en el cargo." De nuevo, la Sala Constitución ignoró la Constitución, conforme a la cual las faltas temporales en el ejercicio de la Presidencia constituyen una cuestión de hecho, que no se declara. Si el Presidente en gira por el interior del país, sufre un accidente de tránsito que lo mantiene inconsciente y hospitalizado por un tiempo, sin duda, origina una falta temporal que suple el Vicepresidente Ejecutivo así el Presidente no la haya "decretado" anunciando que iba a tener el accidente con sus consecuencias.

Por lo demás, toda ausencia del territorio nacional se configura como una falta temporal (en el sentido de que temporalmente el Presidente no está en ejercicio de sus funciones por imposibilidad física), por lo que no es más que un gran disparate la afirmación que hizo la Sala Constitucional en su sentencia, en el sentido de que: *"(ii)* No debe considerarse que la ausencia del territorio de la República configure automáticamente una falta temporal en los términos del artículo 234 de la Constitución de la República Bolivariana de Venezuela, sin que así lo dispusiere expresamente el Jefe de Estado mediante decreto especialmente redactado para tal fin." Esto no tenía ni tiene lógica, y mucho menos asidero constitucional.[29]

---

29 Sobre ello, el profesor Ricardo Combellas en declaraciones a BBC Mundo: "eso me parece un planteamiento absurdo, porque se le solicita al sujeto sobre el cual actúa la falta temporal que se pronuncie. Imagínese, no es el caso del presidente Chávez, sino de un presidente que esté incapacitado en una clínica recibiendo cuidado especial, incapaz de tomar voluntariamente una decisión. Entonces quedamos en un limbo jurídico si el presidente no se pronuncia. Poner ese requisito, que no establece la

Pero además, también carece de toda base constitucional la afirmación infundada de la Sala Constitucional de que con posterioridad al 10 de enero de 2013 "conserva su plena vigencia el permiso otorgado por la Asamblea Nacional, por razones de salud, para ausentarse del país por más de cinco (5) días," lo cual no era cierto pues había sido otorgada para un Presidente en funciones cuyo período constitucional terminó el 10 de enero de 2013, con lo cual caducaron todos los actos temporales en relación con el mismo.[30]

Y más infundada fue la afirmación de que con motivo de la ausencia del Presidente Chávez del territorio nacional desde el 10 de diciembre de 2012, en la situación que resultó de la operación a la cual fue sometido el 11 de diciembre de 2012, "no se configura la vacante temporal del mismo al no haber convocado expresamente al Vicepresidente Ejecutivo para que lo supla por imposibilidad o incapacidad de desempeñar sus funciones." No causa sino asombro leer esta afirmación, ante normas tan precisas como las de los artículos 234 y 239.8 de la Constitución, donde afirma, clara, pura y simplemente, que "las faltas temporales del Presidente serán suplidas por el Vicepresidente" y que entre las atribuciones del Vicepresidente está la de "suplir las faltas temporales del Presidente," lo que opera automáticamente, resultado de una situación de hecho, sin que nadie lo decrete o lo decida, y sin que el Presidente deba "convocar al Vicepresidente" para que cumpla su obligación constitucional.

Sin embargo, como es sabido y lo apuntó el profesor Manuel Rachadell, lo que ocurrió en esos últimos tiempos en Venezuela fue que el Vicepresidente no estuvo cumpliendo con su obligación constitucional de suplir las frecuentes ausencias temporales del Presidente, limitándose:

> "a ejecutar acciones en el estrecho ámbito de la delegación que le hizo el Presidente, dada la ficción de que Chávez no ha incurrido en falta temporal ni absoluta. De esta forma, Chávez sigue siendo, para el oficialismo, el Presidente en funciones, aún cuando se encuentre sumido, frecuente o esporádicamente (no se sabe), en períodos de inconsciencia por

---

Constitución, me parece un exabrupto." En Carlos Chirinos, "El limbo de consecuencias impredecibles", BBC Mundo, 11-1-2013, en http://www.bbc.co.uk/mundo/movil/noticias/2013/01/130110_venezuela_constituyente_combellas_opinion_cch.shtml

30   Como lo ha hincado el profesor Manuel Rachadell, "Chávez tiene el permiso de la Asamblea Nacional, otorgado por unanimidad del 9 de diciembre pasado, para ausentarse del país "por un lapso superior a los cinco días consecutivos" (art. 235), el cual mantiene su vigencia hasta el vencimiento del período constitucional el 10 de enero próximo, porque la Asamblea Nacional no puede dar permisos para el período siguiente. Llegados a esta fecha, si el Presidente electo no toma posesión del cargo, la Asamblea Nacional no tiene competencia para darle permiso ni prórroga para la juramentación de cumplir la Constitución." Véase Manuel Rachadell, "Tres observaciones a la carta de Maduro sobre la imposibilidad de juramentarse el Presidente electo ante la Asamblea Nacional." 9-1-2013, en: http://t.co/Sd5R2EwX

anestesia o por otros motivos. Durante esos períodos, Venezuela no tiene Presidente."[31]

La segunda observación que debe formularse respecto de lo afirmado en la sentencia de la Sala Constitucional, y que causa mayor asombro, es la aseveración de que el Presidente Chávez, una vez concluido su mandato del período constitucional 2007-2013, como jefe de Estado y de Gobierno "seguirá en el ejercicio de las mismas hasta tanto proceda a juramentarse ante el Máximo Tribunal, en el supuesto de que no pudiese acudir al acto pautado para el 10 de enero de 2013 en la sede del Poder Legislativo." Al contrario, si el Presidente ya electo, o reelecto, al concluir su período constitucional 2007-2013, no se presentaba al acto de la toma de posesión y juramentación ante la Asamblea Nacional, simplemente no podía comenzar en su período constitucional 2013-2019 al no poder entrar en ejercicio del cargo ni poder cumplir sus funciones. Sus funciones del período 2007-2013 concluían el 10 de enero, por lo que era una imposibilidad constitucional que a partir del 10 de enero pudiera seguir "en el ejercicio de las mismas;" y como no se juramentase el 10 de enero ante la Asamblea no podía asumir el ejercicio del cargo de Presidente para el período 2013-2019. [32] En consecuencia, es un gran disparate y no tiene asidero constitucional alguno la afirmación de la Sala Constitucional de que:

> "(iv) A pesar de que el 10 de enero próximo se inicia un nuevo período constitucional, no es necesaria una nueva toma de posesión en relación al Presidente Hugo Rafael Chávez Frías, en su condición de Presidente reelecto, en virtud de no existir interrupción en el ejercicio del cargo."

Al contrario, precisamente porque el 10 de enero de 2013 se iniciaba un nuevo período constitucional, era absolutamente necesaria una nueva toma de posesión del Presidente Chávez Frías, en su condición de Presidente reelecto, en virtud de que el período constitucional 2007-2013 terminaba y de que el período 2013-2019, para él, no podía iniciar sin tal juramento, produ-

---

31 *Ídem.*

32 Como también lo ha indicado Manuel Rachadell, "La interpretación que le ha dado la fracción gubernamental en la Asamblea Nacional de que Chávez sigue siendo Presidente en ejercicio, cuya ausencia del acto de juramentación no tendría ninguna incidencia porque es una simple formalidad, que no es necesario que el Presidente de la Asamblea Nacional se juramente para cubrir la ausencia (que ni es temporal ni absoluta) del Presidente, porque tal función la ejerce, parcialmente, el Vicepresidente Ejecutivo de la República, carece de toda fundamentación en la Ley Suprema. No hay continuidad administrativa al concluir el período constitucional y comenzar el otro, ni siquiera en el supuesto de la reelección, y el nombramiento del Vicepresidente Ejecutivo caduca, como el del Presidente que lo ha designado, al vencimiento del período constitucional, el 10 de enero próximo". *Ídem.*

ciéndose en ese caso, inevitablemente, una interrupción en el ejercicio del cargo.[33]

La Sala Constitucional al hacer esta afirmación infundada, contradijo lo expresado en su propia sentencia en el sentido de que el juramento previsto en el artículo 231 de la Constitución, "no puede ser entendido como una mera formalidad carente de sustrato y, por tanto, prescindible sin mayor consideración" sino que más bien se trata de una "solemnidad para el ejercicio de las delicadas funciones públicas" con "amplio arraigo en nuestra historia republicana," que "procura la ratificación, frente a una autoridad constituida y de manera pública, del compromiso de velar por el recto acatamiento de la ley, en el cumplimiento de los deberes de los que ha sido investida una determinada persona." Ese juramento debe hacerse ante la Asamblea Nacional que está compuesta por los representantes del pueblo, y es precisamente a través del mismo que el pueblo puede tomar conocimiento de quién es quien va a gobernarlo. Es una especie de acto constitutivo de "fe de vida" del Presidente, de su propia existencia física, y de su capacidad para gobernar, realizado ante los representantes del pueblo. Y ello no puede eliminarse porque el electo hubiera sido reelecto, y menos aún cuando había permanecido ausente del país durante un mes, sin que la Nación tuviera conocimiento claro de su estado físico y de su propia existencia.

Después de todas las anteriores comentadas "consideraciones para decidir," la Sala Constitucional puntualizó lo que debió ser el objeto de la interpretación solicitada, en el sentido de que "la Constitución establece un término para la juramentación ante la Asamblea Nacional, pero no estatuye consecuencia para el caso de que por *"motivo sobrevenido"* no pueda cumplirse con ella de manera oportuna y, por el contrario, admite expresamente esa posibilidad, señalando que pueda efectuarse la juramentación ante el Tribunal Supremo de Justicia," resumen que implicaba precisamente pasar a determinar quien debía en esa situación encargarse de la Presidencia de la República mientras el Presidente electo por las causas sobrevenidas alegadas procedí a tomar posesión del cargo.

---

33 Por ello, el profesor Román José Duque Corredor considera esta afirmación "falsa de toda falsedad" agregando que "La reelección no es un mecanismo del ejercicio del cargo o para el ejercicio del cargo, sino un derecho del funcionario que ejerce un cargo electivo de poderse postular como candidato para un nuevo período para ese cargo y no de continuar en el mismo cargo. De modo que por tratarse de una nueva elección, si existe interrupción en su ejercicio. Si no fuera así, entonces, se trataría de un plebiscito y no de una elección, que es lo que parece piensan los Magistrados de la referida Sala que ha ocurrido con el candidato Hugo Chávez que se postuló para las elecciones del 7 de octubre de 20102 para ser Presidente para el nuevo período 2013-2019." Véase Román José Duque Corredor, Observaciones a la sentencia de la Sala Constitucional de 9 de enero de 2013. Véase en http://www.uma.edu.ve/interna/424/0/novedades_del_derecho_publico

La Sala Constitucional, sin embargo, en lugar de cumplir su función interpretativa de la segunda parte de la norma del artículo 231 de la Constitución, se limitó a reafirmar lo que la propia norma constitucional dispone en el sentido de que la juramentación del Presidente reelecto podía ser efectuada en una oportunidad posterior al 10 de enero de 2013 ante el Tribunal Supremo de Justicia, de no poderse realizar dicho día ante la Asamblea Nacional; agregando sólo su apreciación de que le correspondía al propio Tribunal fijar dicho acto "una vez que exista constancia del cese de los motivos sobrevenidos que hayan impedido la juramentación."

Y de allí, sin resolver la consecuencia jurídica derivada del hecho de que por un "motivo sobrevenido" el Presidente electo no podía tomar posesión del cargo con su juramentación ante la Asamblea Nacional el día fijado constitucionalmente, la Sala concluyó su sentencia, afirmando como por arte de magia, sin que las "consideraciones para decidir" en realidad fundamentaran y condujeran a ello, que:

"*(vi)* En atención al principio de continuidad de los Poderes Públicos y al de preservación de la voluntad popular, no es admisible que ante la existencia de un desfase cronológico entre el inicio del período constitucional y la juramentación de un Presidente reelecto, se considere (sin que el texto fundamental así lo paute) que el gobierno queda *ipso facto* inexistente. En consecuencia, el Poder Ejecutivo (constituido por el Presidente, el Vicepresidente, los Ministros y demás órganos y funcionarios de la Administración) seguirá ejerciendo cabalmente sus funciones con fundamento en el principio de la continuidad administrativa."

Sobre esto, que fue en definitiva la parte resolutiva de la sentencia y que pretendió legitimar una usurpación de autoridad,[34] deben formularse las siguientes observaciones:

Primero, fue una apreciación errada y sin fundamento considerar que "ante la existencia de un desfase cronológico entre el inicio del período constitucional y la juramentación de un Presidente reelecto, se considere (sin que el texto fundamental así lo paute) que el gobierno queda *ipso facto* inexistente."

---

34 Con razón la diputada María Corina Machado expresó el 11 de enero de 2013: "que el acto que vimos ayer no tiene precedentes. Dijo que Venezuela amaneció con un gobierno usurpado y el Vicepresidente, los ministros y la Procuradora General pretenden seguir ejerciendo sus cargos. "Todos los cargos de gobierno cesaron el pasado jueves y ante esa pretensión, todos su actos son nulos, como lo establece el artículo 138 de la Constitución", recalcó. Reiteró que Diosdado Cabello ha violado su juramento, porque debió llamar a la sesión solemne de toma de posesión del nuevo período presidencial y agregó que "no reconocemos a Maduro como Vicepresidente, porque hay una situación de ilegitimidad profunda". Aseguró que en Venezuela no existe separación de poderes, "tenemos un TSJ sumiso, nuestra soberanía está pisoteada". Véase reseña de Programa Primera página de Globovisión, 11-1-2013, en http://www.lapa-tilla.com/site/2013/01/11/maria-corina-nuestra-soberania-esta-siendo-pisoteada/

Ello no tiene posibilidad de ocurrencia. Si el Presidente electo por un motivo sobrevenido no puede prestar su juramento ante la Asamblea Nacional, e, incluso, tampoco ante el Tribunal Supremo, el hecho de que el período constitucional anterior concluya no implica "que el gobierno queda *ipso facto* inexistente."

Esta no fue más que una lucubración llevada al absurdo que no tiene asidero alguno en el derecho constitucional, salvo en la visión distorsionada de la Sala Constitucional, al negarse a interpretar la norma constitucional que se le solicitó, y que precisamente era con el objeto de determinar, como el gobierno no podía dejar de existir, quién en esa situación se debía encargar de la Presidencia de la República. Así como el Presidente de la Asamblea se debía encargar de la Presidencia en caso de falta absoluta del Presidente electo antes de la toma de posesión de su cargo, con la misma lógica de que ejerciera interinamente la Presidencia un funcionario con legitimidad democrática electiva, en caso de que por motivo sobrevenido el Presidente electo no pudiera tomar posesión de su cargo y juramentarse, quien debía encargarse de la Presidencia para iniciar el nuevo período constitucional era el Presidente de la Asamblea Nacional.[35]

Segundo, luego de la errada apreciación anterior, y sin resolver el tema central de la interpretación solicitada sobre quién se debía encargar de la Presidencia de la República a partir del 10 de enero de 2013, la Sala se limitó a afirmar que "En consecuencia, el Poder Ejecutivo (constituido por el Presidente, el Vicepresidente, los Ministros y demás órganos y funcionarios de la Administración) seguirá ejerciendo cabalmente sus funciones con fundamento en el principio de la continuidad administrativa."

---

35 El profesor Román José Duque Corredor expuso sobre la errada conclusión de la sentencia su apreciación de que:"La continuidad de los poderes públicos no se afecta, ni tampoco el gobierno queda *ipso facto* inexistente, cuando de pleno derecho se establece un régimen transitorio precisamente para el caso que los funcionarios que deban ejercer sus funciones no lo puedan hacer, como ocurre cuando por su falta absoluta el candidato electo o reelecto Presidente no pueda asumir su cargo en la fecha programada, en cuyo caso el gobierno sigue existiendo en forma transitoria pero en manos del Presidente de la Asamblea Nacional. Y precisamente para garantizar la voluntad popular, ante la falta absoluta del candidato electo o reelecto para el inicio del nuevo período, la Constitución prevé que se realicen nuevas elecciones y que la Presidencia, transitoriamente hasta la nueva elección, la ejerza un funcionario elegido mediante sufragio directo y universal y no el Vicepresidente que no fue elegido ni designado para el nuevo período. Así como si dicha falta ocurre después del inicio del período y con posterioridad a la toma de posesión, el gobierno lo ejerza el Vicepresidente que si fue designado por el Presidente electo, que tomo posesión del cargo, pero que dejó su cargo por alguna falta absoluta, y ello solo mientras se llevan a cabo nuevas elecciones para que la voluntad popular se pueda manifestar." Véase Román José Duque Corredor, Observaciones a la sentencia de la Sala Constitucional de 9 de enero de 2013. Véase en http://www.uma.edu.ve/interna/424/0/novedades_del_derecho_publico

En cuanto al Presidente, no sólo ello era inconstitucional porque no se había juramentado para tomar posesión de su cargo y entrar en ejercicio de sus funciones para el nuevo período constitucional, sino porque por lo que se había informado oficialmente, - si es que aún vivía - su estado de salud lo imposibilita e inhabilita totalmente para ejercer el cargo y las funciones inherentes al mismo. Respecto del Presidente de la República no tenía sentido alguno invocar el principio de continuidad administrativa, pues como Jefe del Estado y del Gobierno, lo que le correspondía prioritariamente era dirigir la acción de gobierno (art. 226).

Lo resuelto por la Sala Constitucional, en realidad, fue la decisión que sus Magistrados adoptaron de poner el gobierno de Venezuela para el inicio del período 2013-2019, en manos de funcionarios que no habían sido electos popularmente, contrariando el principio democrático. No es que con fundamento en el principio de la continuidad administrativa, la Sala Constitucional hubiera resuelto que mientras eran reemplazados en sus cargos, el Vicepresidente Ejecutivo, los Ministros y demás órganos y funcionarios de la Administración estaban obligados a ejercer cabalmente sus funciones; sino que lo que resolvió la Sala Constitucional violando la Constitución y el derecho ciudadano a la democracia, fue que en el nuevo período constitucional 2013-2019 que se inició el 10 de enero de 2013, sin Presidente en ejercicio por estar, en el mejor de los casos, confinado a una cama de hospital en La Habana con graves problemas de salud, el gobierno de la República pasó a cargo de funcionarios no electos, sin legitimidad democrática, como eran el Vicepresidente Ejecutivo y los Ministros que habían sido nombrados en el período constitucional anterior, eventualmente hasta cuando el propio Tribunal Supremo fijase la oportunidad de que el Presidente electo enfermo se juramentase ante el mismo, si era el caso.

Ni más ni menos, con ello se dió un golpe contra la Constitución,[36] dado por un Juez Constitucional que estaba llamado a defender su supremacía e integridad, vulnerando el derecho ciudadano a ser gobernados por gobernantes electos.

La decisión de la Sala Constitucional, por lo demás, fue totalmente inconveniente para la gobernabilidad de la República. El Vicepresidente Ejecutivo Maduro a quien se dejaba gobernando el país, conforme a lo decidido en la misma sentencia, supuestamente no estaba supliendo una falta temporal del Presidente Chávez pues éste según la Sala ni la había decretado ni la invocado, de manera que supuestamente sólo podría actuar como Vicepresidente Ejecutivo, con las atribuciones que tenía en la Constitución (art. 239) y las que el Presidente Chávez supuestamente le delegó mediante Decreto N°

---

36 También puede calificarse la situación como golpe de Estado, pues en definitiva, todo golpe contra la Constitución es un golpe de Estado. Véase Claudio J. Sandoval, ¿Golpe de Estado en Venezuela?, en *El Universal*, Caracas 10 de enero de 2013, en http://www.eluniversal.com/opinion/130110/oea-golpe-de-estado-en-venezuela.

9315 de 9 de diciembre de 2012,[37] de contenido además de redundante, absolutamente limitativo.

De resultas, a partir del 10 de enero de 2013, por voluntad la Sala Constitucional del Tribunal Supremo de Justicia en Venezuela, comenzó a gobernar en Venezuela, un funcionario que supuestamente no estaba supliendo al Presidente de la República electo y enfermo, que sólo podía ejercer sus atribuciones establecidas en la Constitución (art. 239) y las enumeradas en el decreto de delegación de diciembre de 2013, y quién entre otras atribuciones que sólo al Presidente en ejercicio podría ejercer, por ejemplo, no podía nombrar y remover los Ministros; no podía dirigir las relaciones exteriores de la República y celebrar y ratificar los tratados, convenios o acuerdos internacionales; no podía dirigir las Fuerza Armada Nacional ni tener el carácter de Comandante en Jefe de la misma, no pudiendo ejercer la suprema autoridad jerárquica de ella y fijar su contingente; no podía ejercer el mando supremo de la Fuerza Armada Nacional, promover sus oficiales a partir del grado de coronel o capitán de navío, y nombrarlos para los cargos que les son privativos; no podía declarar los estados de excepción y decretar la restricción de garantías en los casos previstos en esta Constitución; no podía convocar a la Asamblea Nacional a sesiones extraordinarias; no podía reglamentar total o parcialmente las leyes sin alterar su espíritu, propósito y razón; no podía negociar los empréstitos nacionales; no podía celebrar los contratos de interés nacional conforme a la Constitución y la ley; no podía designar, previa autorización de la Asamblea Nacional o de la Comisión Delegada, al Procurador General de la República y a los jefes o jefas de las misiones diplomáticas permanentes; no podía formular el Plan Nacional de desarrollo y dirigir su ejecución previa aprobación de la Asamblea Nacional, no podrá conceder indultos; no podía fijar el número, organización y competencia de los ministerios y otros organismos de la Administración Pública Nacional, así como tampoco la organización y funcionamiento del Consejo de Ministros, dentro de los principios y lineamientos señalados por la correspondiente ley orgánica; no podía disolver la Asamblea Nacional en el supuesto establecido en la Constitución; no podía convocar referendos; ni podía convocar y presidir el Consejo de Defensa de la Nación.[38]

A esta absurda ingobernabilidad fue a lo que condujo la sentencia de la Sala Constitucional; a raíz de la cual el gobierno comenzó incluso a perseguir a quienes argumentaron o informaron sobre la correcta interpretación que debía darse a las normas constitucionales y sobre la inconstitucional decisión del Tribunal Supremo y sus efectos;[39] de manera que hasta los estu-

---

37   Véase en *Gaceta Oficial* N° 40.078 del 26 de diciembre de 2012

38   Véase sobre esta situación, Manuel Rachadell, "Continuidad de la presidencia compartida o un país presidencialista sin Presidente," Caracas, 10 de enero de 2013, en http://manuelrachadell@blogspot.com .

39   El 9 de enero de 2013, el consultor jurídico de Globovisión, Ricardo Antela, explicó sobre el nuevo procedimiento administrativo sancionatorio abierto por la Comisión

diantes universitarios que comenzaron a protestar contra la sentencia de la Sala Constitucional, fueron por ello amenazados con cárcel.[40]

III. SOBRE EL "GOLPE A LA CONSTITUCIÓN" PERPETRADO POR TODOS LOS PODERES PÚBLICOS (LEGISLATIVO, EJECUTIVO Y JUDICIAL) (12-1-2012)

"El tema ha sido ya resuelto por los tres poderes del Estado de Venezuela: lo planteó el Ejecutivo, lo consideró el Legislativo, y lo resolvió el Judicial."
José Miguel Insulsa, 11-1-2013.

La Fiscal General de la República había dicho públicamente en los primeros días de enero de 2013, con razón, y con motivo de la sesión de la Asamblea Nacional del 8 de enero cuando se hizo del conocimiento de la misma que el Presidente Chávez, reelecto en octubre de 2013, no se presentaría el 10 de enero de 2013 a tomar posesión de su cargo mediante su juramento ante la Asamblea como lo exige el artículo 231 de la Constitución; que aún en ese caso, "la Asamblea Nacional debía celebrar la sesión prevista para ese acto para dar inicio al período constitucional 2013-2019."[41] Ese período se

---

Nacional de Telecomunicaciones (CONATEL) contra la estación de TV, "por la difusión de cuatro micros informativos sobre el articulado de la Constitución", que a juicio del ente regulador, "incitan al odio, la zozobra y la alteración del orden público", prohibiendo de entrada "a la televisora retransmitir dichos mensajes o algunos similares." En horas de la tarde de ese mismo día el "presidente de la Asamblea Nacional, Diosdado Cabello; y el ministro Rafael Ramírez, habían sugerido al ente regulador "iniciar una investigación contra el canal por difundir el artículo 231 de la Constitución.". Véase la información en http://globovision.com/articulo/conatel-notifica-a-globovision-de-nuevo-procedimiento-administrativo-sancionatorio

40   El Gobernador del Estado Táchira, José Gregorio Vielma Mora, afirmó a la prensa "que los estudiantes de las universidades Católica y de Los Andes de esa entidad, que manifestaron en contra del fallo del Tribunal Supremo de Justicia, estaban ebrios y otros consumieron drogas para "valentonarse en contra de la autoridad". "Son delincuentes", aseveró. Advirtió al rector académico de la ULA, Omar Pérez Díaz y demás profesores, que irá a la Fiscalía a denunciarlos. "No mienta (Pérez Díaz), usted está promoviendo la violencia en Táchira. Les están pagando desde el extranjero. "Tienen armamento y municiones dentro de la universidad", acusó. De seguir protestando "van a ser tratados como bandas criminales e irán a la cárcel de Santa Ana". Véase en http://m.notitarde.com/nota.aspx?id=159398

41   Ortega Díaz: "Así el presidente Chávez no asista el próximo 10 de enero a la Asamblea Nacional, pues ya se informó que no estará presente, se debe convocar una sesión para dar inicio al período constitucional."

Véase en Programa Contragolpe: "Fiscal General: Chávez es un presidente reelecto y está en posesión de su cargo," VTV, 8 de enero de 2013, en http://www.noticias24.com/venezuela/noticia/144829/fiscal-ortega-diaz-habla-sobre-el-10-e-y-la-ausencia-confirmada-de-chavez-para-la-fecha/

inició ese día, como fecha fija, conforme a la Constitución, así no compareciera el Presidente electo a tomar posesión de su cargo, y como lo indicó la Fiscal General, la Asamblea debía realizar la sesión y tomar formalmente conocimiento de esa circunstancia.

Si embargo, nada de eso ocurrió el día 10 de enero; fecha en la cual la Asamblea Nacional simplemente no sesionó. Ese día, en Caracas, lo que hubo fue un acto público de calle, con la participación de altos funcionarios del Estado, entre ellos el Vicepresidente Ejecutivo N. Maduro y el Presidente de la Asamblea Nacional D. Cabello, y algunos invitados extranjeros, dedicados a recordar al Presidente ausente.

Para resolver la anunciada ausencia del Presidente electo Chávez en el acto que debió realizarse en la Asamblea Nacional, precisamente el día anterior la Sala Constitucional del Tribunal Supremo de Justicia dictó la mencionada sentencia N° 02 de 9 de enero de 2013,[42] mediante la cual pretendió resolver, sin éxito, una solicitud de interpretación del artículo 231 de la Constitución que se le había requerido el 21 de diciembre de 2012, y en la cual, sin interpretar realmente nada, y menos aún declarar la supuesta "interpretación" como "vinculante," concluyó disponiendo que como consecuencia de la ya anunciada no comparecencia del "Presidente reelecto" el día 10 de enero de 2013 ante la Asamblea Nacional a tomar posesión de su cargo, y ante la posibilidad que supuestamente podía haber de que tomara posesión del cargo y prestar dicho juramento posteriormente, no se podía considerar en ese día de terminación del período constitucional 2007-2013 "que el gobierno queda *ipso facto* inexistente," por lo que entonces resolvió que:

> "el Poder Ejecutivo (constituido por el Presidente, el Vicepresidente, los Ministros y demás órganos y funcionarios de la Administración) seguirá ejerciendo cabalmente sus funciones con fundamento en el principio de la continuidad administrativa."

Con esta decisión, cuyo contenido es materialmente imposible que pueda decirse que fue resultado de una "interpretación" del artículo 231 de la Constitución (basta volver a leer la sentencia confrontándola con el texto del artículo "interpretado"), la Sala Constitucional, en realidad, formalizó el golpe a la Constitución[43] que luego de venir anunciándose, se estaba dando, y que

---

42 Expediente N° 12-1358, Solicitante: Marelys D'Arpino. Véase el texto de la sentencia en: http://www.tsj.gov.ve/decisiones/scon/Enero/02-9113-2013-12-1358.html

43 Para calificar lo ocurrido en Venezuela se ha utilizado la expresión de "golpe de Estado". Y ciertamente, un golpe de estado ocurre, no sólo cuando se usurpa el poder y autoridad por las fuerzas armadas, sino como lo ha señalado el profesor Diego Valadés, ocurre cuando se produce "el desconocimiento de la Constitución por parte de un órgano constitucionalmente electo"; agregando, incluso, como ejemplo que "un presidente elegido conforme a la Constitución no puede invocar una votación, así sea abrumadoramente mayoritaria, para desconocer el orden constitucional. Si lo hace habrá dado un golpe de Estado." Véase Diego Valadés, *Constitución y democracia,* UNAM, México 2000, p. 35; y "La Constitución y el Poder" en Diego Va-

concluyó el día 10 de enero, con la participación de los otros poderes públicos. Primero, con la participación del Poder Ejecutivo al no comparecer el Presidente de la República a tomar posesión de su cargo, y al haber el Vicepresidente Ejecutivo usurpado la autoridad de este a partir de esa fecha; segundo, con la participación de la Asamblea Nacional, al abstenerse de decidir nada ante el anuncio de la no comparecencia del Presidente ante ella y sobre la necesidad de verificar la realidad del "motivo sobrevenido" que se alegaba para ello; y tercero con la participación del Tribunal Supremo de Justicia, con la sentencia de 9 de enero de 2013, dictada en el sistema de justicia constitucional "a la carta" a que nos ha acostumbrado la Sala Constitucional.

La consecuencia de esa participación colectiva en el golpe a la Constitución, verdadera conspiración, fue que el Vicepresidente Maduro, quien venía ejerciendo el cargo de Vicepresidente Ejecutivo en el período constitucional anterior, comenzó a ejercer el Poder Ejecutivo, y quien aún sin quererlo ni reconocerlo, hasta esa fecha suplía la ausencia temporal del Presidente enfermo saliente y reelecto, produciéndose así, por decisión del Juez Constitucional, una "continuidad" en el ejercicio de sus cargos de todos los funcionarios ejecutivos nombrados en el período constitucional que fenecía, hacia el nuevo período constitucional presidencial; todo ello en medio de una gran informalidad.

Comenzó así, de hecho, a conducir la acción del Poder Ejecutivo un funcionario que no había sido electo por votación directa, universal y secreta, es decir que no tenía legitimidad democrática, violándose el derecho ciudadano a la democracia y a ser gobernados sólo por funcionarios electos.

Era evidente que constitucionalmente, como lo expresó el profesor Román José Duque Corredor,

"4. Al no haber comparecido a prestar juramento ante la Asamblea Nacional hoy 10 de enero y no tomar posesión para el cargo para el cual fue electo el candidato ciudadano Hugo Chávez, por aplicación analógica del artículo 233, de la misma Constitución, el Presidente de la Asamblea Nacional, es la única autoridad legítima que puede asumir en forma temporal el cargo de Presidente de la República, hasta por un máximo de noventa días, prorrogables por el mismo tiempo, por decisión de la Asamblea Nacional.

5. La autorización que se otorgó al Presidente Hugo Chávez para ausentarse del país, por más de cinco días, se le concedió como Presidente

ladés y Miguel Carbonell (Coordinadores), *Constitucionalismo Iberoamericano del siglo XXI*, Cámara de Diputados, UNAM, México 2000, p. 145. Preferimos sin embargo utilizar en este caso la expresión de golpe a la Constitución, pues ha sido concebido, dado y conducido desde el propio Estado por los órganos de los Poderes Públicos nacionales, en particular, del Poder Legislativo, del Poder Judicial y del Poder Ejecutivo.

en funciones y no como Presidente electo y por ello no se extiende el período presidencial, que vence hoy 10 de enero, por lo que tal autorización termina también en esa fecha."[44]

De lo expresado por el profesor Duque, por tanto, quedaba claro que "la extensión del período constitucional vencido, significa una gran inseguridad jurídica y un irrespeto a la institucionalidad democrática."[45]

Un preciso resumen de lo ocurrido en Venezuela, como pocas veces se encuentra en la prensa escrita extranjera sobre el país, lo encontré en el trabajo de Paulo A. Paranagua publicado en *Le Monde*, Paris, 10 de enero de 2013, titulado: "La crisis en Venezuela y el caso de Paraguay: dos pesos, dos medidas," en la siguiente forma:

"Hugo Chávez no estuvo en Caracas este 10 de enero para la investidura de su nuevo mandato presidencial. Ha desaparecido de la circulación desde hace un mes. Según quienes lo rodean, está hospitalizado en Cuba, donde ha sido operado cuatro veces por un cáncer cuya naturaleza permanece como un "secreto de defensa" celosamente guardado.

El Vicepresidente Nicolás Maduro podía suplirlo siempre que el mandato del Sr. Chávez estuviera en vigencia. Ese mandato ha terminado el 10 de enero. En Venezuela, el Vicepresidente no es elegido, es nombrado por el Presidente en ejercicio, que puede removerlo tantas veces quiera, como un ministro. No se trata de un "ticket" de candidatos a la presidencia y vicepresidencia que se presente ante los electores.

Eso equivale a decir que el Vicepresidente no tiene legitimidad alguna proveniente de sufragio universal. Cuando comienza un nuevo mandato presidenta, el jefe de Estado debe designar su Vicepresidente. Con la

---

44 Román José Duque Corredor, Presidente de la Fundación Alberto Adriani, "Extensión del periodo vencido Genera inseguridad jurídica e irrespeta la institucionalidad democrática," Caracas 10 de enero de 2013.

45 *Ídem*. En sentido coincidente, la Presidente del Colegio de Abogados de Caracas consideró que "el alargamiento del período presidencial "por una continuidad administrativa" no prevista en el texto constitucional, configura una interpretación arbitraria y acomodaticia a la conveniencia política del partido de gobierno y en fraude a la Constitución posibilita que asuma el Poder Ejecutivo Nacional una autoridad manifiestamente ilegítima, que no ha sido electa sino nombrada a dedo, gracias a la inobservancia de la Constitución con la consecuente aplicación de los Artículos 138 Constitucional: "Toda autoridad usurpada es ineficaz y sus actos son nulos" y 333: "Esta Constitución no perderá su vigencia si dejare de observarse por acto de fuerza o porque fuere derogada por cualquier otro medio distinto al previsto en ella." Véase Yvett Lugo Urbaez, Presidente del Colegio de Abogados de Caracas, "Sobre la interpretación del artículo 231 Constitucional realizada por la Sala Constitucional del Tribunal Supremo de Justicia," 10-1-2013. Véase en http://xa.yimg.com/kq/groups/22886415/2000842813/name/Pronun-ciamiento%20articulo%20231.pdf y en http://www.ilustrecolegiodeabogadosdeca-racas.com/

condición, bien entendido, de haber sido él mismo investido en buena y debida forma.

En Venezuela, a partir del 10 de enero, la falta de la Presidencia debía ser suplida por el Presidente de la Asamblea Nacional, Diosdado Cabello, quien tiene, él mismo, legitimidad que viene de las urnas. En caso de falta temporal del Presidente de la República, puede reemplazarlo por 90 días, renovables una sola vez. En caso de falta absoluta, el Presidente de la Asamblea asume la suprema magistratura y debe convocar elecciones en un lapso de 30 días.

Pretender que la investidura presidencial del 10 de enero es una formalidad porque Chávez, reelegido en octubre de 2012, se sucedería a si mismo, es una engañifa que sigue poco a la Constitución escrita y adoptada por los chavistas. Igualmente, pretender "prolongar" el mandato presidencial hasta una hipotética mejoría del Sr. Chávez y entregar la responsabilidad del Estado a Nicolás Maduro, cuyo cargo concluyó el 10 de enero, es una distorsión de la ley fundamental."[46]

Lo ocurrido, en todo caso, no fue otra cosa que una manifestación más, y sin duda extrema, del desmantelamiento total del principio de la separación

---

46 "Hugo Chavez n'était pas à Caracas, ce 10 janvier, pour l'investiture de son nouveau mandat présidentiel. Il a disparu de la circulation depuis un mois. Selon son entourage, il est hospitalisé à Cuba, où il a été opéré quatre fois pour un cancer dont la nature reste un "secret défense "jalousement gardé. / Le vice-président Nicolas Maduro pouvait le remplacer tant que le mandat de M.Chavez était en vigueur. Il s'est achevé le 10 janvier. Au Venezuela, le vice-président n'est pas élu, il est désigné par le président en exercice, qui peut le changer autant de fois qu'il le veut, comme un ministre. Ce n'est pas un "ticket" de candidats à la présidence et à la vice-présidence qui se présente devant les électeurs. / Autant dire que le vice-président n'a aucune légitimité provenant du suffrage universel. Lorsqu'un nouveau mandat présidentiel commence, le chef de l'Etat doit désigner son vice-président. A condition bien entendu d'avoir été lui-même investi en bonne et due forme. / Au Venezuela, à compter du 10 janvier, la vacance de la présidence devait être palliée par le président de l'Assemblée nationale, Diosdado Cabello, qui dispose, lui, de la légitimité qui vient des urnes. En cas de vacance temporaire du président de la République, il peut le remplacer pendant 90 jours, renouvelables une fois. En cas de vacance définitive, le président de l'Assemblée assume la magistrature suprême et convoque des élections dans un délai de 30 jours. / Prétendre que l'investiture présidentielle du 10 janvier est une formalité parce que M.Chavez réélu en octobre 2012 se succéderait à lui-même est une entourloupe qui fait peu de cas de la Constitution écrite et adoptée par les chavistes. De même, prétendre "prolonger" le mandat présidentiel jusqu'à une hypothétique remise en forme de M.Chavez et remettre donc la responsabilité de l'Etat à Nicolas Maduro, dont la charge s'achevait le 10 janvier, est une entorse à la loi fondamentale." Véase Paulo A. Paranagua, "La crise au Venezuela et le cas du Paraguay: deux poids, deux mesures," en http://americalatina.blog.le-monde.fr/2013/01/10/la-crise-au-venezuela-et-le-cas-du-paraguay-deux-poids-deux-mesures/?utm_source=dlvr.it&utm_medium=twitter#xtor=RSS-3208001

de poderes que se había venido produciendo en los 14 años precedentes,[47] particularmente con la destrucción total de la independencia y autonomía del Poder Judicial, [48] y con ello, de la base fundamental de la democracia como sistema político,[49] lo que llevó al sometimiento total de los diversos poderes del Estado a un control férreo, unipersonal, que incluso funcionó en enero de 2013, en nombre de un Presidente enfermo e inhabilitado, siendo el de haber

47 Véase Allan R. Brewer-Carías, "El principio de la separación de poderes como elemento esencial de la democracia y de la libertad, y su demolición en Venezuela mediante la sujeción política del Tribunal Supremo de Justicia," en *Revista Iberoamericana de Derecho Administrativo, Homenaje a Luciano Parejo Alfonso,* Año 12, Nº 12, Asociación e Instituto Iberoamericano de Derecho Administrativo Prof. Jesús González Pérez, San José, Costa Rica 2012, pp. 31-43; "Los problemas del control del poder y el autoritarismo en Venezuela", en Peter Häberle y Diego García Belaúnde (Coordinadores), *El control del poder. Homenaje a Diego Valadés,* Instituto de Investigaciones Jurídicas, Universidad Nacional Autónoma de México, Tomo I, México 2011, pp. 159-188.

48 Véase Allan R. Brewer-Carías, "Sobre la ausencia de independencia y autonomía judicial en Venezuela, a los doce años de vigencia de la constitución de 1999 (O sobre la interminable transitoriedad que en fraude continuado a la voluntad popular y a las normas de la Constitución, ha impedido la vigencia de la garantía de la estabilidad de los jueces y el funcionamiento efectivo de una "jurisdicción disciplinaria judicial"), en *Independencia Judicial,* Colección Estado de Derecho, Tomo I, Academia de Ciencias Políticas y Sociales, Acceso a la Justicia org., Fundación de Estudios de Derecho Administrativo (Funeda), Universidad Metropolitana (Unimet), Caracas 2012, 9-103; "La demolición de las instituciones judiciales y la destrucción de la democracia: La experiencia venezolana," en *Instituciones Judiciales y Democracia. Reflexiones con ocasión del Bicentenario de la Independencia y del Centenario del Acto Legislativo 3 de 1910,* Consejo de Estado, Sala de Consulta y Servicio Civil, Bogotá 2012, pp. 230-254 "La justicia sometida al poder [La ausencia de independencia y autonomía de los jueces en Venezuela por la interminable emergencia del Poder Judicial (1999-2006)]" en *Cuestiones Internacionales. Anuario Jurídico Villanueva 2007,* Centro Universitario Villanueva, Marcial Pons, Madrid 2007, pp. 25-57, y en *Derecho y democracia. Cuadernos Universitarios,* Órgano de Divulgación Académica, Vicerrectorado Académico, Universidad Metropolitana, Año II, No. 11, Caracas, septiembre 2007, pp. 122-138; "La progresiva y sistemática demolición institucional de la autonomía e independencia del Poder Judicial en Venezuela 1999-2004", en *XXX Jornadas J.M Domínguez Escovar, Estado de derecho, Administración de justicia y derechos humanos,* Instituto de Estudios Jurídicos del Estado Lara, Barquisimeto, 2005, pp. 33-174.

49 Véase Allan R. Brewer-Carías, *Dismantling Democracy. The Chávez Au-thoritarian Experiment,* Cambridge University Press, New York, 2010; "La demolición del Estado de derecho y la destrucción de la democracia en Venezuela," en *Revista Trimestral de Direito Público (RTDP),* Nº 54, Instituto Paulista de Direito Administrativo (IDAP), Malheiros Editores, Sao Paulo, 2011, pp. 5-34.

armado un Estado Totalitario, uno de sus principales legados luego de catorce años de autoritarismo.[50]

Por ello, Sr. José Miguel Insulza, Secretario General de la Organización de Estados Americanos, ante el requerimiento de entidades de Venezuela de que la institución confrontara lo ocurrido en el país con los principios de la Carta Democrática Interamericana, según se informó públicamente, se limitó a indicar que la OEA "respeta la decisión de los poderes constitucionales de Venezuela de aplazar indefinidamente la toma de posesión del Presidente Hugo Chávez," precisando simplemente que "El tema ha sido ya resuelto por los tres poderes del Estado de Venezuela: *lo planteó el Ejecutivo, lo consideró el Legislativo, y lo resolvió el Judicial"*, de lo que concluyó afirmando que "Las instancias están agotadas y por lo tanto el proceso que se llevará a cabo en ese país es el que han decidido los tres poderes."[51]

Tan simple y elemental como eso, y cualquier consideración de si esos tres poderes eran efectivamente independientes y autónomos, por lo visto no tenía importancia alguna, particularmente de cara a la *Carta Democrática Interamericana* adoptada por la propia OEA en la cual se determina con precisión, como "componentes esenciales" de la democracia, tanto "la separación e independencia de los poderes públicos" como "el acceso al poder y su ejercicio con sujeción al Estado de derecho," y un "régimen plural de partidos y organizaciones políticas," en adición al "respeto a los derechos humanos y las libertades fundamentales," y "a la celebración de elecciones periódicas, libres, justas y basadas en el sufragio universal y secreto, como expresión de la soberanía del pueblo" (art. 3). Eso, para el Secretario General de la OEA, por lo visto no tenía ni tiene interés ni importancia.

En ese proceso ocurrido en Venezuela de sometimiento progresivo de los poderes del Estado a control político férreo, en todo caso, el rol más importante y trágico lo ha tenido el Tribunal Supremo de Justicia, el cual lejos de ser el supremo garante de la Constitución, por el control político ejercido sobre el mismo, particularmente sobre su Sala Constitucional, lamentablemente se ha convertido en el instrumento más certero para asegurar el autoritarismo en el país,[52] impartiendo una justicia constitucional distorsionada,[53]

---

50 Véase Allan R. Brewer-Carías, *Estado Totalitario y desprecio a la Ley. La desconstitucionalización, desjuridificación, desjudicialización y desdemocra-tización de Venezuela,* Editorial Jurídica Venezolana, Caracas 2014.

51 J. M. Insulza: "OEA respeta decisión de los poderes constitucionales sobre la toma de posesión del presidente Chávez" 11-1-2013, en http://www.noticierovenevision.net/politica/2013/enero/11/51405=oea-respeta-decision-de-los-poderes-constitucionales-sobre-la-toma-de-posesion-del-presidente-chavez; y en http://globovision.com/articulo/oea-respeta-cabalmente-decision-del-tsj-sobre-toma-de-posesion-de-chavez

52 Véase Allan R. Brewer-Carías, "El juez constitucional al servicio del autoritarismo y la ilegítima mutación de la Constitución: el caso de la Sala Constitucional del Tribunal Supremo de Justicia de Venezuela (1999-2009)", en *Revista de Administración*

muchas veces "a la carta" conforme a las peticiones siempre "oportunas" del abogado del Estado o de ciudadanos "interesados," por la vía de un inventado[54] y absolutamente endémico recurso autónomo de interpretación abstracta de la Constitución;[55] con todo lo cual ha sido el principal instrumento del Estado Totalitario para dar el golpe a la democracia.[56]

Ello, en definitiva, es lo único que puede explicar la emisión de sentencias como la No. 2 del día 9 de enero de 2013, para resolver un recurso de interpretación abstracta sobre el contenido y alcance del artículo 231 de la Constitución,[57] en la cual, como se ha dicho, la Sala Constitucional aplicando un principio del derecho administrativo propio de la función pública como es el de la "continuidad administrativa," resolvió poner el gobierno de Venezuela para el inicio del período constitucional 2013-2019 en manos de funcionarios que no habían sido electos popularmente, y que, por tanto, carecían

Pública, N° 180, Madrid 2009, pp. 383-418, y en *IUSTEL, Revista General de Derecho Administrativo*, N° 21, junio 2009, Madrid, ISSN-1696-9650

53 Véase Allan R. Brewer-Carías, *Crónica sobre la "in" justicia constitucional. La Sala Constitucional y el autoritarismo en Venezuela*, Colección Instituto de Derecho Público, Universidad Central de Venezuela, N° 2, Caracas 2007, 702 pp; *Práctica y distorsión de la justicia constitucional en Venezuela (2008-2012)*, Colección Justicia N° 3, Acceso a la Justicia, Academia de Ciencias Políticas y Sociales, Universidad Metropolitana, Editorial Jurídica Venezolana, Caracas 2012, 520 pp.; *La patología de la justicia constitucional*, Editorial Investigaciones Jurídicas/ Editorial Jurídica Venezolana, San José, Costa Rica 2012, 596 pp.

54 Véase Allan R. Brewer-Carías, "La ilegítima mutación de la constitución por el juez constitucional: la inconstitucional ampliación y modificación de su propia competencia en materia de control de constitucionalidad. Trabajo elaborado para el *Libro Homenaje a Josefina Calcaño de Temeltas*. Fundación de Estudios de Derecho Administrativo (FUNEDA), Caracas 2009, pp. 319-362

55 Recurso que hemos criticado desde el inicio. Véase Allan R. Brewer-Carías, "*Quis Custodiet Ipsos Custodes*: De la interpretación constitucional a la inconstitucionalidad de la interpretación", en *VIII Congreso Nacional de derecho Constitucional, Perú*, Fondo Editorial 2005, Colegio de Abogados de Arequipa, Arequipa, septiembre 2005, pp. 463-489; y en *Revista de Derecho Público*, N° 105, Editorial Jurídica Venezolana, Caracas 2006, pp. 7-27; "Le recours d'interprétation abstrait de la Constitution au Venezuela", en *Le renouveau du droit constitutionnel, Mélanges en l'honneur de Louis Favoreu*, Dalloz, Paris 2007, pp. 61-70

56 Véase Allan R. Brewer-Carías, *Golpe a la democracia dado por la Sala Constitucional. (De cómo la Sala Constitucional del Tribunal Supremo de Justicia de Venezuela impuso un gobierno sin legitimidad democrática, revocó mandatos populares de diputada y alcaldes, impidió el derecho a ser electo, restringió el derecho a manifestar, y eliminó el derecho a la participación política, todo en contra de la Constitución)*, Colección Estudios Políticos N° 8, Editorial Jurídica Venezolana, Caracas 2014.

57 Véase el texto de la sentencia en http://www.tsj.gov.ve/decisiones/scon/Enero/02-9113-2013-12-1358.html

de legitimidad democrática (como son el Vicepresidente Ejecutivo y de los Ministros que habían sido nombrados en el período constitucional anterior 2007-2013), hasta cuando el propio Tribunal Supremo fijase la oportunidad para que el Presidente electo enfermo – si es que efectivamente vivía - se juramentase ante el mismo, cuando pudiera, sin haberse molestado siquiera a tener a la vista prueba alguna de la situación de salud del Presidente, lo que por lo demás podía requerir de oficio.

Como se ha dicho, basta releer la norma "interpretada" para constatar que la misma sólo indica que el candidato elegido debe tomar posesión del cargo de Presidente de la República "el diez de enero del primer año de su período constitucional, mediante juramento ante la Asamblea Nacional," y que "si por cualquier motivo sobrevenido" no pudiere "tomar posesión ante la Asamblea Nacional, lo hará ante el Tribunal Supremo de Justicia." Y nada más. En forma alguna puede ser interpretada dicha norma violando el principio democrático que está a la base de la propia Constitución (art. 5), y que impone que el cargo de Presidente de la República debe ejercerse por una persona elegida por el pueblo.

Mediante este tipo de sentencias, lamentablemente, en este caso, y progresivamente, en Venezuela se ha ido mutando la Constitución, cambiándole el sentido a sus normas[58] conforme a lo requerido por el gobierno, incluso para implementar reformas constitucionales que han sido rechazadas por el pueblo, como ocurrió con la Reforma Constitucional de 2007,[59] muchas de cuyas previsiones popularmente rechazadas se implementaron por la Sala Constitucional,[60] o mediante leyes inconstitucionales respecto de las cuales

---

58 Véase Allan R. Brewer-Carías, "La fraudulenta mutación de la Constitución en Venezuela, o de cómo el juez constitucional usurpa el poder constituyente originario,", en *Anuario de Derecho Público*, Centro de Estudios de Derecho Público de la Universidad Monteávila, Año 2, Caracas 2009, pp. 23-65; y "La ilegítima mutación de la Constitución por el juez constitucional y la demolición del Estado de derecho en Venezuela.," *Revista de Derecho Político*, Nº 75-76, *Homenaje a Manuel García Pelayo*, Universidad Nacional de Educación a Distancia, Madrid, 2009, pp. 291-325.

59 Véase sobre ese proyecto de reforma constitucional Allan R. Brewer-Carías, *La reforma constitucional de 2007 (Comentarios al Proyecto inconstitucionalmente sancionado por la Asamblea Nacional el 2 de noviembre de 2007),* Colección Textos Legislativos, Nº 43, Editorial Jurídica Venezolana, Caracas 2007.

60 Véase en general Allan R. Brewer-Carías, *Reforma constitucional y fraude a la Constitución (1999-2009),* Academia de Ciencias Políticas y Sociales, Caracas 2009; y por ejemplo en materia de forma del Estado, "La Ilegítima mutación de la Constitución y la Legitimidad de la Jurisdicción Constitucional: La "Reforma" de la forma federal del Estado en Venezuela mediante interpretación constitucional," en *Anuario No. 4, Diciembre 2010,* Instituto de Investigación Jurídicas, Facultad de Jurisprudencia y Ciencias Sociales, Universidad Dr. José Matías Delgado de El Salvador, El Salvador 2010, pp. 111-143 (ISSN 2071-2472; "La ilegitima mutación de la Constitución y la legitimidad de la jurisdicción constitucional: la "reforma" de la forma federal del Estado en Venezuela mediante interpretación constitucional," en

la Sala Constitucional se ha negado a ejercer el control de constitucionali-dad.[61]

Por supuesto, con un Juez Constitucional sometido al poder no es fácil que pueda haber control del poder, que es lo esencial en un Estado de Derecho.

En todo caso, como consecuencia de lo anterior, por imposición del Tribunal Supremo de Justicia mediante la mencionada sentencia No. 02 de 9 de enero de 2013,[62] a partir del día 10 de enero de 2013, se inició en Venezuela el nuevo período constitucional presidencial 2013-2019, sin que el Presidente de la República, quién había sido electo en octubre de 2012, hubiese tomado posesión de su cargo como lo exigía el artículo 231 de la Constitución, lo que debió haber ocurrido mediante juramento ante la Asamblea Nacional ese mismo día 10 de enero de 2013.

Como consecuencia de la ausencia del Presidente de la República de dicho acto que marcaba el inicio del período constitucional 2013-2019, y sin que se supiera a ciencia cierta de su suerte, de su salud y de su vida, el pueblo de Venezuela a través de sus representantes, que eran precisamente los diputados electos y que conforman la Asamblea Nacional, no pudo constatar

---

Memoria del X Congreso Iberoamericano de Derecho Constitucional, Instituto Iberoamericano de Derecho Constitucional, Asociación Peruana de Derecho Constitucional, Instituto de Investigaciones Jurídicas-UNAM y Maestría en Derecho Constitucional-PUCP, IDEMSA, Lima 2009, tomo 1 , pp. 29-51; "La Sala Constitucional como poder constituyente: la modificación de la forma federal del estado y del sistema constitucional de división territorial del poder público, en *Revista de Derecho Público,* N° 114, (abril-junio 2008), Editorial Jurídica Venezolana, Caracas 2008, pp. 247-262.

61   Véase en Allan R. Brewer-Carías, "La desconstitucionalización del Estado de derecho en Venezuela: del Estado Democrático y Social de derecho al Estado Comunal Socialista, sin reformar la Constitución," *en Libro Homenaje al profesor Alfredo Morles Hernández, Diversas Disciplinas Jurídicas,* (Coordinación y Compilación Astrid Uzcátegui Angulo y Julio Rodríguez Berrizbeitia), Universidad Católica Andrés Bello, Universidad de Los Andes, Universidad Monteávila, Universidad Central de Venezuela, Academia de Ciencias Políticas y Sociales, Vol. V, Caracas 2012, pp. 51-82; en Carlos Tablante y Mariela Morales Antonorzzi (Coord.), *Descentralización, autonomía e inclusión social. El desafío actual de la democracia,* Anuario 2010-2012, Observatorio Internacional para la democracia y descentralización, En Cambio, Caracas 2011, pp. 37-84; en *Estado Constitucional,* Año 1, N° 2, Editorial Adrus, Lima, junio 2011, pp. 217-236; en Revista *Aequitas,* Facultad de Ciencias Jurídicas, Universidad de El Salvador, Tercera Etapa, Año V, Número 5, Buenos Aires 2011, pp. 105-138; y en *Revista Aequitas Virtual,* Número 15 - Año V - Facultad de Ciencias Jurídicas, Universidad de El Salvador, Buenos Aires, Mayo 2011 (Sección "Derecho Constitucional"), en http://www.salvador.edu.ar/juri/aequitasNE/nroquince/Dere-cho%20constitucional%20Allan%20R.Brewer-Carias.pdf

62   Expediente N° 12-1358, Solicitante: Marelys D'Arpino. Véase el texto de la sentencia en: http://www.tsj.gov.ve/decisiones/scon/Enero/02-9113-2013-12-1358.html

que el Presidente, quien había sido electo tres meses antes, dada su seria condición de salud como fue informado ante la Asamblea el 8 de enero de 2013, pero que se sabía desde que fue diagnosticada el junio de 2011, estaba o no en condiciones de gobernar.

IV. SOBRE EL FUNCIONAMIENTO DEL GOBIERNO CONSTITU-CIONAL CON UN PRESIDENTE SUPUESTAMENTE ENFERMO EN LA HABANA, PERO QUE SIN EMBARGO FIRMA DECRETOS EN CARACAS, CONDUCIDO EN VENEZUELA POR UN VICE-PRESIDENTE EJECUTIVO CON ATRIBUCIONES LIMITADAS (17-1-2013)

El juramento de un Presidente para iniciar su período constitucional, en efecto, es un acto solemne mediante el cual comparece ante el pueblo a expresar su voluntad de comenzar a ejercer sus funciones de gobierno, jurando cumplir cabalmente con sus obligaciones; y para el pueblo, es la forma de constatar que quien fue electo no sólo está vivo sino en condiciones plenas para ejercer su cargo.

Por ello, ese acto de juramento ante el pueblo, como resulta de la doctrina sentada años atrás por el mismo Tribunal Supremo de Justicia en sentencia N° 780 del 8 de mayo de 2008 (Caso *Gobernador del Estado Carabobo*), constituye "una solemnidad imprescindible," para la "toma de posesión" de la cual depende "el inicio de la acción de gobierno" y, por tanto, "condiciona la producción de los efectos jurídicos" de la "función ejecutiva" del Presidente electo y, el consiguiente, "desarrollo de las facultades de dirección y gobierno" de Estado, "así como la gestión del interés público que satisface real y efectivamente las necesidades colectivas," considerando, en fin que "de ello depende el funcionamiento de uno de los poderes del Estado."[63]

---

63   En la parte pertinente relativa al inicio del período constitucional del Gobernador como jefe del Ejecutivo en un Estado (Estado Carabobo), la Sala Constitucional del Tribunal Supremo decidió como sigue: "Ciertamente y tal como señaló esta Sala en la decisión N° 780 del 8 de mayo de 2008, la eficacia tangible del principio democrático constituye un parámetro esencial en la determinación de la finalidad humanista del Estado y como quiera que el inicio de la acción de gobierno depende de la correspondiente toma de posesión, resulta patente que el acto de juramentación del jefe del ejecutivo estadal constituye una solemnidad imprescindible para la asunción de la magistratura estadal y, por tanto, condiciona la producción de los efectos jurídicos de una de las funciones esenciales de los entes político territoriales, a saber, la función ejecutiva del gobernador electo y, el consiguiente, desarrollo de las facultades de dirección y gobierno de la entidad, así como la gestión del interés público que satisface real y efectivamente las necesidades colectivas, resulta patente la difusividad del asunto planteado ya que de ello depende el funcionamiento de uno de los poderes del Estado Carabobo". Véase la sentencia N° 780 del 8 de mayo de 2008 (Caso Gobernador del Estado Carabobo).

Pero como se ha dicho, a pesar de lo esencial de esa solemnidad, y aún reconociendo su carácter "imprescindible," el Tribunal Supremo de Justicia en la sentencia No. 2 del 9 de enero de 2013[64] dispuso que la no comparecencia anunciada del Presidente de la República para su toma de posesión el día siguiente 10 de enero de 2013, por encontrarse totalmente incapacitado para ello por supuestamente yacer, como se informaba, en una cama de hospital en La Habana después de haber sido operado un mes antes (11 de diciembre de 2012), por el hecho de que había sido "reelecto" terminando ese mismo día su período anterior (2007-2013), en virtud de que como eventualmente y supuestamente podría prestar dicho juramento posteriormente, no pudiendo considerarse en ese día de terminación del período constitucional 2007-2013, por su ausencia, "que el gobierno queda *ipso facto* inexistente," resolvió que:

> "el Poder Ejecutivo (constituido por el Presidente, el Vicepresidente, los Ministros y demás órganos y funcionarios de la Administración) seguirá ejerciendo cabalmente sus funciones con fundamento en el principio de la continuidad administrativa."[65]

A partir de ese día, por tanto, y por lo que respecta a nuevo período constitucional, a pesar de que existía una falta efectiva del Presidente de la República por su ausencia del territorio nacional, el Tribunal Supremo de Venezuela le impuso a los venezolanos un gobierno no electo, violando el principio democrático. Con ello, simplemente los que detectaban el poder "se robaron el gobierno."

Es cierto, como lo precisó el profesor Hérman Escarrá, que la no realización del acto de juramentación el 10 de enero de 2013 "no significa que no es Presidente de la República el Presidente," es decir, no significaba que el Presidente Chávez cuya falta absoluta no había sido informada como ocurrida, tenía la titularidad del cargo de Presidente de la República, condición que sin duda tenía después de haber sido electo; sin embargo, como también lo precisó el profesor Jesús María Casal, "si el Jefe del Estado no hace acto de

---

64 Expediente N° 12-1358, Solicitante: Marelys D'Arpino. Véase el texto de la sentencia en: http://www.tsj.gov.ve/decisiones/scon/Enero/02-9113-2013-12-1358.html

65 Sobre esta sentencia, lejos de considerar que con la misma se dio un "golpe a la Constitución, el profesor Héctor Faúndez Ledezma, lo que estimó es que "No hay nada de qué sorprenderse. El error está en asumir que un tribunal en el que no hay una sola persona con sólida trayectoria jurídica pueda interpretar correctamente la Constitución. Lo absurdo es pretender que un tribunal, integrado personas elegidas en función de su compromiso con un proyecto político y de su lealtad a un caudillo, pueda actuar con independencia e imparcialidad. Lo extravagante es pensar que un tribunal presidido por quien ha afirmado que "la división de poderes debilita al Estado" pueda decidir con independencia en un asunto que concierne, precisamente, a este Gobierno." Véase Héctor Faúndez Ledezma, "Santa palabra", *El Nacional*, 18-1-2013. en http://www.el-nacional.com/hec-tor_faundez/Santa-palabra_0_119989466.html

presencia en ese momento confirmaría en principio que está incapacitado para asumir el próximo mandato," o como lo expresó el profesor Jesús María Alvarado Andrade, "Si [el Presidente] no se juramenta en esa fecha no puede ejercer constitucionalmente. Estaríamos en un desempeño del cargo de facto."[66]

Una cosa es la titularidad del cargo, y otra, por tanto, es su ejercicio. Nadie le negaba al Presidente, porque se informaba oficialmente que supuestamente estaba vivo pero enfermo, la titularidad de su cargo, sin embargo, constitucionalmente, a partir del 10 de enero de 2013, cuando cesó como Presidente en el período constitucional 2007-2013, por su falta de juramentación para el período constitucional 2013-2019 no podía ejercer su cargo, pues no había tomado posesión del mismo. Sin embargo, sin ninguna base constitucional, como se ha argumentado, el Tribunal Supremo le impuso a los venezolanos a partir del 10 de enero de 2013, un gobierno conformado por el "Poder Ejecutivo (constituido por el Presidente, el Vicepresidente Ejecutivo, los Ministros y demás órganos y funcionarios de la Administración)" que existía antes del 10 de enero de 2013, el cual dispuso que "seguirá ejerciendo cabalmente sus funciones con fundamento en el principio de la continuidad administrativa."

En cuanto al Presidente de la República que supuestamente continuaba, según la Sala, "ejerciendo cabalmente sus funciones" ello no pasaba de ser un buen deseo o un buen pensamiento, pues por las informaciones oficiales suministradas desde el gobierno, desde el 11 de diciembre de 2012 el Presidente no sólo estaba ausente del territorio nacional, sino que – si es que estaba vivo – desde donde permanecía, estaba totalmente incapacitado para gobernar.[67]

De manera que no era cierto, como lo afirmo la Sala Constitucional, que el Poder Ejecutivo estaba conducido por el Presidente de la República, ni que éste pudiera ejercer su cargo, y menos "continuar" ejerciéndolo en forma alguna. En el cuadro informado de gravedad del Presidente, en realidad, a esa fecha, lo único que se sabía como supuesto signo de su condición, era

---

66   Véase lo que expusieron en el programa reseñado en; "Toma de posesión. Visiones jurídicas sobre el 10 de enero," en *El Universal,* 10 de enero de 2013, en http://www.eluniversal.com/nacional-y-politica/salud-presidencial/130110/visiones-juridicas-sobre-el-10-de-enero

67   El 13 de enero de 2013, el Ministro de Información Villegas, informaba: "El presidente de Venezuela, Hugo Chávez, evoluciona favorablemente de la cirugía a la que fue sometido el pasado 11 de diciembre, aunque aún necesita "medidas específicas" para la solución de la "insuficiencia respiratoria" que se le originó como consecuencia de una infección. "A pesar de su delicado estado de salud después de la compleja intervención quirúrgica del 11 de diciembre pasado en los últimos días la evolución clínica general ha sido favorable", véase en http://www.lapatilla.com/site/2013/01/13/villegas-en-minutos-comunicado-oficial-sobre-salud-de-chavez/

que en algún momento había "apretado" la mano del Vicepresidente Ejecutivo, según información suministrada por él mismo.[68] Al contrario de lo que afirmó la Sala, había una evidente falta efectiva del Presidente de la República del país y del ejercicio del cargo para el cual había sido electo.

Según la información oficial no se trataba constitucionalmente de una "falta absoluta," pero sí podía considerarse como una falta equivalente a una "falta temporal" producida por el hecho de estar ausente del territorio nacional. Sin embargo, esa realidad de los hechos la negó el Tribunal Supremo y más bien le dijo a los venezolanos que "no debe considerarse que la ausencia del territorio de la República configure automáticamente una falta temporal en los términos del artículo 234 de la Constitución de la República Bolivariana de Venezuela, sin que así lo dispusiere expresamente el Jefe de Estado *mediante decreto especialmente redactado para tal fin.*" O sea que quien va a quedar incapacitado temporalmente para ejercer un cargo por un hecho futuro que está fuera de su control (una intervención quirúrgica de urgencia, por ejemplo), está en la obligación de saberlo anticipadamente (es decir, ser clarividente), de anunciarlo, y es más, en este caso, de disponerlo y decretarlo personalmente. De lo contrario, puede estar postrado en una cama de hospital lejos de la sede del gobierno, y sin embargo, estar y continuar en ejercicio de su cargo.

No se necesita mucha lógica para entender lo absurdo, ilógico, irracional, inadmisible, irrazonable, desatinado, en fin, falso, de esta afirmación de la Sala Constitucional.[69] Desde el 10 de diciembre de 2012 y luego desde el 10 de enero de 2013, el Presidente Chávez efectivamente estaba y continuaba ausente, y si vivía, no estaba en capacidad de gobernar. En definitiva, estaba

---

68 "Maduro: "Chávez me apretó la mano con una fuerza gigantesca," indicando que "En uno de los saludos lo saludé (a Chávez) con la mano izquierda y me apretó con una fuerza gigantesca mientras hablábamos", comentó Maduro durante una entrevista exclusiva que ofreció al canal interestatal Telesur desde Cuba, donde se encuentra desde el pasado 29 de diciembre acompañando al gobernante y a sus familiares."Véase en Larazón.com, 2 de enero de 2013, en http://www.larazon.es/detalle_normal/noticias/554672/maduro-chavez-me-apreto-la-mano-con-una-fuerz

69 Por ello Pablo Aure explicaba: "En Venezuela se votó por Hugo Chávez, pero debido a una "interpretación" que jamás se podrá entender, el Tribunal Supremo de Justicia en Sala Constitucional, nos dijo que Hugo Chávez tiene permiso para estar ausente del país hasta que se cure o regrese a Venezuela, pero sigue estando en pleno ejercicio de sus funciones. La triste razón que esgrimió la Sala fue la siguiente: "No debe considerarse que la ausencia del territorio de la República configure automáticamente una falta temporal en los términos del artículo 234 de la Constitución de la República Bolivariana de Venezuela, sin que así lo dispusiere expresamente el Jefe de Estado mediante decreto especialmente redactado para tal fin..."(sic) Es decir, que si Chávez muere o queda incapacitado para ejercer sus funciones seguirá mandando desde el más allá, o nos seguiremos calando a los usurpadores que el TSJ imponga." Véase Pablo Aure, "Hasta Cuando. Pueblo humillado" *El Carabobeño*, 14-1-2013, en http://www.el-carabobeno.com/impreso/articulo/45785/pueblo-humillado

en una falta efectiva del ejercicio del cargo, por imposibilidad física de ejercerlo.[70]

Ello lo que implicaba era que en razón de la imposición del Tribunal Supremo y del mencionado e inaplicable "principio de continuidad administrativa" en el cual la Sala Constitucional fundamentó su decisión, a partir del 10 de enero de 2013, el Poder Ejecutivo en Venezuela, de hecho, estaba constituido sólo por "el Vicepresidente, los Ministros y demás órganos y funcionarios de la Administración," funcionarios todos nombrados en el período constitucional anterior que efectivamente eran los que podían, en los térmi-

---

70 En relación con esta falta efectiva, debe indicarse que el profesor Hermán Escarrá, llegó a negar su existencia que en este caso diciendo que "No hay falta temporal ni hay falta absoluta. No existe la figura de la falta en este momento, porque hay un hecho sobrevenido y hay un permiso otorgado por la Asamblea Nacional. En el orden jurídico, está permisado el Presidente reelecto para hacerse la operación y continuar con los cuidados que sean necesarios." El razonamiento, por supuesto no tiene asidero constitucional alguno: Ciertamente no habría "falta absoluta" en los términos constitucionales pues se informaba que el Presidente permanecía con vida, y no habría "falta temporal" en los términos constitucionales a partir del 10 de enero de 2013, porque el Presidente no había tomado posesión de su cargo, pero evidentemente que hasta el 10 de enero de 2013 había una "falta temporal" en los términos constitucionales, por la ausencia del Presidente del territorio nacional desde el 10 de diciembre de 2012, yaciendo en una cama de hospital recuperando su salud. Esa falta efectiva del Presidente continuo a partir del 10 de enero de 2013, y ello le impidió tomar posesión de su cargo. Por lo demás, no es cierto que, como dijo Escarrá, haya habido "un permiso otorgado por la Asamblea Nacional" al "Presidente reelecto para hacerse la operación y continuar con los cuidados que sean necesarios," agregando que "el permiso fue otorgado para una operación" que "hay que esperar el restablecimiento del Presidente de la República," y que es por "el tiempo de la gravedad de la enfermedad, el tiempo que requiera el Presidente porque ese fue el permiso que se le dio." Véase lo expuesto por Hermann Escarrá, en "Escarrá sostiene que "no hay vacío de poder" y que "el Ejecutivo Nacional es legítimo" en *Yaesnoticia.com* 13-1-2013, en http://yaesnoticia.com/nacionales/escarra-sostiene-que-no-hay-vacio-de-poder-y-que-el-ejecutivo-nacional-es-legitimo/._Ello simplemente no es cierto, pues la Asamblea el 9 de diciembre de 2012, lo que otorgó fue una autorización al Presidente de la República para ausentarse del país por un período de más de cinco días, que es a lo único a lo que se refiere el control político que ejerce el Parlamento frente a las ausencias del territorio nacional conforme al artículo 235 de la Constitución: ausencias del territorio que se prolonguen por más de 5 días. Y si el tiempo de permanencia fuera del territorio nacional, por la razón o motivo que fuera, es por más de 90 días, entonces entra en aplicación el artículo 234 de la Constitución. Lo expuesto por Escarrá equivale a considerar como lo ha observado atinadamente Antonio Sánchez García que el presidente Chávez: "continuaría al mando imaginario de una presidencia virtual, bajo un permiso indeterminado, tanto tiempo como su sobrevivencia asimismo virtual lo hiciera posible."Véase en Antonio Sánchez García, "La rambolesca y triste historia de una satrapía anunciada" 11-1-2013, en http://m.notitarde.com/nota.aspx?Id=159364.

nos de la sentencia de la Sala, seguir realmente "ejerciendo cabalmente sus funciones con fundamento en el principio de la continuidad administrativa."

Dejando aparte el caso de los Ministros y demás funcionarios, interesa precisar sobre todo, en ausencia del Presidente de la República, las funciones del Vicepresidente Ejecutivo, pues si se hubiese aplicado la Constitución, la "falta temporal" del Presidente de la República en este caso de ausencia del territorio nacional, por viaje al exterior y sometimiento a una operación quirúrgica que lo imposibilita para ejercer sus funciones, el Vicepresidente Ejecutivo, para el 10 de enero de 2015 habría estado supliendo al Presidente en el ejercicio de sus funciones. La imposición de la continuidad en el ejercicio del cargo resuelta por la Sala Constitucional hubiera significado, en ese caso, que el Vicepresidente Ejecutivo hubiera continuado supliendo la falta temporal del Presidente y hubiera podido ejercer todas sus funciones constitucionales. Esa es precisamente una de sus atribuciones esenciales previstas en el artículo 239.8 de la Constitución "suplir las faltas temporales del Presidente de la República" (además, art. 234), que se quiso ignorar.

En efecto, tanto el Presidente Chávez, cuando todavía tenía conciencia, como el Vicepresidente Maduro se negaron a aplicar estas normas constitucionales, rehusando a considerar la ausencia del primero del territorio nacional como "falta temporal," y lo mismo hizo la Sala Constitucional, al disponer que sólo si el Presidente la hubiese "decretado" al abandonar el territorio nacional la misma hubiera podido materializarse.

El absurdo que resulta de todo esto, es que el gobierno no electo que le impuso la Sala Constitucional a los venezolanos a partir del 10 de enero de 2013, estaba conducido por un funcionario quién como Vicepresidente Ejecutivo, ni siquiera suplía la falta temporal del Presidente, es decir, no podía ejercer las funciones del Presidente, teniendo en cambio sólo sus funciones establecidas en el artículo 239 de la Constitución, y las escasas y limitadas funciones que el Presidente le había supuestamente delegado en la víspera de su viaje al exterior en diciembre de 2012. Situación más bizarra no podía uno imaginarse, al punto de que el profesor Escarrá al afirmar que "nadie ha sustituido al Presidente reelecto," agregó que "el Presidente reelecto ha delegado en el Vicepresidente atribuciones adicionales a las que ya la Constitución prevé."[71]

Y efectivamente, como se ha dicho, por una parte, el Vicepresidente Ejecutivo conforme al artículo 239 de la Constitución tiene las siguientes atribuciones: 1. Colaborar con el Presidente de la República en la dirección de la acción del Gobierno; 2. Coordinar la Administración Pública Nacional de conformidad con las instrucciones del Presidente de la República; 3. Propo-

---

71 Véase en "Escarrá sostiene que "no hay vacío de poder" y que "el Ejecutivo Nacional es legítimo" en *Yaesnoticia.com* 13-1-2013, en http://yaesnoticia.com/nacionales/escarra-sostiene-que-no-hay-vacio-de-poder-y-que-el-ejecutivo-nacional-es-legitimo/.

ner al residente de la República el nombramiento y la remoción de los Ministros; 4. Presidir, previa autorización del Presidente o Presidenta de la República, el Consejo de Ministros. 5. Coordinar las relaciones del Ejecutivo Nacional con la Asamblea Nacional; 6. Presidir el Consejo Federal de Gobierno; 7. Nombrar y remover, de conformidad con la ley, los funcionarios nacionales cuya designación no esté atribuida a otra autoridad; 8. Suplir las faltas temporales del Presidente de la República; 9. Ejercer las atribuciones que le delegue el Presidente o Presidenta de la República; y 10. Las demás que le señalen esta Constitución y la ley.

Y por la otra, conforme a la delegación que decretó el Presidente de la República mediante Decreto N° 9.315 de 9 de diciembre de 2012,[72] le delegó al Vicepresidente Ejecutivo, las siguientes y limitadas atribuciones relativas a decretos sobre 1. Créditos adicionales; 2. Traspasos de partidas presupuestarias; 3. Rectificaciones al presupuesto; 4. Operaciones de crédito público; 5. Prórroga para la liquidación de órganos o entes públicos; 6. Nombramiento de algunos altos funcionarios públicos; 7. Afectación para expropiación; 8. Reforma organizacional de entes descentralizados; 9. Puntos de cuenta ministeriales sobre las anteriores materias; 11. Las actuaciones presidenciales como parte de cuerpos colegiados; 12. Jubilaciones especiales a funcionarios; 13. Puntos de cuenta ministeriales sobre adquisición de divisas; 14. Puntos de cuentas sobre presupuestos de los entes descentralizados; 15. Insubsistencias presupuestarias; 16. Exoneraciones del Impuesto al Valor Agregado; 17 Exoneraciones del Impuesto sobre la renta; así como 18. Todas las decisiones administrativas previstas en la Constitución y las leyes (art. 1).

El Presidente habría dispuesto, además, en el Decreto de delegación, al considerar que el Vicepresidente Ejecutivo no lo suplía automáticamente durante su falta temporal, que todos los actos que éste dictase distintos a los expresamente delegados en los ocho primeros numerales del artículo 1 del Decreto referidos a temas de finanzas públicas, para poder ser dictados debían ser sometidos "a consulta previa al Presidente" y a su aprobación en Consejo de Ministros.

Era evidente que el mencionado decreto de delegación cesó en sus efectos, por caducar, a partir del 10 de enero de 2013, al terminar el período constitucional para el cual fue dictado. Sin embargo, y asumiendo que con la decisión de la Sala Constitucional el mismo también fue "prorrogado" en sus efectos, el resultado de todo lo anterior, fue que al no estar el Vicepresidente Ejecutivo supliendo la "falta temporal" del Presidente, por haberlo así resuelto el Presidente y el propio Tribunal Supremo, en su ausencia, el Vicepresidente Ejecutivo comenzó a conducir el Poder Ejecutivo con facultades muy limitadas, entre las cuales no estaban las enumeradas en el artículo 236 de la Constitución asignadas al Presidente de la República.

---

72   Originalmente publicado en *Gaceta Oficial* N° 40.077 de 21 de diciembre de 2012, y republicado en *Gaceta Oficial* N° 40.078 de 26 de diciembre de 2012

Ello, sin embargo, no fue impedimento para que el Vicepresidente Ejecutivo, de nuevo, pero esta vez en virtud de la "continuidad administrativa" decretada por la Sala Constitucional, procediera a designar mediante Decreto N° 9350 de 11 de enero de 2013, "por delegación del Presidente," a un "Vicepresidente Encargado" para suplir su ausencia del territorio nacional para ir a Cuba,[73] designando a tal efecto al ministro de Energía Eléctrica, Héctor Navarro.[74] El Vicepresidente Ejecutivo no tenía entre sus atribuciones la de nombrar Vicepresidentes Encargados, facultad que sólo podía ejercer quien lo nombró a él, que fue el Presidente de la República. Ningún funcionario público está facultado en el ordenamiento jurídico venezolano para designar a nadie para que se encargue de su propio cargo. La designación, por lo tanto, también carecía de toda lógica y legalidad administrativa

Posteriormente, a pesar de que la atribución del Presidente de la República de rendir cuenta de su gestión anualmente ante la Asamblea Nacional es de carácter personalísima, el Vicepresidente Ejecutivo Nicolás Maduro lo hizo supuestamente "en su nombre" el día 15 de enero de 2013, sin tener competencia alguna para ello, ya que supuestamente no suplía la "falta temporal" del Presidente, ni esa atribución estaba dentro de las funciones delegadas. El artículo 237 de la Constitución dispone que "dentro de los diez primeros días siguientes a la instalación de la Asamblea Nacional, en sesiones ordinarias, el Presidente de la República presentará, cada año, *personalmente* a la Asamblea un mensaje en que dará cuenta de los aspectos políticos, económicos, sociales y administrativos de su gestión durante el año inmediatamente anterior." Se trata, de la única norma constitucional en la cual se exige la *actuación personal* del Presidente, y en este caso, se trataba de dar cuenta de la gestión del último año del periodo constitucional 2007-2013. Pues haciendo caso omiso de esta previsión constitucional el Vicepresidente Ejecutivo presentó la memoria y cuenta presidencial el 15 de enero de 2013, "por orden" del Presidente ausente sin indicar cómo y cuando fue dada la misma.[75] Luego aclararía que no presentó tal Memoria y Cuenta sino que lo

---

73   Véase en http://globovision.com/articulo/raul-castro-se-reunio-con-nicolas-maduro-diosdado-cabello-y-rafael-ramirez y en http://www.lapatilla.com/site/2013/01/11/maduro-viaja-hoy-a-cuba/

74   Decreto N° 9.350, de fecha 11 de enero de 2013 en *Gaceta Oficial* N° 40.088, de fecha 11 de enero de 2013

75   Maduro: "Estamos cumpliendo por orden del Presidente la entrega por escrito del informe del Gobierno que él preside. Bajo sus órdenes estamos actuando y cumpliendo de manera impecable esta Constitución". "El 10 de enero comenzó el período 2013-2019 del único Presidente que tenemos: Hugo Chávez Frías." Véase la nota de Globovisión: "Maduro: Actuamos por orden del Presidente al entregar por escrito el informe de su Gobierno", en http://globovision.com/articulo/ni-colas-maduro-presentara-memoria-y-cuenta-del-2012 Algunos de los diputados de la oposición se retiraron de la sesión respectiva. Véase en http://www.noticias24.com/internacionales/noticia/51294/video-de-brewer-carias-hablando-sobre-lo-que-dice-la-constitucion-del-10-e/

que hizo, "por orden" del Presidente, fue entregar por escrito los documentos correspondientes a la misma en virtud de que el artículo 236.17 le atribuye al Presidente facultad para dirigir a la Asamblea Nacional, por intermedio del Vicepresidente Ejecutivo "informe y mensajes especiales" lo cual por supuesto no era el caso.[76]

En todo caso, en la oportunidad de consignar la Memoria y Cuenta del Presidente ante la Asamblea Nacional, el Vicepresidente Maduro anunció que "El presidente Chávez acaba de designar ministro de Relaciones Exteriores al compañero Elías Jaua Milano y además Vicepresidente político de gobierno. Elías Jaua queda a la orden de esta soberana Asamblea Nacional."[77]

Nada informó sin embargo sobre cuándo o cómo el Presidente ausente y enfermo, si es que estaba vivo, había hecho tal nombramiento, y sobre lo cual los venezolanos tuvieron conocimiento formal sólo cuando se publicó en la *Gaceta Oficial* N° 40.090 de 15 de enero de 2013, el Decreto N° 9.351 de esa misma fecha, mediante el cual el mismo Presidente Hugo Chávez, supuestamente, pues no se sabe cómo, nombró a "Elías Jaua Milano, como Ministro del Poder Popular para Relaciones Exteriores;" y el Decreto N° 9.352, de la misma fecha, mediante el cual el mismo Presidente Hugo Chávez, tampoco se sabe cómo, nombró a Elías Jaua Milano, Ministro del Poder Popular para Relaciones Exteriores, como "Sexto Vicepresidente del Consejo de Ministros Revolucionarios del Gobierno Bolivariano para el Área Política," tal como se lee en la *Gaceta*, "con el propósito de fortalecer la

---

76 En la reseña de declaraciones dadas por el Vicepresidente Maduro en el acto de entrega de las Propuestas de la Fuerza Armada Nacional al Plan de la Patria 2013-2019, se informó que: "Maduro declaró que desde siempre el gobierno y su persona tuvieron "claro" que no podía ser él, en su carácter de vicepresidente, el que presentara la Memoria y Cuenta a manera de discurso ante la Asamblea Nacional porque eso sí hubiese sido una violación de la Constitución. "El Presidente me dio la orden de dirigirme a la Asamblea a entregar su Memoria y Cuenta por escrito porque como vicepresidente no podía rendir la memoria y cuenta ahí, eso lo tuvimos absolutamente claro desde siempre." Detalló que la forma en que entregó los libros están acorde con el cumplimiento de los artículos 236 y 237 de la Constitución... Maduro parafraseó la orden que le dio el presidente Hugo Chávez para entregar por escrito la Memoria y Cuenta. "El Presidente dijo: '15 de enero estoy citado por la Asamblea, no podemos fallar. A pesar de que estoy de permiso por el 235 por voto unánime de la Asamblea Nacional para los asuntos que solicité por esta operación no podemos fallar, asiste a la Asamblea y entrega por escrito el mensaje, y dales un saludo breve de mi parte". Véase "Maduro no presentó la Memoria y Cuenta para no violar Constitución," *El Universal*, 16-1-2013, en http://www.eluniversal.com/nacional-y-politica/130116/maduro-no-presento-la-memoria-y-cuenta-para-no-violar-constitucion

77 Véase en la nota de Globovisión, "Elías Jaua es el nuevo canciller de la república por orden de Chávez," en http://globovision.com/articulo/elias-jaua-es-el-nuevo-canciller-de-la-republica

democracia protagónica revolucionaria, consolidando la base sociopolítica del Socialismo, conformando espacios de participación política que garanticen la consolidación del Poder Popular, así como realizar un efectivo seguimiento a la ejecución e implementación de las medidas y decisiones adoptadas en el Consejo de Ministros Revolucionarios del Gobierno Bolivariano, coadyuvando en el desempeño institucional de las órganos a quienes corresponda la ejecución de dichas medidas, promoviendo la coordinación y cooperación interorgánica de la Administración Pública a todos los niveles;" texto que es como decir nada y decir todo, a la vez.

Lo que se destaca de estos dos decretos, es que con ellos el gobierno impuesto a los venezolanos por el Tribunal Supremo de Justicia a partir del 10 de enero de 2013, comenzó a actuar sobre la base de una falsedad congénita, porque los dos Decretos aparecieron como firmados por Chávez en Caracas (**"Dado en Caracas"**)[78] el día 15 de enero de 2013, cuando era conocido y notorio que Chávez no estaba ni estuvo en Caracas, sino que estaba ausente del territorio nacional, por yacer en una cama de hospital en La Habana, Cuba, supuestamente "recuperándose," según informó el Vicepresidente Maduro de los "estragos" de unas complicaciones postoperatorias.[79] Esos estragos, sin duda, si es que estaba vivo, en todo también fueron los que le habrían impedido estampar su firma en la comunicación enviada a la Asamblea Nacional el 8 de enero de 2013 anunciando que no comparecería a la sesión prevista para la toma de posesión del cargo.

Sin embargo, en cambio, ahora la firma de Hugo Chávez si aparecía en estos dos decretos, "**dados en Caracas**" sobre lo cual el Vicepresidente Ejecutivo Maduro afirmó que:

"El presidente Chávez ha dado una orden y *ha firmado un decreto* y el decreto ha salido como salen centenares de decretos durante el año […] El presidente Chávez como jefe de Estado dio la orden de designar a Elías Jaua, firmó el punto de cuenta, *firmó el decreto* y el decreto fue publicado, sencillo como eso, como siempre ha sido."[80]

---

78   Como lo expresa el profesor José Ignacio Hernández, "La referencia a Caracas no es general. No se menciona a esa ciudad por ser la capital de la República. No. Se menciona a Caracas pues fue el lugar en el cual los Decretos fueron emitidos por el Presidente de la República. Y el acto se emite en el sitio en el cual está el Presidente al momento de dictar el acto." Véase en José Ignacio Hernández, "Sobre la firma del Presidente Chávez", *Prodavinci. com*, 17 de enero de 2013, en http://prodavinci.com/2013/01/17/actualidad/sobre-la-firma-del-presidente-hugo-chavez-por-jose-ignacio-hernandez-g/

79   Véase Entrevista a Nicolás Maduro, "Tratamiento del presidente Chávez es para superar "estragos" de infección respiratoria," *Globovisión* 17 de enero de 2013, en http://globovision.com/articulo/maduro-ahora-tratamiento-de-chavez-es-para-superar-estragos-de-insuficiencia-respiratoria

80   Véase William Neuman, "Critics Question Chávez Signature on an Official Decree," *The New York Times*, New York January 18, 2013, p. A3; y "Tratamiento del

Es decir, el Vicepresidente Maduro afirmó oficialmente, y falsamente sin duda, que el Presidente Chávez efectivamente había firmado el decreto, afirmación que se entiende sólo podría hacer por tener conocimiento de causa, es decir, por ejemplo, por haber sido testigo del hecho. Tendría en tal caso que tener la explicación del don de la ubicuidad del Presidente Chávez de haber estado a la vez, el mismo día 15 de enero, en La Habana y en Caracas, o del propio Vicepresidente Maduro para haber estado igualmente en esos dos lugares, el mismo día 15 de enero

Es evidente, en todo caso, que permaneciendo el Presidente Chávez fuera de Venezuela, en La Habana, esa firma que apareció estampada en unos Decreto de fecha 15 de enero de 2013, definitivamente no se estampó en Caracas como falsamente se indicó en los textos, sino que si efectivamente los hubiera firmado debió haber estampado la firma en La Habana, tal como se deducía de lo afirmado por el propio Ministro Jaua, nombrado en los mismos al Decretos, al decir que "desde La Habana el presidente Hugo Chávez está 'ejerciendo el poder'" [...] "Chávez está mandando y por eso fui nombrado canciller."[81]

Como lo advirtió el profesor José Ignacio Hernández: "Aquí tenemos una contradicción sin solución aparente: si los Decretos fueron firmados en Caracas, como se afirma en su texto, entonces el Presidente tuvo que firmarlos en Caracas, lo que probaría que no está ausente del país, a pesar de lo que se afirma en el discurso oficial. Pero si los Decretos no fueron firmados en Caracas, como en efecto sucedió, entonces dichos decretos declaran un hecho falso. Y si esos hechos son falsos, ¿no podrían plantearse dudas sobre la veracidad de los otros elementos de los Decretos, incluida la firma del Presidente?"[82]

---

presidente Chávez es para superar "estragos" de infección respiratoria," *Globovisión* 17 de enero de 2013, en http://globovision.com/articulo/maduro-ahora-tratamiento-de-chavez-es-para-superar-estragos-de-insuficiencia-respiratoria

81   Véase la nota de prensa "Jaua: Chávez está mandando y por eso fui nombrado canciller," donde se recoge su afirmación de que "desde La Habana el presidente Hugo Chávez está "ejerciendo el poder", por lo que pidió a la oposición que respete "la legitimidad del Gobierno y que abandone el camino de generar zozobra e incertidumbre." Véase en *El Universal* 17 de enero de 2013, en http://www.eluniversal.com/nacional-y-politica/130117/jaua-chavez-esta-mandando-y-por-eso-fui-nombrado-canciller

82   Véase en José Ignacio Hernández, "Sobre la firma del Presidente Chávez", Prodavinci, 17 de enero de 2013, en http://prodavinci.com/2013/01/17/actualidad/sobre-la-firma-del-presidente-hugo-chavez-por-jose-ignacio-hernandez-g/ Un exmagistrados de la Corte Primera de lo Contencioso Administrativo, el mismo día, demandó ante el Tribunal Supremo la tacha de falsedad conforme al numeral 6 del artículo 1.380 del Código Civil, que le permite "tachar de falso los documentos públicos firmados por un funcionario que haga constar falsamente que el documento se firmó en una fecha y sitio diferente al de su verdadera realización." Dijo a la prensa: "Se debe presumir que esa firma es fidedigna", de puño y letra del Jefe de

Con todos ello, de toda esa contradicción, lo cierto es que con estos decretos se inició en Venezuela una especie de gobierno falso pero virtual, donde el Vicepresidente Ejecutivo no suplía al Presidente, y sólo tenía competencia para ejercer sus atribuciones constitucionales y las que le fueron delegadas, con las limitaciones impuestas por el Presidente Chávez, de manera que cada vez que fuera necesario emitir un decreto de los que no podía dictar el Vicepresidente Ejecutivo, en las circunstancias del momento en cuales el Presidente supuestamente permanecía en La Habana, seguramente seguirían apareciendo decretos debidamente "firmados" por el Presidente Chávez, "dados en Caracas," es decir, en la ciudad asiento de los órganos de los Poderes Públicos. Por supuesto, para ese momento no se sabía que se haría para que esa firma en solitario y virtual, pudiera, por ejemplo, estamparse en actos ejecutivos que contuvieran decisiones que requerían ser adoptadas por ejemplo en reunión de Consejo de Ministros.

Ante esta modalidad de "firmas virtuales," en todo caso, debe recordarse que en relación con los actos ejecutivos, la firma de los documentos como principio esencial debe estar estampada en forma autógrafa. La firma no puede ser una firma "fotocopiada" o "escaneada" y luego copiada en forma superpuesta en un documento. Por ello, entre las condiciones de validez de los actos administrativos que establece la Ley Orgánica de Procedimientos Administrativos de 1981,[83] está que se estampe el "sello de la oficina," y además, que "el original del respectivo instrumento contendrá la firma autógrafa del o de los funcionarios que lo suscriban" (art. 18.7). La Ley Orgánica establece, además, la posibilidad de que mediante decreto específicamente dictado para tal efecto se pueda estampar la firma por "medios mecánicos" que ofrezcan garantías de seguridad, en actos "cuya frecuencia lo justifique" (art. 18.7), lo que por supuesto no es aplicable respecto de los actos presidenciales, como el acto de nombramiento de un Ministro, la reglamentación de una Ley o la puesta del Ejecútese de una Ley.

Por otra parte, debe recordarse que en la víspera de uno de los viajes del Presidente Chávez a Cuba el 16 de julio de 2011, se anunció en los medios de comunicación que el Presidente de la República había recibido un "Certificado para generar firma electrónica" conforme a la Ley de Mensaje de Datos y Firmas Electrónicas de 2001.[84] Fue sin duda un avance administrati-

---

Estado. Sin embargo el documento expresa que el decreto ha sido firmado en Caracas el 15 de enero de 2013. "Eso es un testimonio falso del Presidente". Véase "Demandan ante el TSJ falsedad del decreto que designó a Elías Jaua como canciller," en Microiuris.com, 17 de enero de 2013, en http://aldiavenezuela.microjuris.com/2013/01/17/demandan-ante-el-tsj-falsedad-del-decreto-que-designo-a-elias-jaua-como-canciller/

83   Véase en *Gaceta Oficial* N° 2.818 Extraordinario de 01-07-1981

84   Véase Ley de Mensaje de Datos y Firmas Electrónicas, Decreto-Ley N° 1.204, en *Gaceta Oficial* N° 37.148 de 28-02-2001. El sistema, se informó entonces "se pondrá en funcionamiento a través de la Autoridad Excepcional de Seguridad para

vo para las comunicaciones, pero por supuesto no para que la "firma electrónica" pudiera en forma alguna servir para sustituir la "firma autógrafa" de decretos presidenciales ni de actos del Jefe de Estado y Jefe del Ejecutivo Nacional establecidos en la Constitución.

Con la firma electrónica prevista en dicha Ley, como se ha dicho, lo que se pueden firmar son *mensajes de datos* y nada más;[85] y en los términos precisos de la Ley, esos mensajes de datos son "*toda información inteligible en formato electrónico o similar* que pueda ser almacenada o intercambiada por cualquier medio," como por ejemplo los correos electrónicos, memorandos, puntos de cuenta, oficios, contratos digitales. Por ello la Ley de Mensaje de Datos y Firmas Electrónicas es precisa al definir la "Firma Electrónica" como la "información creada o utilizada por el Signatario, *asociada al Mensaje de Datos*, que permite atribuirle su autoría bajo el contexto en el cual ha sido empleado."

No hay firma electrónica, por tanto, sin mensaje de datos, por lo que definitivamente, un Decreto presidencial como es por ejemplo la decisión presidencial de nombrar un Ministro, o el acto de ponerle el "Ejecútese" a una Ley, que no son "mensaje de datos" en los términos de esa Ley, ni pueden tener "formato electrónico," ni puede legalmente estar firmado con "firma electrónica," aparte de que ello es imposible.[86]

Altos Funcionarios de la República Bolivariana de Venezuela, proyecto de interés nacional que otorgará a Suscerte- ente regulador en la materia- el resguardo de toda la información." Véase en http://www.suscerte.gob.ve/index.php/es/noticias-mppctii/982-nota

85 En 2011, la Superintendente de Servicios de Certificación Electrónica, Niurka Hernández González, fue enfática al informar que "A partir de hoy el presidente Chávez podrá firmar electrónicamente *sus documentos, entiéndase mensaje de datos*: *correos electrónicos, acuerdos de cooperación memorandos, puntos de cuenta, oficios, contratos digitales*, etc; apalancando el proceso de cambio de revolución tecnológica." El Presidente, a su vez, recalcó sobre la garantía de Seguridad del servicio y la pertinencia de su uso que "Estando en la Habana, en Moscú, en Washington, en Buenos Aires, uno firma electrónicamente y además está totalmente blindado (existe) la seguridad, que no haya firma falsa, ni nada." Véase en http://www.suscerte.gob.ve/index.php/es/noticias-mppctii/982-nota

86 Por lo demás, como lo ha precisado el profesor José Ignacio Hernández al preguntarse "¿la firma que vimos en los Decretos es una firma electrónica?", indicando claramente que "No lo es: más bien es una firma que en apariencia es autógrafa, o como se dice, a "puño y letra", y que debe entenderse que así consta en el original. Quisiera insistir que la firma electrónica, primero, aplica sólo para mensajes de datos –no un Decreto, ciertamente- y además, esa firma siempre es digital, pues se crea y se expresa en medios electrónicos. No es, ciertamente, la firma escaneada que se coloca en un Decreto que consta en un medio físico." Véase en José Ignacio Hernández, "Sobre la firma del Presidente Chávez", Prodavinci, 17 de enero de 2013, en http://prodavinci.com/2013/01/17/actua-lidad/sobre-la-firma-del-presidente-hugo-chavez-por-jose-ignacio-hernandez-g/

Por último, no debe dejar de mencionarse en relación con los decretos presidenciales de nombramiento de Ministros, que estos, una vez debidamente nombrados por el Presidente de la República, para poder ejercer su cargo después de nombrados, como todos los funcionarios, deben prestar juramento "de sostener y defender la Constitución y Leyes de la República y de cumplir fiel y exactamente los deberes de su empleo" ante quien lo nombró. Así lo establece la Ley de Juramento de 1945, aún vigente, al disponer que "ningún empleado podrá entrar en ejercicio de sus funciones sin prestar antes juramento de sostener y defender la Constitución y Leyes de la República y de cumplir fiel y exactamente los deberes de su empleo (art. 1), debiendo los Ministros prestar dicho juramento ante el Presidente de la República (art. 4).[87]

Es decir, el señor Elías Jaua, "nombrado" Ministro de Relaciones Exteriores supuestamente por el Presidente Chávez desde La Habana, como él mismo lo informó, aún cuando el decreto estaba "dado en Caracas," tenía necesariamente que prestar juramento ante el Presidente quien supuestamente lo había nombrado para poder "entrar en ejercicio del cargo," lo que debía haber hecho mediante acto solemne que, de nuevo, no podía tener lugar sino en el asiento de los órganos que ejercen el Poder Público que es la ciudad de Caracas (art. 18, Constitución).[88] Mientras no prestase juramento, sus actos simplemente no eran ni fueron válidos, pues no estaba legalmente en ejercicio del cargo.

V. SOBRE LA AUSENCIA ABSOLUTA DE GOBIERNO DURANTE EL PRIMER MES DE LA INCONSTITUCIONAL "CONTINUIDAD ADMINISTRATIVA" DECRETADA POR EL TRIBUNAL SUPREMO DE JUSTICIA, Y LA CONTINUACIÓN DE LA "FALTA TEMPORAL" "ABSOLUTA" DEL PRESIDENTE ELECTO Y NO JURAMENTADO, A PESAR DE SU ANUNCIADO REGRESO AL PAÍS, EL 18 FEBRERO DE 2013 (21-2-2013)

Después del nombramiento del Canciller Jaua, mediante Decreto supuestamente firmado por Chávez en Caracas ("Dado en Caracas"), el 15 de enero

---

87 Véase en *Gaceta Oficial* N° 21.799 del 30 de agosto de 1945

88 Como lo reafirma el profesor José Ignacio Hernández, "el Ministro designado debe prestar juramento ante el Presidente antes de comenzar a ejercer las funciones de su cargo. Pero el Presidente reelecto está ausente en el extranjero, con lo cual el requisito de la juramentación no puede ser llevado a cabo en Venezuela ¿Puede el Ministro designado juramentarse en el extranjero? Ya analizamos antes que el juramento es un acto territorial: si el Presidente no puede juramentarse en el extranjero, entonces, el Ministro designado tampoco podría juramentarse en el extranjero, con lo cual, no puede ejercer el cargo para el cual fue designado." Véase en José Ignacio Hernández, "Sobre la firma del Presidente Chávez", Prodavinci, 17 de enero de 2013, en http://prodavin-ci.com/2013/01/17/actualidad/sobre-la-firma-del-presidente-hugo-chavez-por-jose-ignacio-hernandez-g/

de 2013, continuaron pasando varias semanas de incertidumbre sobre la situación de salud y vida del Presidente Chávez, en un país gobernado por funcionarios no electos impuestos por el Tribunal Supremo; hasta que el día 18 de febrero de 2013 se anunció oficialmente que el Presidente electo Hugo Chávez Frías supuestamente había regresado en horas de la madrugada a Venezuela, y que había sido trasladado desde un Hospital en La Habana hasta el Hospital Militar en Caracas,[89] sin que nunca se diera evidencia alguna de dicho regreso, ni en qué forma o condiciones se habría producido, salvo los anuncios oficiales[90] formulados por quienes conducían la inconstitucional "continuidad administrativa" decretada por el Tribunal Supremo a partir del 10 de enero de 2013.

En todo caso, antes de esa fecha y durante los casi 40 días de gobierno bajo el régimen de la mencionada "continuidad administrativa" contados desde el 10 de enero de 2013 hasta el 18 de febrero de 2013, Venezuela simplemente no sólo careció de gobierno constitucional, sino que careció de gobernantes que pudieran desarrollar acción alguna de gobierno, limitándose el Vicepresidente a dictar decretos, mediante delegación, habiendo incluso llegado a dictar decretos inconstitucionales en materias que no fueron ni podían haber sido delegadas, como fueron los de reglamentación de las leyes, en particular, de las leyes que regulaban las relaciones laborales y las telecomunicaciones. Basta revisar la *Gaceta Oficial*, donde se publican los actos de gobierno en Venezuela, para constatar esa ausencia absoluta de "acción de gobierno," salvo algún nombramiento defectuoso, y las inconstitucionalidades en las cuales se incurrió.

En efecto, entre los escasos actos de gobierno dictados en ese período hay que volver a destacar la mencionada designación directamente por el Presidente Chávez, en Caracas, de Elías Jaua Milano como Ministro del Poder Popular para Relaciones Exteriores, y además como "Sexto Vicepresidente del Consejo de Ministros Revolucionarios del Gobierno Bolivariano para el

---

89   Véase la reseña en *El Universal*, Caracas 18-2-2013, "Chávez vuelve a Venezuela. El presidente de Venezuela, Hugo Chávez, regresó a Caracas procedente de La Habana, más de dos meses después de que viajara a Cuba para someterse a la cuarta operación de un cáncer que le fue diagnosticado en junio de 2011, y se encuentra en el hospital militar de Caracas," en http://www.eluniver-sal.com/nacional-y-politica/salud-presidencial/130218/chavez-vuelve-a-venezuela. A través de la cuenta Twitter @chavezcandanga, el Ptresidente habría mandado un mensaje a las 2.30 de la madrigada con el siguiente texto: "Hemos llegado de nuevo a la Patria venezolana. ¡¡Gracias Dios mío!! Gracias ¡¡Pueblo amado!! Aquí continuaremos el tratamiento."

90   El día 20 de febrero de 2013, el presidente Evo Morales informaba en New York, en la sede de las Naciones Unidas, que él mismo no había podido ver al Presidente Chávez el día 19 de febrero cuando estuvo en Caracas para tal fin: Dijo "Yesterday I tried to visit, we spoke with his doctors, he's resting, he's still in treatment." Véase en Rick Gladstone, "Chávez Family 'Encouraged,' Bolivia Lider Says at U.N." en *The New York Times*, Nueva York, 21-2-2013, p. A10.

Área Política."[91] Los dos decretos de tales nombramientos, tal como se anunció oficialmente en la *Gaceta Oficial*, fueron "dados," es decir, emitidos y firmados, por el Presidente H. Chávez en Caracas ("**Dado en Caracas**') el día 15 de enero de 2013, lo que por supuesto era completamente falso pues estaba ausente del territorio nacional, quizás yaciendo en una cama de hospital en La Habana, en un estado de incapacidad tal, que una semana antes, el 8 de enero de 2013, no había podido siquiera firmar la comunicación enviada a la Asamblea Nacional anunciando que no iba a comparecer a la sesión prevista para la toma de posesión de su cargo, la cual fue firmada en su nombre por el Vicepresidente Maduro.

En el caso de la anunciada designación del Ministro, además de ser completamente falsa al menos en cuanto a que había sido "dada en Caracas," por lo que se refiere a la firma estampada en el Decreto tal como se publicó en la *Gaceta Oficial*, la misma aparentemente también era falsa, indicándose que era un montaje gráfico,[92] que lo menos que podía provocar era que cualquier representante de un gobierno extranjero que entrara en relación con Venezuela procediera a hacer estudiar la situación constitucional formal de la autenticidad del nombramiento del Ministro que estaba precisamente a cargo de los asuntos exteriores.

En todo caso, y salvo por lo que se refiere a esos "actos de gobierno" dictados en los días anteriores y en la semana que siguió a tal nombramiento, hasta el 21 de enero de 2013, la *Gaceta Oficial* dio cuenta de que el único y solo acto de gobierno dictado por el Vicepresidente Ejecutivo, supuestamente por delegación del Presidente según el Decreto N° 9.315 de fecha 09 de diciembre de 2012, fue el Decreto N° 9.350 de 11 de enero de 2013, mediante el cual, sin tener competencia alguna para ello conforme a la citada delegación presidencial, nombró un "Vicepresidente Ejecutivo de la República en calidad de Encargado" por dos días, entre el 11 y el 13 de enero de 2013, que fue el Ministro Héctor Navarro.[93] Ello lo que originó fue que durante esos dos días, cuando el Vicepresidente se ausentó del territorio nacional, el país careció en forma absoluta de cualquier tipo de gobierno.[94]

---

91 Véase Decretos N° 9.351 y Decreto N° 9.352 de 15 de enero de 2013, *Gaceta Oficial* No 40.090 de la misma fecha

92 Véase la "Experticia realizada por el Laboratorio Grafotécnico Orta Poleo sobre firmas del Presidente en la gaceta Oficial del 15 de diciembre de 2013 designado a Elías Jaua // @RaymondOrta," de 17 de enero de 2013, en la cual se concluye sobre dichas firmas que "son reproducciones tomadas de otra firma presente en otro soporte o documento." Véase en http://www.tuabogado.com/vene-zuela/podium-juridico/249-criminalistica/3083-experticia-sobre-firmas-de-gaceta-oficial-del-15-de-enero-2013

93 Véase en *Gaceta Oficial* N° 40.088 de 11-1-2013

94 En esos días, y en relación con el gobierno de Venezuela, sólo se destaca la lamentable y forzada separación del embajador de Panamá ante la OEA, Cochéz, por haber criticado la situación institucional en Venezuela, de carencia de gobierno legí-

En todo caso, después del 13 de enero y hasta el 21 de enero de 2113, ningún otro decreto presidencial se adoptó,[95] y sólo fue el 22 de enero de 2013 cuando aparecieron publicados en *Gaceta Oficial* los siguientes decretos: No. 9.357 sobre reforma del decreto de supresión y liquidación de la empresa Centro Simón Bolívar, C.A.; N° 9.358 sobre reforma del decreto de creación de la Fundación "Fondo Administrativo de Salud para el Ministerio del Poder Popular para Relaciones Interiores y Justicia, de sus órganos y Entes Adscritos" (FASMIJ); N° 9.359, sobre reforma del decreto de creación del Fondo Nacional Antidrogas; Decretos N° 9.360 y N° 9.361, acordando Créditos Adicionales al Presupuesto de Gastos; y Decreto N° 9.362, acordando una rectificación al Presupuesto de Gastos.

El mismo día 22 de enero de 2013, y ante la persistente ausencia del Presidente electo, la Presidenta del Tribunal Supremo de Justicia declaraba en la prensa que "será el Presidente de la República que nos dirá 'estoy en condiciones de comparecer ante el tribunal para mi juramentación;'" y que los Magistrados del Tribunal estaban seguros que "el presidente en algún momento se presentará al país y realizará su juramentación."[96]

El mismo día 22 de enero el Vicepresidente Maduro anunciaba que junto con el ministro Ramírez, estaba saliendo para La Habana, donde supuestamente habrían sido esperados "en el aeropuerto de La Habana por dirigentes venezolanos que se encuentran en la isla como el canciller Elías Jaua, la Procuradora General Cilia Flores y la ministra de la presidencia, almirante Carmen Meléndez."[97] El día 24 de enero se anunció que el Vicepresidente Maduro había regresado de La Habana, declarando a la prensa "que el retorno al país del presidente Chávez no tiene fecha definida" aun cuando "el estado clínico de primer mandatario nacional, Hugo Chávez, está en el mejor

---

timo, y haber exigido la discusión en ese organismo interamericano sobre la situación de la democracia en Venezuela. Ello le valió la destitución por el Presidente de Panamá. Véase las reseñas en *El Universal*, 17-1-2013, sobre la discrepancia del presidente de Panamá con la opinión de Colchéz, en http://www.eluniversal.com/nacional-y-politica/130117/martinelli-estado-panameno-no-comparte-opiniones-de-cochez; y el texto de la carta de Cochéz al Presidente de Panamá de 18 de enero de 2013 en http://www.noticiasvene-zolanas.com.ve/index.php/161919/esta-es-la-explosiva-carta-que-cochez-le-envio-a-martinelli/

95   Véanse las *Gacetas Oficiales* N° 40.091 de 16-1-2013; N° 40.092 de 17-1-2013; N° 40.093 de 18-1-2013; N° 40.094 de 21-1-2013, y N° 40.095 de 22-1- 2013. En dichas Gacetas no se publicó decreto presidencial alguno.

96   Véase "Luisa Estella Morales.: TSJ espera a que Chávez diga que está "en condiciones," en *Últimas Noticias*. 22-1-2013, en http://www.ultimasnoticias.com.ve/noticias/actualidad/politica/tsj-espera-a-que-chavez-diga-que-esta-en-condicion.aspx

97   Véase la reseña en *El Universal*, 23-1-2013, en http://www.eluniversal.com/nacional-y-politica/130123/maduro-anuncia-que-saldra-en-los-proximos-minutos-a-la-habana

momento del postoperatorio, después de las complicaciones que sufrió luego tras su última intervención quirúrgica en La Habana, Cuba," recordando "lo difícil que ha sido el proceso de recuperación del mandatario venezolano." Sobre el regreso del Presidente indicó que no tenía fecha definida ya que dependía de varios factores, agregando que "Hay que coordinar con el equipo médico, con el propio presidente Chávez, y hacerlo en el momento exacto, que esté en las mejores condiciones [...] El objetivo fundamental en este momento es que su tratamiento lo culmine, se recupere."[98]

Entre el 23 y el 28 de enero de 2013 sólo se dictaron unos decretos de orden administrativo, todos "por delegación" presidencial por el Vicepresidente Maduro, que fueron los siguientes: Decreto N° 9.356, sobre la supresión y liquidación de los Fondos Mixtos de Promoción y Capacitación Turística de los Estados, Territorios Federales, Dependencias Federales; y del Distrito Capital; Decreto No 9.363, designando una Viceministra de Gestión Comunicacional del Ministerio del Poder Popular para la Comunicación y la Información[99]; Decreto N° 9.359, 22 de enero de 2013 sobre reforma del decreto de creación del Fondo Nacional Antidrogas;[100] Decreto N° 9.364, 24-1-2013 designando un Viceministro de Comercio Exterior del Ministerio del Poder Popular para el Comercio, y Decreto N° 9.365, de 24-1-2013 designando una Viceministra del Agua del Ministerio del Poder Popular para el Ambiente.[101]

El 28 de enero de 2013, el Vicepresidente Maduro viajó a Santiago de Chile, sin que nadie se hubiese quedado en Venezuela supuestamente encargado del Poder Ejecutivo (es decir, durante esos días el país quedó sin jefe del Ejecutivo Nacional), para asistir a la cumbre de la Comunidad de Estados Latinoamericanos y Caribeños (Celac) con la Unión Europea, y allí dio lectura a una carta que según informó, supuestamente estaba firmada "de puño y letra y con tinta roja" por el Presidente Chávez, la cual dado que la firma era materialmente un calco de la estampada en el decreto "dado en Caracas," una semana antes nombrando al Ministro de Relaciones Exteriores, también generó dudas sobre la su autenticidad, entre otros factores, por las características de la misma que no denotaba signo alguno del agotamiento inevitable de quien si estaba vivo, tenía dos meses en terapia intensiva.[102] Sin embargo, el

---

98   Véase la reseña en *Noticiero Venevisión* 24-1-2013, en http://www.noticierovene-vision.net/politica/2013/enero/24/52595=nicolas-maduro-afirma-que-retorno-al-pais-del-presidente-chavez-no-tiene-fecha-definida

99   Véase *Gaceta Oficial* N° 40.096 de 23-1- 2013.

100   Véase *Gaceta Oficial* N° 40.097, de 24-1-2013. En la *Gaceta Oficial* N° 40.098 de 25-1-2013 sólo re reimprimió por errores un decreto presidencial firmado por el Vicepresidente por delegación.

101   Véase *Gaceta Oficial* N° 40.099, de 28-1-2013.

102   Véase la explicación sobre el montaje de las firmas en *Noticiero Digital.com*, 4 de febrero de 2013, en http://www.noticierodigital.com/forum/viewtopic.php?t=938712

Ministro de Información declaró que se trataba de una carta "firmada por el presidente en el *ejercicio cotidiano que tiene de la jefatura del Estado*,"[103] lo cual no sólo era incierto pues la jefatura de un Estado, cualquiera que sea, no se puede ejercer desde la cama de terapia intensiva de un hospital ubicado en otro Estado, sino difícilmente creíble dado el estado de salud que los mismos voceros oficiales del gobierno atribuían al presidente Chávez..

Las informaciones referenciales, sin embargo, continuaron, y al día siguiente 29 de enero de 2013, el Ministro Jorge Arreaza informaba a la prensa que supuestamente habría estado "reunido con el presidente Hugo Chávez en La Habana," asegurando que había aprobado recursos "para financiar proyectos en distintas áreas" así como la adquisición de un inmueble (Sambil Candelaria).[104]

De ello resultaba una nueva versión oficial que abandonaba la anterior del estado de salud del Presidente, al punto de que un diputado del partido de gobierno llegó a calificar la petición de un diputado de la oposición solicitando una junta médica para verificar el estado de salud del presidente, como "una traición."[105] En los días subsiguientes continuó el cambio de la matriz oficial de opinión sobre la salud del presidente, de manera que a comienzos de febrero ya el Vicepresidente Maduro afirmaba que el presidente Chávez supuestamente se había reunido con el Presidente de la Asamblea Nacional y el Ministro de Defensa, con quienes habría abordado varios temas, indicando que "el ciclo postoperatorio se cerró y el presidente entró en una nueva fase de tratamientos para su enfermedad, recuperándose paulatinamente, tomando fuerza."[106]

Entretanto, en Caracas, la "acción de gobierno" continuó siendo absolutamente inexistente, y basta para darse cuenta de ello, constatar cuáles fueron los decretos dictados por el Vicepresidente Ejecutivo por delegación del Presidente: Decreto N° 9.366, mediante el cual se nombró al Presidente de una Corporación de Desarrollo regional, en calidad de Encargado;[107] Decreto

---

103 Véase la reseña de *La Nación*, 28 de enero de 2013, http://www.lanacion.com.ar/1549565-maduro-llevo-una-carta-de-chavez-a-los-presidentes-de-la-region.

104 Véase la reseña: "Arreaza: Chávez está cada día más incorporado en sus funciones", en *El Universal* 29 enero 2013 http://www.eluniversal.com/nacional-y-politica/salud-presidencial/130129/arreaza-chavez-esta-cada-dia-mas-incorporado-en-sus-funciones

105 Véase la reseña en *El Universal* 30-1-2013 en http://www.eluni-versal.com/nacional-y-politica/salud-presidencial/130130/abp-gobierno-confunde-al-pais-con-declaraciones-sobre-salud-de-chavez

106 "Nicolás Maduro dice que pronto habrá noticias Presidente se reunió con Cabello y Ministro de Defensa" en *El Universal*, 2-1-2013, en http://www.eluniversal.com/nacional-y-politica/130201/presidente-se-reunio-con-diosdado-cabello-y-ministro-de-defensa

107 Véase *Gaceta Oficial* N° 40.100, 29-1-2013

N° 9.367 30-1-2013, mediante el cual se prorrogó el lapso decretado de emergencia en materia de Infraestructura penitenciaria;[108] Decreto No. 9.369 declarando una insubsistencia al Presupuesto de Gastos; Decreto N° 9.370 acordando un Crédito Adicional al Presupuesto de Gastos de un Ministerio; Decreto N° 9.371 de nombramiento de la Viceministra de Articulación Social del Ministerio del Poder Popular del Despacho de la Presidencia y Seguimiento de la Gestión de Gobierno;[109] Decreto N° 9.372 de nombramiento de la Viceministra de la Juventud para la Patria Buena del Ministerio del Poder Popular para la Juventud;[110] y Decretos N° 9.373, N° 9.374 y 9.375 acordando créditos adicionales al Presupuesto de Ingresos y Gastos de varios Ministerios;[111] Decreto 9376 de nombramiento del Presidente de la Agencia Bolivariana de Actividades Especiales;[112] Decreto N° 9.377, de Reforma Parcial del Decreto N° 1.295 de fecha 22 de noviembre de 1990, de creación de la Unidad Naval Coordinadora de los Servicios de Carenado, Reparaciones de Casco, Reparaciones y Mantenimiento de Equipos y Sistemas de Buques; Decreto N° 9.378, de 8-2-2013 mediante el cual se acuerda una rectificación al Presupuesto de Gastos; Decreto N° 9.379 mediante el cual se declara finalizado el proceso de supresión y consecuente liquidación del suprimido Instituto Nacional de Obras Sanitarias; Decreto N° 9.380, autorizando la creación de una Empresa del Estado (Laboratorios Miranda, C.A.); Decreto N° 9.381, de creación del Órgano Superior para la Optimización del Sistema Cambiario;[113] Decreto N° 9.368, de transferencia a Petróleos de Venezuela, S.A., del derecho a desarrollar las actividades reguladas de Exploración y Explotación del Oro, reservadas al Estado; Decretos N° 9.382, N° 9.383 y N° 9.384, autorizando la constitución de empresas del Estado, (Conglomerado Productivo S.A, y Venezuela Productiva, C.A., Venezolana de Metalmecánica, S.A.);[114] Decreto N° 9.385, nombrando la Junta Directiva de la Fundación Musical Simón Bolívar;[115] Decreto N° 9.386 dictando la reforma parcial del Reglamento de la Ley de Alimentación para los Trabajadores y las Trabajadoras; Decreto N° 9.387, acordando una rectificación al Presupuesto de Gastos 2013 de la Vicepresidencia de la República; y Decreto N° 9.388, de exoneración del pago del Impuesto al Valor Agregado, para

---

108 Véase *Gaceta Oficial* N° 40.101 de 30-1-2013. Ningún decreto se publicó en la *Gaceta Oficial* N° 40.102 de 30-1-2013

109 Véase *Gaceta Oficial* N° 40.103 de 31-1-2013

110 Véase *Gaceta Oficial* N° 40.104 de 4-2-2013

111 Véase *Gaceta Oficial* N° 40.105, de 5-2-2013

112 Véase *Gaceta Oficial* N° 40106 de 6-2-2013. Ningún decreto se publicó en la *Gaceta Oficial* N° 40.107 de 7-2-2013

113 Véase *Gaceta Oficial* N° 40.108, de 8-2-2013

114 Véase *Gaceta Oficial* N° 40.109. de 13-2-2013

115 Véase *Gaceta Oficial* N° 40110 de 14-2-2013. Ningún decreto se publicó en la *Gaceta Oficial* N° 40.111 de 15-2-2013.

la ejecución del Proyecto "Consolidación de la Capacidad Industrial del Sector Público de Envases Diversos para el Pueblo Venezolano";[116] y Decreto N° 9.389, mediante el cual se adoptó el Estándar de Televisión Digital Japonés ISDB-T (Integrated Services Digital Broadcasting - Terrestrial, por sus siglas en inglés), con las innovaciones tecnológicas desarrolladas por Brasil y las que hubieren al momento de su implementación definitiva, para el establecimiento de la Televisión Digital Abierta (TDA); Decretos Nos. 9.390, mediante el cual se aprueba un Traspaso de Créditos Presupuestarios; Decretos Nos. 9.391, 9.392, 9.393, 9.394, 9.395 y 9397, mediante el cual se acuerdan Créditos Adicionales al Presupuesto de Gastos para el Ejercicio Fiscal 2013; y Decreto N° 9.396, mediante el cual se declara una Insubsistencia al Presupuesto de Gastos para el Ejercicio Fiscal 2013.[117]

Todos los decretos dictados por el Vicepresidente de la República en el período de delegación presidencial durante la permanencia del Presidente Chávez en La Habana, hasta que, como se dijo, se anunció su regreso al país el 18 de febrero de 2013, fueron en general de índole administrativa, pudiendo sin embargo identificarse solo dos como manifestación efectiva de acción de gobierno, el Decreto No. 9.386 de 18-2-2013 mediante el cual se reformó el Reglamento de la Ley de Alimentación para los Trabajadores y las Trabajadoras, y el Decreto No. 9.389, adoptando el Estándar de Televisión Digital Japonés ISDB-T, los cuales puede considerarse que eran completamente inconstitucionales pues en el decreto de delegación de atribuciones al Vicepresidente de diciembre de 2012,[118] el Presidente de la República no le delegó la reglamentación de las leyes que le atribuye el artículo 236.10 de la Constitución, lo cual por lo demás está excluido expresamente de las materias delegables (art. 35.1, Ley Orgánica de la Administración Pública).

Durante todo ese tiempo, y con esa acción de gobierno, tal como se reflejó en los actos publicados en *Gaceta Oficial*, lo cierto fue que hasta el 18 de febrero de 2013, según se anunció oficialmente, el Presidente Chávez había permanecido ausente, supuestamente recluido por 68 días (desde el 10 de diciembre de 2012) en un hospital en La Habana, lo que le impidió que el día 10 de enero de 2013, fecha que era la prescrita en el artículo 231 de la Constitución, pudiera tomar posesión del cargo para el cual había sido reelecto en octubre de 2012, mediante juramento, por estar absolutamente impedido de hacerlo en ese momento, ya que sin saberse a ciencia cierta su estado de salud o si vivía o no, en todo caso estaba ausente del país. Para

---

116 Véase *Gaceta Oficial* N° 40.112 de 18-2-2013

117 Véase *Gaceta Oficial* N° 40.113 de 19-2-2013. Ningún decreto se publicó en la *Gaceta Oficial* N° 40.114 de 20-2-2013, ni en la *Gaceta Oficial* N° 40.115 de 21-2-2013.

118 Véase Decreto N° 9.315 de fecha 09 de diciembre de 2012 publicado en la *Gaceta Oficial* N° 40.077 de fecha 21 de diciembre de 2012, reimpreso en la *Gaceta Oficial* N° 40.078, de fecha 26 de diciembre de 2012 *Gaceta Oficial* N° 40.113 de 19-2-2013.

resolver la cuestión constitucional planteada de un Presidente electo, ausente del país que no pudo tomar posesión de su cargo, fue que el Tribunal Supremo de Justicia mediante la mencionada sentencia N° 2 de 9 de enero de 2013,[119] resolvió decretar inconstitucionalmente y *sine die*, la existencia de la antes mencionada "continuidad administrativa" para el nuevo período constitucional presidencial 2013-2019, comenzara a partir de dicho día 10 de enero de 2013.

Después de esa fecha y como consecuencia de la no comparecencia del Presidente electo ante la Asamblea Nacional, según se informó oficialmente, el mismo supuestamente permaneció algo más de otro mes en La Habana, sin que se tuviese certeza de si estaba o no con vida, y en todo caso, impedido de comunicarse, salvo por "apretones de mano," como lo informaron voceros oficiales; ello, hasta el 18 de febrero de 2013, cuando se informó que supuestamente Chávez pasó a estar recluido en un Hospital en Caracas.

Durante todo ese tiempo, hasta la fecha del anunciado regreso y después, quienes estuvieron a cargo de asegurar la supuesta "continuidad administrativa" no informaron verazmente al país sobre la situación de salud del Presidente enfermo y electo en octubre de 2012. Sólo se difundieron vagas noticias de que luchaba contra una enfermedad, de la cual sólo se había informado que había sido operado varias veces, o las más concretas informaciones de que había tenido graves complicaciones postoperatorias, incluyendo unas de tipo respiratorio,[120] indicándose oficialmente el 16 de febrero de 2013, es decir, dos días antes de su anunciado regreso, que debido a una traqueotomía "respiraba por una cánula traqueal," lo que le impedía hablar.[121] Ello no im-

---

119 Expediente N° 12-1358, Solicitante: Marelys D'Arpino. Véase el texto de la sentencia en: http://www.tsj.gov.ve/decisiones/scon/Enero/02-9113-2013-12-1358.html. Véase, entre otros, la crítica a la sentencia formulada por Enrique Sánchez Falcón, "La Constitución y el "Vacío De Poder," en http://www.uma.edu.ve/admini/ckfinder/userfiles/files/La%20Constitución%20y%20el%20vacío%20de%20poder.pdf

120 Véase Entrevista a Nicolás Maduro, "Tratamiento del presidente Chávez es para superar "estragos" de infección respiratoria," *Globovisión* 17 de enero de 2013, en http://globovision.com/articulo/maduro-ahora-tratamiento-de-chavez-es-para-superar-estragos-de-insuficiencia-respiratoria. El 21 de Febrero de 2013, en Cadena de Radio y Televisión el Ministro de Comunicación e Información, Ernesto Villegas, afirmó que dicha "insuficiencia respiratoria surgida en el curso del postoperatorio, persiste y su tendencia no ha sido favorable por lo cual continúa siendo tratada. Véase en *El Universal*, 21-2-2013 en http://www.eluniversal.com/nacional-y-politica/130221/insuficiencia-respiratoria-de-chavez-persiste

121 El ministro de Comunicación e Información, Ernesto Villegas, informó ese día en cadena de radio y televisión que al Presidente le persistía "un cierto grado de insuficiencia" y "presenta respiración a través de cánula traqueal que le dificulta temporalmente el habla," sometido a un "tratamiento enérgico para la enfermedad de base, que no está exento de complicaciones," oportunidad en la cual se publicitó una fotografía que se dijo era de 14 de febrero de 2013 del Presidente con sus hijas, que sin embargo, no mostraban en forma alguna lo que se anunciaba, ni por la vestimenta de

pidió, sin embargo, que unas semanas antes, el Ministro de Relaciones Exteriores Elías Jaua, nombrado "en Caracas" por el Presidente electo, ausente del país y quién no había tomado posesión de su cargo, luego de un viaje a La Habana, hubiera afirmado el 22 de enero de 2013 a su regreso a Caracas, que supuestamente había "conversado con Chávez en La Habana,"[122] y que una semana después, el 29 de enero de 2013, el Ministro Jorge Arreaza informara que se había "reunido" con Hugo Chávez quien estaba cada vez más incorporado a sus funciones.[123]

En todo caso, dos semanas después, para el 18 de febrero de 2013, fecha en la cual se anunciaba que había regresado al país, según se informaba oficialmente, la situación del paciente si estaba realmente vivo, debía ser absolutamente delicada, lo que imponía la necesidad de replantear la cuestión constitucional de la ausencia de titular del Poder Ejecutivo electo popularmente para el período constitucional que inició el 10 de enero de 2013, por la "falta temporal" del mismo, pero en ese momento no por su ausencia del país (pues se anunció su regreso, sin que nadie diera fe de ello), sino por el hecho de estar supuestamente recluido en un Hospital en Caracas, sin poder tomar posesión de su cargo por los quebrantos de salud que padecía, mientras el gobierno del país por imposición del Tribunal Supremo mediante una "continuidad administrativa," estaba en manos de unos funcionarios nombrados en el período presidencial anterior que había concluido el 10 de enero de 2013.

---

los que posaron en la fotografía ni por la asepsia que una situación como la escrita requería. Continuó el Ministro informando que "después de dos meses de un complicado proceso postoperatorio, el paciente se mantiene consciente, con integridad de las funciones intelectuales, en estrecha comunicación con su equipo de gobierno y al frente de las tareas fundamentales inherentes a su cargo." Sin embargo, el Ministro de Ciencia y tecnología Arreaza, informaba en el canal multiestatal Telesur, que Chávez "tiene dificultad para comunicarse verbalmente (...) Uno lo que tiene es que poner atención y él comunica perfectamente sus decisiones, cuando no las escribe (...) Pero perfectamente se comunica y se da a entender. No tiene la voz que lo caracteriza, pero esto es un proceso que es reversible y esperamos volverlo a escuchar." Véase la reseña de María Lilibeth Da Corte, "Chávez respira por cánula traqueal que le dificulta hablar. Arreaza: Él comunica perfectamente sus decisiones, cuando no las escribe," en *El Universal*, Caracas 16-2-2013, en http://www.eluniversal.com/nacional-y-politica/130216/chavez-respira-por-canula-traqueal-que-le-dificulta-hablar Véase igualmente en http://globovi-sion.com/articulo/ministro-villegas-en-breve-comunicado-y-fotografias-del-presidente-chavez

122 Véase la reseña de Ender Ramírez Padrino, "Jaua informó que se reunió con el presidente en La Habana," *El Nacional*, 21 de enero de 2013, en http://www.el-nacional.com/politica/Jaua-asegura-converso-Chavez-Habana_0_122390427.html

123 Véase la reseña: "Arreaza: Chávez está cada día más incorporado en sus funciones ", *en El Universal* 29 enero 2013 http://www.eluniversal.com/nacional-y-politica/salud-presidencial/130129/arreaza-chavez-esta-cada-dia-mas-incorporado-en-sus-funciones

Tal como se informó en la prensa por un periodista luego de entrevistas efectuadas en el Tribunal Supremo de Justicia, "el anuncio del regreso del presidente Hugo Chávez al país [...] en la práctica no tendrá ningún impacto en la manera como el Gobierno ha venido funcionando en las última semanas," afirmándose que así lo aseguraron "fuentes del Tribunal Supremo de Justicia", las cuales aclararon que "no han cesado los motivos sobrevenidos (las consecuencias de la operación a la que fue sometido el mandatario en diciembre en Cuba) que motivaron la sentencia número 2 de la Sala Constitucional del 9 de enero pasado, gracias a la cual el Jefe del Estado y sus ministros siguieron en sus funciones, pese a que el primero no cumplió con el requisito de tomar posesión el 10 de enero;" agregando que "Los magistrados consultados indicaron que el vicepresidente Nicolás Maduro podrá seguir al frente del Ejecutivo, tomando las decisiones económicas y administrativas en el marco de la delegación que le otorgó el presidente Chávez en diciembre pasado, tal y como ha ocurrido en las últimas semanas."[124]

En todo caso, como se ha dicho, el día 18 de febrero de 2013, se anunció que el Presidente de la República había regresado al país, lo que originó que ese mismo día, según informó la prensa, la Presidenta del Tribunal Supremo de Justicia hubiera indicado que el Tribunal Supremo entonces estaba listo para juramentar al Presidente "en cualquier momento", agregando la información que "'lo único que se espera es la decisión del presidente y su equipo médico', quienes también determinarían si la ceremonia sería pública o privada y dónde podría realizarse, precisó la fuente"[125]

Por supuesto, si la Presidenta del Tribunal Supremo llegó a decir lo antes indicado, incurrió en un gravísimo error, desconociendo el sentido de la ceremonia de juramentación del Presidente de la República al tomar posesión de su cargo. El hecho de que la Constitución exija que dicho juramento y toma de posesión se haga ante la Asamblea Nacional (art. 231), es en el sentido de que se trata de un acto público que se realiza ante los representantes del pueblo, reunidos en sesión de la Asamblea, siendo esa la forma que tiene el pueblo de constatar que quien los va a gobernar está en capacidad de hacerlo. Se trata, como se indicó, de una especie de constatación, o de "fe de vida" y de las condiciones del Presidente electo para comenzar a ejercer sus funciones, que el pueblo hace mediante ese acto público. Por ello, el propio Tribunal Supremo estableció en la citada sentencia N° 2 de 9 de enero de 2013 que el acto de juramentación es una "solemnidad para el ejercicio de

---

124 Véase la reseña de Juan Francisco Alonso, "TSJ: Vuelta del Presidente no debe alterar al Gobierno. Nicolás Maduro podrá seguir dirigiendo el país como hasta ahora," en *El Universal*, 19-2-2013, en http://www.eluniversal.com/nacional-y-politica/130219/tsj-vuelta-del-presidente-no-debe-alterar-al-gobierno

125 Véase la reseña "TSJ listo para juramentar a Chávez "en cualquier momento" La presidenta del Tribunal Supremo de Justicia, Luisa Estella Morales / AVN, *El Nacional* 18-2-2013, en http://www.el-nacional.com/politica/TSJ-juramentar-Chavez-cualquier-momento_0_139187505.html

las delicadas funciones públicas" que se configura como "una tradición con amplio arraigo en nuestra historia republicana y procura la ratificación, frente a una autoridad constituida y *de manera pública*, del compromiso de velar por el recto acatamiento de la ley, en el cumplimiento de los deberes de los que ha sido investida una determinada persona."[126] Y además de público, el juramento debe realizarse de viva voz, con el presidente electo diciendo en forma audible, que jura cumplir la Constitución y las leyes de la República, de manera que ello no puede hacerse por gestos ni por escrito.[127]

Excepcionalmente, sin embargo, si por causa sobrevenida la juramentación no puede tener lugar en el día prescrito constitucionalmente ante la Asamblea Nacional, la Constitución dispone que podrá hacerse ante el Tribunal Supremo de Justicia (art. 231), se entiende, ante el Tribunal en su sede, en Sala Plena, es decir ante el pleno de todos los Magistrados, en un acto que igualmente tiene que ser público y publicitado para que surta el mismo efecto del juramento ante el pueblo, a través de los Magistrados del Tribunal Supremo de Justicia. Sólo en caso de fuerza mayor, por ejemplo, como podría ser un terremoto que hubiera destruido la sede del Tribunal, éste podría fijar otro lugar para el juramento; situación que afecta y concierne al Tribunal Supremo, y no a quien debe juramentarse.

Por tanto, hubiera sido absolutamente contrario al espíritu de la Constitución que se pudiera hacer una juramentación y toma de posesión del Presidente electo por ejemplo, ante la directiva o anta una Sala del Tribunal Supremo, y no ante el pleno de sus Magistrados; que se hiciese en otra parte que no fuera la sede del Tribunal Supremo, como en un hospital, y más contrario a la Constitución hubiera sido que ese acto se hiciese en forma privada, en secreto, fuera de la mirada del público.

Por otra parte, para que un Presidente electo pueda tomar posesión de su cargo y juramentarse, tiene que estar en condiciones físicas y de salud para hacerlo, y por lo que declaraban el 19 de febrero de 2013, dos días después del anunciado regreso del Presidente electo, los funcionarios gubernamentales, parecía que el presidente Chávez no estaba en condición de hacerlo, ni de gobernar. Así, por ejemplo, el gobernador del Estado Aragua, Tareck El Aissami, aseguró ese día en declaraciones a la empresa estatal de televisión (VTV), que en la reunión que sostuvieron los mandatarios regionales oficialistas con el vicepresidente Nicolás Maduro, éste les informó "en detalle" del tratamiento del presidente Hugo Chávez, habiendo "conocido en detalle el

---

126 Véase el texto de la sentencia en: http://www.tsj.gov.ve/decisiones/scon/Ene-ro/02-9113-2013-12-1358.html

127 Es totalmente incorrecto lo expresado por el profesor Herman Escarrá en el sentido de que "No existe una norma en particular que señala que el presidente debe dar un discurso o decir 'sí juro', bastaría con una expresión escrita o un gesto". Véase la reseña: "Bastaría con una expresión escrita o un gesto' para que Chávez jure el cargo," en *El Mundo.es*, 19-2-2013, en http://www.elmun-do.es/america/2013/02/20/venezuela/1361318829.html

nuevo ciclo de tratamiento de cara a la recuperación del presidente Chávez que ha venido superando poco a poco toda esta adversidad y tiene que cumplir su tratamiento," aclarando que "al presidente Chávez no le podemos exigir más nada..."[128]

En el mismo sentido resultó de lo que declaró el diputado al Parlatino, Rodrigo Cabezas, al criticar las declaraciones ofrecidas por el cardenal Jorge Urosa Savino en torno a la llegada del presidente Hugo Chávez e invitarlo a juramentarse, expresando: "Vi la declaración de un máximo representante de la Iglesia Católica, invitando a que el Presidente se juramente ya, y asuma el mandato. Lo digo desde mi alma, es una declaración cínica, raya con lo inhumano. Hugo Chávez ha *regresado para continuar el tratamiento, sigue siendo un paciente;*"[129] lo que no es otra cosa que decir que no regresó al país para juramentarse y tomar posesión de su cargo.

De ello resultaba, por tanto, que el presidente Chávez, al anunciarse su llegada a Venezuela, no sólo no estaba en condiciones de juramentarse ni de tomar posesión de su cargo, en definitiva de gobernar, sino que había regresado a continuar su tratamiento, y no a juramentarse.

Ello, por supuesto, no era constitucionalmente posible. No puede existir la figura de un Presidente electo que no se juramente ni tome posesión de su cargo, sin que nadie lo viera, y que en su lugar pudiera existir un gobierno sin legitimidad democrática impuesto por un Tribunal que tampoco ha sido electo. En medio de la "continuidad administrativa" que había impuesto el Tribunal Supremo en su sentencia de enero de 2013, luego del anunciado regreso del Presidente electo, y su no juramentación, lo que implicó fue que "continuó" la situación de "falta temporal" que comenzó a producirse desde el 10 de diciembre de 2012, cuando el Presidente de la República se ausentó del país para viajar a La Habana, y que los poderes públicos en Venezuela no aceptaron como tal, y que debió haber cesado al terminar su mandato del período constitucional 2007-2013.

En efecto, dado el inconstitucional régimen de "continuidad administrativa" decretado por el Tribunal Supremo de Justicia a partir del 10 de enero de 2013, la mencionada "falta temporal" iniciada el 10 de diciembre de 2012 continuó, no habiendo cambiado nada con el anunciado regreso del Presidente electo a Caracas, pues como se anunció, continuaba yaciendo en una cama de Hospital, como "paciente," en tratamiento, por lo que seguía estando en situación de "falta temporal" para el ejercicio del cargo. Hemos dicho que la falta temporal es siempre una situación de hecho que no se decreta, simple-

---

128 Véase en *El Nacional,* 20-2-2013, en http://www.elnacional.com/poli-tica/Aissa-mi-Conocimos-detalle-tratamiento-Presidente_0_139787949.html

129 Véase la reseña "Cabezas califica de "cínico e inhumano" que Urosa pida juramentación de Chávez", en *Noticias 24/Venezuela,* 19-2-2013, en http://www.noticias24.com/venezuela/noticia/151785/cabezas-califica-de-cinico-e-inhumano-que-urosa-pida-juramentacion-de-chavez/

mente acaece, y estar hospitalizado y más en terapia intensiva, siempre origina una falta temporal.

Esto significó, que en virtud de la ausencia de regulación de la situación de "falta temporal" de un Presidente electo cuando no toma posesión de su cargo, y luego de la sentencia del Tribunal Supremo, como consecuencia de la "continuidad administrativa" que impuso, la falta temporal que comenzó el 10 de diciembre de 2013 había continuado, y la misma en cualquier caso, exigía que el Tribunal Supremo procediera a iniciar la designación de una Junta médica para determinar si dicha falta, por la enfermedad, debía convertirse en una falta absoluta del Presidente (art. 233). Pero en todo caso, lo cierto es que si el Tribunal Supremo no tomaba esa iniciativa, esa falta temporal iniciada el 10 de diciembre de 2012, sólo podía llegar a tener un lapso de duración de noventa días, al término del cual la Asamblea Nacional, o renovaba dicho lapso por otro igual, o resolvía declarar la falta absoluta (art. 234).

No debe olvidarse que la Asamblea Nacional, al autorizar el 9 de diciembre de 2012 la salida del Presidente de la República del territorio nacional, no le dio ningún "permiso" para permanecer fuera del territorio nacional por un tiempo específico y tampoco por el tiempo impreciso que requiriera su curación; ni mucho menos un supuesto "permiso para curarse." El artículo 235 de la Constitución es muy claro al indicar que la ausencia del territorio nacional por parte del Presidente lo que requiere es "autorización de la Asamblea Nacional o de la Comisión Delegada, cuando se prolongue por un lapso superior a cinco días consecutivos," y nada más. Por lo que esa autorización no se otorga por ningún término específico, y sólo es necesaria si la ausencia del territorio nacional, que se configura como una falta temporal del Presidente, es por más de cinco días. No tenía sentido alguno, en consecuencia, y más bien fue un soberano disparate, que en febrero de 2013 se dijera que el Presidente, en diciembre de 2012, había solicitado a la Asamblea Nacional un "permiso" "para curarse" y que como no estaba sano, supuestamente dicho "permiso" no habría vencido, por lo que entonces, tomaría juramento "cuando esté bueno y sano."[130]

Al contrario, de acuerdo con la Constitución y con la interpretación efectuada de su artículo 231 en la sentencia mencionada N° 2 de la Sala Consti-

---

130 Dijo Aristóbulo Istúriz, dirigente del partido de gobierno: "El presidente pidió un permiso para demorar su juramentación. Cuando cesen las causas que originaron ese permiso, podrá jurarse." Véase la reseña de la declaración de Isturiz, en la cual llegó a afirmar que "El Presidente se va a juramentar cuando se vaya a juramentar", en "Istúriz dice que permiso de Chávez no ha vencido," en *El Tiempo.com.ve,* 19-2-2013, en http://eltiempo.com.ve/venezuela/politica/isturiz-dice-que-permiso-de-chavez-no-ha-vencido/80288; y en *ElMundo.es,* 19-2-2013, en http://www.elmundo.es/america/2013/02/20/venezuela/1361318829.html Véase igualmente el texto de las declaraciones de Istúriz, en *La Prensa. El diario libre de Panamá,* Panamá, 19-2-2013, p. 33A.

tucional del 9 de enero de 2013, el acto de juramentación "será fijado por el Tribunal Supremo de Justicia, una vez que exista constancia del cese de los motivos sobrevenidos que hayan impedido la juramentación," por lo que siendo tal juramentación la condición indispensable para que el Presidente electo comenzara a ejercer su cargo para el período 2013-2017, el Tribunal Supremo de Justicia en Sala Plena (no una de sus Salas ni la directiva), tenía ante el país la obligación de determinar y dejar constancia si los motivos sobrevenidos (enfermedad) que impidieron la juramentación el 10 de enero de 2013 habían cesado, o si por el contrario, por los problemas de salud que aquejaban al Presidente, no tenía las condiciones físicas y mentales necesarias y permanentes para desempeñar el cargo para el cual había sido electo en octubre de 2012.

Para ello, el Tribunal Supremo de justicia en Sala Plena no podía hacer otra cosa que no fuera establecer la prueba fehaciente, mediante la designación de una Junta médica, que determinase: (i) que el Presidente estaba en condiciones físicas o mentales permanentes de poder desempeñar el cargo y juramentarse, y en consecuencia proceder a fijar la fecha para la juramentación pública del Presidente electo ante el pleno de los magistrados del propio Tribunal,[131] o (ii) que el Presidente electo no tenía la capacidad física o mental permanente para ejercer y tomar posesión de su cargo, dando entonces inicio al procedimiento para que la Asamblea Nacional declarase la falta absoluta del Presidente. Y ello estaba obligada a hacerlo, particularmente luego de que el 22 de febrero de 2013 se emitiera el primer comunicado oficial sobre la salud del presidente Chávez desde el anuncio de su regreso a Venezuela el lunes 18 de febrero, en el cual el Ministro de Comunicación e Información, Ernesto Villegas, anunció que persistía "la insuficiencia respiratoria que afectó al presidente Chávez durante el postoperatorio de sus intervenciones quirúrgicas contra el cáncer que padece"; y que dicha "insuficiencia respiratoria surgida en el curso del postoperatorio persiste y su ten-

---

131 A tal efecto, el día 21 de enero de 2013, los profesores Cecilia Sosa Gómez y José Vicente Haro "actuando en nombre propio y en defensa de la Constitución," solicitaron formalmente ante la Sala Plena del Tribunal Supremo de Justicia "el cumplimiento de la juramentación diferida" del Presidente electo Hugo Chávez "ordenada por la sentencia de la Sala Constitucional de este Tribunal de 9 de enero de 2013," y que por tanto, dicha Sala Plena procediera urgentemente a designar la referida Junta Médica "que certifique sobre el diagnóstico y pronóstico de la enfermedad del Presidente de la República Hugo Chávez Frías y si está en condiciones físicas y mentales permanentes de desempeñar el cargo de Presidente [...] como lo exige el artículo 233 de la Constitución. En caso de que la Certificación Médica permita la juramentación, porque las condiciones físicas y mentales del Presidente le permitan el desempeño de sus funciones constitucionales, solicitamos que esa Sala Plena proceda a la juramentación pública del ciudadano Hugo Chávez Frías lo antes posible, para asegurar la estabilidad institucional de la nación y el cumplimiento efectivo de la Constitución."

dencia *no ha sido favorable*, por lo cual continúa siendo tratada,"[132] lo más probable mediante respiración asistida.

VI. LA "FALTA TEMPORAL ABSOLUTA" O "FALTA INDEFINIDA" DEL PRESIDENTE ELECTO, NO JURAMENTADO E INTERNADO EN UN HOSPITAL EN CARACAS, QUIEN SIN EMBARGO FIRMABA EL EJECÚTESE DE LEYES "EN EL PALACIO DE MIRAFLORES." ALGO SOBRE LA FALTA ABSOLUTA DE GOBIERNO Y EL ARTE DEL DESCONCIERTO (3-3-2013)

Si algo caracterizó el gobierno del Presidente Chávez desde sus inicios, fue el uso de la arte o técnica del desconcierto como política gubernamental,[133] la cual se siguió aplicando por quienes usurparon el gobierno, manifestada en el tratamiento informativo de la "falta temporal absoluta" que había originado una falta absoluta de gobierno. Como lo puntualizaron las Academias Nacionales en el Pronunciamiento que hicieron el 22 de febrero de 2013:

"El Acuerdo de la Asamblea Nacional del 8 de enero de 2013 y la posterior sentencia de la Sala Constitucional del día 9 del mismo mes y año, relativos a la juramentación del Presidente de la República, ya ampliamente divulgados, han afectado la credibilidad de los poderes públicos y la institucionalidad del Estado de Derecho, y ello ha agravado la incertidumbre sobre su seguridad jurídica y sobre la conservación del orden democrático y republicano.

Actualmente, la sociedad venezolana se mantiene bajo una gran indefinición respecto del funcionamiento del Poder Ejecutivo, por cuanto es un hecho notorio que el Presidente reelecto no se encuentra en ejercicio de sus funciones y no se sabe, según informaciones de voceros oficiales, cuándo podría asumirlas. No hay que repetir lo poco revelado. Aunque es incuestionable y totalmente respetable el derecho del Presidente a la salud, ello debe conformarse a las regulaciones constitucionales, pues de no corregirse de inmediato la situación antes mencionada ella dejará profundas heridas en las instituciones democráticas y republicanas del país.

---

132 Véase en Globovisión, 21-2-2013, en http://globovision.com/articulo/hoy-sera-emitido-un-comunicado-oficial-sobre-la-salud-del-presidente-chavez ; William Neuman, "Venezuela: Chávez Continues Treatment," en *The New York Times*, New York, 22-2-2013, p. A6; Ezequiel Minaya, "Downcast on Chávez's Condition," en *The Wall Street, Journal*, New York, 22-2-2013, p. A12.

133 Véase lo que expusimos en 2001 en Allan R. Brewer-Carías, "Venezuela: Historia y crisis política" en *Derecho y Sociedad. Revista de Estudiantes de Derecho de la Universidad Monteávila*, N° 3, Caracas, Abril 2002, pp. 217-244

Respecto a la aplicación del régimen de faltas temporales y absolutas de quien ejerce la Presidencia, o de quien ha sido elegido para este cargo, en atención a lo escuetamente revelado hasta ahora hay un tema clínico que requiere una explicación clara y directa por médicos venezolanos designados según la normativa aplicable y de manera inmediata e impostergable. En una sociedad democrática, la información sobre una enfermedad grave y el estado de la salud del Presidente de la República son asuntos de interés público que incumben a la ciudadanía y, además, son asuntos que afectan a la transparencia democrática. El orden democrático y republicano se caracteriza, además del respeto por las reglas de selección, asunción y funcionamiento de los órganos de los poderes públicos, por la garantía del derecho ciudadano de acceso a una información veraz, seria y objetiva. Toda versión que no informe de manera efectiva o la deforme debe ser irrestrictamente inaceptada."

Concluían las Academias Nacionales afirmando también con razón que:

"La actual situación de inseguridad jurídica e incertidumbre debe ser superada de manera tal que permita la toma de las medidas políticas, sociales y económicas indispensables para el gobierno de la República, que ya se hacen impostergables. Es un legítimo reclamo de la soberanía nacional exigir que las supremas decisiones de la República sean tomadas e informadas a la Nación directamente por quien detenta el mandato popular, sin intermediarios y dentro del territorio nacional. Cada funcionario electo es responsable personalmente ante el electorado y ante el ordenamiento jurídico del Estado."[134]

Por ello, el diario *El Universal* concluyó su Editorial del 1° de marzo de 2013, titulado "Nuestra Tribuna. La voluntad popular," afirmando que "Sin duda, la situación actual, con el Presidente ausente y sin señales convincentes de su capacidad para ejercer el cargo para el que fue electo, no es sostenible y requiere especial atención a la brevedad. La voluntad popular está de por medio." No sin antes argumentarse en el Editorial que:

"El Vicepresidente Ejecutivo de la República no es un funcionario de elección popular. Nicolás Maduro fue designado por el presidente, Hugo Chávez Frías, quien está ausente del país desde el 11 de diciembre del año pasado sin ofrecer declaraciones a los medios o encabezar actos oficiales. Solo dos poderes públicos son escogidos en elecciones por los ciudadanos: el Poder Ejecutivo y el Poder Legislativo. De allí la lógica Constitucional en cuanto a que si se produce una ausencia temporal o absoluta, quien suple al jefe del Estado, es el presidente de la Asamblea

---

134 Véase el texto en http://www.acienpol.org.ve/cmacienpol/Resources/Pronuncia-mien-tos/Pronunciamiento%20de%20las%20Academias%20Continuidad%20del%20ejerc icio%20de%20la%20presidencia-%2022%20de%20febrero.pdf

Nacional, Diosdado Cabello. No Nicolás Maduro, Vicepresidente Ejecutivo."

Constatándose además que:

"Es verdad que el Tribunal Supremo encontró una fórmula para mantener la continuidad de Gobierno en manos del propio Chávez, pero en la práctica, debido a la enfermedad y a la real ausencia de Chávez, es Maduro quien ejerce las funciones del Presidente, cuando las mismas están reservadas constitucionalmente al funcionario electo, no al designado."

En el Editorial además, se precisó, con razón, al analizar las atribuciones del Presidente de la República en la Constitución que "en la mayoría de las materias de su competencia no existe delegación. Son funciones para un Presidente electo. No para un vicepresidente designado burocráticamente."[135]

Estas dos expresiones de opinión de las Academias Nacionales y de uno de los diarios de mayor circulación del país evidenciaban que para comienzos de marzo de 2013, efectivamente ya era tiempo de poner término al desconcierto, pues la situación de secreto y falsedad ya no era sostenible.

Pero nada ocurrió. Había, al contrario, un hecho cierto, y era que de la lectura de la *Gaceta Oficial*, se evidenciaba la ausencia absoluta de Decretos presidenciales que son la manifestación de voluntad esencial de la acción de gobierno (no de la Administración que se maneja mediante Resoluciones Ministeriales), En efecto, para el 1 de marzo de 2013, el último acto presidencial que había sido publicado era el Decreto N° 9.396, dictado por el Vicepresidente Maduro por delegación, mediante el cual se declaró una Insubsistencia al Presupuesto de Gastos para el Ejercicio Fiscal 2013 (recién aprobado, por lo demás), y ningún decreto más.[136]

Sin embargo, en la *Gaceta Oficial* N° 41.114 de 20 de febrero de 2013, se había publicado la Ley de Reforma Parcial del Decreto N° 8.807, con Rango, Valor y Fuerza de Ley que crea una Contribución Especial por Precios Extraordinarios y Precios exorbitantes en el Mercado Internacional de Hidrocarburos, la cual sancionada por la Asamblea Nacional el mismo día 20 de febrero, apareció con la firma del Presidente Hugo Chávez Frías, dando el ejecútese, en el "Palacio de Miraflores, en **Caracas**, a los veinte días del mes de febrero de dos mil trece" lo cual era completamente falso pues el Presidente, según se informaba, permanecía recluido en el Hospital Militar, y no pudo haber firmado el Ejecútese de la Ley en el Palacio de Miraflores. Todos

---

135 Véase "Nuestra Tribuna, La voluntad popular," *El Universal*, Caracas 1-3-2013, en http://www.eluniversal.com/opinion/130301/la-voluntad-popular

136 Véase *Gaceta Oficial* N° 40.113 de 19-2-2013. Ningún otro decreto presidencial se publicó en las *Gacetas Oficiales* Nos. 40.114 de 20-2-2013; 40.115 de 21-2-2013; 40.116 de 22-2-2013; 40.117 de 25-2-2013; 40.118 de 26-2-2013; 40.119 de 27-2-2013, y 40.120 de 28-2-2013

los ministros que supuestamente estuvieron en Consejo de Ministros con el Presidente de la República en el Palacio de Miraflores, para darle el Ejecútese a esta Ley junto con el Presidente, sin duda mintieron, y ello en documento público, atentando contra la fe pública.

Lo mismo ocurrió con las Leyes Aprobatorias del Acuerdo de Cooperación en Materia de Comunicación e Información entre la República Bolivariana de Venezuela y el Estado de Palestina; del Acuerdo Complementario en Materia Energética al Acuerdo Marco para la Cooperación y el Establecimiento de una Comisión de Alto Nivel entre el Gobierno de la República Bolivariana de Venezuela y el Gobierno de la República Francesa; del Acuerdo entre el Gobierno de la República Bolivariana de Venezuela y el Consejo Monetario Regional del Sucre Relativos a su Sede, Inmunidades y Privilegios; del Convenio de Extradición entre el Gobierno de la República Bolivariana de Venezuela y el Gobierno de la República Francesa; del Convenio de Cooperación entre el Gobierno de la República Bolivariana de Venezuela y el Gobierno de la República Oriental del Uruguay para la Colaboración, el Intercambio y la Complementación de Experiencias entre el Plan Uruguayo «Ceibal» y el Proyecto Venezolano «Canaima Educativo»; del Acuerdo Complementario al Acuerdo Marco de Cooperación entre la República Bolivariana de Venezuela y el Estado de Palestina en Materia de Salud; y del Acuerdo Complementario al Acuerdo Marco de Cooperación en Materia Cultural entre la República Bolivariana de Venezuela y el Estado de Palestina, todos los cuales habrían sido sancionados el 5 de febrero de 2013, y los cuales, también en Consejo de Ministros celebrado en el Palacio de Miraflores el día -26 de febrero de 2013, el Presidente Chávez supuestamente le puso el Ejecútese estampando su firma (que es exacta en todas las leyes) junto con todos los Ministros, lo cual era falso pues estaba, según se informaba, yaciendo en una cama de hospital en el Hospital Militar de Caracas.

O sea que los únicos actos de gobierno "adoptados" por el Presidente de la República desde el 21 de febrero hasta el 1 de marzo de 2013, como es el ponerle el Ejecútese de las leyes para su publicación y vigencia, estaban viciados de falsedad. O simplemente se trataba de una burla cruel, y un irrespeto con el Presidente enfermo, haciéndolo aparecer en el Palacio de Miraflores, reunido con sus Ministros en Consejo de Ministros, firmando el ejecútese de leyes, cuando ello evidentemente no era cierto.

Ni el 20 de febrero, ni el 26 de febrero de 2013 el Presidente estuvo en el Palacio de Miraflores en sesión alguna del Consejo de Ministros, ni firmó el Ejecútese de las leyes mencionadas. Más bien, el 22 de febrero, el Vicepresidente Maduro informaba a la prensa pasadas las 11.30 pm., desde la sede del Hospital Militar que "el presidente de la República, Hugo Chávez, "está recibiendo sus tratamientos" y que "sigue con la asistencia de una cánula para su respiración," agregando, par asombro del país, que "el mandatario se comunica por escrito, y que logró sostener con el equipo de Gobierno una reunión que se extendió cerca de cinco horas," y que "dio instrucciones económicas y comunicó sobre otros temas a su equipo de gobierno utilizando "vías escritas" y "distintas vías de entendimiento".[137] Precisó adicionalmente que "estuvieron "reunidos desde horas de la tarde, hasta esta hora, cinco horas y media en tres sesiones de trabajo".[138] La información la dio también el Presidente de la Asamblea Nacional, Diosdado Cabello, quien sin embargo precisó que "el encuentro duró 5 horas, aunque advirtió que eso no implica que el primer mandatario nacional esté totalmente recuperado, pero sí aseguró que éste "está atendiendo las labores del Gobierno".[139] El Vicepresidente Maduro, el 27 de febrero de 2013, reiteraba públicamente que "el Jefe de Estado ha dado órdenes a pesar de su reposo, y explicó que la cánula traqueal que lleva no le impide comunicarse."[140]

Aparte de lo insensato que habría sido someter a un enfermo de la gravedad que según se informaba aquejaba al Presidente, a unas sesiones de trabajo gubernamental por largas horas durante la noche, como lo anunciaron sus subalternos, todo lo expuesto no generaba sino rumores y desinformación, lo que se confirmaba con lo expuesto por Alberto Barrera Tyszka, al expresar el 24 de febrero de 2013 que "Los silencios oficiales suelen multiplicar las teorías de las conspiraciones. Ante el vacío de información, resulta muy tentador imaginar que existe un orden oculto y enemigo, perfectamente orquestado para ocultarnos la realidad."[141]

137 "Maduro asegura que se reunió con Chávez por más de cinco horas," en *El Universal*, 23 de febrero de 2013, en http://www.eluniversal.com/nacional-y-politica/salud-presidencial/130223/maduro-asegura-que-se-reunio-con-chavez-por-mas-de-cinco-horas

138 Véase "Maduro asegura que se reunió con Chávez por más de cinco horas," en *El Universal*, 23 de febrero de 2013, en http://www.eluniversal.com/nacional-y-politica/salud-presidencial/130223/maduro-asegura-que-se-reunio-con-chavez-por-mas-de-cinco-horas; y En "Maduro: Chávez continúa con cánula traqueal y usa distintas vías de entendimiento," Publicado por Caracas en Febrero 23, 2013 , en http://venezuelaaldia.com/2013/02/maduro-chavez-continua-con-la-canula-traqueal-y-usa-distintas-vias-de-entendimiento/.

139 Véase Gabriela Turzi Vegas, "Cabello: Chávez no está totalmente recuperado pero atiende sus labores," en*El Universal*, lunes 25 de febrero de 2013, en http://www.eluniversal.com/nacional-y-politica/130225/cabello-chavez-no-esta-totalmente-recuperado-pero-atiende-sus-labores

140 Véase "Maduro afirma que cánula no le impide al Presidente comunicarse," *El Universal*, 27 de febrero de 2013, en http://www.eluniversal.com/nacional-y-politica/130227/maduro-afirma-que-canula-no-le-impide-al-presidente-comunicarse

141 Véase Alberto Barrera Tyszka: "Un paciente más", 24 de febrero, 2013, publicado en: http://www.lapatilla.com/site/2013/02/24/alberto-barrera-tyszka-un-paciente-mas/ Por ello, por ejemplo, sobre la cadena del Vicepresidente Maduro del 22 de febrero, Elides Rojas observaba que "Desde las últimas horas de la tarde comenzó una de las más fuertes olas de rumores que se recuerde desde que arrancó la historia del cáncer y los ciclos de hospitalización-quimio, hospitalización-radio, hospitalización-silencio, hospitalización-desaparición. La cosa fue más o menos así. El hombre está muy grave. Nuevamente en coma. Más adelante la gravedad cambió de tono y se

Y es que el mismo día 22 de febrero, horas antes de la anunciada "reunión de gobierno" del Presidente Chávez con varios de sus Ministros por largas horas, el propio Ministro de Relaciones Exteriores, Elías Jaua, informaba desde Guinea Ecuatorial que la "deficiencia respiratoria de Chávez se ha incrementado en las últimas horas," y que "sigue aplicándose tratamiento para la enfermedad de base y ese ha sido tolerado positivamente por el paciente."[142] Dos días después diría a la prensa que era un "chantaje," una "crueldad" y una "falta de humanidad" exigirle al presidente Hugo Chávez, que "aparezca y juramente el cargo," sosteniendo que "el Presidente tiene el derecho a tomarse el tiempo para recuperarse."[143]

En todo caso, en ese tiempo parecía que el Secretario General de la Organización de Estados Americanos tenía más conocimiento de la situación que los desinformados ciudadanos venezolanos, al afirmar desde Paris luego de dictar una conferencia sobre la democracia en América del Sur en la casa de América Latina, el mismo día 22 de febrero de 2013, que "el tema será resuelto la próxima semana, ya sabremos cuál será la situación del presidente y si va a poder gobernar o no."[144]

---

convirtió en fatal noticia. Extrema cautela en los medios y guardia permanente. Nada de concretarse la información. [...] Nada anormal. Un Chávez con muy poca capacidad respiratoria, asistido y con una cánula instalada, posiblemente sedado, justo en plena lucha contra el terrible cáncer que lo aqueja, estaba trabajando con Maduro y otros próceres de lo más tranquilo, "comunicándose por diferentes vías"." En Elides Rojas, "La extraña cadena del viernes a medianoche," en *El Universal*, Caracas, 24.02.2013, en http://www.eluniversal.com/blogs/sobre-la-marcha/130224/la-extrana-cadena-del-viernes-a-medianoche#.USpHNOK-XfI.twitter Por ello también, el coordinador nacional del partido Primero Justicia afirmó que "es "falso" que Nicolás Maduro haya estado cinco horas con el Presidente, según pudo constatarlo con pacientes del Hospital Militar. "Digan la verdad al país" pues "no se puede seguir tolerando a un presidente encargado que le miente todos los días a los venezolanos". Véase "Falso lo de las 5 horas: Para Julio Borges, el Gobierno "miente y está lleno de contradicciones" *El Universal*, domingo 24 de febrero de 2013, en http://www.eluniversal.com/nacional-y-politica/salud-presiden-cial/130224/para-julio-borges-el-gobierno-miente-y-esta-lleno-de-contradicciones

142 Véase Jaua: "Deficiencia respiratoria de Chávez se ha incrementado," en *El Universal*, 22 de febrero de 2013, http://www.eluniversal.com/nacional-y-politica/salud-presidencial/130222/jaua-deficiencia-respiratoria-de-chavez-se-ha-incrementado

143 Véase en "Jaua acusa a la oposición de crueldad por exigir que Chávez aparezca," en *El Universal* , 26-2-2013,http://www.eluniversal.com/nacional-y-politica/salud-presidencial/130226/jaua-acusa-a-la-oposicion-de-crueldad-por-exigir-que-chavez-aparezca

144 Véase "Insulza: "la próxima semana se sabrá si Chávez puede gobernar o no," en *El Universal*, Caracas, 22 de febrero de 2013, en http://www.eluniversal.com/nacional-y-politica/salud-presidencial/130222/insulza-la-proxima-semana-se-sabra-si-chavez-puede-gobernar-o-no

Para la resolución del "tema," por ejemplo, la ex magistrada Blanca Rosa de Mármol de la Sala de Casación Penal del Tribunal Supremo de Justicia, el 28 de febrero de 2013 anunciaba que se había adherido a la solicitud que el 21 de enero habían formulado los profesores Cecilia Sosa y José Vicente Haro requiriendo del Tribunal Supremo que se designase "una junta médica que determine el verdadero estado de salud del presidente Hugo Chávez, antes de que pueda ser juramentado," lo que debió requerirse por el Tribunal, antes de dictar su sentencia del 9 de enero, indicando que "debió proceder a la juramentación de una junta médica, para que se establezca si la ausencia del mandatario es temporal o permanente."[145]

Pero nada ocurría en el gobierno. Por una parte, se hacía aparecer al Presidente enfermo como firmando el Ejecútese de leyes en el Palacio de Miraflores, y por la otra, se decía que estaba gobernando desde su cama de hospital, donde se comunicaba por señas, incluso escritas, y además el Vicepresidente Maduro, quién se negó siempre a suplir al Presidente, usurpaba sus funciones, por ejemplo, compareciendo ante la Asamblea Nacional a rendir cuenta de la gestión de gobierno de un Presidente enfermo que sólo él, personalmente, podía hacer conforme al artículo 237 de la Constitución, dando cuenta "de los aspectos políticos, económicos, sociales y administrativos de su gestión durante el año inmediatamente anterior."[146] Se recuerda que el 15 de enero de 2013, Maduro había consignado dicha Memoria y Cuenta ante el Parlamento, declarando que él estaba "claro que no podía ser él, en su carácter de vicepresidente, el que presentara la Memoria y Cuenta a manera de discurso ante la Asamblea Nacional porque eso sí hubiese sido una violación de la Constitución."[147] Sin embargo, más de un mes después, el 28 de febrero de 2013, aparentemente ya no estaba tan claro y lo que hizo fue aprovechar la presentación de Memoria y Cuenta por los Ministros, para formular él, verbalmente, la Memoria y Cuenta que el Presidente no había presentado personalmente.

El 2 de marzo de 2013 para completar la desinformación, el Vicepresidente Maduro explicaba sobre la salud del Presidente que entonces decía

---

145 Véase "Ex magistrada Mármol pidió al TSJ que se designe junta médica para Chávez ,"*El Universal*, 28 de febrero de 2013, en http://www.eluniversal.com/nacional-y-politica/salud-presidencial/130228/exmagistrada-marmol-pidio-al-tsj-que-se-designe-junta-medica-para-chav

146 En el mismo acto, los Ministros presentaron sus cuentas anuales conforme al artículo 244 de la Constitución. Véase "Ender Ramírez Padrino, *El Nacional*, 28-2-2013, "Maduro: El 2012 fue un año de retos y avances," en http://www.el-nacional.com/politica/Maduro-consigna-Memoria-Cuenta-AN_0_145187725.html.

147 Véase "Maduro no presentó la Memoria y Cuenta para no violar Constitución," *El Universal*, 16-1-2013, en http://www.eluniversal.com/nacional-y-politica/130116/maduro-no-presento-la-memoria-y-cuenta-para-no-violar-constitucion Sin embargo, parece que esa claridad ya no la tenía el 18 de febrero de 2013 cuando hizo lo que un mes antes juzgó como inconstitucional.

estaba sometido a tratamiento de quimioterapia y radioterapia, calificándolos de tratamientos complementarios para el tratamiento del cáncer del cual había sido operado cuatro veces.[148]

En todo caso, ya para esa fecha, como se expresó en el Editorial de *El Universal* del 1 de marzo de 2013, antes citado, "la situación actual, con el Presidente ausente y sin señales convincentes de su capacidad para ejercer el cargo para el que fue electo, no es sostenible y requiere especial atención a la brevedad."[149] El mismo diario *El Universal* agregaba en otro Editorial, del 3 de marzo de 2013, que luego de que el Tribunal Supremo de Justicia había decidido "continuar el mandato de Hugo Chávez, manteniendo un precario hilo constitucional," "alargar esta extraña figura pudiera llevar a otra situación más polémica todavía: la ausencia indefinida, a todas luces un estado anormal y definitivamente inconstitucional que no es sostenible en el tiempo y, a la larga, con profundo impacto internacional."[150]

Es decir, ya no era posible seguir engañando o burlándose de la gente, y menos de la voluntad popular. Recordemos la frase atribuida a Abraham Lincoln, "Puedes engañar a todo el mundo algún tiempo. Puedes engañar a algunos todo el tiempo. Pero no puedes engañar a todo el mundo todo el tiempo."[151] Por ello, ya era tiempo de que el gobierno robado fuera devuelto al pueblo, de manera que este lo asumiera votando democráticamente por un nuevo Presidente.

---

148 Dijo Maduro: "A mediados de enero fue mejorando, se pudo controlar la infección, pero siguió con los problemas de insuficiencia respiratoria, después hubo un mejoramiento general, como lo informamos, de todo el cuadro clínico, de sus órganos vitales, de su fortaleza, y los médicos con el presidente Chávez decidieron iniciar los tratamientos complementarios ¿Ustedes saben qué son los tratamientos complementarios, verdad? Son las quimioterapias que se le aplican a los pacientes después de las operaciones". Véase "Maduro informó que Chávez recibe tratamientos complementarios," en *El Universal*, 1-3-2013, en http://www.eluniversal.com/nacional-y-politica/salud-presidencial/130301/maduro-informo-que-chavez-recibe-tratamientos-complementarios Véase igualmente, William Newuman, "Chávez Back On Treatment For cancer,", *The New York Times*, New York, 2-3-2013, p. A8

149 Véase "Nuestra Tribuna. La voluntad popular," en *El Universal*, Caracas, 1-3-2013, en http://www.eluniversal.com/opinion/130301/la-voluntad-popular

150 Véase "Nuestra Tribuna, La ausencia indefinida," *El Universal*, Caracas 3-3-2013, en http://www.eluniversal.com/opinion/130303/la-ausencia-indefinida

151 "You may fool all the people some of the time, you can even fool some of the people all of the time, but you cannot fool all of the people all the time." Es una frase atribuida a Lincoln que se dice expreso en un discurso en Clinton (Illlinois), el 2 de septiembre de 1858, aún cuando no se ha conseguido en los documentos que lo sobrevivieron. Véase en James H. Billington, *Respectfully Quoted: A Dictionary of Quotations*, Compiled by the Library of Congress, Parágrafo No. 609.

DÉCIMA PARTE

EL ANUNCIO DE LA FALTA ABSOLUTA DE CHÁVEZ Y EL INICIO DE UN GOBIERNO INCONSTITUCIONAL (MARZO 2013)

Tal como venía siendo anunciado por los voceros oficiales del gobierno desde principios del mes de marzo de 2013, después de haber participado al país que el Vicepresidente Ejecutivo y otros Ministros habían estado con el Presidente Hugo Chávez Frías en una reunión de gabinete de 5 horas unos días antes durante la noche el día 23 de febrero,[1] y luego de diversos anuncios sobre el agravamiento de la salud del Presidente, tal y como se afirmó en la sentencia N° 141 de 8 de marzo de 2013, de la Sala Constitucional del Tribunal Supremo de Justicia:

> "el 5 de marzo de 2013, el Vicepresidente Ejecutivo ciudadano Nicolás Maduro Moros anunció, desde la sede del Hospital Militar de Caracas 'Dr. Carlos Arvelo,' el lamentable fallecimiento del Presidente de la República ciudadano Hugo Chávez Frías."[2]

Dicho hecho que ocurrió según dicho anuncio del Vicepresidente Maduro, a las 4.25 pm.,[3] sesenta años después del fallecimiento de Joseph Stalin, hecho éste que ocurrió el día 5 de marzo de 1953.

---

1   Véase "Maduro asegura que se reunió con Chávez por más de cinco horas," en *El Universal*, 23 de febrero de 2013, en http://www.eluniversal.com/nacional-y-politica/salud-presidencial/130223/maduro-asegura-que-se-reunio-con-chavez-por-mas-de-cinco-horas; y En "Maduro: Chávez continúa con cánula traqueal y usa distintas vías de entendimiento," Publicado por Caracas en Febrero 23, 2013 , en http://venezuelaaldia.com/2013/02/maduro-chavez-continua-con-la-canula-traqueal-y-usa-distintas-vias-de-entendimiento/.

2   Véase el texto de la sentencia de interpretación del artículo 233 de la Constitución en http://www.tsj.gov.ve.decisioes/scon/Marzo/141-9313-2013-13-0196.html

3   Afirmando incluso que no descartaba "que la enfermedad del presidente Chávez haya sido inducida." Véase "Muere el presidente Hugo Chávez," en *ElTiempo.com*, 5-3-2013, en http://www.eltiempo.com/mundo/latinoame-rica/ARTICULO-WEB-NEW_NOTA_INTERIOR-12639963.html

El día anterior, 4 de marzo de 2013, el Ministro de Comunicaciones ya había anunciado al país que Chávez había tenido "un empeoramiento de la función respiratoria relacionado con el estado de inmunodepresión propio de su situación clínica," presentando "una nueva y severa infección" siendo su estado de salud "muy delicado,"[4] lo que presagiaba ya un desenlace final, o según las palabras del Secretario General de la OEA, la resolución del "tema" pendiente."[5] Ello fue confirmado el mismo día 5 de marzo en horas de mediodía en una extraña y sombría rueda de prensa o reunión de gabinete presidida por el Vicepresidente Ejecutivo Nicolás Maduro, convocada "luego de que se informara oficialmente de un deterioro en la salud del presidente Hugo Chávez"[6] donde ya se anunció, sin anunciarlo, lo que evidentemente había ocurrido o estaba ocurriendo, y que era el fallecimiento del Presidente Chávez. De allí, lo que siguió fue el anuncio formal del hecho del fallecimiento unas pocas horas después, en exposiciones separadas y televisadas del Vicepresidente Nicolás Maduro,[7] del Presidente de la Asamblea Nacional, Diosdado Cabello[8] y del Ministro de la Defensa, general Diego Molero Bellavía.[9] Se trató, en todo caso, de un hecho singular en la vida política del

---

4   "Villegas,, "El estado general sigue siendo delicado," en Kikiriki, 4-3-2023, en http://www.kikiriki.org.ve/villegas-el-estado-general-sigue-siendo-delicado/

5   El 22 de febrero de 2013, habría dicho que "el tema será resuelto la próxima semana, ya sabremos cuál será la situación del presidente y si va a poder gobernar o no." Véase "Insulza: "la próxima semana se sabrá si Chávez puede gobernar o no," en *El Universal*, Caracas, 22 de febrero de 2013, en http://www.eluniversal.com/nacional-y-politica/salud-presidencial/130222/insulza-la-proxima-semana-se-sabra-si-chavez-puede-gobernar-o-no

6   Véase "Venezuela transmitirá reunión entre Maduro, Gabinete y militares: oficial," en Reuters, 5-3-2013, en http://ar.reuters.com/arti-cle/topNews/idARL1N0BX9-B220130305

7   Véase en "Muere el presidente Hugo Chávez,", en *ElTiempo.com*, 5-3-2013, en http://www.eltiempo.com/mundo/latinoamerica/ARTICULO-WEB-NEW_NOTA_INTERIOR-12639963.html

8   Véase en http://cnnespanol.cnn.com/2013/03/05/diosdado-cabello-nuestros-hijos-tendran-patria-gracias-a-lo-que-hizo-chavez/

9   Véase lo expresado por Diego Molero Bellavía, Ministro de la Defensa, al comprometerse en que las Fuerzas Armadas respetarían la Constitución, expresando, "Vicepresidente Nicolás Maduro, señor Diosdado Cabello, presidente de la Asamblea Nacional, y todos los poderes, cuenten con la Fuerza Armada, que es del pueblo y para el pueblo," en "Ministro de la defensa venezolano hace un llamado a la unidad," CNN, 5-3-2013, en CNN es la Noticia, 5-3-2013, en http://cnnespanol.cnn.com/2013/03/05/ministro-de-la-defensa-venezolano-hace-un-llamado-a-la-unidad/ Posteriormente llegó a afirmar que las Fuerzas Armadas no iban a "fallaler" al fallecido Presidente, y le pedían a los votantes que "cumplieran con la voluntad del comandante Chávez y todos votaran por Nicolás Maduro." Véase la referencia en Ezequiel Minaya, "Military Poses Risk for Next Venezuelan Leader," in *The Wall Street Journal*, April 12, 2013, p. A22.

país, pues desde que el presidente Juan Vicente Gómez falleció en diciembre de 1935, estando en ejercicio del cargo, no había ocurrido en Venezuela que un Presidente de la República falleciera siendo titular del cargo, y nunca con la popularidad que había tenido el Presidente Chávez.

Como hecho relevante en la vida política del país, el mismo, sin duda, produjo una serie de consecuencias jurídicas que deben identificarse claramente. El derecho precisamente regula las consecuencias jurídicas que ciertos hechos o actos adoptados por los sujetos de derecho producen en determinados momentos, así como las relaciones jurídicas que se establecen entre esos sujetos de derecho. Normas, actos y sujetos de derecho configuran, en definitiva, el mundo en el cual opera el derecho, de manera que el hecho del fallecimiento de una persona titular del cargo de Presidente de República, quién incluso no se posesionó del mismo, amerita ser analizado para tratar de establecer sus consecuencias jurídicas. Ese hecho del fallecimiento del Presidente de la República Hugo Chávez Frías, se produjo además en medio de una serie de otros hechos y actos jurídicos que condicionaban sus efectos jurídicos y que era necesario tener también presente para determinar dichas consecuencias jurídicas.

Esos hechos son, en líneas generales, los siguientes:

Primero, que el Presidente Chávez había sido reelecto Presidente de la República el 7 de octubre de 2012, para el período constitucional 2013-2019, cuando ya estaba en ejercicio del cargo de Presidente para el cual había sido reelecto en 2006 para el período constitucional 2007-2013; período este que terminaba el 10 de enero de 2013.

Segundo, que el Presidente Chávez, desde el día 10 de diciembre de 2012 había viajado a La Habana, luego de haber obtenido autorización de la Asamblea Nacional pues se ausentaría del territorio nacional por más de 5 días (art. 234, Constitución), para someterse a una operación quirúrgica, después de la cual nunca más se lo vio en público ni se supo de él fehacientemente.

Tercero, que la ausencia del Presidente del territorio nacional constituyó una falta temporal (art. 234, Constitución) que constitucionalmente el Vicepresidente Ejecutivo estaba obligado a suplir, a lo que en ese caso, el Vicepresidente que era Nicolás Maduro se negó a hacer, habiendo permanecido en Caracas, con viajes frecuentes a La Habana, conduciendo la acción de gobierno sólo mediante una delegación de atribuciones que el Presidente Chávez había decretado el 9 de diciembre de 2012.

Cuarto, que para tomar posesión del cargo de Presidente para el nuevo período constitucional 2013-2019, el Presidente Chávez debía juramentarse ante la Asamblea Nacional el día 10 de enero de 2013 (art. 231, Constitución).

Quinto, que si ese día 10 de enero de 2013, el Presidente electo, por alguna causa sobrevenida, no podía prestar juramento ante la Asamblea Nacional, lo podía hacer posteriormente ante el Tribunal Supremo de Justicia (art. 231, Constitución).

Sexto, que en esa fecha 10 de enero de 2013, en todo caso, comenzó el nuevo período constitucional 2013-2019 (art. 231, Constitución), así no se hubiese producido el acto formal de juramentación del Presidente electo, y éste pudiera juramentase posteriormente ante el Tribunal Supremo.

Séptimo, que el Vicepresidente Nicolás Maduro informó a la Asamblea Nacional el 8 de enero de 2013, que el Presidente de la República, dado su estado de salud, no iba a comparecer ante la misma el día 10 de enero de 2013 para juramentarse en su cargo, permaneciendo en La Habana.

Octavo, que el Presidente Chávez, efectivamente no compareció ante la Asamblea Nacional a tomar posesión del cargo para el período constitucional 2013-2019, de manera que su fallecimiento ocurrió sin haberse juramentado ni haber tomado posesionado de su cargo.

Noveno, que antes de que se iniciara el nuevo periodo constitucional el 10 de enero de 2013, sin embargo, el Tribunal Supremo de Justicia, el día 9 de enero de 2013, decidió mediante una sentencia interpretativa, que en virtud de que el Presidente Chávez había sido reelecto y había estado en ejercicio de la Presidencia de la República, su no comparecencia ante la Asamblea Nacional no significaba que no continuara en ejercicio de sus funciones junto con todo su gabinete (Vicepresidente y Ministros), todos ellos nombrados en el período constitucional que concluía el 10 de enero de 2013; para lo cual la Sala Constitucional del Tribunal Supremo aplicó a la cuestión constitucional planteada, el "principio de la continuidad administrativa."[10]

Décimo, que luego de que se informara que el Presidente Chávez había sido trasladado desde un Hospital en La Habana al Hospital Militar de Caracas el día 18 de febrero de 2013, donde supuestamente permaneció recluido sin ser visto en público, al anunciarse su fallecimiento el día 5 de marzo de 2013, puede decirse que cesó el régimen de "continuidad administrativa" del Presidente electo, de su Vicepresidente y del tren ministerial anterior, que el Tribunal Supremo había dispuesto que continuaban en sus funciones, fundamentándose en el hecho de que para el 9 de enero de 2013 el Presidente reelecto estaba en ejercicio de su cargo, por lo que hasta que se juramentase, todos debían continuar en el desempeño de sus funciones o en el ejercicio de

---

10 La Sala dijo en la sentencia, en cuanto al Presidente Chávez, que se trataba "de un Jefe de Estado y de Gobierno que no ha dejado de desempeñar sus funciones y, como tal, seguirá en el ejercicio de las mismas hasta tanto proceda a juramentarse ante el Máximo Tribunal." Agregó además, que " la falta de juramentación en tal fecha no supone la pérdida de la condición del Presidente Hugo Rafael Chávez Frías, ni como Presidente en funciones, ni como candidato reelecto, en virtud de existir continuidad en el ejercicio del cargo". Véase, Expediente Nº 12-1358, Solicitante: Marelys D'Arpino. Véase el texto de la sentencia en: http://www.tsj.gov.ve/decisiones/scon/Enero/02-9113-2013-12-1358.html

sus cargos, y entre ellos el Vicepresidente y sus Ministros, hasta que el Presidente se juramentase; y

Decimoprimero, que tal juramento y la toma de posesión del cargo por el Presidente electo nunca pudo tener lugar, a causa del anunciado fallecimiento del Presidente.

Para entender bien las consecuencias jurídicas de éste último hecho, por tanto, es bueno recordar con precisión lo que decidió la Sala Constitucional del Tribunal Supremo de Justicia, en la sentencia No. 02 del 9 de enero de 2013 sobre la no comparecencia anunciada del Presidente de la República para su toma de posesión el día siguiente 10 de enero de 2013, por encontrarse totalmente incapacitado para ello por yacer en una cama de hospital en La Habana después de haber sido operado un mes antes (11 de diciembre de 2012).

La Sala Constitucional consideró que en virtud de que el Presidente Hugo Chávez había sido "reelecto" Presidente para el período 2013-2019 terminando ese mismo día su período constitucional anterior (2007-2013), y que como eventualmente podría prestar dicho juramento posteriormente ante el propio Tribunal Supremo, entonces no podía considerarse que en ese día de terminación del período constitucional 2007-2013, por su ausencia, "que el gobierno queda *ipso facto* inexistente," resolviendo entonces que: "el Poder Ejecutivo (constituido por el Presidente, el Vicepresidente, los Ministros y demás órganos y funcionarios de la Administración) seguirá ejerciendo cabalmente sus funciones con fundamento en el principio de la continuidad administrativa," por supuesto, hasta que se juramentase y tomase posesión de su cargo ante el propio Tribunal.

Fue conforme a esa sentencia, entonces, que el Tribunal, por una parte, decidió que el Presidente de la Asamblea Nacional, Diosdado Cabello no debía encargarse de la Presidencia de la República, tal como le correspondía conforme al principio democrático y que exigía la aplicación analógica de la norma que regula la falta absoluta del Presidente antes de su toma de posesión (art. 233); y por la otra, aseguró la continuidad en el ejercicio de su cargo del Presidente de la República reelecto a pesar de estar postrado en una cama de hospital; y finalmente, decidió que el Vicepresidente Maduro a partir del 10 de enero de 2013 continuaría en ejercicio del cargo de Vicepresidente Ejecutivo. Consolidó así el Tribunal Supremo la usurpación de la voluntad popular, imponiéndole a los venezolanos un gobierno de hecho a cargo de funcionarios no electos, el Vicepresidente y los Ministros, que habían sido designados por el Presidente Chávez en el período constitucional anterior (2007-2013), y quienes continuaron ejerciendo sus cargos, situación que conforme a la sentencia de la Sala Constitucional debía permanecer hasta que el Presidente se juramentara. Esto último, ya evidentemente era una falacia pues, sin duda, para ese momento, todo el gobierno ya debía haber sabido sobre la condición de salud del Presidente y la imposibilidad que ya habría de que efectivamente se pudiera juramentar y tomar posesión de su cargo.

Hasta el 5 de marzo de 2013, por tanto, en virtud de la mencionada sentencia del Tribunal Supremo, el Vicepresidente Maduro continuó ejerciendo atribuciones del Poder Ejecutivo, pero sin siquiera haberse encargado de la Presidencia y sin siquiera suplir al Presidente en su falta temporal como se lo imponía el artículo 234 de la Constitución, no habiéndose dictado actos de gobierno algunos ni decretos presidenciales en los últimos días antes del 5 de marzo de 2013.[11]

El anuncio del fallecimiento del Presidente electo, quién según estableció la sentencia No. 2 del Tribunal Supremo de enero de 2013, como había sido reelecto, a pesar de no haberse juramentado en cargo, sin embargo, había continuado en ejercicio de sus funciones del Poder Ejecutivo (aun cuando, de hecho, ello era imposible por su situación de salud), y con él, el Vicepresidente Ejecutivo y los Ministros; en todo caso, originaba una serie de cuestiones jurídicas inmediatas que requerían solución urgente, las cuales giraban en determinar, jurídica y constitucionalmente, quién, a partir del 5 de marzo de 2013, debía encargarse de la Presidencia de la República en ese supuesto de efectiva falta absoluta de un Presidente electo, no juramentado, mientras se procedía a una nueva elección presidencial. En virtud de que el Presidente electo ya no podía tomar posesión de su cargo, el régimen de la "continuidad administrativa" impuesto por el Tribunal Supremo, al producirse la falta absoluta del Presidente con su anunciado fallecimiento, sin duda cesaba. Todo cambió, por tanto, cuando se anunció el fallecimiento del Presidente y se materializó su efectiva falta absoluta.

La norma constitucional que rige los supuestos de falta absoluta del Presidente de la República es el artículo 233, el cual dispone los tres supuestos generales en los cuales ese hecho puede ocurrir, con sus consecuencias jurídicas inmediatas,[12] que son:

Primero, que la falta absoluta se produzca *antes de que el Presidente electo tome posesión del cargo*, en cuyo caso, dice la norma, el Presidente de la Asamblea Nacional *se encarga* de la Presidencia de la República mientras se realiza una nueva elección y toma posesión el nuevo Presidente. En este

---

11 Véase *Gacetas Oficiales* N° 40.121 de 1-3-2013; N° 40.122 de 4-3-2013; N° 40.123 de 5-3-2013; Nos 40.124 de 6-3-2013.

12 El artículo 233 dispone en la materia", lo siguiente,, "Cuando se produzca la falta absoluta del Presidente electo o Presidenta electa **antes de tomar posesión**, se procederá a una nueva elección universal, directa y secreta dentro de los treinta días consecutivos siguientes. Mientras se elige y toma posesión el nuevo Presidente o la nueva Presidenta, se encargará de la Presidencia de la República el Presidente o Presidenta de la Asamblea Nacional. // Si la falta absoluta del Presidente o Presidenta de la República se produce **durante los primeros cuatro años del período constitucional**, se procederá a una nueva elección universal, directa y secreta dentro de los treinta días consecutivos siguientes. Mientras se elige y toma posesión el nuevo Presidente o la nueva Presidenta, se encargará de la Presidencia de la República el Vicepresidente Ejecutivo o la Vicepresidenta Ejecutiva".

caso, el Presidente de la Asamblea no pierde su investidura parlamentaria, ni asume la Presidencia de la República, sino que solo se "encarga" temporalmente de la misma.

Segundo, que la falta absoluta se produzca *dentro de los primeros cuatro años del período constitucional,* se entiende por supuesto después de que ya el Presidente electo hubiese tomado posesión de su cargo mediante su juramentación, en cuyo caso, dice la norma, el Vicepresidente Ejecutivo *se encarga* de la Presidencia mientras se realiza una nueva elección y toma posesión el nuevo Presidente. Dicho Vicepresidente, por supuesto, debe haber sido nombrado por el propio Presidente de la República antes de su falta absoluta, durante el ejercicio de su cargo. En este caso, el Vicepresidente Ejecutivo tampoco pierde su investidura, ni asume la Presidencia de la República, sino que solo se "encarga" temporalmente de la misma.

Tercero, que la falta absoluta se produzca *durante los últimos dos años del período constitucional*, en cuyo caso, el Vicepresidente Ejecutivo *asume* la Presidencia de la República hasta completar el período. En este caso, el Vicepresidente Ejecutivo sí pierde su investidura y asume en forma permanente el cargo de Presidente de la República, hasta completar el período constitucional, debiendo nombrar un nuevo Vicepresidente Ejecutivo. En es el único caso en la Constitución, en el cual el Vicepresidente podría considerarse como "Presidente encargado de la República."

El anuncio del fallecimiento del Presidente de la República Hugo Chávez Frías el 5 de marzo de 2013, ya iniciado el nuevo período constitucional sin haberse juramentado ni haber tomado posesión de su cargo, ni ante la Asamblea Nacional ni ante el Tribunal Supremo de Justicia, exigía precisar, por tanto, cuál de los dos primeros supuestos antes mencionados (ya que el tercero estaba descartado) debía aplicarse para determinar la sucesión presidencial.

Como el régimen de la "continuidad administrativa" decretada ilegítimamente por el Tribunal Supremo concluyó evidentemente el mismo día cuando se anunció que se produjo la falta absoluta del Presidente Chávez, quien por su estado de salud para el momento del anuncio de su muerte no pudo juramentarse ni pudo tomar posesión de su cargo, es claro que se aplicaba el primer supuesto previsto en el artículo 233 de la Constitución, ya que la falta absoluta del Presidente electo se produjo en todo caso *"antes de tomar posesión"* de su cargo. La primera parte de la norma se aplica en los dos supuestos que conforme a sus previsiones podrían darse: primero, que el fallecimiento del Presidente ocurra sin tomar posesión de su cargo antes del inicio del período constitucional el 10 de enero; o segundo, que el fallecimiento del Presidente ocurra sin tomar posesión de su cargo por alguna causa sobrevenida después de haberse iniciado el período constitucional el 10 de enero. Este último habría sido, precisamente, el supuesto que ocurrió con e anuncio del 5 de marzo de 2013, de manera que conforme a la norma del artículo 233 de la Constitución, el Presidente de la Asamblea Nacional, Diosdado Cabello debió de inmediato encargarse de la Presidencia de la República, *ex constitutione.*[13]

Por ello, con razón, el profesor José Ignacio Hernández, explicó que:

"interpretando de manera concordada los artículos 231 y 233 de la Constitución, puede concluirse que ante la falta absoluta del Presidente electo antes de tomar posesión (mediante juramento), deberá encargarse de la Presidencia el Presidente de la Asamblea Nacional. Es ésa la conclusión que aplica al caso concreto, pues el Presidente Hugo Chávez falleció sin haber prestado juramento, que es el único mecanismo constitucional previsto para tomar posesión del cargo, con lo cual debería asumir la Presidencia quien fue designado como Presidente de la Asamblea Nacional."[14]

Por tanto, en ese mismo momento en que se anunció la falta absoluta del Presidente Chávez, de inmediato, el Vice-Presidente Maduro dejó de ejercer las funciones del Presidente, por haber cesado la llamada "continuidad administrativa" impuesta por la Sala Constitucional, la cual dependía de que el Presidente electo pudiera llegar a tomar posesión efectiva de su cargo; y el Presidente de la Asamblea, sin necesidad de acto alguno, se debía, *ex constitutione*, encargar de la Presidencia de la República.

Sin embargo, debe mencionarse que una primera lectura del artículo 233 de la Constitución, también podía conducir a considerar, (i) que como la falta absoluta se produjo después de iniciado el periodo constitucional, el cual comenzó el 10 de enero, así no se hubiera juramentado el Presidente electo; (ii) que entonces, como la falta absoluta se produjo "durante los primeros cuatro años del periodo constitucional"; y (iii) que como ya existía una interpretación constitucional, aunque errada, dispuesta por la Sala Constitucional, de que desde el 10 de enero de 2013 había una "continuidad administrativa", haciendo que los titulares del Poder Ejecutivo anterior siguieran en funciones (Presidente, Vicepresidente y ministros); entonces se podía aplicar el segundo supuesto de falta absoluta previsto en el artículo 233 (la que ocurría durante los primeros cuatro años del período constitucional que comenzó el 10 de enero de 2013), lo que podía conducir a considerar que el Vicepresidente Ejecutivo debía encargarse de la Presidencia quien ya estaba en funciones

---

13 Así por ejemplo lo consideró el diputado Soto Rojas, al señalar tras el fallecimiento del Presidente Chávez que "Diosdado Cabello debe juramentarse y nuestro candidato es Nicolás Maduro", en referencia a las próximas elecciones que deben realizarse," en *6to.Poder*, 5-3-2013, en http://www.6topoder.com/venezuela/politica/diputado-soto-rojas-diosdado-cabello-debe-juramentarse-y-nuestro-candidato-es-nicolas-maduro/

14 Véase José Ignacio Hernández, "A propósito de la ausencia absoluta del Presidente,", en PRODAVINCI, 5-3-2013, en http://prodavinci.com/blogs/a-proposito-de-la-ausencia-absoluta-del-presidente-de-la-republica-por-jose-ignacio-hernandez-g/

por la mencionada "continuidad administrativa" decretada por el Tribunal Supremo.

Esta aproximación que podía derivarse de una primera lectura de la norma, sin embargo, debía descartarse, porque la denominada "continuidad administrativa" que se había fundamentado en el hecho de que había un Presidente electo, que era Hugo Chávez, quien por causas conocidas, pero sobrevenidas, no había podido tomar posesión de su cargo, pero supuestamente lo haría; había cesado totalmente con el anuncio del fallecimiento del Presidente. En realidad, a partir de entonces ya la "continuidad administrativa" no podía sobrevivirle, pues la misma estaba ligada a su propia existencia, razón por la cual, como la falta absoluta se producía entonces sin que el Presidente Chávez hubiese llegado a tomar posesión efectiva de su cargo mediante su juramento, entonces el Presidente de la Asamblea Nacional era quien debía encargarse de la Presidencia.

Sin embargo, ello no ocurrió así, incumpliendo el Presidente de la Asamblea el mandato de la Constitución, y fue la segunda opción a la cual hemos hecho referencia, la que de hecho se impuso en el ámbito del gobierno, de manera que el mismo día 5 de marzo de 2013, la Procuradora General de la República, afirmaba a la prensa que con la muerte del Presidente Hugo Chávez, "inmediatamente se pone en vigencia el artículo 233, que establece que se encarga el Vicepresidente Nicolás Maduro (...) Ya la falta absoluta determina que el que se encarga es el Vicepresidente, Nicolás Maduro."[15] Y ello ocurrió efectivamente así, evidenciado en *Gaceta Oficial* del mismo día, mediante la publicación del Decreto N° 9.399 declarando Duelo Nacional, dado y firmado por Nicolás Maduro, ni siquiera como "Vicepresidente encargado de la Presidencia," sino como "Presidente Encargado de la República."[16] Nada se supo, ese día, por lo demás, de la posición del Presidente de la Asamblea Nacional Diosdado Cabello sobre el porqué no había dado cumplimiento a la norma constitucional que lo obligaba a encargarse de la Presidencia.

Sobre el tema de la sucesión presidencial en este caso, el profesor Herman Escarrá, en una entrevista de televisión ese mismo día 5 de marzo, afirmaba que ante el anuncio de la muerte de Hugo Chávez se abrían dos ámbitos de actuación, de manera que (i), "si era el caso de "un Presidente electo que no ha tomado posesión; en este caso [...] debe sustituir la falta el Presidente de la Asamblea Nacional, Diosdado Cabello"; y que (ii), si era el caso de "un Presidente en ejercicio de sus funciones," entonces en ese caso "le corresponde al Vicepresidente sustituir por el periodo en el que debe convo-

---

15 Véase "Muerte de Chávez," 06/03/2013, 03:16:00 pm.: Aseguró la Procuradora General de la República Cilia Flores: La falta absoluta determina que se encargará el Vicepresidente Maduro," en *Notitarde.com*, 7-3-2013, en http://www.notitarde.com/Muerte-de-Chavez/Cilia-Flores-La-falta-absoluta-determina-que-se-encargara-el-Vicepresidente-Maduro/2013/03/06/169847

16 *Gaceta Oficial* 40.123 de 5 de marzo de 2013

carse a elecciones para que al final sea el pueblo el que decida quién será su Presidente." De estas opciones, según sus propias palabras, el primer supuesto era el que aparentemente se aplicaba. Pero no; fue la segunda opción, la que consideró aplicable el profesor Escarrá, argumentando que la sentencia del Tribunal Supremo de 9 de enero de 2013 había dicho que "Chávez era un Presidente reelecto que nunca estuvo ausente, 'por lo que debía entonces aplicarse el Artículo 233 de la Constitución.' [...] El Vicepresidente queda encargado, puesto que aunque el Presidente no se juramentó, de conformidad a la sentencia, estaba en el cargo cumpliendo sus funciones." O sea que la realidad, no era la realidad, sino lo que había dicho una sentencia, así no fuera conforme con la realidad, agregando además, el profesor Escarrá, que "Maduro dejó de ser vicepresidente en el momento en que se supo de la muerte del presidente Chávez y se decretó la falta absoluta. Una vez que opera la falta absoluta asume el poder el vicepresidente."[17]

Aparte de la errada apreciación de Escarrá de que en ese supuesto el Vicepresidente Maduro habría dejado de ser Vicepresidente, lo cual no es correcto en nuestro criterio, ya que la norma lo que dice es que el Vicepresidente se "encargará de la Presidencia" mientras toma posesión el nuevo Presidente que se elija; Escarrá olvidó la situación fáctica de que el régimen de la llamada "continuidad administrativa" había cesado, pues había sido impuesta por el Tribunal Supremo para permitirle al Presidente Chávez que se pudiera juramentar posteriormente en su cargo una vez recuperada su salud, a lo cual tenía derecho, como lo indico el Tribunal Supremo, y pudiera en ese caso tomar posesión de su cargo. Esa posibilidad fue, precisamente, la que se disipó con el anuncio del fallecimiento del Presidente, concluyendo allí tal régimen de la "continuidad administrativa," entrando en aplicación, precisamente, el primer supuesto del artículo 233 de una falta absoluta del Presidente ocurrida *antes de que tomara posesión de su cargo*, lo que nunca ocurrió, en cuyo caso debía encargarse de la Presidencia el Presidente de la Asamblea Nacional.

Sin embargo, el gobierno que conducía el Vicepresidente Maduro, quien venía ejerciendo el Poder Ejecutivo desde el 10 de enero de 2013 gracias a la sentencia del Tribunal Supremo, y que conforme a la misma solo se sostenía en la esperanza de que el Presidente Chávez se pudiera llegar a juramentar y tomar posesión de su cargo; continuó ilegítimamente ejerciéndolo a pesar del anuncio del fallecimiento del Presidente Chávez, y de que, por ese solo hecho, ya esa toma de posesión no podría ocurrir, y así, el mismo día 5 de marzo, ya el Vicepresidente Maduro emitía el mencionado Decreto No 9.399 declarando Duelo Nacional,[18] como se dijo, ni siquiera como tal "Vi-

---

17 Véase "Hermann Escarrá: Maduro es Presidente encargado desde que se anunció la muerte de Chávez," en Globovisión.com, 6-3-2013, en http://globovision.com/articulo/hermann-escarra-maduro-es-presidente-encargado-desde-que-se-anuncio-la-muerte-de-chavez

18 *Gaceta Oficial* 40.123 de 5 de marzo de 2013

cepresidente encarado de la Presidencia," sino como "Presidente encargado de la República"

Con relación a este Decreto, que fue refrendado por todos los Ministros y publicado en *Gaceta Oficial*, Juan Manuel Raffalli apreció que "no hay duda de que Nicolás Maduro es el Presidente encargado de la República," llamando la atención respecto a que "Maduro no ha designado un Vicepresidente y si ostenta la doble condición de Presidente y Vicepresidente, no puede ser candidato," e indicando que "para que pueda ser candidato, tendría que designar a un Vicepresidente."[19] Sin dejar de considerar que con ese Decreto, efectivamente y de hecho, el Vicepresidente Maduro asumió sin título alguno la Presidencia de la República, es decir, ilegítimamente; sin embargo consideramos que debe puntualizarse que de acuerdo con el texto de la Constitución, en cualquier caso en el cual se produzca una falta absoluta del Presidente en los términos del artículo 233 de la Constitución, tanto el Presidente de la Asamblea Nacional como del Vicepresidente, es sus respectivos casos, lo que deben y pueden hacer es "encargarse" de la Presidencia, pero nunca pasan a ser "Presidentes encargados de la República."

Salvo que se trate de falta absoluta ocurrida en los dos últimos años del período constitucional en cuyo caso, el Vicepresidente *asume* el cargo de Presidente, es decir, es Presidente, en ningún otro caso, sea en caso del Presidente de la Asamblea Nacional o del Vicepresidente Ejecutivo, en los supuestos respectivos previstos en la Constitución, puede decirse que se convierten en "Presidentes encargados" ya que en ningún caso pierden su investidura. Al contrario, siguen siendo titulares de sus respectivos cargos de Presidente de la Asamblea y de Vicepresidente, y es en ese carácter que se pueden "encargar" de la Presidencia. En el caso del Vicepresidente Ejecutivo, cuando se "encarga" de la Presidencia, no puede auto considerarse ni ser calificado como "Presidente encargado de la República" como erradamente se indicó en el Decreto Nº 9399 declarando Duelo Nacional. Y esta no es una cuestión de redacción, es una cuestión sustantiva, pues el Vicepresidente, cuando se encarga de la Presidencia, no deja de ser Vicepresidente; es más, es porque es Vicepresidente que se encarga de la Presidencia.

Por tanto, no es correcto afirmar que el Vicepresidente, en esos supuestos, se transforme en "Presidente encargado de la República," ni que el mismo pueda designar un Vicepresidente. Esto sólo lo puede hacer un Presidente electo una vez en funciones, pero no un Vicepresidente encargado de la Presidencia. El Vicepresidente, en la Constitución, además de tener atribucio-

---

19 Véase en "Raffalli: Maduro no puede ser candidato mientras también ostente la Vicepresidencia," en *6to. Poder*, Caracas 7-3-2013, en http://www.6topoder.com/venezuela/politica/raffalli-maduro-no-puede-ser-candidato-mientras-tambien-ostente-la-vicepresidencia/; y en "Dudas Constitucionales. ¿Maduro es Vicepresidente y encargado de la Presidencia, o es Presidente encargado a secas?, en *El Universal*, 8=3-2013, en http://www.eluniversal.com/opinion/130308/dudas-constitucionales

nes, tiene cargas o deberes, y uno de ellos es precisamente "encargarse" de la Presidencia en esos casos, por lo que debe asumir todas sus consecuencias. Por ello es que, por ejemplo, no puede en ningún caso ser candidato a Presidente en las elecciones a las que debe proceder a convocar en el breve lapso de 30 días.

Precisamente, conforme a artículo 229 de la Constitución, quien esté en ejercicio del cargo de Vicepresidente en el día de su postulación o en cualquier momento entre esta fecha y la de la elección, no puede ser elegido Presidente. Y como el Vicepresidente no puede abandonar su cargo de Vicepresidente al encargarse de la Presidencia, simplemente no puede ser candidato a Presidente.

Esa debió haber comenzado a ser la situación constitucional del Vicepresidente Maduro después de haberse encargado de la Presidencia el día 5 de marzo de 2013. Sin embargo, no fue así, y el anuncio antes mencionado de la Procuradora General de la República, de que el Vicepresidente Maduro había pasado a ser "Presidente encargado de la República," mostraba otra realidad, inconstitucional, a lo que se agregaba la situación inconstitucional derivada de la declaración dada por el Ministro de la Defensa al afirmar pocas horas después de darse a conocer oficialmente la muerte del Presidente Chávez, que "Ahora más que nunca, la FAN debe estar unida para llevar a Maduro a ser el próximo presidente electo de todos los venezolanos."[20] Para una institución como la Fuerza Armada, "sin militancia política" y que "está al servicio exclusivo de la Nación y en ningún caso al de persona o parcialidad política alguna" (art. 328, Constitución), esa manifestación violaba abiertamente el texto fundamental. Luego le correspondería a la Sala Constitucional del Tribunal Supremo de Justicia, en sentencia N° 141 de 8 de marzo de 2013, que se comenta más adelante, consolidar todo este fraude constitucional.

Pero volvamos a la situación el día 5 de marzo. Nicolás Maduro, como Vicepresidente encargado de hecho de la Presidencia (porque ello correspondía al Presidente de la Asamblea Nacional), y como "Presidente encargado de la República" como se autodenominó, en todo caso, tenía entre sus atribuciones inmediatas velar por que se procediera "a una nueva elección

---

20 En "Ministro de la Defensa venezolano: "La Fuerza Armada Nacional debe estar unida para llevar a Maduro a ser presidente", en Vínculocrítico.com. Diario de América, España y Europa, en http://www.vinculocritico.com/politica/venezuela/elecciones-venezuela/fuerzas-militares-venezolanas/muere-chavez/muerte-chavez/anuncio-muerte-chavez/ministro-defensa/vtv-/apoyo-de-militares-maduro-/294618 . En la nota publicada en ese diario se concluía con la siguiente reflexión "La clara posición expresada por el Ministro de la Defensa resulta preocupante para muchos ciudadanos, toda vez que bajo sus órdenes se encuentra la Fuerza Armada Nacional que debe velar por la seguridad de Venezuela, pero no obedecer a la voluntad de una sola persona y menos aún en materia electoral. Su posición no presagia una situación de imparcialidad, con la gravedad que ello conlleva para el futuro en democracia de dicha nación latinoamericana."

universal, directa y secreta dentro de los treinta días consecutivos siguientes" contados a partir del anuncio de la falta absoluta del Presidente, es decir, contados a partir del 5 de marzo de 2013.[21]

Esto significaba que la elección presidencial conforme a la Constitución, debía necesariamente efectuarse en ese lapso, para lo cual el Consejo Nacional Electoral debía adoptar todos los actos y realizar todas diligencias necesarias, como la convocatoria, postulación, y organización electoral.[22] Y en ese proceso electoral, en ningún caso el Vicepresidente podía ser candidato a la Presidencia, primero, porque la Constitución expresamente establece que quien esté en ejercicio del cargo de Vicepresidente para el momento de la postulación, es inelegible (art. 229); y segundo, porque el Vicepresidente, en este caso de haberse encargado de la Presidencia, así ello hubiera sido ilegítimo, no podía separarse de su cargo, pues era en tal carácter de Vicepresidente que se encargó de la Presidencia. Si lo hacía crearía un vacío en el Poder Ejecutivo al dejar acéfala la jefatura del Estado. Quizás por ello, en vez de encargarse de la Presidencia, Nicolás Maduro procedió el 5 de marzo de 2013 a autonombrarse "Presidente encargado de la República," para así, seguramente, proceder en el futuro a nombrar un Ministro como "encargado" de la Vicepresidencia, como lo había hecho a finales de diciembre de 2012.

En todo caso, y aún en el supuesto que se pretendiera que el Vicepresidente no era tal "Vicepresidente encargado de la Presidencia" sino que era "Presidente encargado de la República," tampoco podía ser candidato a la Presidencia en las elecciones a realizarse en breve, ya que el único funcionario en la Constitución que puede participar en un proceso electoral sin separarse de su cargo es el Presidente de la República una vez ya electo, cuando acude a la reelección, es decir, cuando ya ha sido previamente electo en una elección anterior. Ningún otro funcionario, ni siquiera cuando se autodenomine "Presidente encargado de la República" podría ser considerado Presi-

---

21   No es correcta la afirmación del diputado Calixto Ortega en el sentido de afirmar que "tras los actos fúnebres, la Asamblea Nacional debe reunirse y declarar formalmente "la ausencia de derecho del presidente", tras lo cual el CNE pasa a organizar y convocar las elecciones dentro de un plazo estimado de 30 días que pudiera extenderse." Ello es contrario a la Constitución, no sólo porque en la misma la falta absoluta del Presidente por muerte no requiere de declaración formal alguna, sino porque los treinta días consecutivos para que se proceda a realizar la elección deben contarse a partir de dicha falta absoluta. Véase la reseña de la declaración en "Oposición venezolana trabaja en escenario electoral", ABC color, 7-3-2013, en http://www.abc.com.py/internacionales/oposicion-venezolana-trabaja-en-escenario-electoral-546632.html

22   Sin embargo, el día 8 de marzo se anunciaba en la prensa que el Consejo Nacional Electoral estaría listo para las elecciones presidenciales a partir del día 14 de abril de 2013. Véase en *El Universal*, Caracas 8-3-2013, en http://www.eluniversal.com/nacional-y-politica/130307/cne-listo-para-presidenciales-a-partir-del-14-de-abril

dente a tales efectos de reelección sin separarse de su cargo, pues no ha sido electo popularmente.

Pero el tema de la sucesión presidencial por la anunciada falta absoluta del Presidente Chávez, a pesar de todo lo que disponía la Constitución, para el mismo día 5 de marzo de 2013, al anunciarse su fallecimiento, ya estaba de hecho resuelto al haberse encargado de la Presidencia de la República el Vicepresidente Nicolás Maduro, bien en contra de lo previsto en la Constitución, y ante el silencio del Presidente de la Asamblea Nacional, quien debió hacerlo; y haberlo hecho ni siquiera como "Vicepresidente encargado de la Presidencia," sino como consta del Decreto antes mencionado que dictó ese mismo día como "Presidente encargado de la República," carácter que no tenía pues sólo era "Vicepresidente encargado de la Presidencia."

Por ello, al inicio causó extrañeza el anuncio que hizo Presidente de la Asamblea Nacional, Diosdado Cabello, en horas de la noche del día 7 de marzo, en el sentido de que "el vicepresidente Nicolás Maduro será juramentado este viernes a las 7:00 de la noche como Presidente de la República encargado," indicando además, que "una vez juramentado, corresponderá a Maduro convocar a nuevas elecciones para elegir al próximo jefe de Estado."[23] Era extraño porque quien ya se había encargado de hecho de la Presidencia, y ya había dictado un decreto presidencial en uso de la atribución presidencial de "dirigir la acción de gobierno," (arts. 226 y 236.2 de la Constitución que son los que se citan en el decreto) como Presidente encargado de la República, iba a juramentarse *ex post facto*, para el cargo que ya había comenzado a ejercer.

Ello lo que puso en evidencia fue la tremenda inseguridad que debía existir en las esferas de gobierno sobre la "encargaduría" de la Presidencia al anunciarse la muerte del Presidente Chávez. El arte del desconcierto que tanto aplicó, siguió guiando el comportamiento del gobierno en su "continuidad administrativa" de tiempo indefinido. Sin embargo, con el anuncio, al menos ya quedaba expresada por primera vez la opinión de quien constitucionalmente debió encargarse de la Presidencia.[24]

---

23 Véase Alejandra M. Hernández, "Maduro será juramentado mañana como Presidente encargado," *El Universal*, 7-3-2013, en http://www.eluniver-sal.com/nacional-y-politica/hugo-chavez-1954-2013/130307/maduro-sera-juramentado-manana-como-presidente-encargado; y "Nicolás Maduro asumirá hoy como Presidente," en http://www.eluniversal.com/nacional-y-poli-tica/130308/nicolas-maduro-asumira-hoy-como-presidente

24 Diosdado Cabello destacó "que la juramentación se efectuará de conformidad con lo establecido en el artículo 233 de la Constitución, el cual establece que cuando "la falta absoluta del Presidente de la República se produce durante los primeros cuatro años del período constitucional (...) mientras se elige y toma posesión el nuevo Presidente, se encargará de la Presidencia de la República el Vicepresidente Ejecutivo." "Cabello aclaró que no le corresponde a él como presidente de la AN, sino a Maduro como vicepresidente asumir la jefatura de Estado, ya que se produjo la falta absoluta

Ese anuncio ponía fin, momentáneamente, a las "interpretaciones" de las normas constitucionales a conveniencia, quedando acordada la situación políticamente en el seno del gobierno, pues lo que había pasado en el país respecto de la situación constitucional originada con motivo del inicio del período constitucional presidencial 2013-2017, dada la situación de ausencia del territorio nacional del Presidente electo a partir del 10 de diciembre de 2012, su reclusión hospitalaria en Caracas a partir del 18 de febrero de 2013; y el anuncio de su fallecimiento el 5 de marzo de 2013, no fue lo que debió pasar,[25] tal y como se ha explicado anteriormente.

En realidad, lo que pasó desde el 10 de diciembre de 2012, al margen de la Constitución, fue que el Vicepresidente Maduro se negó a suplir la falta temporal del Presidente ausente; el Presidente ausente no pudo comparecer el 10 de enero de 2013 ante la Asamblea Nacional para jurar el cargo y tomar posesión del mismo para el período 2013-2013, situación en la cual, en lugar de que el Presidente de la Asamblea Nacional se encargara de la Presidencia, el Tribunal Supremo en la sentencia N° 2 de 9 de enero de 2013 dispuso que el Presidente reelecto, ausente y enfermo, su Vicepresidente y sus Ministros, seguían en ejercicio de sus funciones, hasta que el Presidente se juramentase ante el propio Tribunal; que una vez anunciado el fallecimiento del Presidente Chávez, y materializada su falta absoluta antes de tomar posesión efectiva y formalmente de su cargo, a pesar de haber cesado el régimen de "continuidad administrativa" impuesto por el Tribunal Supremo, en lugar de que el Presi-

---

del presidente de la República." "Recordó que Hugo Chávez, quien falleció el pasado martes, era un mandatario en posesión de su cargo y no un Jefe de Estado electo que por primera vez iba a cumplir funciones." "Agregó que se cumplirán las órdenes dadas por Chávez." Véase Alejandra M. Hernández, "Nicolás Maduro asumirá hoy como Presidente," en http://www.eluniversal.com/nacional-y-politica/130308/nicolas-maduro-asumira-hoy-como-presidente

25   Como lo resumió con toda precisión Gerardo Blyde al responder la pregunta ¿Qué debió ocurrir?: "Cuando el Presidente solicitó ausentarse del país para tratarse en Cuba *debió declararse la ausencia temporal y encargarse el Vicepresidente hasta el fin de ese período constitucional.* / Al no regresar para el 10 de enero, fecha constitucional para la juramentación, *debió encargarse de la Presidencia el presidente de la Asamblea Nacional para el nuevo período hasta tanto el Presidente electo pudiera juramentarse y asumir.* / Al regresar, el Presidente electo *debió ser juramentado por el TSJ.* Si no era posible, el TSJ *ha debido nombrar una junta médica* que determinara si había causas que le impedían asumir la Presidencia y si éstas serían permanentes o temporales. En caso de haberse determinado que eran permanentes, el TSJ *debió enviar el informe a la Asamblea Nacional para que se declarara la falta absoluta.* / Una vez declarada la falta absoluta, el CNE *debía convocar a nuevas elecciones presidenciales* y, una vez elegido el nuevo Presidente, el presidente de la AN debía entregarle para que éste culminara el período presidencial en curso." Véase en Gerardo Blyde, "Lo que pasó y no debió pasar. El Vicepresidente encargado de la Presidencia no puede nombrar a otro Vicepresidente," en *El Universal*, 8-3-2013, en http://www.eluniversal.com/opinion/130308/lo-que-paso-y-no-debio-pasar

dente de la Asamblea Nacional se encargara de la Presidencia, el Vicepresidente Maduro asumió el cargo de "Presidente encargado de la República."

Contrastado lo que pasó[26] con lo que debía haber pasado, constitucionalmente hablando, la situación de incertidumbre sólo podía quedar resuelta, de hecho, razón por la cual se anunció el acto mediante el cual el Presidente de la Asamblea Nacional, quien era quien debía estar encargado de la Presidencia, iba a tomar el juramento del Vicepresidente, pero no sólo como encargado de la Presidencia, sino como "Presidente encargado de Venezuela," cuando ya desde el 5 de marzo éste ya estaba "ejerciendo" dicho cargo

Todo lo anterior se consolidó luego, mediante decisión de la Sala Constitucional del Tribunal Supremo de Justicia, dictada al resolver un recurso de interpretación que se había interpuesto (por Otoniel Pautt Andrade) el día 6 de marzo de 2013 sobre la aplicación del artículo 233 de la Constitución a la situación concreta derivada de la anunciada falta absoluta del Presidente Chávez. La decisión fue adoptada en la sentencia N° 141 de 8 de marzo de 2013,[27] en la cual hay que destacar que la Sala comenzó con un error de interpretación de la norma del artículo 233 de la Constitución, al concluir, después de transcribirla íntegramente, que "De la lectura de dicho precepto se observa que cuando se produce la falta absoluta del Presidente de la República se habrá de realizar una nueva elección y *se encargará de la Presidencia de la República el Vicepresidente Ejecutivo o la Vicepresidenta Ejecutiva*", cuando ello no es correcto, porque en el primer supuesto de falta absoluta regulado en la norma (de los tres que regula), quien se encarga de la Presidencia es el Presidente de la Asamblea Nacional. Esa parte de la norma fue completamente obviada en la sentencia.[28]

---

26   Véase igualmente los comentarios de Gerardo Blyde en *Idem*, "Lo que pasó y no debió pasar. El Vicepresidente encargado de la Presidencia no puede nombrar a otro Vicepresidente," en *El Universal*, 8-3-2013, en http://www.eluniversal.com/opinion/130308/lo-que-paso-y-no-debio-pasar

27   Véase el texto de la sentencia en http://www.tsj.gov.ve.decisioes/scon/Marzo/141-9313-2013-13-0196.html

28   Días después de dictada la sentencia, el 12 de marzo de 2013, en un programa de televisión, la Presidente del Tribunal Supremo diría lo siguiente según la reseña : "La Constitución debemos leerla muy claramente, a mi una de las cosas que más me preocupa es la falta de lectura por parte de algunas personas, o no diría falta de lectura (…) sino la falta gravísima y el engaño que hacen al pueblo cuando se refieren al texto constitucional saltándose párrafos para que se malinterprete el resultado," detalló durante el programa Contragolpe que transmite Venezolana de Televisión. / La magistrada cuestionó que hay quienes pretenden irrespetar la Constitución, al afirmar que debe ser el presidente de la Asamblea Nacional, en este caso Diosdado Cabello, quien debió asumir la Presidencia Encargada. / Refirió que el artículo 233 expresa que "mientras se elige y toma posesión el nuevo Presidente o nueva Presidenta se encargará de la Presidencia de la República el Vicepresidente Ejecutivo o la Vicepresidenta Ejecutiva. Yo estoy leyendo la Constitución, no estoy diciendo algo que a mí se me ocurre." Véase la reseña en http://www.vive.gob.ve/ac-

Aparte de este error, la sentencia de 8 de marzo de 2013, en definitiva, resolvió que como en la sentencia anterior de la misma Sala Constitucional N° 2 de 9 de enero de 2013, ya se había dispuesto que a pesar de que el período constitucional 2013-2019 comenzó el 10 de enero de 2013, en virtud de que el Presidente Chávez había sido reelecto y que en relación con el mismo "no era necesaria una nueva toma de posesión [...] en virtud de no existir interrupción en ejercicio del cargo," entonces dijo la Sala:

"se desprende que el Presidente reelecto inició su nuevo mandato el 10 de enero de 2013, que se configuró una continuidad entre el período constitucional que finalizaba y el que habría de comenzar y que por lo tanto, se entendía que el Presidente reelecto, a pesar de no juramentarse dicho día, continuaba en funciones."

Ello, por supuesto, fue una falacia, pues el Presidente Chávez, desde el 10 de diciembre de 2013 nunca salió de un Hospital. Sin embargo, de allí la Sala concluyó que al momento de anunciarse la falta absoluta del Presidente Chávez el 5 de marzo de 2013, en virtud de que el mismo "se encontraba en el ejercicio del cargo de Presidente de la República, es decir, había comenzado a ejercer un nuevo período constitucional" sin siquiera haberse juramentado, entonces como la falta absoluta se habría producido dentro de los primeros cuatro años del período constitucional:

"es aplicable a dicha situación lo previsto en el segundo aparte del artículo 233 de la Constitución, esto es, debe convocarse a una elección universal, directa y secreta, y se encarga de la Presidencia de la República el ciudadano Nicolás Maduro Moros, quien para ese entonces ejercía el cargo de Vicepresidente Ejecutivo."

_____

tualidad/noticias/designaci%C3%B3n-de-nicol%C3%A1s-maduro-como-presidente-e-es-constitucional; y en http://www.el-nacional.com/politica/Luisa-Estella-Morales-Maduro-Constitucion_0_152387380.html Por lo visto no se percató la magistrada que quien analizó la Constitución "saltándose párrafos para que se malinterprete el resultado," fue ella misma y la Sala Constitucional que dictó la sentencia bajo su Ponencia, al ignorar (o saltarse) el primer párrafo sobre la falta absoluta del Presidente del artículo 233 que dispone que "Cuando se produzca la falta absoluta del Presidente electo o Presidenta electa antes de tomar posesión, se procederá a una nueva elección universal, directa y secreta dentro de los treinta días consecutivos siguientes. **Mientras se elige y toma posesión el nuevo Presidente o la nueva Presidenta, se encargará de la Presidencia de la República el Presidente o Presidenta de la Asamblea Nacional.**" Tan esa parte fue "saltada" por la Sala que luego de copiar el texto íntegro del artículo la sentencia expresa, pura y simplemente que: "De la lectura de dicho precepto se observa **que cuando se produce la falta absoluta del Presidente de la República se habrá de realizar una nueva elección y _se encargará de la Presidencia de la República el Vicepresidente Ejecutivo o la Vicepresidenta Ejecutiva._**" Basta comparar los dos textos para saber quién se saltó un párrafo de la norma para malinterpretarla.

Estableció la Sala Constitucional, adicionalmente que "dicha encargaduría comenzó inmediatamente después de que se produjo el supuesto de hecho que dio lugar a la falta absoluta," consolidando así lo que efectivamente había ocurrido el 5 de marzo de 2013. Agregó además la Sala que "El Presidente Encargado debe juramentarse ante la Asamblea Nacional," ratificando así, también, lo que de hecho había sido anunciado, a pesar de que la misma Sala antes había dicho que el Vicepresidente ya se había encargado desde el 5 de marzo de 2013 de la Presidencia.

Quedaron así muy convenientemente resueltas por el Poder Judicial todas las dudas e incertidumbres pasadas, que ya habían sido resueltas políticamente entre los órganos del Poder Ejecutivo y del Poder Legislativo. La Sala Constitucional, una vez más, interpretó la Constitución a la medida del régimen autoritario, distorsionándola.

Sobre el futuro cercano, la Sala Constitucional también pasó a resolver de antemano todas las dudas que podían presentarse en el funcionamiento del nuevo gobierno de transición, declarando que al encargarse el Vicepresidente Ejecutivo Nicolás Maduro "de la Presidencia de la República [...] deja de ejercer dicho cargo para asumir la tarea que el referido precepto le encomienda." Es decir, ni más ni menos, dejaba de ser Vicepresidente encargado de la Presidencia y pasó a ser "Presidente encargado"

De ello derivó la Sala Constitucional, que en cuanto a la previsión de la condición de inelegibilidad establecida en el artículo 229 de la Constitución, según el cual no puede ser elegido Presidente de la República quien esté en ejercicio del cargo de Vicepresidente Ejecutivo en el día de su postulación o en cualquier momento entre esta fecha y la de la elección; la misma sólo se aplica "mientras el Vicepresidente Ejecutivo o la Vicepresidenta Ejecutiva esté en el ejercicio de dicho cargo," considerando que en dicho "supuesto de incompatibilidad" previsto en la norma, "no está comprendido el Presidente Encargado de la República."

Por tanto, estableció la Sala, que como "el ahora Presidente Encargado no sigue ejerciendo el cargo de Vicepresidente, el órgano electoral competente, una vez verificado el cumplimiento de los requisitos establecidos por la ley, puede admitir su postulación para participar en el proceso que lleve a la elección del Presidente de la República, sin separarse de su cargo," de manera que "durante dicho proceso electoral, el Presidente Encargado está facultado para realizar las altas funciones que dicha investidura trae aparejadas como Jefe del Estado, Jefe de Gobierno y Comandante en Jefe de la Fuerza Armada Nacional Bolivariana, de acuerdo con la Constitución y las leyes."

Y nada más.[29] El Tribunal Supremo de Justicia, de nuevo, mutó ilegítimamente la Constitución, cambiando materialmente la condición de inelegibilidad establecida en la Constitución para la elección del cargo de Presidente de la República, y además, permitiendo de antemano, también ilegítimamente, que el "Presidente encargado de la República" en el período de sucesión presidencial, pudiera participar en la campaña electoral sin separarse del cargo, lo que estaba reservado a los Presidentes electos que buscan la reelección, pudiendo ser electo Presidente sin haber sido elegido previamente.

La decisión de la Sala Constitucional, como lo expresó el profesor Jesús María Casal, "se construyó a partir de la ficción de que Chávez ejercía su cargo, lo cual sabemos que es falso,"[30] y como lo consideró el profesor Enrique Sánchez Falcón, "atenta contra la Constitución, el Estado de Derecho, la Democracia y la paz ciudadana, [...] porque ella dice que el Vicepresidente no puede participar en las elecciones presidenciales, a menos que se separe de ese cargo; y no se puede decir que puede participar porque ya no es Vice-

---

29 La Sala Constitucional, en su sentencia, procedió a "sistematizar las conclusiones vertidas a lo largo de esta decisión," de manera resumida, así: a) Ocurrido el supuesto de hecho de la muerte del Presidente de la República en funciones, el Vicepresidente Ejecutivo deviene Presidente Encargado y cesa en el ejercicio de su cargo anterior. En su condición de Presidente Encargado, ejerce todas las atribuciones constitucionales y legales como Jefe del Estado, Jefe de Gobierno y Comandante en Jefe de la Fuerza Armada Nacional Bolivariana; / b) Verificada la falta absoluta indicada debe convocarse a una elección universal, directa y secreta; / c) El órgano electoral competente, siempre que se cumpla con los requisitos establecidos en la normativa electoral, puede admitir la postulación del Presidente Encargado para participar en el proceso para elegir al Presidente de la República por no estar comprendido en los supuestos de incompatibilidad previstos en el artículo 229 constitucional; / d) Durante el proceso electoral para la elección del Presidente de la República, el Presidente Encargado no está obligado a separarse del cargo." Véase en http://www.tsj.gov.ve.decisio-nes/scon/Marzo/141-9313-2013-13-0196.html

30 No es cierto, por tanto, como lo expresó la profesora Hildegard Rondón de Sansó, que "el presidente Chávez al momento de fallecer era un Presidente reelecto y no electo por primera vez, pero además estaba en posesión del cargo. Era un Presidente electo que estaba en posesión del cargo para ser precisos, pero por esa condición de la posesión del cargo no era esencial la juramentación." Véase en Juan Francisco Alonso, "Acusan al TSJ de alentar la desobediencia ciudadana," en *El Universal*, 10-3-2013, en http://www.eluniversal.com/nacional-y-politica/130310/acusan-al-tsj-de-alentar-la-desobediencia-ciudadana. El Presidente Chávez estaba en posesión del cargo para el cual fue electo en 2007 y que duraba hasta el 10 de enero de 2013. En esta fecha, para tomar posesión del cargo de Presidente para el período constitucional 2013-2019, tenía que juramentarse ante la Asamblea nacional o ante el Tribunal Supremo, y no lo hizo. No se puede afirmar seriamente que porque hubiera sido electo, estaba "en posesión de su cargo." Eso, por lo demás, no fue lo que decidió la sala Constitucional, que lo que hizo fue declarar que estaba en ejercicio de sus funciones desde el período anterior, ratificando, por lo demás el acto de juramentación como un requisito esencial para la toma de posesión el cargo.

presidente, porque él es el encargado de la Presidencia precisamente porque estaba en la Vicepresidencia." Consideró Sánchez Falcón que la decisión violaba, además, la democracia, en lo que coincidió el profesor Jesús María Casal, al expresar que "enrarecía" el clima político, pues "parece ir destinada a favorecer o reforzar el ventajismo electoral del que venía haciendo gala el Gobierno Nacional en los últimos años y eso obviamente genera desconfianza en el proceso electoral."[31]

Lo que era cierto, de la polémica, inconstitucional, distorsionante y mutante decisión de la Sala Constitucional fue que entonces, sin duda, el Secretario General de la Organización de Estados Americanos habría tenido de nuevo ocasión para decir que *"El tema ha sido ya resuelto por los tres poderes del Estado de Venezuela: lo planteó el Ejecutivo, lo consideró el Legislativo, y lo resolvió el Judicial";* y podía concluir de nuevo con que "las instancias están agotadas y por lo tanto, el proceso que se llevará a cabo en ese país es el que han decidido los tres poderes,"[32] así esos tres poderes no fueran independientes ni autónomos entre sí, lo que es indispensable para el funcionamiento de un régimen democrático. Eso, por lo visto, no importaba.

Lo que siguió, en todo caso, se ajustó al "libreto" ya escrito, de manera que una vez juramentado ante la Asamblea Nacional como Presidente encargado de la República el día 8 de marzo de 2013, incluso mediante la colocación de la banda presidencial;[33] el mismo día, el Presidente encargado dictó su segundo Decreto N° 9.401, nombrando como Vicepresidente Ejecutivo a quien hasta ese momento había sido Ministro de Ciencia Tecnología, Jorge Arreaza, yerno del fallecido Presidente;[34] el día 9 de marzo de 2013, la Pre-

---

31 Véase Juan Francisco Alonso, "Acusan al TSJ de alentar la desobediencia ciudadana," en *El Universal*, 10-3-2013, en http://www.eluniversal.com/nacional-y-politica/130310/acusan-al-tsj-de-alentar-la-desobediencia-ciudadana

32 Véase en "J. M. Insulza: OEA respeta decisión de los poderes constitucionales sobre la toma de posesión del presidente Chávez," 11-1-2013, en http://www.noticierovenevision.net/politica/2013/enero/11/51405=oea-respeta-decision-de-los-poderes-constitucionales-sobre-la-toma-de-posesion-del-presidente-chavez ; y en http://globovision.com/articulo/oea-respeta-cabalmente-decision-del-tsj-sobre-toma-de-posesion-de-chavez

33 En esa oportunidad, el Presidente de la Asamblea Nacional, que "a pesar de ser un acto necesario, el Gobierno hubiera preferido no tener que celebrarlo" Luego de leer el artículo 233 de la Constitución sobre las faltas absolutas del Presidente, "Añadió que el vicepresidente de la República debe tomar el cargo cuando la falta absoluta se produzca mientras el primer mandatario está e funciones. En ese sentido, dijo que Chávez "tenía 14 años mandando", por lo que se justifica la continuidad del período presidencial." Véase en *El Universal*, 9-3-2013, en http://www.eluniversal.com/nacional-y-politica/hugo-chavez-1954-2013/130308/maduro-se-juramento-como-presidente-encargado

34 Véase en *El Universal*, 9-3-2013, en http://www.eluniversal.com/nacional-y-politica/hugo-chavez-1954-2013/130308/juramentado-jorge-arreaza-como-

sidenta del Consejo Nacional Electoral convocó las elecciones presidenciales fijando el 14 de abril para su realización;[35] el 11 de marzo de 2013, el "Presidente encarado" inscribió su candidatura para dichas elecciones;[36] y el mismo día dictó el Decreto Nº 9.402 delegando en el Vicepresidente recién nombrado un conjunto de atribuciones presidenciales,[37] con lo cual quedaba más libre para participar en la campaña presidencial.

En uso de tal delegación, varias semanas después apareció publicado el primer decreto firmado por Jorge Alberto Arreaza Montserrat, Vicepresidente Ejecutivo de la República, Nº 9466 de 8-4-2013, encabezado en la misma forma legalmente incorrecta de los emitidos por el Vicepresidente Maduro cuando el Presidente Chávez estaba enfermo en La Habana, así:

NICOLÁS MADURO MOROS
Presidente Encargado de la República

Con el supremo compromiso y voluntad de lograr la mayor eficacia política y calidad revolucionaria en la construcción del socialismo y engrandecimiento del país, basado en los principios humanistas y en las condiciones morales y éticas bolivarianas, por mandato del pueblo y de conformidad con lo establecido en el artículo 233 de la Constitución de la República Bolivariana de Venezuela ; y en ejercicio de la atribución que le confiere el numeral 11 del artículo 236 *ejusdem* y el segundo aparte del artículo 83 del reglamento Nº 1 de la Ley Orgánica de la Administración Financiera del sector Público, sobre el Sistema Presupuestario [...] previa autorización concedida por la Asamblea nacional en fecha 02 de abril de 2013, en Consejo de Ministros.

---

vicepresidente-de-la-republica. Véase Decreto Nº 9401 de 8-3-2013 en *Gaceta Oficial* Nº 40.126 de 11-3-2013.

35   Véase la reseña de Alicia de la Rosa, "CNE convoca elecciones presidenciales para el 14 de abril," en *El Universal*, Caracas 9-3-2013, en http://www.eluniversal.com/nacional-y-politica/130309/cne-convoca-elecciones-presidenciales-para-el-14-de-abril

36   Véase en http://www.eluniversal.com/nacional-y-politica/elecciones/2013/130311/nicolas-maduro-formaliza-inscripcion-de-su-candidatura-ante-el-cne

37   En el artículo 1 de dicho decreto se enumeraron las siguientes atribuciones que se delegaron: 1. Traspasos de partidas presupuestarias; 2. Rectificaciones al presupuesto; 3. Prórroga para la liquidación de órganos o entes públicos; 4. Nombramiento de algunos altos funcionarios públicos; 5. Afectación para expropiación; 6. Reforma organizacional de entes descentralizados; 7. Puntos de cuenta ministeriales sobre las anteriores materias; 8. Dictar decretos y actos autorizados por el Presidente de la República y el Consejo de Ministros; 9. Las actuaciones presidenciales como parte de cuerpos colegiados; 10. Jubilaciones especiales a funcionarios; 11. Puntos de cuenta ministeriales sobre adquisición de divisas; 12. Puntos de cuentas sobre presupuestos de los entes descentralizados; 13. Insubsistencias presupuestarias; 14. Exoneraciones del Impuesto al Valor Agregado; 15 Exoneraciones del Impuesto sobre la renta. Véase en *Gaceta Oficial* Nº 40.126 de 11-3-2013.

JORGE ALBERTO ARREAZA MONTSERRAT,
Vicepresidente Ejecutivo de la República

Por delegación del Presidente Encargado de la República Nicolás maduro Moros, según Decreto N° 9.402 de fecha 11 de marzo de 20131, publicado en la Gaceta Oficial de la República Bolivariana de Venezuela, N° 40.126 de 11 de marzo de 2013,

DECRETA [...]³⁸

En este caso, quien había sido ilegítimamente designado Presidente Encargado de la República por el Tribunal Supremo, delegó en el Vicepresidente que él mismo nombró sin competencia alguna para ello, una serie de atribuciones presidenciales, pero sin en realidad delegarlas, pues como supuesto funcionario delegante seguía apareciendo encabezando el texto de los decretos dictados por el funcionario delegado. Esos actos, por tanto, no fueron dictados en ejercicio de una real delegación de atribuciones.

---

38   Véase en *Gaceta Oficial* N° 40.143 del 9 de abril de 2013

DÉCIMA PRIMERA PARTE

LA DENEGACIÓN DE JUSTICIA PARA JUZGAR EL FRAUDE ELECTORAL

(Julio 2013)

Como anunciado, el día 14 de abril de 2013, en medio del legado de odio y resentimiento políticos que dejó el fallecido Presidente Higo Chávez, y con un candidato del Estado que desarrolló la campaña electoral alegando ser "su hijo," se desarrolló en Venezuela el proceso electoral para elegir a la persona que debía completar el período constitucional 2013-2019 que aquél no pudo iniciar, por imposibilidad física, no sólo porque como se informó, estaba ausente del país postrado en una cama de hospital el La Habana, sino porque como también se informó, estaba totalmente incapacitado para juramentarse el 10 de enero.

El Consejo Nacional Electoral luego de una larga espera ya casi a la media noche del mismo día 14 de abril, anunció un boletín informativo los resultados obtenidos después de escrutados el 92 % (14,775,741) de los votos emitidos en el país, en el cual dio como ganador al candidato del Estado y del gobierno, quien además estaba en ejercicio de la Presidencia, Nicolás Maduro por un margen del 1.59 %, en relación a la votación obtenida por el candidato de la oposición, Henrique Capriles Radonski. Los resultados ofrecidos fueron los siguientes: Henrique Capriles: 7,270,403 con 49.20%; Nicolás Maduro: 7,505,338 con 50.80%.

Este resultado, y las dudas existentes sobre la limpieza del proceso electoral en su conjunto, incluido su manejo electrónico luego de saberse antes de las elecciones que miembros del partido de gobierno tenían las claves de acceso al mismo, llevó al candidato de la oposición, como era lo esperado, a cuestionar el resultado ofrecido, razón por la cual a los pocos días de las elecciones se presentaron diversos recursos contencioso electorales con el propósito de impugnar los resultados del proceso comicial celebrado el 14 de abril de 2013 ante la Sala Electoral del Tribunal Supremo de Justicia, que es la competente conforme a la Constitución para conocer de los mismo, no sin antes haberse producido varios pronunciamientos públicos de la Presidenta del Tribunal Supremo, adelantando opinión, negado la posibilidad de revisiones, auditorias o cuestionamiento de las elecciones. [1]

Con fecha 20 de junio de 2013, la Sala Constitucional mediante sentencia N° 795,[2] de oficio, y sólo por notoriedad judicial, constató que ante la Sala Electoral se encontraban en sustanciación siete procesos contencioso electorales, en los expedientes identificados con los números AA70-E-2013-000025, AA70-E-2013-000026, AA70-E-2013-000027, AA70-E-2013-000028, AA70-E-2013-000029, AA70-E-2013-000031 y AA70-E-2013-000033, en los cuales se habían impugnado las referidas elecciones de 14 de abril de 2013. La Sala, en atención a dichas impugnaciones, procedió, de oficio, a avocarse al conocimiento de dichas causas, fundamentándolo, conforme se analizó en el capítulo "Único" de la sentencia, en el artículo 25.16 de la Ley Orgánica del Tribunal Supremo de Justicia de 2010, en el cual se definió dijo, como "competencia privativa de esta Sala Constitucional, la de:

> "avocar las causas en las que se presuma violación al orden público constitucional, tanto de las otras Salas como de los demás tribunales de la República, siempre que no haya recaído sentencia definitivamente firme."

Se trata, el avocamiento, como lo identificó la Sala en la sentencia, de una "extraordinaria potestad, consecuente con las altas funciones que como máximo garante de la constitucionalidad y último intérprete del Texto Fundamental" que se han asignado a esta Sala Constitucional, para quitarle a los tribunales el ejercicio de su competencia ordinaria en los casos que deban conocer, y así asumirlo el Tribunal Supremo, reconociendo que

> "el avocamiento es una figura de superlativo carácter extraordinario, toda vez que afecta las garantías del juez natural y, por ello, debe ser ejercida con suma prudencia y sólo en aquellos casos en los que pueda verse comprometido el orden público constitucional (*vid*. sentencias números 845/2005 y 1350/2006)."

La doctrina y la norma que autoriza el avocamiento es, sin duda clara, y de aplicación estricta por la excepcionalidad de la potestad, al exigir como motivo para la avocación que "se presuma violación al orden público constitucional" para lo cual, lo mínimo que se requería era que la Sala hubiera tenido previamente conocimiento del expediente de la causa para poder deducir una presunción de violación del orden público constitucional. Por lo demás, efectivamente tiene que tratarse de que del estudio de los expedientes

---

1   Véase por ejemplo en http://www.eluniversal.com/nacional-y-politica/elecciones-2013/130417/para-la-presidenta-del-tsj-no-existe-el-conteo-manual;   y   en http://globovision.com/articulo/presidenta-del-tsj-en-venezuela-el-sistema-manual-no-existe-se-ha-enganado-a-la-poblacion.

2   Véase   en   http://www.tsj.gov.ve/decisiones/scon/Junio/795-20613-2013-13-0538.html

resulte dicha presunción de "violación al orden público constitucional" y no de cualquier otro motivo, ni siquiera que el tema debatido tenga importancia nacional

Pero por lo visto del texto de la sentencia, esta limitación legal no tuvo importancia alguna para la Sala Constitucional al avocarse al conocimiento de todas las causas de impugnación de las elecciones que estaban bajo el conocimiento de la Sala Electoral, anunciando simplemente que":

> "no sólo hará uso de esta facultad en los casos de posible transgresión del orden público constitucional, ante la ocurrencia de acciones de diversa índole en las cuales se podría estar haciendo uso indebido de los medios jurisdiccionales para la resolución de conflictos o con el fin de evitar el posible desorden procesal que se podría generar en los correspondientes juicios, sino también cuando el asunto que subyace al caso particular tenga especial trascendencia nacional, esté vinculado con los valores superiores del ordenamiento jurídico, guarde relación con los intereses públicos y el funcionamiento de las instituciones o que las pretensiones que han generado dichos procesos incidan sobre la institucionalidad democrática o el ejercicio de los derechos fundamentales de los ciudadanos, particularmente sus derechos políticos."

Es decir, para la Sala, su poder de avocación podría ejercerse ilimitadamente, por cualquier motivo de interés general, como (i) la "posible transgresión del orden público constitucional," (ii) "la ocurrencia de acciones de diversa índole en las cuales se podría estar haciendo uso indebido de los medios jurisdiccionales para la resolución de conflictos," (iii) "con el fin de evitar el posible desorden procesal que se podría generar en los correspondientes juicios," (iv) "cuando el asunto que subyace al caso particular tenga especial trascendencia nacional," (v) cuando dicho asunto "esté vinculado con los valores superiores del ordenamiento jurídico, guarde relación con los intereses públicos y el funcionamiento de las instituciones" o (vi) "que las pretensiones que han generado dichos procesos incidan sobre la institucionalidad democrática o el ejercicio de los derechos fundamentales de los ciudadanos, particularmente sus derechos políticos."

Todo ello es esencialmente contrario a lo que dispone la norma atributiva de competencia, la cual no autoriza en forma alguna a que mediante avocamiento, la Sala pretenda fundamentar una potestad universal para "aclarar las dudas y agenciar los procesos previstos para darle respuesta a los planteamientos de los ciudadanos y garantizar el ejercicio de sus derechos." Ello no está autorizado en norma alguna, por lo que los párrafos siguientes de la sentencia no pasan de ser pura retórica vacía, que:

> "Así pues, la jurisdicción constitucional en la oportunidad respectiva debe atender al caso concreto y realizar un análisis en cuanto al contrapeso de los intereses involucrados y a la posible afectación de los requisitos de procedencia establecidos para la avocación, en los términos expuestos, con la finalidad de atender prontamente a las posibles vulnera-

ciones de los principios jurídicos y los derechos constitucionales de los justiciables.

De esta manera, la competencia de la Sala establecida en la referida disposición viene determinada, como se expuso, en función de la situación de especial relevancia que afecte de una manera grave al colectivo, en cuyo caso, la Sala podría uniformar un criterio jurisprudencial, en aras de salvaguardar la supremacía del Texto Fundamental y, así, el interés general.

Luego la Sala, para seguir buscando cómo justificar un avocamiento que era a todas luces improcedente apeló a un supuesto "criterio consolidado" citando las sentencias números 373/2012 y 451/2012, supuestamente relativo especialmente a "los asuntos litigiosos relacionados con los derechos de participación y postulación, se encuentra vinculado el orden público constitucional," razón por la cual, al decir de la Sala, "en el caso de autos," es decir de la impugnación de las elecciones del 14 de abril de 2013:

> "con mayor razón, existen méritos suficientes para que esta Sala estime justificado el ejercicio de la señalada potestad, pues ha sido cuestionada la trasparencia de un proceso comicial de la mayor envergadura, como el destinado a la elección del máximo representante del Poder Ejecutivo, así como la actuación de órganos del Poder Público en el ejercicio de sus atribuciones constitucionales, de lo que se deduce la altísima trascendencia para la preservación de la paz pública que reviste cualquier juzgamiento que pueda emitirse en esta causa."

O sea que la Sala Electoral podrá ser despojada de su competencia por la Sala Constitucional, a su arbitrio, cada vez que se impugne unas elecciones.

Con base en lo antes indicado, y sólo con base en ello, mediante la sentencia N° 795 de 20 de junio de 2013, la Sala Constitucional "de oficio, en tutela de los derechos políticos de los ciudadanos y ciudadanas, del interés público, la paz institucional y el orden público constitucional, así como por la trascendencia nacional e internacional de las resultas del proceso instaurado," se avocó al conocimiento de las siete antes identificadas causas contencioso electorales,

> "así como cualquier otra que curse ante la Sala Electoral de este Máximo Juzgado y cuyo objeto sea la impugnación de los actos, actuaciones u omisiones del Consejo Nacional Electoral como máximo órgano del Poder Electoral, así como sus organismos subordinados, relacionados con el proceso comicial celebrado el 14 de abril de 2013."

De todo ello, la Sala Constitucional entonces ordenó a la Sala Electoral, que le remitiera todas y cada de las actuaciones correspondientes, no antes de avocarse como lo exige la Ley Orgánica, sino después de ello.

*

Esta decisión de la Sala Constitucional, implicó, entre otros aspectos, lo siguiente:

En primer lugar, que la Sala Constitucional, materialmente vació de competencias a la Sala Electoral, violando la Constitución, al avocarse en este caso para conocer de impugnaciones a un proceso electoral presidencial. Cualquiera impugnación que se haga en el futuro, implicará el mismo interés general alegado por la Sala, y podrá ser avocado por esta.[3]

En segundo lugar, la Sala Constitucional tenía que comenzar decidiendo sobre la admisibilidad de los recursos contenciosos electorales, ninguno de los cuales había llegado a ser admitido judicialmente.

En tercer lugar, para ello, los Magistrados de la Sala Constitucional que participaron en las decisiones N° 2 del 9 de enero de 2013 y N° 141 del 8 de marzo de 2013 mediante las cuales ante la ausencia del Presidente Chávez del país, y su posterior fallecimiento, se instaló en el ejercicio de la Presidencia de la República a Nicolás Maduro, a quien además se autorizó a ser candidato a la Presidencia sin separarse del cargo de Vicepresidente; debían inhibirse de decidir sobre el proceso pues los recursos cuestionaban la forma cómo se había instalado a Nicolás Maduro en la Presidencia y ésta se había ejercido desde el 8 de diciembre de 2012 hasta el 14 de abril de 2013.[4] Por ello, los magistrados fueron recusados por los apoderados de Henrique Capriles Radonski, uno de los impugnantes del proceso electoral, porque consideraron que los Magistrados evidentemente tenían "comprometida su imparcialidad y su capacidad subjetiva de resolver el asunto conforme a derecho" pues habían "manifestaron su opinión al suscribir y publicar" las sentencias N° 2 de enero de 2013 y N° 141 de marzo de 2013, mediante las cuales la Sala Constitucional había establecido el régimen constitucional de transición ilegítimamente la falta del Presidente Electo Hugo Chávez.

Pero como era previsible, nada de ello ocurrió: los recursos de nulidad ni siquiera fueron admitidos, no hubo inhibición alguna, y las recusaciones fueron declaradas "inadmisibles,"[5] de manera que desde que se decidió el avocamiento ya se sabía cómo se decidirían las causas.[6]

---

3   Como lo ha dicho la profesora Cecilia Sosa Gómez, ex Presidenta de la antigua Corte Suprema de Justicia: "La Sala Constitucional por sentencia de 20 de junio de 2013 borró el artículo constitucional 297 al resolver que esa Sala no estaba en condiciones para sentenciar las demandas de nulidad de las elecciones celebradas el 14 de abril de 2013," en "La auto implosión de un Tribunal," publicado en *Panorama.com.ve*, 28 de junio de 2013, en http://m.panora-ma.com.ve/not.php?id=72067

4   Véase José Ignacio Hernández G., "¿Por qué la Sala Constitucional le quitó a la Sala Electoral las impugnaciones?," en http://www.venetubo.com/noti-cias/%BFPorqu%E9-la-Sala-Constitucional-le-quit%F3-a-la-Sala-Electoral-las-impugnaciones-R34977.html

5   La Presidente de la Sala declaró "inadmisible" las recusaciones contra todos los Magistrados de la misma porque supuestamente carecían de fundamentación, ya que "las sentencias que pronunció la Sala Constitucional a las que hacen referencia los

Por ello, en realidad, la sentencia de avocamiento de la Sala Constitucional no fue sino una muestra más de la actuación de un órgano del Estado, no sujeto a control alguno, que se ha colocado por encima de la Constitución y la ley, que muta y reforma la Constitución a su antojo y libremente; que reforma las leyes sin límite; que las interpreta *contra legem*; que se inventa poderes por encima de la propia Constitución, como el de controlar ilimitadamente a las otras Salas del Tribunal Supremo; que confisca bienes; que impone Presidentes sin legitimidad democrática; y que hasta controla la actuación de los tribunales internacionales declarando sus sentencias inejecutables y hasta "inconstitucionales."[7] Con esta sentencia de avocamiento, se podía decir abiertamente, que todo en Venezuela dependía de la Sala Constitucional, y que todo ella lo controla, y además, dirige.

Lo antes dicho, en todo caso, quedó confirmado con las sentencias dictadas por la Sala Constitucional en 7 de agosto de 2012, todas las cuales declararon inadmisibles los recursos contencioso electorales respecto de los cuales se había avocado; y además, con la "decisión" contenida en la "Nota de prensa" difundida por el Tribunal Supremo el mismo día, que fue realmente la "decisión de fondo" en todos los casos, proclamando la "legitimidad" de la elección del Sr. Maduro.

En efecto, mediante la sentencia N° 1.111 de 7 de agosto de 2013,[8] la Sala Constitucional declaró inadmisible un recursos contencioso electoral de anulación intentado contra el Acto de Votación, de Escrutinio, de Totalización y de Proclamación del ganador de las elecciones celebradas el 14 de abril de 2013, (Caso: *María Soledad Sarría Pietri y otros*) en el cual se alegó que estaban "viciados de nulidad absoluta, en virtud de que según se denunció,

---

recusantes, tuvieron como objeto, la resolución de circunstancias claramente distintas a las planteadas por los recusantes en la causa instaurada originalmente ante la Sala Electoral de este Supremo Tribunal, la cual esta Sala Constitucional resolvió avocar mediante la decisión N° 795 del 20 de junio de 2013." La Presidente incluso consideró que resultaba "patente la inverosimilitud de que se suponga un adelanto de opinión por parte de la Magistrada Presidenta de la Sala Constitucional, en unos fallos en los que se examinaron supuestos de hecho y de derecho disímiles de las pretensiones esgrimidas por los recusantes en el recurso contencioso electoral intentado contra la elección presidencial efectuada el 14 de abril de 2013." Véase sentencia N° 1000 de 17 de julio de 2013. Véase en http://www.tsj.gov.ve/decisiones/scon/julio/1000-17713-2013-13-0565.html

6   Como también lo dijo la profesora Cecilia Sosa G., ex Presidenta de la antigua Corte Suprema de Justicia: "Estos expedientes ya están sentenciados, y no hay nada que esperar de la Sala Constitucional," en "La auto implosión de un Tribunal," publicado en *Panorama.com.ve*, 28 de junio de 2013, en http://m.panorama.com.ve/not.php?id=72067

7   Véase Allan R Brewer-Carías, *Golpe a la democracia dado por la Sala Constitucional*, Editorial Jurídica Venezolana, Caracas 2014; *La patología de la justicia constitucional*, Editorial Jurídica Venezolana, Caracas 2014.

8   Véase http://www.tsj.gov.ve/decisiones/scon/agosto/1111-7813-2013-13-0561.html

fueron producto de actuaciones y omisiones imputables al Consejo Nacional Electoral, y que en su conjunto constituían un fraude estructural y masivo que afectaba al sistema electoral venezolano." Entre los argumentos esgrimidos se indicó que el candidato Nicolás Maduro no había sido seleccionado en elecciones internas como lo exige la Constitución; que como la condición para ser Presidente era tener la nacionalidad venezolana por nacimiento se solicitó de la Sala que instara al Consejo Supremo Electoral para que se pronunciara sobre ello; y que la elección había sido nula por fraude en la formación del Registro Electoral y por el control que el poder central ejercía sobre el sistema electoral.

Para declarar la inadmisibilidad del recurso, la Sala consideró que en demandas de ese tipo era necesario que las denuncias fueran "debidamente planteadas," particularmente por la preeminencia del principio de *conservación de la voluntad expresada del Cuerpo Electoral, o, más brevemente, principio de conservación del acto electoral*;" afirmando que para desvirtuar la presunción de validez del acto electoral, los vicios denunciados no sólo debían estar fundados sino que debían suponer "una modificación de los resultados comiciales."

Así, a pesar de que supuestamente se trataba de una sentencia de inadmisibilidad, la base del argumento de la Sala fue que lo alegado debía estar "soportado por las pruebas necesarias y pertinentes para lograr convencer al juez de lo que la parte actora afirmó en su escrito," razonamiento que era más propiamente de una decisión de fondo. Por ello, la Sala, sin más, consideró que el juzgador también podía "examinar lo sostenido por la parte demandante, en la fase de examinar los requisitos de admisibilidad." Y fue así, por ejemplo, que en relación con el alegato de que el candidato Maduro no había sido seleccionado en elecciones internas, simplemente dijo la Sala que ya se había decidido en otros casos electorales que "ello no excluye otras formas de participación distintas a las elecciones abiertas o primarias;" agregando, sin embargo, que en el caso concreto no se habían acompañado los documentos indispensables para verificar la admisibilidad. En relación con el alegato de que el Consejo Nacional Electoral no se había pronunciado sobre el tema de la nacionalidad del candidato Maduro, la Sala lo que decidió fue que los "demandantes no impugnan ningún un acto, ni señalan ninguna actuación, abstención u omisión imputables al Consejo Nacional Electoral." En relación con la denuncia del fraude masivo en el proceso electoral, la Sala recurrió a lo previsto en el artículo 206 de la Ley Orgánica de Procesos Electorales, según el cual "si se impugnan las actuaciones materiales o vías de hecho, deberán narrarse los hechos e indicarse los elementos de prueba que serán evacuados en el procedimiento administrativo," lo que a pesar de ser un tema de fondo, juzgó que sin embargo, debía examinarse en la fase de admisión de la acción, concluyendo que las denuncias sobre fraude "no son claras, ni precisas, ni completas, y no han sido enmarcadas en una narración circunstanciada de las mismas, ni enlazadas racionalmente con el resultado que se supone provocaron." Y todo ello para, en definitiva, después de analizar el tema de fondo al considerar que la causal de nulidad de las elecciones por comisión de un fraude en la formación del Registro Electoral, en las votaciones o en los escrutinios (art. 215.2 Ley Orgánica de los procesos Electorales), "debe ser interpretada en un sentido que garantice el principio de mínima afectación del resultado a que dio lugar la expresión de la voluntad del Cuerpo Electoral, al cual se ha llamado en este fallo *principio de conservación del acto electoral;*" terminar declarando inadmisible la acción.

Repitiendo básicamente los mismos argumentos, la Sala Constitucional mediante sentencia 1.113 también de 7 de agosto de 2013,[9] igualmente declaró inadmisible el recurso contencioso electoral contra el Acto de Votación, de Escrutinio, de Totalización y de Proclamación del ganador de las elecciones celebradas el 14 de abril del año en curso (Caso: *Adriana Vigilanza García y otros*).

Mediante la sentencia N° 1.112 igualmente de 7 de agosto de 2013,[10] la Sala Constitucional también decidió declarar inadmisible el recurso contencioso electoral interpuesto un grupo de personas (Caso: *Iván Rogelio Ramos Barnola y otros*), contra el Acto de proclamación de Nicolás Maduro como Presidente Electo, alegando fraude, en particular, por no haberse abierto mesas de votación en la ciudad de Miami; por haberse permitido indiscriminadamente el "voto asistido," y haberse expulsado a testigos de mesa durante el proceso electoral. En esta la sentencia la Sala lo que hizo fue ratificar la decisión de inadmisibilidad que ya había resuelto el Juzgado de Sustanciación de la Sala Electoral en el caso, antes de que se decidiera el avocamiento, por considerar que en el caso, en relación con los hechos que dieron lugar a la infracción alegada, no hubo "la indicación de los vicios de que padece el acto recurrido, en orden a plantear los elementos objetivos necesarios para un pronunciamiento sobre la admisibilidad o no de los recursos para la cual es competente la jurisdicción contencioso electoral."

En la misma línea de inadmisibilidad se dictó la sentencia N° 1.114 de 7 de agosto de 2013[11] en el recurso contencioso electoral contra el acto de votación que tuvo lugar el 14 de abril de 2013 (Caso: *Adolfo Márquez López*), en el cual el recurrente había cuestionado el Registro Electoral Permanente utilizado por haber sido elaborado con fraude; la asignación de votos del partido "Podemos" al candidato Maduro; y la nacionalidad misma de dicho candidato por no ostentar las condiciones de elegibilidad para ser Presidente de la República. La Sala, para decidir la inadmisibilidad, sobre el primer alegato, consideró que el mismo no constituía "un recurso por fraude, sino relativas a la inscripción o actualización del referido Registro Electoral" cuya impugnación estimó ya era extemporánea; sobre el segundo alegato,

---

9   Véase http://www.tsj.gov.ve/decisiones/scon/agosto/1113-7813-2013-13-0563.html

10   Véase http://www.tsj.gov.ve/decisiones/scon/agosto/1112-7813-2013-13-0562.html

11   Véase   en   http://www.tsj.gov.ve/decisiones/scon/agosto/1114-7813-2013-13-0564.html

consideró que se trataba de un tema de impugnación del acto de postulación, lo cual también consideró extemporáneo; y sobre el tercer alegato, consideró que en la demanda basada en el cuestionamiento de la nacionalidad de Nicolás Maduro, no había elementos de convicción, "hechos o vicios mas allá de opiniones particulares y la exposición de posiciones políticas del recurrente."

En otro caso, la Sala Constitucional mediante sentencia N° 1.116 de 7 de agosto de 2013, también declaró inadmisible un recurso contencioso electoral mediante el cual se solicitó la nulidad de "las "Elecciones 7 de Octubre de 2012" (sic); b) el "acto Proclamación Presidente Ejecutivo de la República Sr Nicolás Maduro Moros en fecha 14 de Abril 2013" (sic); y c) las "Elecciones 14 de Abril 2013" (sic)," (Caso: *Gilberto Rúa*), para lo cual la Sala argumentó que en relación al primer acto, el lapso de impugnación de dicha elección ya había caducado; y en relación con los otros dos actos objeto del recurso, eran inadmisibles pues el recurrente no señaló los vicios concretos ni contra "el acto de proclamación y el evento electoral del 14 de abril de 2013," considerando que se había omitido "un requisito esencial para la tramitación de la demanda, lo cual acarrea su inadmisibilidad." La Sala consideró, además, que el recurrente había desconocido "el contenido de la sentencia de esta Sala Constitucional signada con el N° 141 de 8 de marzo de 2013, en la cual *se dirimió cuál era el régimen constitucional de la transición presidencial* con ocasión de la muerte del Presidente Hugo Rafael Chávez Frías." Finalmente, en este caso, el recurrente fue multado por haber afirmado que la acción de amparo constitucional que había interpuesto desde 6 de marzo de 2013 en contra del Consejo Nacional Electoral, había sido "aguantado" por la Sala Constitucional," expresión que ésta consideró "como irrespetuosa [...] pues sugiere que los criterios decisorios y la gerencia judicial de este órgano jurisdiccional no obedecen a parámetros objetivos."

La Sala Constitucional en otra sentencia N° 1.118 de 7 de agosto de 2013[12] también declaró inadmisible el recurso contencioso electoral interpuesto contra la negativa tácita del Consejo Nacional Electoral en dar respuesta a un recurso jerárquico que se había intentado el 15 de mayo de 2013, contra una decisión de una Comisión del Consejo en relación con una denuncia de violaciones de los artículos 75, 76, 85 y 86 de la Ley Orgánica de Procesos Electorales solicitando se ordenase a dicho Consejo que iniciara la correspondiente "averiguación administrativa para establecer las responsabilidades relativas a la colocación de propaganda indebida y uso de recursos públicos para beneficio de una parcialidad política en las instituciones mencionadas." (Caso: *Transparencia Venezuela*) La Sala Constitucional declaró inadmisible la acción por considerar que conforme a los estatutos de la Asociación Civil recurrente, solo el Directorio de la misma podía otorgar poder para ser representada, no pudiendo hacerlo la Directora Ejecutiva, como había ocurrido en ese caso.

---

12 Véase en http://www.tsj.gov.ve/decisiones/scon/agosto/1118-7813-2013-13-0568.html

La Sala Constitucional, igualmente, mediante sentencia N° 1.119 de 7 de agosto de 2013[13] también declaró inadmisible la acción popular de inconstitucionalidad contra la "aceptación por parte del Consejo Nacional Electoral de las postulaciones de candidatos a los cargos de elección popular correspondiente a las elecciones presidenciales del 14 de abril de 2013" (Caso: *Antonio José Varela*), en el cual se alegó que los postulados no habían sido electos mediante el mecanismo de elecciones internas, y en especial, en relación con el candidato Nicolás Maduro, que no había presentado programa electoral propio, además de no poder postularse por ser inelegible por estar en ejercicio del cargo de Presidente de la República. Para decidir la inadmisibilidad del recurso en este caso, la Sala argumentó que el recurso de nulidad fue "planteado en términos genéricos e indeterminados, con la inclusión de apreciaciones particulares o valorativas de orden personal del recurrente, sin que, al menos, se hayan señalado con precisión los datos que permitan identificar con exactitud el acto emanado del Consejo Nacional Electoral cuya nulidad peticionó, así como tampoco se acompañó copia del mismo, ni fueron revelados los supuestos vicios concretos de que adolecería este acto del Poder Electoral atinente a las elecciones presidenciales celebradas en abril del presente año." La Sala para concluir, recordó que había sido ella misma la que mediante la sentencia N° 141 de marzo de 2013, había resuelto que la candidatura de Nicolás Maduro como Presidente Encargado sí se podía admitir "para participar en las elecciones presidenciales, por no estar comprendido en los supuestos de incompatibilidad del artículo 229 Constitucional." Y sobre el tema de la falta de selección de los candidatos en "elecciones internas con la participación de los integrantes de los partidos políticos" que exige la Constitución, la Sala ratificó su criterio de que "ello no excluye otras formas de participación de elecciones distintas a las elecciones abiertas o primarias." La Sala, finalmente, consideró que nada de lo dicho en el escrito del recurso sobre las infracciones denunciadas, evidencia "ni tan siquiera los datos que permitan identificar con fidelidad o exactitud, el acto del Poder Electoral cuya nulidad pretende, menos aún acompañó copia del mismo, así como tampoco relató los vicios que estarían presentes en aquel, ni su fundamentación argumentativa," declarando inadmisible la acción.

En otra sentencia N° 1.117 de 7 de agosto de 2013,[14] la Sala Constitucional declaró inadmisible una acción de inconstitucionalidad por omisión que había intentado Henrique Capriles Radonski contra el Consejo Nacional Electoral por no haberse pronunciado sobre las solicitudes que le fueron formuladas los días 17 y 22 de abril de 2013 respecto a la auditoría del proceso electoral, (Caso: *Henrique Capriles Radonski*) porque el petitorio del mismo, según consideró la Sala, era contradictorio "pues constituye un ab-

---

13 Véase en http://www.tsj.gov.ve/decisiones/scon/agosto/1119-7813-2013-13-0569.html

14 Véase en http://www.tsj.gov.ve/decisiones/scon/agosto/1117-7813-2013-13-0567.html

surdo pretender a través del recurso por abstención, una respuesta; y por medio del mismo recurso, indicar el desacuerdo con los términos de la respuesta recibida." La Sala consideró que se trataba de "pretensiones evidentemente excluyentes, por lo que conforme al marco normativo señalado es procedente declarar inadmisible el recurso contencioso electoral ejercido."

La Sala Constitucional mediante sentencia N° 1.120 de 7 de agosto de 2013,[15] también declaró inadmisible el recurso contencioso electoral de nulidad intentado contra "(*i*) las votaciones" efectuadas en 5.729 mesas electorales; (*ii*) 21.562 Actas de Escrutinio automatizadas y Acta de Escrutinio de Contingencia, y (*iii*) los Actos de Totalización, Adjudicación y Proclamación, con ocasión del proceso comicial celebrado el 14 de abril de 2013," (Caso: *Mesa de la Unidad Democrática*) considerando la recurrente que dichos hechos tenían incidencia en los resultados de las votaciones. Para declarar la inadmisibilidad del recurso en este caso, la Sala también partió del principio de la necesaria *conservación del acto electoral*, que exigen del recurrente que: "(*i*) desvirtúe la presunción de validez y legitimidad del acto electoral; (*ii*) demuestre la gravedad de un vicio que altere la esencia del acto electoral, no de una mera irregularidad no invalidante; y (*iii*) ponga en evidencia, además, que el vicio altera de tal modo los resultados electorales que resulte imposible su convalidación." Y con base en ello consideró la Sala que en el recurso hubo "falta de especificidad," de manera que en el mismo no se "puso en evidencia, como le correspondía, no sólo suponer la ocurrencia de una supuesta irregularidad, sino dejar claro que su magnitud influyó definitivamente en los resultados comiciales." Agregó además la Sala que en estos casos "No basta, entonces, que exista una anomalía: ella debe ser decisiva para comprometer la voluntad del cuerpo electoral y ninguna razón se blandió en ese sentido," lo cual sin duda, era un razonamiento de una decisión de fondo, y no de inadmisibilidad.

Por último, mediante sentencia N° 1.115 de 7 de agosto de 2013[16] la Sala Constitucional también declaró inadmisible el recurso contencioso electoral de nulidad del proceso electoral para la elección presidencial del 14 de abril de 2013, que había intentado el candidato de la oposición democrática a dicha elección, Henrique Capriles Radonski, y en la cual como lo resumió la Sala, éste había denunciado contra el mismo una serie de vicios que se "produjeron: (*i*) previas a los comicios, (*ii*) durante la jornada electoral propiamente dicha y (*iii*) una vez concluida la participación de los electores en las urnas" (Caso: *Henrique Capriles Radonski*). La Sala, para decidir, destacó en cuanto a los vicios de la primera categoría, en particular:

---

15 Véase http://www.tsj.gov.ve/decisiones/scon/agosto/1120-7813-2013-13-0570.html

16 Véase   en   http://www.tsj.gov.ve/decisiones/scon/agosto/1115-7813-2013-13-0565.html

"las acusaciones dirigidas contra esta Sala Constitucional como integrante del Máximo Tribunal de la República, cuya actuación fue calificada sin soslayo como parcializada en favor de la candidatura del ciudadano Nicolás Maduro Moros. En este sentido, el escrito libelar pretendió delatar, desde el principio, que el ejercicio de la Vicepresidencia por parte de dicho ciudadano fue producto de una sesgada interpretación efectuada por esta Máxima Juzgadora a través de sus sentencias n$^{ros.}$ 02/2013 (caso: *Marelys D'Arpino*) y 141/2013 (caso: *Otoniel Pautt*)."

La declaración de inadmisibilidad de la demanda lo fundamentó la Sala en el hecho de que la misma contenía "conceptos ofensivos e irrespetuosos en contra de esta Sala y otros órganos del Poder Público;" es decir, como se afirmó en la sentencia, porque la Sala consideró que los representantes del actor en el libelo de la demanda incurrieron en supuestas "falta a la majestad del Poder Judicial" al haber "en diversas oportunidades y a través de distintos medios ha acusado expresa y radicalmente a la judicatura y, en particular, a esta Sala Constitucional, como un órgano completamente parcializado y llegó incluso a afirmar que este Máximo Juzgado obedecía la línea del partido de gobierno."

Con esta decisión, la Sala, evidentemente decidió en causa propia, pues la inadmisibilidad fue motivada por los conceptos que había emitido el accionante o sus representantes contra ella misma, motivo por el cual, precisamente, en el proceso se había recusado a todos sus Magistrados por haber firmado las mencionadas sentencias N° 2 y N° 141 de enero y marzo de 2013. Pero en lugar de inhibirse los magistrados, como correspondía, o de haber declarado con lugar la recusación como era obligado, la Presidenta de la Sala lo que hizo fue declararla sin lugar mediante la sentencia N° 1000 de 17 de julio de 2013, para proceder luego todos los Magistrados "ofendidos" a decidir la inadmisibilidad de la acción, no por razones sustanciales del proceso, sino por los conceptos críticos emitidos contra la Sala, que ésta consideró ofensivos e irrespetuosos, a tal punto que multó al accionante y remitió al Ministerio Público, copia del fallo y del escrito del libelo "con el objeto de que realice un análisis detallado de dichos documentos e inicie las investigaciones que estime necesarias a fin de determinar la responsabilidad penal a que haya lugar;" iniciándose así una nueva línea de persecución en contra de Capriles.[17]

Luego pasó la Sala, después de haber resuelto la inadmisibilidad de la acción, en un *Orbiter dictum*, a referirse a lo que denominó "otras falencias del escrito" del recurso, que a su juicio impedían "que la causa sea abierta a trámite," como que el libelo "se limitó a narrar supuestos abusos cometidos por los órganos del Poder Público, pero en modo alguno señala con certeza el

---

17 Véase por ejemplo, José de Córdova and Ezequiel Minaya, "Venezuelan Opposition Comes Under Siege," *The Wall Street Journal*, New York, Sunday, August 10-11, 2013, p. A6.

impacto que lo que ella caracteriza como mera *"corrupción electoral"* afectó la voluntad del electorado manifestada el día de los comicios, o llanamente acusa la colusión de los órganos del Poder Público para favorecer la candidatura del ciudadano Nicolás Maduro Moros en supuesto perjuicio del actor, especialmente de esta Máxima Juzgadora Constitucional," cuando la Sala supuestamente había actuado "de conformidad con las atribuciones que la propia Carta Magna le encomienda y en total consonancia con los precedentes jurisprudenciales que ha instituido."

La Sala, al decidir el fondo de algunas denuncias, como la relativa al cuestionamiento de la postulación de Nicolás Maduro efectuada por el partido "Podemos," a pesar de que hubiera aclarado que lo hizo "sin entrar a analizar el mérito del asunto," afirmó, sin duda refiriéndose al fondo, que "-en una elección unipersonal como la celebrada- los supuestos vicios formales mal podrían conducir a la anulación arbitraria de los votos obtenidos por el representante electo."

Además, otra "falencia" que destacó la Sala en su sentencia fue que el actor refirió que su Comando de Campaña había recibido "más de cinco mil denuncias" de irregularidades "sin relatar con amplitud suficiente en qué consistieron las irregularidades y su concatenación con los vicios electorales contenidos en los artículos 215 del 220 de la Ley Orgánica de Procesos Electorales." Todos estos argumentos adicionales, por supuesto, no correspondían a cuestión alguna de admisibilidad, sino de fondo o mérito que debieron ser decididos en la sentencia definitiva que la Sala sin embargo se negó a dictar.

De todas las anteriores sentencias se informó oficialmente por el Tribunal Supremo de Justicia en una "Nota de Prensa" del mismo día 7 de agosto de 2013,[18] en la cual puede decirse que el Tribunal Supremo, utilizando una vía irregular de "decidir mediante notas de prensa"[19] resolvió el fondo de todas las demandas que cuestionaban el proceso electoral del 14 de abril de 2013 y sus resultados.

En dicha Nota de Prensa, en efecto, se comenzó informando que el Tribunal Supremo de Justicia, en Sala Constitucional, con ponencia conjunta, había declarado

"inadmisibles los recursos contencioso electorales contra la elección presidencial realizada el pasado 14 de abril de 2013, los cuales fueron

---

18 Véase en http://www.tsj.gov.ve/informacion/notasdeprensa/notasdeprensa.asp?codigo=11423

19 Véase por ejemplo, Allan R. Brewer-Carías, "Comentarios sobre el 'Caso: Consolidación de la inmunidad de jurisdicción del Estado frente a tribunales extranjeros,' o de cómo el Tribunal Supremo adopta decisiones interpretativas de sus sentencias, de oficio, sin proceso ni partes, mediante 'Boletines de Prensa,'" en *Revista de Derecho Público*, N° 118, (abril-junio 2009), Editorial Jurídica Venezolana, Caracas 2009, pp. 319-330.

incoados por los ciudadanos María Soledad Sarría Pietri, Sonia Hercilia Guanipa Rodríguez y otros; Iván Rogelio Ramos Barnola, Oscar Eduardo Ganem Arenas y otros; Adriana Vigilanza García, Theresly Malavé y otros; Adolfo Márquez López; Henrique Capriles Radonski; Gilberto Rúa; María de las Mercedes de Freitas Sánchez, representante de la Asociación Civil Transparencia Venezuela; Antonio José Varela; así como Carlos Guillermo Arocha y Fernando Alberto Alban, representantes de la organización política "Mesa de la Unidad Democrática (MUD)".

Aclaró la Sala Constitucional, que todos los mencionados recursos contencioso electorales habían sido originalmente intentados ante la Sala Electoral del Máximo Tribunal, a cuyo conocimiento se avocó la Sala Constitucional mediante la sentencia N° 795 de 20 de junio de 2013,

"en tutela de los derechos políticos de la ciudadanía, del interés público, la paz institucional y el orden público constitucional, así como por la trascendencia nacional e internacional de las resultas del proceso instaurado, sustentando que había sido cuestionada la transparencia de un proceso comicial de la mayor envergadura, como el destinado a la elección del máximo representante del Poder Ejecutivo, así como la actuación de órganos del Poder Público en el ejercicio de sus atribuciones constitucionales, de lo que se deducía la altísima trascendencia para la preservación de la paz pública que revestía cualquier juzgamiento relativo a estas causas."

Según la Nota de Prensa, la Sala procedió a examinar que los recursos intentados cumplieran con los requisitos de admisibilidad que ordenan los artículos 133 y 180 de la Ley Orgánica del Tribunal Supremo de Justicia, al igual que el artículo 206 de la Ley Orgánica de Procesos Electorales, y constató "que los mismos no observaron tales requisitos, los cuales son indispensables para la tramitación de las demandas contra actos de naturaleza electoral," pasando así a hacer el siguiente resumen de las sentencias:

"Refieren las sentencias que en el proceso contencioso electoral corresponde realizar un acucioso examen para estimar la procedencia de esta clase de demandas y, por ello, se exige a los reclamantes la carga de exponer de manera clara, precisa y completa las circunstancias cuyo acaecimiento encuadre en los supuestos específicos de nulidad que prevé la ley; no sólo con el propósito de que el órgano administrativo o judicial establezca sin ambages los límites de la controversia, sino porque resulta indispensable la preservación de la voluntad del pueblo expresada en comicios libres, conjugada con la necesidad de brindar garantías institucionales de paz, estabilidad y seguridad, al evitar el cuestionamiento ligero y trivial de la función pública ejercida por un representante elegido por el pueblo.

Los demandantes acaso indicaron la comisión de supuestas irregularidades en diversos centros electorales, sin identificar en forma precisa el cómo los eventos puntuales a los que aludieron produjeron vicios apreciables, capaces de alterar los resultados definitivos que se produjeron en los comicios celebrados el 14 de abril de este año para la elección del Presidente de la República.

De esta manera, queda en evidencia que no fueron alegados motivos suficientes que pongan en duda la voluntad popular expresada en las pasadas elecciones presidenciales."

Adicionalmente, narra la Nota de Prensa que

"determinados recursos esgrimieron alegatos contra la majestad del Tribunal Supremo de Justicia, lo que mereció algunos apuntes en las respectivas sentencias, entre los que destacan que ello no puede ser tenido a la ligera, no sólo porque revela el desconocimiento sobre las competencias de la Sala sino porque se pretende empañar el ejercicio de una garantía como el derecho de acceso a la justicia. Estos cuestionamientos contra las autoridades judiciales, no sólo deben ser desechados porque desconocen la función garantista de la Sala Constitucional, sino porque con su afrenta trivializa el debate democrático. Se evidencia, por tanto, que no se acude a los tribunales con el ánimo de resolver una disputa, sino para acusar al árbitro por no someterse a sus designios y voluntades. Así, por lo que respecta a tales señalamientos, se impuso la inadmisibilidad según el artículo 133, numeral 5, de la Ley Orgánica del Tribunal Supremo de Justicia."

En general, concluyó la "Nota de Prensa" que "las decisiones estatuyen que los alegatos esgrimidos por las partes recurrentes, son argumentos genéricos e imprecisos que conducen también a declarar inadmisibles las pretensiones, según el artículo 181 de la Ley Orgánica del Tribunal Supremo de Justicia, en concatenación del artículo 180 *eiusdem*."

Como se puede colegir de la reseña que hemos efectuado al analizar las sentencias del 7 de agosto de 2013, **todas las demandas que fueron intentadas contra el proceso electoral del 14 de abril de 2013 y sus resultados tuvieron por objeto buscar del Tribunal Supremo que en definitiva se pronunciara definitivamente sobre la legitimidad o ilegitimidad de dicho proceso de votación y, más que todo, sobre la legitimidad o la ilegitimidad de la postulación y la elección declarada del candidato Nicolás Maduro.** Eso fue lo que los recurrentes persiguieron al acudir ante el "máximo y último garante de la Constitución" como suele autocalificarse la Sala Constitucional del Tribunal Supremo. Como sentencias formales dictadas en sus recursos, sin embargo, los recurrentes no obtuvieron la decisión en justicia que esperaban, y más bien, lo que obtuvieron fue la decisión de que sus peticiones eran inadmisibles, es decir, que no reunían los requisitos legales para ser siquiera consideradas y juzgadas, por lo que formalmente en ninguno de los casos se produjo pronunciamiento de fondo alguno – salvo veladamente, como antes se ha advertido – y en ningún caso sobre el tema de la legitimidad electoral que se buscaba, y que sin duda necesitaba el país.

La decisión de fondo, en realidad, se dictó en la "Nota de Prensa" del Tribunal Supremo de Justicia del 7 de agosto de 2013, en la cual, desechadas las impugnaciones por inadmisibles, en definitiva se "decidió" que el proceso electoral de abril de 2013 fue legítimo y que el Presidente Electo Maduro está amparado por una legitimidad "plena y de derecho." Ello lo "decidió" el Tribunal Supremo de Justicia en la "Nota de Prensa" antes mencionada en la cual concluyó afirmando:

Primero, sobre las impugnaciones incoadas ante el Supremo Tribunal, que:

"no consiguieron alegar ninguna irregularidad que significase una diferencia con los resultados que emanaron del Poder Electoral, se evidencia que los mismos **fueron completamente legítimos**."

Y segundo, que en ese sentido, para el Tribunal Supremo también fue posible colegir de los fallos que:

"**la legitimidad** del Presidente de la República Bolivariana de Venezuela Nicolás Maduro Moros, quien obtuvo la mayoría de los votos escrutados en ese proceso, **es plena y de derecho a tenor de las leyes**."

Quizás era a esa "justicia," dada a través de "Notas de Prensa," a lo que el Tribunal Supremo de Justicia se refería al final de su "Nota de Prensa," cuando en la misma quiso reiterar a la ciudadanía que podía contar "con un Poder Judicial fortalecido, que aplica en cada una de sus actuaciones, los mandatos que el Texto Fundamental señala," pidiéndole además al pueblo "puede confiar en la solidez del elenco institucional que impera en nuestro país."

A MANERA DE EPÍLOGO:

EL MONUMENTAL DESORDEN INSTITUCIONAL: EL LEGADO POLÍTICO DE HUGO CHÁVEZ *

As we all know, the Venezuelan Presidential Elections that are going to be held next Sunday April 14, 2013, are due to the death of Hugo Chávez Frías, who after being President of the Republic for two terms since 1999, and after being reelected on October 2012, never managed to take his oath of office, missing the Inauguration ceremony that was scheduled for January 10th, 2013. The fact is that since December 10th, 2012, he was confined to a bed in a Hospital in Habana, Cuba where he was operated upon, not being seen alive in public since then.

This means that since December 2012, it was absolutely clear that the late President was already unable to govern, a situation that nonetheless was deliberately hidden by government officials in Caracas, even by making believe that he was ruling the country from Havana, a fact that was completely false. To this day nobody really knows exactly when he died. Even the Supreme Tribunal of Justice, in his last decision of March 8, 2013 through which it allowed Vice President Nicolás Maduro to continue ruling the country as acting President, in a very careful way did not affirm that the former President actually died on March 5th, 2013, as it was officially announced, it only said that was the day that the Vice President announced.[1]

The result of all the secrecy surrounding the condition of the former President and of the manipulation of the information regarding his incapacity to govern, were two "custom made" judicial decisions issued by the Supreme

---

* Este es el texto preparado para la presentación que hice sobre *"The situation of the Venezuelan State After the April 2013 Presidential Elections: The Chávez's Institutional Legacy,"* en el Programa sobre *"Presidential Election and Beyond,"* organizado por la *Venezuelan American Association of the United States*, en New York, el 9 de abril de 2013. Se publica el texto en su versión original, pues lamentablemente, no tenemos versión en castellano.

1   See the text of the decision N° 141 of March 5, 2013 in http://www.tsj.gov.ve.decisiones/scon/Marzo/141-9313-2013-13-0196.html

Tribunal of Justice, in January 9th, 2013[2] and in March 8th, 2013, in which, contrary to express constitutional provisions, the Tribunal ruled to ensure, first, the continuity on the tenure of Vice President Maduro who was in charge of the Executive Power, affirming that the late President was supposedly in charge of the government, which was absolutely impossible; and second, that the same Vice President Maduro, after he announced the death of the former President, was the one to assume the Presidency with the possibility of running as a candidate in the Presidential Elections that were to follow, without stepping down from such official position.

Thanks to those unconstitutional rulings, Nicolás Maduro, as acting President, is one of the candidates, illegally using all sort of public resources and funds and without any control by the National Electoral Council.[3] Consequently, we can say without hesitation, that Maduro es currently running in the presidential election as *the official candidate of the State*. Yes, I repeat, as the official candidate of the Venezuelan State, and not of a particular political party, facing the candidate of the opposition, the Governor of the Miranda State Henrique Capriles, who is confronting the most vulgar abuse of power[4] ever seen before in an electoral campaign in the country. Even the

---

2   See the text of the decision N° 2 of January 9, 2013 in http://www.tsj.gov.ve/decisio-nes/scon/Enero/02-9113-2013-12-1358.html

3   See for instante, the *Comunicado* issued by my University, the Central University of Venezuela, on April 3, 2013, in which the University Council expressed that "*Procupa al Consejo Universitario las osetnsibles violaciones por parte de organismos oficiales a las reglas de juego, propias de un proceso electoral democrático, y a la ausencia de vigilancia efectiva del CNE ante las reiteradas denuncias formuladas por los sectores afectados.*" Available at: ucvnoticias.ucv.ve/wordpress/?p=17069

4   Even the brother of the current Minister of Information of the Government, in an article with the title published on April 7, 2013, has said: "*Masivo, grotesco y desvergonzado es el uso de los recursos públicos en la campaña electoral oficialista. Las evidencias abundan y atropellan diariamente la vista y la impotencia ciudadanas. Miles de millones de bolívares que nos pertenecen a todos salen del torrente institucional para ser dilapidados en el proselitismo electoral y el activismo del partido de gobierno. Oficinas públicas disfrazadas de sedes partidistas. Decenas de miles de funcionarios públicos dejan los puestos de trabajo y cumplen su jornada laboral en tareas político partidistas bajo la más absoluta impunidad. Televisoras, radios, periódicos, revistas y panfletos que se proclaman "de todos los venezolanos" pero que operan como órganos oficiosos del Partido Socialista Unido de Venezuela o como megáfonos de éste. Edificios, auditorios, mobiliario, imprentas, computadoras, papel y tinta, equipos de sonido, alimentos y bebidas, aviones, avionetas, helicópteros, autobuses, gandolas, camiones, camionetas, carros y motos oficiales puestos al servicio del calendario y propósitos partidistas y no del calendario y propósitos institucionales, menos aun al servicio de las necesidades populares. Es incalculable la cantidad de horas-hombre de nuestros funcionarios, la cantidad de unidades tributarias de nuestros impuestos y la cantidad de barriles de nuestro petróleo desviados y despilfarrados en esta borrachera roja rojita, unas veces en-*

Ministry of Defense has openly endorsed Maduro in the name of the Armed Forces,[5] as well as all the Government Ministries have taken part in the campaign,[6] including the Ministry of Foreign Affairs and the Venezuelan Embassies. [7]

Perhaps that is why Nicolás Maduro, a few days ago, affirmed, threatening in the most typical style of the former President, that if for any "historical accident" Capriles won the election, in no more that two months there will be a "popular up rise" against his policies.[8]

But in spite of the efforts to try to copy the rude style of the late President, this election is conditioned, above all, by the fact that for the first time in fourteen years of elections, the former President, having being the President with the longest tenure and political presence in all of Venezuelan political history, is not physically participating in it.[9]

In addition, as any authoritarian leader of his kind, and in his case, after having mastered the use of the media, like nobody else, the former President cannot really be imitated. Nobody can really claim to be him or similar to him. Nobody can effectively claim to inherit his political legacy.

---

cubierta y las más descarada y retadoramente abiertas." See Mario Villegas, Muchos recursos y cero escrúpulos," in *Diario 2001*, Caracas, April 7, 2013.

5   See the expressions of Diego Molero Bellavía, Minister of Defense, in *CNN es la Noticia*, 5-3-2013, available at http://cnnespanol.cnn.com/2013/03/05/ministro-de-la-defensa-venezolano-hace-un-llamado-a-la-unidad/

6   As was reported today in *The New York Times*, Maduro's party "taps nearly unlimited government resources. Government workers are required to attend rallies. Government television stations broadcast every event, and government ministries openly take part in the campaign." See William Neuman, "Even in death, Chávez Is a Powerful Presence ," in *The New York Times*, New York, April 9, 2013, pp. A4 and A7.

7   See the Circular I.DVM Europa 000-189 of April 4, 2013, sent by the Vice Minister for Europe Ayerim Flores R. to all the Venezuelan Embassies and Consulates informing that "en el marco de las elecciones presidenciales a realizarse el 14 de abril de 2013, se llevará a cabo un plan de acción que articule una estrategia de campaña electoral en Europa a través de nuestras Misiones Diplomáticas [...] orientada a reafirmar la continuidad de la revolución Bolivariana con el triunfo de Nicolás maduro y la ejecución del 'Plan de la patria para la gestión Bolivariana Socialista 2013-2019', tal como lo diseñó el Comandante y líder de la Revolución Hugo Chávez."

8   See in "Maduro: habrá un "alzamiento popular" si triunfa Capriles," ANSA, Caracas March, 28, 2013, available at http://redigitaltv.com/?p=97014&utm_campaign=nacional-y-politica&utm_medium=twitter&utm_source=twitter

9   Chavez ruled the country more years than any of the other well known authoritarian rulers, more that Antonio Guzmán Blanco in the XIX century, and Juan Vicente Gómez in the XX century. See Allan R. Brewer-Carías, *Historia Constitucional de Venezuela*, Editorial Alfa, Caracas 2008, Vol. II.

Nonetheless, as we all know, the candidate Maduro is openly trying to imitate him, to sell himself as his "son," and to hide himself in his shadow. The last sign of such attempt has been his announcement a few days ago, that the dead President appeared before him, flying, and transfigured into a little bird, giving him his benediction for the Presidential campaign.[10] This sort of expressions made by any other than Chávez, only generates sorrow or laugh, but for sure evidences the dangerous risk that one of the possible outcomes of this election could result in a tragic comedy with a phantom directing the policies of the country.

In this context, any way, the current situation of the presidential campaign is that if it is true that who is actually running against Henrique Capriles is not the former President, the constant use by Maduro of the Chávez's legacy, has placed Capriles in the situation of really being running against all the apparatus of the State, the same State that through the Supreme Tribunal and the National Electoral Council has admitted the candidacy of Maduro in violation of the Constitution, particularly because as Vice President he was forbidden to be a candidate.

Now, despite this situation and independently from the result of the elections, in which both candidates currently have real chances of winning, the fact is that both, Capriles and Maduro as well as all Venezuelans, in the near future, will have to face the reality of the institutional monumental mess that we all are inheriting from the former President long government.[11] This is

---

10 See "Maduro dice que Chávez se apareció en forma de "pajarito chiquitico" y lo bendijo," in *Noticias 24*, April 2, 2013, available at http://www.noticias24.com/venezuela/noticia/159655/maduro-dice-chavez-se-aparecio-en-forma-de-pajarito-chiquitico-y-lo-bendijo/ This fact was reported in *The New York Times*, as follows: "In what rounds as the most surreal moment of Venezuela's preesidencial campaign – a race whose central personality is the deceased president – Mr. maduro told the nation that Mr. Chávez's spirit came to him as a tiny bird that flew into a chapel where he was praying. / [...] / Mr. Maduro said that he whistled back and that the bird responded / 'I felt his spirit,'Mr. Maduro said. 'I felt him there as if he was blessing us, telling us: 'Today the battle begins. Go to victory.' [...] / So now at campaign rallies he whistles like a bird." See William Neuman, "Even in death, Chávez Is a Powerful Presence ," in *The New York Times*, New York, April 9, 2013, pp. A4 and A7

11 See for instance a summary of consitutional violations denounced many times by the Professor's Association of the Central University of Venezuela, expressed in a *Comunicado* on April 10, 2013: "El desacato al carácter federal y descentralizado del Estado como principio fundamental constitucional, al incrementarse el poder del Ejecutivo Nacional (Violación del artículo 4). / Desconocimiento de la separación de poderes, cuando el ejecutivo imparte órdenes a otros poderes del estado y estos la acatan... (Violación del artículo 136). / El desconocimiento de resoluciones de organismos internacionales en defensa de los derechos humanos...(Violación de los artículos 23 y 65). / Incumplimiento de la obligación de las instituciones del Estado respecto a garantizar la seguridad de los ciudadanos y dar respuesta oportuna a las demandas introducidas ante los organismos competentes... (Violación de los artículos

precisely the aspect that I want to address today, related to the "beyond" the election.

We must not forget that with all of its defects, just two decades ago, Venezuela was still one of the most envied democracies in Latin America, with a steady economic growth and permanent social policies led by Social Democratic and Social Christian parties; a situation that is in sharp contrasts with the current situation of the country that has the record of being among the countries with the highest index of violence and lack of security; of governmental inefficiency; of greater number of public employees compared to its population; of militarization of the Public Administration; of infrastructure destruction; of military expenses; of human rights violations; of impunity; of lack of economic liberty; of participation of the State in economic activities; of imports' dependency; of public internal and external debt; of lowest international reserves; of oldest currency exchange control; of inflation and currency devaluation; of dependency on oil production; of greater State control on the media and of less freedom of expression; of the biggest political polarization; of institutional destruction; of absence of separation of powers and check and balances; of absence of government accountability and fiscal control; of corruption; and of absence of transparency in government. And the gravest of all, a country were the value of work has almost disappeared from society as a consequence of the policies that have been applied by the government supposedly to take care of the poor, which are based on direct subsidies and distribution of money and goods that eventually have worsened the situation of the poor with the mirage of pocket money.[12]

26,43 y 51). / El desconocimiento a la pluralidad del pensamiento y la libre expresión de las ideas... (Violación del Artículo 58). / La pretensión de convertir las Fuerzas Armadas en un actor político al servicio del partido de gobierno... (Violación del Artículo 328). / El irrespeto a la diversidad racial, política, religiosa, de género y de preferencia sexual ... (Violación del artículo 21). / El uso de recursos del Estado para favorecer la candidatura promovida por el partido de gobierno... (Violación del artículo 145) ante la mirada cómplice del Consejo Nacional Electoral. / La evidente parcialización del Consejo Nacional Electoral..." See in *APUCV Informa*, N° 287, Caracas, 10-4-2013. See in addition, Asdrúbal Aguiar, *Historia Inconstitucional de Venezuela*, Editorial Jurídica Venezolana, Caracas 2013.

12 As Luis Ugalde, the former Rector of the Andrés Bello Catholic University of Caracas said regarding the Chávez's legacy: "*Con 1 billón (1 millón de millones) de dólares en las manos, su pésima gestión ha llevado a Venezuela a los primeros lugares de endeudamiento interno y externo, de inflación (el triple del promedio latinoamericano), corrupción, creación de multimillonarios ineptos y parásitos a la sombra del poder político, récord en las importaciones de productos agropecuarios e industriales y ruina de la productividad con atrofia de las exportaciones. Nos ha puesto en los primeros lugares del mundo en el crimen en las calles y en las cárceles y nuestra sociedad enferma prolonga la agonía gracias al suero petrolero*" [...] "*Con ilimitada demagogia se le inculca a la población que para salir de la pobreza no son necesarios el esfuerzo propio y la productividad; basta la ayuda de un presidente compasivo y generoso con el reparto del ingreso petrolero. Al contrario -*

The most recent record derived from the Chávez's legacy, has been the formal exclusion of the country from the international community having lost its voting rights in the bodies of the United Nations Organization because of lack of payment of the required contributions.[13]

So for the next election, the position of the two running candidates appears to be clear: In the case of Maduro, having been in the government since 1999, and purporting to be the heir of Chávez, he is proposing to continue with the policies that have lead to the current catastrophic situation of the country,[14] to the point that any other different political offer he could make, for instance, to improve the grave situation of lack of security and lower the extremely high rate of crime in the country, will necessarily fall into a vacuum. In the case of Capriles, on the contrary, he is proposing to change all those failed policies that have lead the country to the current situation, and to reestablish the rule of law in the country.

Within this situation that all Venezuelans will face in the near future, I want to specifically comment on the situation of the State that the new President will encounter, specifically from the standpoint of the Constitution, which in spite of all the propaganda, seems to have lost all its value as a fundamental law of the country.

In this regard, the first problem that the next President will have to manage, is the catastrophic consequences of the so called "Bolivarian Revolution," the result of which has been, on the one hand, what I have called the process of de-constitutionalization of the Constitutional State, and on the other hand, the result of the conduction of the Constitutional State permanently ignoring the Constitution.

The common aspect of these two situations is that all the political changes that have been introduced in the country during the tenure of the late President, have been made in contempt of the Constitution and of its supremacy. This means, first, that all the changes introduced in all the basic principles of

---

decimos, lo que el pobre necesita para dejar de serlo es apoyo decidido a su educación y formación productora, a su organización social y la creación de millones de puestos de trabajo con inversión y enorme creatividad empresarial exitosa de decenas de miles de emprendedores." See in Luis Ugalde, "Salud y Compasión," *El Nacional*, Caracas, April 4, 2013, available at http://www.el-nacional.com/luis_ugalde/Salud-compasion_0_165583664.html

13   See "Venezuela pierde temporalmente su derecho a votar en la ONU por impago de cuotas," in *Globovisión*, Caracas April 3, 2013, available in http://globovision.com/articulo/venezuela-pierde-temporalmente-su-derecho-a-votar-en-onu-por-impago-de-cuotas

14   As was reported today in *The New York Times*, "Mr. Maduro drives home the point by telling crowds that his only mission, if he wins, will be to carry out the socialist revolution that Mr. ZChávez left unfinished. He call himself 'the son of Chávez.'" See William Neuman, "Even in death, Chávez Is a Powerful Presence," in *The New York Times*, New York, April 9, 2013, pp. A4 and A7.

the organization of the State, and of the political system of the country set forth in the Constitution, have been made without following its formal review procedure; and second, that the functioning of the organs of State even when they were not changed, have been gravely distorted, in contempt of the Constitution.

The first of these situations, that is, the changes introduced on the State organization without formally changing the Constitution, can be considered as the basic trend of the government policies during the past decade.[15]

The 1999 Constitution defines the Venezuelan State as a Democratic and Social State of Law and Justice (Article 2), organized as "a decentralized federal State" (Article 4),[16] theoretically based, among other well known principles, on the principle of separation or powers, with five and not only three different powers, each of them with their supposed autonomy and independence.

In the Constitution, in addition, the State power is also divided in a vertical way in three territorial levels of government (National, States and the Municipal) according to the federal principle (Art. 136), each of them with a government that according to the Constitution must be of an "elective, decentralized, alternative, responsible, plural, and of revocable mandate" character (Article 6).

On the other hand, the political system of the country is arranged in the Constitution based on the principles of representative democracy, political decentralization, participation, human rights protection, and political pluralism, according to which no political institution of the State can be created without ensuring its representative character by means of universal, direct and secret suffrage; without guaranteeing its political autonomy, and without guaranteeing its plural character in the sense that it cannot be linked to a particular ideology.

Regarding the economic system, it is conceived in the Constitution as a mixed one, guaranteeing economic freedom and free private initiative and enterprise, altogether with private property rights, and allowing the State to participate in the economy in order to satisfy social justice.

---

15 See Allan R. Brewer-Carías, "The process of "deconstitutionalization"of the Venezuelan Constitutional State as the Most Important Current Constitutional Issue in Venezuela," in *Duquesne Law Review*, Vol 51, N° 2, Spring 2013, Duquesne University School of Law, Pittsburgh, pp. 349-386.

16 See the study of the constitution regarding the regulation of this State Constitutional Model, in Allan R. Brewer-Carías, *La Constitución de 1999. Derecho Constitucional venezolano*, 2 vols., Editorial Jurídica Venezolana, Caracas 2004; and *La Constitución de 1999 y la Enmienda Constitucional de 2009*, Editorial Jurídica Venezolana, Caracas 2011.

All these principles are the ones embodied in a rigid way in the Constitution, in the sense that they cannot be changed without formally reviewing its text.

Nonetheless, and without any constitutional review procedure, the fact is that what the country has inherited from the late President, is that all those basic principles have been changed in the name of the so-called "Bolivarian Revolution," in order to progressively implement a new so-called 21st century "Communist State," without reviewing the Constitution

That is why, this process of de-constitutionalization of the Constitutional State, is the most important current constitutional feature in the country[17] that the next President will have to face; and that has been progressively implemented using the name of Bolívar to serve as the support of a political socialist doctrine, that of course was completely unknown in Bolivar's times. [18]

We have to recognize that the initial intention of the late President was to have implemented his "Bolivarian Revolution" by formally reforming the Constitution. For such purpose, in 2007 he proposed before the National Assembly[19] a Constitutional Reform Draft in order to incorporate in the same text of the Constitution, not only the "Bolivarian socialist doctrine"[20] as the

---

17   See Allan R. Brewer-Carías, "The process of "deconstitutionalization"of the Venezuelan Constitutional State as the Most Important Current Constitutional Issue in Venezuela," in *Duquesne Law Review*, Vol. 51, N° 2, Spring 2013, Duquesne University School of Law, Pittsburgh, pp. 349-386.

18   One of the last attempt to completely appropriate Simón Bolívar for the "Bolivarian Revolution," was the televised exhumation of his remains that took place at the National Pantheon in Caracas on July 26, 2010, conducted by the late President Chávez himself and other high officials, including the Prosecutor General, among other things, for the purpose of determining if Bolivar died of arsenic poisoning in Santa Marta in 1830, instead of from tuberculosis. See Simon Romero, "Building a New History By Exhuming Bolívar," *The New York Times*, August 4, 2010, p. A7.

19   See on the constitutional reforms proposals, Allan R. Brewer-Carías, *Hacia la consolidación de un Estado socialista, centralizado, policial y militarista. Comentarios sobre el sentido y alcance de las propuestas de reforma constitucional 2007*, Editorial Jurídica Venezolana, Caracas 2007; *La reforma constitucional de 2007 (Comentarios al proyecto inconstitucionalmente sancionado por la Asamblea Nacional el 2 de noviembre de 2007)*, Editorial Jurídica Venezolana, Caracas 2007.

20   All his proposals to construct socialism were linked by Chávez to Simón Bolívar's 1819 *Discurso de Angostura*, which he considered "perfectly applicable to a socialist project" in the sense of considering that it was possible to "take the original Bolivarian ideology as a basic element of a socialist project." Of course, this assertion has no serious foundations: it is enough to read Bolívar's 1819 Angostura discourse on presenting the draft constitution to realize that it has nothing to do with a "socialist project" of any kind. See Simón Bolívar, *Escritos fundamentales*, Caracas 1982. See also Pedro Grases ed., *El Libertador y la Constitución de Angostura de 1819*, Caracas 1969; José Rodríguez Iturbe, ed., *Actas del Congreso de Angostura*, Caracas 1969.

official doctrine of the country, but the framework of the new Socialist State that he intended to establish. That 2007 Constitutional Reform Draft,[21] in effect, formally sought to substitute the Constitutional State by a new "Communal State" or State of the "popular power" (*Estado del poder popular o del poder communal, o Estado comunal*) organized based on the creation of communes and communal councils (*consejos comunales*) as the primary political units of social organization, trying to resuscitate the one hundred year old soviets of the Russian Revolution.

Considered globally, the proposed reform sought to establish a socialist, centralized, militaristic, and police State,[22] for which purpose all the most essential and fundamental principles and aspects of the political organization of the Democratic and Social State of rule of law and justice were proposed to be modified.[23]

That is, *First,* the reforms proposed to convert the democratic and decentralized State regulated in the Constitution into a centralized state of concentrated power that under the illusory guise of a popular power, sought to definitively replace the federal form of the state,[24] as well as any form of political decentralization; thus, rendering political participation impossible, and

---

21 The first Draft circulated in June 2007 under the title *Consejo Presidencial para la Reforma de la Constitución de la República Bolivariana de Venezuela, "Modificaciones propuestas."* The complete text was published as *Proyecto de reforma constitucional. Versión atribuida al Consejo Presidencial para la reforma de la Constitución de la República Bolivariana de Venezuela,* Editorial Atenea, Caracas 2007, 146. The presidencial proposals were published as *Proyecto de Reforma Constitucional. Elaborado por el ciudadano Presidente de la República Bolivariana de Venezuela, Hugo Chávez Frías,* Editorial Atenea, Caracas 2007

22 See Allan R. Brewer-Carías, *Hacia la Consolidación de un Estado Socialista, Centralizado, Policial y Militarista. Comentarios sobre el sentido y alcance de las propuestas de reforma constitucional 2007,* Colección Textos Legislativos, No. 42, Editorial Jurídica Venezolana, Caracas 2007.

23 See Rogelio Pérez Perdomo, "La Constitución de papel y su reforma," in *Revista de Derecho Público* 112 *(Estudios sobre la reforma constitucional),* Editorial Jurídica Venezolana, Caracas 2007, p. 14; G. Fernández, "Aspectos esenciales de la modificación constitucional propuesta por el Presidente de la República. La modificación constitucional como un fraude a la democracia," *Id,* p. 22; Alfredo Arismendi, "Utopía Constitucional," in id., p. 31; Manuel Rachadell, "El personalismo político en el Siglo XXI," in id., p. 66; Allan R. Brewer-Carías, "El sello socialista que se pretendía imponer al Estado," in id., p. 71-75; Alfredo Morles Hernández, "El nuevo modelo económico para el Socialismo del Siglo XXI," in id., p. 233-36.

24 See Manuel Rachadell, "El personalismo político en el Siglo XXI," in *Revista de Derecho Público* 112 *(Estudios sobre la reforma constitucional),* Editorial Jurídica Venezolana, Caracas 2007, 67; Ana Elvira Araujo, "Proyecto de reforma constitucional (agosto a noviembre 2007). Principios fundamentales y descentralización política," in id., 77-81; José Luis Villegas, "Impacto de la reforma constitucional sobre las entidades locales," in id., 119-23.

progressively eliminating representative democracy.[25] The main aspect of the reforms as was expressly affirmed in its text was that the popular power "does not arise from suffrage or from any election, but arises from the condition of the organized human groups that form the base of the population." That is to say that representative democracy and territorial political autonomy was to disappear, substituted with a supposed "participatory democracy" that, in fact, in a very undemocratic way, was to be controlled by the National Executive.[26] In this respect, it must be mentioned that anticipating to the expected results of the proposed constitutional reforms, perhaps being sure of its approval – which did not occur -, the previous year, in 2006, the National Assembly sanctioned the Law on the Communal Councils (*Consejos Comunales*) [27] along the same undemocratic and unconstitutional trends, seeking since then, the dismantling the traditional local governments or municipalities of the country.

The *second* global change proposed in the 2007 Constitutional Reforms Draft, was to convert the Constitutional Democratic and Social State into a Socialist State for the purpose of the "construction of a Socialist democracy" (art. 158); thus establishing a political official doctrine of socialist character

---

25   For such purpose, the reform established a new "popular power" (*poder popular*) (art. 16), composed by communities (*comunidades*), each of which were to constitute "a basic and indivisible territorial nucleus of the Venezuelan Socialist State, where ordinary citizens will have the power to construct their own geography and their own history;" which were to be grouped into communes (*comunas*). The communes were later created in the Law on the Federal Council of Government. See *Ley Orgánica del Consejo Federal de Gobierno, Gaceta Oficial* N° 5.963 Extra. of Feb. 22, 2010).

26   This fundamental change, as the president stated on August 15, 2007, constituted "the development of what we understand by decentralization, because the Fourth Republic concept of decentralization is very different from the concept we must work with. For this reason, we have here stated 'the protagonist participation of the people, transferring power to them, and creating the best conditions for the construction of social democracy.'" See *Discurso de orden pronunciado por el ciudadano Comandante Hugo Chávez Frías, op. cit.,* 50.

27   See Giancarlo Henríquez Maionica, "Los Consejos Comunales (una breve aproximación a su realidad y a su proyección ante la propuesta presidencial de reforma constitucional)," in *Revista de Derecho Público* 112 *(Estudios sobre la reforma constitucional)*, Editorial Jurídica Venezolana, Caracas 2007, pp. 89-99; Allan R. Brewer-Carías, "El inicio de la desmunicipalización en Venezuela: La organización del poder popular para eliminar la descentralización, la democracia representativa y la participación a nivel local," in *AIDA, Opera Prima de Derecho Administrativo. Revista de la Asociación Internacional de Derecho Administrativo*, Universidad Nacional Autónoma de México, Asociación Internacional de Derecho Administrativo, Mexico City 2007, pp. 49-67. The 2006 law was replaced by *Ley Orgánica de los Consejos Comunales, Gaceta Oficial* N° 39.335, Dec. 28, 2009. See the comments on this Law in Allan R. Brewer-Carías, *Ley de los Consejos Comunales*, Editorial Jurídica Venezolana, Caracas 2010.

– the supposed "Bolivarian doctrine" – denying pluralism and allowing the possible formal official criminalization of all dissidence, legalizing political persecution.

The *third* main change proposed in the same 2007 Constitutional Reforms Draft, along with the Socialist doctrine, tended to convert the mixed economic system of the country into a wholly state-owned, socialist and centralized economy by means of eliminating economic freedom and private initiative as constitutional rights, as well as the constitutional right to private property; conferring all the means of production to the State, to be centrally managed; and configuring the State as an institution on which all economic activity was to depend. [28]

And finally, the *fourth* constitutional reform proposal of 2007, was to convert the State into a repressive or police state, given the regressive character of the proposed reforms on matters of human rights, and also into a militarist state, based on the role assigned to the "Bolivarian Armed Force" (*Fuerza Armada Bolivariana*), configured to function wholly under the direct control of the President of the Republic, creating a new very dangerous and phantasmagorical "Bolivarian National Militia" (*Milicia Nacional Bolivariana*), as a political military force.

As the late President himself explained, the motivation for the drafting of the constitutional reforms in 2007, was to construct –in his own words- a "Bolivarian Socialism, Venezuelan Socialism, our Socialism, and our socialist model," having "the community" (*la comunidad*), as its "basic and indivisible nucleus," and considering that "real democracy is only possible in socialism." [29]

That is why I have said that the proposed constitutional reform tended to formally alter the basic foundations of the Democratic Constitutional State,[30]

---

28   See Gerardo Fernández, "Aspectos esenciales de la modificación constitucional propuesta por el Presidente de la República. La modificación constitucional como un fraude a la democracia," in *Revista de Derecho Público* N° 112 *(Estudios sobre la reforma constitucional)*, Editorial Jurídica Venezolana, Caracas 2007, p. 24; Alfredo Arismendi, "Utopía Constitucional," in id., p. 31; José Antonio Muci Borjas, "La suerte de la libertad económica en el proyecto de Reforma de la Constitución de 2007," in id., pp. 203-208; Tamara Adrián, "Actividad económica y sistemas alternativos de producción," in id., pp. 209-14; Víctor Hernández Mendible, "Réquiem por la libertad de empresa y derecho de propiedad," in id., pp. 215-18; Alfredo Morles Hernández, "El nuevo modelo económico para el Socialismo del Siglo XXI," in id., pp. 233-236.

29   See *Discurso de orden pronunciado por el ciudadano Comandante Hugo Chávez Frías,* op cit., 32, 34, 35.

30   See Eugenio Hernández Bretón, "Cuando no hay miedo (ante la Reforma Constitucional)," in *Revista de Derecho Público* 112 *(Estudios sobre la reforma constitucional)*, Editorial Jurídica Venezolana, Caracas 2007, pp. 17-20; Manuel Rachadell, "El personalismo político en el Siglo XXI," in id., pp. 65-70.

and the economic system of the country, [31] the consequence being that they needed to approve only by convening a National Constituent Assembly and not by means of a "constitutional reform procedure" which was the one chosen by the President and the National Assembly.

Notwithstanding, the authoritarian way to govern imposed the use of a wrong constitutional review procedure,[32] as one additional sign of the "permanent coup d'état" that since 1999 characterized the political situation in Venezuela.[33] The consequence was that the chosen procedure was challenged multiple times before the Supreme Tribunal on grounds of its unconstitutionality, but being the Tribunal completely controlled by the Executive, the result was also the issuing of multiple decisions by the Tribunal refusing to exercise judicial review on these matters, even declaring that the actions were not able to be filed ("*improponible*"). [34]

But apart from the adopted unconstitutional procedure, the most important aspect of the 2007 constitutional reforms proposals is that eventually they were submitted to popular approval in a referendum that took place on December 2, 2007,[35] resulting in an overwhelming popular rejection of the reforms.

---

31   See on these reforms, Allan R. Brewer-Carías, *Dismantling Democracy. The Chávez Authoritarian Experiment*, Cambridge University Press, 2010.

32   See Rogelio Pérez Perdomo, "La Constitución de papel y su reforma," in *Revista de Derecho Público* 112 *(Estudios sobre la reforma constitucional)*, Editorial Jurídica Venezolana, Caracas 2007, 14; Gerardo Fernández, "Aspectos esenciales de la modificación constitucional propuesta por el Presidente de la república. La modificación constitucional en fraude a la democracia," in *idem.*, 21-25; Fortunato González, "Constitución histórica y poder constituyente," in *idem.*, pp. 33-36; Lolymar Herández Camargo, "Los límites del cambio constitucional como garantía de pervivencia del Estado de derecho," in *idem.*, 37-45; Claudia Nikken, "La soberanía popular y el trámite de la refroma constitucional promovida por iniciativa presidencial el 15 de agosto de 2007," in *idem.*, 51-58.

33   See José Amando Mejía Betancourt, "La ruptura del hilo constitucional," in in *Revista de Derecho Público* 112 *(Estudios sobre la reforma constitucional)*, Editorial Jurídica Venezolana, Caracas 2007, p. 47. The term was first used by Francois Mitterand, *Le coup d'État permanent*, Éditions 10/18, Paris 1993.

34   See Allan R. Brewer-Carías, "El juez constitucional vs. la supremacía constitucional O de cómo la jurisdicción constitucional en Venezuela renunció a controlar la constitucionalidad del procedimiento seguido para la 'reforma constitucional' sancionada por la Asamblea Nacional el 2 de noviembre de 2007, antes de que fuera rechazada por el pueblo en el referendo del 2 de diciembre de 2007," in Eduardo Ferrer Mac Gregor y César de Jesús Molina Suárez (Coordinadores), *El juez constitucional en el Siglo XXI,* Universidad nacional Autónoma de México, Suprema Corte de Justicia de la Nación, México 2009, Tomo I, pp. 385-435..

35   See Allan R. Brewer-Carías, "La proyectada reforma constitucional de 2007, rechazada por el poder constituyente originario", in *Anuario de Derecho Público 2007*,

This was, without doubt, the most important political failure for Chávez, and of course the most important political fact - the expression of the will of the people – regarding his policies; the same expression that could manifest itself in the April 14th 2013 election, in which, due to the absence of Chávez, and the sort of campaign Maduro has made, the vote could be clearly for the continuation or not of the Bolivarian revolution, but without Chávez.

But the fact is that in 2007, the result of the referendum rejecting the reforms, had no importance whatsoever for the authoritarian government that refused to listen or to follow the peoples' decision. The popular rejection of the reforms was in fact mocked by the Government, and not only did not prevent it to begin the implementation of the reforms without even bothering to try again to change the Constitution, but encouraged the Government to impose its decision over the people without any hesitation.

And this is precisely what has occurred since 2008, having the country experienced and endured the following: *First,* a progressive political process of concentrating and controlling all public powers at the National Executive, which has been assured through the politically controlled National Assembly, and the political submission of the Judiciary to the Executive, having the latter been converted into one of its appendixes.[36] *Second,* a permanent process of enactment of the basic legislation of the country by means of laws issued by Decree-Laws of the President of the Republic, as delegated legislation, by-passing the process of sanctioning ordinary legislation.[37] *Third,* an

---

Año 1, Instituto de Estudios de Derecho Público de la Universidad Monteávila, Caracas 2008, pp. 17-65. According to information from the National Electoral Council on Dec. 2, 2007, of 16,109,664 registered voters, only 9,002,439 voted (44.11% abstention); of voters, 4,504,354 rejected the proposal (50.70%). This means that there were only 4,379,392 votes to approve the proposal (49.29%), so only 28% of registered voters voted for the approval.

36   See Allan R. Brewer-Carías, "La justicia sometida al poder [La ausencia de independencia y autonomía de los jueces en Venezuela por la interminable emergencia del Poder Judicial (1999-2006)]" en *Cuestiones Internacionales. Anuario Jurídico Villanueva 2007,* Centro Universitario Villanueva, Marcial Pons, Madrid 2007, pp. 25-57.

37   See Lolymar Hernández Camargo, "Límites del poder ejecutivo en el ejercicio de la habilitación legislativa: Imposibilidad de establecer el contenido de la reforma constitucional rechazada vía habilitación legislativa," in *Revista de Derecho Público* 115 *(Estudios sobre los Decretos Leyes),* Editorial Jurídica Venezolana, Caracas 2008, pp. 51 ff.; Jorge Kiriakidis, "Breves reflexiones en torno a los 26 Decretos-Ley de julio-agosto de 2008, y la consulta popular refrendaría de diciembre de 2007," in id., pp. 57 ff.; José Vicente Haro García, "Los recientes intentos de reforma constitucional o de cómo se está tratando de establecer una dictadura socialista con apariencia de legalidad (A propósito del proyecto de reforma constitucional de 2007 y los 26 decretos leyes del 31 de julio de 2008 que tratan de imponerla)," in id., pp. 63 ff.; Ana Cristina Nuñez Machado, "Los 26 nuevos Decretos-Leyes y los principios que regulan la intervención del Estado en la actividad económica de los particulares," in id., pp. 215-20; Aurilivi Linares Martínez, "Notas sobre

indiscriminate process of nationalization, expropriation and confiscation of private industries, private assets and private properties, that have been implemented without guaranteeing the right to just compensation.[38] And *Fourth*, a constant process of constitutional "mutations" made through decisions issued by the Constitutional Chamber of the Supreme Tribunal of Justice, by means of constitutional interpretations, following the government's will.[39]

The result of such processes have been that absolutely all the previous mentioned general trends and basic purposes of the rejected 2007 Constitutional Reform Draft were in fact implemented in the country, in open contempt of the Constitution and of the popular will, originating the current deconstitucionalization process of the State.

That process, as already mentioned, began in 2006 with the creation of the Communal Councils,[40] and particularly since 2007, with the creation of the Central Planning Commission in violation of the economic freedom established in the Constitution,[41] leading to the approval of the 2007–13 Econo-

---

el uso del poder de legislar por decreto por parte del Presidente venezolano," in id., pp. 79-89; Carlos Luis Carrillo Artiles, "La paradójica situación de los Decretos Leyes Orgánicos frente a la Ingeniería Constitucional de 1999," in id., pp. 93-100; Freddy J. Orlando S., "El "paquetazo," un conjunto de leyes que conculcan derechos y amparan injusticias," in id., pp. 101-104.

38 See Antonio Canova González, Luis Alfonso Herrera Orellana, and Karina Anzola Spadaro, *¿Expropiaciones o vías de hecho? (La degradación continuada del derecho fundamental de propiedad en la Venezuela actual*," Funeda, Universidad Católica Andrés Bello, Caracas 2009.

39 See Allan R. Brewer-Carías, "El juez constitucional al servicio del autoritarismo y la ilegítima mutación de la Constitución: el caso de la Sala Constitucional del Tribunal Supremo de Justicia de Venezuela (1999-2009)", en *Revista de Administración Pública*, N° 180, Madrid 2009, pp. 383-418; "La fraudulenta mutación de la Constitución en Venezuela, o de cómo el juez constitucional usurpa el poder constituyente originario,", en *Anuario de Derecho Público*, Centro de Estudios de Derecho Público de la Universidad Monteávila, Año 2, Caracas 2009, pp. 23-65; José Vicente haro, "La mutación de la Constitución 'Bolivariana'," in Gonzalo Pérez Salazar and Luis Petit Guerra, *Los retos del derecho procesal constitucional en Latinoamérica, I Congreso Internacional de Derecho Procesal Constitucional, 19 y 20 Octubre de 2011*, Vol I, Universidad Monteávila Funeda, Caracas 2011, pp. 93-141.

40 *Ley de Consejos Comunales, Gaceta Oficial, Extra.* 5.806, of Apr. 10, 2006. This statute was replaced by Ley Orgánica de los Consejos Comunales. See *Gaceta Oficial* N° 39.335, Dec. 28, 2009. See Allan R. Brewer-Carías, "El inicio de la desmunicipalización en Venezuela: La organización del poder popular para eliminar la descentralización, la democracia representativa y la participación a nivel local," in *AIDA, Revista de la Asociación Internacional de Derecho Administrativo*, Universidad Nacional Autónoma de México, Asociación Internacional de Derecho Administrativo, Mexico City 2007, 49-67.

41 Decree Law N° 5,841 was enacted on June 12, 2007, *Gaceta Oficial* N° 5.841, Extra., of June 22, 2007. See Allan R. Brewer-Carías, "Comentarios sobre la incons-

mic and Social Development National Plan, in which it is expressly provided, contrary to the pluralistic foundation of the Constitution, that the "planning, production and distribution system [must be] oriented towards socialism," being "the relevant matter" of the economic system the progressive development of "social property of the production means."

Subsequently, since 2008, by means of other Laws and Decree Laws, the State assumed all powers in order to control farming, livestock, fishing, and aquaculture, and in particular, the production of food,[42] allowing the State to directly assume the distribution and commercialization of all goods, and the occupation of private industries without compensation.[43] The same year 2008, the Law regulating the Promotion and Development of the Popular Economic System was sanctioned following the "socialist model,"[44] establishing a "socio-productive communal model," with different socio-

titucional creación de la Comisión Central de Planificación, centralizada y obligatoria," in *Revista de Derecho Público* 110, Editorial Jurídica Venezolana, Caracas 2007, pp. 79-89; Luis A. Herrera Orellana, "Los Decretos-Leyes de 30 de julio de 2008 y la Comisión Central de Planificación: Instrumentos para la progresiva abolición del sistema político y del sistema económico previstos en la Constitución de 1999," in *Revista de Derecho Público* 115, *(Estudios sobre los Decretos Leyes)*, Editorial Jurídica Venezolana, Caracas 2008, pp. 221-32.

42   Decree Law on the Organic Law on Farming and Food Security and Sovereignty. *Gaceta Oficial* N° 5.889, Extra., July 31, 2008. See José Ignacio Hernández G., "Planificación y soberanía alimentaria," in *Revista de Derecho Público* 115, *(Estudios sobre los Decretos Leyes)*, Editorial Jurídica Venezolana, Caracas 2008, pp. 389-94; Juan Domingo Alfonso Paradisi, "La constitución económica establecida en la Constitución de 1999, el sistema de economía social de mercado y el decreto 6.071 con rango, valor y fuerza de Ley Orgánica de seguridad y soberanía agroalimentaria," in id., pp. 395-415; Gustavo A. Grau Fortoul, "La participación del sector privado en la producción de alimentos, como elemento esencial para poder alcanzar la seguridad alimentaria (Aproximación al tratamiento de la cuestión, tanto en la Constitución de 1999 como en la novísima Ley Orgánica de soberanía y seguridad alimentaria)," in id., pp. 417-24.

43   See Carlos García Soto, "Notas sobre la expansión del ámbito de la declaratoria de utilidad pública o interés social en la expropiación," in *Revista de Derecho Público* 115, *(Estudios sobre los Decretos Leyes)*, Editorial Jurídica Venezolana, Caracas 2008, pp. 149-51; Antonio Canova González, Luis Alfonso Herrera Orellana, and Karina Anzola Spadaro, *¿Expropiaciones o vías de hecho? (La degradación continuada del derecho fundamental de propiedad en la Venezuela actual,"* Funeda, Universidad Católica Andrés Bello, Caracas 2009.

44   Decree Law, N° 6,130 of June 3, 2008,. *Gaceta Oficial* N° 5.890, Extra., July 31, 2008. See Jesús María Alvarado Andrade, "La desaparición del bolívar como moneda de curso legal (Notas críticas al inconstitucional Decreto N° 6.130, con rango, valor y fuerza de la ley para el fomento y desarrollo de la economía comunal, de fecha 3 de junio de 2008," in *Revista de Derecho Público* 115, *(Estudios sobre los Decretos Leyes)*, Editorial Jurídica Venezolana, Caracas 2008, pp. 313-20.

productive organizations; and the general law on matters of Consumer and User Protection was reformed with the same openly socialist orientation.[45]

These Laws extended the state control powers to the point of establishing the possibility of confiscating private industries and services by means of their takeover and occupation only through administrative decisions, [46] also violating the Constitution that on the contrary requires for such actions judicial participation. Accordingly, since 2008, the process of State appropriation of private assets has been systematically applied in the country, with no possibility at all for any judicial surveillance.

All of these "constitutional reforms" adopted by means of ordinary legislation, have also distorted and dislocated the federal form of government by centralizing the power assigned to the states, in some cases creating national administrative entities in order to assume such attributions, and authorizing the President of the Republic to interfere in regional and local affairs; and also, by voiding the states and municipal entities of powers forcing them to compulsory transfer their competencies to the newly created communal councils as local non representative institutions controlled by the central power.[47] These reforms were complemented with the approval in 2010 of the Law on the Federal Council of Government, [48] providing the means to force the states and municipalities to such transfers of their constitutional attributions.

---

45 Decree Law N° 6,092 enacting the Access to Goods and Services Persons Defense Law. *Gaceta Oficial* N° 5,889 Extra of July 31, 2008; José Gregorio Silva, "Disposiciones sobre el Decreto-Ley para la defensa de las personas en el acceso a bienes y servicios," in id., pp. 277-79; Carlos Simón Bello Rengifo, "Decreto N° 6.092 con rango, valor y fuerza de la ley para la defensa de las personas en el acceso a los bienes y servicios (Referencias a problemas de imputación)," in id., pp. 281-305; Alfredo Morles Hernández, "El nuevo modelo económico del socialismo del siglo XXI y su reflejo en el contrato de adhesión," in id., pp. 229-32.

46 See Juan Domingo Alfonso Paradisi, "Comentarios en cuanto a los procedimientos administrativos establecidos en el Decreto N° 6.092 con rango, valor y fuerza de Ley para la defensa de las personas en el acceso a los bienes y servicios," in *Revista de Derecho Público* 115, *(Estudios sobre los Decretos Leyes)*, Editorial Jurídica Venezolana, Caracas 2008, pp. 245-60; Karina Anzola Spadaro, "El carácter autónomo de las 'medidas preventivas' contempladas en el artículo 111 del Decreto-Ley para la defensa de las personas en el acceso a los bienes y servicios," in id., pp. 271-76. See, in general, Antonio Canova González, Luis Alfonso Herrera Orellana, and Karina Anzola Spadaro, *¿Expropiaciones o vías de hecho? (La degradación continuada del derecho fundamental de propiedad en la Venezuela actual,"* Funeda, Universidad Católica Andrés Bello, Caracas 2009

47 See Manuel Rachadell, *"La centralización del poder en el Estado federal descentralizado,"* in Revista de Derecho Público, 115, *(Estudios sobre los Decretos Leyes)*, Editorial Jurídica Venezolana, Caracas 2008, pp. 111-131.

48 See *Ley Orgánica del Consejo Federal de Gobierno, Gaceta Oficial* N° 5.963 Extra. of Feb. 22, 2010.

The last set of legislation implementing the rejected Constitutional Reform Draft of 2007, was approved two years ago, in December 2010, by formally creating the "Communal State" framework as a Socialist or Communist State, not in substitution of the Constitutional Decentralized State as was intended in 2007, but parallel to it, and to its existing National, State, Municipal levels of government. [49]

For such purposes, five important and very unconstitutional Organic Laws were sanctioned, referred to "the Popular Power;" "the Communes;" "the Communal Economic System;" "the Public and Communal Planning;" and "the Social Comptrollership; [50] and three important statutes were reformed in the same framework of organizing the Communal State:[51] the Organic Law of Municipal Public Power, the Law on State Councils for Public Policy Planning and Coordination, and of the Law on Local Council Public Planning. [52]

The main purpose of these Laws on the Communal State, is to organized it, based in the "Communes" as its fundamental unit, seeking to supplant in a unconstitutional way the municipalities that are the ones conceived in the Constitution as the "primary autonomous political units of the national organization" (Art. 168). These new Communes, on the contrary, are conceived without any autonomy, being directly controlled by a Ministry of the National Executive, so instead of being instruments for participation and decentralization, its organization in a centralized system of entities tightly controlled by the National Executive, is conceived to be the instrument for the imposition of a unique official socialist doctrine of the government, contrary to any sort of pluralism, so that all those that are not socialist are automatically discriminated and excluded.

These Laws on the Communal State are particularly important regarding the economic communal system created, ignoring the mixed economic system established in the Constitution, and establishing in parallel a system based only on "socialist productive model"[53] only based as it is expressly defined in the Law (art. 3.2) - I quote - , as a "production model based on *social property*, oriented towards the *elimination of the social division of*

49   See Gustavo Linares Benzo, "Sólo un Poder Público más. El Poder Popular en la reforma del 2007," in *Revista de Derecho Público* 112 *(Estudios sobre la reforma constitucional)*, Editorial Jurídica Venezolana, Caracas 2007, pp. 102-105; Arturo Peraza, "Reforma, Democracia participativa y Poder Popular," in id., pp. 107-13.

50   See *Gaceta Oficial* N° 6.011 Extra. Dec. 21, 2010.

51   See on all these organic laws, Allan R. Brewer-Carías (Coord.) *et al.*, *Leyes Orgánicas sobre el Poder Popular y el Estado Comunal*, Editorial Jurídica Venezolana, Caracas 2011, 719 pp.

52   See *Gaceta Oficial* N° 6.015 Extra. Of Dec. 28, 2010.

53   Organic Law of the Communal Economic System .See *Gaceta Oficial* N° 6.011 Extra. Dec 21, 2010.

work that appertains to the capitalist model," and based on the principle of the *reinvestment of social surplus*" (art. 6.12).

It is enough to read carefully this legal definition to understand that what has been legally imposed in Venezuela, is simply a "communist system," [54] being such legal definition nothing else than the copying of isolated phrases of a perhaps forgotten old manual of a failed communist revolution using the same words that Karl Marx and Friedrich Engels wrote 150 years ago (1845-1846) in their book on *The German Ideology*.[55] In that book they used perhaps for the first time, the word "communism," and they defined the "communist society"[56] precisely by using the three phrases copied in the aforementioned article of the Law: *social property of production means, elimination of social division of work*, and *social reinvestment of surplus*.

All these statutes were approved in just one session of the Legislative Assembly after the late President, himself, confessed a few months earlier, that his supposedly "Bolivarian revolution," in fact was not other than the historically failed "Marxist revolution," but in this case led by a president who – he said - never even read Marx's writings.[57] Three months after this presidential announcement, the governmental United Socialist Party of which the former President used to preside, adopted in its First Extraordinary Congress a "Declaration of Principles" in which it officially declared itself as a "Marxist," "Anti-imperialist" and "Anti-capitalist" party; establishing that its actions are based on "scientific socialism" and on the "inputs of Marxism as a philosophy of praxis," in order to substitute the "Capitalist Bourgeois State" with a "Socialist State" based on the Popular Power and the socialization of the means of production.[58]

---

54 See Allan R Brewer-Carías, "Sobre la Ley Orgánica del Sistema Económico Comunal o de cómo se implanta en Venezuela un sistema económico comunista sin reformar la Constitución," in *Revista de Derecho Público*, N° 124, (octubre-diciembre 2010), Editorial Jurídica Venezolana, Caracas 2010, pp. 102-109

55 See in Karl Marx and Frederich Engels, "The German Ideology," in *Collective Works*, Vol. 5, International Publishers, New York 1976, p. 47. Véanse además los textos pertinentes en http://www.educa.madrid.org/cms_tools/files/0a24636f-764c-4e03-9c1d-6722e2ee60d7/Texto%20Marx%20y%20Engels.pdf

56 The book was written between 1845 and 1846. The "Communist Manifest" was published in February 1848.

57 In his annual speech before the National Assembly on Jan. 15, 2010, in which Chávez declared to have "assumed Marxism," he also confessed that he had never read Marx's works. See María Lilibeth Da Corte, "Por primera vez asumo el marxismo," in *El Universal*, Caracas Jan. 16, 2010, http://www.eluniversal.com/2010/01/16/pol_art_por-primera-vez-asu_1726209.shtml.

58 See "Declaración de Principios, I Congreso Extraordinario del Partido Socialista Unido de Venezuela," Apr. 23, 2010, at http://psuv.org.ve/files/tcdocumentos/Declaracion-de-principios-PSUV.pdf

This is, my friends, the government and the State that the former President Chávez left as his most valuable institutional legacy when he died,[59] with which the next President will have to deal with; a State and a political system that were imposed in an authoritarian way upon the Venezuelan people without reforming their Constitution, only through ordinary legislation, defrauding the popular will expressed in the December 2, 2007 referendum,[60] and, above all, for which nobody in the country have ever voted for, nor approved.

This means that being the "Communal State" created and organized in parallel to the Constitutional State, we Venezuelans, including the next President to be elected, are going to deal not only with one State organization, but with two State organizations that are functioning in parallel in the same national territory: On the one hand, a Socialist State based on the supposed direct exercise of sovereignty by the people through Citizens Assemblies, Communes and non elected Communal Councils; and on the other hand, the Constitutional State, based on representative democratic principles exercised through elected representatives by universal suffrage, but with a very distorted system of separation of powers.

These parallel systems of two States have been conceived, not only in a way contrary to the provisions of the Constitution, but in a way designed to allow for the Socialist or Communal State to take control and gradually strangle the Constitutional State, by progressively emptying its powers and competencies. For such purpose the Organic Law of the Popular Power simply provides that all organs of the Constitutional State are subjected to the mandates of the organizations of Communal State, establishing for such purpose a "new" principle of government, the so-called in the Law as the principle of "govern obeying" (*gobernar obedeciendo*), which is no other

---

59 See, in particular, the Report issued by Human Rights Watch, regarding the institutional aspects and the situation of human rights the day when the death of Chávez was announced, in Human Rights Watch, "Venezuela: El legado autoritario de Chávez. Notable concentración de poder y abierta indiferencia por los derechos humanos fundamentales," New York, March 5, 2013, available at http://www.hrw.org/es/news/2013/03/05/venezuela-el-legado-autoritario-de-chavez

60 The definitive voting figures in such referendum have never been informed to the country by the government controlled National Electoral Council. See Allan R. Brewer-Carías, "Estudio sobre la propuesta de Reforma Constitucional para establecer un estado socialista, centralizado y militarista (Análisis del anteproyecto presidencial, Agosto de 2007)," *Cadernos da Escola de Direito e Relações Internacionais da UniBrasil* 7, Curitiba 2007, pp. 265-308. See on the 2007 constitutional reforms proposals, Allan R. Brewer-Carías, *Hacia la consolidación de un Estado socialista, centralizado, policial y militarista. Comentarios sobre el sentido y alcance de las propuestas de reforma constitucional 2007*, Editorial Jurídica Venezolana, Caracas 2007; *La reforma constitucional de 2007 (Comentarios al proyecto inconstitucionalmente sancionado por la Asamblea Nacional el 2 de noviembre de 2007)*, Editorial Jurídica Venezolana, Caracas 2007.

than obeying the wishes of the central government[61] through the controlled organization of the Communal State. This is, of course, again, an unconstitutional limitation to the political autonomy of the elected bodies of the Constitutional State such as the National Assembly itself, the States' Governors and the Legislative Councils, as well as the Mayors and the Municipal Councils, upon which ultimately is imposed an obligation to obey any provision made to enforce the socialist doctrine, through the organization of a non elected Communes and Communal Council currently controlled by the Government and the ruling party.

This is the entire framework of the "Communal State" created in parallel to the Constitutional State that the new government will face,[62] that was imposed by the government having the assurance that no judicial review would ever be exercised regarding the statutes creating it, due to the very strict and tight political control exercised by the Executive upon the Supreme Tribunal.

And it has been, because of this absence of an autonomous and independent Supreme Tribunal that in parallel to the de-constitutionalization of the Constitutional State, during the past decade the government has openly distorted the must essential pillar of democracy and of the Constitutional State, which is the principle of separation of powers that has lost all value in Venezuela.

That means that the new President will also have to face a system of government where there is no separation of powers, having that principle been completely demolished,[63] with the result that all the powers of the State have been entirely controlled by the former President, within a grid of loyalties that he personally constructed – which again, in my opinion, nobody can really inherit -, including the Legislative and the Judicial Power, as well as the Public Prosecutor Office, the General Comptrollership Office, the People's Defendant and the National Electoral Council (Citizens and Electoral Powers). This, of course, is another of the most complicated political problem and situation that all Venezuelans have inherited from the late President.

---

61 Article 24 of the Law establishes the following principle: "Proceedings of the bodies and entities of Public Power. All organs, entities and agencies of Public Power will govern their actions by the principle of "govern obeying", in relation to the mandates of the people and organizations of Popular Power, according to the provisions in the Constitution of the Republic and the laws."

62 See Allan R. Brewer-Carías, *Reforma constitucional y fraude a la Constitución (1999-2009)*, Academia de Ciencias Políticas y Sociales, Caracas 2009; *Dismantling Democracy. The Chávez Authoritarian Experiment*, Cambridge University Press, New York 2010.

63 See Allan R. Brewer-Carías, "The Principle of separation of Powers and the Authoritarian Government in Venezuela", en *Duquesne Law Review*, Volume 47, Spring 2009, Pittsburgh, pp. 813-838.

The problem was highlighted by the Inter American Commission on Human Rights in its 2009 *Annual Report*, when after analyzing the situation of human rights in Venezuela and the institutional deterioration of the country, said that it "reveals the absence of due separation of and independence between the branches of government in Venezuela."[64] This situation, on the other hand, is the one that explains why the President of the Supreme Tribunal of Justice, simply exclaimed in a Press Conference, the same year, that "the separation of powers weakens the State" and that such principle "has to be reformed."[65]

Perhaps the assertion of the President of the Supreme Tribunal was made in order to support what in August 2008 the late President Chávez when he affirmed: "*I am the Law ... I am the State*,"[66] (*Yo soy la Ley... Yo soy el Estado*) when he announced that despite the general opposition against his abusive use of delegate legislation, he was going to enforce forty statutes through Decree Laws, threatening to persecute all those that could oppose him. And this was not the first time he used such expression; also in 2001, when he approved the first forty eight executive Decree Laws, he affirmed, although in a different way: "*La Ley soy yo... El Estado soy yo.*"[67]

I am sure that to hear these expressions that as we know were attributed to Louis XIV although he never expressed them in such a way, is enough to realize and understand the tragic institutional legacy left by the former President, which the country is currently facing, precisely characterized by a complete lack of separation of powers and, consequently, of a democratic regime, a situation that has been achieved through a permanent and subsequent process of defrauding or perverting the Constitution, and the rule of law.

---

64   See IACHR, *2009 Annual Report*, para. 472, available at http://www.cidh.oas.org/annualrep/ 2009eng/Chap.IV.f.eng.htm

65   See in Juan Francisco Alonso, "La división de poderes debilita al estado. La presidenta del TSJ [Luisa Estela Morales] afirma que la Constitución hay que reformarla," *El Universal*, Caracas December 5, 2009, available at -http://www.eluniversal.com/2009/12/05/pol_art_morales:-la-divisio_1683109.shtml. The complete text is available at http://www.tsj.gov.ve/informacion/notasde prensa/notasdeprensa.asp?codigo=7342

66   "*Yo soy la Ley..., Yo soy el Estado!!*" See the quotation in the Blog of Gustavo Coronel, *Las Armas de Coronel*, October 15, 2008, available at: http://lasarmasdecoronel.blogspot.com/2008/10/yo-soy-la-leyyo-soy-el-estado.html

67   "*La ley soy yo. El Estado soy yo*". See in *El Universal*, Caracas December 4, 2001, pp. 1,1 and 2,1.

Consequently, whoever results elected President of the Republic in the next election, will have to face this institutional situation that for sure will prolong itself well beyond the next electoral exercise, altogether with the extremely grave economic situation of the country.[68]

---

68 For instance, just to mention one only aspect, although being a major oil exporter, Venezuela has a budget deficit worse that those that are affecting the worst eurozone economies, having the cheapest price of gasoline in the world (1.5 US dollar cents a gallon), a subsidy that is equivalent to the 8.6 % of the gross domestic product, limiting the State to possible spending in basic services. In addition, although being the country with the largest crude oil reserves in the world, due to the lack of investments in the oil industry during the past years, the rise of gasoline consumption has forced the government to import it, just in order to give it away. See for instance Ángel González, "Almost-Free Gas Comes at a High Cost," in *The Wall Street Journal*, April 12, 2013, pp. A1 and A22.

POST SCRIPTUM:

LA ÚLTIMA GRAN MENTIRA: EL GOLPE DE ESTADO EN LA ELECCIÓN DE LOS ÓRGANOS DEL PODER PÚBLICO (Diciembre-2014)[*]

Un golpe de Estado no sólo ocurre cuando un grupo de militares, o de civiles apoyados por militares, asaltan y toman por la fuerza el poder en un Estado, tal como lo recuerda el imaginario político latinoamericano; sino también ocurre, como lo ha destacado el profesor Diego Valadés, cuando "el desconocimiento de la Constitución [se produce] por parte de un órgano constitucionalmente electo;" agregando incluso, como un ejemplo de esa situación, que "un presidente elegido conforme a la Constitución no puede invocar una votación, así sea abrumadoramente mayoritaria, para desconocer el orden constitucional. Si lo hace habrá dado un golpe de Estado"[1].

Y esto fue precisamente lo que sucedió una vez más en Venezuela, en diciembre de 2014, con la inconstitucional "designación" de los titulares de los Poderes Ciudadano, Electoral y Judicial, efectuada en abierta violación del principio democrático que impone su elección por voto popular indirecto. Con esas designaciones, se usurpó la soberanía popular, quedando sellada la ilegitimidad de origen de dichas "designaciones" y de las actuaciones de dichos Poderes Públicos.

---

* Texto ampliado de la Videoconferencia dictada en el *Foro sobre el desacato de la Constitución de 1999 por los órganos del Poder Público*," Facultad de Derecho, Universidad Católica Andrés Bello, Caracas 12 de marzo de 2015. Una versión abreviada de este texto, escrito en diciembre de 2014, se publicó en: Allan R. Brewer-Carías, "El golpe de Estado dado en diciembre de 2014 en Venezuela con la inconstitucional designación de las altas autoridades del Poder Público," en *El Cronista del Estado Social y Democrático de Derecho*, N° 52, Iustel, Madrid, abril 2015, pp. 18-33

1 Véase Diego Valadés, *Constitución y democracia*, Universidad Nacional Autónoma de México, México 2000, p. 35; y Diego Valadés, "La Constitución y el Poder," en Diego Valadés y Miguel Carbonell (Coordinadores), *Constitucionalismo Iberoamericano del siglo XXI*, Cámara de Diputados, Universidad Nacional Autónoma de México, México 2000, p. 145

Dicha violación de la Constitución y la consecuente usurpación de la voluntad popular, en efecto, fue cometida en la siguiente forma:

Primero, por la Asamblea Nacional actuando como cuerpo legislador y no como cuerpo elector en segundo grado, como consecuencia de una conspiración en la cual participaron el Presidente de la propia Asamblea Nacional y un grupo de parlamentarios, la Presidenta del Consejo Moral Republicano (Fiscal General de la República) y los magistrados de la Sala Constitucional del Tribunal Supremo de Justicia, para lograr efectuar la "designación" de los titulares del Poder Ciudadano (Contralor General de la República, Fiscal General de la República y Defensor del Pueblo) por una mayoría simple de votos de diputados, ignorando la mayoría calificada que el principio democrático imponía.

Segundo, por la Asamblea Nacional también actuando como cuerpo legislador y no como cuerpo elector en segundo grado, en la "designación" de los Magistrados del Tribunal Supremo de Justicia, como cabeza del Poder Judicial, también por una mayoría simple de votos de diputados igualmente ignorando la mayoría calificada que el principio democrático imponía.

Y *tercero*, por la Sala Constitucional del Tribunal Supremo de Justicia, como consecuencia de una conspiración en la cual participó el Presidente de la Asamblea Nacional, en la "designación los titulares del Poder Electoral (Rectores del Consejo Nacional Electoral), usurpando las funciones de la Asamblea Nacional como cuerpo elector en segundo grado, y por tanto, igualmente violando el principio democrático que imponía una elección de dichos funcionarios por mayoría calificada de los diputados a la Asamblea nacional.

Lo ocurrido en diciembre de 2014, no fue otra cosa que un golpe de Estado, dado en este caso pues los propios órganos del Estado, al haber designado sin competencia alguna para ello y violando la Constitución, a los más altos funcionaros del Estado del Poder Ciudadano (Contralor General de la República, Fiscal General de la República y Defensor del Pueblo), quienes solo pueden ser "electos" por la Asamblea Nacional actuando como cuerpo elector de segundo grado, con el voto de una mayoría calificada de los 2/3 de sus integrantes como lo impone la Constitución, en un proceso que exige la activa participación ciudadana, de los diversos sectores de la sociedad, en la nominación de los respectivos candidatos ser considerados por la Asamblea Nacional.

Con estas inconstitucionales designaciones, los órganos de los Poderes Públicos involucrados en ello no hicieron otra cosa que no sea haber seguido la misma línea inconstitucional de golpe de Estado sistemático y continuo que se ha producido en Venezuela desde cuando el Presidente Hugo Chávez, al tomar posesión por primera vez de su cargo el 2 de febrero de 1999, convocó una Asamblea Nacional Constituyente no prevista en la Constitución que entonces estaba vigente.[2]

I. LA PENTA DIVISIÓN DEL PODER PÚBLICO Y LA ELECCIÓN POPULAR (DIRECTA E INDIRECTA) DE TODOS LOS TITULA-RES DE LOS ÓRGANOS DE LOS PODERES DEL ESTADO

Para entender adecuadamente la naturaleza del golpe de Estado que han dado los órganos del Poder Público, debe recordarse el sistema de separación de poderes adoptado en la Constitución de 1999, y el sentido de la previsión del principio democrático establecido en la misma, y que impone, en todos los casos, la necesaria elección popular de los titulares de todos los Poderes Públicos, en algunos casos en primer grado, y en otros en segundo grado; pero siempre elección popular como manifestación de la soberanía del pueblo.

1. La penta división del Poder Público y la elección popular de los altos funcionarios del Estado

Una de las innovaciones de la Constitución venezolana de 1999 fue, sin duda, el establecimiento de una penta división del Poder Público, que quedó dividido en cinco poderes, siendo en tal sentido la única Constitución del mundo en la cual, además de los tres clásicos poderes (Poder Legislativo, Poder Ejecutivo y Poder Judicial), consagra otros dos poderes adicionales: el Poder Ciudadano integrado por el Contralor General de la República, el Fiscal General de la República y el Defensor del Pueblo, y el Poder Electoral.

Todos los cinco poderes están regulados en la Constitución en plano de igualdad, con autonomía e independencia entre unos de otros, previéndose, para asegurarla, la legitimidad democrática de origen de los mismos siguiendo el principio democrático establecido en el artículo 6, conforme al cual el gobierno de Venezuela "es y será siempre democrático, participativo y electivo," lo que exige, precisamente, que todos los titulares de todos los órganos de los poderes públicos deben ser electos popularmente en forma democrática y participativa.

De allí la específica forma de elección prevista en la Constitución para la elección de absolutamente todos los titulares de los poderes públicos, consistente en su elección popular, es decir, por el pueblo, en forma directa en algunos casos, y en forma indirecta en otros, es decir, mediante elecciones de primer y de segundo grado; y todo con el objeto de asegurar que ningún Poder dependa de otro, y pueda haber contrapesos entre ellos.

En el primer caso de elección popular de primer grado, se trata de la elección popular directa por el pueblo, mediante sufragio universal y secreto,

---

2   Véase Allan R, Brewer-Carías, *Golpe de Estado y proceso constituyente en Vene-zuela,* Universidad Nacional Autónoma de México, México 2002.

prevista para la elección del Presidente de la República (art. 228) y de los diputados a la Asamblea Nacional (art. 186); y en el segundo caso, de elección popular indirecta, en segundo grado, es la que se realiza en nombre del pueblo, por los diputados a la Asamblea Nacional que son sus representantes electos en forma directa, prevista para la elección de los titulares de los otros Poderes Públicos: de los Magistrados del Tribunal Supremo de Justicia (Poder Judicial) (art. 264, 265); del Contralor General de la República, del Fiscal General de la República y del Defensor del Pueblo (Poder Ciudadano) (art. 279), y de los miembros del Consejo Nacional Electoral (Poder Electoral) (art. 296).

Ello implica, conforme a las previsiones constitucionales, que todos los titulares de los órganos de los poderes públicos tienen que ser electos popularmente, sea en forma directa o sea indirectamente; de manera que nadie que no sea electo en forma directa por el pueblo puede ejercer el cargo de Presidente de la República o de diputado a la Asamblea Nacional; y nadie que no sea electo indirectamente por el pueblo a través de una mayoría calificada de diputados a la Asamblea Nacional, puede ejercer los altos cargos de los Poderes Ciudadano, Electoral y Judicial.

En el segundo caso de elección popular indirecta, por tanto, solo la Asamblea Nacional actuando como cuerpo elector, de segundo grado puede elegir a los titulares de los órganos de los Poderes Ciudadano, Electoral y Judicial, y ello exclusivamente por la mayoría calificada de las 2/3 partes de los diputados a la misma como representantes del pueblo que son.

Entre estas dos formas de elección popular, por supuesto, lo que difiere es la técnica de la elección. En el caso de la elección directa por el pueblo, cada persona o elector vota por el candidato de su preferencia; en cambio que en la elección indirecta, el cuerpo electoral de segundo grado que es el integrado por los diputados a la Asamblea Nacional, tiene que llegar a un acuerdo para elegir, lo que es propio de la lógica democrática de funcionamiento cuando un grupo político no controla la mayoría calificada de los diputados. En estos casos, por más mayoritario que sea un partido político en la Asamblea, tiene que renunciar a pretensiones hegemónicas y necesariamente tiene que llegar a acuerdos, compromisos o consensos con las diversas fuerzas políticas, de manera que se pueda asegurar la mayoría calificada de los votos para la elección. En democracia, no hay otra forma de realizar una elección indirecta, y en ningún caso, la fuerza política que sea mayoritaria, pero que no controla la mayoría calificada de votos, puede pretender imponer su voluntad individualmente, pues ello sería antidemocrático.

En todo caso, en los supuestos de elección popular indirecta de los titulares de los Poderes Públicos Electoral, Judicial y Ciudadano, los principios constitucionales son precisos para hacer que responda tanto al principio democrático representativo como al principio democrático participativo que derivan del mencionado artículo 6 de la Constitución al exigir que "el gobierno es y será siempre democrático, participativo, electivo."

2. La lógica democrática representativa en la elección indirecta

En cuanto a la lógica democrático representativa que deriva de dicha norma, a los efectos de garantizar la mayor representatividad democrática en la elección popular indirecta de los Magistrados del Tribunal Supremo de Justicia, del Contralor General de la República, del Fiscal General de la República, del Defensor del Pueblo y de los miembros del Consejo Nacional Electoral, la Constitución dispone que la misma sólo puede hacerse con el voto de una mayoría calificada de las 2/3 de los diputados que integran la Asamblea Nacional.

Ello está establecido en forma expresa respecto de la elección del Contralor General de la República, del Fiscal General de la República y del Defensor del Pueblo (art. 279), y de los miembros del Consejo Nacional Electoral (art. 296); y en forma implícita respecto de la elección de los Magistrados del Tribunal Supremo de Justicia al exigirse dicha votación calificada para su remoción (art. 264, 265). Con ello, el Constituyente, en lugar de establecer la elección popular directa de dichos altos funcionarios, al regular la elección indirecta sin embargo aseguró una representatividad democrática calificada.

En todo caso, lo importante a destacar de la lógica representativa del principio democrático en estos casos de elección indirecta de los altos funcionarios del Estado, es que la Asamblea Nacional, al efectuar la elección indirecta, no actúa constitucionalmente como cuerpo legislador ordinario o general, sino como cuerpo electoral, al punto que las competencias que le corresponden como tal cuerpo electoral ni siquiera están incluidas entre las competencias generales de la Asamblea Nacional enumeradas en el artículo 187 de la Constitución. Por ello, en el ejercicio de las competencias como cuerpo elector, para la elección en segundo grado de los titulares de los órganos del Poder Público, la Asamblea Nacional no puede actuar sujeta al régimen general de mayorías que se aplican y rigen para su funcionamiento general de la misma actuando como cuerpo legislador, estando en cambio sometida única y exclusivamente al régimen de mayoría calificada que regulan los artículos 264, 265, 279 y 296 de la propia Constitución.

Ahora bien, en cuanto al logro de la mayoría calificada votos de los diputados exigida para la elección indirecta, en una sociedad democrática, cuando un partido político no cuenta con dicha mayoría calificada, la elección de dichos funcionarios tiene que hacerse mediante acuerdos democráticos, para lograr un consenso. Y nada inconstitucional tiene el que dichas mayorías calificadas no se logren de inmediato. Ello lo señaló expresamente la Sala Constitucional del Tribunal Supremo en la sentencia Nº 2073 de 4 de agosto de 2003 (Caso: *Hermánn Escarrá Malaver y otros*) dictada para precisamente resolver sobre la omisión de la Asamblea Nacional en la elección de los miembros del Consejo Nacional Electoral, descartando toda situación de inconstitucionalidad cuando no se logran los acuerdos políticos necesarios, al señalar que:

"el régimen parlamentario, en muchas oportunidades, exige la toma de decisiones por mayorías calificadas y no por mayorías absolutas o simples; y cuando ello sucede (lo que incluso puede ocurrir en el caso de la mayoría simple), si los integrantes de la Asamblea no logran el acuerdo necesario para llegar a la mayoría requerida, la elección no puede realizarse, sin que ello, en puridad de principios, pueda considerarse una omisión legislativa, ya que es de la naturaleza de este tipo de órganos y de sus votaciones, que puede existir disenso entre los miembros de los órganos legislativos nacionales, estadales o municipales, y que no puede lograrse el número de votos necesarios, sin que pueda obligarse a quienes disienten, a lograr un acuerdo que iría contra la conciencia de los votantes. Desde este ángulo no puede considerarse que existe una omisión constitucional que involucra la responsabilidad de los órganos aludidos en el artículo 336.7 constitucional."[3]

3. La lógica democrática participativa en la elección indirecta

Por su parte, en cuanto a la lógica democrático participativa en los casos de elección popular indirecta, ello implica, también para garantizar la mayor participación democrática, que la elección popular indirecta de los Magistrados del Tribunal Supremo de Justicia, del Contralor General de la República, del Fiscal General de la República, del Defensor del Pueblo y de los miembros del Consejo Nacional Electoral, no puede hacerse mediante la sola voluntad de los diputados de la Asamblea Nacional ni siquiera con la mayoría calificada exigida, sino que sólo puede hacerse mediante un procedimiento en el cual se debe asegurar la participación ciudadana, antes de que se efectúe la elección mediante dicha mayoría calificada.

Ello implica que la potestad de elección popular indirecta por parte la Asamblea Nacional está limitada, en el sentido de que sólo puede efectuarse respecto de los candidatos que sean nominados por sendos Comités de Postulaciones, que conforme a la Constitución son: el Comité de Postulaciones Judiciales (arts. 264, 270),[4] el Comité de Evaluación de Postulaciones del Poder Ciudadano (art. 279)[5] y Comité de Postulaciones Electorales (art.

---

3   Véase   en   http://historico.tsj.gov.ve/decisiones/scon/agosto/2073-040803-03-1254%20Y%201308.HTM. Véanse los comentarios en Allan R. Brewer-Carías, "El control de la constitucionalidad de la omisión legislativa y la sustitución del Legislador por el Juez Constitucional: el caso del nombramiento de los titulares del Poder Electoral en Venezuela," en *Revista Iberoamericana de Derecho Procesal Constitucional*, N° 10 Julio-Diciembre 2008, Editorial Porrúa, Instituto Iberoamericano de Derecho Procesal Constitucional, México 2008, pp. 271-286

4   De acuerdo con el artículo 270, el Comité de Postulaciones Judiciales "estará integrado por representantes de los diferentes sectores de la sociedad."

5   De acuerdo con el artículo 279, el Comité de Evaluación de Postulaciones del Poder Ciudadano, "estará integrado por representantes de diversos sectores de la sociedad."

295),[6] todos los cuales deben estar integrados exclusivamente con "representantes de los diversos sectores de la sociedad;" es decir, con personas provenientes de la sociedad civil, lo que implica que en los mismos no pueden tener cabida personas que sean funcionarios públicos. Por tanto, los diputados a la Asamblea Nacional no podrían formar parte de dichos Comités, siendo inconstitucional su inclusión en los mismos.[7]

Ahora bien, la lógica democrática tanto representativa como participativa en la elección popular indirecta de los titulares de los Poderes Públicos es de tal naturaleza en la Constitución[8] que, por ejemplo, en cuanto a la elección de los titulares de los órganos del Poder Ciudadano, el artículo 279 dispone que si de la terna de candidatos para cada cargo que presente el Comité de Evaluación de Postulaciones del Poder Ciudadano ante la Asamblea Nacional, ésta, en un lapso no mayor de treinta días continuos, no logra concertar un acuerdo para elegir con el voto favorable de las dos terceras partes de sus integrantes al titular del órgano del Poder Ciudadano que esté en consideración, entonces, dispone la norma, "el Poder Electoral someterá la terna a consulta popular."

Es decir, que si en el funcionamiento democrático del proceso de selección de los titulares del Poder Ciudadano en la Asamblea Nacional no se logran los acuerdos y consensos para lograr la mayoría calificada necesaria para la elección popular indirecta, en un lapso de 30 días, entonces la elección del titular del órgano del Poder Ciudadano de que se trate, solo puede hacerse por elección directa del pueblo.

Nada de lo anteriormente expuesto, sin embargo, se cumplió en diciembre de 2014, y los titulares de los órganos del Poder Ciudadano, es decir, el Contralor General de la República, el Fiscal General de la República y el Defen-

---

6   De acuerdo con el artículo 295, el Comité de Postulaciones Electorales "estará integrado por representantes de los diferentes sectores de la sociedad."

7   Véase los comentarios sobre la inconstitucional práctica legislativa reguladora de los Comités de Postulaciones integradas, cada uno, con una mayoría de diputados, convirtiéndolas en simples "comisiones parlamentarias ampliadas," en Allan R. Brewer-Carías, "La participación ciudadana en la designación de los titulares de los órganos no electos de los Poderes Públicos en Venezuela y sus vicisitudes políticas", en *Revista Iberoamericana de Derecho Público y Administrativo*, Año 5, N° 5-2005, San José, Costa Rica 2005, pp. 76-95

8   A ello se agrega, como lo indica María Amparo Grau: la importancia de las funciones de dichos órganos del Poder Ciudadano, que requieren el mayor consenso en su selección, a estos competen atribuciones de control de la legalidad y actuación ética de los funcionarios públicos, control del uso legal y ético del dinero y de los bienes del Estado, la protección de los derechos humanos, la buena marcha de la justicia y la investigación y acción penal. Debe evitarse su dependencia política, de allí el necesario consenso para garantizar que este Poder sea un muro de contención a la arbitrariedad, a la corrupción y a la delincuencia." Véase en María Amparo Grau, "**Golpe a la Constitución ¡de nuevo!**," en *El Nacional*, Caracas, 24 de diciembre 2014.

sor del Pueblo; los Rectores del Consejo Nacional Electoral y los Magistrados del Tribunal Supremo de Justicia, fueron designados inconstitucionalmente, en unos casos, por una mayoría simple de votos de los diputados presentes en la sesión de la Asamblea Nacional; y en otro caso, por la Sala Constitucional del Tribunal Supremo de Justicia, violándose la Constitución, configurándose con ello un golpe de Estado. Para darlo, el Presidente de la Asamblea Nacional y un conjunto de diputados, conspiraron con la Fiscal General de la República, los otros miembros del Consejo Moral Republicano, y con los magistrados de la Sala Constitucional del Tribunal Supremo, en un caso, cometiendo un fraude a la Constitución, y en otro, mutando ilegítimamente su texto.

II. LA INCONSTITUCIONAL ELECCIÓN DE LOS TITULARES DEL PODER CIUDADANO Y LA ILEGÍTIMA MUTACIÓN DEL ARTÍCULO 297 DE LA CONSTITUCIÓN.

En efecto, con fecha 22 de diciembre de 2014, la Asamblea Nacional, por mayoría simple de voto de diputados, como si estuviese actuado como órgano legislador general, ignorando el status de cuerpo electoral que para ello tenía conforme a la Constitución, designó a los titulares de los órganos del Poder Ciudadano, es decir, al Contralor General de la República, al Fiscal General de la República y al Defensor del Pueblo, en franca violación al artículo 279 de la Constitución, y contra toda la lógica principio democrático representativo y participativo que establece el artículo 6 de la misma.

Dicho artículo 279 de la Constitución, que desarrolla dicho principio democrático, en efecto, dispone que:

Artículo 279. El Consejo Moral Republicano convocará un Comité de Evaluación de Postulaciones del Poder Ciudadano, el cual estará integrado por representantes de diversos sectores de la sociedad; adelantará un proceso público de cuyo resultado se obtendrá una terna por cada órgano del Poder Ciudadano, la cual será sometida a la consideración de la Asamblea Nacional. Esta, mediante el voto favorable de las dos terceras partes de sus integrantes, escogerá en un lapso no mayor de treinta días continuos, al o a la titular del órgano del Poder Ciudadano que esté en consideración. Si concluido este lapso no hay acuerdo en la Asamblea Nacional, el Poder Electoral someterá la terna a consulta popular.

En caso de no haber sido convocado el Comité de Evaluación de Postulaciones del Poder Ciudadano, la Asamblea Nacional procederá, dentro del plazo que determine la ley, a la designación del titular o la titular del órgano del Poder Ciudadano correspondiente.

Los o las integrantes del Poder Ciudadano serán removidos o removidas por la Asamblea Nacional, previo pronunciamiento del Tribunal Supremo de Justicia, de acuerdo con lo establecido en la ley.

Para cualquier lector ligeramente informado, en cuanto a la elección indirecta de los titulares del Poder Ciudadano, la norma dice esencialmente lo que expresan las palabras de su propio texto, sin que sea necesaria interpretación alguna. Lo que dice la norma es que la elección de dichos altos funcionarios la hace la Asamblea Nacional *"mediante el voto favorable de las dos terceras partes de sus integrantes,"* lo que responde a la lógica constitucional representativa y participativa de la configuración de la Asamblea como cuerpo elector.

Ello implica, *primero*, que para garantizar la máxima representatividad de la elección a que debe realizar en segundo grado, en representación del pueblo, la Asamblea Nacional debe elegir a los titulares del Poder Ciudadano mediante el voto favorable de las dos terceras partes de los integrantes de la misma; y *segundo*, que para garantizar la máxima participación ciudadana en la elección, la Asamblea Nacional, para tal efecto, no puede elegir a quien sólo escoja y decida dicha mayoría calificada de diputados, sino sólo puede elegir entre los candidatos que se le propongan en una terna que le debe presentar el Comité de Evaluación de Postulaciones del Poder Ciudadano, el cual debe estar integrado por "representantes de diversos sectores de la sociedad."

La única excepción a esta lógica constitucional democrática representativa y participativa que el texto fundamental le impone a la Asamblea Nacional actuando como tal órgano elector, no se refiere al principio democrático representativo del mismo, sino sólo al principio democrático participativo, al disponer que en caso de no que no se haya podido convocar el Comité de Evaluación de Postulaciones del Poder Ciudadano y, por tanto, aún en ausencia del mecanismo de participación popular que regula la Constitución, la Asamblea Nacional debe proceder como tal órgano elector, "a la designación del titular o la titular del órgano del Poder Ciudadano correspondiente," por supuesto, únicamente en la forma indicada con el voto favorable de las dos terceras partes de sus integrantes, pues dicha lógica democrática representativa no está sujeta a excepción alguna.

Por tanto, no es necesario siquiera ser curioso en leyes, para leer y entender bien lo que la norma dice.

Sin embargo, en un evidente fraude a la Constitución,[9] y mutando su contenido, todo ejecutado como parte de una conspiración para violarla y cam-

---

9   Lo que no ha sido infrecuente en la conducta de los Poderes Públicos en los últimos tres lustros. Véase por ejemplo, lo indicado en Allan R. Brewer-Carías: *Reforma constitucional y fraude a la constitución (1999-2009)*, Academia de Ciencias Políticas y Sociales, Caracas 2009; "Reforma Constitucional y fraude a la Constitución: el caso de Venezuela 1999-2009," en Pedro Rubén Torres Estrada y Michael Núñez Torres (Coordinadores), La reforma constitucional. Sus implicaciones jurídicas y políticas en el contexto comparado, Cátedra Estado de Derecho, Editorial Porrúa, México 2010, pp. 421-533; "La demolición del Estado de Derecho en Venezuela Reforma Constitucional y fraude a la Constitución (1999-2009)," en El Cronista del

biarla con violencia institucional; conspiración en la cual participaron el Presidente de la Asamblea Nacional y un grupo de diputados, la Presidenta del Consejo Moral Republicano y sus otros miembros, y los magistrados de la Sala Constitucional del Tribunal Supremo de Justicia, el 22 de diciembre de 2014 la Asamblea Nacional procedió a "designar" al Contralor General de la República, al Fiscal General de la República y al Defensor del Pueblo sin sujetarse a la mayoría calificada con la cual sólo puede actuar como órgano elector, procediendo a hacerlo con el voto de una mayoría simple de los diputados como si se tratase de una actuación más del órgano legislativo general, violando el principio democrático representativo de la elección popular indirecta de dichos altos funcionarios de los Poderes Públicos establecido den la Constitución.[10]

Este fraude constitucional, como lo destacó José Ignacio Hernández, se cometió en "seis actos,"[11] que en esencia fueron los siguientes:

Primer acto: El Consejo Moral Republicano, integrado por los titulares de los tres órganos que lo forman (Contraloría General de la República, Fiscalía General de la República y Defensor del Pueblo), en septiembre de 2014, y bajo la presidencia de la Fiscal General de la República, elaboró, conforme al artículo 279 de la Constitución, unas *Normas Relativas para la*

Estado Social y Democrático de Derecho, N° 6, Editorial Iustel, Madrid 2009, pp. 52-61; "El autoritarismo establecido en fraude a la Constitución y a la democracia, y su formalización en "Venezuela mediante la reforma constitucional. (De cómo en un país democrático se ha utilizado el sistema eleccionario para minar la democracia y establecer un régimen autoritario de supuesta "dictadura de la democracia" que se pretende regularizar mediante la reforma constitucional)" en el libro: Temas constitucionales. Planteamientos ante una Reforma, Fundación de Estudios de Derecho Administrativo, FUNEDA, Caracas 2007, pp. 13-74.

10 Como lo observó Sergio Sáez, apenas se adoptó la decisión de la Asamblea Nacional:" Queda en el ambiente el sabor amargo de complicidad entre los poderes. Unos por no cumplir con sus obligaciones ante la evidencia de haber estado acéfala la Contraloría General de la República por tanto tiempo; otros ante la proximidad del vencimiento de los restantes titulares del Consejo Moral Republicano, y haber planteado la imposibilidad que de cumplir con el proceso contemplado en la Constitución, para salvaguardar la reelección de sus miembros; otro poder al buscar los vericuetos de la Ley para desprenderse de la responsabilidad de verse obligado a escoger los titulares en cumplimiento estricto de la Ley; y, el último, al hacer uso de su capacidad discrecional nuevamente para mutar la Constitución en lugar de interpretarla ajustada al legítimo canon del Derecho Constitucional." Véase en Sergio Sáez, "Bochorno y desgracia en la Asamblea Nacional," 23 de diciembre de 2014, en http://www.academia.edu/9879823/Venezuela_Bochorno_y_desgracia_en_la_Asamblea._de_Ing._Sergio_Saez y en http://www.frentepatriotico.com/inicio/2014/12/24/bochorno-y-desgracia-en-la-asamblea-nacional/

11 Véase José Ignacio Hernández, "La designación del Poder Ciudadano: fraude a la Constitución en 6 actos;" en *Prodavinci*, 22 de diciembre, 2014, en http://prodavinci.com/blogs/la-designacion-del-poder-ciudadano-fraude-a-la-constitucion-en-6-actos-por-jose-i-hernandez/ .

convocatoria y conformación del Comité de Evaluación de Postulaciones del Poder Ciudadano, que debía ser integrado "por representantes de diversos sectores de la sociedad," y cuyos miembros debían haber sido designados por dicho Consejo Moral Republicano. A tal efecto, sus miembros se declararon en sesión permanente.[12]

Segundo acto: A finales de noviembre de 2014, la Presidenta del Consejo Moral Republicana informó públicamente que no había habido "consenso" para designar a los miembros del Comité de Evaluaciones, sin dar explicación de naturaleza alguna, sobre todo cuando en ese momento todos los titulares de dichos órganos eran funcionarios que seguían la línea política del gobierno y de su partido. Nadie, por supuesto, podrá creer jamás que esos altos funcionarios gubernamentales no pudieron ponerse de acuerdo en designar unos miembros de dicho Comité de Evaluaciones.

Tercer acto: La "razón" de no haber llegado a un consenso en el Poder Ciudadano para nombrar los miembros del Comité de Evaluación, fue para dar curso al tercer acto, que consistió en que días después, la Asamblea Nacional, sin competencia alguna para ello, el 2 de diciembre de 2014 designo a los miembros del referido Comité de Evaluación de Postulaciones del Poder Ciudadano. Sin embargo, ningún órgano del Estado que no sea el Consejo Moral Republicano, tiene competencia constitucional alguna para designar dichos miembros del Comité de Postulaciones, por lo que al haber efectuado la Asamblea Nacional la designación de dicho Comité, violó el artículo 279 de la Constitución. Si el Consejo Moral Republicano incumple su obligación constitucional de designar a los miembros del Comité, lo que puede hacer la Asamblea es proceder a la elección popular indirecta del titular del órgano, con la mayoría calificada exigida constitucionalmente, y nada más.

Cuarto acto: El Presidente de la Asamblea Nacional, el viernes 19 de diciembre de 2014, declaró públicamente que la Asamblea procedería a designar a los titulares de los órganos del Poder Ciudadano, aun cuando sabía que no tendría posibilidad de reunir los votos de las 2/3 partes de los diputados como lo exigía la Constitución. Para superar ese escollo, sin embargo, lo que hizo el mismo día de su anuncio, fue solicitar a la Sala Constitucional del Tribunal Supremo de Justicia la "interpretación constitucional" del artículo 279 de la Constitución, el cual como se dijo no requiere interpretación, para que ésta "avalara" la posibilidad de la elección de los titulares de los órganos del Poder Ciudadano por parte de la Asamblea con el voto de solo una mayoría simple, ignorando su status, en esos casos, de órgano elector que sólo puede decidir con una mayoría calificada de las 2/3 partes de sus miembros.

Paralelamente, el Presidente de la Asamblea Nacional procedió a convocar a una sesión de la Asamblea a realizarse al día siguiente sábado 20 de

---

12 Véase la nota: "Consejo Moral activa conformación del Comité que evaluará postulaciones de aspirantes al Poder Ciudadano," en http://www.cmr.gob.ve/index.php/noticia/84-cmr-aspirante

diciembre de 2014. Sin embargo, como seguramente habría constatado que la Sala Constitucional no podía sacar de un día para otro la sentencia que él mismo había solicitada se dictara, dicha sesión convocada para el sábado 20 de diciembre fue entonces estratégicamente diferida para el lunes 22 de diciembre de 2014. Así se le dejaba el tiempo del fin de semana a la Sala Constitucional para que dictara sentencia interpretativa solicitada.

Quinto acto: La Sala Constitucional, entonces, muy diligentemente y con ponencia conjunta, pudo elaborar la sentencia solicitada entre los días sábado 20 y domingo 21 de diciembre de 2014, la cual fue publicada el lunes 22 de diciembre de 2014, justo antes de que tuviera lugar la sesión de la Asamblea Nacional que se había convocado para "elegir" los titulares de los poderes públicos.

La Sala Constitucional, en dicha sentencia, concluyó en esencia, y por supuesto en forma inconstitucional, que como el segundo párrafo del artículo 279 de la Constitución supuestamente no especificaba cuál debía ser la mayoría que se requería para designar a los representantes del Poder Ciudadano – lo que por supuesto no era necesario pues ya estaba indicado en el primer párrafo de la norma - , entendiendo entonces que esa designación era por la "mitad más uno de los diputados y diputadas presentes en la sesión parlamentaria que corresponda," ignorando el carácter de órgano elector de segundo grado de la Asamblea Nacional que tiene en esos casos, para poder realizar, en representación del pueblo, una elección popular indirecta.

Sexto acto: En esa forma, la Asamblea Nacional procedió a "designar" a los titulares de los órganos del Poder Ciudadano, y entre ellos, ratificando en la Fiscalía General de la República, a la misma Fiscal General de la República quien como Presidenta del Consejo Moral Republicano "no había logrado" un consenso para designar a los miembros del Comité de Evaluación de Postulaciones del Poder Ciudadano, y quien había conspirado con los otros mencionados funcionarios para cambiar con violencia institucional la Constitución. Su nombramiento ilegítimo, fue reincidente, pues también había sido nombrada ilegítimamente en 2007.[13]

La Asamblea Nacional, además, "designó" como Contralor General de la República que el órgano constitucional con la función de controlar en particular a los funcionarios del Poder Ejecutivo, a un funcionario del propio Poder Ejecutivo que en ese momento estaba ejerciendo el cargo de Procurador General de la República, es decir, "designó" Contralor General nada menos que al "abogado del Estado" sujeto a las instrucciones del Poder Eje-

---

13 Véase el comentario en Allan R. Brewer-Carías, "Sobre el nombramiento irregular por la Asamblea Nacional de los titulares de los órganos del poder ciudadano en 2007", en Revista *de Derecho Público*, N° 113, Editorial Jurídica Venezolana, Caracas 2008, pp. 85-88.

cutivo. Y como Defensor del Pueblo "designó" a un conocido militante del partido de gobierno, ex Gobernador del uno de los Estados de la República [14]

Como bien lo intuyó José Ignacio Hernández en su análisis del caso, el primer acto de la conspiración estuvo a cargo de la Fiscal General de la República, como Presidenta del Consejo Moral Republicano, al supuestamente "no haber podido" llegar a un "acuerdo" o "consenso" con los otros titulares del Poder Ciudadano (Contralor General y Defensor del Pueblo) para designar los miembros del Comité de Evaluación de Postulaciones del Poder Ciudadano. Con ello, permitió que se abriera la posibilidad del fraude constitucional en la designación de los titulares del Poder Ciudadano por la Asamblea Nacional, sin la mayoría calificada que exigía su condición de órgano elector, recurriéndose en forma aislada al segundo párrafo del Artículo 279 de la Constitución, y mediante una interpretación constitucional" a la medida, proceder así a su elección por mayoría simple. Por ello, el tercer acto de la conspiración estuvo a cargo del Presidente de la Asamblea Nacional al diferir la sesión de la misma prevista para la designación mencionada, y

---

14 Véase el Acuerdo de la Asamblea Nacional en *Gaceta Oficial* Nº 40.567 de 22 de diciembre de 2014. Así resumió el periodista Alex Velázquez lo ocurrido en la Asamblea Nacional para justificar la inconstitucional decisión de elegir con mayoría simple de diputados presentes a los titulares del Poder Ciudadano: "El chavismo jugó sus cartas. En las cuatro horas que duró la sesión extraordinaria de ayer, la bancada oficialista de la Asamblea Nacional garantizó –en contra de lo que señala la Constitución, pero con el visto bueno del TSJ– el control del Poder Ciudadano.[…]. ¿Cómo lo hicieron? Con una explicación engorrosa, el diputado Pedro Carreño dijo que los 110 votos que ordena el artículo 279 de la Constitución solo son necesarios si la selección se hace luego de que el Consejo Moral Republicano instala el Comité de Postulaciones del Poder Ciudadano. Pero como eso no ocurrió, la carta magna señala que le corresponde a la Asamblea la designación y "no menciona cuántos votos son necesarios" en ese caso. Como le toca al Parlamento, dijo el diputado, se aplica el Reglamento Interior y de Debate, que indica que las decisiones de la Asamblea serán por mayoría absoluta –la mitad más uno de los presentes–, "salvo las que la Constitución o este reglamento especifiquen". En caso de que quedara alguna duda, el presidente del Parlamento, Diosdado Cabello, sorprendió con un anuncio: acudió el 19 de diciembre al TSJ a pedir "de urgencia" que la Sala Constitucional aclarara cuántos votos son necesarios. "Como no soy abogado, y para que no vengan a decir que soy bruto, fui al TSJ para que explique el proceso de selección del Poder Ciudadano", dijo. La respuesta fue publicada ayer mismo en la página del máximo tribunal. Reafirmó, exacta, la tesis de Carreño: que como el dictamen recae en la Asamblea porque el Consejo Moral no realizó el proceso, las decisiones "se toman por mayoría absoluta, salvo las que la Constitución o el reglamento especifiquen". El diputado Stalin González (UNT) aclaró que no son dos procedimientos distintos y que en ambos casos se necesitan las dos terceras partes de los diputados. Se preguntó si el comité nunca se instaló, precisamente, para cometer fraude a la Constitución.". Véase Alex Vásquez, "Imponen al Poder Ciudadano al margen de la Constitución," en *El Nacional*, 23 de diciembre de 2014, en http://www.el-nacional.com/politica/Imponen-Poder-Ciudadano-margen-Constitucion_0_542345921.html

solicitar a la Sala Constitucional dicha "interpretación constitucional" de la norma, con lo que tuvo lugar el quinto acto de la conspiración, esta vez a cargo de los magistrados de la Sala Constitucional, al pronunciarse en sentencia de 22 de diciembre de 2014 en el sentido solicitado, desconocer el status de cuerpo elector de la Asamblea Nacional en estos casos, y materializar el fraude constitucional, permitiendo la elección de los titulares del Poder Ciudadano por mayoría simple de votos de los diputados presentes, como si se tratase de un acto más de un órgano legislador.

De todo esto, José Ignacio Hernández concluyó indicando, con razón, que:

"con esa designación, se materializó el fraude a la Constitución: una mayoría de las 2/3 partes pasó a ser una mayoría "simple" o "absoluta". La designación de los representantes del Poder Ciudadano por la mayoría simple o absoluta de los integrantes de la Asamblea puede ser calificado técnicamente de "fraude a la Constitución", pues la violación de la Constitución resulta de una serie de actos que en apariencia son válidos, pero en el fondo implican una clara violación al Artículo 279 de la Constitución, de acuerdo con el cual la designación de los representantes del Poder Ciudadano debe hacerse por la mayoría de las 2/3 partes de los integrantes de la Asamblea Nacional. De hecho, el Artículo 279 constitucional fue modificado, para avalar la designación de los representantes del Poder Ciudadano por mayoría "simple" o "absoluta". [15]

El artífice del fraude constitucional, en todo caso, finalmente fue la Sala Constitucional del Tribunal Supremo, al dictar la mencionada sentencia que fue la N° 1864 de 22 de diciembre de 2014,[16] en respuesta a la solicitud que le formuló "el ciudadano General de División[17] Diosdado Cabello Rondón,

---

15 Véase José Ignacio Hernández, "La designación del Poder Ciudadano: fraude a la Constitución en 6 actos;" en *Prodavinci*, 22 de diciembre, 2014, en http://prodavinci.com/blogs/la-designacion-del-poder-ciudadano-fraude-a-la-constitucion-en-6-actos-por-jose-i-hernandez/

16 La sentencia se publicó inicialmente el 22 de diciembre de 2014 en http://www.tsj.gob.ve/decisiones/scon/diciembre/173494-1864-221214-2014-14-1341.HTML. A los pocos días se montó en: http://historico.tsj.gov.ve/decisiones/scon/diciembre/173494-1864-221214-2014-14-1341.HTML

17 Así apareció en la página web del Tribunal Supremo de Justicia cuando personalmente la consulté el mismo día 22 de diciembre de 2014 (en http://www.tsj.gob.ve/decisiones/scon/diciembre/173494-1864-221214-2014-14-1341.HTML). Posteriormente el texto de la sentencia fue modificado en dicha página web, eliminándose el grado militar de esa persona, y por supuesto, sin que el lector pueda saber en qué otros aspectos el texto de la sentencia pudo haber sido ilegítimamente modificado. Véase en http://historico.tsj.gov.ve/decisiones/scon/diciembre/173494-1864-221214-2014-14-1341.HTML Véase sobre esto, lo indicado en la Nota: "Sala Constitucional forjó sentencia que autoriza nombrar autoridades con mayoría simple," en https://cloud-1416351791-cache.cdn-

en su condición de Presidente de la Asamblea Nacional" "de interpretación acerca del contenido y alcance del artículo 279 de la Constitución," alegando dicho peticionante, incorrecta y falsamente, que la:

"Constitución establece claramente dos procedimientos para la designación y cada uno con su metodología. En la primera acepción cuando la Asamblea recibe la terna del comité de postulaciones del Poder Ciudadano, se establecen tres condiciones: a) el lapso para la designación (30 días), b) votación por las (2/3) dos terceras partes y c) de no tenerse dicha votación procede el Poder Electoral al sometimiento de la terna a consulta pública.

Para el segundo procedimiento cuando el Poder Ciudadano no logra conformar el comité de evaluación de postulaciones del Poder Ciudadano, el constituyente impone a la Asamblea Nacional la responsabilidad directa de dicha designación, sin otro requerimiento que el lapso de 30 días. En ese sentido se asume que al no estar expresamente establecida la votación calificada, el procedimiento de designación es por mayoría absoluta, a tenor de lo establecido en el artículo 89 del Reglamento de Interior y Debates de la Asamblea Nacional."

La premisa de la cual partió el mencionado "general de división" para formular su recurso de interpretación es falsa, pues la norma constitucional cuya "interpretación" se buscaba no establece sino un solo procedimiento para que la Asamblea Nacional actuando como cuerpo elector y con un mecanismo de participación ciudadana, elija a los titulares de los mencionados Poderes Públicos, con el voto de las 2/3 partes de sus miembros, siendo la segunda parte del artículo una excepción exclusivamente referida al mecanismo de participación ciudadana previsto, que no afecta el sistema de votación. Por tanto, en realidad, la norma no da origen a "duda compleja" alguna, siendo sencillamente falso el argumento del Presidente de la Asamblea de que primero, "las dos terceras partes solamente son requeridas para el caso, en que se haya convocado al Comité de Evaluación de Postulaciones del Poder Ciudadano," y segundo de que en caso de que "no se haya convocado al Comité de Evaluación de Postulaciones del Poder Ciudadano, entonces procedería la designación de los titulares del mismo por la mayoría absoluta o simple."

Con estas premisas falsas, y conforme se adujo, se solicitó "con urgencia" a la "docta Sala Constitucional del Tribunal Supremo de Justicia, última y máxima intérprete de nuestra Carta Magna," la interpretación del artículo 279 de la Constitución.

Y efectivamente, la Sala Constitucional, sin mayor argumentación, y sin referirse a la supuesta "duda razonable en cuanto al contenido, alcance y

---

cachefront.net/sala-constitucional-forjo-sentencia-que-autoriza-nombrar-autoridades-con-mayoria-simple/#.VJ2Y5U9KGAE.twitter

aplicabilidad de las normas constitucionales, respecto del supuesto fáctico" en que se encontraba el militar accionante, actuando además como Presidente de la Asamblea Nacional, muy diligente y sumisamente, durante un fin de semana, hizo lo que aquél le pidió (¿ordenó?). Para ello, consideró que el asunto era de mero derecho, eliminó el derecho de los diputados que tuvieran otra opinión distinta sobre la "interpretación" solicitada y sobre su actuación en el cuerpo elector, a ser oídos y a formular alegatos, en violación del artículo 49 de la Constitución, procediendo a decidir "sin más trámites," sin tomar en cuenta "los valores y principios axiológicos en los cuales se asienta el Estado Constitucional venezolano" como Estado democrático, que exige que los titulares del Poder Ciudadano sean designados mediante elección popular de segundo grado por la Asamblea Nacional con el voto de las 2/3 partes de los diputados, que son los términos establecidos en la Constitución.

Al contrario, la Sala lo que decidió fue que ese carácter de cuerpo elector de la Asamblea Nacional actuando con mayoría calificada, sólo existiría cuando el Consejo Moran Republicano "haya convocado un Comité de Evaluación de Postulaciones del Poder Ciudadano," de manera que supuestamente, si el mismo no se convoca, la Asamblea deja de ser cuerpo elector, y pasa a ser el órgano legislativo general, pudiendo entonces proceder a realizar la elección de dichos altos funcionarios, con mayoría simple, conforme al Reglamento Interior y de Debates de la Asamblea Nacional (art. 89), entendiendo por ello la "mayoría absoluta, que es aquella consistente en la manifestación afirmativa de la mitad más uno de los diputados y diputadas presentes."[18] Es decir, ni siquiera la mitad más uno de los diputados electos que componen la Asamblea, sino sólo de los presentes en la sesión, lo que por supuesto es contrario a "los valores y principios axiológicos en los cuales se asienta el Estado Constitucional" que en este caso son los principios de-

---

18 Como se informó en *El Carabobeño* sobre lo dicho por Pablo Aure: "El Gobierno nacional utiliza al Tribunal Supremo de Justicia para violar la Constitución nacional y permanecer en el poder, afirmó Pablo Aure, coordinador del movimiento Valencia se Respeta. Puso como ejemplo "la confabulación de la Asamblea Nacional con la Sala Constitucional del Tribunal Supremo de Justicia para "con un grosero ardid" interpretar el artículo 279 de la Constitución que establece que, para nombrar el Poder Ciudadano, se requiere la aprobación de las dos terceras partes de los integrantes de la Asamblea Nacional. Sin embargo, la Sala Constitucional de manera fraudulenta interpretó que dicho porcentaje solo se requiere en el caso de que los candidatos a conformar el Poder Ciudadano sean propuestos por el Comité de Evaluación de Postulaciones del Poder Ciudadano. Pero, como de allí no partió la propuesta, bastaba con una mayoría simple, señaló Aure. Eso es una barbaridad, porque es ilógico pensar que la Constitución sea menos exigente para nombrar a esos funcionarios, en el caso de que los mismos hubiesen sido previamente preseleccionados por un comité de evaluación de postulaciones, pues la calificación para tales nombramientos, no viene dada por la forma de su preselección sino por la importancia de los cargos del Poder Ciudadano, explicó la autoridad universitaria" Véase en Alfredo Fermín, "Aure: El Gobierno utiliza al TSJ para violar la Constitución," en *El Carabobeño,* Valencia, 24 de diciembre de 2014.

mocráticos que derivan del carácter de cuerpo elector de segundo grado que la norma le asigna a la Asamblea Nacional.

Como lo ha destacado María Amparo Grau, a la Sala Constitucional "no le está dado dictar sentencias contrarias al requisito que el texto, claro, diáfano y meridiano de la Constitución expresa, aunque el partido de gobierno confío que la solución del tema saldría de la sabia decisión de este órgano judicial."[19] Pero en lugar de haber sido una sabia decisión, la interpretación dada por la Sala es tan absurda que de una elección popular en segundo grado atribuida a un cuerpo elector como la Asamblea nacional asegurando una máxima representatividad democrática con el voto de las 2/3 partes de los diputados electos, pasó a permitir la elección de los altos funcionarios de los Podres Públicos con la mayoría simple (la mitad más uno) de los diputados presentes en la sesión respectiva, lo que es una distorsión total del sentido democrático de la elección de segundo grado regulada.

De manera que al contrario de lo decidido por la Sala, la no especificación en el segundo párrafo del artículo 279 Constitucional de un régimen de mayoría específico para la adopción del nombramiento por la Asamblea Nacional, de los titulares del Consejo Moral Republicano, lo que tiene que entenderse es que ello no cambia el régimen de mayoría calificada previsto en la norma, no teniendo ningún asidero constitucional indicar que se aplica la mayoría absoluta propia del funcionamiento ordinario del órgano legislador.

Con lo decidido por la Sala, por tanto, lo que se produjo fue una mutación constitucional totalmente ilegítima, pues conservando el mismo texto del artículo 279 de la Constitución, la Sala Constitucional cambió su propósito y sentido, desnaturalizando el carácter de cuerpo elector de segundo grado de la Asamblea Nacional que sólo puede actuar con el voto de las 2/3 partes de los diputados electos, permitiendo en cambio que con una mayoría simple de los diputados presentes en una sesión se pueda "elegir" a los titulares del Poder Ciudadano; todo ello, para materializar la conspiración para cambiar con violencia institucional la Constitución, que desarrollaron junto con la Sala, la Fiscal General de la República y los otros miembros del Consejo Moral Republicano, y el Presidente y algunos diputados de la Asamblea Nacional.

Sobre ello, Román José Duque Corredor observó con razón que:

"La anterior interpretación resulta acomodaticia y forzada porque al no poder obtener el partido oficial las dos terceras partes requeridas, en el lapso constitucionalmente establecido, se debía someter a una consulta popular las designaciones, por lo que por esta Sentencia se sustituyó la soberanía popular por una mayoría simple, dado que estando bajo discusión en la Asamblea Nacional la designación de los miembros del Po-

---

19   Véase en María Amparo Grau, "**Golpe a la Constitución ¡de nuevo!,**" en *El Nacional*, Caracas, 24 de diciembre 2014.

der Ciudadano, mediante los debates pertinentes, y puesto que el Consejo Moral Republicano había enviado las respectivas ternas, subrepticiamente éste participa que no se había cumplido con la designación del Comité de Postulaciones por falta de acuerdo entre ellos para que así se designara al Poder Ciudadano por la Asamblea Nacional y no por la voluntad popular. En todo caso, en el supuesto negado que pudiera hacerlo la Asamblea Nacional, el principio intangible para la designación del Poder Ciudadano, conforme se desprende del artículo 279, constitucional, es el de la votación una mayoría calificada de dos terceras partes y no por una mayoría simple. Con esta Sentencia se violaron normas de la Constitución relativas a la legitimidad de los miembros del Poder Ciudadano y de respeto a la soberanía popular por la interpretación torticera que efectúo la Sala Constitucional."[20]

III. LA INCONSTITUCIONAL ELECCIÓN DE LOS MIEMBROS DEL CONSEJO NACIONAL ELECTORAL POR LA SALA CONSTITUCIONAL DEL TRIBUNAL SUPREMO DE JUSTICIA.

Pero el golpe de Estado de diciembre de 2014 no concluyó con la "designación" de los titulares del Poder Ciudadano, sino con la de los rectores del Consejo Nacional Electoral.

En efecto, el mismo día 22 de diciembre de 2014, al no poder la fracción parlamentaria del partido de gobierno designar por su cuenta, sin acuerdo alguno con los otros grupos parlamentarios, a los miembros del Poder Electoral, específicamente del Consejo Nacional Electoral, por no reunir la mayoría calificada de las 2/3 partes de los diputados, el mismo Presidente de la Asamblea Nacional, Sr. Diosdado Cabello, anunció públicamente "que el Tribunal Supremo de Justicia *se encargará de designar a los rectores y suplentes del Consejo Nacional Electoral (CNE)*, pues no se lograron las dos terceras partes necesarias en el Parlamento para la designación," [21] como si dicho órgano judicial tuviese competencia alguna para hacer esa "designación" en sustitución de la Asamblea Nacional.

La decisión inconstitucional de la Asamblea Nacional se reportó en otra noticia de prensa, indicándose que:

"La designación de los nuevos rectores del Consejo Nacional Electoral (CNE) fue enviada por la Asamblea Nacional al Tribunal Supremo de Justicia (TSJ) por no contar con la mayoría requerida por la Constitu-

---

20 Véase Carta de Román Duque Corredor por designación del Defensor del Pueblo ,al Presidente del Instituto Latinoamericano del Ombudsman, 27 de diciembre de 2014, en http://cronicasvenezuela.com/2014/12/27/carta-de-romn-duque-corredor-por-designacin-del-defensor-del-pueblo/

21 Véase "TSJ decidirá cargos de rectores del CNE", Noticias "Globovisión, Caracas, 22 diciembre de 2014, en http://globovision.com/tsj-decidira-cargos-de-rectores-del-cne/

ción de la República Bolivariana de Venezuela y por ello corresponde a la sala Constitucional del TSJ designar a los rectores del Poder Electoral."[22]

En consecuencia se informó en la prensa que: "Cabello leyó y firmó la comunicación que fue enviada "de inmediato" al máximo órgano de justicia del país,"[23]

Esta decisión del Presidente de la Asamblea Nacional, por supuesto, fue esencialmente inconstitucional, pues la misma, como cuerpo elector en segundo grado, y menos su Presidente, no puede delegar sus funciones constitucionales en órgano alguno del Estado, y menos en el Tribunal Supremo de Justicia.

Por lo demás, es falso que cuando no se logre la mayoría calificada requerida de votos de diputados para la elección de los miembros del Consejo Nacional Electoral, por falta de acuerdos entre los partidos, ello pueda considerarse como una "omisión inconstitucional" (como lo decidió la Sala Constitucional en 2003); y también es falso que en esos casos "corresponda" al Tribunal Supremo de Justicia, realizar tal elección. Al contrario, el Tribunal Supremo carece de competencia para realizar dicha elección; y mucho menos competencia tiene con el argumento de que en la Asamblea Nacional "no se pudo contar con la mayoría requerida por la Constitución."

La Sala Constitucional, en efecto, es ningún caso puede suplir la voluntad popular expresada en segundo grado que solo puede emanar de la Asamblea Nacional, como cuerpo elector, por lo que al hacer la "elección" de dichos funcionarios, como en efecto lo hizo en diciembre de 2014, incurrió en usurpación de autoridad que conforme al artículo 138 de la Constitución "es ineficaz y sus actos son nulos."

1. *El inconstitucional antecedente de 2003 con ocasión del control de constitucionalidad de la omisión legislativa*

Es muy probable que el Presidente de la Asamblea Nacional, para haber tomado la inconstitucional decisión de transferir a la Sala Constitucional el ejercicio de las funciones de la Asamblea, haya recordado la inconstitucional actuación de la Sala Constitucional del Tribunal Supremo en 2003, al haber designado a los miembros del Consejo Nacional Electoral, en forma provisoria, al ejercer el control de constitucionalidad de la omisión legislativa en haber hecho la elección, que en ese entonces fue requerido por un ciudadano

---

22 Véase "Designación de rectores y suplentes del CNE pasa al TSJ," en *Informe21.com*, Caracas, 22 de diciembre de 2014, en http://informe21.com/cne/designacion-de-rectores-y-suplentes-del-cne-pasa-al-tsj

23 Véase "TSJ decidirá cargos de rectores del CNE", Caracas Noticias "Globovisión, 22 diciembre de 2014 en http://globovision.com/tsj-decidira-cargos-de-rectores-del-cne/

en ejercicio de la competencia establecida en el artículo 336.7 de la Constitución que dispone que la Sala puede:

"Declarar la inconstitucionalidad de las omisiones del poder legislativo municipal, estadal o nacional cuando haya dejado de dictar las normas o medidas indispensables para garantizar el cumplimiento de esta Constitución, o las haya dictado en forma incompleta; y establecer el plazo y, de ser necesario, los lineamientos de su corrección."

En relación con esta competencia de la Sala Constitucional de controlar la inconstitucionalidad de la omisión legislativa, hemos considerado que la misma no puede conducir a la sustitución del legislador y a dictar la ley o medida respectiva, obviando la función de deliberación de la representación popular, como la misma Sala lo ha decidido. En efecto, en sentencia Nº 1043 de 31 de mayo de 2004 (Caso: *Consejo Legislativo del Estado Zulia*), la Sala sostuvo que a pesar de la complejidad de la materia la Jurisdicción Constitucional, difícilmente la misma podría llegar a suplir la omisión del Legislador en su totalidad, señalando que:

"es constitucionalmente imposible incluso para esta Sala, pese a su amplia competencia constitucional, transformarse en legislador y proporcionar a la colectividad las normas que exige", sin embargo ha considerado que si está facultada para proporcionar soluciones a aspectos concretos, incluso por medio de la adopción de reglas generales que ocupen temporalmente el lugar de las normas ausentes, pero no para corregir por completo la inactividad del legislador y dictar las normas que se requieran."[24]

En esta línea, en un caso específico, precisamente el ocurrido en 2003, con motivo del recurso por omisión legislativa de la Asamblea Nacional en haber efectuado la elección de los miembros del Consejo Nacional Electoral (Rectores) como correspondía, por la peculiaridad de la situación de entonces, la Sala Constitucional declaró como inconstitucional la omisión legislativa, y se sustituyó en el ejercicio de tal atribución, aunque con carácter provisional, particularmente porque había sido la propia Sala la que había provocado la inmovilidad del Consejo Nacional Electoral nombrado en 2000, con graves consecuencias políticas, que se agravaban si no se elegían los nuevos miembros.[25]

---

24 Véase sentencia Nº 1043 de 31–5–2004 (Caso: Consejo Legislativo del Estado Zulia), en *Revista de Derecho Público*, Nº 97–98, Editorial Jurídica Venezolana, Caracas 2004, p. 408.

25 Véase Allan R. Brewer-Carías, *La Justicia Constitucional. Procesos y procedimientos constitucionales*, México, 2007, pp. 392 ss.

En dicho caso, que fue resuelto por la ya mencionada sentencia N° 2073 de 4 de agosto de 2003 (Caso: *Hermánn Escarrá Malaver y otros*)[26] la Sala Constitucional, si bien consideró como se ha dicho que la falta de acuerdos parlamentarios, es algo normal en la actuación de los órganos democrático representativos, en ese caso, consideró que la omisión en la designación de los miembros del Consejo Nacional Electoral -aun sin ser ilegítima- podía conducir a ejercer la competencia prevista en el artículo 336.7 de la Constitución y declararla inconstitucionalidad de la omisión, estableciendo un plazo para corregirla y, de ser necesario, los lineamientos de esa concreción. Y eso fue lo que ocurrió, por lo que la Sala Constitucional en esa sentencia conminó a la Asamblea Nacional omisa, para cumplir su obligación, otorgándole para ello un plazo de 10 días, expresándole que si no lo hacía dentro de dicho término, la Sala entonces procedería a corregir en lo que fuese posible la situación que naciera de la omisión concreta, que no era otra, en ese caso, que proceder a hacer la designación "dentro de un término de diez (10) días continuos."

En la sentencia, a todo evento, la Sala hizo los siguientes razonamientos y dejó sentado los siguientes criterios que enmarcaron la forma conforme a la cual se operaría lo que en definitiva fue un secuestro del Poder Electoral:[27]

En *primer lugar*, que en caso de omisión de la elección, las designaciones que pudiera hacer la Sala no podían ser sino provisorias, de manera que los nombramientos cesarían cuando el órgano competente asumiera su competencia y realizara la elección.

En *segundo lugar*, la Sala consideró que para realizar los nombramientos provisorios, debía "adaptarse a las condiciones que la Ley exige al funcionario," pero aclarando, sin embargo, que "debido a la naturaleza provisoria y a la necesidad de que el órgano funcione," la Sala no requería "cumplir paso a paso las formalidades legales que exige la Ley al elector competente, ya que lo importante es llenar el vacío institucional, hasta cuando se formalice lo definitivo," desligándose así la Sala de las exigencias legales que en cambio sí debía cumplir el elector omiso, para la elección popular de segundo grado.

En *tercer lugar*, la Sala Constitucional en ese caso específico, constató la existencia del "vacío institucional," considerando que "la falta de designa-

---

26   Véase   en   http://historico.tsj.gov.ve/decisiones/scon/agosto/2073-040803-03-1254%20Y%201308.HTM. Véanse los comentarios en Allan R. Brewer-Carías, "El control de la constitucionalidad de la omisión legislativa y la sustitución del Legislador por el Juez Constitucional: el caso del nombramiento de los titulares del Poder Electoral en Venezuela," en *Revista Iberoamericana de Derecho Procesal Constitucional*, N° 10 Julio-Diciembre 2008, Editorial Porrúa, Instituto Iberoamericano de Derecho Procesal Constitucional, México 2008, pp. 271-286

27   Véase en general sobre estas decisiones Allan R. Brewer-Carías, La sala Constitucional vs. El Estado democrático de derecho, *(El secuestro del Poder Electoral y de la Sala Electoral del Tribunal Supremo y la confiscación del derecho a la participación política)*. Ediciones El nacional, Caracas 2004.

ción de los rectores, en el lapso legal, constituye un vacío que debe esta Sala llenar, si no lo hace la Asamblea Nacional" pues la propia Sala Constitucional en sentencia precedente N° 2816 de 18 de noviembre de 2002 (Caso: *Consejo Nacional Electoral*),[28] había materialmente paralizado, por supuesto inconstitucionalmente, el funcionamiento del Consejo Nacional Electoral que había sido designado por la Asamblea Constituyente en 2000. Por esta parálisis de funcionamiento, era imperioso para el funcionamiento del sistema político la elección de los nuevos miembros del Consejo Nacional Electoral.

Luego de la sentencia, la Sala Constitucional, transcurridos los 10 días que le había otorgado a la Asamblea Nacional para cumplir su obligación, al no haber logrado el partido de gobierno la mayoría de las 2/3 partes de los diputados de la Asamblea para imponer su criterio y elegir a los miembros del Consejo Nacional Electoral, procedió entonces, en ese caso, a suplir la omisión de la Asamblea Nacional, y a decidir conforme lo había querido el partido de gobierno, lo que hizo mediante sentencia N° 2341 del 25 de agosto de 2003 (Caso: *Hermánn Escarrá M. y otros*),[29] en la cual procedió a designar a los miembros del Consejo Nacional Electoral y a sus suplentes "de acuerdo con el artículo 13 de la Ley Orgánica del Poder Electoral," sin duda, usurpando una competencia que es exclusiva de la Asamblea Nacional,[30] y por tanto, como en su momento lo expresamos en otro lugar: "extralimitándose en sus funciones y limitando injustificada e ilegítimamente la propia autonomía del Consejo Nacional Electoral como órgano rector de dicho Poder Público."[31].

---

28 Véase en http://historico.tsj.gov.ve/decisiones/scon/noviembre/2816-181102-02-1662.HTM

29 Véase en http://historico.tsj.gov.ve/decisiones/scon/agosto/PODER%20ELECTORAL.HTM Véanse los comentarios en Allan R. Brewer-Carías, "El control de la constitucionalidad de la omisión legislativa y la sustitución del Legislador por el Juez Constitucional: el caso del nombramiento de los titulares del Poder Electoral en Venezuela," en *Revista Iberoamericana de Derecho Procesal Constitucional*, N° 10 Julio-Diciembre 2008, Editorial Porrúa, Instituto Iberoamericano de Derecho Procesal Constitucional, México 2008, pp. 271-286

30 Véase Allan R. Brewer-Carías, Allan R. Brewer–Carías, "El secuestro del Poder Electoral y la confiscación del derecho a la participación política mediante el referendo revocatorio presidencial: Venezuela 2000–2004", en *Boletín Mexicano de Derecho Comparado*, Instituto de Investigaciones Jurídicas, Universidad Nacional Autónoma de México, N° 112. México, enero–abril 2005 pp. 11–73; y "La autonomía e independencia del Poder Electoral y de la Jurisdicción Electoral en Venezuela, y su secuestro y sometimiento por la Jurisdicción Constitucional," Ponencia presentada al *III Congreso Iberoamericano de Derecho Electoral*, Facultad de Estudios Superiores de Aragón de la Universidad Nacional Autónoma de México, Estado de México, 27-29 Septiembre de 2012.

31 Véase Allan R. Brewer-Carías, *La Justicia Constitucional. Procesos y procedimientos constitucionales*, México, 2007, p. 392.

El caso, a pesar de sus peculiaridades y sus propias inconstitucionalidades, era sin duda un antecedente, en la materia de la "elección" de los miembros del Consejo Nacional Electoral por parte de la Sala Constitucional, pero al cual no se hizo siquiera alusión en diciembre de 2014, ni en la solicitud del Presidente de la Asamblea Nacional ante la sala Constitucional, ni en la sentencia de la misma.[32]

2. *La nueva usurpación de las funciones de la Asamblea Nacional, como cuerpo elector, por la Sala Constitucional del Tribunal Supremo.*

En efecto, el Presidente de la Asamblea Nacional, por su cuenta y sin que ello por supuesto hubiese sido decidido por la Asamblea Nacional como cuerpo colegiado, considerando erradamente que al no haberse logrado la mayoría calificada para designar a los rectores del Consejo Nacional Electoral, supuestamente, en forma automática, le "correspondía" a la Sala Constitucional proceder a hacer los nombramientos, se dirigió a la misma en fecha 22 de diciembre de 2014, solicitando se procediese a materializar esa usurpación de autoridad, lo que la Sala Constitucional ejecutó, muy diligentemente, mediante sentencia N° 1865 de 26 de diciembre de 2014.[33]

La solicitud del Presidente de la Asamblea, como lo resume la sentencia, en efecto, se limitó a señalar que en la Asamblea "no se logró alcanzar la mayoría requerida por la Constitución en su artículo 296, de las dos terceras partes de sus integrantes, para la designación de los Rectores y Rectoras del Consejo Nacional Electoral postulados o postuladas por la Sociedad Civil," razón por la cual decidió remitir "a ese máximo Tribunal, la presente información, para su consideración y fines correspondientes, según lo establecido en la Constitución de la República Bolivariana de Venezuela, en su artículo 336, numeral 7." De ello, la Sala Constitucional fue la que "dedujo" que se trataba de una solicitud de declaratoria de inconstitucionalidad de una omisión, para lo cual argumentó sobre su competencia en la materia prevista en el mencionado artículo 336.7 de la Constitución, haciendo referencia a su jurisprudencia, desde su sentencia N° 1.556 del 9 de julio de 2002.

Sin embargo, dicha norma, como resulta de su propio texto, sólo autoriza a la Sala Constitucional a declarar que la Asamblea Nacional por ejemplo, no

---

32 Solo fue ex post facto, mediante declaraciones públicas que la Presidenta del Tribunal Supremo el día 29 de diciembre de 2014, la misma "recordó" que "la Sala "ya actuó de la misma forma en 2003 y 2005, cuando asimismo se registraron casos de la "omisión legislativa" Véase en "Gladys Gutiérrez: En elección de rectores del CNE se siguió estrictamente el procedimiento,: Caracas 29 de diciembre de 2014, en http://www.lapatilla.com/site/2014/12/29/gladys-gutierrez-en-eleccion-de-rectores-del-cne-se-siguio-estrictamente-el-procedimiento/

33 La sentencia inicialmente la consulté en http://www.tsj.gob.ve/decisiones/scon/diciembre/173497-1865-261214-2014-14-1343.HTML Posteriormente sólo está disponible en http://historico.tsj.gov.ve/decisiones/scon/diciem-bre/173497-1865-261214-2014-14-1343.HTML .

ha dictado una decisión prevista en la Constitución, como una ley o una medida indispensable para garantizar el cumplimiento de la Constitución, como es la elección de altos funcionarios del Estado, ordenando a la Asamblea a dictar la norma o medida, y eventualmente fijar los lineamientos para la corrección de la omisión, pero nunca puede la Sala Constitucional sustituir la voluntad de la Asamblea Nacional como órgano legislativo ni como cuerpo electoral de segundo grado, ni por tanto, dictar por si misma ni la ley ni la medida de la específica competencia de la Asamblea.

Ahora bien, la Sala, en este caso de 2014, al analizar la legitimación activa del Presidente de la Asamblea para remitir al máximo Tribunal, "la presente información, para su consideración y fines correspondientes," dado el carácter de acción popular de la acción por omisión, expresó falsamente que ejercía – como se indica en la sentencia - "la representación del órgano parlamentario y en ejercicio de la cual declaró la imposibilidad de ese cuerpo deliberante de designar a los Rectores y Rectoras del Consejo Nacional Electoral," supuestamente habiendo solicitado a la Sala *supla la aludida omisión,* lo cual no era cierto.

Eso no lo dijo en su solicitud el mencionado funcionario. Una cosa es controlar la inconstitucionalidad de la omisión que es lo que dispone el artículo 336.7 de la Constitución, norma que fue a lo única a lo cual hizo referencia indirecta el solicitante, y otra cosa es pedirle a la Sala que "supliera" a la Asamblea, es decir, que hiciera la "elección" en lugar del cuerpo elector, lo cual no podía hacer por ser ello inconstitucional. Pero ello fue lo que en definitiva hizo la Sala Constitucional, en un "proceso" que discrecionalmente consideró como de mero derecho, decidiéndolo "sin necesidad de abrir procedimiento alguno," para negarle a los interesados, como por ejemplo, a los propios diputados de la Asamblea Nacional que no estuviesen conformes con la petición, su derecho a ser oídos, violándose así el artículo 49 de la Constitución.

Por otra parte, como bien lo observó José Ignacio Hernández,

"en este caso, quien ejerció la omisión fue, precisamente, el Presidente de la Asamblea Nacional, que es el órgano controlado por la acción de omisión.

Al hacer ello, se llegó a una situación paradójica: la Asamblea Nacional se demandó a sí misma. En efecto, quien demandó la omisión legislativa fue el Presidente de la Asamblea, órgano que según la demanda habría incurrido en esa omisión. Una especie de "auto-demanda", tan incoherente, que devela la inconstitucionalidad de la sentencia comentada."[34]

---

34 Véase José Ignacio Hernández, "La inconstitucional designación de los rectores del CNE," en *Prodavinci*, Caracas 27 de diciembre de 2014, en http://proda-

Para decidir el caso, la Sala Constitucional, además de narrar lugares comunes sobre la penta división del Poder Público, e indicar que todos los cinco poderes nacionales, entre ellos el Poder Electoral deben contar con titulares electos conforme a los términos establecidos en la Constitución, se refirió a la información dada a la Sala por el propio Presidente de la Asamblea Nacional, lo que además consideró que era un "hecho notorio comunicacional," en el sentido de que no se había logrado "acuerdo de la mayoría respectiva de los integrantes de ese órgano al que le compete la designación de los rectores del Consejo Nacional Electoral," de lo cual la Sala evidenció inconstitucionalmente y contrariando el principio democrático representativo que rige los órganos deliberantes, "la ocurrencia de una omisión por parte del órgano parlamentario nacional," además de constatar que se habían agotado los procedimientos previstos en el artículo 296 del Texto Fundamental y en el artículo 30 de la Ley Orgánica del Poder Electoral, todo lo cual, a juicio de la Sala Constitucional, había sido reconocido por el Presidente de la Asamblea Nacional.

Precisó la Sala, que "la omisión de designación es un hecho objetivo que se constata de la solicitud que efectuó el Presidente de la Asamblea Nacional, y que obedece a que no existe en el órgano parlamentario la mayoría calificada, consistente en el voto favorable de las dos terceras partes de sus integrantes, tal como lo exige el artículo 296 del Texto Fundamental," de lo cual entonces dedujo la Sala Constitucional," que había "la existencia de la omisión por parte de la Asamblea Nacional de designar a los Rectores y Rectoras del Consejo Nacional Electoral conforme a las postulaciones realizadas por la sociedad civil."

Bastó este simple e infundado razonamiento para que entonces, la Sala Constitucional "en atención al mandato estatuido en los artículos 296, 335 y 336, numeral 7, de la Constitución," resolviese, no conminar a la Asamblea a que cumpliera sus funciones fijándole por ejemplo un plazo para ello como había ocurrido en el antecedente jurisprudencial de 2003, sino pasar directamente a "designar" a los miembros del Consejo Nacional Electoral, así: "como primera rectora principal a la ciudadana Tibisay Lucena, y como sus suplentes a los ciudadanos Abdón Rodolfo Hernández y Alí Ernesto Padrón Paredes; como segunda rectora principal a la ciudadana Sandra Oblitas, y como sus suplentes a los ciudadanos Carlos Enrique Quintero Cuevas y Pablo José Durán; y como tercer rector principal al ciudadano Luis Emilio Rondón, y como sus suplentes a los ciudadanos Marcos Octavio Méndez y Andrés Eloy Brito." Luego de ello, la Sala convocó a los Rectores y Rectoras designados como principales y suplentes para su juramentación, la cual se llevó a cabo en la propia Sala el día lunes 29 de diciembre de 2014.

La designación de estos rectores del Consejo Nacional Electoral por la Sala Constitucional, por otra parte, fue hecha en forma definitiva para el

---

vinci.com/blogs/la-inscostitucional-designacion-de-los-rectores-del-cne-por-jose-ignacio-hernandez/

período constitucional correspondiente, abandonándose la idea de la "provisionalidad" en la designación que había prevalecido en el antecedente jurisprudencial mencionado de 2003.

Todo ello, por supuesto, fue absolutamente inconstitucional, pues en la Asamblea Nacional, en diciembre de 2014, en realidad, no hubo omisión inconstitucional alguna por parte de la Asamblea Nacional en la elección, al punto de que el propio Presidente de la misma ni siquiera usó la palabra "omisión" en su solicitud. Es falso, por tanto lo afirmado por la Sala Constitucional en el sentido de que la referida "omisión de designación" haya sido un "hecho objetivo que se constata de la solicitud que efectuó el Presidente de la Asamblea Nacional," pues éste nada dijo al respecto.[35] Lo único que expresó el solicitante fue que no se logró la mayoría calificada de las 2/3 partes de sus integrantes para que se pudiera materializar la elección de los miembros del Consejo Nacional Electoral, y ello como la misma Sala Constitucional lo decidió en otra sentencia de 2003 antes citada, no es ni puede ser inconstitucional en sí mismo. De ello, sin embargo, fue la Sala Constitucional la que falsamente dedujo que dicha mayoría calificada no existía ("no existe en el órgano parlamentario"), y que había "la imposibilidad" de hacer la elección, diciendo entonces, como consecuencia, una supuesta "existencia de la omisión por parte de la Asamblea Nacional."

En un órgano deliberante como la Asamblea Nacional, se insiste, el que no se lleguen a acuerdos parlamentarios mediante discusión y consensos, en ocasiones determinadas, no significa que haya "omisión" y menos inconstitucional. De ello se trata la democracia, precisamente de acuerdos y consensos cuando una sola fuerza política no controla la mayoría requerida para decidir. En esos casos, tiene que llegar a un acuerdo con las otras fuerzas políticas. Como lo expresó la propia Sala Constitucional en 2003, en la antes mencionada sentencia N° 2073 de 4 de agosto de 2003 (Caso: *Hermánn Escarrá Malaver y otros*),[36] cuando "los integrantes de la Asamblea no logran el acuerdo necesario para llegar a la mayoría requerida, la elección no puede realizarse, sin que ello, en puridad de principios, pueda considerarse una omisión legislativa, ya que es de la naturaleza de este tipo de órganos y de

---

35 Por ello José Ignacio Hernández indicó, con razón, que "se declaró una omisión que en realidad no existía." Véase José Ignacio Hernández, "La inconstitucional designación de los rectores del CNE," en *Prodavinci*, Caracas 27 de diciembre de 2014, en http://prodavinci.com/blogs/la-inscostitucional-designacion-de-los-rectores-del-cne-por-jose-ignacio-hernandez/,

36 Véase en http://historico.tsj.gov.ve/decisiones/scon/agosto/2073-040803-03-1254%20Y%201308.HTM. Véanse los comentarios en Allan R. Brewer-Carías, "El control de la constitucionalidad de la omisión legislativa y la sustitución del Legislador por el Juez Constitucional: el caso del nombramiento de los titulares del Poder Electoral en Venezuela," en *Revista Iberoamericana de Derecho Procesal Constitucional*, No. 10 Julio-Diciembre 2008, Editorial Porrúa, Instituto Iberoamericano de Derecho Procesal Constitucional, México 2008, pp. 271-286

sus votaciones, que puede existir disenso entre los miembros de los órganos legislativos, y que no puede lograrse el número de votos necesarios, sin que pueda obligarse a quienes disienten, a lograr un acuerdo que iría contra la conciencia de los votantes." En esos casos, por tanto no hay inconstitucionalidad alguna sino necesidad de que las fuerzas políticas lleguen a un acuerdo, cediendo y acordándose mutuamente, que es lo propio en la democracia.

Como lo observó Román José Duque Corredor, la Sala Constitucional:

> "consideró como una omisión inconstitucional la falta del acuerdo político entre los integrantes de la Asamblea Nacional para alcanzar la mayoría de las 2/3 partes necesarias para designar los Rectores del CNE, cuando no se trata de falta alguna para dictar una ley o alguna medida jurídica indispensable para que se cumpla la Constitución, sino de la falta del consenso, en las discusiones parlamentarias, para lograr la decisión política requerida para la legitimidad democrática de origen de un órgano del Poder Público. Ese desacuerdo político no es propiamente una inactividad de la Asamblea Nacional, como lo quiere hacer ver la Sala Constitucional."[37]

Por tanto, al decidir la Sala Constitucional, de oficio, que por no haberse logrado una determinada mayoría en la Asamblea, como la quería el partido de gobierno, ya ello implicaba que "no existía" la posibilidad de lograr dicha mayoría, que por tanto había "la imposibilidad" de hacer la elección, y había una "omisión inconstitucional," lo que estableció en definitiva es que la democracia parlamentaria en sí misma es inconstitucional, siendo al contrario, "constitucional," la situación en la cual un partido imponga su voluntad sin necesidad de llegar a acuerdos con los otros partidos o grupos políticos representados en la Asamblea.

Se trata, en definitiva, de una decisión que legitima el autoritarismo, considerándose en ella como "constitucional" que el partido de gobierno adopte decisiones sin oposición alguna, y al contrario, como "inconstitucional" que entre en juego la democracia parlamentaria representativa, y que en alguna sesión de la Asamblea el partido de gobierno no logre imponer su voluntad por no disponer de la mayoría calificada de las 2/3 partes de los diputados, y tenga que llegar a acuerdos o consensos con otros grupos.[38]

---

37 Véase Román José Duque Corredor, "El logaritmo inconstitucional: 7 Magistrados de la Sala Constitucional son iguales a 2/3 partes de la representación popular de la Asamblea Nacional,: Caracas 29 de diciembre de 2014, en http://www.frentepatriotico.com/inicio/2014/12/29/logaritmo-inconstitucional/

38 Como lo ha destacado José Ignacio Hernández, "La existencia de mayorías calificadas para designar a ciertos funcionarios, como es el caso de las dos terceras partes de los integrantes de la Asamblea necesarias para designar a los Rectores del CNE, tiene un claro propósito: forzar al acuerdo de voluntades entre los distintos partidos políticos, evitando que el partido de la mayoría simple (o absoluta) dicte todas las decisiones. Esto es así, pues si un solo partido político en la Asamblea puede dictar

Y en medio de este absurdo, es todavía más absurdo que en forma muy antidemocrática, la Sala Constitucional no sólo haya usurpado la voluntad popular que debía expresar en segundo grado la Asamblea Nacional como órgano elector en estos casos para decidir con mayoría calificada de votos de las 2/3 partes de sus miembros, sino que haya considerado "constitucional" el hecho de que sus siete magistrados, que son personas no electas por voto directo, usurpando dicha condición de órgano elector que solo corresponde a la Asamblea nacional, sustituyan la voluntad de los 2/3 de sus diputados, y hayan "elegido" sin cumplir los requisitos constitucionales, a los miembros del Consejo Supremo Electoral.

Toda esta aberrante situación la resumió Román José Duque Corredor, al analizar lo que llamó el "logaritmo inconstitucional":

"La Sala In-Constitucional , o mejor dicho , la Sala Celestina, del Tribunal Supremo de Justicia, manipula torticeramente los artículos 336.7 y 296, de la Constitución, para designar para el Consejo Nacional Electoral, en lugar de las 2/3 partes de los integrantes de la Asamblea Nacional, los postulados por el PSUV que no obtuvieron el acuerdo de esa mayoría calificada. Para ello dicha Sala declaró como inconstitucional el que en las sesiones parlamentarias los diputados no hubieren alcanzado esa mayoría de las 2/3 partes y consideró competente a sus 7 Magistrados para sustituir esa mayoría calificada en un nuevo logaritmo. Es decir, que exponencialmente 7 Magistrados equivalen a 110 diputados. Con esta fórmula la Sala Celestina designó los Rectores del CNE que 99 oficialistas no pudieron designar. La base de este logaritmo inconstitucional es la tergiversación de normas constitucionales que para que esa designación tenga la legitimidad democrática de una elección de segundo grado, exigen un consenso o una gran mayoría de la representación popular por la que sufragó el pueblo al elegir la Asamblea Nacional. Con esas 2/3 partes lo que la Constitución pretende es garantizar la autenticidad de la base popular de dicha designación. En otras palabras, que la exigencia de esa mayoría calificada es una manera de que la soberanía popular indirectamente intervenga en la conformación del Poder

todas las decisiones, sin tener que pactar con otros partidos, estaríamos ante lo que Alexis de Tocqueville llamó la "tiranía de la mayoría". [...] Por eso es que la Constitución de 1999 no permite a la Sala Constitucional asumir la designación de los Rectores del CNE, pues esa designación solo podía ser efectuada por la voluntad de las dos terceras partes de los diputados de la Asamblea. Es decir, no basta –no debe bastar– la voluntad de uno solo para efectuar esa designación. La Sala Constitucional asumió, así, de manera unilateral, una designación que por Constitución debía ser plural. Lo hizo, además, ignorando a esas dos terceras partes de la Asamblea – que es una entidad distinta a quien preside la Asamblea– pues ni siquiera siguió previo juicio." Véase José Ignacio Hernández, "La inconstitucional designación de los rectores del CNE," en *Prodavinci*, Caracas 27 de diciembre de 2014, en http://prodavinci.com/blogs/la-inscostitucional-designacion-de-los-rectores-del-cne-por-jose-ignacio-hernandez/

Electoral, cuya titularidad le corresponde en los términos del artículo 5° de la Constitución [...]

En base, pues, a su torticera interpretación, la Sala Constitucional, de nuevo en su función de Sala Celestina del gobierno y de ejecutora de ordenes cuartelarías, mediante un logaritmo inconstitucional sustituyó a las 2/3 partes de la representación popular de la Asamblea Nacional, es decir, a 110 de sus diputados, por sus 7 Magistrados, con lo que una vez más contribuye con la perdida de vigencia y con la desinstitucionalización del Estado de Derecho democrático en Venezuela."[39]

IV. LA INCONSTITUCIONAL ELECCIÓN DE LOS MAGISTRADOS DEL TRIBUNAL SUPREMO DE JUSTICIA POR LA ASAMBLEA NACIONAL

El último paso de la conspiración para consolidar en diciembre de 2014 el total acaparamiento y control de los Poderes Públicos por parte del partido de gobierno, ocurrió el 28 de diciembre de 2014 con la elección, por parte de la Asamblea Nacional, de doce de los magistrados del Tribunal Supremo de Justicia

Conforme a lo establecido en los artículos 264 y 265 de la Constitución, en efecto, como hemos señalado, también se dispone la elección popular en segundo grado de los magistrados del Tribunal Supremo de Justicia por la Asamblea Nacional, como cuerpo elector, y si bien en dichas normas no se precisa como en los otros casos de funcionamiento del cuerpo elector que la elección debe hacerse con el voto de las 2/3 partes de los diputados que integran la Asamblea, al preverse sin embargo que la remoción de los mismos sólo puede realizarse con el voto de dichas 2/3 partes, se debe entender dentro de la lógica constitucional democrática que rige la elección popular de segundo grado, que la elección también tiene que realizarse mediante dicha mayoría calificada.

Ello se estableció como principio en el artículo 38 de la Ley Orgánica del Tribunal Supremo de Justicia, pero con una lamentable e incongruente previsión, al regularse la designación de los Magistrados del Tribunal Supremo de Justicia por la Asamblea Nacional por un período único de 12 años, conforme al siguiente procedimiento:

"Cuando sea recibida la segunda preselección que consigne el Poder Ciudadano, de conformidad con el artículo 264 de la Constitución y la presente Ley, en sesión plenaria que sea convocada, por lo menos, con tres días hábiles de anticipación, la Asamblea Nacional hará la selección

---

39   Véase Román José Duque Corredor, "El logaritmo inconstitucional: 7 Magistrados de la Sala Constitucional son iguales a 2/3 partes de la representación popular de la Asamblea Nacional,: Caracas 29 de diciembre de 2014, en http://www.frentepatriotico.com/inicio/2014/12/29/logaritmo-inconstitucional/

definitiva con el voto favorable de las dos terceras (2/3) partes de sus miembros. En caso de que no se logre el voto favorable de la mayoría calificada que se requiere, se convocará a una segunda sesión plenaria, de conformidad con este artículo; y si tampoco se obtuviese el voto favorable de las dos terceras (2/3) partes, se convocará a una tercera sesión y, si en ésta tampoco se consiguiera el voto favorable de las dos terceras (2/3) partes de los miembros de la Asamblea Nacional, se convocará a una cuarta sesión plenaria, en la cual se harán las designaciones con el voto favorable de la mayoría simple de los miembros de la Asamblea Nacional".

Mediante la previsión de la última parte de este artículo 38 de la Ley Orgánica, en definitiva, si no se logra reunir la mayoría calificada de los diputados de la Asamblea para la elección de los Magistrados, los mismos se podrían elegir con una mayoría simple de los diputados presentes, lo cual como hemos expresado en otro lugar, "es completamente incongruente" con la mayoría requerida para su remoción conforme al artículo 265 de la Constitución.[40]

Ahora bien, precisamente conforme a esa incongruencia legislativa, el 27 de diciembre de 2014 se informó en la prensa por el Presidente de la Asamblea Nacional, que en virtud de que en la sesión de ese día, "no hubo *mayoría calificada*, dos terceras partes con 110 diputados, para la designación de magistrados para el Tribunal Supremo de Justicia,[...] *convocó a una cuarta sesión extraordinaria para este domingo* 28 de diciembre a las 10:00 am," anunciando simplemente que "*Vamos a designarlos con el voto favorable de la mayoría simple (99 diputados).*"[41]

Y efectivamente eso fue lo que ocurrió en la sesión de la Asamblea Nacional del 28 de diciembre de 2014, en la cual, con una votación de mayoría simple,[42] los diputados oficialistas designaron a doce magistrados del Tribunal Supremo de Justicia,[43] sin que además se hubiera garantizado efectivamente la participación de los diversos sectores de la sociedad en el Comité de Postulaciones Judiciales, el cual, en la Ley Orgánica del Tribunal Supre-

---

40   Véase Allan R. Brewer-Carías y Víctor Hernández Mendible, *Ley Orgánica del Tribunal Supremo de Justicia 2010*, Editorial Jurídica Venezolana, Caracas 2010, p. 34.

41   Véase en: "AN convoca a cuarta sesión para designar a magistrados del TSJ," en Globovisión.com, Caracas 27 de diciembre de 2014, en http://globovision.com/an-convoca-a-cuarta-sesion-para-designar-a-magistrados-del-tsj-2/

42   Véase en: "AN designa a los magistrados del TSJ," en Globovisión.com, 28 diciembre de 2014, en http://globovision.com/an-designa-a-los-magistrados-del-tsj/

43   Véase el Acuerdo de la Asamblea Nacional con los nombramientos, en *Gaceta Oficial* N° 40.570, 29 de diciembre de 2014, y N° 6.165 Extra., 28 de diciembre de 2014.

mo de Justicia, se configuró como una comisión parlamentaria "ampliada," controlada por la Asamblea Nacional.

V. EL RESTABLECIMIENTO DE LA CONSTITUCIÓN Y EL DERECHO A LA RESISTENCIA FRENTE A AUTORIDADES ILEGÍTIMAS

En esta forma, en apenas una semana, y como producto de una conspiración para cambiar con violencia institucional la Constitución, en la cual participaron activamente la Presidenta del Consejo Moral Republicano y los otros órganos del Poder Ciudadano, el Presidente de la Asamblea Nacional y el grupo de diputados oficialistas, y los magistrados de la Sala Constitucional del Tribunal Supremo de Justicia, en Venezuela se dio un golpe de Estado y se mutó ilegítimamente la Constitución para elegir inconstitucionalmente a los titulares de los órganos del Poder Ciudadano, del Poder Electoral y del Tribunal Supremo de Justicia, por un órgano que carecía de competencia para ello, como es la Asamblea Nacional actuando como órgano legislativo ordinario, cuando ello le corresponde a la Asamblea Nacional actuando cuerpo elector de segundo grado, que sólo puede proceder con la mayoría de las 2/3 partes de sus integrantes; o como es la Sala Constitucional del Tribunal Supremo de Justicia. En ambos casos ha habido una usurpación de funciones que hace nulos los actos dictados, quedando las designaciones efectuadas como ilegitimas de origen, de manera que como lo expresó María Amparo Grau, "independientemente del desempeño, tales funcionarios lo serán de hecho, nunca de derecho," pero con el agravante de que en este caso no se aplicaría la doctrina del "funcionario de hecho" puesto que en este caso:

"no existe buena fe en el proceder de una Asamblea que violenta de forma flagrante el procedimiento de selección de estas autoridades para imponer a los candidatos de su preferencia, sin pasar por el necesario acuerdo parlamentario con los representantes de otras tendencias políticas y sin someterse si quiera a la voluntad popular, que es la que en última instancia ha debido resolver, a falta de acuerdo sobre quienes han debido pasar a ocupar las principales posiciones de los órganos del Poder que integran el Consejo Moral Republicano. A unos días de haber celebrado oficialmente los 15 años de la Constitución, vuelven a violarla con descaro, pero esta vez pasando por encima incluso de la competencia atribuida por esta al propio soberano. Los cargos así designados están viciados por una ilegitimidad de origen que los convierte en funcionarios de facto. Estamos en un régimen caracterizado por la hipernormatividad y el discurso, pero en el que el valor de la norma, incluida la constitucional, no existe."[44]

---

44   Véase en María Amparo Grau, "**Golpe a la Constitución ¡de nuevo!**," en *El Nacional*, Caracas, 24 de diciembre 2014.

En todo caso, con el golpe de Estado dado en diciembre por los Poderes Públicos, y aun cuando la Constitución haya sido violada, sin embargo, como lo precisa su artículo 333, por el hecho de haberse dejado de observarse por el acto de fuerza institucional antes mencionado, la misma no ha perdido vigencia, estando todo ciudadano obligado, esté investido o no de autoridad, de colaborar con los medios de los cuales dispone al restablecimiento de su efectiva vigencia.

Y en cuanto a las autoridades ilegítimas designadas mediante el golpe de Estado de diciembre de 2015, conforme al artículo 350 de la misma Constitución, el pueblo de Venezuela, fiel a su tradición republicana, a su lucha por la independencia, la paz y la libertad, está en la obligación de desconocerlas, por contrariar los valores, principios y garantías democráticos, y por menoscabar al menos el derecho ciudadano a la democracia y a la supremacía constitucional.

Este derecho de resistencia a la opresión o a la tiranía, como lo señaló la propia Sala Constitucional en sentencia N° 24 de 22 de enero de 2003 (Caso: *Interpretación del artículo 350 de la Constitución*), es precisamente el que "está reconocido en el artículo 333 de la Constitución, cuya redacción es casi idéntica al artículo 250 de la Carta de 1961" agregando la Sala que:

"Esta disposición está vinculada, asimismo, con el artículo 138 *eiusdem*, que declara que 'Toda autoridad usurpada es ineficaz y sus actos son nulos.'

El derecho a la restauración democrática (defensa del régimen constitucional) contemplado en el artículo 333, es un mecanismo legítimo de desobediencia civil que comporta la resistencia a un régimen usurpador y no constitucional."[45]

Sin embargo, la misma Sala Constitucional conspiradora, al "interpretar" dicho artículo 350 de la Constitución, en la misma sentencia N° 24 de 22 de enero de 2003 argumentó, restrictivamente, que el derecho del pueblo de desconocer las autoridades ilegítimas en él previsto, sólo:

"puede manifestarse constitucionalmente mediante los diversos mecanismos para la participación ciudadana contenidos en la Carta Fundamental, en particular los de naturaleza política, preceptuados en el artículo 70, a saber: "la elección de cargos públicos, el referendo, la consulta popular, la revocación del mandato, las iniciativas legislativa, constitucional y constituyente, el cabildo abierto y la asamblea de ciudadanos y ciudadanas."[46]

---

45 Véase en *Revista de Derecho Público*, N° 93-96, Editorial Jurídica Venezolana, Caracas 2003, pp. 126-127.

46 *Idem.*

Es decir, en general, la Sala Constitucional, materialmente redujo las formas de ejercer dicho derecho a la resistencia a los mecanismos de sufragio (de elección o de votación), cuyo ejercicio esta precisamente controlado por uno de los órganos ilegítimos que el pueblo tiene derecho a desconocer, como es el Consejo Nacional Electoral cuyos titulares fueron recién electos por la propia Sala Constitucional usurpando la función de la Asamblea Nacional como cuerpo elector de segundo grado.

Ello, al hacer imposible que se pueda ejercer dicho derecho a la resistencia, tanto por la actuación de la Sala Constitucional usurpadora como contra el Consejo Nacional Electoral ilegítimo, necesariamente tendrá que abrir otras alternativas democráticas para su manifestación.[47]

---

47 Véase sobre ello Allan R. Brewer-Carías, "El derecho a la desobediencia y a la resistencia contra la opresión, a la luz de la *Declaración de Santiago"* en Carlos Villán Durán y Carmelo Faleh Pérez (directores), *El derecho humano a la paz: de la teoría a la práctica,* CIDEAL/AEDIDH, Madrid 2013, pp. 167-189. Véase igualmente: "El Juez Constitucional vs. El derecho a la desobediencia civil, y de cómo dicho derecho fue ejercido contra el Juez Constitucional desacatando una decisión ilegítima (El caso de los Cuadernos de Votación de las elecciones primarias de la oposición democrática de febrero de 2012)", en *Revista de Derecho Público,* N° 129 (enero-marzo 2012), Editorial Jurídica Venezolana, Caracas 2012, pp. 241-249.

ÍNDICE GENERAL

www.ingramcontent.com/pod-product-compliance
Lightning Source LLC
Chambersburg PA
CBHW022345280326
41935CB00007B/74

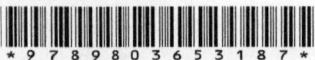